El casamiento engañoso y El coloquio de los perros : novelas ejemplares de Miguel de Cervantes Saavedra

Miguel de Cervantes Saavedra, Agustín González de Amezúa y Mayo

Copyright © BiblioLife, LLC

This book represents a historical reproduction of a work originally published before 1923 that is part of a unique project which provides opportunities for readers, educators and researchers by bringing hard-to-find original publications back into print at reasonable prices. Because this and other works are culturally important, we have made them available as part of our commitment to protecting, preserving and promoting the world's literature. These books are in the "public domain" and were digitized and made available in cooperation with libraries, archives, and open source initiatives around the world dedicated to this important mission.

We believe that when we undertake the difficult task of re-creating these works as attractive, readable and affordable books, we further the goal of sharing these works with a global audience, and preserving a vanishing wealth of human knowledge.

Many historical books were originally published in small fonts, which can make them very difficult to read. Accordingly, in order to improve the reading experience of these books, we have created "enlarged print" versions of our books. Because of font size variation in the original books, some of these may not technically qualify as "large print" books, as that term is generally defined; however, we believe these versions provide an overall improved reading experience for many.

EL CASAMIENTO ENGAÑOSO

Y EL

COLOQUIO DE LOS PERROS

NOVELAS EJEMPLARES

DE

MIGUEL DE CERVANTES SAAVEDRA

EDICIÓN CRÍTICA

CON INTRODUCCIÓN Y NOTAS

POR

AGUSTÍN G. DE AMEZÚA Y MAYO

OBRA PREMIADA CON MEDALLA DE ORO POR VOTO UNÁNIME DE

LA REAL ACADEMIA ESPAÑOLA

É IMPRESA Á SUS EXPENSAS

MADRID
BAILLY-BAILLIERE
M CM XII

ADVERTENCIA

«¡Dios te libre, lector—escribió Quevedo—, de prólogos largos y de malos epítetos»; graciosa prevención á los autores, que, por lo que á mí toca, se cumplirá esmeradamente esta vez. Si ahora te detengo un instante, estampando aquí cuatro palabras, culpa á mi corazón, que, al fin de la jornada larga y penosa que dediqué á esta empresa, quiere pagar del mejor modo que sabe el generoso concurso de los buenos amigos que, con sus consejos, datos y personales oficios, me auxiliaron para acabarla.

Reciban, por tanto, la expresión de mi agradecimiento, muy sinceramente sentido, los Sres. D. José Martí y Monsó y D. Juan Agapito Revilla, mis solícitos guías en el Valladolid viejo, D. Luis Valdés, á cuya liberal fineza debo el cómodo manejo de muchos de los buenos libros que posee; D. Román Murillo, muy entendido y celoso Jefe de la biblioteca de la Real Academia Española, así como D. Gabriel M. del Río y Rico, que lo es, y muy digno, de la Sala de Raros de la Biblioteca Nacional, sustituyendo á aquel que lo fué tan diligente y buen amigo D. Ricardo Torres Valle; y, por último, el insigne é ingeniosísimo escritor D. Francisco Rodríguez Marín, á quien de buena gana llamaría maestro cariñoso, si la torpeza del discípulo que sacó en mí no me hiciese callarlo, en favor suyo

Un devoto recuerdo, además, á la santa memoria del benemérito erudito y modestísimo sabio D. Cristóbal Pérez Pastor, y mi gratitud profunda á la Real Academia Española que, con tan indulgente benevolencia ha acogido este humilde trabajo.

Y ahora, amable lector, en tus manos pongo mi obra y á solas te dejo con sus sueños ó disparates, que, como de los suyos dijo el Alférez Campuzano, á quien vas á conocer de aquí á poco, si no es ya, como presumo, antiguo camarada tuyo, *no tienen otra cosa de bueno sino es el poderlos dejar cuando te enfaden.....*

INTRODUCCIÓN

I

> ¡Adiós, Madrid, madre amada,
> Patria nuestra, Madrid rico,
> Corte del gran Salomón,
> Hechura de Carlos V...!
>
> *(Romance del tiempo)*

Aquella histórica mañana, memorable en los anales madrileños, fueron mayores que de costumbre el revuelo y alboroto en la celebrada Puerta de Guadalajara. Por las tiendas de los lenceros, donde se vendían los buenos chamelotes, los tabíes escogidos y las más ricas randas; entre el concurso de los ociosos que mataban su tiempo, ora de pie en apretados corrillos, ó familiarmente sentados en los bancos que á sus puertas tenían los mercaderes, comentando la bajada del Turco, las cosas de Flandes ó las estupendas novedades que, con asombro de la gente vieja, se iban palpando en el régimen de la Monarquía desde la muerte del Rey Prudente, como el alejamiento voluntario ó forzado destierro de sus probados ministros predicaba á las claras; entre las damas y dueñas que llegaban con sus coches á las susodichas tiendas, por ser las más abastecidas y ricas de la Corte, dejando empeñada en ellas la consumida hacienda de sus maridos; entre todo el tropel de gente desocupada y vaga, corría con la premura ansiosa de las malas nuevas, una más, funesta y lastimera para la heroica villa de Madrid.

Decíase por todos que la noche antes, miércoles 10 de Enero de 1601, se había publicado en la cámara regia, con el rigor y ceremonia que tan solemnemente el caso pedía, el decreto mandando trasladar la corte desde la renombrada Mantua,

> Dosel de reyes, de sus hijos cuna, [1]

coronada villa durante cuarenta años, á la gallarda ciudad de Valladolid.

«Ninguna cosa despierta tanto el bullicio del pueblo como la novedad», hubo de decir años más tarde un profundo y avezado político, gran escudriñador del corazón de las muchedumbres, [2] y aquélla lo era, en verdad, tan grande y juntamente tan infortunada, que la agitación y clamoreo fueron bulliciosos y extraordinarios.

Desde meses atrás estaban temiendo aquella fatal noticia los recelosos cortesanos, y meses y meses venían engañando también sus suspicacias y zozobras con esperanzas fingidas, que alimentaban ellos mismos, en contra de la realidad de las cosas y de las públicas voces que sobre el caso corrían, adversas y de mal agüero; que tal era la fuerza y aspiración de sus deseos y amor á Madrid, nacido del acomodamiento y holgura en que se hallaban, y del cual se les arrancaba por el capricho interesado, no del Rey, sino del Duque de Lerma, aquel favorito «mañoso más que bien entendido; de voluntad imperiosa con otros, y postrada para sí», [3] pero de tanta privanza y valimiento sobre el apocado ánimo del Monarca, que el temido decreto testimoniaba derechamente cuán bien presentía la futura debilidad de su hijo el fenecido Rey Prudente, cuando al tener la muerte cara á cara hubo de decir á don Cristóbal de Moura, Marqués de Castel-Rodrigo, con desgarradora y triste frase, que resultaba aún más tremenda en la clarividencia que prestan al juicio humano las cercanías de la tumba: «¡Ay, don Cristóbal, que temo que lo han de gobernar!»

Así era en verdad, y tristemente exacta la regia profecía; y aquel decreto leído la noche antes en la cámara del Alcázar, la primera lección dada al pueblo y á los grandes de que en lo futuro una voluntad

---

[1] GÓNGORA: Soneto: *A la grandeza y dilatación de Madrid, corte de los Reyes de España.— Obras* —Lisboa, MDCLXVII, tomo I, pp. 17-18.
[2] QUEVEDO: *Grandes anales de quince días.*
[3] QUEVEDO *Ibidem.*

mandaría en la Corte, y no ciertamente aquella diputada por Dios y por el libre consentimiento del Reino para cabeza y caudillo de todos.

Porque era el caso, además, que la mudanza se hacía muy á disgusto también del Rey y de la Reina; mas á todo placer y regocijo del privado, verdadero fautor de la medida, aunque aquellas turbas descontentas que, agitadamente llenaban la plaza de Guadalajara, no supieran á fondo el origen y nacimiento de su desgracia.

Ello fué que del famoso mentidero madrileño la nueva se propagó rápidamente por la villa toda, corriendo de los patios de Palacio, entre la muchedumbre de letrados sin oficio, catarriberas y pretendientes que los llenaban, al par de los cajones de libreros, tiendas de buhonería, oficinas y salas de los Consejos, á la plaza de Santa Cruz, asiento común de bellacos, pícaros y truhanes, que, sin temor á los vecinos oficios escribaniles, urdían sus fraudes, sus mentiras, sus burlerías y trampas; de allí, á la Puerta del Sol, en donde los corrillos que los Alcaldes prohibían tan á menudo en sus *Autos* hubieron de engrosarse sobremanera aquel día con su habitual vulgacho de soldados, ganapanes y pregoneros; no sin visitar, finalmente, los bodegones y tiendas de comer de San Gil y Santo Domingo, la plaza de Herradores, en la que los recién llegados mozos esperaban señor que los recibiese por pajes ó lacayos, ó el pregonero publicaba la almoneda señorial, y la calle Mayor con sus puestos de ropavejeros franceses; en suma, el Madrid matinal, bullicioso, pintoresco y concurrido.

Y cuentan las historias verídicas de entonces que fué aquella resolución y medida de mal gobierno causa de universal protesta y clamoreo, no ya entre los cortesanos, sino entre los madrileños todos, como en muchos años atrás no recordaba otra igual la memoria de los viejos, y que las quejas, las lástimas y los lamentos mezclábanse con los denuestos, los juramentos y hasta maldiciones, no ya sólo contra el odiado favorito, sino contra el Monarca mismo, que con tan torpe decreto arrancaba una Corte del largo asiento que gozaba con universal gusto y contento de todos, mudándola leguas y leguas más allá, entre las inclemencias y rigores de aquel invierno, crudo en demasía, tumbos y malandanzas de los maltratados caminos, peligros de los puertos, gastos copiosísimos y desazones infinitas, para caer á la postre en un lugar «de tantas nieblas, aires tan fríos y húmedos, cercado de dos ríos que lo obscurecían con sus continuos vapores, y aun muchas veces lo inundaban con sus crecientes y avenidas», [4] de pobres y arruinadas casas, pocas para contener la gran muchedumbre de la Corte, y con las reliquias frescas de una cruelísima peste que había diezmado sus vecinos el año antes, dejando quizás traidoramente oculto para lo futuro el germen de mil enfermedades y contagios.

Porque no eran sólo las pesadumbres del traslado y las molestias del viaje lo que en los cortesanos hacía murmurar la medida: era aquel castigo de abandonar á Madrid, un Madrid en que tan á su gusto y á sus anchas se veían, un Madrid tan apacible en su ambiente, tan fértil en su suelo y de estancia tan regalada y sana, que á los madrileños de hoy fábulas ó consejas nos parecen las alabanzas que sus panegiristas de entonces le dedicaron, al tratar de la benignidad y dulzura de su clima. ¿Quién había de creer en nuestros días aquel elogio pomposo que Cristóbal Pérez de Herrera hace de la Corte, de la cual no era ciertamente oriundo, sino de la Atenas chica, de Salamanca? «Pues es cierto que de las cuatro partes en que se divide el mundo, la más fértil y templada y de gente más dócil y tratable es Europa; y della la más excelente España, y de España lo más templado y fértil el Reyno de Toledo y deste el mejor y más buen asiento tiene la villa de Madrid, por tener admirable y sereno cielo, aires delgados y saludables, aguas sabrosas y delgadas y en mucha abundancia para criar arboledas frescas y riberas deleitosas.» [5] Pues á cuento saben aquellas otras ponderaciones de Quintana. «Goza de las cuatro partes del año de una moderación y templanza, que ni el invierno es demasiadamente riguroso con sus fríos, ni el calor del estío es grande, siendo el verano vistoso y agradable y el otoño sosegado y apacible.» [6] «Sus aires en

---

[4] *A la Católica y Real Magestad del Rey Don Felipe III. nuestro señor: suplicando á su magestad, que atento las grandes partes y calidades desta villa de Madrid, se sirua de no desampararla, sino antes perpetuar en ella la asistencia de su Corte, casa y gran Monarchia. El D. Cristoual Perez de Herrera, Protomedico por Su Magestad de las galeras de España, y Procurador General de los pobres, y albergues destos Reynos, por nombramiento y suplicación del mismo Reyno d Su Magestad.*—16 hojas in 4.º—S. l. n. a. (Madrid, 1600; f.º 8).—Bib. Nac.

[5] Pérez de Herrera: *Ibidem.*

[6] Gerónimo de Quintana: *A la mvy antigva noble y coronada Villa de Madrid Historia de sv antiguedad nobleza y grandeza......*—(Madrid, en la Imprenta del Reyno, MDCXXIX; f.º 2). Más adelante dice de Madrid que era «el lugar más sano del Reino» (f.º 15). ¡Quién lo creería hoy!

el invierno no son fríos en demasía, el calor en el estío no es grande, la primavera y el otoño son paraíso y regalo», confirmaba Gil González Dávila. [7]

Harto lo sabían los afligidos cortesanos, y por ello les dolía más aún despedirse de aquel regalo, de aquella apacibilidad, de aquel benigno clima que hacía frondosas y deleitables las verdes riberas del manso Manzanares, convertidas en huertas pintorescas y floridas quintas, que daba amenidad y frescura al Prado de San Jerónimo, á las alamedas pobladas del Paseo de Atocha, al Madrid galano que tantas comodidades y bienestar brindaba, mejorado cada día por el cuidado y celo de su Corregidor y Ayuntamiento. [8]

Y como á tan fundadas quejas juntábanse otras más, que nacían al recuerdo de la abundancia y exceso grande de mantenimientos, de la baratura de las casas, de la fertilidad de su comarca y copiosa pro-

---

[7] GIL GONZÁLEZ DÁVILA: *Teatro de las grandezas de la Villa de Madrid*....—Madrid, Thomas Iunti, MDCXXIII; f.º 5.

[8] Cabalmente por entonces se había dado orden para que en lo sucesivo no se pudiere edificar casa ninguna en la Corte, sino guardando la proporción, nivel y traza que el Ayuntamiento daría, medida con la cual sus vecinos esperaban ver, en corto número de años, remozado y nuevo á Madrid, con la fábrica uniforme y vista harmoniosa de sus monumentos.

Léase á este efecto el testimonio de su celoso abogado Pérez de Herrera:

..... «el buen orden que de algunos años á esta parte ha dado el Presidente del Consejo con los demás Consejeros de la junta de puliçia mandando que todas las casas viejas que se fabricaren de nuevo no las puedan hacer los dueños sin dar parte á la dicha Junta, donde se les dé el modo y traça con que han de edificar, haciéndolas retirar dentro ó salir afuera de las dichas calles con muy buen modo de architectura, conforme á la traça que está acordada general sobre ello; de manera que, quedando en proporción y nivel, hermosearán y adornarán la Corte de V. M., de suerte que en espacio de treynta ó quarenta años á lo más, vendrán á ser todos los edificios della nuevos y luzidos y proporcionados.»

¡Cuán necesaria y oportuna sería en nuestros tiempos una disposición semejante, singularmente en ciudades de carácter histórico como Ávila, Burgos y Toledo!—Vid. PÉREZ DE HERRERA: *Discvrso á la Catolica y Real Magestad del Rey D. Felipe nuestro Señor, en que se le suplica, que cósiderando las muchas calidades y grãdezas de la Villa de Madrid, se sirua de ver si conuendría honrarla, y adornarla de muralla, y otras cosas que se proponen, con que mereciesse ser Corte perpetua, y assistencia de su gran Monarchia*......—S. a. (1597) 24 folios in 4.º; f.º 6.—Bib Nac.

visión de sus cercanías, tan cruel y doloroso se les hizo el trueque de Corte, que, nuevamente, se reprodujeron los lamentos, y «no es posible decirse ni con palabras—agrega un testigo contemporáneo—ni explicarse, los lloros, los gemidos, las exclamaciones que embiavan al cielo aquella gente de aquel pobre lugar y pueblo afligido, las grandes y terribles maldiciones que hechauan á los que aconsejaron al Rey á que hiciese esta tan extraña mudança». [9]

Y como en los amargos é irremediables trances de este humano destierro no resta á los mortales otro mejor y más eficaz consuelo que el de su propia filosofía, con la cual se engañan las penas y se burlan los dolores, por tremendos y agudos que parezcan, á su española flemática filosofía, tradicional condición de nuestro carácter por aquellos tiempos, acudieron los más, y aunque mustios, descontentos y cabizbajos, hubieron de aprestarse á la triste jornada, diciéndose entre dientes, con aire de forzada sumisión y obligado acatamiento:

> Dios lo quiso, el Rey lo hace,
> No hay más sino obedecello. [10]

---

[9] *Historia de varios sucesos y de las cosas notables que han sucedido de veinte años en toda España y en toda la Iglesia Catholica, escrita por el Padre Sepulveda el tuerto. Religioso en el Real combento del escurial. Año al parecer de 1583.* Mss. Bibliot. Nacional. Mss. 2.576 y 2.577.—Tomo II, f.º 83.

Como la mujer de un letrado—cuenta Cabrera—se descompusiese, echando muchas maldiciones al Rey y al Duque por el acuerdo tomado, y un Alcalde de Corte la pusiese presa y diesen cuenta al Rey, «S. M. le respondió que en Madrid les echaban maldiciones porque se iban, y allá (en Valladolid) porque les aposentaban: que como no viniesen las del cielo no había que hacer caso, y que la soltasen, que tenía razón.»—(Luis CABRERA DE CÓRDOBA: *Relaciones de las cosas sucedidas en la Corte de España desde 1599 hasta 1614.*—Madrid, 1857; páginas 97 y 98.)

[10] *Siguese un gracioso cuento que seccedió en la villa de Madrid, á vn cauallero que se fue á la ciudad de Valladolid con la Corte, es de mucha curiosidad: trata de como en vna casa principal de la dicha villa, andaua un Duede que maltrataua á todos los criados, porque se yuan á Valladolid, y de como se apareció al cauallero en habito de frayle, y de muchos coloquios que entre los dos passaron. Compuesto por Francisco de la Curz* (sic). *Murcia en este año de mil y seyscientos y vno, con licencia.*—Un pliego suelto in 4.º—(Apud. GALIARDO. *Ensayo de una Biblioteca Española de libros raros y curiosos formado con los apuntamientos de Don Bartolomé José Gallardo......*—Madrid, 1863-1889.—Tomo II, cols. 628 á 630 y *Catálogo de la Biblioteca de Salvá.*—Valencia, 1872.—I, núm. 29.

Diéronse entonces los cortesanos á discurrir tristemente sobre los pasos que habían precipitado aquel malhadado acuerdo, y su memoria les traía la de los primeros rumores corridos en los postreros días del año de 1599, que, llevando la alarma á los procuradores madrileños en las Cortes, á la sazón abiertas, [11] y á algún defensor vigilante de Madrid, como el Dr. Pérez de Herrera, [12] ocasionaron la salida de memoriales y arbitrios en súplica de que el Rey suspendiese la plática, y recordaban también cómo, en efecto, lo habían logrado. [13] Mas no pudieron impedir que el diligente y avisado vallisoletano concejo, sabedor de los propósitos de traslado de corte, acordase enviar, como lo hizo, á dos de sus más celosos regidores, para que nuevamente lograran avivar el apagado intento de la mudanza. [14] Por cierto que los buenos ediles corrieron graves peligros al atravesar los puertos de Castilla, cubiertos y cegados por la nieve, y sin blanca, además, apuros de que hubieron de salir gracias á unos maravedíes oportunamente concedidos por el cabildo, al conocer el grave y cómico aprieto en que se hallaban sus comisionados. [15]

---

[11] La voz de alarma dióla D Diego de Barrionuevo y Peralta, procurador á cortes por la Villa, en la junta de 4 de Enero de 1600, advirtiendo al Reino «que se dice públicamente en este lugar, que el Rey nuestro señor quiere hacer mudanza de él sacando la Corte para Valladolid». Trató el Reyno del asunto largamente, aprobando á la postre un extenso *Memorial*, en que se discuten y pesan cuerdamente todas las causas que motivaban la mudanza.—*Actas de las Cortes de Castilla publicadas por acuerdo del Congreso de los Diputados á propuesta de su Comisión de Gobierno interior* —*Madrid, 1861-1910.*—Tomo XVIII, pp. 585 á 587; 603 á 605 y 610 á 614.

[12] *Memorial* citado más arriba (nota 4); su fecha es de 2 de Febrero de 1600, pero de su lectura se deduce que se escribía en los últimos meses de 1599. (Vid. f.° 8).

[13] CABRERA. *Relaciones* ..., p. 59.

[14] En la junta de regimiento ordinario de 28 de Henero de 1600 «se acordó nombrar por caballeros que vayan á Madrid á negociar los asuntos de la ciudad á los ss.ˢ diego mudarra y don galuan boniseni regidores». Excusóse el primero y fué sustituído por D Luis de Alcaraz, acompañándose de Alonso de Santisteban y Francisco Calderón, padre de D Rodrigo, representante en Valladolid y gran privado del Duque de Lerma —*(Libros de Actas y Acuerdos del Ayuntamiento de Valladolid).*—Mss —Año de 1600; ff 20 vto. y 24.

[15] «este día se rresciuio vna carta de los ss.ˢ don luis de alcaraz y don galuan de boniseni rregidores desta ciudad q̃ van en nᵉ della á vesar las manos de su

Ya en la Corte, y reunidos con los procuradores pincianos Alonso Díaz de la Reguera y Andrés de Irízar, pusiéronse ardorosamente sobre el empeño de su mandato, removiendo y activando el arrumbado pleito que les traía. Cuando era mayor el fervor de sus gestiones y nuevamente volvía á plantearse el discutido punto, un suceso, fatal para uno de ellos, llenó de espanto y confusión á los restantes, como portentosa señal de mal agüero. Á 9 de Marzo de 1600 fué hallado muerto en su posada Andrés de Irízar, lleno de heridas y maltratado, abiertos sus cofres y escritorios, perdidos sus papeles y dineros, desalmada crueldad que, por robarle, ejecutaron unos criados suyos. [16]

Quedó impune el espantoso crimen, y al desdichado escribano (pues Irízar lo era de la Chancillería de Valladolid) sustituyó el licenciado Falconi, [17] y otra vez y juntos todos prosiguieron su diplomática misión, que tanto les importaba. Y mientras los regidores madrileños en el Ayuntamiento de la Villa, conocedores de estos designios y manejos, andaban desorientados, á tontas y á locas, sin lograr siquiera tomar un acuerdo que eficazmente acabase con los reencendidos trabajos en pro de la mudanza, [18] los vallisoletanos dábanse tan bue-

---

mag.d y entender los negocios desta ciudad escripta de Villacastín en que dan aviso no pueden pasar los puertos por el mal tiempo q̄ açe y la mucha nieue q̄ ay y q̄ *se les prouea de dineros*», tratado y conferido se les concedió 20.000 mrs. *Libros de Actas y Acuerdos del Ayuntam. de Valladolid; Junta del 14 de Hebrero de 1600;* ff. 29 vto. y 30.

[16] *Cortes de Castilla.*—XIX, 119 y 145.

[17] Á 11 de Abril de 1600 *(Ibidem.*—XIX, 177).

[18] En junta de 17 de Henero de 1600, tan sólo tomaron el de mandar imprimir el «memorial que se ha ordenado para dar á su mag.d sobre la mudança de la Corte», que no era otro que el *Memorial y Discurso, qve la Villa de Madrid dio al Rey Don Felipe III. nuestro señor, sobre la mudança de la Corte: hecho por el Doctor Hernando Maldonado de Matute, Abogado de los Consejos de su Magestad, y de la misma Villa por orden della.* Madrid, Pedro Madrigal.— Año MDC, in f.º 11 hojas. No obstante mis diligentes esfuerzos por encontrarlo, no he podido servirme de él más que en el amplio extracto que incluye el señor Pérez Pastor en su *Bibliografía Madrileña.*—Madrid, 1891. (Parte I, núm. 696.)

Libros de Actas y Acuerdos del Ayuntam.º de Madrid. (Mss. guardados en su Archivo).—Año de 1600; f.º 204.

En la junta del miércoles 19 de Henero de 1600: «en este ayuntam.º auiendose tratado y conferido largam.e de los muchos y grandes daños que general

na maña, que, á la chita callando, sin que los cronistas de entonces acierten á traslucirlo, cuando quizás los cortesanos juzgaban alejado el peligro de todo punto, las consultas seguían sus derroteros, pedíanse secretamente arbitrios y pareceres, y la mudanza paulatinamente continuaba su rumbo; tanto y tanto, que cuando se acordó la jornada temporal del Monarca á Ávila, Segovia, Burgos y Valladolid para la primavera y verano de aquel año de 1600, la mudanza, ó ya estaba resuelta, ó se acordó pocos días después; [19] aunque con tal sigilo y cautela, que el viaje regio que, en efecto, se llevó á cabo durante los meses de Mayo á Septiembre, verdadero simulacro del traslado definitivo que había de hacerse medio año más tarde, túvose por la Corte toda por regocijado pasatiempo de los Reyes y generosa muestra de amor á sus vasallos; aun cuando no falte un puntual historiador de lo ocurrido que atribuya el celo y amor reales de la visita á más bajos é interesados movimientos: simplemente al deseo de obtener de las ciu-

---

y Particularm.e pueden Resultar de mudarse la Corte desta Villa a otra Parte como se entiende y dize quiere su mag.d mudalla y del esfuerço que esta villa conuiene haga en suplicar á su mag.d se sirua de mandar no se trate de cosa semejante y por ser la materia tan grande se acordo se llame á la villa p.a el biernes para continuar la dcha platyca y Resolver lo q̃ conbendra se haga». Y en efecto «en m.d lunes 24 de hen.o de 1600 as. en este ayuntam.o se trato y confirio largam.e sobre la yda de la corte y no se Resoluio cosa ninguna y se quedo para otro ayuntam.o y se llame para el miercoles Para ello».—*Ibidem*, 1600; ff. 205 y 206 vto.—Pero ya hasta Septiembre no se encuentran acuerdos sobre el particular.

[19] Cabrera, que desde 1.º de Enero de aquel año siguió cuidadosamente los pasos de la mudanza, en 6 de Mayo da por abandonada la plática.—*Relaciones*, op. cit., pp. 56, 59, 63, 66 y 69.—Á pesar de ello, en 4 de Julio de aquel año estaba secretamente decidida. Testifícalo el Duque de Lerma, quien enviando al Conde de Miranda, Presidente del Consejo de Castilla, un arbitrio sobre aquel negocio, acompañábalo de las siguientes palabras: «Á su magestad dieron el papel incluso sobre la mudanza de la Corte, y *supuesto que el punto principal que es el de la mudanza está resuelto sin que haya que añadir ni quitar*, quiere en los demás puntos el parecer de vuestra excelencia y manda se le invíe con mucha distinción.—Dios guarde á V. exce.a En Medina del Campo á 4 de Julio de 1600—El Duque.—Señor Conde de Miranda».—(En las espaldas del documento) «*4 de Julio de 1600.—Señor Conde de Miranda con un papel sobre la mudança de la Corte*».—Archivo General de Simancas.—Secret. de Gracia y Justicia. (Legajo 897).

dades visitadas, como otras veces, los millones de ducados que sus procuradores en las Cortes se resistían á conceder. [20]

De todos modos, la resolución final de la mudanza no se descubrió por entonces: mantúvose secreta; llevóse á cabo el viaje, residió en Valladolid el Monarca, con gran contento suyo, cerca de dos meses; celebró el pueblo su venida con aclamaciones bulliciosas; el Corregidor, Ayuntamiento, Justicia y Señores alegraron y entretuvieron su estancia con ostentosas fiestas; vertieron hábilmente la adulación y los favores, y quién sabe si algo más substancioso, en la persona del prepotente favorito, el Duque de Lerma, y aun cuando para ello hubieron de empeñar y malbaratar poco menos que hasta la propia arca del concejo; [21] la conclusión postrera fué que cuando Felipe III regresó á Madrid en los comienzos de Septiembre, consigo llevaba el espanto y la zozobra que rápidamente se propagaron entre los acongojados madrileños, con el rumor violento y abrasador de la mudanza, nuevamente resucitado

Y aquella vez iba de veras, y bien lo presintió el dormido concejo de la Villa, despertando del funesto sopor que le había dominado durante todo aquel año de 1600, en que los trámites de la ida á Valladolid habían corrido sigilosos; sus pobres regidores, pretendiendo hallar remedio á un mal que, desdichadamente, ya no lo tenía, azorados, locos y nerviosos, como quien pierde la serenidad y la calma, corrieron á buscar aquellos resortes, aquellas providencias que meses atrás acaso hubiéranles premiado con la victoria que ambicionaban; pero entonces ya baldíos, sin virtud alguna ni fruto. Y así intercedieron con el confesor de su Majestad, Fr. Gaspar de Córdoba, con sus predicadores, con los señores del Consejo, con la majestad misma de la Emperatriz, [22] echando tardíamente de la Corte á los vagabundos y gente vi-

---

[20] CABRERA: *Relaciones*....., 84.
[21] Vid. en el mismo: *Relaciones*. ., las de estas fiestas y regocijos (pp. 68 á 81) ó en la *Historia de la Muy Noble y Leal Ciudad de Valladolid*, por el Doctor Matías Sangrador y Vitores...... (Valladolid, 1851, tomo I, 448 á 452) que extracta los acuerdos del Ayuntamiento sobre el caso.
[22] «en M.d lunes 12 de Septiembre de 1600 en este ayuntam.º se trato y confirio auiendose entendido quan adelante anda la nueua de la mudança de corte y considerando el notabilisimo daño que esta Villa Resçiuiria si fuese cierto por su grande empeño demas del daño q̃ monesterios y personas pobres que

ciosa; [23] y como alcanzaran que tales medicinas eran harto débiles y de eficacia nula si no se robustecían con alguna dádiva, jugando su última carta, no vislumbraron mejor camino que el de cohechar pública y bonitamente al verdadero fautor del regio decreto, al alma del traslado, y con poquísimo decoro y sin pizca de vergüenza pidieron descaradamente licencia á su Majestad «*para ofreçer al sr. duque de lerma una casa en que se avezinde en md.* (Madrid) *ó cien mill d^s* (ducados) *para ella quedandose la corte en esta Villa*». [24] ¡Tardío remedio! ¡Inútil soborno! Porque cuando ellos, los regidores madrileños, pensaban comprar al interesado valido, era el caso que los vallisoletanos, más listos y sagaces, ganándoles el juego por la mano y tomando la delantera con mercedes, privilegios y concesiones, y acaso, aunque esto, claro es, no puede constar documentalmente, con sus buenos escudos, tenían ya sujeto y de su parte al ministro poderoso. [25]

---

tienen todas sus haziendas a censo y lo demas que se ha representado se acordo que los ss.ˢ don Ju.º de lauarrera y don juan de leon juntamente con el d.ʳ matute hagan vn memorial en que se rrepresente el empeño desta Villa y las causas porque a procedido y el estado en que está y con este hablen al señor confesor y predicadores de su mag.ᵈ y personas que entendieren que tratan de los casos de conciencia y hagan instancia con ello *procurando por todas las bias posibles estoruar esta mudança* y tanbién ablen a los ss.ˢ del consejo destado, y los ss.ˢ juan Ruiz de belasco y lic.ᵈᵒ baldes hablen a la mag.ᵈ de la enperatriz y la representen todos los daños e ynconuenientes y le supliquen con el memorial pida á su mag.ᵈ no permita que la corte se mude y los ss.ˢ don ger.ᵐᵒ de barrion.º y bart.ᵐᵉ de sardaneta hablen al Reyno en la misma Razon con el mis.º memorial y le pidan haga la misma Instancia y hablen á los Illm.ᵐᵒˢ cardenales y ss.ˢ conde de miranda y don Ju.º de Idiazquez press.ᵉ de ordenes en la misma Razon y le supliquen lo mismo».—*Libros de actas y acuerdos del Ayuntam.º de Madrid*. (Año de 1600; f.º 308.)

[23] Así quisieron atajar el tremendo acuerdo que se les venía encima ¡Ya no era tiempo! *Ibidem*, Junta del 25 de Septiembre 1600; f.º 315.

El Ayuntamiento vallisoletano, sin descuidarse, despachaba en regimiento de 15 de Diciembre de 1600 al Regidor Juan de Palacios, para que en compañía de Jerónimo de Villasante tratasen en Madrid «la venida de la corte á esta ciudad».—*Libros de Actas y Acuerdos*. (Año 1600, f.º 196.)

[24] *Ibidem*; f.º 308 vto.

[25] V. los acuerdos que copia D. José Martí y Monsó en su fundamental obra «*Estudios histórico artísticos relativos principalmente á Valladolid, basados en la investigación de diversos archivos*». (Valladolid, Miñón, 1898-1901, p. 600).

Pidiendo el Duque licencia al Ayuntamiento para hacer un pasadizo desde sus

Corrían entonces los postreros días de Septiembre; la voz de la partida era cada vez más insistente, segura y clamorosa, y, acongojados los combatidos ánimos de los cortesanos, de los monasterios, de los hospitales, de las cofradías, que palpaban perdidas sus haciendas con el levantamiento de la Corte, [26] abandonando toda esperanza terrenal,

---

casas al Monasterio de San Pablo, los regidores «todos unánimes y conformes dixeron que son tantas y tan grandes las obligaciones y mercedes que esta ciudad tiene Receuidas y esperan rreceuir de su ex.ª que con dar la dha licencia como se la da no cumple parte de lo mucho que esta obligada por tener como tienen en su exc.ª señor y protector del bien vniversal desta republica».—Junta de 15 de Henero de 1601.—*Libros de Acuerdos del Ayuntam.º* (Año 1601; f.º 23 vto.)

Á Cabrera no se le escapa cómo la mudanza se debió principalmente al valido, «porque muestra desearlo mucho el Duque de Lerma *que basta para que se haya de hacer*»; y aunque confesaba que Felipe III holgaba más de residir en Madrid, concluye que «siendo tanta parte en ello» el Duque, «para él en nada se pornà impedimento».—CABRERA: *Relaciones......*, pp. 65, 83, 86.

[26] La oposición á la mudanza fué, no obstante, pública y muy viva. Aparte los *Memoriales* de Pérez de Herrera, donde se agotan todo linaje de argumentos en contra suya, comparando las ventajas y preeminencias universalmente recibidas en pro de Madrid para asiento de Corte, con las incomodidades y quebrantos que para la salud y las haciendas ocasionaría la estancia en Valladolid, escribiéronse además muchos arbitrios y papeles, que manuscritos corrieron entonces: la Emperatriz, dice Sepúlveda, «con muchas veras y grandes encarecimientos y con palabras muy graues, pidió al Rey no se pasase ni hiçiese mudanza alguna»; el Arzobispo de Toledo, Fr. Bernardo de Sandoval y Rojas, previno asimismo en un papel manuscrito los daños que acarrearía aquella funesta determinación, y personalmente representó al de Lerma los inconvenientes grandes de la medida.

Los monasterios, hospitales, cofradías é instituciones caritativas y piadosas fueron principalmente quienes más apuraron los trabajos y esfuerzos por impedir el levantamiento de Corte. Muchos de ellos vivían de caridades y limosnas: otros habíanse fundado á costa de imposiciones y censos tomados sobre sus casas; en el alejamiento de los cortesanos veían su acabamiento y ruina, y por eso fué tan viva su oposición y tan tenaces sus trabajos.

De los de las Cortes ya dejé hecha referencia, debiendo añadir, que, dos años más tarde, en Diciembre de 1602, pidiendo ya en Valladolid la vuelta de la Corte, aprobaron un notabilísimo y curioso *Memorial* en que aparecen enumeradas todas las ventajas y excelencias de Madrid como lugar de Corte, con pintorescas y descriptivas razones, que hacen de él un muy interesante documento para su historia y para la misma del traslado.—Vid. PÉREZ DE HERRERA: *Memo-*

pusieron la escasa y agonizante que les restaba en el favor del cielo; y Madrid enternecido asistió con asombro aquellos días á procesiones y comitivas de disciplinantes, que, al soñoliento canturreo de los salmos penitenciales, recorrían solemnes y pausados las calles, plazas y revueltas de la Villa, rasgándose las carnes con el duro azote y clamando á Dios misericordia para aquel lugar desventurado; mientras que menudeaban en las iglesias las novenas, los sermones, las rogativas públicas, las llamadas vivas y profundas á la piedad divina, para que abriese los cegados ojos de los ministros del Rey, alejándoles la tentadora resolución de la mudanza. [27]

La Villa y Corte, á la cuenta, era muy pecadora, y sus crímenes y escándalos debían pedir un ejemplar castigo, pues Dios no escuchó sus fervorosas súplicas, permitiendo, por el contrario, que se llevasen adelante las pláticas durante los postreros meses de aquel año (esta vez unánime ya la voz del temido traslado); [28] y cuando en los comien-

---

riales, cit.—SEPÚLVEDA. *Historia*, cit. II, 79.—GIL GONZÁLEZ DÁVILA: *Historia de la vida y hechos del inclito monarca, amado y santo Don Felipe III*.....—Madrid, Ibarra, 1771, folio, p. 81.—CABRERA: *Relaciones*....., op. cit., p. 94.—GALLARDO. *Ensayo*....., IV, col. 1510.—*Cortes de Castilla*....., tomo XX, pp. 702-710.

[27] «En estos días se hazían en Madrid grandissimas procesiones con disciplinas y otras muchas plegarias, suplicando á Nuestro Señor estoruase la pasada de la Corte.....; salieron çien pronosticos acerca desto y deçian que auia de morir una caueça muy grande que auia de estorbar la pasada».—(SEPÚLVEDA: *Historia mss.* citada; tomo II, f.° 80 vto.)

[28] Aunque Pérez de Herrera dice, en otro *Memorial* que escribió por aquellos días *, que se había diferido hasta el mes de Abril del venidero año de 1601 la resolución de la mudanza, la verdad era que, aunque no publicada aún, estaba ya decidida, como Cabrera lo declara *(Relaciones*....., loc. cit.) y los regidores madrileños confiesan, teniendo en 27 de Septiembre de 1600 por segura «la nueva de la mudança de la Corte» *(Libros de Acuerdos.*—Año 1600; f.° 316), y abandonando desalentados todas sus pláticas y gestiones para impedirla.

Lo que á pesar de mis extraordinarias pesquisas no he podido haber á las

---

* *Á la Catolica Real Magestad del Rey Don Felippe III nuestro Señor· cerca de la forma y traça, como parece podrian remediarse algunos peccados, excessos y desordenes, en los tratos, vastimentos y otras cosas, de q̃ esta villa de Madrid al presente tiene falta, y de que suerte se podrian restaurar y reparar las necessidades de Castilla la vieja, en caso que su Magestad, fuesse seruido de no haçer mudanza con su Corte a la ciudad de Valladolid* —(In 4°, s. l. n a. 40 folios; f.° 2 vto.).—Bib. Nac.—Este Memorial se escribía por el otoño de 1600; v. al efecto f.° 34 vto.

zos del siguiente, que lo eran también del siglo xvii, reunió Felipe III su Consejo [29] para acordar definitivamente, como lo hizo, la salida de la Corte, no les restó á los madrileños más consuelo que el inocente de aquellas candorosas palabras con que acompañó su firma el apocado Monarca, y contestó á la Reina, que le pedía que, pues sentía tanto el salir de Madrid, no lo ejecutase: «Contra mi gusto vuelvo—dijo—y se ha de hacer, porque mi confesor con otros dicen ser del servicio de Dios». [30] ¿Del servicio de Dios? No, ciertamente, sino del humano é interesado del de Lerma; mas ¿ha llegado acaso alguna vez la verdad limpia y desnuda, y más si hiere y puede provocar á la venganza, á los alcázares reales?

Leyóse, pues, pocos días más tarde, en la noche del miércoles 10 de Enero de aquel comenzado año de 1601, el decreto definitivo del traslado de la Corte á Valladolid, [31] y, hechas á la carrera algunas prevenciones necesarias para la salida de la Casa Real, el Monarca, sin aguardar más diligencias, rompió arrebatadamente la suya, tomando al siguiente día 11 el camino para la nueva real residencia; cuatro días después le seguía la Reina, y tras ellos comenzó la desbandada de los consejos, de los tribunales, de los oficios, de los despachos, del gentío y muchedumbre inmensos de pajes, lacayos, gentiles hombres y oficiales que vestía y autorizaba con sus servicios y presencia una Corte de entonces. [32]

---

manos es la fecha exacta del bando que pregonó el cambio de la Corte, que debió de publicarse á mediados del mes de Diciembre de 1600, á juzgar por las noticias que León Pinelo nos dejó en sus *Anales*.« Publicóse esta mudanza poco antes de la Pascua de Navidad», dice; y Baltasar Porreño «se hechó el Vando de esta mudança que se publicó el año de 1600 en su postrero mes».— *Dichos y hechos de el Señor Rey Don Phelipe III el Bueno.*—Madrid, 1723; p. 229

[29] P Sepúlveda. *Historia* cit., II, ff. 82 vto. y 83.

[30] Gil González Dávila: *Historia de la vida y hechos del ínclito Monarca amado y Santo D. Felipe Tercero.*—Op. y loc. cit.

[31] Cabrera: *Relaciones......,* p. 93.

[32] No ha sido ni es mi intento trazar una historia minuciosa de aquel hecho, entonces tan discutido y censurado; mi propósito no iba mas lejos de señalar sus fases é incidentes más principales, aportando la novedad y documentos que en la mayoría de las historias modernas no se hallan. Y bien me creerá el lector si le declaro que he omitido mil detalles para la composición de este capítulo, que, racionalmente distribuídos, quizás me hubieran obsequiado con un

Nadie osó protestar: oyóse sólo la voz del rondeño Vicente Espinel, que en un arrogante y brioso soneto (por inédito lo tengo), echaba valientemente en cara á los corrompidos cortesanos las causas de la traslación:

SONETO DE ESPINEL Á LA MUDANZA DE LA CORTE

Por regidores bajos levantados,
Por altos edificios sin cimientos,
Por los dueños tiranos y avarientos,
Por gente honrada en tratos deshonrados;
Por ángeles de guarda disfrazados,
Por mohatreros viles fraudulentos,
Por los arrendadores de los vientos,
Por tratantes en frutas y en pescados;
Por damas de la liga y valentones,
Por fulleros y casas deste vicio,
Por villanos que matan la esperanza;
Por vagabundos graves y ladrones,
Por lacayos y mozas de servicio,
Por esto y más, es justa esta mudanza. [83]

---

libro entero. No pasaré sin señalar el vacío y ausencia de datos que, contra mi esperanza, toqué en el Archivo de Simancas al investigar personalmente este hecho histórico. Fuera de algún dato citado en el texto, de un extenso y disparatado arbitrio sobre la causa y forma de la mudanza, y de las órdenes dadas para efectuarla, la verdad es que, después de repasar concienzudamente los *Legajos 183 á 187 de Estado* (Años 1599 á 1601) y de encomendar su busca á los celosos empleados de aquella dependencia, fracasaron nuestros empeños y no pude dar ni con una sola consulta (que indudablemente existieron) del Consejo, en las deliberaciones largas que precedieron al decreto, ni tampoco con la minuta del decreto mismo. En suma, nada ó casi nada ¿Acaso se extraviarían con los viajes de la Corte? ¿Estarán fuera de su lugar, sepultados en otros legajos? La falta de un índice de materias, habiendo que atenerse tan sólo al escueto cronológico, dificulta sobremanera toda empresa de investigación en el susodicho importantísimo Archivo, pues en cuanto un documento no se encuentra en el legajo que por su año le corresponde, debe darse para el historiador como perdido. ¡Y hay que confesar que este estado de cosas es una triste calamidad!

[83] Biblioteca Nacional. Mss. 3.796. (Tomo 2.º de los tres de *Poesías manuscritas* que fueron de Usoz); f.º 300 vto. Téngolo seguramente por inédito, por-

Sus diligencias preliminares corrieron, unas, á cargo de la Junta oficial, que para el caso había nombrado Felipe III con anterioridad á su partida, [84] y otras, las más, á cuenta de los cortesanos mismos: preparativos embarazosos, intrincados y llenos de quebrantos.

Los tiempos habían cambiado también sobremanera. Ya no eran los del Emperador, en que los consejos no subían de cuatro á cinco, y los consejeros, en cada uno, de tres ó cuatro; tiempos en que, como declara un testigo, víctima del traslado, [85] en un carro llevaba un ministro juntamente su ajuar, recámara y familia, porque la sencillez de las costumbres y la modestia de las casas no embarazaban con los mil costosos bufetes, aparadores, tapicerías y arcones de todas suertes, llenos de los costosos paños, guadameciles y reposteros que adornaban con extraordinario boato las casas de la época: basta recorrer el inventario de un caballero de la Corte de Felipe III, y no ciertamente de los más principales y linajudos, para asombrarse de las arcas y acémilas que exigirían tantos cuellos de randas, jubones de mil usos, ligas, ferreruelos, muserolas, borceguíes, calzas, medias, bonetes, ropillas, capas y cintillos, por no citar á la ligera otras que aquellas prendas de personal uso con que se honraba un caballero en la Corte; [86] que los vestidos femeniles, las galas de sarao, la pesada indumentaria y armería de justas, cañas y torneos, un mundo eran, que llenaban más arcas y maletas, y pedían entre todos un número incalculable de transportes.

Á más de ciento subía el de los consejeros que, llamados por el Rey

---

que las *Diversas rimas de Vicente Espinel*..... (Madrid, Luis Sánchez, MDXCI) son anteriores á la fecha de la mudanza, y no lo he hallado en posteriores colecciones de poesías.

[84] Compuesta del Conde de Miranda, el Comendador de León y Fr. Gaspar de Córdoba, el Presidente de Indias, cinco Consejeros y un Alcalde de Casa y Corte; *Orden para la mudança de la Corte Consultose á su magestad en 12 de Enero de 1601. Consulta de la junta sobre lo que se debia prevenir para la mudanza de Corte así en Madrid como en Valladolid.* (Arch. Gen. de Simancas. Secret. de Gracia y Justicia, Leg. 897).—Interesante documento del que tengo copia íntegra é iré extractando en sus más principales puntos

[85] Pérez de Herrera: *Memorial citado* en la nota [4], f.º 13.

[86] Para ejemplo, léase el Inventario formalizado á raíz de la muerte de don Gaspar de Ezpeleta.—Pérez Pastor: *Documentos cervantinos hasta ahora inéditos recogidos y anotados......*—Madrid, Fortanet, 1897-1902.—Tomo II, 482-484.

desde Valladolid, veíanse apretados á hacer mudanza, con su correspondiente séquito de ministros, papelistas, relatores, escribanos y oficiales de los despachos, criados, pajes, rodrigones, escuderos, dueñas y familia de todos; en suma, la muchedumbre populosa de una Corte que se despuebla, y á su calor y abrigo, centenares de pícaros hambrientos, vagos y ociosos, que en su confusión y sombra hallaban irregular amparo á su pobreza, franca salida á sus vicios y fácil muerte á su hambre. Y tras aquellos *zánganos y sabandijas de las ciudades*, como las Cortes los llamaban, envueltos con ellos, medrando con ellos, y en representación del demonio, amenazaban caer sobre Valladolid el ejército no menor de damas cortesanas, unas, las más, desvergonzadas y perdidas, en compañía de sus rufianes y bravos; y otras, plaga más discreta y astuta, autorizadas por sus postizas tías ó madres de embeleco. Aprestáronse todos á salir, y para los consejeros y gente oficial tuvieron que proveer los alcaldes coches, carros y acémilas, á cuyo efecto y por orden suya, los alguaciles de casa y corte diéronse á despabilar por los lugares comarcanos todo linaje de bestias y transportes, [87] volviendo, á costa de sus insolencias y desafueros, satisfechos y ufanos con sus presas, que servían para la conducción, ora de las personas, bien para la de su imponente impedimenta.

Repartiéronse entre la gente oficial pingües ayudas de costa, desde los mil ducados que se daban á los presidentes de los consejos, y quinientos á los simples Consejeros, hasta los doscientos de los escribanos y ciento cincuenta, y menos, á los restantes oficiales; caudal inmenso que se desbarató por el mezquino capricho de un favorito. [88]

No fueron menores los gastos que ocasionaron la prevención y cuenta de todas aquellas diligencias de la mudanza, [89] el aderezo de los

---

[87] «Para arrancar la Corte de Madrid se ha de prevenir lo que sigue»..... «Que a un Alcalde de Corte se encargue la prevención de carros y acémilas de Castilla la Vieja y de la Mancha para alibiar esta tierra.....»—*(Arch. Genet. de Simancas)* Secret. de Gracia y Justicia (Leg. 897).—*Libros de Actas y Acuerdos del Ayunt.º de Madrid.*—Año 1606, Junta de 12 de Abril de 1606; f.º 274 vto.

[88] *Arch. Gen. de Simancas.* Ibidem.—LEÓN PINELO: *Historia de Madrid desde el Nacimiento de Cristo Ntro. Señor hasta el año de mil seiscientos cincuenta y ocho.*—Mss. Año 1600.

[89] Pérez de Herrera calculaba en más de ocho millones de ducados los gastos generales que ocasionaría la mudanza, amén del destrozo y pérdida de los

caminos, intransitables y maltratados por hallarse en pleno invierno, que fué además muy riguroso y crudo en aquel año; los centenares de yuntas que en la falda de la Sierra aguardaban la llegada de los convoyes para subir las revueltas empinadas y agrias de los puertos; [40] la provisión de los lugares por donde habían de pasar aquellas imponentes caravanas; el cúmulo grande de medidas de toda laya, hasta desarraigar una corte que tenía echados sus cimientos desde había más de cuarenta años; el atajar los desmanes y abusos de los arrieros y recueros, que en pleno invierno hacían su agosto; la publicación de las pragmáticas y bandos tasando el precio de las caballerías, carros, mozos de mula, literas y sillas de camino; [41] el cuidado y diligencia para que no acompañasen á los consejeros y ministros otras personas que no fuesen las de sus familias ó criados puestos en sus nóminas; el contener la invasión que temían en Valladolid del mismo concurso vagabundo y pícaro que estorbaba la buena vida de la Corte, ya que la principal razón de la mudanza era limpiarla de la muchedumbre ociosa que la inundaba; [42] quehaceres infinitos, preocupaciones graves,

---

papeles de las secretarías, contadurías y demás despachos.—*Memorial* citado en la nota [4]; ff. 12 y 13.

[40] «Que en el pie del puerto se ponga tasa de lo que se ha de pagar por las cabalgaduras, bueyes y hombres que se ocuparen con los pasageros, poniendo allí ministro muy fiel y executivo que lo haga guardar y adreçar los puertos y caminos»—*(Arch. Gener. de Simancas).* Ibidem.—CABRERA: *Relaciones......,* p. 271. (Detalles de la vuelta).

[41] Los precios pregonados de los portes eran los siguientes 3 maravedíes cada arroba y legua; 24 reales el alquiler de un coche, y siete más *si lloviese*, con 3 mulas; cada mula de alquiler, dos reales y cuartillo por día, y veinte y seis por litera, sin que se contase retorno.—CABRERA: *Relaciones......,* p. 88.

[42] Años atrás, en efecto, venían las Cortes y los arbitristas políticos de buena ley, como Pérez de Herrera, exhortando al Monarca y á sus Consejos á acometer el grande empeño de purgar y limpiar la Corte de la muchedumbre vagabunda, gente superflua y baldía que la ocupaba, con la excusa vana de acudir á sus pleitos, demandas y pretensiones, despoblando, en cambio, otros lugares del Reino, que por ende quedaban desamparados y pobres, cerradas sus casas y arruinándose de no habitarlas. La Corte sufría sobremanera con tan extraordinario concurso de estantes en ella, que, como parte y lugar en donde se vivía con más libertad y holgura, era también más propicio á crímenes, robos, insultos y desmanes, que menudeaban haciendo muy difícil su gobierno; encarecíanse, por otra parte, con la abundancia de habitantes los mantenimientos y

complicados asuntos, que llenaron con exceso el celo y los cuidados de la recién nombrada Junta, y más singularmente de la Sala de Alcaldes; que en éstos, á la postre, pesaba la resolución y cumplimiento de todo.

Fué aquella jornada franca y abundante cosecha para los esportilleros y ganapanes, que en el levantar de las casas, oficinas y palacios hicieron sabrosas ganancias, como también para los arrieros y recueros, gente impía y desalmada, con quien la gente pobre veíase obligada á concertar en la diputada plaza de Herradores el alquiler de las mulas de retorno por dos reales y cuartillo diarios, según disponía la flamante pragmática.

Entre tanto que se apuraban estas preliminares diligencias, comenzó

---

cosas necesarias al vivir, criándose á su sombra un tropel desalmado de regatones, arrieros y carreteros, empleados en su conducción, con mengua de las labores del campo, abandonadas de todo punto, y hechas eriales las tierras, por falta de brazos que las cultivasen, aumentando, en cambio, los pícaros, mal bisconcs, holgazanes y entretenidos, que en la confusión del mar de la Corte no se echaban de ver por su grandeza, como en sus lugares y aldeas lo fueran.

Y cuando el Duque de Lerma planteó en beneficio de Valladolid el pleito de la mudanza, diósele al caso un carácter extremado de conciencia, que Felipe III reflejó en las palabras que dejé copiadas más arriba, y todos los argumentos en pro de esta resolución compendiáronse en uno: aventar de la Corte la polilla ruin que la consumía, llenándola de escándalos y pecados públicos en ofensa de Dios, razón fundamental que se robusteció con algunas otras secundarias, cuales eran abaratar la vida en la nueva Corte, acudir al socorro de Valladolid y Castilla la Vieja empobrecidos, aliviar al reino de Toledo de la pesada carga de proveer forzosamente á Madrid con bastimentos y víveres; motivos, en suma, que las historias del tiempo recogieron como causa política del traslado y que declaran asimismo los escasos papeles oficiales que sobre aquella medida de gobierno se conservan.—Vid. *Cortes de Castilla.*—Tomos XVIII, pp. 610-614, y XX, pp. 706-708.—*Papel que se dió á su mag.ᵈ sobre la mudanza de la Corte y sus causas.*—(Arch. Gen. de Simancas) Secret de Gracia y Justicia. Leg 897.— MATÍAS DE NOVOA: *Historia de Felipe III Rey de España.*—(Colec. de Docum. Inéd. Tomo LX, pp. 165-166).—GIL GONZÁLEZ DÁVILA *Historia de Felipe III*, op. cit., p. 81.

Vid. además, aunque es de fecha posterior, el muy notable *Memorial* que sobre los daños que causaba la excesiva abundancia y acumulación de gentes en la Corte, leyó en las de 1615 el procurador D. Diego Gallo de Avellaneda. Tomo XXVIII, pp. 514 á 516 y 537 á 539

la salida de los consejos sobre el día 20 de Febrero, en que abrieron la marcha los de Estado, Real, Guerra y Hacienda, seguidos poco después por los restantes. [43] Los consejeros y sus familias iban en sendos coches; la tropa del tinelo en carros y cabalgaduras, y los que no tenían abundantes ducados, tomaron el largo camino en las manos y en los pies, sin otra compañía que la del *Reportorio* de Villuga, ó el más moderno de Alonso de Meneses. [44] Las personas señoriales y tituladas hacían su viaje en litera, escoltados por sus criados, y apercibidos de despensero, mayordomo y cocinero, que cuidaban en las ventas y posadas de prevenirles limpio y cómodo alojamiento, llevando al efecto en sus acémilas ó carros la recámara necesaria; empeño, sin embargo, difícil, por la tradicional suciedad y mala fama de los mesones castellanos.

Y lindos y bizarros salían todos con sus lucidos trajes de camino y defendidos de los rigores del sol, que por entrar en la primavera venía ya apretando, con sus antojos, papahigos y quitasoles; y cuando al desembocar por la opulenta Puente Segoviana contemplaban en la al-

---

[43] Habíase dado orden severísima para que nadie pasara á la nueva Corte hasta tanto que los Reyes no entrasen en ella. Tuvieron éstos su público recibimiento á 9 de Febrero, y el Rey escribió incontinenti una carta á los consejos para que apercibiesen su marcha, orden que acogieron todos «de malísima gana y no lo podían creer».—CABRERA: *Relaciones*....., pp. 94 á 96.—P. SEPÚLVEDA: *Historia*......, op. cit., II, f.º 85 vto.

[44] *Reportorio de | caminos. Ordenado por Alonso | de Meneses Correo. | Añadido el camino de | Madrid á Roma. con vn | memorial de muchas co | sas sucedidas en España. | Y con el Reportorio de | cuentas, conforme a la nueua pre | matica Impresso con licencia en | Alcalá de Henares, por Se | bastian Martinez. Fue | ra de la puerta de los Martyres. Año 1576. | Tassado á ..... mrs.*—1 vol. in 32.º, de LXXXIII folios numerados.—Licencia firmada por Alonso de Vallejo en Madrid á 10 de Diciembre de 1575. Prólogo-Texto. (Bib. Nac. R-4.614.) No citado por Catalina en su *Tipografía Complutense*, ni por ninguno de nuestros bibliógrafos. Su forma, alargada y estrecha, era á propósito para meterse en las faltriqueras y acompañar á los trajinantes y viajeros en sus caminos. Hoy los ejemplares de estos *Reportorios*, como el de Villuga, son rarísimos. De Madrid á Valladolid había XXXIII leguas, pasándose por Aravaca, Torre de Lodones, Guadarrama, la *Venta del molinillo* (distinta de la de *Rinconete,* también citada en éste, f. XXXIIIJ vuelto), la de la Lagunilla, Sta. María de Nieva, La Nava, Mojados, Boecillo y Valladolid. Éste sería el itinerario seguido por los descontentos cortesanos. (Vid. f.º LI.)

tura el confuso montón de casas, iglesias, monasterios y torres de Madrid, presidido todo por la grandeza y majestad de su regio Alcázar, y se les ofrecía el negro y atribulado pensamiento de la despedida, para siempre, eterna, con el soto cercano de la Casa del Campo, su linda arboleda, hermosísimos jardines, diversidad de flores y hierbas repartidas por sus eras con extraño artificio,[45] con los mil deleites y gustos que les recordaban las vecinas huertas del manso Manzanares, con la vista espléndida que el Madrid de entonces regalaba desde el Humilladero del Santo Ángel, que estaba á la otra parte de la Puente Segoviana,[46] más de un envejecido cortesano debió de renovar sus lloros y lamentos; más de una tierna doncella nacida entre sus muros reduplicaría sus lágrimas; al cielo límpido y sereno subirían entonces las lastimosas quejas de aquellos condenados al destierro, y no faltaría entre todos algún infeliz coplero de la calle de los Negros, que, esgrimiendo su barberil estro, y encendida su inspiración con el calor afectuoso y conmovedor de la despedida, rompiese á decir en altas y sentidas voces, dirigiéndose al Madrid que cada vez se veía más lejano, envuelto entre el vaho neblino del arroyuelo humilde que lame sus plantas:

¡Adiós, Madrid, Madre amada,
Madre nuestra, Madrid rico,
Corte del gran Salomón,
Hechura de Carlos V.
¡Adiós, plaza de Madrid,
Que ha llegado el plazo esquivo
De aquesta triste madrastra;
Que los cielos dan castigo.
Adiós, señora de Atocha,
Adiós, Virgen de Lorito,
Fuentes del Prado y Peral,
Lavapiés y Leganitos,

---

[45] PEDRO DE MEDINA: *Primera y segunda parte de las grandezas y cosas notables de España..., agora nueuamente corregida y muy ampliada* por Diego Pérez de Messa......—Alcalá, Juan Gracián, 1595 —In fol. (f.º 205 vto).—Lindísima es la descripción que hace de la Casa del Campo.

[46] VICENTE ESPINEL: *Relaciones de la vida del escudero Marcos de Obregón.* (Relac. I, Descanso VIII.)

Puerta del Sol, puerta hermosa,
Soto, Puente, Sante Isidro,
Huerta y jardines de Chipre,
Quinta de milagro quinto,
Brañegal, huerta del Sol,
Alcázar gallardo y rico,
Adiós todo, adiós, pues todo
Tiene de Dios el principio.
Contra nuestro gusto vamos
Al hondo valle de Epiro,
Todo será llanto y pena,
Dolor, rabia y alaridos,
Hasta que alegres volvamos
Á ver tus campos floridos. [47]

---

[47] *Aqui se contienē quatro Romances | nueuos muy curiosos. El primero del gran sentimiento que la no | ble villa de Madrid hizo por la yda de su Magestad á Valladolid. | El segundo trata de las tiernas quexas que se propusieron á la parti | da. El tercero de Don Aluaro de Luna. Y el quarto la respuesta | q̃ da Valladolid á las quexas de Madrid. Compuesto todo por | Lope de bega, en este año de mil y seyscientos y vno.* (Viñeta en madera.) (Al fin.) *Impresso con licencia en casa de Mi | guel de Lorençana, frontero de la | Real Audiencia de Seuilla.* Un pliego suelto in 4.º (Bib. Nac., R. 12.176, núm. 11)
 Las coplas son verdaderamente de ciego, é indignas de la pluma de Lope cuyo nombre hurtan.
 Si la resolución de la mudanza avivó la vena de los escritores de romances y jácaras, como se dice, es la verdad que tales quejas, sátiras y comentarios burlescos á la ida de la Corte son escasísimos y muy raros. Yo no me he tropezado, aparte de los que apunto, con otros más que dos *Romances:*

y
A la Mantuana biuda
Por muerte de su Felipo,

Bien quisiera, caros hijos,
Salidos de mis entrañas,

que hallo en la Trezena Parte del *Romancero General en que se contienen todos los Romances que andan impressos.—*Madrid, Juan de la Cuesta, 1604 (folios 497 y 498) — Y tres más.

y
Vuestra patria y vuestra Corte
Madrid y Valladolid

Señora Doña Madrid,

contenidos en la *Segvnda parte del Romancero general y flor de diuersa poesia.—*Valladolid, Luis Sánchez, 1605.—In 4.º (ff 22-23 y 23 vto).

Meses más tarde, aquel llamado con razón *caballero del milagro*, porque, á la verdad, en él parecen compendiarse todos los alientos, virtudes y caídas de una raza, que comenzó soldado, siguió farandulero y acabó su vida cortando su pluma de ave en un oficio escribanil de Zamora, para urdir grave y sentenciosamente con ella mil disparates astrológicos y ridiculeces judiciarias, meses más tarde, digo, aquel inimitable Agustín de Rojas pasaba por Madrid camino para la Corte, preparando ya su *Viaje entretenido*, y al contemplar el abandono y soledad en que yacía lo que en un tiempo fué ciudad famosa, «afligióseme el alma—exclama—de ver tanta tristeza, tanta soledad, tanta miseria y tanta desventura, y todo nacido por una mudanza.... No la conocía; miraba las calles y dábanme lástima; miraba las casas con sobreescritos en sus partes como cartas.....; miraba las paredes en quien estaba escrita la causa de su funeral tragedia.....; miraba los tejados cuyas canales vertían sangre de dolor..... Vi todo esto—concluye—y lo que más admiración me causó fué la gran soledad que había, pues en un lugar tan grande apenas por calle ninguna vía gente, todo era tristeza y malencolía, y la causa era haberse ido toda á Valladolid». [48]

Después que me vi en Madrid,
Yo os diré lo que vi,

escribía también otro poeta insigne, dejándonos, entre burlas y veras, un fúnebre retrato de su perdición y acabamiento:

---

[48] *El Bven Repvblico, por Agustin de Rojas Villandrando.*—Salamanca. En la Emprenta de Antonia Ramirez, Viuda. Año MDCXI (ff. 37 á 40).

Tanta fué su desdicha, que León Pinelo cuenta que las casas principales se daban de balde, y aun pagábanse personas que las habitasen, para detener, al menos, su total ruina. Y Sepúlveda añade que Madrid parecía entonces, por lo desierto, «corral inmenso de vacas» *(op. y loc. cit.)*. En los Libros del Corregimiento se lee, asimismo, la situación tristísima en que cayó por aquellos años. En la Junta de 20 de Octubre de 1604, se trató del modo como podría levantarse Madrid de aquella ruina; y un Regidor hubo que declaró que con la mudanza de corte «está padeciendo la mayor calamidad que jamás padeció lugar, pues todos los del mundo tienen algo de que puedan biuir los que en el estan: vnos de sus granjerias en lienços, lino y paño y sedas y manufaturas de sus manos; otros con corte, chancilleria, Universidad, puerto, mercaderias, tratos y contratos, con los cuales passan su vida. Los de Madrid solo es tratar de lo que fue y de que le ha quedado mucha ostentacion y nada con que sustentarla». *(Libros del Ayuntamiento de Madrid,* 1604, f.º 146, vto.)

Vi un lugar á quien su norte
Arrojó de las estrellas,
Que, aunque agora está con mellas,
Yo le conocí con corte.
No hay quien sus males soporte,
Pues por no le ver su río,
Huyendo corre con brío
Y es arroyo baladí.
Yo os diré lo que vi
Después que me vi en Madrid....,
Vi una alameda excelente;
Que á Madrid el tiempo airado
De sus bienes le ha dejado
Las raíces solamente.
Vi los ojos de una puente
Ciegos á puro llorar;
Los pájaros oí cantar;
Las gentes llorar oí;
. . . .
Vi de pobres tal enjambre,
Y una hambre tan cruel,
Que la propia sarna en él
Se está muriendo de hambre.
. . . .
Vi muchas puertas cerradas,
Y un pueblo echado por puertas;
De sed vi lámparas muertas
En los templos que corrí.
Yo os diré lo que vi
Después que me vi en Madrid. [49]

Porque en los cuatro meses que siguieron al malhadado decreto de Enero fué tan universal la desbandada, [50] que hasta los duendes, por

---

[49] *Obras completas de Don Francisco de Quevedo Villegas.— Edición crítica, ordenada e ilustrada por Don Aureliano Fernández Guerra y Orbe, con notas y adiciones de Don Marcelino Menéndez y Pelayo* (Biblióf. Andaluc.).—Sevilla, 1897-1907; tomo II, pp. 33 y 34.

[50] «Y se acabó de hir de todo punto (la Corte y los Consejos á Valladolid) el mes de março á catorçe del dho. mes.»—*Libro de las cosas memorables q̃ an*

no aburrirse solos, huyeron hacia la nueva Corte, dejando aún á Madrid más yermo y solitario. [51]

Abandónelo conmigo, si lo tiene á bien el lector curioso, y juntos pongámonos en Valladolid, ciudad memorable en la cual ha tiempo nos espera el felicísimo autor del *Coloquio de los Perros*.

sucedido desde el año de mil y quinientos y nouēta y nueue. Escritas por mano de Miguel de Soria e Madrid. (Bib. Nac., mss. núm. 9.856, f.º 3.)

[51] V. el Romance de Francisco de la Cruz, citado en la nota [10], más arriba. Todos los detalles y pormenores de este capítulo, aun los más livianos, son rigurosamente históricos. Por no embarazar más aún el texto con nuevas llamadas y citas, se han omitido las que se referían á puntos meramente descriptivos.

II

> ...Y Valladolid la rica
> En todo el mundo me llaman.
>
> *(Romance popular.)*

Si el buen Conde Peranzules llega á levantar la cabeza, despertando del secular sueño que dormía en su humilde sepulcro de la Iglesia Mayor, á fe que hubiera sido estupendo su asombro ante el espectáculo que en 1601 presentaba el modesto lugar fundado por él con tan pobres comienzos. También los fatigados cortesanos poseíanse de admiración semejante al hacer su entrada, tras el rudo camino, por las vallisoletanas puertas, buscando asiento firme, estable y duradero en la nueva y flamante Corte. No todos, sin embargo, hallaban franco el paso. Apostados en cada una de las cuatro Puertas del Campo, de Tudela, Río Mayor y Santa Clara otros tantos regidores del Cabildo, designados por su turno y asistidos de guardas de la Ciudad, pedían estrecha cuenta de la persona y condición de los nuevos vecinos, examinando su procedencia, oficio y derecho á residir en la misma, en cumplimiento de los últimos decretos.[1] Si los tales pertenecían al

---

[1] Antes de la llegada de los Reyes, y por orden suya, se limitaba ya la entrada en la ciudad. En el regimiento del lunes 15 de Enero de 1601 «el señor corregidor dixo que su señoría auia recibido una carta de su magestad por la qual le mandaba no dejasse entrar en esta ciudad á se aposentar en ella á ninguna persona de qualquier condición y calidad que fuesse que biniesse de qualquiera parte, y que se echasse della todos los bagamundos, hombres y mugeres que en ella estubiessen». Tratando de cumplirla, el Corregidor, que lo

mundo militar ó palaciego, ó libraban su pitanza entre los papeles infinitos de una escribanía de cámara ó de un Consejo, dábaseles libre entrada; negándola con extraño rigor á los vagos, pícaros; busconas, viudas sospechosas y demás ralea desocupada y vagabunda.

Con el ruido que se propagó del riguroso registro que se ejercía, excusóse en los primeros meses la venida de muchos á quienes asustaba (¡ellos sabrían por qué!) versè cara á cara con la justicia de los señores Alcaldes; poco á poco fué, no obstante, mitigándose la severi-

era D. Antonio de Ulloa, añadió «que no lo podia açer por auer muchos Portillos en lo que se auia cercado para la guarda de la peste». Acordó en su vista el Ayuntamiento se «hiciesen y cerrasen los dichos Portillos».—*(Libros de acuerdos.*—Año 1601, ff. 20 vto. y 21.)

Á 24 de Henero del mismo año «dixeron que por mandado de su mag.d se abian puesto guardas á las Puertas desta ciudad para que ninguna persona que no fuesse vecino della al presente entrasse en ella sino es trayendo horden y mandato de los SS. presidente de Castilla ó Duque de Lerma».—*(Ibidem*, f.º 30.)

En la junta de 16 de Junio se regularizó el servicio de las puertas, como da á entender este acuerdo: «que para la guarda de la q.e (corte) conbiene y es necesario es bien que assistan en cada vna de las quatro puertas un regidor de hordinario, que duerma en la dicha puerta, assi para la guarda della de noche que no la rompan y salten por ella los que bienen de fuera parte á dicha hora como para que se abran los correos que bienen para su mag.d como los que salen desta ciudad, y para que de mañana se abran las Puertas, al qual se de seyscientos maravedis de salario en cada un dia con que sea obligado á tener cada vno vn guarda con bara de justicia por su cuenta». *(Ibidem*, folios 94 vto. y 95). Y para su comodidad, en junta de 11 de Henero de 1602, se ordenó á Simon de Çerbatos, mayordomo de propios, mandase alhajar las dichas puertas con «dos sillas, un bufete, un banco y las esteras que fueren menester». *(Ibidem*, f. 233.) Tan molesto era, no obstante, el servicio, que, en junta de 22 de Diciembre de 1601, acordaron pedir á S. M. les eximiera «de la guarda de las puertas por los perjuicios, daños y enfermedades que les sobrevenian». *(Ibidem*, ff. 203 y vto.) De la cerca de la ciudad y su lastimoso estado se había conferido en junta de 21 de Noviembre de 1597, declarando que «la mayor parte della esta cayda y desportillada y que lo que está en pie no sirue de cosa alguna antes hace daño porque sirue de sea de deffensa para que detras della se escondan ladrones y otras personas á cometer delitos y pecados». *(Ibidem*, año 1597, f. 273.) La Sala de alcaldes se arrogó más adelante la vigilancia de las puertas de la ciudad, mandando no las abrieran los regidores hasta tanto que viniese á ellas y lo ordenara uno de los señores alcaldes.—(Arch. Hist. Nac., *Sala de Alcaldes.*—Libro III, f.º 227.) Vid. sobre estos libros el *Apéndice I*.

dad de éstos, [2] que paró á la postre en tanta blandura y relajamiento, que no ya por las cuatro puertas: por los infinitos portillos que la mal tratada cerca de la ciudad ofrecía, se escurrieron y deslizaron los mismos vagos, los mismos pícaros, las mismas deshonestas y taimadas viudas, la eterna y humana representación de los pecados capitales, que no podía faltar en una corte, y menos en la populosa, grande y memorable de Valladolid. [3]

De la antigua y heroica Pincia, cuna y solar de reyes, tenían los enojados madrileños cumplidas y sobresalientes nuevas por los libros de viajes, relaciones de sucesos y tratados cosmográficos descriptivos. Pero tan soberbias, maravillosas y altas eran las alabanzas que su grandeza provocaba, que más de un incrédulo hubo que las atribuyó al desmedido celo del pendolista enamorado de su asunto, ó natural, acaso, de la ciudad, entonces lógico encomiador suyo.

Mas si el licenciado Cellorigo, [4] ó fray Antonio Daza, [5] pecaron de parciales, pincianos de nacimiento, ¿quién podía redargüir de fal-

---

[2] CABRERA: *Relaciones*......—103 y 104.

[3] En unas *Ordenes del Duq de Lerma de Parte de su mag.d, dadas á don P.e franqueza*, á fines de 1605, sobre la vuelta de la Corte á Madrid, se lee esta significativa: «11.—que en la entrada de madrid no se ponga limite, pues la expiriencia ha mostrado que solamente sirue de aprouechar á sus ministros y de molestias y estorsiones á los subditos.» (Arch. de Simancas. Secret. de Estado. Leg. 201).—¡Literal! La *expiriencia* era, sin duda, la adquirida en Valladolid en 1601.

[4] *Memorial | de la política necessaria, y vtil restauracion a la | Republica de España, y estados de ella, y del desempeño vni | versal de estos Reynos...... | Dirigido al Rey Don Philippe III, nuestro Señor | Por el Licenciado Martin Gonçalez de Cellorigo, Abogado de la Real | Chancilleria, y del Sancto Officio de la ciudad de | Valladolid*. (Escudo de armas reales.) *Impresso en la misma ciudad por Iuan de Bo | stillo. Año de 1600.* (In fol; 11 + 64 folios + 10 sin foliar del *Tratado de los Moriscos*).—Bib. Nac., R.-9.267.—Las alabanzas y noticias de Valladolid obran en los ff. 1 al 9.

[5] *Excelencias de la ciudad de Valladolid, con la vida y milagros del Santo Fr. Pedro Regalado...... Por el P. Fr. Antonio Daça. Prouincial de la misma Prouincia y coronista general de la orden...... En Valladolid, en casa de Iuan Lasso de las Peñas. Año de 1627* (in 12.º, xvi + 135 folios + 1 de índice). Biblioteca Nacional, R.-10.498.—Librillo más ambicioso en su título que útil en su contenido.

sos los testimonios de Navagero, [6] Marineo Sículo, Mesa y Medina y Juan Botero ó Braum? «Es lugar tan excelente —escribía uno de ellos— y tan cumplido en todas cosas, que yo no solamente le antepongo á todas las villas, mas aun á muchas ciudades del Reino». [7] Botero la reputaba «no sólo por la más bella y hermosa de las Españas, pero aun por una de las mejores ciudades de Europa». [8] Pedro de Medina excedía á todos los cronistas en la muchedumbre y entusiasmo de sus elogios, arrancando su curiosa pintura con estos rasgos valientes de su paleta: «Valladolid es la villa mayor, más noble y principal de toda Castilla». [9]

No es, pues, en manera alguna, extraño que tales encarecimientos y ponderaciones trajesen á la gente vallisoletana envanecida y orgullosa con su villa, juzgándola casi todos por la mejor pieza de la cristiandad, [10] con indignación de un viajero flamenco, que, sin poder refrenar su enfado, escribía: «No sé si pecan de poca experiencia de no haber visto otras tierras, ó de nescios ignorantes y presuntuosos, porque su fantasía es que Valladolid es mejor que Flandes, Nápoles y Roma, siendo Valladolid, á manera de dezir, *corral de vacas* para igualar con

---

[6] *Viajes por España..... traducidos, anotados y con una introducción por Don Antonio María Fabie.*— Madrid, MDCCCLXXIX (pp. 322-326).

[7] Lucio MARINEO SÍCULO: *De las cosas memorables de España. ...*—Alcalá, Juan de Brocar, 1539, in fol. (f.º xv)

[8] *Relaciones vniversales del mundo de Iuan Botero Benes, Primera y segunda parte, traducidas á instancia de Don Antonio Lopez de Calatayud, corregidor de las dezisiete Villas, y Regidor de Valladolid, por su Magestad: por el Licenciado Diego de Aguilar, su Alcalde Mayor......— Año 1603. Impresso en Valladolid por los herederos de Diego Fernandez de Cordoba.....* in fol.; Parte I, f.º 12.— El traductor era también vallisoletano; confiésalo cuando dice: «..... el haberme yo dilatado algun tanto en representar la hermosura de mi propia madre tiene disculpa.» (f.º 12 vto.)

[9] *Grandezas de España*, op. cit., f.º 229 vto.

[10] Pues no eran los vallisoletanos solos quienes afirmaban tal cosa. Jorge Braum lo confesaba asimismo en la ilustración que precede al plano de Valladolid: «Posita vero est urbs, non solum in loco totius Hispaniæ verum universæ quoque Europæ pulcherrimo, atque si excipias nebulas, ex vicino amne aliquando surgentes, non occurrit urbs altera, quæ eidem anteponi possit».— *Theatrum in quo visuntur illustriores Hispaniæ urbes aliaeque ad orientem et austrum civitates celebriores. Amstelodami. Ex officina Ioannis Iansonnii* (s. a.).

las ciudades de Flandes principales, Nápoles, Roma, Venetia y otras». [11]

Exagerado por demás andaba el malhumorado arquero de la guardia; que no era Valladolid, como él decía, *corral de vacas*, sino ciudad muy galana y aderezada en monumentos insignes y famosos, madre liberal de buenos estudios, vergel fertilísimo de lozanos poetas, curiosos artífices y gallardísimos artistas. ¿Qué importaba que los maleantes cortesanos, hombres apicarados de ingenio, dijeran, á guisa de chunga, [12] que las siete maravillas de Valladolid eran «Don Galván Archifidalgo, Gilimón de la Mota, Protoletrado, polvo y lodo, los dos portales y el agua de Argales», [13] si encerraba otras mil más, como el lector habrá de

---

[11] ENRIQUE COCK: *Jornada de Tarazona hecha por Felipe II en 1592, pasando por Segovia, Valladolid, Palencia......* anotada y publicada de Real orden por Alfredo Morel Fatio y Antonio Rodríguez Villa.—Madrid, Tello, 1879; 4.º (p. 26.)

[12] *La Corte de Felipe III y aventuras del Conde de Villamediana de Bartholomé Pinheiro da Veiga.—Publicadas en la* REVISTA DE ESPAÑA *Tomo CIV, por D. Pascual de Gayangos, de la Real Academia de la Historia.*—Madrid, Establecimiento tipográfico de *El Correo*, á cargo de F. Fernández, 1885; in 4.º, 82 páginas (p. 14).

Cervantes en Valladolid, ó sea descripción de un manuscrito inédito portugués intitulado MEMORIAS DE LA CORTE DE ESPAÑA EN 1605, *existente en la Biblioteca del Museo Británico de Londres.—De la* REVISTA DE ESPAÑA. *Tomos XCVII y XCVIII, por D. Pascual de Gayangos, de la Real Academia de la Historia.*— Madrid, Establecimiento tipográfico de *El Correo*, á cargo de F. Fernández, 1884; in 4.º, 184 páginas.

Tiradas aparte del trabajo publicado en la *Revista de España* por su autor D. Pascual de Gayangos, muy raras actualmente, por lo escaso de la edición hecha de cada uno (50 ejemplares). Citaré en lo sucesivo por ellas, por la facilidad que da su numeración correlativa.—Los artículos aparecieron en la *Revista de España*, tomo XCVII (pp 481 á 507), XCVIII (161 á 191; 321 á 368, 508 á 543) y XCIX (5 á 32).—Los de *La Corte de Felipe III* en los tomos CIV y CV (páginas 481 á 526 y 5 á 29 respectivamente) De la importancia y valía de este documento histórico trato más adelante en los *Apéndices*

[13] Tiene gracia el dicho conociendo el origen de cada una de sus maravillas. D Galván Boninseni de Nava, regidor perpetuo de Valladolid, era la primera. Fué hijo de D.ª Cristóbal Boninseni y de D.ª Ana de Herrera. Su palacio era espléndido, con más de 370 aposentos, según dice Pinheiro, y distinguióse siempre por su boato y lujo, de donde procedería la celebridad que sus paisanos

ver de aquí á poco? ¿Por qué el maldiciente Cock había de escribir, con satírica é injusta frase, que en Valladolid sólo había en abundancia «pícaros, p...., pleytos, polvos, piedras, puercos, perros y pulgas», si éstos eran defectillos, lunares que no lograban afear la hermosura de su conjunto, ni ser obstáculo á que corriese á una por España toda aquel sonoro refrán, que él también repetía: «Villa por Villa, Valladolid en Castilla»?

Por de pronto, su robusta grandeza no podía contenerse entre los estrechos límites de la primera muralla levantada por su fundador, el Conde Ansúrez, rebasando también el radio de la segunda que edificó el rey Alfonso XI *el Bueno*, y, codiciosa de espacio, entre el Campo Grande y las huertas que luego fueron de Gondomar, la Ribera del río y el Prado de la Magdalena, alzaba tal muchedumbre de casas, palacios, iglesias y monasterios, que Pinheiro, formal y verídico historiador suyo, se admiraba en su tiempo de que pudieran encerrarse dentro de ella tanta vivienda y monumento. [14]

Ventajas eran éstas que nacían, y el mismo Pinheiro lo adelanta, de ser la ciudad de forma redonda, llanas é iguales sus calles, sin los ba-

---

daban en concederle —Vid. Narciso Alonso Cortés. *Noticias de una Corte literaria*.—Valladolid, imprenta La Nueva Pincia, 1906, in 4.º, p. 57.

No menos popular era Gilimón de la Mota, alcalde á la sazón, de quien el mismo Pinheiro nos da estas noticias: «Está aquí en la Corte Gilimón de Motta, que es muy rico, casado con doña Leonor de Vega, medio portuguesa, pues éralo su madre. Tienen éstos tres hijas, doña Fabiana de la Vega, casada, y otras dos, doña Feliciana y doña Isabel, las cuales siempre andan vestidas de monjas, y llámanlas las «Gilimonas», muy lindas y agraciadas y con muy honrados casamientos en perspectiva. Tienen dos coches: uno para la madre y otro para las hijas, y así siempre se encuentran en cuantas funciones hay.» — *Cervantes en Valladolid*.....; p. 47.

Del polvo y lodo hablaré más adelante, porque eran la constante preocupación de sus regidores y de los alcaldes de Casa y Corte.

En los *dos portales* se alude á las portadas monumentales de San Pablo y San Gregorio; y en cuanto á la séptima y última maravilla, ó sea la traída del *Agua de Argales*, pueden verse noticias abundantísimas y completas en el cabal estudio hecho por mi buen amigo D. Juan Agapito Revilla en su excelente obra *Los abastecimientos de aguas de Valladolid. Apuntes históricos*.—Valladolid, 1907; in 8.º, 128 páginas.

[14] Pinheiro: *La Corte de Felipe III*, p. 17.

rrancos y honduras que en Madrid hacían tan fatigosa la vida. Y si su clima no era, ciertamente, benigno ni en extremo sano, porque las continuas nieblas empañaban la atmósfera, convirtiéndola en húmeda y pegajosa, y si los fríos en invierno también apretaban no poco, en cambio, los veranos no eran calurosos, por la vecindad de sus ríos, y las crudezas de aquél templábanse con la abundante leña y carbón procedentes de los poblados bosques y pinares que la rodeaban. [15] Tan cómoda y sosegada era de antiguo su estancia, que «es pueblo de encantamento — exclamaba Pedro de Medina — que á cuantos forasteros entran en él, les encanta y enamora: de tal manera, que ninguno querría salir dél, y todos á una voz le loan de ser el mejor, más regalado y apacible que han visto, loándole todos más que á sus mismas tierras, sin hallarse solo uno que repugne á esta voz común de cuantos le han visto, principalmente habiendo estado en él de espacio». [16]

Desde que el viajero penetraba por la Puerta de Santa Clara, dejando atrás sus barrios, para meterse por las Cuatro Calles en la Corredera de San Pablo, la mejor calle de España en sentir de Zapata [17], gloriosa liza de las antiguas justas y torneos, nacía el asombro, ante el número grande de palacios y casas linajudas, que descubrían su alcurnia en los tallados escudos suspendidos de los recios esquinales. Más de cuatrocientos contaba Valladolid, todos de cantería, con uno ó varios patios de columnas de plateresco estilo, arquitectura linda que presidió la edificación de gran parte de ellos, sobresaliendo entre to-

---

[15] MEDINA Y MESA: *Grandezas de España*, op. cit.; f.º 233, y PINHEIRO: *La Corte de Felipe III*; pp. 11 y 12.

La salud, empero, durante la estancia de la Corte resintióse mucho, abundando, sobre todo, los tabardillos. Ya lo notó Quevedo en sus *Alabanzas irónicas á Valladolid mudándose la Corte della*:

> Tu sitio yo no le abono,
> Pues el de Troya y de Tebas
> No costaron en diez años
> Las vidas que en cinco cuestas.

Obras. Bibliófilos andaluces, II, 49. Ésta fué una de las causas que motivaron la vuelta á Madrid. (Vid. además *Cortes de Castilla*, XX, 706 y 707.)

[16] *Grandezas de España......*, op. cit.; f.º 230.

[17] *Miscelánea.* (Memorial Histórico Español, tomo XI, p. 55.)

dos, por su capacidad y boato, las famosas casas del Conde de Benavente, á la ribera del río, y á cuyo alrededor y hasta la plaza del Almirante desafiaban orgullosos al tiempo otros y muchos más, si no tan monumentales, no menos alhajados y ricos. [18]

Todos ellos se aderezaron para la venida de la Corte, alojando en sus holgadísimas piezas los Consejos, la Sala de Alcaldes, las escribanías y oficios, mientras los cortesanos de medio pelo buscaban su agujero en las posadas y mesones, estrechos y malos, ó en las restantes viviendas, donde, á la verdad, no eran recibidos con el amor y gusto que ellos esperaban, y las ventajas de la estancia de la Corte hacían prometer. [19]

Porque aunque Valladolid tenía muchas casas arruinadas y caídas, [20] el acicate del logro había hecho solícitos y despiertos á sus dueños, que las levantaban de nuevo con extraña ligereza, admirándose grandes palacios allí donde, poco antes, se veía sólo un muladar ó esterco-

---

[18] PINHEIRO: *La Corte de Felipe III*; pp. 11 á 18.
[19] CABRERA: *Relaciones*.....; pp. 97-98.
[20] *Ibidem*; pp. 101 y 104.

Pérez de Herrera se quejaba de «la poca capacidad que al presente tiene de casas, estando de cinco mil que tendrá casi las mil arruinadas y sin poderse habitar, sin gran costa y tiempo para sus reparos y reedificación».

«A la Catolica y real *Magestad* del Rey Don Felipe III, *nuestro Señor* suplicando a su *Magestad*, *que atento las grandes partes y calidades desta villa de Madrid, se sirua de no desampararla*.—Memorial cit., f° 9

Los alquileres de las casas llegaron á subirse tanto, que se pagaban 1.300 y 1.500 ducados tan sólo por la mitad de ellas, y aun llegaron á faltar de todo punto. (PINHEIRO: op. cit., 16, y CABRERA: *Relaciones*. ..., 111.) Y eso que á las casas españolas de entonces, (hasta nuestros días han llegado), les cuadró siempre la famosa frase cervantina «donde toda incomodidad tiene su asiento.» En esto y en todo lo tocante al ornato, regalo y *confort* del interior casero, fueron nuestros antepasados despreocupados é indiferentes. El cielo amoroso de España, franco el sol por amigo, un rico y vanidoso traje de terciopelo honrando la persona, y suelto y apicarado el ingenio en las juntas y corrillos de las plazas, ¿para qué pensar en la comodidad y holgura de las casas, si no paraban en todo el día en ellas? Cuantos viajeros recorrieron nuestras ciudades, por aquellos siglos, hicieron notar el contraste que ofrecían en éste y otros puntos con las de otros reinos.—Vid. BARTHÉLEMY JOLY: *Voyage en Espagne* (1603-1604), publié par L. Barrau Dihigo.—Extrait de la *Revue Hispanique*, tome XX.— New-York-París, 1909; 164 páginas.

lero; ó derrumbando las antiguas para librarse de la enojosa carga de aposento, gracia otorgada, por el Rey, á petición de los regidores, á los que de nueva planta las labrasen. [21]

Desde la plaza del Almirante, atravesando la de las Damas con paso ligero, porque era lugar *non sancto*, abocábase á la renombrada Platería, ancha rúa, tan ancha, que cinco coches podían transitar á la vez por ella: centro con el Ochavo, la Rinconada y los Portales de San Francisco del trato y comercio de la ciudad. En las opulentas tiendas que á ambos lados de ella abrían sus puertas, vendíanse por los orífices y plateros las preciadísimas muestras de orfebrería que durante tantos años hicieron de Valladolid emporio de este arte, en el cual habían dejado nombres gloriosos los Dueñas, Correas, Guillén, Padilla, Machín, Santisteban y Molinas, con el incomparable orífice Juan de Arfe.

Toda la Platería estaba compuesta de casas nuevas, de unos mismos colores, grandeza y figura, sobresaliendo en ellas las rejas de sus balcones y cancelas de sus puertas, reputadas por las mejores de Europa, ricas en complicados follajes y lacería, ramilletes, frutas, despojos de guerra, trofeos y otras curiosas invenciones, que, doradas ó plateadas, rompían los haces del sol en mil reflejos deslumbradores y brillantes. [22]

---

[21] En junta de 13 de Marzo de 1601 «se acordó se suplique á S. M. que para animar á los vecinos labren casas, que las nuevas estén exentas del derecho de aposento y libres del».—*(Libro de acuerdos.*—Año 1601; f.º 58 vto.)

Quevedo no perdonó este engrandecimiento rápido de Valladolid y mordazmente decía:

> Mas que se hayan atrevido
> Á poner algunos mengua
> En tus nobles edificios,
> Es muy grande desvergüenza;
> Pues, si son hechos de lodo,
> De él fueron Adán y Eva,
> Y, si le mezclan estiércol,
> Es para que con él crezcan;

aludiendo al empleo que del adobe se hacía en las nuevas construcciones, por la escasez de piedra que se padece alrededor de Valladolid.—*Obras..* ., loc. cit.

[22] MEDINA: *Grandezas de España;* f.º 231 vto.

PINHEIRO· *La Corte de Felipe III*, p. 19.

BARTHÉLEMY JOLY: *Voyage en Espagne*, 1603-1604, op. cit., p. 96.

De la celebrada Platería, carrera de los autos y danzas en la fiesta del Corpus Christi, veníase á caer en la perla de Valladolid, su más preciado timbre, que por tal tenían sus moradores,

> Una plaza deleitosa,
> Grande, lucida, cuadrada,
> Con más de quinientas rejas,
> Y con cuatro mil ventanas. [23]

Ave fénix renacida de sus propias cenizas, todos los años, el día de San Mateo, conmemoraba la ciudad, procesionalmente, el luctuoso aniversario del incendio que, con pavor y espanto no igualados, la había destruído, á la vez del Ochavo y la Platería, el 21 de Septiembre de 1561. [24] Luis Pérez, coplero historiador de esta catástrofe, asegura que

> ..... no quedó piedra en cimiento ó casas,
> De más de seiscientas volvieron en brasas [25].

Sin amilanarse los sufridos ánimos de sus moradores, sobre el estrago, luto y pavesas de sus ruinas, comenzaron á levantarlas con pronta ligereza, alzándose en breve una nueva Plaza, tan gallarda y lucida, que desde entonces juzgóse en España toda la de Valladolid por

> La mejor que tiene el mundo. [26]

---

[23] *Aquí se contienen quatro Romances nuevos muy curiosos.....*—Sevilla, Miguel de Lorençana, 1601, op. cit.

[24] Vid. para la descripción de este incendio: SANGRADOR *Historia de Valladolid*, op. cit., I, 394 á 399.—MEDINA: *Grandezas de España*, op. cit., f.º 231, y PINHEIRO: *La Corte de Felipe III*, p. 11.

[25] LUYS PEREZ· *Del can, y del cavallo y de sus calidades: dos animales de gran instincto y sentido, fidelissimos amigos de los hombres.....*—Valladolid, Adrián Ghemart, 1568, in 8.º; ff 172 vto. y siguientes

[26] *Quatro Romances de la mvdan | ça de la Corte, y grandezas de Valladolid. Impresso | con licencia en Salamanca este presente año de 1606*, 4 hojas en 8.º mayor.—Bib. Nac. R.-4.512, Romance IV.

Braum escribía de ella. «Inter reliqua ornamenta urbis, commemorari quoque debet forum, rerum venalium amplissimum atque pulcherrimum, quod ambitu suo complecti dicitur septigentos passus». (op. cit., lóc. cit.)—Agustín de Rojas la juzgaba como «la mejor que yo he visto en España». *El Viaje entrete-*

Por un lado la limitaban las casas del Consistorio; al frente, el Monasterio de San Francisco; cerrándola por los otros dos largas hileras de viviendas particulares, admirables todas para el tiempo, no tan sólo por la novedad, grandeza y holgura de su fábrica, sino más aún por la igual disposición y traza de sus construcciones, que las hacía aparecer como cortadas á tijera. Tan vestida y apretada de rejas, doradas en su mayoría, que saltando de unas á otras cabía recorrer de un extremo á otro toda la Plaza. [27] «Es cosa — exclama un viajero francés — que ríe á los ojos y alegra á la vista». [28]

Rodeaban al foro vallisoletano el Ochavo, asiento de los mercaderes y lugar donde se publicaban las pragmáticas y actos de Corte; el famoso Corrillo, paradero y refugio de la gente bulliciosa, alegre y apicarada, famoso al par del Potro de Córdoba, de la Puerta de Guadalajara, del Azoguejo segoviano y del Compás de Sevilla; [29] y por todo el ámbito del Ochavo, Rinconada y la Plaza, en los holgados y macizos soportales, descubríanse las tiendas de los mercaderes, abastecidas y ricas en joyas, brincos, sedas, paños, búcaros y vidrios, con libreas de todas clases para los pajes y lacayos de los recién llegados señores, que, apenas pisada la ciudad, podían sin mucha costa vestir á toda su servidumbre, al modo que se estilaba entonces. [30]

---

nido.—Madrid, 1603.—Me he valido, á falta de la primera edición, sumamente rara, para todas las citas que en este trabajo se hacen del curiosísimo libro de Rojas, de la edición de *Lerida, Luis Menescal, 1611;* in 8.º xvi + 264 hojas.—Bib. Acad. Esp.

Un viajero francés, en verdad nada amante de las cosas españolas, veíase obligado á reconocer que la plaza de Valladolid «era una de las más hermosas de Europa, en sentir de cuantos habían viajado».—(B. JOLY: *Voyage en Espagne),* op. cit., p. 96.

[27] MEDINA: op. cit., loc. cit.; *La Corte de Felipe III,* loc. cit.
[28] B. JOLY: *Voyage en Espagne,* loc. cit.
[29] De él escribía Medina que «como en laberinto, se pierden aquí los forasteros que no son muy diestros, y no han por muchas veces aprendido á andar y desembarazarse de aquel *corrillo,* que así le llaman los naturales, por la forma que tiene y aun porque á muchos hace andar en corro perdidos sin salir del por algún rato».—*Grandezas de España,* op cit., 231 vto.—Agustín de Rojas le loaba también como muy famoso; op. cit., Prólogo *Al vulgo*
[30] Á Pinheiro no puede dejársele de la mano, aunque, de copiar todo lo curioso que relata, habría que trasladarle íntegro. De las tiendas de Valladolid

No eran éstos los únicos lugares ricos y ostentosos de la nueva Corte, mil bellezas monumentales más encerraban la Plazuela Vieja de Palacio, centro de Valladolid antes de que los Reyes se mudasen, y la de la concurrida Chancillería; sin meternos en el Valladolid religioso y monástico, en donde la pluma se embaraza ante la mole imponente de San Benito, la elegancia de Nuestra Señora de la Antigua, ó la magnificencia aparatosa y soberana de San Pablo y San Gregorio. [81]

Pero donde Valladolid ofrecía amplio y particular regalo á sus naturales y á los cortesanos que lo invadían, era en las salidas ó alrededores, gratos en extremo para las damas *de ojos estrelleros*, como las llamó un poeta, y para sus galanes; que en ellos hallaban todos cuotidiano y apacible retiro. Gozaba la nueva Corte, sin que en nada tuviese que envidiar á la antigua, de frescos y poblados sotos, que á las orillas del Pisuerga, *famoso por la mansedumbre de su corriente*, extendíanse en galanas quintas, huertas y casas de recreo, alcanzando también las márgenes del mísero Esguevilla, blanco de poetas, tiro de zumbones y burla constante é implacable de los madrileños, que lo perseguían con sus chanzas, chistes no siempre limpios y fisgas tan mal olientes como sus verdinegras aguas. [82] No lo eran, en verdad,

---

consignó muy interesantes noticias. Había, dice, «más y mejores que en ninguna otra parte del mundo, en las que se venden cuantas clases de sedas y brocados son conocidos» —*La Corte de Felipe III*.. ; pp 29 y 30.

[81] Afeaban, no obstante, muchos de estos edificios los pasadizos colgantes que comunicaban, sin interrumpir el tránsito, unos palacios con otros.

Al Conde de Salinas le quitaron parte de la sala y una cámara de su casa para labrar el pasadizo que comunicaba el Palacio viejo con el nuevo —« Acerca de este pasadizo—refiere Pinheiro—tuvo el Conde grandes disputas y pleitos con el Duque de Lerma, y cuentan que en cierta ocasión, estando aquél con unos amigos, de los cuales uno daba grandes voces, interrumpióle diciendo. «Dichoso Vuesa merced que puede desahogarse de esa manera; yo no me atrevo á abrir la boca, de miedo que me hagan pasadizo por ella»; gracioso dicho que corrobora el abuso que se hizo de semejantes y antiartísticos pegotes — *Cervantes en Valladolid*, op. cit., 56.

[82] Los regidores procuraban tener decentito y aseado al Esgueva, pero todo era inútil, y tras de la rápida limpieza, volvía el pobre á las andadas. En Junta de 14 de Noviembre de 1605 acordaron « se limpiase y aondase la esgueba desde la puente de San benito asta el prado de la magdalena para que aya corriente ».

Quevedo, Góngora, Barbadillo, todo el gremio de poetas madrileños, sacaron

antes de que, cruzando por Valladolid, sufriera el vergonzoso tributo de sus desaguaderos, y harto hacía el pobre con escurrirse entre sus calles, partiéndose en dos brazos, como quien pretende escapar, avergonzado y humilde. Uno de ellos desembocaba en el Pisuerga, junto á la Puerta del Campo, sin que lograse descomponer el ornato y majestad de aquella hermosísima plaza, llana, cuadrada y capacísima,

> Que al sol, en saliendo, obliga
> Llegue á besarle los pies. [83]

Era esta plaza, por su teatral grandeza, el lugar escogido para las muestras ó alardes de la gente de guerra, sin que faltasen por sus contornos en todo tiempo, como en concurridísimo paseo, las damas que acudían á ganar sus jubileos á la vecina iglesia de Sancti-Spíritus, seguidas de sus galanes y devotos, que lo eran más de sus gracias, en sentir de Pinheiro, que de las indulgencias de Roma. [84]

Para tiempo de otoño é invierno tenían escogido los vallisoletanos otro paseo, si no tan holgado, no menos sujeto á los favores del sol, llamado *El Espolón*, y adonde tras su sabrosa plática lleva el Licenciado Peralta al alférez Campuzano á recrear los ojos del cuerpo, ya que habían entretenido los del entendimiento. Y obraba cuerdamente, como experto conocedor de los secretos de la Corte; porque no era,

---

á la vergüenza al «asqueroso fragmento del Pisuerga», como le llamaba el último, en sonetos, romances, letrillas y jácaras bien conocidos.

[83] *Quatro Romances de la mudança de la Corte*, op. cit. Romance III.

«Una de las cosas mejores, ó absolutamente la mejor, que en su género tiene España», como escribía Pedro de Medina en sus *Grandezas*....., op. cit., f.º 230 vuelto.

[84] Hablando de este paseo, Pinheiro escribía

«Por lo que á mí toca, confieso que en mi vida he visto cosa que más me agrade, ni me llame más la atención; porque ver allí reunida en tan corto espacio, como un tiro de piedra, toda la grandeza y hermosura de España, tantas damas, hijas de Duques y grandes señores, primorosamente vestidas, y entre ellas infinitos fidalgos montados en arrogantes caballos, á la jineta, parece cosa de encantamiento á la manera del *Palmerín*».—*Cervantes en Valladolid*....., páginas 69 y 70.—Sin que lo fuese tanto, como entusiasmado dice el vehemente portugués, no faltarían aparato, vista y colorido en aquel paseo de la Puerta del Campo.

como, en su injusto desprecio á sus cosas todas, quería Quevedo, una salida necia,

Calva de hierba y de flores
Y lampiña de arboledas;

sino una plaza cuadrada, á un lado del Campo Grande y no lejos de San Lorenzo, con un muro sobre el río, que llegaba hasta los pechos, y desde cuyos bancos ó asientos de piedra se descubría una vista tan bella, de alamedas, huertas, fuentes y monasterios, á la par de los enrramados barcos que ligeramente surcaban el Pisuerga, que Pinheiro, nuestro solícito guía en la Corte, derramando la hinchada vena por su recargada prosa, exclamaba en sus *Décadas:* «Bien puede decirse de esta pradera que ni el jardín de Alcina, ni el de las Hespérides, ni el de Gnido ó Paphos de Venus, ni Riberas de Archeloo, Grateo de Sardanápalo ó Ciparri de Tiberio, pueden compararse con ella». [85]

Otras salidas y esparcimientos campestres descubría Valladolid, tan lozanos y apacibles, como el de la Victoria, la de San Pablo, la Huerta del Duque, sombreadas todas ellas por alamedas espesas, á las que proporcionaban grata frescura las aguas tranquilas de sus aceñas y los brazos del Esgueva. Mas entre todas llevábase la palma y el gusto de los cortesanos el regocijadísimo Prado de la Magdalena. Feracísima arboleda situada al oriente de la ciudad, en un circuito de más de cuatro mil pasos, sus sauces y álamos, ora repartidos en largas y ordenadas calles, ora sueltos y libres, regábanse, con el Prado todo, por los dos brazos del Esguevilla, que, por no haber penetrado aún en la ciudad, vertía sus aguas cristalinas y limpias. Dábanle entrada varios puentecillos, unos de madera y otros de piedra, siendo el principal y más usado de todos el que desembocaba en el sitio conocido por el

---

[85] *Cervantes en Valladolid....*, p. 37
La Corte de Felipe III, pp. 22 y 23.
El Espolón era objeto de frecuentes obras y mejoras. (Vid *Libros de Acuerdos:* Juntas del 10 de Diciembre de 1604 y 17 de Octubre de 1605.) En 1662 se adornó con pilares de piedra y balaustrada de hierro, y en 1700 se construyó el Espolón nuevo, situado más arriba, á orillas del Pisuerga, entre la desembocadura del Esgueva y el Puente Mayor.—Vid. SANGRADOR: *Historia de Valladolid*, I, 636

nombre de *Carrera de caballos*, porque había costumbre de probar y amaestrar en él los que se traían á la Corte para las justas y juegos de cañas. [86]

Si en lo bizarro de sus monumentos, y en lo apacible y lindo de sus paseos podía la vieja Pincia alzar orgullosa su cabeza, juzgando liviana la pesada carga de corte que acababa de echar sobre sus hombros, no era lugar tampoco donde las industrias, las ciencias y las artes no hubiesen brillado con esplendor á veces extraordinario, haciendo célebres y preclaros muchos de los nombres de sus hijos. Los mismos tratos y logros, que se miraron siempre con desprecio y repugnancia por los buenos hidalgos castellanos, frecuentábanse en Valladolid merced á los bancos de los hombres de negocios, [87] y más especialmente á los gremios de todas suertes de oficios, que enriquecían á la gente común, siendo muy estimadas de antiguo, además de las labores de plata, las de los mantos de seda, *soplillos* y *velos de humo*, que, con tanto brío y donaire, llevaban luego las hijas de la ciudad. [88] Fuentes

---

[86] MEDINA: op. cit., 230.—PINHEIRO: *La Corte de Felipe III*, p. 24, y *Cervantes en Valladolid*...., 110 y 137 á 140.

El Ayuntamiento invertía grandes sumas en la conservación del Prado. (Vid. *Libros de Acuerdos*, Junta de 4 de Hebrero de 1604.) En la de 8 de Jullio de 1602, «se acuerda enmendar los pasos malos que hay en el Prado de la madalena y bea sus puertas rreparo y adereço de que ha menester» (f.º 289). Cock hácese lenguas también de su amenidad y frescura, así como otro paisano suyo, Jehan Lhermite, en *Le Passetemps....., publié d'après le manuscrit original par Ch. Ruelens.*—Antwerpen, J. E. Buschmann, 1890-1896; 2 vol. in 4.º, I, 146. Obra muy interesante para el estudio de las costumbres á finales del reinado de Felipe II. B. Joly tampoco omite sus, en general, parcas alabanzas, de los arroyuelos que serpenteaban por el Prado, de la hierba lucida y fresca que lo cubría, de los puentecillos rústicos que le daban paso, haciendo de él el lugar «más delicioso que cabe».—*Op cit*, p. 96. Testimonios éstos que por proceder de extranjeros, nada amantes de nuestras cosas, no pueden tacharse de parciales. Para que el lector me crea, los apunto.

[87] Tratando de los cambios y Bancos que en Valladolid había, quejábase un regidor, en Junta de 16 de Octubre de 1600, de que había muchos clandestinos, sin las licencias del Consejo necesarias ni fianzas seguras.—*(Libros de Acuerdos,* f.º 163.)

[88] Independientemente de lo que sobre el comercio é industria de Valladolid dicen sus historias generales (SANGRADOR, I, 429-432; MEDINA, 230, etc.), pueden consultarse las *Memorias Económicas*, de Larruga, y los *Libros de Acuer-*

prósperas de riqueza eran, asimismo, las tres vecinas ferias de Medina del Campo, Rioseco y Villalón, con los mercados francos de que Valladolid gozaba todos los martes. [39] Las ciencias y estudios graves sustentábanse en la Universidad, con sus facultades de Filosofía, Leyes, Cánones, Teología, Medicina y Cirugía, pobladísimas de estudiantes, sobre todo de aquellos á quien su hacienda no toleraba sostener el gasto extraordinario de la salmanticense; [40] pero, si más democrática y pobre, era, en cambio, tan rica como ella en alborotos, ruidos y pendencias [41].

---

dos del Ayuntamiento, donde, al nombrar los veedores que habían de visitar cada un año á los diversos gremios de la ciudad, se enumeran todos éstos. (Vid. año 1599, f.° 614.)

[39] Para la historia de esta merced, concedida por Felipe II á 20 de Noviembre de 1596, y así como para la de todas las gracias y preeminencias otorgadas por los Monarcas á la ciudad, Vid. los *Privilegios de Valladolid. Indice, copias y extractos de privilegios y mercedes reales concedidas á la M. N., M L. y H. ciudad de Valladolid*, formado por Juan Agapito Revilla.—Valladolid, 1906; in 8.°, 269 páginas Acabado y fidelísimo estudio de la materia. Y para la de las famosísimas ferias de Medina del Campo, tan ligadas á la vida de Valladolid, puede consultarse el detenido estudio que á ellas dedicó el Sr. D. Cristóbal Espejo en el *Boletín de la Sociedad Castellana de Excursiones*, años 1908 á 1910.

[40] *Cortes de Castilla*, XX, 708.

[41] Medina alababa á los estudiantes vallisoletanos por «más estudiosos y menos traviesos que en Alcalá». De todo había; véase si no este botón de muestra, curiosa página para la historia de nuestras Universidades: «en la ciudad de Valladolid, á cinco dias del mes de março de mill y seyscientos y dos años..... los S.S. alcaldes dixeron que por qvanto a benido a su noticia que en el tienpo de las oposiciones y botos de las catedras de la Universidad desta ciudad de Valladolid ay grandes desordenes haçiendo los estudiantes muchas juntas, asi de dia como de noche andando con mascaras y armas y haçiendo de noche muchos alborotos, gritas y otros Ruidos, de que an rresultado y pueden rresultar yncoubenientes y daños asi en lo arriua dicho como en el tienpo en que se toma la posesion de las dichas catedras y Paseo dellas..... mandauan que..... ningun estudiante..... no seà osado de andar de dia ni de noche en juntas ni en camaradas con mascaras ni otros disfrazes, ni pueda traer ni trayga armas sencillas ni dobladas ofensiuas ni defensiuas, ni en manera alguna, haciendo Ruidos y alborotos ni dando gritos en rrazón de las dichas catedras..... y andar de noche con los dichos disfrazes y mascaras y armas arriua declaradas ni sin ellas quatro juntos por ninguna parte desta corte. Iten que los dichos estudiantes no puedan yr ni bayan haciendo las dichas juntas, gritas y alborotos al tiempo que los oposito-

Ayudábanla en su labor docente los Colegios de Santa Cruz, San Gregorio y San Ambrosio, sin nombrar las escuelas públicas de la ciudad, que alimentaban un foco vivísimo de buenos estudios, avivado con nuevas fundaciones, como la del Colegio de los Ingleses, aun hoy subsistente. [42]

De los claustros vallisoletanos salían anualmente buen golpe de letrados y doctores que honraban luego la garnacha en la vecina y famosísima Chancillería, ó en los corregimientos de España; como el opulento Colegio de San Gregorio fué oficina de aquellos eminentes teólogos que llevaron por nombre los de Soto, Vitoria, Cano, Medina y Bañez, gigantes de la filosofía, amén de otros, si no tan insignes, no menos celebrados en las cátedras vacantes de la Universidad pinçiana y de las restantes del reino. Memorables eran, asimismo, los beneficios y enseñanzas que entre la mocedad derramaban los religiosos de la Compañía, con tanto celo y agrado del Concejo, que finalmente entregáronse á ellos los estudios de gramática de la villa. [43]

---

res de la catedras ban á tomar botos, ni á leer en las escuelas, ni al tomar de la posesión de las tales catedras, ni al paseo dellas..... so pena, etc.....» (Archivo Hist. Nac., *Libros de la Sala de Alcaldes*, libro III, f.º 61.)

[42] Vid. para su historia: *Relacion de vn sacerdote ingles escrita á Flandes, á vn caballero.....*—Madrid, Pedro Madrigal, 1592, 8.º menor, y *Cortes de Castilla*, XIX, 444 á 446.

[43] Los estudios y cátedras de Gramática de la ciudad proveíause, en un tiempo, por concurso entre maestros particulares. Más adelante, la Universidad pretendió darlas á los Padres Jesuítas, que, al igual que en otras de España, dedicaban gran parte de su ministerio á la enseñanza de la juventud. Alborotóse el Ayuntamiento, acordando se contradijese el intento de la Universidad y siguiera adelante el pleito que sobre ello habían promovido, haciendo historia muy minuciosa é interesante de la suerte que los estudios de gramática del lugar habían tenido antes y después de la llegada de los Padres Teatinos. Sus impugnadores en el Concejo se quejaban de que, por su competencia, se hubiesen ido todos los antiguos preceptores, «que no solo sacaban discipulos, sino maestros, que podian enseñar por ser enseñados con el dicho cuidado», y sin que quisiesen leer el «*Arte de Antonio* y otros libros que tanto conbienen para salir buen latino». Los defensores de la Compañía, que también los tuvo entre los regidores, arguyeron, que, «quando se dio este estudio al colexio de la compañia de Jesús fue con mucho acuerdo y deliberacion, assi desta ciudad como de la Universidad, y se bio el gran fruto que de la enseñança de los dichos padres resultaba..... pues acudia al dicho estudio más de ochoçientos estudiantes, asi de la ciudad

Donde las ciencias se agasajaban y favorecían tanto, la imprenta, propagadora suya, debía tener acogida liberal, y, con efecto, la tipografía vallisoletana prosperó grandemente en aquella centuria décimosexta, aunque la mudanza y vuelta de la Corte la sumiesen en el mismo mortal marasmo en que cayeron los restantes elementos de su esplendor insigne. Colofones gloriosos contaba Valladolid en la historia del arte de imprimir, como los de los Gudiel, Guillén de Brocar, Thierry y Fernández de Córdoba, en cuyas prensas se estamparon tantas y tan notables obras. Con la venida de los Reyes engrandecióse tan sobremanera su imprenta, que eclipsó la robustísima de Medina é hizo sombra á la madrileña con los nombres de Juan de Bostillo, Lorenzo de Ayala, Pedro Merchán, Luis Méndez, Francisco Fernández de Córdoba, los herederos de su hermano Diego, los de Bernardino de Santo Domingo, y, en generosa competencia suya, Juan Íñiguez de Lequerica, venido de Alcalá, Juan Godínez de Millis, de Medina del Campo, Pedro Lasso, de Toledo, y, sobre todos, Luis Sánchez, que con su actividad, industria y riqueza, sobrepujóles en el número y esmero de sus ediciones. [44]

¿Por qué no he de recordar, muy á la ligera, el brío y robustez con que se mantuvo la poesía entre los pincianos ingenios, aunque un buen

---

como de fuera parte. ... lo qual se continuó Por algun tienpo, asta que con hemulacion y enbidia se fué contrabiniendo esta buena obra Por pretensiones particulares y enoxo de algunos que sus hijos se auian entrado en religión»; notando, en cambio, que el antiguo Estudio «nunca alcanço a tener duçientos discipulos, y esos tan destraydos que de ninguno se sabe aya aprendido».—*(Libros de Acuerdos*, Junta de 30 de Jullio de 1597, ff. 187 y 188.)

La historia es muy movida y curiosa. Confirma la absorción grande que, al igual de los Estudios de Madrid y Sevilla, ejercieron los Padres Jesuítas en las cátedras de Artes y Gramática de todos los lugares importantes del reino, con provecho, sin duda, de los escolares, pero con mucha guerra y oposición de los preceptores privados, que no callaban sus protestas. (Vid. sobre la materia P. PASTOR: *Documentos Cervantinos*, II, 353 y 360, y GALLARDO: *Ensayo II*, cols. 216 y 217.)

[44] Para hilvanar estas noticias utilizo el *Ensayo de una tipografía vallisoletana, por D. Marcelino Gutierrez del Caño*. Obra premiada en el concurso de 1899, y que manuscrita aguarda su impresión en la Biblioteca Nacional. A la amabilidad de su autor debo licencia particular que me ha permitido disfrutarla· reciba aquí el testimonio de mi agradecimiento.

amante de las glorias de su patria les haya dedicado trabajo particular y erudito, recordando á la vez á aquellos poetas que medraron á la sombra de la opulencia y boato de la Corte? [45] «Allí también se trasladó —cuenta otro historiador suyo— en mucha parte el gremio de Apolo: que de ordinario los poetas uno dicen y otro sienten, y aunque solían considerar como deleitable la vida arcádica para cantada en églogas y ensalzada en novelas pastoriles, preferían á sus rústicos é inocentes goces el revuelto mar cortesano, haciendo de las pindáricas liras redes de pescar, azafatas de las musas, y de los sonetos y canciones memoriales de petitorio». [46]

Exceptuando á Lope de Vega, que estaba en Toledo, á Mateo Alemán, vecino á la sazón de Sevilla, y quizás á Lupercio Leonardo de Argensola, residente en Madrid con Pedro Liñán de Riaza, todos los restantes servidores bizarros de nuestro Parnaso, unos más pronto y otros más tarde, fueron apareciendo en la opulenta Corte, para maltratarla cruelmente con los vengativos dardos de sus epigramas. Quevedo, Espinosa, Góngora, Vélez de Guevara, Salas Barbadillo, Bartolomé Leonardo de Argensola, Vicente Espinel y Suárez de Figueroa, [47]

---

[45] Don Narciso Alonso Cortés, erudito escritor vallisoletano, en su muy interesante y documentado trabajo *Noticias de una Corte literaria* (Valladolid, 1906), y que en unión de los Sres. Martí Monsó y Agapito Revilla está volviendo por los buenos fueros literarios, históricos y artísticos de la memorable ciudad, hasta el día tan decaídos y abandonados, con mucho fruto y novedad gustosa.

[46] RODRÍGUEZ MARÍN: *Pedro Espinosa. Estudio biográfico, bibliográfico y crítico.....*—Madrid, 1907; p. 158. (Vid. además todo el cap. V.)

A los poetas, ingenios y escritores que tanto Rodríguez Marín como Alonso Cortés mencionan estantes en Valladolid durante la vida de la Corte, hay que añadir á Atanasio de Lobera, (P. PASTOR: *Bibliografía Madrileña.....*, III, 414-415); á Julián de Armendáriz; y á aquel estrambótico escritor italiano, Julio Antonio Brancalasso, autor del *Labirinto de Corte con los diez predicamentos de cortesanos.....*—Nápoles, Juan Bautista Gargano y Lucrecio Nucci. (MDCIX; in 4.°; Biblioteca Nacional R-13.835; vid. *Prólogo).*

[47] El Sr. Alonso Cortés hace ausente de Valladolid al notable *Satyricon*, el Dr. Suárez de Figueroa. Si pasa por verídica y aplicable la patente y curiosísima relación autobiográfica que en el Alivio VI de *El Passagero* hace de los sucesos de su vida, habrá, por el contrario, que reputarle por estante en la Corte, adonde llegó, procedente de Italia, de 1603 á 1604. Él mismo lo dice, descubriendo á la vez lo mudado que halló el lugar para otros tiempos. «Con todo—escribe—venció el amor de la patria; y puesto en camino para visitarla, *llegué á*

con otros ingenios de menor talla, fueron los representantes de la poesía; como si ya Valladolid no contara con una tradición poética gloriosa, avivada al calor de las aulas hipocráticas, con Pedro de Soria, Pedro Sánchez de Viana y el maestro retórico, Alonso López el Pinciano.

No está virgen tampoco el estudio del arte y de los artistas vallisoletanos, que un meritísimo historiador de sus cosas ha sacado modernamente, con abundancia copiosa de datos y documentos de buena ley y peregrinos en extremo. [48] Sobre los trabajos de los plateros y orífices en las custodias valiosísimas que se adoraron luego en las Catedrales todas de España, y que daban nombre sonoro á una de sus mejores rúas, la de la Platería, [49] la escultura y talla en madera tuvo prosélitos

---

Valladolid á tres años de calificada con titulo de Corte. Alegróme sumamente su vista, considerada desde lejos, pero, acercándome más á su bullicio, de tal manera la desconocí, que me juzgué más extraño de ella que pudiera en Etiopía.» *El Passagero. Advertencias vtilissimas a la vida humana, por el Doctor Christoval Suarez de Figueroa. A la Excelentissima Republica de Luca.*—Año 1618.— En Barcelona, por Gerónimo Margarit, y á su costa; Alivio VI; f.° 215 vto. (Citaré en lo sucesivo por esta edición, que es la que poseo.)

En Valladolid debió nacer, pues no hay otro lugar hábil en que pudieran encontrarse, la amistad del doctor y Cervantes, agriada literariamente por las censuras displicentes y envidiosas del primero, de quien fué la envidia, y él mismo lo confiesa en su citada autobiográfica relación, la más saliente de sus cualidades.

La misma interpretación de este pasaje leo en el interesante estudio sobre Suárez de Figueroa, de mi amigo el joven erudito norteamericano J. P. Wickersham Crawford: *The life and the works of Cristóbal Suárez de Figueroa.*—Philadelphia, 1907; in 4.°, pp. 16 y 17.

[48] José MARTÍ Y MONSÓ: *Estudios históricos artísticos relativos principalmente á Valladolid, basados en la investigación de diversos archivos.*—Valladolid, L. Miñón, 1898-1901.—Si cada provincia contara con un historiador de la erudición, criterio y sagacidad, de que en esta obra interesantísima hace gala el meritísimo Director de la Escuela de Artes é Industrias de Valladolid, pronto quedaría hecha una Historia completa y fundamental del Arte Español. Toda ella es inapreciable para el desarrollo de las artes en Valladolid, pero, principalmente, para medir la actividad que desplegaron en este período de su vida (1601-1606), vid. pp. 599 á 626, donde se narran la construcción y embellecimientos de los palacios de Felipe III.

[49] «En Valladolid hay muchos artífices de todas clases, y se labran muy bien todas las cosas, especialmente la plata, y hay tantos plateros como pueda haber

insignes del gran Berruguete, como el devotísimo y genial Gregorio Hernández, que en Valladolid dejó tantas y tan buenas obras de su inspiración religiosa. Los Reyes y los magnates, al levantar sus palacios y casas señoriales, atrajeron grandísimo concurso de pintores, entalladores, doradores, alfareros y todo linaje de artífices, cuyos nombres hazañosamente ha rescatado del olvido Martí y Monsó; de aquellos que llenaron las iglesias castellanas de preciosos retablos de subido valor y gusto; mientras que sus camaradas decoraban majestuosamente el naciente Palacio de Felipe III, mezclándose los pinceles de los Carduchos con el de fray Arsenio Mascagni, los de Bartolomé de Cárdenas con los de Patricio Caxés, y siendo una la paleta de Juan de Torres y Fabricio Castelo; sin que pueda olvidar tampoco los cinceles de Juan de Arfe y Pompeyo Leoni, que, en lid honrosa, disputábanse el ejecutar las efigies funerarias de los potentísimos Duques de Lerma.

Vino á coronar aquel florecimiento extraordinario la venida á la Corte del gran Pedro Pablo Rubens, que si durante su estancia en ella no ejerció toda la influencia que debiera en la pintura local de la escuela vallisoletana, semejó al menos la sombra bienhechora y risueña del arte, en aquél pujante plantel de seguidores suyos.

No se crea que todos estos alientos fueron casuales, meramente nacidos al calor de la Corte y de sus monarcas: si entonces vino á rayar en la cumbre el apogeo de su esplendor y vida, Valladolid podía enorgullecerse de que era suyo, bien suyo, aunque perdiera su carácter local entre el abigarramiento y confusión con que su nueva jerarquía envolvió la tranquila y sosegada vida de otros tiempos.

Del ornato de la ciudad cuidaba la Junta de Policía, [50] ayudada por la Sala de Alcaldes, mejorando sobremanera lo que hoy decimos *ser-*

---

en las dos ciudades principales de España.....»—ANDREA NAVAGERO: *Viajes por España*, op. cit., 323-324.

[50] Había sido creada por cédula real de Felipe II á 4 de Mayo de 1590: llamábase *Junta de Puliçia*, y eran miembros natos de ella el presidente de Castilla, dos del consejo, un alcalde de Corte, el fiscal corregidor, un regidor y el escribano del Ayuntamiento. Su objeto era atender al «ornato, edifiçios puliçia y probeym.º de mantenim.ª de la Corte y Villa». Para ello se quitaron facultades al Ayuntamiento, sin que valieran las protestas de éste que pedía

vicios municipales, á costa de las funciones y derechos de los tristes regidores del Concejo, á quien no se llamaba de ordinario más que para un solo efecto: el de pagar. Y así, los gastos y dispendios fueron inmensos, infinitos, en construcciones de pasadizos, empedrados de plazas, ajuste de acemileros y de carros para la limpieza de las calles, obras en los paseos y salidas, levantamiento de alhóndigas y carnicerías, sin contar los ducados que á miles se gastaban en fiestas, cañas, toros, iluminaciones y encamisadas, á costa siempre del exangüe caudal del Municipio. Ebrios y trastornados con el lujo y magnificencia

---

volvieran las cosas «al vso antigvo».—*(Libros de Acuerdos del Ayuntam.º de Madrid.*—Año de 1600; ff. 214 vto , 215 y 226.)

En junta del concejo vallisoletano de 20 de Junio de 1601, y ya en Valladolid la Corte, se leyó un billete del Conde de Miranda, en el que por mandado del Rey disponía continuase la Junta de Policía que funcionaba en Madrid, ordenándoles designasen tres regidores para que él escogiera entre ellos el que había de figurar en ella.—*Libros de Acuerdos de Valladolid*, año 1601; f.º 105. Vid. también sobre este punto CABRERA: *Relaciones......*, 109.

Muchos fueron, en verdad, los esfuerzos del Ayuntamiento por atender al ornato y mejora interior de la ciudad Así, se ven menudear acuerdos en sus actas sobre empedrado de calles y de plazas, saneamiento de lagunas, y sobre todo limpieza general. La Junta de Policía tenía ordenado recorriesen la población veinticuatro carros. Parecieron pocos, y en 1605 se aumentaron seis más. Sobre estas diligencias, el Conde de Miranda, Presidente de Castilla, apremiaba también á los regidores para que se limpiase la ciudad de una vez toda «por el gran lodo que en todas partes ay». Porque la gran mancha de Valladolid, como Corte, era la abundancia de su polvo y lodo, que Pinheiro describía de esta forma: «A pesar de tener Valladolid tantos ríos, debe ser la más sucia tierra de toda España y de más lodo, de peor condición y de más pestilentes olores que se pueden imaginar: así es que se hace en extremo aborrecible é insoportable á sus habitantes, porque basta atravesar una calle cualquiera, á pie ó á caballo, para que se le mojen á uno las gualdrapas y las medias calzas y hasta los pies y los zapatos; lo cual proviene de tres causas: de ir el agua de la Esgueva muy somera y sin corriente alguna; de empaparse la tierra de aquella agua impura, y de la calidad de ésta, que es un barro tan fuerte y pegadizo como yeso, á pesar de ser tierra floja; á lo cual se une, que cuantas suciedades, estiércol é inmundicias de todo género hay en las casas, otras tantas se arrojan de noche por las calles, sin castigo alguno de los que así lo ejecutan, aunque pase el Esgueva por sus mismas puertas. Muchas veces me he maravillado al ver que una calzada ó calle limpia, á la media hora de haber llovido se encharcaba y ponía luego intransitable con aquel lodo negro y espeso, sucio y pegadizo que se agarra al

que Valladolid recibía con estas mejoras, no preveían los imprudentes regidores el abismo adonde caminaban; y cuando Felipe III, ó, mejor, su favorito, les propuso el capricho de labrar una quinta ó soto que hiciera las veces de la Casa del Campo de Madrid, solícitos por demás anduvieron en regalarle la renombrada Huerta del Rey, acabando de empeñar desdichadamente el crédito de la ciudad, que durante todo el siglo xvii arrastró una vida pobrísima, como si le tocase purgar entonces los pecados y altanerías de aquellos años. [51]

Á los cortesanos no se les daba un ardite de estos apuros: muy al

---

calzado y lo quema y destruye, así como también la ropa: de manera que yo y mis compañeros convinimos en que no dura en Valladolid la vida la mitad que en Lisboa, porque come uno polvo en verano y lodo en hibierno. Á no ser por estos dos enemigos, sería Valladolid la mejor tierra de toda España».—*(La Corte de Felipe III*, op. cit., 13).—Vid. además *Cervantes en Valladolid*, op. cit., página 141).—Tan ciertos son los datos del portugués, que solamente para recoger los gatos y perros muertos que se encontraban por las calles había destinado un acemilero con su repostero amarillo, y en él las armas de la ciudad, y á quien se daban siete reales de salario.—*(Libros de Acuerdos*. Juntas de 25 de Agosto de 1603 y 18 Julio de 1605; sin foliac.)

Para todos estos trabajos sobre el ornato y policía de la ciudad, durante la estancia de la Corte, Vid. *Libros de Acuerdos:* Juntas de 27 de Junio de 1601 (f.º 107), 17 de Octubre de 1601 (f.º 173), 23 de Agosto de 1602 (f.º 310), 16 de Diciembre de 1602 (ff. 354 y 355), 25 de Agosto de 1603, 27 de Febrero de 1604, 18 de Julio de 1605, 17 de Octubre de 1605 y 13 de Noviembre de 1605 (sin foliac.)

[51] Puede verse menudamente la historia de este famoso Parque, cuyo Palacio estuvo en un tiempo ornado de muy buenos cuadros, pinturas y tapices, en SANGRADOR: *Historia de Valladolid*....., II, 476; CABRERA: *Relaciones*......, 109 y 110; MARTÍ Y MONSÓ: op. cit., p. 609 y siguientes, y en los *Libros de Acuerdos*. Juntas de 31 de Henero de 1605, en que se realizó el deseo del Monarca, verdadera imposición del Duque de Lerma, que, á costa de la mísera ciudad, robusteció su privanza; 24 de Abril y 17 de Octubre de 1605 y 18 de Marzo de 1606.—La obra estaba calculada en diez ó doce quentos de maravedís.—Fué la gota de agua que acabó de arruinar á la ciudad, y adelantó también la vuelta á Madrid, á causa de ciertas diferencias nacidas entre el Concejo y el Monarca y que se desprenden de la lectura de la citada Junta de 17 de Octubre de 1605. El Rey quería se hiciera á toda prisa; el Ayuntamiento no encontraba dinero, entrampado hasta los ojos; y la consiguiente dilación enojaba al favorito y al Monarca, en perjuicio, una vez más, de los intereses de la vieja y desdichada metrópoli castellana.

contrario, supieron sacar gran partido de ellos, dejándose llevar blandamente por la corriente franca de festejos con que Valladolid regocijó su estancia, durante los años que logró retenerlos. Quien repasa la *Pratilogía* de Pinheiro, las *Relaciones* de Cabrera y Herrera, las *Historias* de Novoa y Ávila, ó los *Libros de Acuerdos* del Corregimiento, asómbrase ante la multitud, legión de sus regocijos, que no tuvieron punto de reposo. Hiperbólicas nos parecen hoy las alabanzas extremadas que aquella efímera Corte arrancó á los curiosos que la visitaron, y pudieron dentro de sus muros palpar su esplendor y grandeza. Pinheiro, más que otro ninguno, y aunque portugués (y como tal, poco afecto á las cosas castellanas), rompe en aplausos, exclamaciones y elogios siempre que intenta trasladar á sus *Memorias* la bulliciosa alegría que, cercana á la locura, se apoderó durante aquel rápido lustro de todos sus moradores. « Experiencia tenéis de la Corte — escribía á uno de sus camaradas —; está otro Valladolid de como vos lo dejasteis; en él reside hoy día todo el bien de España, de Granada, Sevilla, Toledo, y aun de Francia, sin contar la gala de Medina y la flor de Olmedo..... » [52]

Las espaciosas y bien regadas rúas vallisoletanas cuajábanse con sus naturales y con los infinitos forasteros, que, paseando su brío y gentileza, apodaban con graciosos y galantes nombres á las damas de todo linaje, quienes arrebozadas en sus mantos y sin otra compañía que la de sus dueñas malditas, rompían el forzado recogimiento de sus casas en busca de aventuras y esparcimientos, que Pinheiro, no sé si por su mala ventura de portugués enamorado, ó porque realmente palpase la verdad, califica en su mayoría de honestos y comedidos.

Por las tardes, el Espolón, la Platería ó la Puerta del Campo, según la estación del año, inundábanse de carrozas y coches, y Pinheiro, también, relata los picantes dichos que de unos á otros se disparaban con sin igual soltura y gracia, siendo extremados en ingenio y picardía los de las damas, con tal prontitud y donaire, que no es posible hoy hacerse acabada idea de su agudeza.

Á las frondosas quintas y cerrados sotos, que regaba en sus márgenes el Pisuerga, acudían en sus galeras y barcas los cortesanos en animadas jiras, que la apacibilidad del lugar hacía deliciosas, y en las cua-

---

[52] PINHEIRO: *Cervantes en Valladolid....*, p. 35.

leş la proverbial hospitalidad castellana abría las puertas aun á los desconocidos y extraños, sin más llave ni amigos que su buen ingenio; y con faltar á menudo en tales reuniones los padres, hermanos ó maridos, no enturbiaban su alegría ni los celos, ni los enojos y sospechas, obra del carácter llano de los españoles, de que tanto se admira el cronista portugués de quien tomo estos datos.

Pero donde Valladolid se holgaba grandemente, era en su Prado de la Magdalena. Después del anochecer y aun pasada la hora de ronda, bajaban en sus coches las damas, y apuestos, á la jineta, sus cortejos, y atravesando todos el puentecillo del Esgueva que lo separaba de la ciudad, convertían la fértil y regada pradera en ancho campo de diversión y esparcimiento.

Al pie de los robustos álamos, ó entre los verdes y castigados sauces, formaban repletos corros unos y otros, con sus colaciones ó meriendas, abundantes en tortas, manjar blanco, mermeladas, frutas, pastelillos, dulces secos y otras raras confituras; y cuando la benignidad del tiempo lo permitía, asomaban los rayos de la naciente aurora entre el ruido de las músicas, alboroto de las danzas, rumor de las pláticas y coloquios, pullas de los graciosos, risa sin tasa de las escuadras de estudiantes, que recorrían los animados grupos improvisando coplas y cantares, animado todo por los romances, folías, letrillas y rasgueados que desde lo alto del corredor, labrado por el Concejo, tocaban los ministriles y músicos de la ciudad. [53]

Fuera del santo y penitente tiempo de la cuaresma, el teatro viejo de Valladolid, situado en el barrio de San Lorenzo, y á cuyo alrededor tenían sus posadas los faranduleros y representantes, abría sus corrales á los mejores y más celebrados autores de comedias de Es-

---

[53] PINHEIRO: *Cervantes en Valladolid* .., 137 á 140.
En junta de 24 de Abril de 1602, el Corregidor dijo al Ayuntamiento: «como su merced y los ss.ˢ jerónimo de billasante y simón de caueçon rregidores y comissarios tenían concertada con los ministriles todas las fiestas de procesiones rregocijos de toros y otras cualisquier fiestas ansimismo las fiestas y domingos por las tardes, en el prado de la madalena por ducientos ducados al año, que conberná se aga acer luego un corredor donde esten tañendo, cerrado con su llabe, con todo bentanaje por todas partes, encima de la fuentecilla que esta en el dicho prado de la madalena...» Acuerdanlo.—*Libros de Acuerdos*: Año 1602, f.º 260.

paña toda. Diego de Santander, Gabriel Ramírez, Pedro Jiménez, Nicolás de los Ríos, Antonio de Villegas, Antonio de Granados, Gaspar de los Reyes, Baltasar de Pinedo, Gaspar de Porres, Alonso Riquelme y Diego López de Alcaraz, regocijaron con sus gracias y donaires el grande concurso de gentes que llenaba á Valladolid, ajustados por la Cofradía de San José, á cuya cuenta y orden corría el del corral dramático, bajo la vigilancia de su Ayuntamiento. [54] Ayudaba éste por su parte al esplendor del teatro, celebrando anualmente con grande aparato y gasto las fiestas del Corpus, en las que figuraban danzas de salvajes, pintorescamente imitadas, [55] mientras los carros de los farsantes, pre-

---

[54] El Sr. A. Cortés publicó en su citada obra (pp. 30 á 41) varios de los acuerdos del Concejo sobre representaciones teatrales y ajustes de autores de comedias, de los que también tenía yo sacada copia. Algunos omitió, voluntariamente acaso, los cuales, para completar la historia del teatro vallisoletano en este período, añadiré á esta nota.

El Ayuntamiento gozaba de aposento propio en el corral, que con frecuencia veía invadido por gorrones y desocupados. Trataron de corregir este abuso los regidores, como el Sr. A. Cortés cuenta, y entre los acuerdos tomados figura el siguiente, harto famoso, que revela los medios á que tenían que recurrir para defenderse: «á 19 de Noviembre de 1601, se mandó que, en la puerta del aposento de las comedias, el mayordomo de propios, luego Aga haçer una bentanilla para que de partes de dentro se bea quien llama y asista á la guarda de dicho aposento ».—(Año 1601, f.º 191 vto.)

Baltasar de Pinedo, según refiere el mismo escritor citado, estuvo en Valladolid hacia 1604. Prolongó su estancia hasta 1605, como declara este acuerdo: «11 de Hebrero de 1605 años; este día los dichos ss.s acordaron se le de á baltasar de pinedo, autor de comedias, cien ducados por los días que se ocupó con su conpañía, demás de lo questaua oblig.do de rrepresentar los auctos de las fiestas del Corpus del año passado á los Consejos y SS presidentes dellos, que hasta que se cumpliese con todos, esta ciudad no les dejo salir de esta Corte, de los quales se le de librança, en el mayordomo de propios.»—(Año 1905, sin foliac.)

Este *liberal* sistema era el usado por los Concejos con los faranduleros. Al menos el de Valladolid, echaba mano de él siempre que se ofrecía: por ejemplo, en 6 de Mayo de 1598 en que acordaron «que los cavalleros comissarios de las fiestas del Corpus, se rresuelban con grauiel de la torre, autor de comedias, en que haga tres carros, como es costumbre, y con mascara y que no la haçiendo, suplican al s.r corregidor les quite luego la liçençia de poder rrepresentar en esta ciudad».—(Año 1598, f.º 672).—¡Y qué iban á hacer los cuitados, sino someterse ante la amenaza del destierro!

[55] En junta de 26 de Abril de 1604, tratando de las fiestas del Corpus para

parados á modo de teatro con sus casas, torres, cámaras y aposentos, lindamente pintados, recorrían sus calles, representando comedias de puerta en puerta de las casas de los Consejeros. [56]

Sobre estos pasatiempos y regocijos, no descansaban los regidores en procurar fiestas de toros, juegos de cañas y otros espectáculos extraordinarios. Las primeras celebrábanse en la Plaza Mayor, en la del Almirante ó en la de los Leones, diputando para el caso comisarios que, apeándose de la gravedad de su oficio, los ajustaban del famoso y vecino Raso del Portillo, [57] perdiendo buena parte de sus juntas en distribuir los aposentos y ventanas entre sus familias y las de los consejeros y magnates de la Corte, con el consabido gasto de las colaciones y refrescos, no siempre limitadas al agua y los confites. Soltábanse otras veces alanos, tigres y fieras que, al luchar con los toros, evocaban sangrientamente el recuerdo de las memorables fiestas del romano Coliseo. [58]

Si los apuros de los ediles eran mayores en las fiestas de cañas que, por mandado del Monarca, organizaban con el concurso de los señores pincianos, por desdeñar los madrileños justar con ellos, [59] indemnizábanse, en cambio, ofreciendo á la asombrada plebe fantásticos espec-

---

aquel año, acordaron que los comisarios de ellas «den orden como para la dicha fiesta aya una dança de jigantones y tarasca, para el rregocijo de la dicha fiesta que bayan vestidos de seda por la suma y orden que les pareciere á los dichos señores comissarios, y anssimismo en la dança se lleben seis ú ocho ombres en abitos de saluajes, con sus maças, que bayan guardando y defendiendo los dichos jigantones».—*(Libros de Acuerdos)*.—Año 1604, sin foliac.

[56] PINHEIRO: *Cervantes en Valladolid*, p. 97.

[57] *Libros de Acuerdos* Juntas de 26 de Noviembre de 1604 y 14 de Enero de 1605. Por cierto que los caballeros comisarios andaban remisos en dar las cuentas al Concejo, como si no tuvieran tranquila la conciencia. (Vid. Junta de 31 Agosto de 1605.)

[58] CABRERA: *Relaciones*, p. 200; y MARTÍ Y MONSÓ: *op. cit.*, p 609.

[59] Acordada en Julio de 1602 una fiesta de juego de cañas, y comisionados dos regidores para que buscasen caballeros que las sustentaran, acudieron al Ayuntamiento diciendo que se habían visto con los caballeros de la ciudad y de la Corte y que tan solamente había aceptado una el almirante de Castilla y otra D. Diego Gómez de Sandoval; «y aunque auian echo las diligencias pusibles, asta agora no auia otro caballero que se ubiesse encargado de sacar quadrilla.» (Junta de 27 de Jullio de 1602, f.º 298.)

táculos, como el de aquella sierpe ó máquina voladora que en 1605 recorrió los aires hasta caer en la plaza, planteando, á comienzos del siglo XVII, el intrincado problema de la aviación. [60]

Todos estos festejos y alegrías subieron de punto al ocurrir en la Corte hechos tan notables como la venida del Embajador de Persia, hombre de agudo ingenio, que con sus dichos y respuestas dejó en ella mucha opinión y fama; [61] con el nacimiento y cristianismo de la Infanta Ana Mauricia; con la ratificación de las paces con Francia y llegada de los Príncipes de Saboya, aderezado todo ello con pasquines políticos muy graciosos que se fijaban por las calles, [62] danzas, lumi-

---

[60] Curiosa, en extremo, fue la tentativa de este predecesor de Wright, Bleriot y Farman, como juzgará el lector por el siguiente documento. «4 de Jullio de 1605· este dia se trato en este Ayuntamiento que andaba en esta Corte un ombre de gran yngenio que dicen que ara andar por el ayre una sierpe echa de bulto con artificios de gran yngenio que sería muy de ber y por los dhs. SS.ª visto Acordaron que se aga la dicha sierpe y nombraron por comisario para que aga haçer la dha. sierpe y todo lo que fuere neçesario para hello lo pague el mayordomo de propios desta ciudad por libranças del dho. señor simon de cabeçon, con que no eçeda el gasto de quatrocientos rreales y la fiesta della sea la tarde que sse corrieren los toros.»—(*Libros de acuerdos.*—Año 1605, sin foliac.).

El espectáculo, en efecto, se celebró dos veces cuando menos, y Pinheiro nos dejó de él las siguientes noticias: «Olvidábaseme de decir que, como doña Úrsula nos había dicho que durante la función un hechicero haría un milagro parecido á otro que dicen obró ya en ocasión anterior, de una sierpe que vendría volando hasta la plaza, fuí con los compañeros á presenciar el prodigio, que, después de todo, no fué más que una enorme cometa de papel en figura de dragón, como la que los rapaces usan en nuestra tierra, la cual, sujeta y diestramente dirigida por medio de una cuerda, llegó con efecto hasta la plaza, con gran espanto de los que allí estaban.»—*Cervantes en Valladolid*, pp. 105 y 106.

Como se ve, Pinheiro es tan verídico, que no sólo hay que creerle en sus dichos corrientes, sino hasta en los extraordinarios, como éste que relata, comprobado por el testimonio oficial de los *Libros del Corregimiento*.

[61] Sobre las noticias que CABRERA *(Relaciones...* 110-122), GONZÁLEZ DÁVILA: *op. cit.* (84 á 87 y 609) y los demás historiadores dan de este embajador, vid. P. SEPÚLVEDA...... *Historia de varios sucesos..* . op. mss cit., II, 97-98.

[62] Por ejemplo, éste que copia el mismo P. Sepúlveda

«En estos días pusieron en Valladolid un Pasquín terrible en que fingían que todas las virtudes venían y pedían possada, y á muchas dellas despidieron· llegó á pedir possada la Justicia en Palacio y llamó, y la respondió el

narias y regocijos, que hacían de la Corte castellana, en trase de su cronista, el «centro y asiento de la alegría universal».

Pero cuando Valladolid excedióse á sí misma en grandeza, fausto y poderío, cual funesto presagio de su próxima ruina y acabamiento, fué con ocasión de las extraordinarias fiestas que en 1605 celebraron el bautismo del príncipe Felipe Dominico Víctor, más tarde IV de este nombre en España.

El contento y alborozo que la asegurada sucesión causó á los Reyes, al pueblo y á los nobles, se derramó en un diluvio de fiestas, tan ostentosas, ricas y lucidas, que años más tarde las recordaba el maestro Espinel como «las más alegres y ricas que los mortales habían visto, y donde se mostraba la grandeza y prosperidad de la monarquía española». [63] Y decía bien el insigne rondeño, porque libros y libros podrían llenarse, y aun faltaría espacio, para relatar y comentar debidamente la dorada cadena que rodeó aquel feliz acontecimiento, «el de mayor majestad y grandeza que jamás se ha visto ni puede ver en corte de ningún príncipe del mundo». [64] Para que quedasen testigos de ella

---

Rey que allí no posaua sino la ynocençia é ygnorançia, y que donde ay ygnorançia no es menester justicia; la avariçia en casa del Duque de Lerma la aposentaron; la alegría (sic), en casa del obispo; la paciencia, en casa del marqués de velada la dieron posado; la soberbia, en casa de la duquesa de lerma, y ansi fueron aposentando á los demás.....; y ansi en los mismos días auían puesto en Madrid á las puertas de Palacio otro que decía:

    Un Rey ynsipiente,
    Y un Duque ynsolente,
    Y un confesor absolviente,
    Traen perdida toda la gente;»

op. cit. II, f.º 178.

De los demás sucesos que en el texto se relatan, hallará el lector completas noticias en las *Historias* citadas del tiempo—Cabrera, Novoa, Dávila, Pinheiro, Porreño—, sin olvidar las *Relaciones* particulares, cuya bibliografía y extractos copiosos figuran en ALENDA: *Relaciones de solemnidades y fiestas públicas de España.*—Madrid, Sucesores de Rivadeneyra, 1903.—Tan á la mano están, que, por no hacerme prolijo, las omito.

[63] *Relaciones de la vida del Escudero Marcos de Obregón.*—Relación II; Descanso XI

[64] *Relación de lo sucedido en la ciudad de Valladolid desde el punto del felicísimo nacimiento del Príncipe Don Felipe Dominico Victor nuestro Señor; hasta que se acabaron las demostraciones de alegría que por él se hicieron, Al Conde de*

entre las mismas naciones extrañas, coincidieron con la llegada del Almirante de Inglaterra, seguido de su numerosísima y galana comitiva, [65] séquito que durante dos meses llenó las calles y plazas vallisoletanas, con admiración curiosa de los infinitos forasteros que arribaron á la Corte. [66]

Gastamos un millón en quince días,

dijo Góngora en su conocido soneto, y aun juzgo mezquino el número para la muchedumbre de encamisadas, toros, fiestas, cañas, torneos, alardes, muestras y carros triunfales y saraos, sin contar los ducados que, pródigos, derramaban desde las ventanas del Consistorio los regidores á la alborotada y jubilosa plebe; y no miento tampoco los banquetes y convites dignos de Heliogábalo, con que el Condestable

---

Miranda.—Año (Esc. de Arm.[s] RR.[s]) *1605.—Con licencia.—En Valladolid. Por Juan Godínez de Millis.—Vendese en casa de Antonio Coello, en la Librería;* in 4.°; iv + 46 folios. Reproducida por el señor Rosell en las *Obras completas de Cervantes.*—Madrid, Rivadeneyra, 1863, 1864 (II, 155, 250), omitiendo, sin embargo, la *Licencia* firmada por Cristóbal Núñez de León en «Valladolid á 8 de Otubre de 1605» la *Tassa* por el mismo á «19 de Otubre de 1605» y el «*Sumario de lo que se contiene en esta relación*». Muy rara es, en efecto, pero no tanto como Rosell dice. Al menos, en la Biblioteca Nacional, se conservan tres ejemplares: R.-196, 3.607 y 12.327. Por una pequeña omisión que se halla en el ejemplar de la Biblioteca Nacional R.-3.607 se deduce hubo una segunda edición, hecha á plana y renglón de la primera.

[65] Como documentos inéditos acerca de la embajada del Almirante inglés, vid. Arch. Hist. *Sala de Alcaldes:* Autos de 25 y 27 de Mayo de 1605; y sobre recibimiento y acomodo de su séquito, *Ibidem*. (Libro III, ff. 325, 326 y 330).—Respecto del número total que lo componía, no llegaron á los 700 que algunos historiadores dicen. La nómina de los criados sumaba 355, y entre todos, caballeros, pajes y arqueros, eran 506 —(Vid. *Arch. de Simancas.*—Secret. de Estado Leg. 201).—Pinheiro consigna datos muy interesantes sobre ellos.

[66] En la *Relación de lo sucedido...*, que, como se sabe, fué debida á la pluma del cronista Antonio de Herrera, se asegura que en las fiestas de toros celebradas en la plaza Mayor, «había poco menos de cien mil personas.» (Op. cit., página 222). Aunque el cálculo sea exagerado, la muchedumbre de gentes que acudió á Valladolid fué extraordinaria, tanto, que la Sala de Alcaldes tuvo que tomar sus medidas «atento—dice—á la mucha diversidad de gentes que a ocurrido a esta Corte de difentes naciones, por el parto de la Reyna, nuestra señora y bautismo del Príncipe, nuestro señor y fiestas que se han hecho.»— (Auto de 27 de Mayo de 1605).—*Libro III;* 325, 326.

de Castilla ó el Duque de Lerma agasajaban á sus huéspedes, y en los que llegaron á servirse, en cada uno, más de mil y doscientos platos de carne y pescado, sin contar los de postre, confituras y entremeses que se regalaban. [67]

Digno de cortes orientales, de la del Gran Mogol ó del Soldán de Persia, eran también aquellos magníficos presentes que de las más remotas regiones del mundo recibían los Reyes, [68] y su recuerdo vendría á la memoria de Lucas Gracián Dantisco ó de algún otro erudito cortesano entre los tres mil privilegiados que asistieron al aparatoso y célebre sarao triunfal, con que se cerraron asiáticamente, en el salón grande de Palacio, las fiestas suntuosas del memorable natalicio. [69] Á sus labios acudirían entonces aquellas orgullosas palabras de un escritor del tiempo: «Reconozcamos á Dios la merced que nos hizo hombres, no bestias; cristianos, no moros; españoles, no de otra nación». [70] Todos ellos, en efecto, debieron sentirse ufanos de haber nacido españoles, hijos de una raza que en aquel instante rayaba en su apogeo material, en el boato espléndido, como la luz portentosa y deslumbradora que precede siempre á las tremendas caídas, á los espantosos y mortales derrumbamientos.

Acertado anduvo por una vez aquel famoso Argolí, maestro de Astrología en Padua, cuando consultando Felipe III, según dicen las his-

---

[67] PINHEIRO: *Cervantes en Valladolid*, pp. 73, 90, 91; y principalmente la *Relación de lo sucedido* ....., que es la fuente más completa para estas fiestas, con Cabrera y Novoa.

[68] Sobre los que los Monarcas recibieron del Embajador persa, del Almirante inglés y demás Príncipes que visitaron la Corte, de la India se enviaban fastuosos y valiosísimos, como el de aquella cajuela, alta de un palmo y ancha de dos, llena hasta arriba de esmeraldas finas para collares y brincos, que un galeón trajo para la Reina en Junio de 1605 —(PINHEIRO: *Cervantes en Valladolid*, p. 77.)

[69] Para la historia de esta fiesta, que fué suntuosísima, además de las fuentes citadas, puede consultarse el *Sarao que sus magestades hicieron en palacio por el dichoso nacimiento del príncipe nuestro señor don filipe quarto deste nombre en la ciudad de Valladolid, á los diez y seys del mes de Junio año de 1605.* (Bibliot. Acad. Histor. Mss. Colec. Salazar, F. 18 (f.º 19.)

[70] *La Philosophia vulgar, De Ioan de Mal Lara..... Primera parte que contiene mil refranes glosados.....* Sevilla. Hernando Diaz, 1568, folio (f.º 29.)

torias, el horóscopo de su nacido hijo, alzando su figura, halló que le aguardaban en su carrera los más amargos destinos. [71]

Porque aquella grandeza, aquella ostentación y opulencia semejaban el resplandor final de un asombroso incendio: el del poderío de la Monarquía española, que los hados, en respuesta á sus conjuros, hacían brotar de la cuna misma del Rey infelizmente destinado á acabar con ella...... [72]

---

[71] F. SILVELA: Bosquejo histórico á las *Cartas de la Venerable Sor María de Ágreda y del Señor Rey Don Felipe IV.*—Madrid, 1885 (tomo I, p. 6).

[72] Este Capítulo se escribió poco antes de que apareciese el curioso folleto del erudito escritor pinciano D. Narciso Alonso Cortés, *La Corte de Felipe III en Valladolid.*—Valladolid, Imprenta castellana, 1908 (en 8.º, 67 págs.). Adviértolo al lector en descargo mío y de las coincidencias, que, en algunos puntos, hallará con dicho trabajo, hijas de haber utilizado ambos, á muchas leguas de distancia y sin conocernos, unas mismas fuentes, cosa tampoco extraña, dada la identidad de nuestros asuntos.

III

> Yo soy aquel que en la invención excede
> Á muchos...................... ....
> (CERVANTES: *Viaje del Parnaso*.)

Arrojado ingratamente al mar inmenso de la Corte cuando comenzaba á bullir con tales esplendores, envuelto entre las olas de sus propias desdichas y pesadumbres, aparece Miguel de Cervantes en Valladolid, en los primeros meses del año de 1603.

Entre su polvo y afanes caía, «donde tantos son forzados á reir sus lágrimas y á blasonar su gemido», [1] y al atravesar la Puerta de Santa Clara, cabalgando sobre los lomos de la mohina mula ó el cuartago de alquiler, lerdo y huesudo, acaso se diría, dando pronta salida á la voz de sus penas, aquellos versos estampados de allí á poco en su libro famoso:

> ¡Ay de aquel que navega, el cielo escuro,
> Por mar no usado y peligrosa vía,
> Adonde norte ó puerto no se ofrece! [2]

Llamábanle á la Corte no, como á tantos otros, ambiciosas esperanzas de medrar en su confusión y mentira; no la rústica curiosidad de asistir á las fastuosas fiestas con que Valladolid comenzó á emular la grandeza y boato de las ciudades asiáticas y romanas, sino unos mise-

---

[1] QUEVEDO: *Epicteto traducido*. Dedicatoria.—*Obras*. (Bibliófilos Andaluces.) III, 18.

[2] *El Ingenioso Hidalgo*.—Parte I, cap. XXXIV.

rables maravedíes, cuentas retrasadas con los contadores de Hacienda de S. M., reliquias de sus agitados tiempos de comisario, que por dos veces consecutivas le habían hecho conocer, mal de su grado, aquel infierno populoso de la Cárcel de Sevilla, que, cual irónica burla del destino, es el único dato afirmativo que nos resta de este período de su vida (1600-1605) tan intrincado, impenetrable y obscuro. [3]

El caso no era para menos: 79.804 maravedís, á que ascendía el saldo contra Cervantes, no liquidado por éste aún, bien merecían en el orden oficinesco de nuestro mirado Consejo el que se llamara á un subordinado suyo, aunque pretendiese esconderse en las entrañas mismas de la tierra. Y no era, ciertamente, en sus entrañas donde por esta época estaba retraído Cervantes, sino bien asegurado y preso tras las célebres tres puertas, llamadas de *oro*, de *plata* y de *hierro*, de la Cárcel Real sevillana, de la cual se le suelta por Bernabé de Pedroso en los primeros meses del año 1603, recibiendo órdenes del Consejo de Hacienda, y no sin prestar abonadas fianzas de que, una vez libre, vendría á la Corte á dar sus cuentas, cuatro ó cinco veces inútilmente pedidas, y á saldar aquel piquillo, que le arrastraba como cola desde 1597, y detrás de cuya pista con insistencia encarnizada venían venteando desde entonces los celosos contadores del Rey. [4]

---

[3] Desde el 2 de Mayo de 1600, en que aparece como residente en Sevilla y vecino en la Collación de San Nicolás (ASENSIO: *Cervantes y sus obras*.—Barcelona, Seix, 1904, pp. 432 y 433), hasta el 12 de Abril de 1605, en que otorga una escritura en Valladolid (P. PASTOR: *Documentos Cervantinos*, op. cit., I, 141), no queda otro rasgo biográfico documental que el informe de los Contadores, que copiaré luego. Esta es la ancha y misteriosa laguna no llenada aún en su biografía, aunque para intentarlo se hayan apurado por los cervantistas las cábalas, conjeturas y más fantásticas hipótesis.

[4] De este interesante documento dió cuenta breve el primero D. Martín F. de Navarrete en su hermosísima *Vida de Miguel de Cervantes Saavedra* (Madrid, 1819, p. 439), y modernamente lo ha publicado íntegro el Sr. Máinez. Aparece de él que á Cervantes, en 1594, se le dió comisión para cobrar 2.557.000 maravedíes en ciertos partidos de Andalucía, y que de las cuentas de esta comisión resultaron en cargo suyo 79.804, concluyendo así el informe: «y para que la viniese á dar se han dado cartas para que el señor Bernabé de Pedroso le soltase de la carcel donde estaba en Sevilla, dando fianzas de venir á darlas dentro de cierto término, *y hasta ahora no ha venido* ni hay razon de las diligencias que se han hecho. Fecho en Valladolid á 24 de Enero de 1603. Do-

Tras su estancia, pues, en el estruedo de la Cárcel sevillana, que para mí no fué corta, y escuela para el manco sano de mil y mil cosas que luego prestaron á sus libros aquella portentosa verdad y realismo que los ha de hacer eternos, reclamado por la Contaduría de Hacienda, cayó Cervantes en Valladolid después del 24 de Enero de 1603; mas sin que se sepa cuándo á ciencia fija; porque lo que en este particular se dice por sus expositores y biógrafos es obra de la conjetura, por la cual no paso sin grande repugnancia, y á falta de otro mejor y más abonado testimonio. [5]

---

mingo Ipenarrieta.» *Cervantes y su época.* — Jerez de la Frontera, 1901, pp. 513 y 514.

De Bernabé de Pedroso allegó diligentemente el Sr. Máinez *(op. cit.*, 338-339) cuantas noticias pudo, por tratarse de personaje ligado con uno de los puntos más obscuros de la vida de Cervantes. Sus noticias no van más allá del año 1604. Vivió cuando menos algunos más: «en m.d (madrid) á quinçe dias del dho. mes de nov.e (1611), el contador mayor Bernabé de pedroso del q.º (consejo) de su mag.d en el real de haçienda se rescibio por esclavo del abe maria» (y firma) «Bernabe de pedroso.» Tal dice su asiento en el *Libro primero de la Congregación del Ave María* (f.º 7), fundada por el Beato Simón de Roxas, conservado en su archivo, y donde esperé hallar el de Miguel de Cervantes, su firma y lugar donde vivía en Madrid; pero malográronse mis esperanzas; no aparece que entrase en ella, aunque no falten firmas curiosas de camaradas y contemporáneos suyos, como la del presentado Fr. Juan Bautista, gran amigo suyo, aprobante de sus *Novelas Exemplares,* y prefecto primero que fué de la mencionada congregación.

[5] Todo el fundamento de la pretendida estancia de Cervantes y su familia en Valladolid en los primeros meses del año 1603, radica en la existencia de unas cuentas de camisas y otra ropa blanca hechas y aderezadas por doña Andrea de Cervantes para D. Pedro de Toledo y que llevan por fecha «8 de Febrero de 1603 años» (sin designación de lugar).

La argumentación, iniciada en un principio por Navarrete y no contradicha por nadie, en pro de esta afirmación, es como sigue:

Los recibos de estas cuentas, de la mano de doña Andrea dos de ellos y el tercero, según Máinez, de la de Cervantes mismo, debieron redactarse en Valladolid, porque D. Pedro de Toledo, de regreso de su expedición de Argel, cayó en la Corte por esta fecha. El argumento, aparte sus inexactitudes cronológicas, es especioso. Pues si los dichos recibos no dicen el lugar donde se escribieron, y consta que en Septiembre de 1602 D. Pedro de Toledo estaba en Sevilla (CABRERA: *Relaciones......*, 153) y en Diciembre del mismo año en Madrid *(Ibidem,* 162), ¿qué razón hay para atribuir precisamente á Valladolid, y no á cualquiera de

En mi sentir, la familia de Cervantes, no Cervantes mismo, no llegó á Valladolid hasta mediados de 1604, y fúndome para decirlo en dos cosas: una lógica presunción y un fehaciente documento. Nace la primera del rigor y severidad extraños que en un principio se pusieron para el ingreso en la Corte de aquellas gentes faltas del oficio, cargo ú ocupación que hiciera justa y necesaria su estancia en ella; rigor que, iniciado en los primeros meses, subsistió hasta los de 1604.

Considere ahora el lector si, en un comienzo, una caravana compuesta exclusivamente de mujeres, viuda la una, beata la segunda, y doncellas y jóvenes las otras dos (que entre todas sumaban los tres enemigos del alma: mundo, demonio y carne), hubiera podido ostentar ante los cautos centinelas de la Corte, que custodiaban sus puertas, títulos bastantes para allanarlas; mas como el rigor se templó años más tarde, y las severidades esgrimidas para tapar su entrada á los desordenados escuadrones de pícaros, pobres fingidos y damas cortesanas fueron inútiles, pues á la postre metióse en Valladolid todo el que quiso, aquella familia, que—hablando sin hipócritas melindres ni tapujos, porque hora es de decirlo y de una vez, apeando cobardías— merece en general tan pocos respetos, y que como el alcalde Villarroel declaraba en el proceso de Ezpeleta «no tenían en la Corte entreteni-

---

aquellos puntos, el lugar ó estancia de doña Andrea como labrandera de aquella ropa? Hay más aún: la fecha de los recibos es de 8 de Febrero de 1603, y en *8 de Febrero no estaba aún el Marqués de Villafranca en Valladolid:* llegó pocos días después, del 9 al 15 de este mes.* (CABRERA: *Ibidem*, 168.) Y ¿es probable que no llegado todavía, se le hicieran nuevas y aderezasen nada menos que 68 camisas, que á ese número asciende el total de las que trabajó ó lavó la hermana de Cervantes, y que cobrara su labor inmediatamente? ¿Cuánto más probable es que estas labores femeniles se llevaran á cabo en Madrid, en los meses de Diciembre de 1602 y Enero de 1603, en que residió allí D. Pedro de Toledo? Al menos, conjetura por conjetura, no encuentro mayores títulos de fundamento y credibilidad en la de Navarrete y Máinez que en esta mía. — Vid. NAVARRETE: *Vida*, op. cit., pp. 94 y 455; y MÁINEZ: *Cervantes y su época*, op. cit., pp. 388-389.

---

* «Han proveído por gobernador de Milán á D. Pedro de Toledo, el *cual vino aquí la semana pasada*», escribía Cabrera en sábado 22 de Febrero de 1603. La *semana pasada* tiene, pues, que referirse del domingo 9 al sábado 15 de aquel mismo mes.

miento ninguno», [6] y si algunos le conceden los documentos hasta el día publicados, no son, en verdad, altamente honrosos ni ejemplares, aquella familia—digo—un tanto buscona, capitaneada por doña Andrea, debió de hacer su entrada en Valladolid mediado el año de 1604. [7] Una de las mujeres que la componían, que por su calidad de doncella no es presumible viajase separada de sus mayores, dícelo clara y rotundamente en el susodicho proceso, sin que hasta el día, fuera de Pellicer y Navarrete, que yo recuerde, haya sacado nadie partido bastante de esta interesante afirmación: *«que de un año á la parte* (30 de Junio de 1605) *estaba en Valladolid la confesante».* [8]

¿Llegó entonces nuestro autor? Yo ni lo sé ni puedo asegurarlo, enemigo como soy de conjeturas; mas, lógicamente, ante la lectura del informe de los contadores de Hacienda, que tan apremiante llamada encerraba, hay que suponer que vino antes; saldó sus atrasadas cuentas con el Consejo, liquidando la cantidad en que resultaba alcanzado; [9] dió acaso la última mano al manuscrito de *El Ingenioso Hidalgo;* vendiólo por unos pocos ochavos al librero Francisco de Robles, con cuya persona y familia eran ya antiguos los tratos y amistades; y, como la Corte ni se removía ni dejaba esperar la vuelta, sino una estancia prolongada y quieta, llamó á los suyos, y juntos se instalaron todos en Valladolid.

No se sabe dónde en los comienzos, pues, por escrituras recientemente halladas, [10] aparece que hasta el otoño de 1604 no pudo estre-

---

[6] Pérez Pastor *Documentos Cervantinos*, II, 478.

[7] Componíanla, como es sabido, doña Andrea, su hija doña Constanza de Ovando, doña Magdalena de Sotomayor, hermana beata de Cervantes y doña Isabel, hija natural de éste. De doña Catalina de Salazar, su esposa, no consta viniese á Valladolid por ninguno de los documentos descubiertos.

[8] P. Pastor. *Documentos Cervantinos*, II, 515.

[9] Navarrete cree que esta liquidación y finiquito de cuentas no tuvo lugar hasta 1608. La cuestión aparece, como tantas otras cervantinas, un tanto confusa.—Vid. *Vida....*, op. cit., p. 440.

[10] Alonso A. Cortés: *Noticias de una Corte literaria*, op. cit., pp. 81 á 85 De la escritura constitutiva de censo á favor de Alonso Díez de la Reguera por Juan de las Navas, se desprende que á 4 de Agosto de 1604 estábase edificando la casa en que habitó Cervantes, sin que se hallase concluída aún. Por lo tanto—acaba el mismo autor—, Cervantes no pudo residir en dicha casa hasta después del mes de Agosto de 1604. El paraje conocíase entonces con el nombre de

nar la flamante y raquítica casa [11] que, entre cinco pares de ellas, había edificado en las afueras de Valladolid, junto al Rastro Nuevo, frente al Matadero y separado de él por el mísero y mal oliente Esguevilla, Juan de las Navas, abastecedor de carnes, hombre ducho en negocios, mas tan temerariamente arriesgado y emprendedor, que á la postre dejó ruinosamente su crecido caudal en sus tentativas y manejos.

Á la Corte llegaba Miguel de Cervantes, no rodeado de gloriosa aureola, como sus candorosos admiradores han supuesto, sino pobre, obscuro, mutilado, con aquel triste recuerdo y manchada nota de dos prisiones consecutivas, y sin más títulos ni timbres á los ojos de las gentes que una rancia novela perdida ya de su memoria; ¡tantos eran los años transcurridos desde su aparición!: algunos cuentos y poesías, que impresos ó en traslados corrían entre las manos de los curiosos, al igual de otros mil de mil adocenados escritores, y, sobre todo, como ocupación principal y público oficio, su cargo de *comisario*, tan memorable ó insigne por su tiempo, que bastaba entonces para señalar con el dedo al más pintado doquiera aparecía, y no ciertamente en su alabanza y loa.

Bien ha descubierto la sociedad que frecuentaba Cervantes un moderno comentarista suyo; sus verdaderos amigos y camaradas; aquella obscuridad social que le rodeó en Sevilla, tan lejana del trato de los Pachecos, Tarifas, Alcázares y Herreras, y que el mismo escritor compendiaba en una exactísima frase, buena para grabada en la fantástica imaginación de los idealizadores cervantinos: «Cervantes, por los años de 1587 á 1605 — y por los míos de 1604, repito yo — distaba mucho, á pesar de la publicación de su *Galatea*, de haber alcanzado la notoriedad que después le granjearon otros libros, especialmente su incomparable novela de *El Ingenioso Hidalgo*». [12] ¡Purísima verdad! Harto claramente lo había dicho un contemporáneo suyo, refiriéndose

---

Rastro de los Carneros. Así desaparece la leyenda vallisoletana de haberse escrito en ella parte del *Quijote*.

[11] De la que el curioso lector hallará un libro entero de historia, descripción y datos en el de D. Fidel Pérez Mínguez, *La casa de Cervantes en Valladolid*. (Madrid, Asilo de Huérfanos, 1905.— 175 págs. in 8.º)

[12] RODRÍGUEZ MARÍN: *El Loaysa de «El Celoso Extremeño». Estudio histórico-literario.*—Sevilla, 1901, p. 11.

á los que, como Cervantes, no podían ostentar timbres mayores que los de pertenecer á la holgada y más que holgada hueste de poetas: «que el día de hoy los poetas prácticos son en tan poco tenidos, que apenas hay hombre que guste que se lo llamen: sino que, como malhechores, andan en conventículos secretos, por no perder de su autoridad». [13]

¿Quién era, pues, aquel estropeado hidalgo, que, abrumado más aún que con el peso de sus espaldas (que, en propia confesión, era algo cargado de ellas), con el de sus pasadas miserias y pesadumbres, hacía su aparición en el tráfago de la Corte, sino un comisario alcanzado en sus cuentas, harto de sufrir prisiones, vencido por el rigor de su ventura, que durante diez y siete años habíale obligado á recorrer la Andalucía toda en la compañía *honrosa* de los recueros, trajinantes, pícaros y mozas de partido, cuando para ganar el negro sustento tuvo que encerrarse en el aún más negro oficio de comisario, poniendo su vara y su persona al servicio de las mil insolencias y desafueros que los tales cometían á destajo, por los 12 reales del mísero sueldo, en los comienzos, que el *buen cumplimiento y celo* con que lo servía premiaba un año después rebajándolo á 10; [14] como si aun no fuera poco, y pocos también los peligros de muerte que corría, al ser perseguido tantas veces por los agraviados vecinos, pretendiendo vengar en los de su ralea aquella larga cadena de desmanes y atropellos que llevaban por nombre el oficinesco de *sacas?*

¡Un comisario! ¡Uno de aquellos «pájaros de cuenta — como con goyesca frase declara el mismo autor citado—, deshauciados de la Fortuna, náufragos en el mar del mundo, que no llevaban capa en el hombro!» [15]

Y ¡qué comisiones, y qué prácticas las suyas!

Apliquen sin ningún escrúpulo los futuros biógrafos cervantinos, no ya los sabrosos y acabadísimos cuadros de lo que una comisión representaba entonces en mil legales y consentidos delitos, que también Rodríguez Marín, único escritor que ha tratado imparcial y serena-

---

[13] *Philosophia antigva poetica del doctor Alonso Lopez Pinciano, Medico Cesareo...* —En Madrid, por Thomas Iunti, MDXCVI, 4.º—Epístola XII, p. 515.
[14] PÉREZ PASTOR. *Documentos Cervantinos......,* II, 398, 399 y 401.
[15] RODRÍGUEZ MARÍN: *El Loaysa ...* —Op. cit., p. 18

mente este agitado punto de la vida de Cervantes, pinta en un delicioso artículo, que en sus pocas líneas nos la descubre, al cabo, más y mejor que otras pomposas y abultadas biografías; [16] aplique el lector conmigo, sin empacho ninguno, al *manco sano*, aquellas quejas, aquellos clamores, aquellas protestas vivas de las Cortes, hasta ahora poco menos que inéditas, contra los comisarios, que «destruían los lugares por donde pasaban, cohechándolos y haciendo de costas, salarios y comidas más que valían los bastimentos que iban á sacar». [17]

Apliquen á Cervantes comisario aquel fingido celo y diligencia, de que los mismos procuradores se dolían; celo que les empujaba á tomar en las sacas más cantidad de la necesaria y señalada, quién sabe si para sus fines de mohatra; los intolerables abusos en el acarreto de las provisiones, confiscando las recuas, deteniendo á los trajinantes, embargando sus bestias, descaminándoles de adonde iban, haciéndoles dejar las cargas que llevaban en los inseguros mesones, y á las veces en los mismos caminos; tomando sus machos y obligándoles á rescatarlos luego á más precio que lo hubieran hecho los propios moros en la costa; atropellando, en suma, á esta gente infeliz de tal suerte, en insolutos y cohechos, que como á turcos les temían, cuando los mismos procuradores en su tiempo manifestaban «que muchos no osan pasar veinte leguas alrededor por donde andan los comisarios». [18]

Ése era Cervantes, ó ése, al menos, fué el Cervantes que llegaba pobre y derrotado á la Corte de Valladolid en 1603, al cabo de tantos años de servir su cargo de comisario con *satisfacción* de los proveedores generales, y aquí puede rastrear el lector las cosas que entrañaría la palabra *satisfacción* para aquellos sujetos.

---

[16] RODRÍGUEZ MARÍN: *Cervantes en Andalucía. Chilindrinas: cuentos, artículos y otras bagatelas......*—Sevilla, 1906, pp. 239 á 262.—Vid. también del mismo autor *Rinconete y Cortadillo*.—Sevilla, Díaz, 1905; pp. 137 á 145.

[17] *Cortes de Castilla*. Cortes de Madrid de 1592 á 1598, tomo XIII, p. 134

[18] Advierta el lector que en el citado y primoroso artículo de Rodríguez Marín hallará una fiel y movidísima pintura del ejercicio de las reales comisiones y abusos incalculables que de ellas se originaban. Yo he apuntado tan sólo en el texto algún que otro dato de los muchos que sobre la materia, y no utilizados hasta el día, nos sirve con claridad hermosa aquella fuente inapreciable y riquísima para el estudio de la vida social y política de la España de entonces: las *Actas de las Cortes de Castilla*.—Vid. tomos: IX, 413; XIII, 125 á 135; y XV, 752 y 760.

Sí, y dígase claro; á Cervantes le cómpetía también, salvando su honra, que muy de veras creo fué siempre limpia, aquel nervioso latigazo de Mateo Alemán en su *Guzmán de Alfarache*, libro que por sí sólo vale más para la filosofía de las costumbres que un archivo entero de protocolos: «Demos algo desto á proveedores y comisarios, y no á todos, sino á algunos, y sea de cinco á los cuatro, que destruyen la tierra, roban á los miserables y viudas, engañando á sus mayores y mintiendo á su rey; los unos por acrecentar sus mayorazgos, y los otros por hacerlos y dejar de comer á sus herederos» [19]

Y por si el desconfiado lector, bondadoso y pío, no lo cree, sea esta vez Cervantes mismo quien en el *Coloquio* nos diga, por boca de un loco, que es ponerlo en boca de la verdad: «*sin costa de comisarios, que destruyen la república*»; ó, echando desenfadadamente por medio del sembrado, trace un cuadro sin pero, de cómo y por quién se realizaban las tales comisiones. [20]

Así metido en la Corte, con tales alcurnias, hechos gloriosos, pasadas y memorables bizarrías, no hay que esperar verle bullir ni destacarse en ella, sino arrinconarse en su casa, que, por cierto, estaba en un apartado barrio, de costumbres un tanto sospechosas, confiriendo nuevamente con asentistas y mercaderes sobre tratos, fianzas y negocios, en busca siempre de los escasos y mal hallados escudos.

Para Cervantes pareció comenzar entonces aquella feliz época de su vida que historiaba él mismo en las palabras del prólogo á sus *Comedias* «Algunos años ha que volví yo á mi antigua ociosidad», ociosi-

---

[19] *Guzmán de Alfarache*, Parte I, lib. I, cap III
[20] «..... y procurar verme, como se ven otros hombrecitos, aguditos y bulliciosos, con una vara en las manos y sobre una mula de alquiler, pequeña, seca y maliciosa, sin mozo de mulas que le acompañe, porque las tales mulas nunca se alquilan, sino á faltas y cuando están de nones; sus alforjitas en las ancas, en la una un cuello y una camisa, y en la otra su medio queso y su pan y su bota, sin añadir á los vestidos que trae de rúa, para hacellos de camino, sino unas polainas y una sola espuela, y con una comisión, y aun comezon, en el seno, sale por esa Puente Toledana raspahilando, á pesar de las malas mañas de la harona, y á cabo de pocos dias envia á su casa algun pernil de tocino y algunas varas de lienzo crudo; en fin, de aquellas cosas que valen baratas en los lugares del distrito de su comisión, y con esto sustenta su casa como el pecador mejor puede.» (*El Juez de los divorcios*.) ¿Conocía, ó no, el paño Cervantes?

dad venturosa de la que pretendían arrancarle sus amigos, singularmente Agustín Ragio, asentista genovés, Simón Méndez y algunos otros hombres de negocios, que le visitaban para conferir y tratar de los muchos que ocasionó el cambio de la Corte. [21]

---

[21] Para que se vaya haciendo la verdad en el tan fantaseado punto de las relaciones y amistades de Cervantes, publicaré dos documentos inéditos y curiosísimos sobre Francisco de Robles, librero, que echan mucho por tierra la buena opinión y fama que de él nos habían dejado las numerosas escrituras descubiertas por Pérez Pastor tocantes á su persona. Hasta el día este personaje, tan íntimamente ligado con la vida privada y literaria de Cervantes, estaba reputado como hombre serio, confiriendo y tratando con graves y honestas personas, y limpio en sus comercios y granjerías. Por los siguientes inéditos autos podrá el curioso barruntar el linaje de su calaña. El mismo insigne cervantista Sr. Pérez Pastor fué el primer admirado al comunicarle, un año antes de su muerte, *las santas prácticas* que se desprenden de estos dos documentos.

Á consecuencia de una enérgica campaña promovida en 1617 por la Sala de Gobierno de los Alcaldes de Casa y Corte de Madrid, contra *las casas de conversación ó juego*, se disparó, entre otros, el siguiente auto contra Francisco de Robles, con fecha 14 de Noviembre del dicho año:

«Que se le notifique á fran.co de rrobles, LIBRERO, v.º desta villa, no tenga ny consienta juego en su casa, pena de quin.os ducados para la camara de su mag.d, y de quatro a.s (años) de destierro desta Corte y cinco leguas, y con aperzibi.º que se procedéra contra él con mas rigor.» Y en la notificación dice Juan de Novoa, el escribano: «notifiqué el auto desta otra p.te como en él se contiene á fran.co de rrobles, *librero*, y en su persona=el qual dijo que está presto de hazer y cumplir lo que se le ordena y manda por la sala.» Á la cuenta, el auto pareció flojillo, cuando los Alcaldes repitieron más enérgica y contundentemente con el que sigue: «en la uilla de madrid á catorze dias del mes de noviembre de mill y seis.os y diez y siete anos, los SSres. alldes. de la cassa y corte de su mag.d estando en la audiencia de la carzel rreal della dixeron: que tienen not.a (noticia) de que *fran.co de rrobles libre.º en la puerta de Guadalaxara de mucho tiempo á esta parte tiene en su cassa juego de naypes pu.co, donde de ordin.º se juega con mucho escandalo, lo cual haze por su particular interes porqve les da cassa, naypes y velas y saca barato* * para rremedio de lo q.l (qual), y que ssirba de aperzivimi.º, m.ron (mandaron) que se le not.e (notifique) al dho. fran.co de rrobles de aqui adelante no tenga el dho. juego con

---

* El *dar naypes, casa, velas y sacar barato* eran las distintivas de los tablajeros que entretenían casas de juego. Así el racionero Pedro Sánchez dice en su *Historia moral y philosophica* (Toledo, 1590): «los tablajeros, por admitir jugadores y darles casa, mesa, naypes y dados, dan materia al escándalo y ocasión de pecar á los próximos.» (F.º 259.)

Durante su estancia en Valladolid, avecindáronse en ella bastantes mercaderes y tratantes portugueses, [22] y uno de ellos fué Simón Méndez, hombre, á la cuenta, muy avisado y experto, que frecuentaba la casa de Cervantes más que otro ninguno; y como en 4 de Enero de 1604 había sido nombrado administrador general de la renta de los diezmos de la mar en Castilla, y el despacho de su oficio requería buenos ministros y comisarios, pidió á Cervantes fuese como comisionado suyo al reino de Toledo para la cobranza de aquellas rentas, [23] no sin asegurarse, como mercader cauto y prudente, el buen portugués, tomándole, ó pretendiendo tomarle las consabidas fianzas.

Bien se toca de este extremo, interesante, por otra parte, para el estudio de las fuentes del *Quijote*, que para Cervantes no debía de ser nuevo el reino de Toledo, cuando el receloso Simón Méndez intentaba encomendarle aquellas cobranzas, certificado, sin duda, en su buena habilidad y avezada práctica, por tantos años aquilatada en sus comisiones y sacas reales de Andalucía. No consta documentalmente si tales intentos llegaron á cuajarse, aunque el proceso de Valladolid

aperzivim.º que sera castigado y de quinientos ducados para la camara de su mag.d, y anssi lo probeyeron y mandaron y señalaron.» Hízosele la notificación con fecha 20 de Noviembre, y en ella repitió Robles lo que en la anterior.—Archivo Histórico Nacional.—*Sala de Alcaldes.*—Libro VIII, ff. 209 y vto. y 213.

Y como Francisco de Robles fué el librero que compró á Cervantes y mandó imprimir á su costa el *Quijote* y las *Novelas Exemplares*, vea el lector por donde de la obra más hermosa del orbe y el *Coloquio* del sapientísimo Berganza con Cipión vieron la luz de las letras y se publicaron gracias á un garitero que cobraba el barato, como el último de los truhanes, y acogía en su casa á aquella mala tropa de los discípulos de Vilhan. ¡Á cuántas consideraciones se prestan estos autos! Parece especial permisión de las musas que aquellas obras tan realistas, sacadas del estudio y observación de lo más bajo y vil de aquellos tiempos, ataran más su carácter de genuinamente humanas, viniendo á caer en las manos de un torpe tablajero, amparador y cómplice de las fullerías, trampas, tretas y embustes de un garito ó coima. ¡Soberbio paradero tuvieron, en verdad, la historia de *El Ingenioso Hidalgo* y el diálogo de los canes de Mahudes.....!

[22] Aparecen, en efecto, en las actas del Ayuntamiento numerosos recibimientos de mercaderes por vecinos de la ciudad, principalmente portugueses. En 9 de Diciembre de 1602 se recibe á Francisco Fernández (Año 1602, f.º 353): en 15 de Marzo de 1605 «á pedro fernandez ferollado y á joan blanco caueda», etc......

[23] Pérez Pastor: *Documentos cervantinos*, II, 488-518.

debió cortar, por de pronto, estos tratos y proyectos. Á la par de Simón Méndez, D. Fernando de Toledo, señor de Higares, frecuentaba asimismo la casa de Cervantes, reanudando la antigua amistad entablada en las márgenes del Betis, [24] sin que faltasen tampoco otros antiguos conocidos ó deudos que aportaran por aquellos desusados barrios; aunque del famoso proceso de Ezpeleta, fuente principal de noticias acerca de la vida de Cervantes en Valladolid, no se desprende fueran ni muchos ni muy conocidos: el genio huraño de Cervantes debió de agriarse por este tiempo, y á la verdad, por más que doña Andrea declare «que algunas personas entran á visitar al dicho su hermano, por ser hombre que escribe é trata negocios ó que por su buena habilidad tiene amigos», [25] pocos son, francamente, los que en sus páginas se mientan.

Mas en las anteriores palabras de doña Andrea hay una frase interesantísima para nuestro objeto y que nos pone sobre la pista del *Coloquio*: «*por ser hombre que escribe*». ¿Acaso *El Ingenioso Hidalgo*?

No: meses hacía que andaba por toda España la primera parte de la incomparable novela; ya «los niños la manoseaban, los mozos la leían, los hombres la entendían, los viejos la celebraban, y era finalmente tan trillada, tan leída y tan sabida de todo género de gentes, que apenas era visto algún rocín flaco, cuando decían todos: «Allá va Rocinante». [26]

¿Qué escribiría, pues, por entonces Miguel de Cervantes en Valladolid, cuando tan rotundamente lo declara su hermana doña Andrea?

Pocos pasos más allá de su casa, fuera de la Puerta del Campo, ocupando un perímetro muy extenso, limitado por la ancha plaza llamada Campo Grande, el Rastro, la calle del Perú y la mísera y estrecha del Candil, alzábase un edificio de construcción sencilla y gruesas paredes, rasgadas por largas hileras de ventanas, que daban luz, á través de las macizas rejas, á los dos suelos ó pisos del sombrío monumento.

Mirando á la Puerta del Campo, no lejana, se destacaba la severa portada, único aliento del arte en aquel vulgar caserón, con su arco

---

[24] Pérez Pastor: *Documentos cervantinos*, II, 497, 498, 502, 519 y 527.
[25] *Ibidem*, II, 518.
[26] *El Ingenioso Hidalgo*. Parte II, Cap. III

romano de partida sillería, adornado su friso por cuatro rosetones y coronado por una capilla ó nicho de estilo del Renacimiento, ya con caracteres herrerianos, que encerraba una imagen en piedra de Cristo resucitado. A sus pies, en la cornisa misma de la puerta y entre dos macizos remates, leíase esta fecha: «1579». Aquel pesado edificio era el famoso Hóspital de la Resurrección. [27]

Asiento en un principio de la Cofradía de la Consolación y Concepción, á quien García de Sagredo legó en el siglo XV el derecho de mancebía, ó privilegio de establecer casa de mujeres enamoradas, con el *piadoso* fin de invertir sus empecatados productos en la cura y beneficio de los pobres acogidos por la hermandad, en 1515 vióse convertido juntamente en casa pública y en hospital, éste, merced al celo y trabajo de Pedro Alonso de Portillo, clérigo administrador que fué suyo hasta muchos años más tarde, ayudado por el licenciado Granada, Cura de San Salvador, y Gregorio de Torquemada. [28]

---

[27] Como el Hospital de la Resurrección se derribó en Diciembre de 1890, edificándose sobre su solar las llamadas casas de Mantilla, me he servido para la descripción que hago en el texto del *Plano* antiguo de la ciudad, delineado en 1738 por Ventura Seco, «escribano de su Magestad», cuyo original se conserva en su Ayuntamiento, y es de capital valor para la topografía del lugar; * de una fotografía sacada por la Comisión Provincial de Monumentos, poco antes de que desapareciese; y más especialmente de un *Plano del Campo Grande* que, procedente de la Biblioteca de Osuna, se guarda en la Biblioteca Nacional, Secc. de Estamp., sin signatura. Tiene por medidas 62 × 62 centímetros; está trazado en perspectiva y colores, á usanza de los antiguos planos, y su fecha no debe pasar del primer tercio del siglo XVIII, ó comienzos del segundo, como mucho. Da una excelente idea del ámbito de la Puerta del Campo, monasterios y edificios colindantes.

[28] *Papeles sobre la reduction de los ospitales que ay en esta villa de Va-*

---

* En una de sus cartas decíame D. Juan Agapito Revilla, Arquitecto municipal y excelente conocedor del Valladolid viejo: «Al plano de 1738 le doy yo mucha importancia, y mucho más para el empeño que usted persigue, porque traza el período que en Valladolid se han hecho menos modificaciones Esta ciudad no sufrió grandes reformas, sino que se ensanchó, por decirlo de algún modo, poco después de la permanencia de la Corte de Felipe III, y no ha sufrido reformas de importancia hasta mediado el siglo XIX; por manera que comprende el gran lapso de tiempo en que la ciudad se atascó por falta de elementos propios para el desarrollo progresivo de toda población que siglos antes había caminado más de prisa que la mayor parte de las de España, y, sobre todo, de las de Castilla. Doy por muy seguro que dicho plano representa la disposición de Valladolid á principios del siglo XVII, es muy recomendable, y yo le tengo en gran estima, así como el Sr Martí»

Así transcurrieron bastantes más, dándose la mano bajo el mismo techo, aunque en locales diferentes, la virtud y el vicio, los pobres y las hembras del partido, como si á la postre no fuera para éstas el hospital el seguro paradero de la mancebía, una de aquellas cuatro posadas *(hospital, cárcel, iglesia y cementerio)*, que no se cierran nunca á los miserables del mundo; hasta que considerando la entonces villa de Valladolid el escándalo que resultaba de aquella convivencia en lugar tan público y concurrido como la Puerta del Campo, celebró un convenio con los cofrades, comprometiéndose á constituir en favor de los mismos un censo anual y perpetuo por la cesión del derecho de mancebía.

No se ejecutó por entonces este concierto, que volvió á resucitarse poco después, con ocasión de pretender la Villa trasladar á un local más capaz los Hospitales de los Santos y Canseco, estipulándose en definitiva la cesión del edificio de la casa pública, á cambio de otro censo de doce mil maravedís.

Ó la Cofradía anduvo remisa en otorgar la escritura censual, ó puso para su ejecución reparos y dificultades: el caso fué que, exasperada la Villa, dió comisión á Alonso de Portillo, quien, acompañado de Juan de Valladolid, el licenciado Guevara y José de Paredes Torquemada, y otros clérigos, presentáronse con gran sigilo y secreto ante las puertas del Hospital en la noche del 25 de Marzo de 1553 y hora de las once, y arrancando violentamente las llaves á la mujer hospitalera, penetraron en la mancebía, quedando aquella noche consumado su designio, arrojadas las malas hembras, y trasladados expeditivamente los enfermos. [29]

Con la misma diligencia, al siguiente día 26, don Alonso de Balboa, provisor y vicario general de la diócesis de Palencia, dió licencia á Fr. Andrés de Fuensalida, obispo Tripolitano y abad del monasterio de Nuestra Señora de la Vega, en la orden del Cister, para que pudiese consagrar, como lo hizo, aquella sentina de pecados, celebrándose

---

lladolid y la relacion dellos y sus rentas.—Biblioteca Nacional, Mss. núm. 18.369 Vid. además, *Introducción* de Serrano y Sanz á la *Ingeniosa comparación entre lo antiguo y lo presente de Cristóbal de Villalón* (Biblióf. españoles).—Madrid, MDCCCXCVIII, in 4.º; pp. 100 á 102.

[29] SANGRADOR. *Historia de Valladolid*.....—I, 435 á 438.

acto seguido solemne misa en presencia del asombrado pueblo vallisoletano. [30]

Siguió el Hospital su curso tras esta determinación ruidosa, gastándose grandes sumas en hacerlo más capaz y apto para los piadosos fines de su instituto. [81]

En 1591 la naciente orden de San Juan de Dios celebró contrato con D. Alonso de Mendoza, último abad de la Colegiata, para tomar á su cargo el Hospital de la Resurrección. Entraron en él los hermanos y, hallándolo pequeño y desacomodado, quisieron agrandarlo, encargando la fábrica á Fr. Gregorio de Herrera, que fué quien le puso en la forma y traza que tenía por los tiempos del *Coloquio*. [82]

Tantas obras parciales y reformas ejecutadas libremente en el Hospital, hacíanle presentar un abigarrado conjunto de torres, claustros, patios, puertas, cementerios, capillas aisladas y construcciones pegadizas, que, corriendo los años, hubieron de aumentarse, hasta merecer el primer puesto entre los numerosos Hospitales de Valladolid.

Desde la fundación del Hospital cuidaba de su orden y sostenimiento una cofradía compuesta de sesenta hermanos, gobernada por un clérigo administrador y cuatro diputados, y que, á semejanza de otras piadosas

---

[30] «*Escritura por donde pertenece este suelo al hospital Real de Valladolid.*» (Archivo de la Diputación Provincial de Valladolid.) Lleva por fecha 26 de Marzo de 1553 y es un testimonio del acta ó escritura levantada el día de la consagración del Hospital, describiendo todas sus ceremonias. Aunque tengo copia á la vista, sacada por mí, prescindo de incluirla, por su mucha extensión y no grande interés

[81] En 1572 llevábanse gastados más de nueve mil ducados; de renta tenía treinta y dos mil maravedíes, y las limosnas cada un año ascendían á 400.000, sin otras cosas que se daban á los pobres en pan, vino, gallinas, conservas y ropa *(Papeles sobre la reduction de los ospitales* .. Mss. citado.)

Entre otros gajes, se concedieron más tarde, al Hospital dos reales de cada aposento y un quarto de cada persona que entraba en el Corral de las Comedias. Este tributo se suprimió años más tarde, á petición de la Cofradía de San José, dueña del teatro —Vid *Libros de Acuerdos.*—Junta de 20 de Mayo de 1606.

[82] *Chronologia hospitalaria y resvmen historial de la Sagrada Religión del glorioso Patriarca San Juan de Dios....., escrita por el Padre Fray Juan Santos, Religioso, Presbytero y Cronista...* —En Madrid, en la Imprenta de Francisco Antonio de Villadiego.—Año de MDCCXV y MDCCXVI; in folio, 2 tomos Tomo II, cap I, lib. II, ff. 142 y 143.

cofradías, tenía un *llamador* ó hermano limosnero, encargado de allegar las dádivas y donativos, rentas copiosas sacadas del inagotable venero de la caridad. [33]

Por los tiempos de la estancia de la Corte, cumplía con el cargo un hermano llamado Mahudes, hombre llano, de confianza y verdad, á quien, al igual de otras hermandades, [34] se daba cierta porción de lo que cobraba, por su trabajo y por asistir de portero de la cofradía cuando se convocaba á junta en ella.

Á la hora de la oración, desde que anochecía, vestido con su ropa larga, sus calzones de buriel y sayalesco capote, y provisto de su capacha y esportilla, que pendiente de un cordel le caía sobre el hombro, acostumbraba cada día á salir por la ciudad, pidiendo limosna para los enfermos, al son de aquellas voces que los mismos hermanos hospitalarios estilaban: «*¿Quién hace bien para sí mismo?*» [35]

No iba solo: acompañábanle en su santa jornada dos bravos perros, de frente ancha, pecho corrido, derribados de bezos, hocico romo, ojos pequeños, cuello corto y grueso, recios de brazos y zancajosos, uno de

---

[33] *Testimonio de escritura otorgada en Valladolid d 20 de Septiembre de 1573, por la que los Cofrades y Administradores del Hospital de la Resurección y Alonso de Portillo, administrador del, viendo q̃ por la mudança de los tiempos cunple y es necesario Para el seruiçio de dios y aumento deste dicho ospital e casa mudar e alterar muchas de las ordenanças que la dicha casa e cofradia tiene y añadir otras de nuevo reformanlas en la forma y manera siguiente.....* Siguen las ordenanzas extractadas en el texto. (Archivo de la Diputación provincial de Valladolid: sin catalogar.) La única cláusula interesante para *El Casamiento engañoso* es la siguiente: «Cap. 32 *que trata de los pobres que se an de curar en esta dicha casa e como an de ser resçiuidos*. «Otrosi, ordenamos e mandamos que en el dho. ospital solo se rresciban pobres que tengan bubas y no otro mal, pues para solas ellas se ordenó este dho. ospital e cofradia, y mandamos que antes que sean resçiuidos por el dicho administrador e diputados los vean el medico e çirujano desta casa para que diçiendo ser de aquella enfermedad se resçiuan e no lo siendo no; y sobre esto encargamos las conciencias á los dichos medicos e çirujanos.»

[34] Cristóbal Pérez de Herrera: *Discursos del amparo de los legitimos pobres......*—Madrid, Luis Sánchez, 1590; f.º 34.

[35] «Yo alcancé á los religiosos—escribe Juan Antolínez de Burgos, contemporáneo del *Coloquio*—, que traían la espuerta al hombro, y de aquí nació llamarlos *hermanos de la capacha.*» El mismo nos da también los detalles que utilizo en el texto.—*Historia de Valladolid.....*—Valladolid, Rodríguez, 1887; pp. 344-345.

ellos rojo de pelo, y ambos animosos y fuertes; [86] llevaban colgando de sus collares sendas linternas, y tal era su instinto, que ellos mismos solían detenerse delante de las ventanas donde de ordinario dábanles limosna, ó si acaso echaban monedas desde lo alto y se perdían en el suelo, acudían luego á alumbrar donde caían; y, con ir con tanta mansedumbre, que más parecían corderos que perros, eran en el Hospital unos leones, guardando la casa con gran cuidado y diligencia. Llamábanles los perros de Mahudes á ambos á dos, aunque cada cual tenía su nombre sonoro y significativo: *Scipion* ó *Cipión* el uno y *Braganza* ó *Berganza* el del barcino color. [87]

Su fama en la Corte era muy grande y extremada su popularidad. [88] Unas noches salían con el buen cristiano Mahudes; otras, con los hermanos de San Juan de Dios, y para pasar á la ciudad seguían dos caminos: bien entraban por la Puerta del Campo, ó bien por el Rastro, atravesando el Esgueva por el puentecillo de madera en que mataron á Ezpeleta, *frente por frente á la casa de Cervantes*, para meterse por el Campillo de San Andrés y calle de Olleros en las principales del lugar. [89] La hora en que salían, la obscuridad de la noche que se avecina-

---

[86] Sírvome (resuelto siempre á no fantasear) para la pintura de los famosos canes, de la que de los alanos y raza á que pertenecían hace el anónimo autor (Luis Barahona de Soto) de los *Diálogos de la Montería*. (Bibliófilos españoles).—Madrid, MDCCCXC, pp. 465-466).

[87] *El Casamiento engañoso*

[88] Hay un pasaje en el proceso de Valladolid, incoado á raíz de la muerte á mano airada de D. Gaspar de Ezpeleta, que me trae á la memoria la de los perros Cipión y Berganza como auténticos y populares, aun cuando bien pueda referirse á otros que no sean ellos mismos. Sabida la vecindad de la casa de Cervantes con el Hospital, uno de cuyos lienzos se dominaba desde las ventanas del patio de aquélla, sin más separación que la estrecha y lóbrega calle del Candil, son interesantes aquellas palabras de la confesión de doña Magdalena de Sotomayor, que declara que «estando esta testigo en su aposento, oyó abaxo decir *cuchilladas, cuchilladas, y comenzaron á ladrar los perros*», testimonio que confirma doña Isabel de Saavedra en la suya.—PÉREZ PASTOR: *Documentos Cervantinos.....*, op. cit., II; pp. 500 y 520.

[89] Aparte el citado plano de la ciudad, hecho en 1738, que nunca pierdo de vista, sirve mucho para esta verídica recomposición la *Vista del Rastro de Valladolid*, litografía con que adornó D. Jerónimo Morán su *Vida de Cervantes*.—Madrid, Dorregaray, 1863; in fol.—Conocedores tan expertos y eruditos del lugar como D. José Martí y Monsó y D. Juan Agapito Revilla me aseguran que

ba, la claridad misteriosa de las linternas, cuya luz, vista de lejos, hacía más novelesco y llamativo su paseo, su mansedumbre y lealtad hacia Mahudes, aquellos rastros vivos del instinto que les llevaba á los parajes conocidos, eran un conjunto poderoso de circunstancias, prontas á fijar sobremanera la atención de aquellos que hacen de la vida ancho campo de observación, estudio continuo y quieto de sus más nimios accidentes y novedades. ¡Vaya si se prestaban Cipión y Berganza á filosofar y discurrir sobre la vida! ¡Qué ejemplos más hermosos de mansedumbre, instinto y amor hacia sus amos!

¿Acaso, en el camino largo que cuotidianamente recorrían, no había un estropeado hidalgo, asomado de pechos á una ventana, que, con la vista penetrante puesta en ellos, ó tropezándoseles á menudo de vuelta á su posada, detuviese los pies, para rumiar embebecido un aleteo de la imaginación, un no sé qué vago y confuso que comenzaba á rebullirse en su cerebro, agitando los recuerdos pasados, levantando las memorias antiguas, para renovar quizás los dormidos dolores y pesadumbres?

Bien sé yo que pretender buscar aquel momento etéreo é impalpable de la inspiración, en que germina en la mente del artista creador la imagen primera de su idea, la célula, el átomo, el punto viviente que ha de crecer y agigantarse lentamente desde aquel instante, para convertirse en obra humana, es atrevimiento más que mayúsculo, y casi casi, echando las claras por delante, supina tontería. Mas, ¿por qué no, también, se han de asociar los elementos germinadores primeros de una obra á la obra misma, cuando por el estudio, la casualidad ó la intención francamente declarada por el propio autor, aparecen patentes y descubiertos? ¿Por qué, cuando se toca el vínculo entre la realidad y su copia por el novelista, no ha de mostrarse con toda franqueza, des-

---

el aspecto que en la lámina ofrece el Rastro vallisoletano con la casa de Cervantes y uno de los lienzos del Hospital, vendría á ser el mismo que el de los tiempos del *Coloquio*. Y no olvide el lector, además, como dato muy importante, que la casa de Cervantes era paso obligado para las jornadas diarias de Mahudes y sus canes, siempre que intentasen entrar en la ciudad por su lado Este, si no de tanto movimiento y vida como los alrededores de la Puerta del Campo, más poblado, en cambio, y más propicio á las limosnas y socorros que buscaban en su peregrinación piadosa por las calles de la Corte.

prendiendo la embriogenia de la novela? ¿No era Cervantes el mismo que gallardamente había dicho:

Que no está en la elegancia
Y modo de decir el fundamento.
Y principal sustancia
Del verdadero cuento,'
Que en la pura verdad tiene su asiento? [40]

Y ¿qué verdad más pura y manifiesta que aquella nocturna procesión de los dos perros?

¡No! no hay ninguna obra cervantina en que pueda palparse tan patente la inspiración real y humana de una idea como en el *Coloquio de los perros*, porque si los perros estaban allí, poéticamente misteriosos, con aquella singularidad bizarra que les proporcionaban sus pausadas acciones, más propias de personas que de animales, ¿había que extrañarse que Cervantes hiciera *presa en ellos*, ya que, como un autor del tiempo dijo con frase divina, no es otro el oficio del entendimiento *que hacer presa en verdades*? [41]

Para mí (y perdónenme el franco atrevimiento de decirlo), el *Coloquio* nació en este momento, y la vista de los canes de Mahudes fué el mágico conjuro que levantó é hizo revivir todos los dispersos elementos que entran de luego á componer una obra literaria; elementos que yacían en el fondo de la excelente memoria de Cervantes, donde como Berganza, su fiel intérprete, declara, de antiguos y muchos ó se enmohecían ú olvidaban; elementos, unos rastros del vivir, arañazos de sus malandanzas y desventuras: huellas literarias otros, marcadas por la lectura de los mil y mil libros que su probada afición á ellos podía señalar en su temperamento estético.

Porque todos, una vez nacidos, nos saltan al paso y nos detienen para preguntarnos: ¿Cómo se engendró el *Coloquio*, ó, al menos, sus dispersos elementos, en la realidad?

El padre y fundador de la Novelística española, con su maravilloso

---

[40] *La Galatea.*—Libro III.
[41] Carta de D. Luis de Góngora. *Sales Españolas ó agudezas del ingenio nacional*, recogidas por A. Paz y Mélia (Segunda serie).—Madrid, Suces. de Rivadeneyra, 1902; pp. 305 y 306.

talento sintético, ha dicho que Andalucía fué para Cervantes «verdadero campo de observación, y verdadera patria de su espíritu». [42] Y tan uno, en efecto, es el recuerdo de su vida aventurera con el de las campiñas andaluzas, que no es de extrañar aquel unánime sentir de los autores todos en tener á Miguel de Cervantes, si por alcalaíno de cuna, por sevillano de corazón, de palabra y de paleta.

Á más de sesenta pueblos lleváronle de estancia forzosa sus comisiones y sacas solamente por aquellos reinos; poco menos de un año atáronle los trabajos y preparativos de la molienda del acarreado trigo en Écija; eso, sin contar los infinitos lugares que atravesó en su camino, del modo pintoresco—cual ancha escuela de observación, cátedra del novelador realista, curso el más humano del humano carácter—que un viaje de entonces regalaba. Un gallardísimo hablista del tiempo, nos ha dejado un inimitable testimonio de ello, y aunque no harto breve, cuadra aquí, por la gracia de su estilo, á las mil maravillas. «El caminar por tierra—decía—en buena cabalgadura y con buena bolsa es contento; vais un rato por un llano, subís luego un monte, bajáis de allí á un valle, pasáis un fresco río, atravesáis una dehesa llena de diversos ganados, alzáis los ojos, veis volar diversas aves por el aire, encontráis diversas gentes por el camino, á quien preguntáis nuevas de diversas partes; alcanzáis dos frailes franciscos con sus bordones en la mano y sus faldas en las cintas, caminando en el asnillo del Seráfico, que os saludan con un *Deo gratias;* ofrecerse-os ha luego un padre Jerónimo en buena mula andadora, con estribos de palo en los pies, y otros mejores en las alforjas de bota de buen vino y pedazo de jamón fino. No os faltará un agradable encuentro de una fresca labradorcita, que va á la villa oliendo á poleo y tomillo salsero, á quien digáis: «Amores, ¿queréis compañía?» Ni aun dejáis de encontrar una puta rebozada con su zapatico corriendo sangre, sentada en un mulo de recuero, y su rufián á talón tras ella. Ofrécese-os un villano que os vende una hermosa liebre, que trae muerta con toda su sangre dentro para la lebrada, y un cazador de quien compráis un par de buenas perdices. Descubrís el pueblo donde vais á comer ó á

---

[42] *Discursos leídos ante la Real Academia Española en la recepción pública del Excmo. Sr. D. Francisco Rodríguez Marín.*—Madrid, Tipografía de la Rev. de Arch., 1907; p. 91.

hacer jornada, y alíviase-os con su vista el cansancio. Si hoy llegáis á una aldea donde hallaréis mal de comer, mañana os veréis en una ciudad que tiene copiosísima y regalada plaza. Si un día coméis en una venta, donde el ventero cariacuchillado, experto en la seguida y ejercitado en lo del rapapelo, y ahora cuadrillero de la Santa Hermandad, os vende el gato por liebre, el macho por carnero, la cecina de rocín por de vaca, y el vinagre aguado por vino puro, á la noche cenáis en casa de otro huésped, donde os dan el pan por pan y el vino por vino. Si hoy hacéis noche en casa de huéspeda vieja, sucia, rijosa y desgraciada y mezquina, mañana se os ofrece mejorada suerte, y caéis con huéspeda moza, limpia y regocijada, graciosa, liberal, de buen parecer y mucha piedad; con que olvidáis hoy el mal hospedaje de ayer». [43]

Largo es el hurto, que, por lo lindo del pasaje y rareza del librillo que lo contiene, me perdonará el lector benévolamente; no puedo hallar otro mejor documento, fuente más clara, razones y comentarios más intensos que á la postre sepan decirme: «así se engendró el *Coloquio*,» ése fué el cauce por cuyo álveo desembocaron en Cervantes buena parte de sus elementos: «su vida nómada y aventurera». Afirmado, pues, este pilar, no me detendré á labrarlo ni á florearlo, porque harto mejor que yo han agotado el estudio que Cervantes hizo de la realidad para sus novelas todos sus biógrafos, y más soberanamente dos autores que asentaron sus reales literarios en este punto de la investigación cervantina: [44] ¿qué análisis, pues, ni comentario, necesita cuando el lector, al saborear de propia mano la novela misma, ha de exclamar regocijadamente á cada página: «¡Esto sí es real, esto sí es vivido; esto no se inventó, sino copióse!»

¿No es ya pedantesca vulgaridad ahondar en el valor realista de las obras cervantinas, cuando hasta los niños lo saben, y cabalmente, por

---

[43] *Cartas de Eugenio de Salazar, vecino y natural de Madrid, escritas á muy particulares amigos suyos.* (Bibliófilos españoles.) Madrid, Rivadeneyra, 1866, pp. 49 y 50.
[44] V. Menéndez y Pelayo: *Cultura literaria de Miguel de Cervantes y elaboración del «Quijote»* —Madrid, 1905.
Rodríguez Marín: *Cervantes en Andalucía. (Chilindrinas....,* op. cit.) — *El Loaysa de «El Celoso Extremeño»......,* op. cit., *etc.*

no ser sus obras acatamiento servil de uña estrecha escuela estética, ni forzado rehén de un doctrinarismo literario, sino abrazo hermosamente fecundo con la realidad que le rodeaba, imitación de la vida (que en ésta y en la verosimilitud estaban, en su sentir, la perfección de lo que se escribe), han perdurado las suyas frescas y lozanas, y su mágico jugo ha de remozar aún á través de los siglos, como remozó el fatigado espíritu de Goethe, tantos temperamentos y tantas almas?

Pero no por la simple copia y retrato de la realidad provocará estos entusiasmos y rejuvenecerá nuestros cansados ánimos; que ella sólo no inmortaliza á nadie; todos grabamos en nuestras pupilas lo que el mundo y la naturaleza nos muestran cuando ante ellos se espacian, como la cámara obscura los retiene y perennemente la placa fotográfica los fija, y á nadie, sin embargo, se le ocurrirá suponer á nuestras pupilas por maestras de estética, ni á la cámara obscura por arte de aquel que lleva al Parnaso en brazos de las musas, y diviniza á los hombres, haciendo de sus obras hermanas de los dioses, y cubre las frentes de gloria y las cabezas de laurel; que es menester engrandecer el mundo, transformar la vida y la materia dentro de la imaginación iluminada, y que aquella visión escueta y simple de la realidad, que todos los hombres, aun los más rudos é indoctos, disfrutan, reciba, ya dentro de nuestro cerebro, el beso amoroso de la fantasía, el rayo encendido del genio, que transforma y deshace lo visto, como el rayo de sol descompone en siete bellísimos colores la luz blanca posada sobre un prisma.

Pecadora y manchada era la realidad sorprendida por Cervantes para su *Coloquio*, y, no obstante, inmenso es el encanto que nos presta. Y es que cuanto más altos son los genios, más se acercan á Dios. Dios fabrica cosas hermosas, sacándolas del cieno. ¡Gran ideal del arte! Con materia baja, humana y miserable, labrar alcázares casi divinos; con barro humilde, hacer una criatura que se acerque á Dios. ¡Engrandecer lo terrenal y bajo, divinizar lo humano! ¿Qué fórmula para el arte, tan progresiva! — «¡Dichosos mortales los que lo realizaron — digamos con Menéndez Pelayo — y sintieron llegar á su pecho en oleadas el regocijo de la invención y la alegría de la vida!» [45]

---

[45] *Historia de las Ideas estéticas en España* —Tomo III.—Madrid, 1896, página 480.

IV

Lo vero è lo bello una cosa son.
(*Coplas* de Dom Pedro de Portugal.)

No hay, pues, que perderse inútilmente empeñándose en buscar los orígenes del *Coloquio* fuera de aquellas fuentes, por sí demasiado vivas y fecundas, de su vida aventurera y de sus desengaños de viejo, que, al fundirse por modo tan prodigioso con el calor de su fantasía inventiva, habían de regalarnos la magistral novela.

Y si, como dejo dicho, las influencias literarias tienen que ser muy raras y poco hondas, por el carácter y esencia de esta obra eminentemente realista, que para engrandecerse y completarse no las necesitaba, ni admitir otras que las del medio humano en que se engendró, más erróneo es aún, en mi creencia, atribuirle inspiraciones directas é imitaciones francas de determinadas novelas ó escritos de autores clásicos, por muy populares y celebrados que fuesen. Y el primero que al paso nos salta es el, en su tiempo popularísimo, *Asno de Oro*, de Lucio Apuleyo, que desde hace dos siglos se ha tomado como fuente directa del *Coloquio*, por el recuerdo que de él se hace en uno de sus más ardientes episodios.

Para concluir someramente este punto bástame espigar en el sereno estudio que Icaza le dedicó, preferentemente, dentro de su acabado trabajo sobre *Las Novelas ejemplares*. «Asombra—dice—cómo ha perpetuado la rutina el disparate del obispo de Avranches de suponer el

Coloquio imitación del *Asno de Oro*, de Apuleyo». [1] Porque, en efecto, la especie de Daniel Huet [2] tuvo tanta fortuna en el servilismo francés, que invadió en el siglo xviii todas las manifestaciones de la vida nacional española, que desde entonces la prohijaron la mayoría de los comentaristas de esta novela; especie que, indirectamente, aplicaba Pellicer nada menos que á la fábula de *El Ingenioso Hidalgo*, suponiéndola atacada de iguales imitaciones de la africana novela [3]. El uso y gusto literarios reclamaban entonces hallar modelos clásicos á todas las producciones cervantinas, y entre Homero con su *Ilíada*, como quería Ríos para el *Quijote*, y Apuleyo con su *Asno de Oro*, era tan corta la distancia, que fácilmente podía salvarse. Pero aunque tan torcidas conjeturas literarias, *inepcias*, como las llama Menéndez y Pelayo, hayan medrado hasta nosotros consagradas por la rutina y el lustre y boga que sus autores las dieron con su autoridad innegable, ¿qué serio fundamento tiene hacer al *Coloquio* imitación de *El Asno*, de Apuleyo? ¡Por la encarnación canina y harto dudosa de Cervantes! Ya tocará el lector, páginas abajo, cómo en esto no aportó novedad alguna. ¿Acaso (y es lo más probable) por aquella expresa cita que de la fábula latina se hace en el episodio de la Cañizares? Mas ¿quién puede ignorar á estas alturas que Lucio Apuleyo y su *Asno* fueron tan popularísimos en los tiempos en que el *Coloquio* se escribía, y en todo aquel siglo, [4] que Cervantes pudo conocer su trama sin necesidad de leerlo, citándolo de memoria, al igual de tantos otros libros, como es uso hacer con los famosos y universalmente conocidos? ¿No hay, á mayor abundamiento, ediciones antiguas en que se recuerda el desencanto de Lu-

---

[1] *Las Novelas Ejemplares de Cervantes.—Sus críticos, sus modelos literarios, sus modelos vivos y su influencia en el Arte, por Francisco A. de Icaza.*—Madrid, Suc. de Rivadeneyra, 1901; in 8°, pp. 204 á 208.

[2] «..... también aparentemente sobre el mismo modelo, Miguel de Cervantes escribió las aventuras que se cuentan en el *Coloquio de Cipión y Berganza*, perros del Hospital de Valladolid.»—*Traité de l'origine des romans*, par M. Huet... (Apud Icaza...., op. cit ; p. 35.)

[3] *El Ingenioso Hidalgo Don Quijote de la Mancha* . .—Madrid, Hijos de Hernández, 1905; folio; pp. xxiv-xxv y 279 nota.

[4] Rastros de su lectura (no imitaciones) se hallan desde *La Lozana Andaluza* y *La Celestina* hasta *El Diablo Cojuelo*. Fué novela leidísima por su abolengo clásico, tan pobre la clásica literatura de muestras de este género

cio, comiéndose una rosa; ya en la misma portada? [5] Pues palpe el lector cómo, sin necesidad de meterse por sus páginas, con sólo recorrer rápidamente la primera, pudo Cervantes sobre seguro alegar este pasaje, sin temor de incurrir en equivocación ninguna. Y aun pasando porque lo leyera, ya que en las librerías no faltaba

> .... la fábula de Lucio,
> Que, por mudarse en pájaro ligero,
> Fué vuelto de hombre en un gallardo rucio, [6]

y al tiempo del nacimiento del *Coloquio* daban dos ediciones de la castiza traducción de Diego López de Cortegana las prensas de Madrid y Valladolid, [7] ¿dónde señalar las semejanzas y analogías entre las cómicas aventuras del mancebo de Tesalia, y las peregrinaciones á toda luz de Berganza, mezcladas con las acres filosofías que de sus sucesos se desprenden?

Después de leído por mí muy detenidamente la misma versión en romance del Arcediano de Sevilla, que pudo manejar Cervantes, no he hallado más puntos de contacto entre ambas novelas que una exposición de las artes mágicas, común á todos los libros de entonces, y la descripción de los untos de una bruja; [8] mas para su capítulo emplazo al lector, donde se persuadirá de cómo Cervantes no tuvo necesidad

---

[5] En la primera edición, Sevilla, 1513 (fol. let. gót.): en la de Medina hecha en 1543 por Pedro de Castro, donde al final de su larga portada se lee: «....y andando hecho asno vido y oyo las maldades y trayciones que las malas mugeres hazen a sus maridos. Y ansi anduuo hasta que á cabo de vn año comio de vnas rosas y tornose hombre» —V. P. PASTOR: *La Imprenta en Medina del Campo.*—Madrid, 1895; núm. 32.—Hay ediciones de Amberes, 1551, y Alcalá, 1584.—Vid. MENÉNDEZ Y PELAYO: *Bibliografía hispano-latino clásica.*—Madrid, Tello, 1902; tomo I, 72 á 79.

[6] LUIS BARAHONA DE SOTO: Paradoja *Á la pobreza.*—Edic. Rodríguez Marín; p. 738.

[7] *Libro del Lvcio Apvleyo del Asno de Oro, repartido en onze libros, y traduzido en romance castellano.*—Madrid, Andrés Sánchez, 1601, in 8.º, VIII + 176 folios.

El mismo.—Impresso en Valladolid por los herederos de Bernardino de Santo Domingo, á costa de Diego Cuello, mercader de libros.—Año de 1601; 8.º....., 302 folios, incluídos los preliminares.

[8] Libro I, § 1.º, y Libro II, § 4.º

de inspirarse en él para el episodio de la Cañizares, ni copiar de libro ninguno, abierto como tenía ante sus ojos el riquísimo é inagotable de la superstición popular, acabado y completo en Andalucía.

Con harta razón el señor Icaza puede concluir su estudio fallando que «entre ambas obras nada hay de común, ni en el asunto general ni en los detalles»; [9] negando, en suma, toda afinidad artística entre la novela de Apuleyo y la joya de Cervantes. Como había hecho anteriormente Menéndez Pelayo, cuando al tratar de la influencia de aquél en la literatura española, pesando la expresa cita del *Coloquio* escribía: «No es esto decir (lo cual fuera gran disparate) que el *Asno* haya servido de modelo al *Coloquio*, sino que en este pasaje (el de las Camachas) hay una reminiscencia, indicada por el mismo Cervantes». [10] Que es poner la cuestión en sus verdaderos términos, acabando este punto literario del modo definitivo y magistral que felizmente acostumbra.

«Pero entre todos los clásicos griegos — observa fundamentalmente el mismo crítico — había uno de índole literaria tan semejante á la suya, que es imposible dejar de reconocer su huella en el *Coloquio* de los dos sabios y prudentes canes, y en las sentencias del *Licenciado Vidriera*, trasunto del cínico Demonacte. Las obras de Luciano, tan numerosas, tan varias, tan ricas de ingenio y gracia......: aquella serie de diálogos y tratados que forman una inmensa galería satírica, una especie de comedia humana, y aun divina, que nada deja libre de sus dardos, ni en la tierra ni en el cielo, no fué, no pudo ser de ninguna manera tierra incógnita para Cervantes, cuando tantos españoles del siglo de Carlos V la habían explotado, enriqueciendo nuestra lengua con los despojos del sofista de Samosata......; y así es, en cierta manera, discípulo y heredero suyo el que hizo hablar á Cipión y Berganza con el mismo seso, con la misma gracia ática, con la misma dulce y benévola filosofía con que hablaron el zapatero Simylo y su gallo». [11]

No puede negarse, en efecto, que la semejanza del *Coloquio* de Cer-

---

[9] *Las Novelas ejemplares......*, op. cit., p. 207.
[10] *Bibliografía hispano-latino clásica*, op. cit.; pp. 146-147.
[11] M. MENÉNDEZ Y PELAYO: *Cultura literaria de Miguel de Cervantes y elaboración del «Quijote»*, op. cit.

vantes con el de Luciano es muy viva, por la personificación de los animales, por el relato de la vida del gallo, que tantos parecidos guarda con la de Berganza, por el modo de llevar el diálogo, oportunas reflexiones y entradas de Mycilo, que recuerdan á ratos las de Cipión. Tan extenso y palpable fué el señorío ejercido por Luciano en los temperamentos independientes, libres y arrojados del Renacimiento, que su influencia «no por ser latente es menos poderosa, y la suya estaba en la atmósfera de las escuelas del siglo xvi, en el polvo que levantaba la literatura militante, en la tradición literaria de los siglos posteriores». [12]

Cervantes muy bien pudo leerlo, ora en latín, lengua que no le era desconocida, ora en romance vulgar, toda vez que los *Diálogos* de Luciano se prodigaron no poco en traducciones y copias, como la perdida de Pedro Simón Abril, y la de Francisco de Enzinas, si no es esta misma la impresa que, conteniendo entre otras aquella magistral alegoría del autor samosatense, apareció en Lyón á mediados del siglo. [13] Los moralistas no dejaban de los dedos á Luciano: quienquiera que ponía en su pluma intención satírica, escudaba su mordacidad con la autoridad incontrastable del escritor griego; [14] y si Cervantes cursó, como es casi seguro, en el Estudio de la Compañía de Sevilla, cabalmente en sus colegios acostumbrábase á traducir algunos de sus diálogos por los escolares que aprendían Humanidades. [15]

Como se ve, universal y extensísimo era el influjo de Luciano en las escuelas y en el ambiente literario de su tiempo, para que como de planeta de magnitud poderosa no alcanzasen á Cervantes algunos de sus

---

[12] M. MENÉNDEZ Y PELAYO: *Orígenes de la Novela*.—Madrid, Bailly-Baillière, 1905; tomo I, p vii.

[13] *Dialogos de Luciano, no menos ingeniosos que prouechosos, traduzidos de griego en lengua castellana.*—Leon, en casa de Sebastian Gripho. Año MDL, in 8.°; cxlviii hojas + 1 de tabla. Comprende los siguientes diálogos: *Amicicia, Charon, Gallo, Menippo en los abismos, Menippo sobre las nubes y El amor fugitivo*.

[14] No se desdeñaban de citarle, aun autores tan graves y circunspectos como el racionero de Toledo, Pedro Sánchez.—Vid. *Historia moral......*, op. cit., f.° 329.

[15] ANTONIO ASTRAIN: *Historia de la Compañía de Jesús en la asistencia de España*. (Madrid, 1905; tomo II, 560), y *Monumenta Pædagogica Societatis Iesu quæ primam rattonem studiorum anno 1586 editam præcessere.*—Madrid, 1901; in 4.° *(passim)*.—Vid. el índice de autores.

rayos; pudo perfectamente contribuir á la invención de su *Coloquio* el del famoso Zapatero; mas ¿se produjo, en efecto, esta directa é inmediata influencia? ¿Era menester, por otra parte, tal enseñanza literaria para que la joya cervantina se escribiese?

Sin negar un instante, ni por asomo, la patente procedencia lucianesca de esta novela, creo que hay que tener muy presentes aquellas otras palabras —sentencias las llamaría yo— de Menéndez Pelayo, de quien, como obligado faro, no puede apartarse el moderno crítico en estos achaques espinosos de novelística. «No importa —dice— que alguno de ellos no conociera directamente el texto de Luciano, ó no se acordara de él al tiempo de escribir..... Voltaire, por ejemplo, no había frecuentado mucho la lectura de Luciano, y, sin embargo, se parece á él como se parecían los dos Sosias.....» [16] Evidentísimo.

El error de muchos que de estas cosas han tratado es sumar en una misma producción objetiva, cínica y murmuradora toda la literatura lucianesca; concluir rotundamente que cada una de las obras incluídas en aquella familia no podía nacer sino de su copia franca y servil, por personales é independientes que fuesen, producto de una asimilación directa tras su lectura; error de crítica, pues el parecido no estaba en la lectura, sino en el temperamento; que para ser cáusticas y mordaces las novelas no era menester más que Luciano se transmigrara literariamente en Erasmo, Valdés, Villalón, Cervantes, Quevedo y Voltaire, y que sin necesidad de que cada uno se empapase en el estudio del maestro cínico, acabaran siendo fidelísimos discípulos suyos; eran almas lucianescas, repeticiones de su temperamento, nuevos y repetidos casos de aquella humorística transmigración que asombraba á Mycilo, cuando el gallo confesaba que su alma alentó primeramente en Euphorbo, pasando á Pitágoras, para animar más tarde el cuerpo bellísimo de Aspasia.

Y no solamente en la identificación de su artístico temperamento, ni en la simple coincidencia, común á todos los apólogos, de que fuese en ambas novelas una persona metamorfoseada en ser irracional quien relate su vida, es donde yo encuentro el parentesco entre Luciano y Cervantes; lazos apretadísimos que sujetan y hermanan unas y otras obras son, además, la identidad de su materia: el ser uno en ambas el

---

[16] *Orígenes de la Novela*, loc. cit.

artificio de la fábula, dando á esta voz el hondo sentido estético que sagazmente le comunicaba en su inapreciable libro Alonso López, *el Pinciano:* el presidir á ambas también una misma forma expositiva, la autobiográfica espectadora de la vida social; y de ahí que el campo de acción para el escritor samosatense y el alcalaíno fuese uno mismo, y una misma su índole literaria, para que á través de los siglos se cumpliese una vez más la alegórica transmigración del alma de Luciano en la de Cervantes, sin que, muy probablemente, se diese éste por enterado. ¿Qué de extraño tiene ni de arrojado el decirlo, cuando no era el único? ¿Acaso todas las semejanzas lucianescas que á ratos se observan entre distintas producciones de autores de un siglo, muy separados, eso sí, por los años ó por la rareza inabordable de sus manuscritas obras, no hallan por causa el que todos ellos pueden llamarse hermanos, por pertenecer á una misma familia, la lucianesca, que será eterna por lo que tiene de humanamente realista, por su acre pensar sobre la vida, por la predicación de los sentimientos estoicos, por el menosprecio de los honores y riquezas, por la burla satírica y alejamiento altivo de lo que el mundo tiene por felicidad, siendo engañosa sombra?

Ésta ha sido la causa de que por críticos y comentaristas se hayan observado parecidos y semejanzas del *Coloquio* con otras obras de evidente filiación lucianesca, parecidos que se han exagerado hasta pretender alguno de ellos que la idea de aquél pudo serle sugerida á su autor por ajena lectura.

En el *Diálogo de Mercurio y Carón*, de Juan de Valdés, y en el mismo de *Lactancio y el Arcediano*, de su hermano el canciller Alfonso, hay pasajes que recuerdan muy vivamente la novela cervantina, pero singularmente en el primero, que ofrece formales comunidades con el *Coloquio* en cuanto á su crítica honda, despiadada y amarga de la sociedad en que vivía; aumentadas las semejanzas por engañosas similitudes de expresión y de lenguaje que, á no tenerse el comentador sobre los estribos, podrían reputarse como indudable y directa imitación. [17]

---

[17] Del comienzo del *Diálogo de Lactancio y un Arcediano*, ya notó Menéndez Pelayo «que recuerda el de *El Casamiento Engañoso*, de Cervantes».—*Historia de los Heterodoxos Españoles.*—Madrid, Maroto, 1880-1882; tomo II, 115.
Véase, en efecto, un ejemplo de coincidencias literarias:
LACTANCIO. «¡Válame Dios!; ¿es aquel el Arcediano del Viso, el mayor amigo
que tenía yo en Roma? Parece cosa extraña, aunque no en el há-

Yo no lo creo, no sólo por la rareza bibliográfica de aquellos *Diálogos*, que en España por los años del *Coloquio* debía ser estupenda; pues bien sabido es que la Inquisición, blanda y tolerante en muchas cosas, fué rigorosísima é implacable en el perseguir de los libros prohibidos en el *Índice*, como lo estaban desde 1564 los famosos *Diálogos* de los Valdeses; sino también porque no pueden atribuirse aquellas semejanzas á otra causa que no sea la apuntada al tratar del progenitor y patriarca de todos ellos, de Luciano: comunidad de espíritu y comunidad de objeto; con tal unidad de elementos, por muy compleja y varia que sea el alma humana, repítese á través de los siglos por espontáneo nacimiento, como la naturaleza repite en los climas semejantes, por apartados que estén, las mismas plantas y frutos, con fecundidad inagotable. Las cuerdas del alma, cuando son comunes, suenan siempre acordes, y darán el mismo sonido, víbrelas quien· las vibre.

bito. Debe ser algun hermano suyo. No quiero pasar sin hablarle, sea quien fuere. Dezí, gentil hombre: ¿sois hermano del Arcediano del Viso?

ARCEDIANO. ¿Cómo, señor Lactancio; tan presto me habeis desconocido? Bien parece que la fortuna muda presto el conocimiento.

LACTANCIO. ¿Qué me decís? ¿Luego sois vos el mesmo Arcediano?

ARCEDIANO. Si, señor; á vuestro servicio.

LACTANCIO ¡Quien os pudiera conocer de la manera que venis! Soliades traer vuestras ropas, unas más luengas que otras, arrastrando por el suelo; vuestro bonete, hábito eclesiastico, vuestros mozos i mula reverenda, veoos agora á pie, solo· i un sayo corto una capa frisada, sin pelo, esa espada tan larga, ese bonete de soldado..... Pues allende desto, con esa barba tan larga i esa cabeza sin ninguna señal de corona, ¿quién os pudiera conocer?

ARCEDIANO ¿Quién, señor? Quien conosciere el hábito por el hombre y no el hombre por el hábito.

LACTANCIO. Si la memoria ha errado, no es razon que por ella pague la voluntad, que pocas vezes suele en mí disminuirse. Mas, dezíme, asi os vala Dios, ¿qué mudanza ha sido ésta?

ARCEDIANO. No debeis haber oido lo que agora, nuevamente, en Roma ha pasado, *etc.*» (pp. 331-332.)

Estos ejemplos, robustecidos además con la mayor comunidad del fondo, menudean abundantemente en el *Diálogo de Mercurio y Carón*, singularmente en su primera parte Hay momentos en que parecen escucharse la ironía y réplicas

Á Cristóbal de Villalón, heredero el más directo de Luciano, una de las mejores autoridades que para la lengua pueden sacarse entre las mil de aquel fecundo siglo, cuyos libros son archivo riquísimo para la historia de sus costumbres; espíritu arrojado, agrio, caústico, debelador, con el destemplado tono de todos los erasmistas, pero á quien salva para nuestra simpatía su confesión de hombre progresivo y enamorado de su tiempo, cuya grandeza sobre los antiguos afirma en una de sus obras, á Cristóbal de Villalón – digo – también le han sido atribuídas afinidades muy íntimas con Cervantes, por el carácter general de *El Crotalón*, y más aún, porque en uno de sus cantos, el VII, un erudito moderno ha encontrado puntos de contacto con el prólogo del *Coloquio:* con *El Casamiento engañoso*. [18]

---

de Cipión (f.º 7). Otras, en que las frases de admiración humorística de éste se repiten casi textualmente:

Diálogo de Mercurio...

MERCURIO.—Cata, que me has espantado, Carón: ¿quién te vezó tanta filosofía? (f.º 35.)

....

CARÓN.—¿Quiéresme dejar aquí un poco filosofar, Mercurio?

....

MERCURIO.—No me perturbes agora... Calla, pues, si quieres que prosiga mi historia (f.º 40), etc.

Coloquio de los Perros.

BERGANZA.—Mucho sabes, Cipión; ¿quién diablos te enseñó á ti nombres griegos?

....

BERGANZA —Cipión, hermano, así el cielo te conceda el bien que deseas, que, sin que te enfades, me dejes ahora filosofar un poco.

....

CIPIÓN.—.. y por tu vida, que calles ya, y sigas tu historia.

Más ejemplos podrían mostrarse todavía.

Cito los diálogos valdesianos por la primorosa edición de Usoz: *Dos diálogos escritos por Juan de Valdés, ahora cuidadosamente impresos —Año de 1850.—* Madrid, Alegría; in 8.º, xx + 481 páginas + 1 índice. Para sus ediciones, vid. M. PELAYO: *Historia de los heterodoxos españoles.* ., II, pp. 152-153.

[18] M. SERRANO Y SANZ: Prólogo á la *Ingeniosa comparación entre lo antiguo y lo presente......*, p. 91.

No es *El Casamiento engañoso* la novela con que yo encuentro el parecido. tiénelo, en cambio, muy grande con *La Tía fingida*, ganándola en la libertad y licencia de sus situaciones, harto escabrosas.—Vid. *El Crotalón*, de Cristophoro Gnophoso (Bibliófilos Españoles).—Madrid, 1871 (pp 140 á 147), más

Aumenta aquí la dificultad de la imitación que se pretende el haber sido hasta nuestros días *El Crotalón* obra manuscrita, y tan escasa, que la diligencia de los modernos rebuscadores no ha podido tropezar con más de tres copias.

No sé por qué al ocupadísimo y zarandeado comisario de las sacas reales, hemos de convertirle, para que pasen por buenas nuestras conjeturas, en un pacientísimo *archivista*, á la altura de Arias Montano, Antonio Agustín ó Ambrosio de Morales, revolviendo las librerías de su tiempo para leer polvorientos y arrinconados manuscritos. Y eso que los de Cristóbal de Villalón túvolos bien á la mano: en la copiosa biblioteca del Conde de Gondomar en Valladolid, cuya *Casa del Sol*, á creer en un episodio del *Coloquio*, no le debía ser desconocida. [19] Pero, con todo y eso, sigo negando su influencia personal y directa; yo al menos, después de haber saboreado con regalo y sosiego aquella interesantísima obra, cuyas valentías demasiadas y audacias de crítica no eran ciertamente para impresas, ni aun para caer bajo los ojos de los curiosos, no he podido sacar los cabillos sueltos que pudieran ligarla con el *Coloquio*. Basta que sea una descubierta copia de Luciano, como, en efecto, lo es, para que sin más reparos se haya atribuído un mismo linaje á las obras de Cervantes y Villalón. Uno es su abolengo, y hermanos, en verdad, pueden llamarse; pero fueron también dos hermanos muy separados entre sí, que ni se conocieron ni se trataron. [20]

Un autor griego hay, no obstante, que se atraviesa en nuestro camino, reclamando un recuerdo de su persona y de sus obras en la composición del *Coloquio*. Á la generación cervantina, enamorada de lo clásico, respirando sin cesar la atmósfera pura y generosa de los autores helénicos y latinos, empapada en su comunicación y trato, no podía obscurecerse uno de los más memorables: Esopo. Y como la fá-

---

fiel y escrupulosamente reproducido en la Nueva Biblioteca de Autores Españoles. Tomo VII

[19] V. Serrano y Sanz: *Autobiografías y memorias*. —Madrid, Bailly-Baillière, 1905; p. cxxii; y para sus supuestas relaciones con Cervantes, *Ibidem*, cxix.

[20] Digo otro tanto del *Diálogo que trata de las transformacyones de Pitágoras..*, obra de Cristóbal de Villalón, sacada á luz por primera vez en el tomo II de los *Orígenes de la Novela* (Madrid, Bailly-Baillière, 1907), y que por ser decidido remedo de Luciano, alcánzanla las mismas paridades que á todas las obras de la estirpe samosatense

bula, por su sencillez y lo adoptable de sus elementos, por la reflexión ó moraleja que contiene, es eminentemente popular en su esencia, popular se hizo igualmente, y los infinitos *Isopetes* ó *Guisopetes*, como Sancho rústicamente los llamaba, pulularon por los claustros, mesones, antesalas y puestos de libreros. [21]

Sin dar al *Coloquio*, literariamente, todo el valor y carácter de un apólogo, ya que otro es su linaje, al menos, en lo que toca á su forma y á la encarnación canina de sus protagonistas, Cervantes no tuvo necesidad de imitar á Apuleyo ni á Luciano para idear el sabroso diálogo entre Berganza y su fiel camarada; en Esopo y sus fábulas tenía ejemplar bastante en que inspirarse; tanto más, cuando él mismo, en *El Casamiento engañoso*, nos da testimonio de haberlo leído, y apuntó veladamente que á semejanza suya se escribía.

Dentro ya de este mismo punto (filiación retórica del *Coloquio*), lo que constituyó en Cervantes un innegable acierto, comprobando una vez más su buenísimo criterio y acendrado gusto, fué la elección que hizo, como forma *exagemática* ó narrativa para su ficción, del *Diálogo* puro, ó, por mejor decir, del *Coloquio*, aunque, al explicar, en la misma novela, los motivos que le habían empujado á preferirlo, incurriera en un patente caso de paradigma.

Efectivamente, ya sea que lo leyese en el propio Cicerón (cosa que dudo): ora que lo tomara, por segunda mano, del *Cisne de Apolo*, de Carvallo [22] (más verosímil); ó que por genial y curiosa intuición co-

---

[21] Vid. MENÉNDEZ Y PELAYO: *Bibliografía hispano-latino clásica*......, op. cit., pp. 198-201, donde se hallará una lista, no de todos los *Guisopetes*, sino tan sólo de aquellos que, acogiéndose á la sombra del famoso esclavo frigio, incluían fábulas de Flavio Aviano.

[22] En mi opinión fué de aquí, de esta Retórica, de donde Cervantes tomó las palabras de *El Casamiento* que más adelante cito. En el párrafo VI del Diálogo III (que también escogió Carvallo esta hechura para su obra), desarrollando la doctrina retórica de los *Coloquios* y *Diálogos*, dice: «*El Coloquio* especie es de comedia, porque no tiene más de hasta seis personas, que disputan y hablan sobre alguna cosa, y no tiene más de un acto. ..., que al fin es una conversación; y así se llama *coloquio*, de *colloquor*, que es por hablar algunos entre sí. También es exagemático estilo el *diálogo*, aunque es plática entre dos, ó á lo sumo tres. En este estilo escribe el Orador su libro *De Amicitia*, porque habiendo de tratar cómo ciertos amigos se habían ajuntado á tratar della, *por evitar el* DÍXELE *y* DÍJOME *lo reduce á Diálogo*, como él propio confiesa, y en este

lumbrase estas razones, el hecho fué que, al escribir en *El Casamiento engañoso*, con relación á la sorprendida plática de los dos canes, aquellas palabras: «púselo en forma de coloquio, por ahorrar de *dijo Cipión, respondió Berganza*, que suele alargar la escritura», vino á poner en boca del alférez Campuzano las mismas, mismísimas razones con que el orador romano había defendido en el prefacio de su diálogo *De Amicitia* la elección de esta forma expositiva: «Ejus disputationis sententias memoriæ mandavi, quas hoc libro exposui meo arbitratu: quasi enim ipsos induxi loquentes ne «Inquam» et «Inquit» sæpius interponerentur: atque ut, tanquam a præsentibus, coràm haberi sermo videretur.»

No se crea por ello, y casi prolijo es el recordarlo aquí, que Cervantes apuntó en esto novedad alguna sobre su tiempo. Bien sabido es de todos lo universal y usado que fué el *Diálogo*, de evidentísima procedencia helénica, y que nuestros autores manejaron tanto durante aquellas centurias: desde el coloquio didáctico, tan boyante y repetido en las paráfrasis é imitaciones estéticas de los famosísimos platónicos, al coloquio satírico, cultivado ya por los Valdeses y Torquemadas; pasando por el bucólico ó pastoril, que, por salirse del cuadro de la novela, entraba en los dominios de la literatura dramática.

Y aquí detendría yo la pluma en busca de las influencias clásicas en el *Coloquio de los Perros*, preguntándome finalmente, para acabar la tarea: ¿fueron mayores acaso las que otros contemporáneos suyos ejercieron en el memorioso Cervantes? Fácil es la respuesta. Después de repasar numerosos librillos, todos ellos del último tercio del siglo xvi y comienzos del siguiente, sobre materias muy del gusto y lectura de Cervantes, como eran retóricas y preceptivas poéticas, teniendo muy fresca y patente la mía del *Coloquio*, declaro que no podría señalar en éste un reflejo determinado de aquéllos.

Cada día me persuado más y más de que enderezar la crítica cervantina á descubrir en cada línea escrita por el inmortal hidalgo otra mano distinta de la suya, es porfiado afán y erróneo criterio. De memoria,

---

estilo se enseñan muchas y muy buenas doctrinas» Luis Alfonso de Carvalio: *Cisne de Apolo, de las excelencias, y dignidad y todo lo que al arte poética y versificatoria pertenece......—Medina del Campo. Por Iuan Godinez de Millis. Año 1602;* ff. 130 y vto. (Bib. R. Academia Española.)

muy de memoria escribía, sin sujetar su pluma á ciega obediencia de otros libros; libre y desembarazado debían sus pocos amigos hallar el bufete sobre que nacieron el *Quijote* y las *Novelas;* directamente brotaron de la honda fuente de sus desengaños y recuerdos; y aunque en aquel escogido gusto literario de Cervantes, que hermosea lo repugnante y bajo, entró por mucho su avezadísimo leer, no es menos cierto que su cultura y su criterio se formaron, no como taracea, centón ó mosaico, sino fundiendo estos elementos literarios con otros muy vivos y naturales en el crisol de su fantasía y de su genio, de modo que al recibirlos hacíalos suyos, no sin aniquilar y destruir su primitiva forma substancial. Tal fué otra de las admirables condiciones de su espíritu, que en autores contemporáneos de innegable valía, como Agustín de Rojas, ó en portentosos talentos como Lope, no hallamos: la digestión (perdónese la voz) de la lectura; su asimilación fácil y transformadora, para crear una sangre espiritual propia con elementos de afuera, pero hechos otros y distintos.

Ayudaba también á que la Novela en Cervantes, y más singularmente el *Coloquio*, naciese libre de extraños servilismos, la misma concepción de aquel género literario y de sus reglas por Cervantes, que para él no se animaba ni recibía vida sino imitando á la realidad verosímilmente; pues en estas dos basas, *imitación* y *verosimilitud*, ponía él la perfección de lo que se escribe. ¡Qué abismos mediaban en este punto (preceptos estéticos de la novela) entre Lope y Cervantes! Lope haciendo ascos y repulgos de la novela, género relativamente nuevo en las letras castellanas, y tras una alabanza de Cervantes, harto pobre y menguada, estampaba en una de las suyas estas increíbles palabras: «Cónfieso que son libros de grande entretenimiento *y que podrían ser ejemplares*....., pero habían de escribirlos hombres científicos, ó, por lo menos, grandes cortesanos, gente que halla en los desengaños sentencias y aforismos.» [23] ¡Qué disparate! (y la sombra de Lope me

---

[23] *Las fortunas de Diana.*—No era Lope el único que sostenía esta opinión sobre la Novela. Suárez de Figueroa, en un pasaje de su *Plaza universal*, también era de parecer que no bastaba el ingenio y la vida para escribir novelas, con las siguientes palabras:

«No es de passar en silencio el abuso que hoy se tiene de imprimir papelones esterilísimos de todas buenas letras. Muchos *(asi viejos vanos* como mozos

perdone). ¡Cuán crasísimo error! ¡Hacer de las novelas rehenes lastimosos de aquella indigesta literatura proverbial; apotégmica y sentenciosa, pedante, falsa y recompuesta! ¡Buscar cabalmente la afectación y el empaque, el machacante sermoneo de un Martí, enemigos cabales de la imitación y la verosimilitud, sabias y prudentes madres, como con su inimitable y depuradísimo espíritu crítico, una vez aquí más demostrado, apuntaba el discretísimo manco por boca de su amigo el canónigo toledano! Y aun cuando la doctrina no fuese suya, sino corriente y desprendida de las Poéticas de entonces, ¿no es nuncio de felices resultados para la composición de una obra el que su autor se desligue de las férreas cadenas con que Lope aspiraba á aherrojar á la novela, y busque en la naturaleza y en la vida los oráculos de sus páginas, los francos é inexhaustos veneros de la inspiración? De quien así pensaba, ¿no puede adelantarse que si su mala ventura le hizo cautivo de los turcos una vez en su vida, las musas lo libraron, para gloria suya, de que cayese en las manos de otros autores, que le robaran la libertad é independencia de su espíritu, mil veces más hermosa que la de su cuerpo!

Y cuenta que á Cervantes le hubiera sido fácil y hacedero cumplir con el precepto de Lope, sin necesidad de beber en sus mismos manantiales á los clásicos latinos y griegos, ni pasar por la aridez y esterilidad poéticas de las *Ulisseas* de Gonzalo Pérez y demás infelices traductores: cómodamente pudo hacerse con aquella erudición barata y de segunda mano que, al amparo y á los pechos de *Silvas, Plazas universa-*

---

ligeros) faltos de experiencia, ciencia y erudición, escriben y publican sobre temas absurdos librazos inútiles, guarnecidos de paja y embutidos de borra, cuyos verisímiles son patrañas, cuyos documentos indecencias, y cuyo fin todo mal ejemplo. *Dicen ser tales cuentos á propósito para entretener y hacer perder la ociosidad .. alegan estos bastar para componer qualquier obra acertada sólo el ingenio....., razon muy propia de su ignorancia....., si bien, por castigo, les basta el menosprecio y risa que provocan en los doctos, cuando ven desean apropiarse, tan desabridas cigarras, la habilidad de sonoros ruiseñores ».—Plaza universal de todas ciencias y artes......*—Madrid, Luis Sánchez, 1615; in 4.°, f.º 126 vto.

Al margen de las primeras palabras que copio, dícese en mi ejemplar, de letra manuscrita de su tiempo: «*alude al Quixote*». Los últimos párrafos van evidentemente dirigidos contra el prólogo de las *Novelas exemplares*.

les, *Philosophias secretas, Anotaciones y Comentos*, crecía con pompa y aparato, para mostrarse allá, en las postrimerías de cualquier libro, en forma pedantesca de *Declaración de nombres poéticos, Diccionario y exposición de voces clásicas, Tabla de sentencias más notables* y demás fastidiosas muestras de intempestiva sabiduría que, con tanta oportunidad como irónico gracejo, sacó á la plaza de la risa en su prólogo á la parte I del *Quijote*. [24]

Todo lo más que he podido hallar, después de perseguir corchetilmente los rastros y huellas de otras obras contemporáneas, son parecidos y concordancias de lenguaje, similitudes de expresión, nada extrañas cuando abiertos y patentes estaban para todos los nuevos tesoros descubiertos en el habla castellana, desde Nebrija á Herrera, y tal cual semejanza en determinados pasajes entre Cervantes y algún otro escritor, por darse en ellos el mismo fenómeno literario apuntado al tratar de Luciano y sus imitadores: comunidad de espíritu y comunidad de objeto. Y así, podrían pasar por verdaderas y conscientes imitaciones de Fernando de Rojas en *La Celestina* párrafos enteros de Cervantes en el episodio de las Camachas, que se hacen más sospechosas al recordar que era uno de sus libros favoritos y más leídos, y al que juzgaba en su opinión divino, si hubiera sabido encubrir más lo humano. ¡Donosa censura, que cabría trasladar á todos los suyos! Fuera de este punto particular y grave, que más adelante recogeré como se merece, y ligeros chispazos repartidos aquí y allá por la ex-

---

[24] No fué tan pequeña como se cree esta tiranía de los libros de paremías, anécdotas y hechos notables de varones antiguos, ó simple exposición de las historias mitológicas, que encierran los poemas clásicos. Vaya un ejemplo. Publicando Fernández Guerra la *Genealogía de los Modorros* en su soberbia colección de Quevedo, vacila en considerarla obra suya, añadiendo: «es rasgo que con alguna repugnancia mía ocupa las presentes páginas.» (Rivadeneyra, I, 443.) Bien hacía el benemérito colector en dudar de su originalidad. Pertenece la idea primera al bachiller Juan Pérez de Moya, que en su *Philosophia secreta, donde debaxo de historias fabulosas, se contiene mucha doctrina prouechosa*..... (Madrid, Francisco Sánchez, MDLXXXV, in 4.°), trata *De la descendencia de los modorros:* «Dicen, que el *tiempo* perdido se casó con la *ignorancia*, y hubieron un hijo que se llamó *Penseque*. El qual casó con la *juventud*.....» (ff. 137 y 137 vto). La obra, atribuída á Quevedo es, pues, un comento ó paráfrasis de la primitiva idea de Pérez de Moya.

tensa novela, y que el lector verá notados en mi comentario, puede, finalmente, reputarse, en cuanto á su inspiración y origen, el *Coloquio* por obra original, independiente y exenta de ajenas y literarias influencias. Cervantes, que tan alta ponía la invención, mirándola, al igual de Luis Alfonso de Carvallo, como «la primera parte de la poesía»; [25] que en las postreras líneas del *Coloquio* exclama por boca del licenciado Peralta, mostrándose satisfecho de su obra: «Señor alférez, yo alcanzo el artificio del *Coloquio* y la *invención*, y basta»; que en el *Viaje del Parnaso* hacía confesar á Mercurio:

   Y sé que aquel instinto sobrehumano
   Que de *raro inventor* tu pecho encierra,
   No te le ha dado el padre Apolo en vano,

hubiera podido, años más tarde, á concederle más de vida el cielo, ver consagrada esta facultad en él, como señora suya, cuando Tamayo de Vargas, al aplicar á cada ingenio de su tiempo su cualidad primera, ponderaba «la *invención* de Miguel de Cervantes Saavedra». [26] Menguado desagravio de quien más adelante hubo de llamarle, con asomos de desprecio: «*ingenio lego*».

Quien se atuviera tan sólo á la forma dialogada del *Coloquio*, y más aún á la singular circunstancia de que sean dos canes sus prudentes interlocutores, fácilmente se deslizaría en el error de juzgarle totalmente inspirado en otras obrillas del tiempo, anteriores á él, en que se repetía aquella misma particularidad.

Góngora tiene un romance, salido á luz anónimamente por aquellos días, que nos recuerda con presteza las pláticas de Cipión y Berganza:

   Murmuraban dos rocines
   A las puertas de Palacio,
   No en sonorosos relinchos,
   Que eso es ya muy de caballos,
   Sino en su bestial idioma......,

---

[25] *Cisne de Apolo*, op. cit., f.º 14.
[26] *Garci-Lasso de la Vega natural de Toledo Príncipe de los Poetas Castellanos. De Don Thomas Tamaio de Vargas* —Madrid, Luis Sanchez.—Año 1622; in 16.º, f.º 13.

para, á pretexto de relatar sus trabajadas vidas, morder, á la par del freno, las costumbres

<blockquote>
De sus amos lo primero,
Por más parecer criados; [27]
</blockquote>

como en aquella noche memorable hicieron los dos vigilantes centinelas del Hospital de la Resurrección de Valladolid.

Y si estos flacos rocines dialogaron, no faltó tampoco un relamido gato que rompiese en agraviado soliloquio, quejándose también de su fortuna:

<blockquote>
Yo don gato coronel,
Mozo astuto y diligente,
Querello criminalmente
De Francisca é Isabel. [28]
</blockquote>

Pero yendo más lejos todavía, y acercándonos de todo en todo á la joya de Cervantes, para que los perros de Mahudes tuvieran con quien divertir más su ociosidad en la espléndida campiña de la literatura castellana, allá estaban otros dos locuaces canes creados por uno de sus más insignes poetas, Baltasar del Alcázar, como su meritísimo biógrafo, Rodríguez Marín declara, al relatarnos, de pasada, los servicios de aquél como alcaide por los Duques de Alcalá en su villa de los Molares. Aquí, en efecto, debió componerse, antes de 1585, año en que dejó tal empleo, el gracioso *Diálogo entre dos perrillos*, germen probable, en su opinión, del coloquio cervantino. [29] Zarpilla y su anónimo compañero, aunque gozquejos, son hermanos gemelos de Cipión y Berganza, nacidos en la misma tierra y, á no dudarlo, de algún perruno y brujil parto, como el de la Montiela.

---

[27] *Romancero General.*—Madrid, 1604, op. cit., f.º 439 vto.
[28] *Ibidem*, f.º 477.
[29] Vid. *Poesías de Baltasar del Alcázar* (Edic. de la R. Acad. Esp.).—Madrid, 1910 (pp. LXXXVI y 210 á 212). De todas las obras apuntadas es, sin duda, la que más semejanzas externas ofrece con la de Cervantes. Como en ella, son dos perros los dialogantes; como en ella también, es una sola la vida que se relata, á instancia siempre de su camarada. Y aunque para los genios no haya caminos trillados y comunes, pudo ser, no obstante, para el cervantino esta tan conocida poesía senda baladí que le guiase á los aciertos incomparables del *Coloquio*.

No eran nuevos estos ejemplos que Cervantes tuvo á la vista, y que seguramente no sintió necesidad de imitar, latiendo tan actuales y vivos el recuerdo y la lectura de Esopo; pero todos ellos le mostraron elocuentemente cuánto partido podía sacarse, para la trama de una fábula novelística, de la relación personal de una vida puesta en boca de irracionales seres.

Para completar la alegoría no restaba más que un paso: injertar en aquéllos parte de los sucesos del poeta, infundiéndoles por arte de maravillosa metamorfosis buena cuenta de su caudal anímico, revistiéndoles de su memoria, de su entendimiento y su palabra, paso que Cervantes dió gallardísimamente, como verá el lector que me siga, en el *Coloquio de los Perros* de Mahudes.

No fué, ciertamente, la Novela, y su escaso desarrollo hasta Cervantes lo justifica, el género literario que en más aprecio se tuvo por las academias é ingenios oficiales de aquellos siglos. Buena prueba de ello la dan las numerosas *Retóricas, Preceptivas y Poéticas* que entonces se imprimieron, donde no sólo se dedicaban largas y macizas páginas á los Poemas heroicos, Tragedias, Comedias y Entremeses, sino que hasta la Zarabanda, cubiertos sus lascivos y provocadores movimientos con el disfraz pomposo de *dithirámbica*, entró en congregación con las obras predilectas de las musas. No tropezará, sin embargo, el estudioso con mención preceptiva de la *Novela, Cuentos, Libros de Caballerías y Relaciones autobiográficas*, género que, sobre no estar bastantemente definido, desdeñábase en conjunto como plebeyo y bajo, digno de figurar junto á las ligas, zapatos, medias y calzas, que en revuelta docena constituían el mísero ajuar de un paje.[30]

Más fama daba entonces un soneto lindamente cortado, y más estima entre la poetastra gente, que el mismo *Lazarillo:* al fin, en aquél veían el comercio con las Musas, la inspiración divina que encendida y luminosa bajaba del Parnaso; mas ¿qué mérito podían hallar en la pintura

---

[30] Hablando de la parte I de su *Ingenioso Hidalgo*, dice Cervantes: «y los que más se han dado á su lectura son los pajes.» (Parte II, Cap. III) Afición que confirma respecto de las novelas Guzmán de Alfarache en su *Vida* (Parte I, Lib. III, Cap. IX). En verdad que para pajes resultaban muy instruídos y cultos.

de gente pícara, bellaca y truhanesca, principales sujetos de las novelas? No todos eran aún de aquel progresivo y profético espíritu del gran Quevedo, que recomendaba «dar el aplauso á la novela que bien lo merece», alabando «el ingenio de quien sabe conocer que tiene más deleite saber vidas de pícaros, descritas con gallardía, que otras invenciones de mayor ponderación». [81]

Con todo eso, ya que no dedicados singularmente á la novela, no faltan asomos y atisbos de novelística, que barruntan el camino que se iba abriendo este linaje nuevo en las letras, con muy discreta inteligencia de sus orígenes. Ya López Pinciano nos dejó, como en modernos tiempos hayan podido hacerlo Valera, Zola ó Daudet, una fórmula sabia, verdadera y justa para escribir novelas. Aplicábala él al género dramático; mas, por el carácter generalizador del capítulo en que desarrolla esta doctrina, á su sombra podía acogerse la desamparada y naciente novela.

«Quisiera yo que me dijeran cómo inventaré alguna fábula, ó trágica ó cómica»—preguntaba el Pinciano en su platónico estilo—. «Yo lo diré—contesta Ugo—; imaginad una acción nueva y rara, y que sea deleitosa; y si de una vez no se hace bien, volved otra y otra, quitando y poniendo en el entendimiento y discurso; que sin falta alguna á cabo de poco tiempo, habréis hallado lo que buscays.....; *y si no quereys trabajar tanto como esto, preguntad á cualquier hombre, que haya llegado á veynte y cinco años el discurso de su vida, que él os dará materia para otras tantas comedias*». [32] ¡Ó para otras tantas novelas! Y como si hubieran aprendido de coro esta honda formulilla de su oráculo literario, los escritores picarescos diéronse, al trazar sus obras, á tener muy presente su agitada vida, y si no calcaron autobiográficamente sus sucesos todos en los capítulos de aquéllas, como de ligero se ha insinuado con algunas, no puede tampoco desconocerse que de tiempo en tiempo atribuían á sus protagonistas, como de Mateo Alemán con relación á Guzmanillo ha dicho su biógrafo, «su hechura, alguna particularidad de su misma persona, y no pocos pormenores de

---

[81] Prólogo á la *Historia de la Vida del Buscón*.
[32] *Philosophia antigua poetica, del Doctor Alonso Lopez Pinciano, Medico Cesareo*....—Madrid, por Thomas Iunti, MDXCVI, in 4.º. p. 194.

su propia vida, como por cariño ó fineza paternal», [83] y hambrienta necesidad de su espíritu; porque desde el momento en que la novela hácese código cifrado de la vida humana, capacísima tela que se teje con todo linaje de memorias, impresiones y recuerdos, y en la que han de entrar, naturalmente, en mayor proporción, los propios y sufridos, por más numerosos y frescos que los ajenos, es lógico artificio que entre los varios personajes de su obra, escoja uno en que con más cariño é intención ponga sus pensamientos, su sentir, vaciando en él los más recónditos tesoros de su alma.

El desahogo no puede ser más humano. Todo autor necesita una válvula por donde escape el ardiente vapor de sus afectos y sus juicios; y para mí no ofrece duda que, sin llevar este valor autobiográfico tan lejos como ha intentado con pujos de pecadora novedad ún autor moderno, el *Coloquio* es un ejemplo patentísimo de aquella regla y de este sentimiento.

¡Y á fe que Cervantes, llegado á Valladolid y metido á escribir el *Coloquio* con más de cincuenta años sobre sus canas, no traía consigo un pesadísimo bagaje de aventuras y sucesos propios! ¡Tan adversos, que, dando rienda á sus amarguras, hacía prorrumpir á Berganza en comentario desesperanzado de sus infortunios: «Mira, Cipión, ten por cierto y averiguado, como yo lo tengo, que al desdichado las desdichas le buscan y le hallan, aunque se esconda en los últimos rincones de la tierra!»

Cuando años más tarde discurría Agustín de Rojas en un libro, lleno de disparatadas predicciones astrológicas, sobre la suerte que á cada uno prometía el signo del Zodíaco bajo el cual nació, al llegar al otoño, dice de esta suerte: «El que naciere en el mes de *Septiembre desde los doce hasta los trece de Octubre* habrá por su envidia algunos peligros, andará muchas tierras, será ofendido de sus parientes; y recibirá daño por hacer bien; seránle mal remunerados los servicios que hiciere, no le aplacerá mucho su primera mujer, será difícil para creer lo que le dijeren, algunos trabajos le sucederán por alguna mujer». [84]

---

[83] *Discursos leídos ante la Real Academia Española en la recepción pública del Excmo. Sr. D. Francisco Rodríguez Marín......* (Op. cit., p. 40)

[84] *El Buen repvblico......*, op. cit.; ff. 121 y 122.—Para los lectores (raros serán que no recuerden el mes en que nació Cervantes, bueno será advertir que, aun-

¡Acertado pronóstico! ¡Parecía haber leído, para componerle, en la vida de Cervantes! ¡Por rara casualidad, se cumplían en él las necias agorerías del escribano farandulero! ¿Qué extraño es, pues, que, con tanta abundancia de sucesos, pusiese á contribución los suyos para tejer la tela de la vida de Berganza.....? Afírmese moderadamente, sin tocar en la exageración en que incurrió Mr. Chasles, cuando sostuvo muy serio que «le mot Cervantes, qui se prononce en castellan et qu'il signaît *Cerbantes*, se transforme, par une assonnance toute mériodionale, en *Berganza*», [85] arrojando de este modo la especie culpable del anagrama.

¡No! Bien sé que á cualquier cervantófilo de los tiempos de Benjumea, quimerista y atrevido, no le habrían faltado fundamentos para que; al comentar el *Coloquio*, tomase como norte y estrella tan audaz conjetura, buscando de esta suerte una novedad estupenda para su libro, y avanzando temerariamente aún más en la larga carrera de las descabelladas hipótesis cervantinas. Hoy, por fortuna, la crítica ha escogido otras sendas, que no serán tan meritorias y nuevas; pero que alejándonos de los cielos, nos acercan, en cambio, á la tierra, que es donde viven los hombres.

Sin creer que Cervantes, *adelantando sinónimos voluntarios*, intentara ocultarse bajo la ficción canina para vender sus propias desventuras, es lo cierto, no obstante, que, á excepción del *Viaje del Parnaso* y del prólogo á las *Comedias*, no se hallará otra ninguna obra de su pluma en que tan sin rebozo se muestren sus pensamientos más íntimos é ingenuos, sus más amargas reflexiones, entregándonos, siempre

---

que no fué bautizado hasta el 9 de Octubre, es muy probable que naciera el 29 de Septiembre, festividad de San Miguel. ¡Así se hace más curiosa y chocante la predicción astrológica de *el Caballero del milagro*, cuyos pronósticos encajan casi uno por uno en la infeliz vida cervantina!

[85] ÉMILE CHASLES: *Michel de Cervantes, sa vie, son temps, son œuvre politique et littéraire*.....—Paris, Didier et C.ie, 1866; p. 295.—Insiste en la misma idea al hacer el análisis del *Coloquio* (p. 399). Verdad es que de escritor que sostiene que Cañizares es el padre del Bartolo de Beaumarchais, y que la figura del Pícaro encierra la futura de *Fígaro* (op. cit., 251-254), no pueden esperarse cosas mejores ni menos estupendas. ¡Feliz él, que logró entrever un mundo nuevo de ideas y conjeturas sobre la vida y escritos de Cervantes, que hasta que vino y nos regaló con su obra, nadie había siquiera columbrado!

por boca de Berganza, tantas demostraciones de su ánimo, confesiones propias y privados pareceres, que á semejante caudal no vacilaría en bautizarle con el nombre de «*Memorias Cervantinas*». ¡Tanta es la sincera y expresiva verdad que respiran sus páginas!

Cabalmente porque al componer el *Coloquio* recordó más de una vez su propia vida, trasladando personales sucedidos á sus episodios, fué, sin duda, por lo que hubo de sufrir aquel transparente arañazo del satiricón Suárez de Figueroa: «con todo eso, no falta quien ha historiado sucesos suyos, dando á su corta calidad maravillosos realces, y á su imaginada discreción inauditas alabanzas: que, como estaba el paño en su poder, con facilidad podía aplicar la tixera por donde la guiaba el gusto». [36]

Así está sembrado el *Coloquio* de tantas y tan vehementes exclamaciones y apóstrofes, que semejan gritos angustiosos, compadeciéndose mal con aquel sano, irónico y benévolo optimismo que resplandece en sus restantes obras. Hasta tal punto, que, aun al repetir pensamientos ajenos, cuando pasan, como por alambique, por el encendido fuego

---

[36] El pasaje completo es muy interesante y citado siempre á medias. Comprueba la teoría de Lope, arriba expuesta, y constituye una clarísima alusión á Cervantes. Dice así:

DOCTOR. Las novelas, tomadas con el rigor que se debe, es una composición ingeniosísima, cuyo ejemplo obliga á imitación ó escarmiento No ha de ser simple ni desnuda, sino mañosa y vestida de sentencias, documentos y todo lo demás que puede ministrar la prudente filosofía.

DON LUIS. Pues si ha de tener semejantes requisitos, pasemos adelante, que me juzgo insuficiente para novelar.

DOCTOR. No sería malo, si por suerte os han sucedido naufragios en el discurso de vuestra vida, entregarlos á la fama, para que, por boca de la posteridad, se vayan publicando de gente en gente.

DON LUIS. Eso, ¿á qué propósito? Porque como quiera que de muchos infortunios es autor y causa el mismo que los padece, sólo puede servir de manifestar al mundo su imprudencia, firmando de su mano sus mocedades, escándalos y desconciertos.

DOCTOR. Decís bien, mas con todo eso, no falta..... *etc*.

El Passagero. Advertencias vtilísimas á la vida hvmana.. .—Barcelona. Por Gerónimo Margarit. Año 1618; in 8.°: Alivio II, f.° 56 y vto.

de su ánimo, adquieren unos tintes de desgarrador sufrimiento, de desmayada y angustiosa protesta contra los azares de la fortuna, que tan duramente lo combatía. El recuerdo de la pasada prosperidad en los tiempos del infortunio ha provocado abundantes glosas, desde que Dante lo consagró con imperecedera fórmula en sus eternos versos:

¡Nessum magior dolore
Che ricordarsi del tempo felice
Nella miseria.....

Tan humano es el arranque, que apenas hay poeta ó escritor que no lo reciba en sus estancias ó novelas; [37] pero ¡cuán distinto es el

---

[37] Curioso, verdaderamente, es el camino que este hondo pensamiento recorre en las letras castellanas. El Marqués de Santillana fué uno de los primeros que lo glosaron en *El Infierno de los enamorados*, copla LXII, exclamando:

La mayor cuyta que aver
Puede ningún amador
Es membrarse del plazer
En el tiempo del dolor.

Jorge Manrique dijo en una de sus celebradas *Coplas*

Cuán presto se va el placer,
Cómo después de acordado
Da dolor.

Boscán, en uno de sus sonetos:

Si en mitad del dolor tener memoria
Del pasado placer, es gran tormento.

Y Cetina, en otro de los suyos:

El triste recordar del bien pasado
Me representa el alma á mi despecho,
Y el pensar que pasó me tiene hecho,
De esperar que será, desesperado.

Los novelistas también lo glosaron con cariño: «No hay mayor dolor en el mundo—exclamaba H. Luna—que haberse visto rico y en los cuernos de la luna, y verse pobre y sujeto á necios».—*Lazarillo de Tormes*, parte II, cap. III.

Conciso pero hondo es en Mateo Alemán: «Y como no hay desdicha que tanto se sienta como la memoria de haber sido dichoso.....»—*Guzmán de Alfarache*, parte II, libro II, cap. I.

Á todos supera y aventaja la lastimadísima exclamación cervantina: «¡Ay,

tono tétrico y hondamente amargo que emplean un Mateo Alemán y un Miguel de Cervantes del sentencioso, magistral y teórico con que en otros contemporáneos suyos está escrito; y era que estos tales hablaban como sabios que formulan apotegmas, y Cervantes y Alemán, como hombres tan sólo, á quienes su infortunada condición se los dictaba.

Cuatro palabras, finalmente, sobre el aspecto satírico del *Coloquio*. Si tan patente y manifiesto es este valor autobiográfico de la novela; si entre los elementos acumulados para escribirla entraban como parte principal sus propios y desdichados acontecimientos, ¿quién en trance semejante, y con preparación de espíritu tan agria, sujeta la pluma y la encadena, cuando á sus correrías la empujan vehementes deseos de desahogar un pecho lastimado, mojándola en sus miserias y pesadumbres? ¿Ha de espantarnos el que, arrogantemente, todo el *Coloquio* se levantara animado de un mismo espíritu, el satírico, comunicándole su carácter más singular y genuino?

¿Quién, al mirar la vida á través de las crepusculares ironías de su edad madura y humorismos de viejo, no incurre en el pecado de lo que Cervantes llamaba *filosofía*, y Cipión apellidaba *murmuración*, no atreviéndose á decir francamente *sátira*, por ser nombre que entonces asustaba y era temido? [38] Sin ahondar más en el caso, que por entero

amigo Cipión, si supieses cuán dura cosa es de sufrir el pasar de un estado felice á un desdichado! Mira: cuando las miserias y desdichas tienen larga la corriente»....., *etc.*

Y es que como el dolor es más humano y constante que la alegría, los hombres, y por tanto sus plumas, se repiten y coinciden más cuando sufren que cuando se alborozan.

[38] Tanto, que Cervantes se defendió siempre de la nota de satírico,

.... bajeza
Que á infames premios y desgracias guía.

Nadie mejor que Vélez de Guevara expresó la condenación que mereció este género entre sus contemporáneos, diciendo en una de sus famosísimas ordenanzas de la Academia sevillana:

«......que á los poetas satíricos no se les dé lugar en las Academias, y se tengan

pertenece al misterioso engendramiento que origina todas las obras literarias, bien se puede concluir que el pensamiento recto, la intención concienzuda, el propósito libre de Cervantes al empuñar la péñola desarrollando este inapreciable *Coloquio* fué, á la par de desahogar su pecho de mil cosas y juicios que le apretaban, convertirse en censor, aunque muy encubierto, de su tiempo, y valerse de su pluma como de disciplina.

Sin quererlo él, hubiera incurrido en el vicio de la sátira; que «estamos en vna hera — exclamaba Cristóbal de Villalón —, que en diçiendo uno una cosa bien dicha ó una verdad, luego le diçen que es satírico, que es maldiçiente, que es mal christiano». [39]

La dificultad no estaba en satirizar, sino en el modo; velando de tal suerte la crítica, que no se advirtiera; practicando el precepto que años más tarde daba Lope:

> En la parte satírica no sea
> Claro ni descubierto............
> ....
> Pique sin odio; que si acaso infama,
> No espere aplauso ni pretenda fama. [40]

Todos los preceptistas contemporáneos suyos se lo recomendaban al dar en sus libros reglas á la sátira: exhortándole á una á «*no decir las cosas al descubierto.....*, sino con cierta cubierta..... de alegorías, comparaciones y símiles....., procurando dar á entender el concepto que acá tenemos en nuestro entendimiento, pero sin echarlo por la boca». [41]

Y para el caso, ¿qué mejor vestidura ó careta que la del apólogo? Si la sátira era un razonamiento mordaz hecho para reprehender los vicios de los hombres, ¿á quién podía encomendarse la reprehensión me-

---

por poetas bandidos y fuera del gremio de la poesía noble, y que se pregonen las tallas de sus consonantes como de hombres facinerosos á la República».—*El Diablo Cojuelo.*—Reproduc. de D. Adolfo Bonilla y San Martín.—Vigo, Krapf, 1902, p. 115.

[39] *Viaje de Turquía;* colloquio VII.—Nueva Bibliot. de Aut. Esp.—Madrid, Bailly-Baillière, 1905, p. 94.

[40] *Arte nuevo de hacer comedias.*

[41] CARVALLO: *Cisne de Apolo*, op. cit.; ff. 144 vto. y 145.

jor que á dos prudentes canes? Á los filósofos cínicos en Grecia (¡y Cervantes lo recuerda en el mismo *Coloquio!*) ¿no se les distinguía bajo tal nombre, por equivaler en su lengua á «perros murmuradores?» ¿No era frecuentísimo en su tiempo decir *ladrar* por *reprehender*, y llamar *perros* á los *reprehensores?* Perros, finalmente, llamaban los panegiristas á los Santos Doctores y Predicadores de la Iglesia, que con sus voces y doctrinas la defienden y velan. Acertadísimo era el símil y buen camino llevaba la sátira cervantina para cumplir con los preceptos exigidos por los retóricos. Otros más quedaban, y fuerza es confesar que también supo practicarlos magistralmente.

«Reprehenda vicios generales—decía por su cuenta el Pinciano—, y no á personas particulares.....; (y éstas) sean de tal manera disfrazadas, que de nadie sean entendidas y solamente lo sepan aquellas á quienes vos lo quisieredes revelar; usad de periphrasi y rodeos obscuros, y de tal manera que podais llevar el entendimiento y sentido de la cosa á varias partes; que no seais claro en este lenguaje otra vez os aconsejo por el mucho bien que os amo»; [42] y la razón que calla Pinciano la da en su apotégmico estilo Carvallo: «porque si las sátiras van al descubierto, arguye poco ingenio en el que las dice y se le tiene por necio y mal hablado». [43]

Cascales, por su parte, años más tarde, acabando la doctrina de la sátira, añadía: «Entienda, pues, el Satirógrafo que no es su oficio decir mal y morder, como fin de esta poesía, sino corregir vicios y costumbres malas». [44]

«Todo eso es predicar, Cipión amigo—replicó Cervantes mismo en el *Coloquio*, arrojando el bodegón por la ventana, para tirar pecho arriba por el espinoso camino de la sátira—; muérdase el diablo, que yo no quiero morderme ni hacer finezas detrás de una estera: seguro puedes estar, Cipión, de que más murmure, porque así lo tengo prosupuesto»; y mordió sin tasa, y hendió sin freno y tajó sin cobardía, exclamando Berganza, cuando su prudente camarada le advertía el camino murmurador y peligroso que tomaba su plática: «*Dé donde*

---

[42] *Philosophia antigva poetica,* op. cit.; ff. 501 y 502.
[43] *Cisne de Apolo,* op. cit.; f.° 145.
[44] Francisco Cascales· *Tablas poeticas......*—Madrid, Antonio de Sancha.—Año mdcclxxix, p. 155.

diere!», sembrando por ende el largo *Coloquio* de alusiones, tiros, pullas, matracas, dardos y picaduras; mas tan tapados y vagas, que la dificultad de descubrirlas y aclararlas hoy es extraordinaria. ¡Parecía que adivinaba el consejo dado por Cascales á raíz de publicarse las *Novelas!*: «note á unas y otras personas dignas de reprehensión, (pero) con disimulados nombres». [45]

¿Acertó á conseguirlo? Cervantes, como dejo dicho, en los tiempos en que escribía el *Coloquio*, avanzada su vida en ellos, harto de desengaños, ahito de infidelidades de sus amigos, probado con rudeza por la fortuna, que, contra su querer y bien irónicamente, le había convertido en andante alcabalero por muchos reinos de España, no podía escribir con la serenidad y sosiego de Lope, Montalbán ó Góngora, ingenios, al fin, mimados por los Mecenas y Señores; sino que toda su vida aventurera y agitada saltaba delante de sus renglones, representándole sus padecimientos y desventuras, y á unos y á otras acudió para llenar el molde del *Coloquio* que la inspiración divina de las Musas le había deparado en su cerebro; y puesto á entretejer sus episodios y pormenores, repasando los hechos de su vida, vió que en ella había no pocas espinas y alfileres clavados, ora con intención aviesa y ruin por sus enemigos (que á nadie, y menos á un escritor, le faltan), ora por la fortuna cruel, que en lo más bajo de su rueda le ponía, y uno á uno fué sacándolos del pecho, con algo de sangre encendida que en su punta brillaba....., y uno á uno también los fué repartiendo por el *Coloquio*, con vengativa intención. ¿Por qué no ha de decirse? ¿No merecieron sus novelas, á raíz mismo de salidas, que se dijera de ellas que eran «*más satíricas que ejemplares?*» [46] ¡Quién sabe si aquellos tardíos y conocidísimos arrepentimientos del *Viaje del Parnaso* no tuvieron su nacimiento en el *Coloquio!* Á tiro hecho fué todo él; á tejados

---

[45] FRANCISCO CASCALES: *Tablas poéticas*....; loc. cit.—Por entero y en la plática le pertenece aquel otro precepto del mismo Cascales: «Es artificio del satírico no ensangrentar la lanza contra uno, sino tratando de una cosa, picar á éste y al otro de camino: de manera que parece que no hace nada, y les da de medio á medio, como si fuera su intento tratar particularmente de cada uno» (156). ¡Admirable síntesis preceptiva del *Coloquio* desarrollada por Cervantes!

[46] «Si bien no poco ingeniosas», concluye Avellaneda, cuya es la cita, haciendo imparcial su juicio.—Vid. Prólogo. *El Ingenioso Hidalgo Don Quijote de la Mancha.*—Tarragona, Felipe Roberto, 1614.

entonces conocidos iban dirigidas sus piedras, y si hoy no podemos descubrirlos porque esa es la ley humana, que borra las acciones y los propósitos en la cera del tiempo, todos me creerán si declaro que Cervantes, pasando por las calles, más de una vez debió de tropezarse con gentes conocidas suyas que esquivasen su encuentro, negando al sombrero la cortesía de que tanto se pagaban sus contemporáneos. ¡Un enemigo, á buen seguro, cobrado con su pluma, que con hondo resquemor y enconada memoria diría para sí: «¡Ése me clavó en tal de sus obras!» ¡Cuántos y cuántos! Acaso pensando en él había escrito la musa de su desleal amigo Bartolomé Leonardo de Argensola:

> Y sé que sin remedio se despeña
> El que con libertad dice *verdades;*
> Que la experiencia claro nos lo enseña.

¿Por qué no ha de pintarse así el carácter de Cervantes, si así fué y así nos lo confiesa él mismo en sus escritos?

¡Cuánto más interesante y literario es ahondar en su alma y agitar siquiera un momento sus dormidas aguas, para descubrir á la luz crítica de la historia su color y cambiantes! ¡Cuánto más importan estas cosas, que son las que luego nos declaran sus libros limpia y llanamente, que ejecutar cómicos equilibrios y esfuerzos inauditos, que suelen tocar en lo ridículo, atribuyéndole una omnisciente sabiduría que le hubiera pesado sobremanera, á conocer este propósito de sus falsos y equivocados admiradores!

Pero tampoco es menos cierto que si, á raíz de salido el *Coloquio*, hubo personas que acaso le tacharan de murmurador y escandaloso, pudo, en cambio, Cervantes decir en propia defensa aquellas otras palabras de Cristóbal de Villalón: «Maldeçir llamáis deçir las verdades y el bien de la República; si eso es maldezir, yo digo que soy el más maldiçiente hombre del mundo». [47]

Nadie mejor acertó á juzgarlo que el mismo Pinciano, al definir el Apólogo como un «poema común, el qual debajo de narración fabulosa enseña una pura verdad, como se ve en las fábulas de Esopo»; de manera que «las fábulas apologéticas son unas burlas muy veras». [48]

---

[47] *Viaje de Turquía;* colloquio VII, op. cit., p. 99.
[48] *Philosophia antigva poetica*, op. cit.; pp. 506-507.

«¡*Unas burlas muy veras*.....!» ¡Excelente y justísimo retrato del *Coloquio*! Porque la verdad resplandece por entero en sus páginas todas y en sus episodios, á través de sus burlas, ó enmedio de sus quejas; como tocará el lector al tratar de las fuentes particulares de cada uno, y más menuda y reposadamente en el Comentario con que mis pobres fuerzas han aspirado á ilustrarle, por vez primera.

V

> «Para provocar á virtudes y refrenar vicios, muchos escribieron por diversas maneras: unos en prosa, ordenadamente; otros por vía de *Diálogo*; otros en metros proverbiales; y algunos poetas haciendo comedias y cantares rústicos; y en otras formas, según cada uno de los escritores tuvo habilidad para escribir.»
>
> (HERNANDO DEL PULGAR: Glosa á las *Coplas de Mingo Revulgo*.)

Cuando la suelta lengua del avisado Berganza comienza, á las pocas páginas de rota su plática con Cipión, á relatarnos su vida, andanzas y desventuras, diríase que descorriéndose por arte de magia una tupida cortina, asistimos á la representación de un cuadro vivo, de un inmenso panorama que abre ante nuestra vista la de la España del tiempo de la Invencible; y al notar que sus figuras no son de cera y paramento, sino que al calor de la movida palabra del elocuente perro comienzan á moverse y á bullir, desfilando palpitantes y gallardas ante nuestros ojos asombrados, por curiosa adivinación y barrunto de futuros inventos, creeríamos desarrollarse un capacísimo y abierto cinematógrafo, que abarcara todos los movimientos, todos los órdenes, toda la fecunda y riquísima vida social de entonces.

Y como el locuaz muchacho que acompaña al truhán titerero Maese Pedro, en el *Quijote*, va mostrando con su vara las escenas y personajes del retablo de Melisendra, cinematógrafo de entonces, el colector de una obra como el *Coloquio de los Perros*, retablo portentoso creado por la ardiente inventiva cervantina, debe colocarse frontero á sus episodios, y señalar también, lo mejor que pudiere, su origen, fuentes y procedencia, sin meterse en contrapuntos que se quiebren de sotiles, y con aquella llaneza, enemiga del encumbramiento, que á su trujimán ó intérprete pedía el gran tunante de Ginesillo.

Para marcar las fuentes generales del *Coloquio*, desde que Berganza ve la luz primera de su vida en el.Matadero sevillano, hasta que pone sus dientes al servicio del bribón del alguacil, amigo de la Colindres, menester sería tirar la pluma y esgrimir el buril que lograse grabar en estas páginas el sol, el ambiente y las campiñas sevillanas, donde realmente debieron de ocurrir, casi todos los episodios que tan portentosamente en él se narran.

En efecto, todos los recuerdos de Sevilla que, durante los muchos años que llevó de asistencia en ella para ganar el pan de su pobreza, se alojaron en la memoria de Cervantes, sirvieron para componer esta parte del *Coloquio*, donde con tan sin igual maestría se mezclan y entrelazan todos: los alegres y tranquilos que evocan los claustros del Estudio de los Jesuítas, los míseros y amargos de la vida en casa del mercader, los sombríos y venales que en las infamias de los pastores refrescan sus años de comisario subalterno de los proveedores generales de las galeras.

Era, sin duda, Sevilla, como dice Agustín de Rojas,

> ... ciudad divina y santa,
> Que á las del mundo adelanta
> En valor, trato y nobleza; [1]

pero también las aventajaba en escándalos, cohechos y picardías. Bravísima pintura, de portentosa realidad y crudeza, es la trazada por Berganza del Matadero sevillano; en mi comentario comprobará el lector (si no fuere casi pecado poner comentario á lo que solamente admite muda admiración y asombro) cómo no olvidó Cervantes ni uno solo de.los rasgos de aquel arsenal de vicios y rapiñas, en que se estrellaban las energías y la rigidez de los más templados Asistentes, y que en pleno reino de Andalucía era para los hombres discretos lugar

---

[1] *El Viaje Entretenido......*, op. cit., f.º 6.

tan inexpugnable y horro como lo fueran Argel y La Goleta. Bien hizo Berganza, después de descubrirnos el cáncer de ladronicio que le corroía, en poner pies en polvorosa, dejando por ingobernable y precito aquel cantón independiente, para buscar en la apacibilidad de los campos, frescura de los prados y vida pastoril y ganadera algo de la virtud y buen gobierno que por entero faltaba en la populosa ciudad del Betis. Y es pasaje valiente, lleno de honda intención y profundo naturalismo, aquel en que, puesto al cuidado del rebaño, nos describe su vida, sin los bucolismos de *La Galatea:* trocando el rabel por las tejuelas, los zaragüelles de delgado lienzo por el paño burdo y grosero, y olvidando sus juegos de novela, como la *lucha,* la *chueca* ó la *corrida del bollo,* [2] por el remendar de sus abarcas ó espulgar de sus carnes, tosquedad y rudeza veracísimas, que parecían puestas para reirse de los libros en que también se hablaba de la vida pastoril, pero falsa y afectadamente, con el engaño de las *Dianas* ó *Filidas* y las idealizaciones teóricas de los tratados.

Y no solamente le sirvió este episodio para poner en paralelo unas y otras vidas (que á ser esto sólo quizá se hubiera excusado de decirlo), sino también para dar salida una vez más á aquella intención satírica que veladamente palpitaba bajo sus páginas.

No sé por qué (y acaso alguien, con el tiempo, lo demuestre cumplidamente) paréceme vislumbrar en aquellos tres pastores que salen al encuentro de Berganza, cuando se acoge á su hato, á *tres pastores* también, á quienes sirvió durante muchos años: á Antonio de Guevara, á Pedro de Isunza, y al Licenciado Valdivia, y con ellos, más bien, á la tropa menor de sus ayudantes y criados: Benito de Mena, Diego de Ruy Sáyez ú otros, que á su costa y cuidado tenían asimismo el del

---

[2] Vid. *Los colloquios satíricos, con un colloquio pastoril y gracioso al cabo dellos hechos por* Antonio de Torquemada. Mondoñedo, Agustín de Paz, 1553, 8.º
Cito por la reproducción de la Nueva Biblioteca de Autores Españoles, tomo VII. (Vid. Colloquio VIII, p. 550.) Todos los novelistas pastoriles incurrieron en semejantes falsedades. Vid., por ejemplo, Luis Gálvez de Montalvo: *El Pastor de Filida:* Parte Segunda, ó las *Tragedias de amor, de gustoso y apacible entretenimiento, de historias, fabulas, enredadas marañas.....,* compvesto por el Licenciado Juan Arze Solorzeno.—Madrid, Juan de la Cuesta, año MDCVII Es libro en que se rastrean influencias de la primera parte del *Quijote.*

rebaño del Rey en aquellas regiones andaluzas; y cuando Berganza comienza á relatar las ruindades de sus amos que, aparentando la entrada del lobo en el redil, mataban las ovejas, y haciendo saber la fingida presa á su amo, dábanle el pellejo y parte de la carne, y comíanse ellos lo más y lo mejor, paréceme recordar que también en aquellas comisiones que los proveedores de las flotas desempeñaban cometieron ó dejaron cometer grandes infamias y atroces delitos; que también los barcos parecían salir cargados de trigo ó bastimentos de las costas españolas, para abastecer la armada, y ni llegaban á ella ni volvían al puerto de partida: hacíase correr entonces la voz de haber sido apresados por los turcos ó corsarios, cuando sus verdugos eran los mismos capitanes que, de acuerdo con los oficiales de las provisiones, vendían las cargas de trigo ó de bizcocho por lo callado, y realizada su granjería, hundían ó entregaban el barco, excusándose de dar cuenta de él con la fingida presa.

Razón llevaba Cervantes para decir con intencionadísima frase, en que vibraba la acusación, «que los pastores eran los lobos, y que despedazaban el ganado los mismos que le habían de guardar.» No fué su pluma, no, la única que por entonces cubrió con la parábola su santa indignación y celo; en la memoria de todos estaba también, y no podía, seguramente, faltar de la suya, como inspiradora, al componer este episodio, la de aquellas famosas y vigorosísimas *Coplas de Mingo Revulgo*, tan populares, en que bajo la misma alegoría pastoril y campestre se denunciaba valientemente la corrupción política de un infeliz reinado:

¡Oh, mate mala ponzoña
Á pastor de tal manera,
Que tiene cuerno con miera
Y no les unta la roña!
. . . .
La soldada que le damos,
Y aun el pan de los mastines,
Cómeselo con ruïnes.
¡Guay de nos, que lo pagamos!
. . . .
Vee los lobos entrar,
Y los ganados balar,

Él risadas en oillo,
Ni por esto el caramillo
Nunca deja de tocar. [8]

También Arias Montano denunció á los leones que entraban á la parte del interés vedado y culpable *con una infinidad de lobos y raposas y otras salvaginas cazando, y pescando por el mar;* [4] también años más tarde, temblando su mano de ira, se había de acordar Quevedo de aquellas ovejas que se rebelaron contra sus pastores «porque se las comían una á una, para trasquilarlas, desollarlas, matarlas y venderlas todas juntas de una vez; y que pues los lobos, cuando mucho, se engullían una, ú dos, ú diez, ú veinte, pretendían que los lobos las guardasen de los pastores, y no los pastores de los lobos; que juzgaban más piadosa la hambre de sus enemigos que la codicia de sus mayorales». [5]

No era tan sajante y dura la cuchilla cervantina como la quevedesca, y por eso excusóse de hacer hablar más en este punto á los dos canes, *para que no pareciesen predicadores*, como si su sermón no hubiera sido harto elocuente, y no se transparentase su intención censoria á través de los amenos prados, espaciosas selvas, arroyos claros y cristalinas fuentes donde puso el ficticio teatro de aquellas piraterías y traiciones.

Que Cervantes estudió en Sevilla en sus mocedades lo ha demostrado á toda satisfacción su gran biógrafo hispalense, Rodríguez Marín, [6] cro-

---

[8] No es menester señalar aquí las numerosísimas ediciones hechas de las famosas *Coplas* en los siglos xv, xvi, y hasta en el mismo xvii, ora sueltas, bien unidas á las de Jorge Manrique, ó á los *Proverbios* del Marqués de Santillana. (Vid. SALVÁ: *Catálogo*, núms. 805 á 808 y 2.095 á 2.098.) Delante de mis ojos tengo ahora una muy rara, coetánea de Cervantes, y muy á propósito, por su tamaño estrecho y alargado, para llevarse en las faltriqueras yendo de camino, como tantas veces nuestro autor iría: la edición de Madrid, Luis Sánchez, 1598, con la glosa de Hernando del Pulgar.

[4] En una hermosa carta inédita, que dejó de serlo al publicarla Rodríguez Marín, dirigida á la majestad de Felipe II.—(*El Loaysa de «El Celoso Extremeño»*, op. cit., 146-147.)

[5] *La hora de todos y la fortuna con seso.* § XL.

[6] RODRÍGUEZ MARÍN. *Cervantes estudió en Sevilla (1564-1565).*—Sevilla, Díaz, 1905.

nista de todos sus hechos andaluces, y el lector, al tropezarse en el *Coloquio* con la descripción del Estudio de la Compañía de Jesús, lo ha de tener por patente é innegable.

De dos órdenes religiosas habló expresamente Cervantes en sus obras, y de ambas á dos dejó correr pródigas y calurosas las alabanzas: de los Trinitarios y de los Jesuítas; y era que con entrambas tenía dos antiguas deudas que, á fuer de buen nacido, pagó su hidalgo corazón agradecidamente. Á una y otra era deudor, en efecto, de dos grandes bienes, de dos excelsas prendas, que nada hay en el mundo que valga lo que ellas, ni que las sustituya: la libertad y la verdad. Gracias á los Trinitarios, pudo salir de las mazmorras argelinas, cuando parecían apretarse sus cadenas para siempre; y á la Compañía de Jesús debía también aquella otra libertad del espíritu, mil veces más hermosa que la del cuerpo, pues con su enseñanza se abrieron y formaron para las letras españolas aquellas nobilísimas facultades que tan pródigamente derramó Dios en su alma. La memoria de su recobrada libertad le infundirá en *El Trato de Argel* locuciones grandiosas y elevadas, porque es condición grande y elevada también; el recuerdo de sus estudios de mozo, agradecimiento, pero humilde, afectuoso y aniñado.

Nada hay en la vida, con ser tantos sus embates y haber sido la cervantina copiosa en azares y desventurada, que desenoje más el combatido ánimo y lo llene de apacibilidad y frescura que la memoria de los años primeros, en que la risa no tiene tasa, ni la alegría se compra, ni se ahorra el buen humor. La pluma cervantina corre con amor y gusto describiendo con sencillez ingenua aquella bendita vida estudiantil, *que sin la sarna y la hambre no tendría pareja en las vidas;* y uno á uno salen los pormenores y sucesos alegres, alegres, desenfadados é inocentes, como salieron en Mateo Alemán al evocar su vida universitaria en Alcalá de Henares, y en Quevedo sus cómicos ayunos en el hospedaje del Dómine Cabra, tan flúidos y espontáneos, que no hay que pedir invención ni fantasía en ellos; que nadie cuenta haber dado ensalada á un perro, y nueces y avellanas, si no se las ha visto comer, y jugado con él, tirándole los bonetes, y empeñando los *Antonios* para mantener sus burlas. Pasaje hermoso es éste; el más feliz y dichoso de la vida de Berganza, como también lo fué de la de Cervantes, que respira amor y agradecimiento; tan lejanos de las antipáticas censuras que de la misma vida estudiantil hacía Suárez de Figueroa, [7] cuyo corazón agrio, seco y maldiciente era incapaz de gustar el gratísimo reposo espiritual que aquellos años regalan; parada bienhechora en que tomamos aliento para subir las empinadas cuestas de la vida, que tras ella nos acechan.

Sí; Cervantes estudió en Sevilla, y Sevilla fué para él acreedora de aquellos momentos felices que en el Estudio de la Compañía halló el mozo alcalaíno; semejaban la gota de miel que se pone en la boca para que el paladar no sienta las amarguras del acíbar! Porque ¡cuántas le quedaban por gustar bajo aquel purísimo cielo!

Él mismo las traslada á Berganza al atraillarle tras de la puerta de la casa del mercader, su amo, figura en la cual no quiso emplear los colores de su paleta, quizá por carecer entonces, como sobradamente conocida, del interés que hoy tiene para nosotros. Hoy que paseamos, gracias á su mágico evocador Rodríguez Marín, las calles y encrucijadas de la clásica Sevilla, auténtico, escenario de *Rinconete* y del *Coloquio*, hemos de deplorar la pereza cervantina, que no desarrolló el cuadro de aquellas *Gradas* sevillanas, tan llenas de opulencia, riqueza y poderío. Tanto, que á los mismos contemporáneos admiraba, «con no solerme espantar — dice uno de ellos — cosas comunes y vulgares». [8]

Días eran aquéllos de prosperidad y gloria, en que el comercio de Sevilla se hacía envidiar de los más ricos del mundo, ya que con todas

---

[7] *Plaza universal de todas ciencias y artes......* — Madrid, Luis Sánchez, 1615 in 4.º, f.º 321 y vto.

La fortuna se encargó de agriar aún más con sus disfavores el carácter seco y ceñudo del famoso doctor. No le acompañó la suerte, ciertamente, en sus empresas, y de ordinario halló cerradas las puertas á que acudía. Dígalo, por ejemplo, este desconocido dato para su biografía que entresaco de la selva de noticias que acotan las *Actas de las Cortes de Castilla.*

«1.º de Julio de 1615. Vióse una petición del doctor Cristóbal Suárez de Figueroa: suplica al reino le ayude y haga merced para ayuda á imprimir un libro que ha hecho y dirigido al reino. Y tratado de ello, se acordó por mayor parte *que no se le dé cosa alguna.»*—(*Cortes de Madrid de 1615*, XXVIII, 527.)

Acaso fuera este libro la *Plaza universal de todas ciencias y artes*, que salió aquel año (1615) en Madrid. Para *El Passagero* es temprana la fecha

[8] *Svmma de tratos y contratos, compvesta por el muy Reverendo Padre Fray Thomas de Mercado, de la orden de los Predicadores......*—Sevilla, Fernando Diaz, MDLXXXVII; in 4.º, f.º 165 vto.

sus partes tenían correspondencia y crédito aquellos mercaderes: desde Flandes y Hamburgo hasta las Indias; siendo cargo tan universal y grande, «que es necesario juyzio y gran entendimiento — añade el mismo testimonio — para ejercitarlo y aun para considerarlo». [9] Y así se levantaban sus fortunas con rapidez pasmosa, ó se hundían también con pavoroso estruendo; que en las lonas de las naves que de América venían soplaba unas veces la ventura y otras la desgracia. Mas ¿qué le daba de esto á Cervantes? Él nunca acertó á mezclarse por su gusto

En cosas de *agibilibus* rateras,

y así, despreció la figura del mercader; que otros tipos más novelables y bizarros le aguardaban.

Cuentan los cronistas sevillanos que el célebre loco D. Amaro, subiéndose en una ocasión á su callejero púlpito, disparó el siguiente sermón «á los escribanos cuyos oficios están en la plaza de San Francisco: » Quiso el demonio temptar al Redemptor de las almas, mi querido Jesús: llevóle á lo alto de un monte: desde allí le enseñó el río, el Alcázar, el mar, la huerta del Rey, el Paraíso, San Bernardo, calle Tintores, y todas las ciudades y reinos del mundo con las riquezas que en él hay, y como si todo fuera suyo, se lo ofreció si lo adoraba..... Y Jesu Xpto., que sabía más que el diablo, le dijo: «¿Todo cuanto veo » me das si te adoro? — Sí, señor — le respondió él —; todo te lo daré. » — *Ea, pues* — le dijo Xpo —; *dame la plaza de San Francisco con todos » sus escribanos.*» Hallóse cogido el maldito y respondió: «todo te lo » daré; pero *la 'dehesa de los gatos*, no puede ser; que es patrimonio y » mayorazgo mío y no lo puedo enajenar»; con que se acabó el concierto». [10]

En el sabroso é intencionado chistecillo del loco sevillano se encie-

---

[9] *Svmma de tratos y contratos, compvesta por el muy Reverendo Padre Fray Thomas de Mercado, de la orden de los Predicadores.....;* loc. cit. Valentísima es la descripción que hace Mercado en estos folios (165 y 166) del tráfico y cambios de Sevilla.

[10] *Sermones del célebre loco del Hospital de inocentes de San Cosme y San Damián (vulgo Casa de San Marcos) de la ciudad de Sevilla, llamado Don Amaro.* — Sevilla, Geofrin, 1869. (Bibliófilos Andaluces, pp. 5 y 6.)

rra donosamente la negra opinión que de los escribanos sustentaba la sociedad toda de entonces, desde las Cortes, que decían que «ni leyes, ni diligencia humana parece bastante contra este género de gente», [11] hasta los escritores, que, entre burlas y veras, los flagelaron en las páginas de sus novelas con vengativas frases, punzantes censuras y odio mal reprimido, al palpar las maldades, engaños y atropellos que nacían de su «hambre canina de dineros». [12]

Dejaría el *Coloquio* de ser novela castizamente española y fiel retrato de nuestra sociedad del tiempo, si no contase entre sus maleantes personajes á un alguacil y á un escribano, como representantes valiosísimos del honrado gremio curialesco.

Allá, en la plaza de San Francisco, ya repartida en las oficinas y gabinetes de la espaciosa Audiencia de los Grados, ó ya cobijada en sus negras covachuelas de los soportales, como las fieras lo están en sus guaridas, medraba la abundantísima y canallesca tropa acogida al favor de la garnacha: procuradores, escribanos, letrados, papelistas, relatores, alguaciles, porteros de vara, fieles ejecutores y corchetes, comiendo todos á costa de las vidas, honras y haciendas de los desventurados que caían entre sus afiladas garras de milano. Y ¡qué gentes! Y ¡qué linaje el suyo! Los mejores habían sido lacayos, cocheros, albañiles ó farsantes. [13] Bastaba que tuvieran los 600 ú 800 reales que valía el *fiat*, para que, entrando en posesión del oficio de escribano, comprasen á la vez el título vil para lo futuro de sus bellaquerías y ruindades. De ordinario, los oficios de escribano [14] y las varas alguacilescas

---

[11] ..... «pues se estan en pie los mismos daños que tantos años ha se han procurado estorbar, y tan sin remedio como al principio, y que no bastan leyes ni jueces, pues acabados de volver, siendo también sus idas de tarde en tarde, se vuelven con mayor furia á desangrar los pobres litigantes para llenar el vacio que les dejan los jueces, y persiguiendo á los que testificaron contra ellos, y aun les amenazan para que los jueces no averigüen sus maldades.»—*Cortes de Castilla*, 1588-1590. XI, 524-525.

[12] *Ibidem*, XII, 530.

[13] *Cortes de Castilla*, 1611-1612. XXVII, 188, y VI, 850.

[14] Tres fueron las clases de escribanos: de número, reales y de provincia ó del crimen. Los primeros eran los más considerados y principales de todos ellos: llamábaseles *de número* por tenerlo fijo en cada ciudad; en Sevilla eran 24.—Ante ellos pasaban todos los asuntos y escrituras civiles, pero su

se daban, ó á gente pobrísima, ó á hidalgos que desdeñaban el usar de empleo tan desacreditado y bajo, mas que, para no perder su granjería, los arrendaban ó vendían á otros más miserables que ellos, y los tales, hostigados por las crecidas sumas que se veían obligados á satisfacer á los propietarios por sus conciertos, [15] y apretados de la hambre, que les había hecho cambiar su título de cristianos por el de alguaciles, valga por caso, salían olfateando como ventores ó sabuesos (por algo llamó así la germanía á sus porquerones ó ayudantes) y ¡ay del infeliz que asían por el jubón ó por el herreruelo! que con un «*Favor al Rey, téngase á la justicia*» comenzaba el largo calvario del cuitado, que prendido, bien prendido entre las péñolas de la escribanía, veía con espanto el subir de los folios, [16] el menudear las comisiones y embargos, el montón temeroso de los autos y piezas, chupando poco á poco la sangre del presunto reo ó del imprudente litigante, á poder del cañón de sus negruzcas y afiladas plumas de ave: que los pleitos y causas vivían lo que vivía su caudal, por aquel santo refrán, único ar-

---

misma abundancia les imposibilitaba para despacharlos todos, y por eso, entre sus dependientes ó papelistas figuraban de ordinario uno ó dos escribanos reales que redactaban las escrituras, á nombre del de número, y servían de testigos de mayor excepción. Los escribanos de número nombrábanse por el Consejo Real. El de los reales era ilimitado: bastaba que por una petición al mismo Consejo solicitasen ser examinados para que, hecha la ligerísima prueba, se les tuviera por hábiles y suficientes; y como estos nombramientos menudeaban, por otorgarse en premio de servicios propios, ó de sus padres ó deudos, vino su aumento y la costumbre de arrendar los oficios, de donde seguían las exacciones injustas, los pleitos dilatados, los derechos abusivos y las mil tropelías que durante tres siglos los hizo tristemente famosos. Los escribanos del crimen entendían solamente en causas criminales. Compartían con los reales las comisiones y los excesos. El escribano del *Coloquio* es un escribano del crimen.
[15] *Libros de la Sala de Alcaldes*.—Libro XI, f.º 154.
[16] Hubo escribano que, comisionado para hacer la probanza de un negocio judicial en una chancillería, trajo *sesenta mil hojas escritas!* Verdad es que el caso era muy frecuente, ya que, cobrando 200 maravedises de salario por día, con sesenta mil hojas había para entretenerse unos cuantos años. *(Cortes de Castilla*, 1592-1598. XV, 465.) Las mañas y habilidades para extremar sus actuados y hacerlos eternos son bien conocidas, y no hay novela ó memorial d procurador en Cortes en que no aparezcan. ¡Así, 1.500 hojas eran *un pleitecillo de nada!*

tículo que acataba la ley de enjuiciamiento de entonces......, como la de ahora: «¡*Bulla moneda*, *y dure el pleito lo que durare*!» ¡Lo que durare! ¡Veinte, cuarenta, ochenta años! [17] ¿Qué extraño era, pues, que, sentenciado uno, se encendieran luminarias, se disparasen cohetes y estallara el júbilo de los consumidos pleiteantes en manifestaciones estruendosas? [18]

Así se cobró aquel santo temor y odio pavoroso, que perdura hoy (muy razonadamente), á todo lo que trasciende á nombre de justicia, nombre hermoso y divino, pero envilecido y afeado por los pecados de los hombres.

Cervantes, que por azares de familia ó necesidades procesales de su oficio, tanto se rozó con alguaciles y escribanos, más singularmente con los últimos, túvoles siempre tan poco amor y estima, que no hay obra suya en que no dispare sus tiros á estos cuervos y pajarracos; sin que, en su espíritu cristiano y religioso, llegara á perdonar aun á los mismos miembros de la curia eclesiástica, que sale tan mal tratada como la secular. [19] Y quizá fué uno de los más sangrientos y crueles aquel párrafo del *Coloquio*, en que, recubierta la disciplina con algodones, citó uno por uno, con pintura escueta y á palo seco, todos los desmanes y picardías de la canalla curialesca sevillana, que paseaba oronda sus calles con la autoridad de su vara; con tan profunda intención, que ni el mismo Quevedo, en los infinitos pasajes de sus obras satírico-morales en que los sacó á la vergüenza, acertó á decir de ellos tanto y tan substancioso. Recubierta, eso sí, la disciplina con algodones, re-

---

[17] Los pleitos eclesiásticos, sobre todo, tenían fama de eternos. Vid. Un *Memorial* del doctor Cerdán de Tallada, en que dice: «Yo he visto durar por lo eclesiástico un pleito sesenta y setenta años!» «*Al Potentissimo y sabio | Philipo Magno Tercero Rey de | España, y del Nuevo Mundo, vnico protector de la Fe | y de la santa sede apostólica romana*.
Comienza: «Señor: Este discvrso, en razon de estado»......
Acaba: «..... y lo dizen los mesmos en los propios lugares.»
Nueve hojas en folio.—S l n. a. (1607) Bib. Nac, V-250, n° 32. - Es un arbitrio que tiraba á que no hubiera tanto número de pleitos y de crímenes.

[18] PINHEIRO: *Cervantes en Valladolid*, op. cit, pp 130-131.

[19] En *El Rufián viudo*, en *La Elección de los Alcaldes de Daganzo*, en *El Licenciado Vidriera* y más especialmente en *Persiles y Segismunda*: libro III, caps. IV-VIII, y libro IV, caps. V y VI.

pito, y velando su acusación equívocamente en los aterciopelados términos de una aparente defensa. «Quiero callar —acaso se diría, con Mateo Alemán— que soy hombre y estoy castigado de sus falsedades, y no sé si volveré á sus manos, y tomen venganza de mí muy á sus anchos, pues no hay quien les vaya á la mano». [20]

No lo había, en efecto, y aquellos alguaciles y escribanos, que tan *in puribus* salieron en el *Coloquio*, repitieron por España toda sus proezas, y sin acudir á los alguaciles comisionados (que éstos en insolencias y atropellos superaban á todos, ¡que era decir bastante!), en Madrid estaban, por ejemplo, para no sacar mentirosos á sus cofrades de Sevilla, los alguaciles de corte y los escribanos del crimen, contra quienes se declaraba impotente la Sala de Alcaldes en pleno, con sus autos, libros, acuerdos y consultas. [21] Hermanos á toda ley de los sevillanos, su oficio traducíase en andarse á todas horas por los bodegones y tabernas, [22] comiendo, bebiendo y triunfando á costa de los pobres dueños atemorizados, á quienes sacaban dineros, además, con los mil lindos tapujos que tenía el cohecho: [23] *niñería*, *presente*, *regalo*,

---

[20] *Guzmán de Alfarache.*—Parte II, lib. I, cap. VIII.

[21] Si aprovechara los numerosísimos autos que copiados tengo de los *Libros de la Sala de Alcaldes*, sobre los alguaciles de corte y escribanos del crimen, haría interminable este capítulo. Tantos son y tan substanciosos los acuerdos y noticias que atesoran. Otro tanto digo de los *Capítulos de Cortes* y *Memoriales* presentados á ellas por los particulares ó procuradores; de la literatura judicial, que tengo repasada casi toda, con ser muy abundante; de los pasajes de nuestras novelas, teatro y poesías; testimonios de los moralistas y políticos, etc. Toda esta materia acopiada teníala destinada para un capítulo, en que se hiciese estudio particular de la vida curialesca en aquellos tiempos. En obsequio á la brevedad, esperaré otra ocasión propicia en que pueda darla á conocer; limitándome ahora á entresacar algo de mi depósito, para que el lector pueda juzgar *ex pede Herculem*.

[22] Auto de 18 de Marzo de 1613, mandando á los alguaciles y oficiales del crimen que «ni entren en las tabernas... ni coman ni beban en ellas de ninguna forma ni manera». (Libro V, f.º 491.)

[23] Por Auto de 25 de Septiembre de 1608, los alcaldes mandaron «que todos los trat.ᵉˢ en cosas de comer, tauerneros, bodegoneros y mesoneros, dentro de seys dias declaren y manifiesten las cantidades de mrs. que les deuen qualesquier alguaciles desta corte y oficiales del crimen, para efeto de hacerseles pagar... y de aqui adelante no presten por si ni por ynterpositas personas ningun.ᵃ

paga, *limosna*, *préstamo*, *restitución* y *nonada;* nunca su nombre propio y escandaloso. [21] Y si, por acaso, hartos y cansados de sus abusos, se resistían á sus eternas francachelas y festines, tretas bastantes tenían en su holgadísimo *reportorio* para hacerles pasar de nuevo por el aro de sus tiranías. [25]

Á la postre los alcaldes tuvieron que prohibirles la entrada, bajo ningún pretexto, en las casas de comer y en los figones; mas ¿qué les daba á ellos? Ancho era el imperio donde alcanzaba el de su vara, y lo que en los bodegones no conseguían, hurtábanlo con exceso en las carnicerías, mataderos y casas *non sanctas*, amén de las de juego ó

---

cantidades de mrs. á los dchos. alguaciles y oficiales del crimen, en poca ni en mucha cantidad.....»—*Libros de la Sala*. Libro IV, f.º 356.

[24] QUEVEDO: *El Entremetido, la dueña y el soplón.*

[25] Una de las más típicas, que prueba su desvergüenza: cuando se enemistaban con un tabernero, so color que medía mal el vino acechaban en la esquina de su casa á los que salían de ella con el vino comprado; topábanse con los alguaciles puestos á su caza, y bien ellos, bien sus criados, ó los mismos compradores, dábanse maña para beberse buena parte; y entonces, entrando en la taberna con aire triunfante, acusaban al infeliz vendedor de la falta, para llover en seguida las condenaciones y multas. Denunciáronlo las víctimas, y tanta era su razón, que los alcaldes, por auto de 21 de Abril de 1587, ordenaron á los alguaciles que «no hicieran las denuncias de faltas de vino si no fuere encontin.te como se mide dentro de las tavernas, ó á la puerta, y no deviendo salir della.»— *Libros de la Sala*, I, ff. 208 y 219.—El abuso, no obstante, se siguió repitiendo.— Vid. *Ibidem*, auto de 13 de Enero de 1620, libro X, ff. 18 y 20.

El Consejo ordenó, en 31 de Enero de 1617, que las visitas que hubieren de hacer los alcaldes á los figones y casas de comer «las agan por sus personas los dhos. alcaldes y no las agan los dhos. alguaciles, y ellos y los escriuanos no entren en las dhas. cassas so color de que las ban á uissitar, ni en otra manera alguna, si no fuese aconpañando á los dhos. sres., y los dichos alguaciles y escriuanos, no rresziuan de los dhos. figones cosa alguna de las que se les permite bender en sus cassas, sin pagarla primero á los precios y postura que les fuere hecha por la sala, ni la tomen al fiado ni deuaxo de prendas.....»—*Libros de la Sala*, libro VII, f.º 606.

Por auto de 26 de Febrero de 1619, los alcaldes mandaron «que ningun alguaçil desta corte, de aqui adelante, pueda visitar ni besiten Casas de posadas, tauernas ni bodegones, ni otras ningunas de ningun trato, si no fuere con scriu.º y officiales de los nombrados y jurados en la sala, aunque digan ban acer execuciones y otros autos ciuiles».—*Ibidem*, libro XII, f.º 316.

tablaje que regentaban por su cuenta, para sacar muchas veces el barato á la sombra del severo gesto de Themis. [26]

Y en el entretanto, alguaciles y escribanos crecían y crecían sin medida, [27] como se acrecienta la manada de lobos al olor de la presa segura é indefensa; y no valía que las ciudades clamasen una y mil veces contra aquel aumento; [28] no valía que el Reino se levantase airado «contra los grandes excesos y maldades que en todos los lugares destos Reynos hazen los escriuanos, que son en tanto grado y de manera que no se pueden sufrir»; [29] el desenfrenado robo, al abrigo de las varas y con las plumas escribaniles, seguía y siguió aniquilando á los pobres, caídos y desamparados. Todo era inútil: ni el celo del Rey Prudente, que miró siempre la justicia como la más excelsa virtud de su gobierno, [30] ni el rigor sano de la Sala de Alcaldes, modelo de inco-

---

[26] Por ejemplo, el alguacil Camargo, á quien por auto de 22 de Noviembre de 1617 le manda la Sala «no tenga en su casa juego ni de naypes, ni de tablas, ni otro ningun xuego.»—*Ibidem*, libro VIII, f.º 215.

En una magnífica consulta de la Sala al Consejo de Cámara, quejándose de ellos, llegó á decir «que no solo [no] se an enmedado, pero los excessos y agrauios q̃ hazen son tan grandes (mayormente como el numero ha crecido tanto), que ay mas [de] ciento y diez alguaciles y muchos que tienen arendadas las baras, siendo *prouissimos, que la mayor ocupación de la sala y de los alcaldes en particular es reparar los daños y males de los alguaciles de Corte*» . (*Ibidem*, Libro VIII, f.º 45).—¡El cuento de nunca acabar sería copiarlos todos! Por algo era popular aquel chistecillo del malogrado rey D. Sebastián, que relata Garibay: «Saliendo el rey D. Sebastián de Portugal, en Lisboa, á la carrera, preguntó á dos alguaciles que allí estaban que cómo no corrían ellos. Respondiéronle que ellos no corrían sino tras ladrones. Díjoles el rey:—Pues corred uno tras otro.»—(*Cuentos de Garibay* en las *Sales Españolas ó Agudezas del ingenio nacional*, publicadas por A. Paz y Mélia. op. cit., página 47.—Cientos parecidos podrían citarse.

[27] Si el curioso quiere ahondar en la cuestión, vea en las *Cortes de Castilla*, tomos X, 384-387; XV, 394-396; XVI, 658-659, XXII, 437; XXIII, 367; etc.

[28] En Madrid, en un principio, había cincuenta varas de alguaciles, en 1619 habían subido á ciento y siete; «ellos mismos diçen y se quexan que ay muchos», declaraba el marqués del Valle, presidente del Consejo, en un notabilísimo bando, modelo de buen castellano, fechado á 9 de Marzo de 1612.—Vid. *Libros de la Sala*, XI, 154 y 156, y V, 278.)

[29] *Cortes de Castilla*, tomo XIII, p. 329.

[30] En la proposición que hizo á los procuradores de las Cortes, en las de

rruptibilidad y firmeza, lograron impedir que se tuviera por principales enemigos de la verdad y de las bolsas á los alguaciles y escribanos; el pueblo mismo dejólos por imposibles, y, en su fe religiosa, no pudiendo vengarse de mejor manera contra su iniquidad, contentóse con lanzar contra ellos la pena de reprobación eterna, diciendo por boca de la copla popular:

>Primero que suba al cielo
>El alma de un escribano,
>Tintero, papel y pluma
>Han de bailar el fandango.

No realizada aún, como se logró pocos años más tarde, la completa unidad de razas dentro de la Península, junto á los cristianos viejos, de limpia sangre y solar conocido, aunque de sus casas salieran para la hampa Rinconete y Cortadillo, Carriazo y Avendaño, con los mil bizarros tipos que pasean su gentileza y picardía por las escenas del *Coloquio*, veíase también á otros dos linajes de gentes, que, á pesar de convivir en el patrio suelo, teníanlos sus conterráneos por extraños en un todo á ellos mismos, por opuesta su raza, por diferente y bárbara su lengua, y faltos singularmente de aquel encendido sello que imprimía el verdadero carácter y daba naturaleza de españoles, ya que á su virtud poderosa obedeció el engrandecimiento extraordinario que levantó de gigantesco modo la España de nuestros mayores en aquel memorable siglo: la comunidad de sentimientos religiosos

De un lado, pues, estaban los cristianos viejos: de otro, los gitanos y moriscos.

Y separo desde luego, actuando de familiar del Santo Oficio, uno y otro linaje de razas, porque á la novela le alcanzaron también buena

---

1592-1598, decía: «su Magestad, cumpliendo con la obligacion que tiene..... ha tenido gran cuenta y cuidado con que se administre con la igualdad y rectitud que todos sabéis; de manera que en los felices tiempos de su Magestad, ha florecido y florece esta virtud con tanta perfección cuanto en otros algunos.....». (Tomo XVI, p. 12.)

¡No he creído nunca en los *Discursos de la Corona!* Y eso que los de aquellos tiempos eran mucho más sinceros y francos que los modernos, como puede comprobarse con la lectura de este mismo que cito.

parte de las legítimas preocupaciones de entonces sobre ambos pueblos, y aun, ahondando en los episodios de la cervantina, una es la pluma que con tan gallardo é insuperable aliento modela la jifería sevillana ó los oficios escribaniles, como manejada por hombre que anduvo entre ellos, y platicó más de una vez con Nicolás el Romo ó con el amigo de la Colindres, y otra aquella que, deseosa de completar su cuadro, como si su conciencia artística le empujara á ello, métese por la espesura de los bosques ó polvorientas vías de los caminos, para tropezarse con los aduares gitanescos, atalayando su vida, costumbres, virtudes y fechorías. Y hay que reconocer que si en este punto, como en todos, sus portentosas dotes de observador sorprendieron en la realidad algún pormenor más que sus contemporáneos, en la agitada é irregular gitanería, [31] á la larga, ni sus juicios son originales, ni sus datos nuevos ni peregrinos; y, fuera del valiente realce que le comunicó su elocuencia, nada ó casi nada hubiera perdido la historia del pueblo gitano con la desaparición de la pintura que de ellos se hace en el *Coloquio*.

Tantos ó más detalles se hallan en los *Autos de la Sala de Alcaldes*, y en las numerosas *Pragmáticas, Capítulos de Cortes* y *Memoriales* de sus procuradores, intentando atajar sus infinitos males; y hasta en otras concepciones novelísticas léense con sorpresa parecidas expresiones y análogos pormenores sobre los gitanos; [32] como si todos ellos

---

[31] Por ejemplo, al colocar dentro de la gitanesca al poeta de *La Gitanilla* y al mismo caballero Andrés, no incurre en lo artificial y lo falso, como algún crítico moderno ha imaginado, sino veladamente confirma un no aclarado dato sobre la pretendida pureza de la raza gitana. No eran solamente gitanos los que componían los errantes ranchos: había entre ellos cristianos más ó menos buenos, pero españoles de nación. La pragmática de Toledo de 24 de Marzo de 1539 se quejaba de que con ellos había «otros muchos vecinos y naturales destos nuestros Reynos y de otras naciones que han tomado su lengua y hábito y manera de vivir.—ALONSO DE ACEVEDO: *Repertorio de todas las pragmáticas y Capítulos de Corte......*—Salamanca, Andrea de Portonariis, 1566; f° 90

Otro tanto dice un Memorial aprobado en las Cortes de 1603-1604 *(Cortes de Castilla*, XXI, 482), y H. de Luna, en su *Segunda parte del Lazarillo*: «preguntéle en el camino si los que estaban allí eran gitanos nacidos en Egipto; respondióme que maldito el que había en España, pues que todos eran clérigos, frailes, monjas ó ladrones que habían escapado de las cárceles ó de sus conventos.» (Cap. XI)

[32] Vid. *El Donado Hablador*. (Parte II, caps. II, III y IV.)

hubiesen bebido en una misma fuente, que, por lo descubierta y conocida, estaba al alcance de todos.

Dentro de las mismas *Novelas ejemplares*, aventaja con mucho para el conocimiento íntimo de aquel pueblo *La Gitanilla* al *Coloquio;* allí, si al parecer, los datos y particularidades son menos, es, en cambio, más psicológico é intensivo el estudio del alma de su raza, sacada tan vivamente en el discurso del gitano viejo.

Cervantes, que copiaba de la realidad, pero vista por él, directamente y no de segunda mano, de oído ni referencias, tenía que flaquear sin remedio al tratar un punto novelístico que no había vivido á fondo; una y mil veces habíase tropezado con ranchos de gitanos, pero ó pasando de largo (que no era grata ni segura su compañía), ó acercándose á ellos cuando mucho en los reales de las ferias, donde si brillaban sus trampas, desaparecía, en cambio, su color propio y nómada; siendo, pues, tan pobre é imperfecta la fuente de su estudio, resintióse sobremanera la descripción que de su vida se hace en el *Coloquio;* y así, hubo de llenarla con las mil especies más ó menos verídicas y trilladas generalidades, que eran pasto común y de común dominio de sus contemporáneos, como sus hurtos de ganados, ventas de barrenas, independencia de su carácter, cosas, en suma, tan sabidas, que en cualquier *Memorial* dado á las Cortes por aquellos días [83] pueden leerse casi literalmente los conceptos del *Coloquio;* los mismos que, años más tarde, recogíanse en libros especiales, como el del alcalde D. Juan de Quiñones, y el del economista Sancho de Moncada.

Mas con ser el episodio gitanesco, en cuanto al interés histórico, una de las páginas más endebles del *Coloquio*, mejóralo, empero, una excelencia: la de que si Cervantes no dijo nada nuevo sobre lo que sus contemporáneos sabían y escribieron sobre la raza gitana, ganóles por la mano en el modo de contarlo, y en cortas líneas, con sobrio castellano y lacónica expresión, dijo á la postre tanto como ellos, sin su aparato enojoso y enfático de notas y testimonios, sabiéndose librar de aquellas necias y pueriles credulidades que afeaban otros tratados

---

[83] Vid. los leídos en las Cortes de 1592-1598 y 1607-1611. *Actas de las Cortes de Castilla.*—Tomos XIII, 220-221, y XXVI, 163-164.
Muy grande es, en efecto, la semejanza que guardan con la relación cervantina.

del tiempo, que, no contentos con hacerlos ladrones, adivinos, vagos, herejes y encantadores, les achacaban nada menos que el ser antropófagos ó grandes comedores de carne humana. [84]

Análogas razones pueden aplicarse al episodio del *Coloquio* en que se toca la candente cuestión de los moriscos. Tanto y tan feliz ha sido el desarrollo de la crítica histórica en nuestros días, que ya no es menester, como en los de Clemencín, redactar largas y preñadas notas, historiando las causas de la expulsión, y la acogida que mereció aquel extraordinario acontecimiento. Gracias á los celosos y fundamentales trabajos de Boronat, Danvila y Lea, el comentarista cervantino puede aligerar notablemente esta parte de su estudio, limitándolo á descubrir el manantial donde brotan los datos del *Coloquio*, y pesando, de camino, el juicio de Cervantes sobre la raza morisca.

Quien, dejándose arrastrar de la trascendencia y elevación que á sus más mínimas palabras comunica Cervantes, buscase aquí noticias raras ó peregrinos juicios, mucho llevaría adelantado para equivocarse. Á la verdad, el autor del *Coloquio* no escribió nada estupendo en este pasaje; muy lejos de eso, redújose á acoger y prohijar la opinión manoseadísima y corriente entonces, que reclamaba la expulsión, repitiendo para ello las vulgaridades mismas que sobre su trato y vida se prodigaron en arbitrios, memoriales, consultas, tratados y capítulos de Cortes. No hay que atribuirle, pues, inspiraciones directas, como ha sospechado

---

[84] «Y el año passado de 629, dando tormento á quatro gitanos don Martin Fajardo, juez que procedia contra ellos en Zaraicejo, confesaron haber muerto á un frayle de la orden de San Francisco en el monte de las Gamas, jurisdicción de la ciudad de Truxillo, y *que se lo comieron* », y añade. «Un pastor de la ciudad de Guadix, yendo perdido por la sierra de Gadol, vió una lumbre, y entendiendo que era de pastores, fué hacia ella, y halló una cuadrilla de gitanos que estaban asando la mitad de un hombre y la otra mitad estaba colgada de un alcornoque, y quando le vieron le dixeron que se sentase á la lumbre, que cenaria con ellos, y decían entre si Grosso está este; y fingiendo se queria echar á dormir se arrojó la sierra abaxo y se escapó de sus manos. En el puerto Ohanes, en Sierranevada, mataron tambien unos gitanos á vn muchacho y se lo comieron»!—*Al Rey nuestro Señor el Doctor Don Juan de Quiñones, Alcalde de su Casa y Corte. Discvrso contra los gitanos.*—Con licencia.—En Madrid, por Juan Gonçalez. Año MDCXXXI, in 4.°, ff. 10 y 11.

un hispanista francés, arrancando este pasaje cervantino de alguna obra de tiempo anterior al *Coloquio de los Perros*. La analogía que Morel-Fatio halló entre el *Coloquio* y cierto memorial del Dr. Gómez Dávila nada tiene de extraña, toda vez que á semejanza suya podrían señalarse otras tan parecidas. [35]

---

[35] En el *Bulletin Hispanique* (IV année, 1902, p. 64-66) estudiando este Memorial dice Morel-Fatio: «Plusieurs des accusations qu'il porte contre les Morisques se retrouvent presque à la lettre dans le *Coloquio de los Perros*, et il serait donc posible, que Cervantes êut connu le factum du terrible arbitriste», y al efecto, copia varios párrafos de este Memorial, que guardan, en verdad, mucha semejanza con el *Coloquio*.* Pero el buen juicio de M. Morel-Fatio le hacía añadir «dont les idées reflètent bien l'opinion de la masse».—Exacto. Parecidos análogos se advierten en otros escritos del tiempo. Ninguno copiaba á ninguno. todos reflejaban el común sentir. Así Luque Fajardo se quejaba del crecimiento de los moriscos con idénticas razones que Cervantes. (*Fiel desengaño contra la ociosidad y los juegos*. . Madrid, 1603; f.º 296.)—Aznar Cardona, describiendo su vida, incurría en las mismas semejanzas. (*Expvlsión Ivstificada de los moriscos españoles*....—Huesca, Pedro Cabarte, 1612; ff. 32 á 39)

El Licenciado Cellorigo, en un Memorial escrito contra ellos (8 hojas en folio, numeradas, s. l. n. a., comienza: «Señor: Aunque la calidad de mi estado no sea

---

* Boronat, al hacerse cargo del Memorial de D. Gómez Dávila, le concedía suma importancia, atribuyéndolo al Marqués de Velada, ayo de la casa de Felipe III. Morel-Fatio (loc. cit.) rectifica esta creencia, sosteniendo, á mi juicio con razón, que D. Gómez Dávila no era el noble Marqués, sino un personaje «assez obscur». He buscado con gran diligencia y por mí mismo en el Indice de *Varios* de la Bib. Nac. el Memorial impreso que utilizó Morel-Fatio, y no he podido dar con él. Realmente existe y cítase en el *Catalogo de la Biblioteca de Cánovas*. (Madrid, 1903; tomo I, 379) *Memorial dirigido al Rey Don Felipe III sobre la conveniencia de expulsar de España á los moriscos* (Impreso, folio), y *Memorial para remediar el excesivo precio que tienen todas las cosas en Castilla, y medidas para que cese el justo temor que se tenía á los moriscos* (Impreso, folio). De D. Gómez Dávila no he hallado más que el siguiente escrito, que á la cuenta es el segundo de los citados en el desdichadísimo y mendoso Catálogo de Cánovas.

Imagina | cion de D. Gomez Dauila, vezino de la ciudad de Toledo, | para remediar el excesivo precio que ay en Castilla en el | valor de las cosas: y assegurarnos en España del jvsto | temor con que nos hazen uiuir los nueuos | Christianos de Moros, de que se | han de leuantar. Dada al Excellentissimo Señor Con | de de Miranda del Consejo de Estado del Rey nuestro Señor A | quien Dios guarde muchos años y su Presidente de Castilla

«Comienza: «Son tantos (Excelentisimo Señor) y tan grandes los autores que tratan. ...» Acaba: «ni han de tratar de poner precio en las cosas, que es lo que daña en la venta.» 10 folios, in fol., s. l. n. a., numerados —Bib. Nac. V. 55-40.—Al tratar de los moriscos ofrece también patentes analogías con el texto del *Coloquio*. (Vid. ff. 7 y 8.)

Para trabajar el punto bibliográfico suscitado por Morel-Fatio, vid. además P. Pastor: *Bibliografía Madrileña*, núm. 685.

Por los tiempos del *Coloquio*, la cuestión de los moriscos era el punto de gobierno más intrincado y difícil que embarazaba la buena marcha del Reino; y si hasta entonces, como Cervantes dice, no se había dado con el remedio que convenía, no era, ciertamente, por falta de estudio, ni por pereza ó abandono. Los Monarcas, las Cortes, el Consejo de Estado, los Prelados y Concilios provinciales, llevaban más de cincuenta años dando vueltas al caso y buscando la oportuna salida. Los tiempos se habían encargado de demostrar la generosa infecundidad de la política en extremo blanda, benigna y compasiva de Felipe II, que por la mansedumbre y la paz había pretendido atraerse á los moriscos; y á los intentos de doctrinarlos en nuestra religión, condición necesaria para conseguir la fusión de las dos razas, y que nadie serenamente podrá tachar de injusta en pleno siglo xvi; [86] á las concordias conciliadoras de 1571 y 1608; á los edictos de gracia; á la labor vehementísima del patriarca Ribera para reducir á los moriscos, «contestaron éstos — dice un historiador suyo — insistiendo en su constante conjura, buscando en todas partes aliados contra España, resistiéndose abierta-

---

tal», y acaba: «En Valladolid á 1.º de Março de 1597 años. El Licenciado Cellorigo», Biblioteca Nacional, R.- 13.027), repetía substancialmente los conceptos cervantinos. Y, por no ser más prolijo, en varios Memoriales aprobados en las Cortes de Castilla, se ven parajes gemelos á los de nuestra novela. No copio ninguno de ellos por innecesario, bastando que apunte estas coincidencias, que pueden compulsarse en los citados autores.—Vid., además, *Cortes de Castilla*. Cortes de 1588-1590 (XI-542), 1592-1598 (XVI-689-690) y 1602-1604 (XX-420).

[86] Prueba donosamente la ineficacia de la blandura y enseñanza con los moriscos, el siguiente ejemplo de Melchor de Santa Cruz: «Platicando un predicador con un Morisco decíale que creía que cuando les predicaba, les entraba por la vna oreja y les salía por la otra. Respondió el morisco: *guala*, no salir porque no entrar.»—*Floresta española de apothegmas ó sententias, sabia y graciosamente dichas, de algunos españoles, colegidas por Melchor de Santa Cruz, de Dueñas. Vezino de la ciudad de Toledo* (grabado).—*En Brucellas, en casa de Roger Velpius, en l'Aguila de oro. Año 1598.*—Un vol. in 16.º de iv + 197 páginas dobles + 1 blanca y otra de colofón; f.º 174 vto —Gracioso librillo que bien merecía reimprimirse. *

---

* En el tiempo transcurrido entre la composición y la impresión de este trabajo, se ha llevado á cabo tal reimpresión por el celo y buen acuerdo de la naciente y benemérita Sociedad de Bibliófilos Madrileños —Madrid, 1910-1911, 2 vols. en 4.º

mente á acogerse á los edictos de gracia, auxiliando toda clase de piraterías, desafiando valerosos los rigores de la Inquisición, prevaliéndose de la interesada protección de los señores, dueños de sus lugares, insultando á unos y matando á otros, y demostrando con sus hechos y su conducta, que eran tan moros como antes, que no querían fundirse en la sociedad cristiana, y era baldío ó inútil todo cuanto se hiciese para atraerlos á la verdadera fe». [87]

Y como la campaña para atraérselos por la paz y la mansedumbre había sido tan pública, llevando á ella su palabra y su concurso los predicadores, políticos y arbitristas, al palpar su inutilidad, creóse, como en natural y lógica reacción, una atmósfera de decidida é implacable enemiga contra aquella raza proterva, para quien no bastaban los amorosos llamamientos ni de la caridad ni del amor; atmósfera que respiraron sin excepción alguna los escritores todos, novelistas, dramaturgos y poetas, y Cervantes entre ellos, como uno de tantos hijos de su siglo.

No solamente así se justifica la severidad de sus juicios y la dureza extremada de sus epítetos, no atenuadas ni contradichas, aunque otra cosa se quiera, en la parte II del *Quijote*. [88] Los moriscos ó descendientes de los moros, en apariencia convertidos al cristianismo, mas tan falsarios y herejes en el fondo como sus mismos padres, traían además á la memoria de Cervantes el recuerdo de los penosos años de su cautiverio, con su triste sucesión de malogradas evasiones, tratos impíos, amenazas de muerte, y ferocísimo instinto de los turcos, deudos bien cercanos de los moriscos. Evocación terrible para el alma cervantina eran los días de Argel, donde se mezclaban mil funestos y sangrientos sucesos, desde aquel horrendo suplicio de fray Miguel de Aranda, bárbaramente quemado por la chusma enfurecida, con agonía espantosa, hasta los castigos crueles y mutilaciones salvajes que sus compañeros de cautiverio sufrieron del sanguinario arráez Dalí Maní, amo de Cervantes. Hasta la memoria misma del Dr. Juan Blanco de Paz, su capital enemigo, morisco de raza, debió de poner más hiel y acíbar en su pluma al escribir este episodio. No con afectación ni falso celo,

---

[87] MANUEL DANVILA Y COLLADO: *La Expulsión de los Moriscos Españoles*.— Madrid, F. Fe, 1889; in 4.°, p. 272.
[88] En el *Persiles y Sigismunda*, libro III, cap. XI, repitió, con apóstrofes más vivos y elocuentes, los mismos conceptos del *Coloquio*.

sino sincera, espontáneamente. La expulsión no se había efectuado aún, y la libertad para pedirla, ó no, era plenísima. Dígase lo que se quiera, y bien lo va probando hoy la crítica histórica, gozábase entonces de cuanta libertad apetecían los arbitristas (no digamos los filósofos, historiadores y moralistas, que en éstos, no tocando al dogma, era excusado el pedirla) para vagar á su albedrío con sus recursos, necios ó discretos. Más intangibles que los moriscos eran el clero y las *religiones*, y contra uno y otras dispararon con impune valentía sus querellas el mismo Gómez Dávila, Suárez de Figueroa, Martí, Alcázar de Arriaza, Sancho de Moncada, Don Gaspar de Criales, nuestros procuradores en Cortes, con mil más, sin que la Inquisición refrenara sus plumas, ni tuvieran que pagar en las cárceles del reino, ni ante los consejos, su independencia hermosa ni sus desenfadadas franquezas de lenguaje.

Si Cervantes, por tanto, al igual de los demás españoles, compartió los sentimientos, prejuicios y opiniones de su raza, no hay que escandalizarse farisaicamente de que pidiera con ahinco la expulsión de la que llamó por boca de Berganza *morisca canalla*, voces las más violentas y airadas de su vocabulario; forzosamente tenía que odiarlos; y al igual de aquel Francisco Hernández, sargento de la Guardia vieja de su Majestad, que muchos años antes había acudido á las Cortes dando la voz de alerta, [89] convertir al locuaz perro en prudente político, señalando como enemigos de nuestra corona, víboras de su seno, á los trescientos mil hijos de Agar que amenazaban multiplicarse más, mucho más, que los hijos de Israel. Y en comparación con otros escritores, suave y benigno fué al tratar de ellos, y piadosos sus juicios junto á los de Aznar Cardona, Cellorigo, Verdú y restantes historiadores de su tiempo. [40]

---

[89] «..... y mire V. S. el gran peligro en que estos Reynos estan: porque por todas partes estos Reynos estan cercados de enemigos, y fuera desto otro gran mal, que dentro, en España, hay mas de trescientos mill enemigos, porque en el Reyno de Valencia hay mas de ciento y veinte mill moros..... Si todos estos, por nuestros pecados, diesen un estallido, con favor que tuviesen en la mar de turcos y moros, y se ayuntasen con otros muy malos vezinos que estos Reynos tienen, que tambien son enemigos, vea V. S. con qué armas nos defenderiamos de tantos enemigos.»—*Cortes de Castilla*. 1586-1588, IX, 28-29.

[40] Vid. la feroz catilinaria que les dedica Aznar Cardona:

«Estas son las zorrillas devoradoras, las serpientes, los alacranes, los sapos,

Nada prueba mejor el odio intenso que llenaba los corazones todos, ansiando vivamente su proscripción, que la popularidad extraordinaria, alborozo y gritería con que fué acogido aquel deseado decreto; y entre los clamores de las muchedumbres, panegíricos de los predicadores, ditirambos de los poetas, epitafios de los latinistas, alabanza de los escritores, públicos aplausos con que aquella generación grabó para la posteridad su entusiasmo por la medida, se destacará siempre, como rasgo conmovedor y nobilísimo, aquella sencilla carta con que el Duque de Gandía (uno de los más perjudicados por la expulsión) comunicaba al rey Felipe III haber cumplido con su mandato, embarcando *por sí mismo, y los primeros*, más de cinco mil vasallos de sus lugares; y al anunciarle que con ello quedaba arruinado, con gesto estoico, digno del siglo de Pericles, exclamaba gallardísimamente: «Muy pagado quedo de todas estas pérdidas habiendo servido á V. M., que para eso estaba fundada mi casa». [41] ¡En verdad que si el desinterés es la piedra de toque del verdadero entusiasmo, muy grande debió de ser el que provocó el destierro de los moriscos, cuando los mismos señores valencianos, principales perjudicados con el destierro, apresurábanse prontamente á ejecutarlo, con hermosa abnegación y valor ejemplarísimo! [42] No fué, no, vano alarde poético aquella estrofa con que arran-

---

las arañas y las venenosas sabandijas, de cuya ponzoña cruel enfermaban y morían muchos. Estos eran los gavilanes salteadores y las aves de rapiña, los lobos..... los cuervos..... los zánganos.....»—Op. cit., f.º 63. *¡Piadosa*, en verdad, era la *zoológica* represión del buen licenciado teólogo! Sin embargo, su obra es interesantísima, y una de las más completas sobre las costumbres moriscas.

[41] DANVILA: Op. cit., p. 301.

[42] Porque no fué el Duque tan sólo el único noble desprendido. Boronat nos ha copiado otros testimonios elocuentísimos, arranques de monarquismo de pura ley, de amor desinteresado á la patria, ejemplar para nuestros días. «Quisiera tener más vasallos y hazienda para offrescerla á V. M.—exclamaba don Juan Vilaragut—, juntamente con mi vida y la de mis hijos, como á dueño que es y señor de todo, pues ella y cuanto tengo agora y terné será siempre de V. M., como lo ha sido hasta aqui, desseando muchas ocasiones en que poder dar muestras de la fineza de amor con que este verdadero fiel vassallo y criado haze este pequeño servicio á V. M..... con perjuicio y menoscabo de toda mi hazienda..... y sin embargo desto, quedo muy contento de lo hecho.»—PASCUAL BORONAT: *Los Moriscos Españoles y su expulsión* —Valencia, Vives y Mora, 1901; tomo II, 199 y 200.

Estos ejemplos me recuerdan un rasgo hidalguísimo de un procurador en

caba su canto épico Gaspar de Aguilar en el poema con que celebró aquel extraordinario acontecimiento.

> Canto la eterna memorable hazaña
> De la expulsión de la morisca gente
> Por el bravo león que, desde España,
> De África humilla la soberbia frente..... [43]

Con él á coro y desde el fondo de sus almas agradecidas, también la cantaron y celebraron los españoles todos de aquel siglo.

Cierran la riquísima galería del *Coloquio* cuatro magistrales cuadros, en que resplandece de tal modo la verdad, el realismo y la mano firme y decidida que trazó su dibujo, que los comentaristas cervantinos, al tocar tan de bulto las figuras, han pretendido señalarles modelos ciertos, haciendo de cada uno retrato singular y exclusivo de sujetos históricos de la época.

Á mi ver, yerran en esto, como en casi todas aquellas ocasiones en que intentan descifrar las innegables, pero harto obscuras alusiones á las cosas y personas de su tiempo, salpicadas en las novelas cervantinas.

Cortes, tan valiente, que no resisto á la tentación de copiarlo. Pidiendo el Rey á las Cortes de 1611-1612 que le permitieran labrar moneda de vellón, y resistiéndose á ello algunos procuradores, «Don Diego de Guzman dixo que ningun Guzman falta al servicio de S. M. con su sangre y hacienda, y lo que ahora manda no es hacienda ni del Reyno ni de ningun particular, y que pues lo pudiera hacer sin dispensacion, es bien que todos le sirvan, no solo con esto, *pero que no quede caldera vieja en España que no se hunda, y que suplica á S M., si fuere bueno, tambien le haga cuartos,* y asi suplica al Reino lo haga»..... ¡Por supuesto que el Reino no lo hizo!......—*Cortes de Castilla*, XXVII, 282.

[43] GASPAR DE AGUILAR: *Expulsión de los moros de España* ..—Valencia, Pedro Patricio Mey, 1610; in 8.°

Aunque sin la novedad original de otros trabajos suyos, es muy interesante obra, y puede consultarse con fruto la de HENRY CHARLES LEA. *The Moriscos of Spain. Their conversion and expulsion.*—London, Bernard Quaritch, 1901; 1 vol. in 8.° mayor de xii + 463 páginas.

Recopílanse en ella las *Crónicas* de Bleda, Guadalajara, Fonseca Ximénez y demás historiadores de la expulsión.

Y no porque á su autor le faltasen modelos para escribirlas, pues, como todo buen novelista, tuvo que proponérselos y estudiarlos, sino porque dudo que, en general, fuesen uno solo y único para cada personaje, convirtiendo sus imaginados cuentos en disfrazadas biografías, que, con el mudar de un nombre y agregar dos inventadas circunstancias, podían arriesgarse á pasar por partos del ingenio en aquella sociedad tan curiosa, entrometida y pesquisidora. Esto, sin contar que los casos que Cervantes descubre á veces no son, en verdad, nada honestos, laudables ni honrosísimos, y hubiera sido atrevimiento, y no pequeño, lanzar á la estampa y en miles de cuerpos, sin desfigurarla siquiera, la vida picaresca de un alférez Campuzano, ó los risibles disparates y cómicas y burlescas insensateces del poeta heroico del *Coloquio*, viviendo sus pretendidos modelos, y con riesgo de sufrir las naturales venganzas de los ofendidos miembros de su linaje. Persuadido estoy de que en el segundo no quiso Cervantes satirizar á persona determinada, como tampoco lo hizo en aquel otro entremés del poeta cómico (superior, si cabe), que sale más arriba; muy lejos de eso, como hecho y muy hecho á codearse y matar su hambre en compañía de las hermandades de coplistas que hiperbólicamente abundaban, fué tomando el lado cómico de cada uno de aquellos hermanos en hábitos, privaciones, escaseces y malaventuras (que nadie en este mundo, por muy circunspecto y grave, se libra de tenerlo), y fundiendo en el crisol de su imaginación y su inventiva todos estos tipos y ejemplares, formó finalmente uno, acabado y graciosísimo, compendio, remate y suma de todos los desatinos, sandeces, desdichas y caricaturas de los poetas hambrientos y torpes de ingenio. Hambrientos lo eran todos ó casi todos; que por algo había dicho la musa popular:

Poeta y pobre, que hogaño
Andan estos nombres juntos; [44]

y en cuanto á su torpeza, ellos no se la creerían, «que no hay poeta que no sea arrogante y piense de sí que es el mayor poeta del mundo»; [45] pero la innúmera muchedumbre de los tales, que, poseídos de

---

[44] *Romancero General*, op. cit., f.º 437 vto.
[45] *El Ingenioso Hidalgo*, parte segunda, cap. XVIII.

insano furor poético, versificaban por todo, [46] inflamando su estro, ó cosa así, en los más livianos y corrientes sucesos, forzosamente tuvo que producir tantos y tan cómicos modelos, que sobrados debió de tener Cervantes, sin necesidad de encariñarse con uno solo, para labrar la chistosísima persona del Poeta del *Coloquio*, felicísimo padre y antecesor de Mendozilla, Caratulilla, el Sastre de Toledo, el Sayalero de Sevilla, [47] y deudo cercano del licenciado Gomecillos, famoso autor de coplas, sacado graciosamente en *El Retablo de las Maravillas*.

Y hasta, apurando los rastros de obras de aquel tiempo, no es costoso tropezarse con poetas de carne y hueso que parecen arrancados de la vida, para regocijar eternamente las páginas soberanas del *Coloquio*. Al tiempo de escribirse, caía precisamente en Valladolid un desventurado poetastro, hombre «ayuno de todo género de gramática», según él mismo confesaba, y que, ayudado de su «natural ingenio, juntamente con haber considerado el estilo de algunas otras semejantes historias», había compuesto dos poemas caballerescos, *El Ramillete Oranés* y *Espejo de la Nobleza*, que nada tendrían que envidiar al famoso suplemento de *La Demanda del Santo Grial*. También, como su autor, había buscado *un señor de título* á quien dedicar otra obra que en su barjuleta llevaba. Sus peregrinaciones por España toda para lograrlo, sus instancias y porfías cerca de varios Grandes y personajes, y, finalmente, lo estéril de sus trabajos, que le hacen caer enfermo en

---

[46] Proverbial es la cantidad innumerable de poetas, ó cosa parecida, que se acogieron á los favores de Erato, Polimnia y Calíope. «Hay tantos—aseguraba el mismo Cervantes—que quitan el sol, y todos piensan que son famosos.» *(El Retablo de las Maravillas.)* Juzgue el incrédulo lector por el siguiente dato de Suárez de Figueroa: «Manifiestase mejor esto en las justas literarias, donde apenas tiene el mar tantas arenas, cuantos poetas se descubren. En una que los dias pasados se publicó en loor de san Antonio de Padua, concurrieron *cinco mil papeles de varia poesía*. De suerte, que habiendose adornado dos claustros y el cuerpo de la iglesia con los más cultos, al parecer, sobraron con que llenar los de otros cien monasterios.» *(El Passagero*, op. cit., alivio II, f.º 85.) Un capítulo entero podría escribirse con testimonios semejantes. Solamente de poetas conocidos y estimables, un autor moderno ha sumado más de 12.000.

[47] De todos estos poetas ramplones, copistas y proveedores de ciegos, burláronse donosamente Porras de la Cámara, Suárez de Figueroa *(Plaza universal)*, op. cit., f.º 323), Quevedo *(El Entremetido, la dueña y el soplón)* y cuantos escritores manejaron la péñola de risa en aquellos regocijados tiempos.

el reino de Toledo sobre el mes de Mayo de 1604, «y, caminando convaleciente, llegar con no poco trabajo á la Corte, que estaba en Valladolid», [48] abonan sobradamente cómo Cervantes no escogió un asunto fantástico al retratar al infeliz poeta, que, cual otro Diego Suárez Corvín, buscaba un príncipe generoso, liberal y magnánimo á quien dirigir su poema. Si en los hospitales de entonces se acogían y amparaban los peregrinos y pasajeros, faltos de salud ó de ducados, ¿quién sabe si aquél acabó también su curación en el famoso vallisoletano, sirviendo de inmortal modelo al valentísimo pincel cervantino?

Á sostenerse, como se asegura, que la química moderna tiene por padres á los alquimistas, habrá que confesar que la química en España mal pudo abrirse paso entre las chanzas y burlas de los escritores y los rigores mismos de la Inquisición, justamente merecidos, á decir verdad, en la mayoría de los casos. [49] Porque asombra el disparate y la barbarie científica que suponían aquellas revesadas fórmulas que, en busca de la piedra filosofal, se discurrían, y risa abundante provocan los complicados y ridículos elementos que la ciencia de la alquimia reclamaba, al entender de sus fanáticos cultivadores.

De las cuatro figuras de visionarios que cierran el *Coloquio*, es la del alquimista la menos caracterizada y viva, y en la que menos también cabe asignar modelos ciertos, copias humanas y descubiertas imita-

---

[48] *Historia del Maestre último que fue de Montesa y de su hermano Don Felipe de Borja.....*, compuesta por Diego Suárez.—Madrid, Tello, mdccclxxxix, Bibliófilos Españoles.—Vid. tomo I, Introducción, pp. xxxix á l, y vid., además, su autobiografía, publicada en el *Bulletin Hispanique*, 1901, pp. 146 á 157, donde repite la relación de su viaje á la Corte: «cai enfermo de dolor de costado en la villa de Mançanares, y saliendo de alli con grande flaqueza, conbaleciente..... allegué á la corte en Valladolid, último de Junio de *este año de 1604*» (páginas 154-155.)

[49] En el Auto de Logroño (1610) salió penitenciado un bachiller en cánones, «porque haciendose alquimista y queriendo sacar plata de estaño y otros metales baxos que juntaba—dice su historiador, el P. Fonseca—, ponia y juntaba con ellos, supersticion lamentable, pedazos de estolas y albas benditas, olio santo, agua bendita é incienso sin bendecir».—Vid. op. cit., en el capítulo siguiente, f.º 40.

ciones. No faltaron locos y desequilibrados que persiguieran en España la quimera de la piedra filosofal; pero fueron muy pocos junto al copioso número de poetas, copleros ó arbitristas.

Donde la alquimia, con todos sus no imaginados dislates ó casuales adivinaciones de futuros inventos, creó escuelas, fatigó las prensas, regentó cátedras, mereció el favor de los príncipes y removió el espíritu de las muchedumbres, fué en Alemania, Francia é Italia, países en los cuales los nombres de Paracelso, Agrícola, Flamel y Juan Bautista Porta atraían infinito concurso de discípulos, sin que por eso se vieran libres tampoco de hogueras, persecuciones, cárceles y destierros.

En España, bien porque nuestros mayores fueran tan escasamente aficionados á la ciencia experimental, donde la alquimia se fragua, [50] bien porque las disputas meramente especulativas alejaran las prácticas empíricas, ó bien principalmente porque se mirase la alquimia como ciencia y arte del diablo y á los alquimistas como mágicos, brujos y hechiceros, ora quizás porque nuestro buen humor y ganas de risa encontrasen irrealizables y mentirosos sus intentos, [51] la alquimia, des-

---

[50] Exceptuóse de este abandono la parte de la metalurgia dedicada al laboreo y beneficio de las minas. En esta rama de la química hiciéronse por los nuestros laboriosos y profundos estudios, con muy buenos resultados, que se aplicaron á la explotación del Cerro del Potosí y demás ricas pertenencias mineras del Nuevo Mundo. La razón de todo ello fué puramente circunstancial. (Vid. ACISCLO FERNÁNDEZ VALLÍN: *Discursos leídos ante la Real Academia de Ciencias Físicas, Exactas y Naturales en la recepción pública de......*—Madrid, Sucesores de Rivadeneyra, 1893; pp. 111-122.)

[51] De lo que es buena prueba la siguiente anécdota que refiere Luis de Pinedo: «El Arzobispo de Toledo, D. Alonso Carrillo, procuró é hizo grandes gastos y excesivos en hacerse alquimista, y daba grandes sueldos á los que lo entendían. Á fama desto vino á el un hombre no conocido, y asentándole partido en su casa para buscar ciertas hierbas y otras cosas nescesarias, dióle copia de dineros y una buena mula en que fuese á lo buscar y traer. Habia en su casa un paje que, por gracia y tener que hacer y decir, asentaba en un librillo que tenia las necedades que por año se hacian por el Arzobispo y sus criados, y asentó aquélla que el Arzobispo habia hecho, con dia, mes y año. Lo qual, venido á oidos del Arzobispo, díjole que por qué le ponia y acotaba aquélla por necedad, hasta ver si venía el mensajero. Respondió: Cuando él venga se quitará á vuestra señoría y se pornrá á él con más razón.»—*Sales Españolas*, op. cit., I, 302-303.

pués de los árabes, alcanzó poca importancia, y los mismos Raimundo Lulio y Arnaldo de Vilanova cobraron su fama como herméticos en sus peregrinaciones por el mundo; no en el patrio suelo. [52] De la abundante casta de alquimistas que en países extraños alimentó la imprenta con tanto y tanto engendro cabalístico, indescifrable y misterioso, que para entenderse pedía el concurso de verdaderas claves; del desarrollo inmenso del arte crisopéyica, que en Alemania y Francia originó patentes adelantos en la química misma, en la medicina, en mineralogía y, en general, en las ciencias físicas y naturales, no fructificó en España más tipo que el infeliz y burlesco, que combinaba los más raros elementos y substancias, é ideaba las más extravagantes y caprichosas fórmulas, para convertir los metales viles en metales preciosos; persiguiendo siempre, con tenacidad vulgar é insensata, la piedra filosofal, que hiciera ricos á los príncipes á quienes servían, y poderosos y caballeros á sus descubridores.

Ésta fué la figura española del alquimista que regocijó las páginas de las novelas, en que rara vez falta uno desdichado que pierda sus bienes primero, y á la postre míseramente su vida, en el malogrado intento de la piedra filosofal, [53] sin advertir que «nadie ha acertado á

---

[52] El más docto historiador de la Alquimia en España dícelo formalmente: «Los devaneos alquímicos no echaron hondas raíces en Castilla, al paso que hallaron crédulos en las comarcas fronterizas con el mediodía de Francia, donde eran muchos los adeptos, y estaba harto arraigada la ilusoria creencia en la crisopeya y en la transmutación metálica.»—José Ramón de Luanco. *La Alquimia en España.*—Barcelona, Giró, 1889-1897, tomo I, Prólogo.

[53] Mas nótese que siempre el burlado es un extranjero (principalmente un genovés), nunca, ó rara vez, un español. Lo cual confirma que la afición y creencia en la alquimia fueron mucho mayores en otros pueblos que en el nuestro.— Vid. *El Escudero Marcos de Obregón.* Relac. III, Descanso II y III, y Castillo Solórzano: *La Garduña de Sevilla.* Cap. IX y X —Rodríguez Marín cita un médico *francés* que aspiraba á curar en Sevilla con la *piedra filosofal* (1).— *Rinconete,* op. cit., p. 28.)

Compárese este desenfadado escepticismo español con la credulidad increíble francesa, donde todo un cardenal Luis de Rohan entretenía, en 1781, y al tiempo de él la nobleza entera, al embusterísimo Cagliostro con la esperanza de fabricar el oro; y dígase si, en justicia, y á la luz serena de la crítica, merece aquella hermosa época de nuestra historia las calumnias de toda laya con que propios y extraños hemos manchado su memoria. — Vid. el interesantísimo libro de

hacer el oro si no es Dios, y el sol, con comisión particular suya». [54] Ése mismo fué el quimerista mentecato que imbuía sus desatinadas ilusiones, consumiendo en carbón, retortas y humo la hacienda de los crédulos que se le confiaban, y á quienes Quevedo laceró tan duramente. [55] Ése fué, finalmente, el alquimista que, ufano y embaído con la posesión de su pretendido elixir, acudía á los Consejos y al Monarca, y á quien la ignorancia y codicia de los gobernantes, hambrientos de hallar sustitución á aquellas barras de América, no siempre venidas á tiempo, daba orejas, como ocurrió entre otros á Lorenzo Ferrer Maldonado, famoso embustero á quien Navarrete quiso ver retratado en este episodio cervantino, cuando evidentemente es posterior á él. [56]

Para mí, y ojalá pudiera decir lo contrario, que así resultaría más acabado este estudio, Cervantes no tiró á copiar al inquieto impostor

---

M. Frantz Funck Brentano: *L'Affaire du Collier* (7.ª edic.).—París, Hachette, 1910; pp. 91 á 98, *etc.*

Sobre la alquimia en Francia y su desarrollo extraordinario en el reinado de Luis XIV, consúltese también *Le drame des poisons*, del mismo autor.—París, Hachette, 1909.

[54] Vélez de Guevara: *El Diablo Cojuelo.*—Tranco II, op. cit.; p. 21.

[55] En *La Hora de todos y la Fortuna con seso*, § XXX; en *Las Zahurdas de Plutón*, etc.

[56] «Presentóse en Madrid el año de 1609 Lorenzo Ferrer Maldonado, dándose el título de capitán, y suponiendo, entre otras cosas prodigiosas, que alcanzaba grandes secretos de naturaleza, como descifrar la clavícula de Salomón, con lo cual se venía á encontrar y perfeccionar el verdadero *lápis*, nunca jamás enteramente hallado de los alquimistas en tantos siglos, y prometía convertir en oro los más bajos metales. Alucinados con estas promesas algunos incautos ó codiciosos, le ayudaron con casa y caudal competente para comenzar su obra; pero él, entreteniéndoles mañosamente más de dos años, anunciándoles siempre la proximidad del suceso, aunque era menester mucho tiempo para la trasmutación de los metales, desapareció de Madrid, y se fué ocultamente, dando este pago á los que le favorecían y daban larga pensión.»—Navarrete: *Vida de Cervantes*, op. cit.; p. 132.

Vid. para más noticias de este embaucador, del mismo autor: *Disertación sobre la Historia de la Náutica*. Madrid, Viuda de Calero, 1846; in 4.º; pp 289-295.— *Examen histórico-crítico de los viajes y descubrimientos apócrifos del Capitán Lorenzo Ferrer Maldonado, de Juan de Fuca y del Almirante Bartolomé de Ponte*: Colec. de docum. inéd. Tomo XV; y Pedro Novo Colson: *Sobre los viajes apócrifos de Juan de Fuca y de Lorenzo Ferrer Maldonado.*—Madrid, 1881, in 4.º

pues, como Icaza dice, «los tipos del *Coloquio* no eran pillastres ni falsificadores: perseguían un ideal imposible; eran sabios y artistas frustrados; eran locos, en los que Cervantes ponía, ya que no la luz que resplandece en el *Quijote* y que ilumina al *Licenciado Vidriera*, un rayo de conmiseración, ante la fe honrada que animó sus descabellados intentos». [57] Justa y clara visión crítica del pensamiento cervantino.

La diligente erudición del benemérito Navarrete alcanzó ya los modelos que remotamente pudieron sugerir á Cervantes la figura del matemático; sólo que, constante con el gusto de su época, quiso ir más lejos, y aislar uno de ellos como el prototipo singular del *Coloquio*, preguntando en sus dudas: [58] «Mas ¿cuál será el matemático aludido en el *Coloquio?* Cuando lo escribió Cervantes, llamaban la atención de la Corte las proposiciones de Arias y Fonseca; pero si la fecha de veintidós años que dice el Matemático llevar en sus pretensiones no es una exageración del humor festivo del autor, debe aludir á algún otro proyectista anterior, de que no se hace mención en los papeles de Indias. Cuando Cervantes escribió su bien sazonada sátira, ni Arias ni Fonseca llevaban de pretender la mitad del tiempo que dice: ellos presentaron sus proyectos, el uno en 1603 y el otro en 1605, y Cervantes murió en 1616.» [59]

No advirtió Navarrete que Cervantes no se miraba en cronologías ni exactitudes matemáticas, buenas para una historia, pero que cuadraban mal con la libertad é independencia que ha pedido siempre una obra de entretenimiento.

Con todo, no es empresa difícil, siguiendo las sabias huellas del in-

---

[57] *Las Novelas ejemplares*, op. cit., 218-219.
[58] Primeramente en su *Vida de Cervantes*......, op. cit., pp. 131 y 132; y años más tarde en su *Memoria sobre las tentativas hechas y premios ofrecidos en España al que resolviera el problema de la longitud en la mar*.—Madrid, 1852. (Colec. de Docum. Inéd. Tomo XXI), y que aunque redactada por su nieto D. Eustaquio, le pertenecen todos los datos y conjeturas, como éste mismo declara.
[59] *Memorias sobre las tentativas*, op. cit., p. 172.

signe biógrafo, aclarar bastantemente con sus datos este pasaje del *Coloquio*.

El desarrollo de las ciencias náuticas, los progresos y crecimiento de nuestra navegación, singularmente de la dirigida hacia las posesiones americanas, hizo interesantísima y casi necesaria la averiguación de la longitud en el mar, á que vulgarmente llamaron *punto fijo* los marinos.

Á causa de no poder llevar nuestras flotas un derrotero cierto en su itinerario á América, experimentábanse cada año importantísimas pérdidas por naufragios, error en las derrotas y consiguiente apresamiento de los navíos por los corsarios de Holanda é Inglaterra. La determinación de latitud cabía conseguirla guiándose por la altura del sol y las constelaciones próximas al polo; mas, en cambio, la de la longitud encerraba una incógnita no hallada todavía.

Estimuló para su solución el Consejo de Indias, prometiendo considerables premios y recompensas, [60] y á la miel de sus ducados acudieron desde muy antiguo los pilotos con sus inventos y tentativas, nunca definitivos. Andrés de San Martín, Pedro Sarmiento de Gamboa, Alonso de Santa Cruz, Juan Alonso, Juan de Herrera y Fr. Martín de Rada, fueron, entre otros, los sabios precursores que tuvo el matemático cervantino, y que intentaron descifrar el enigma con sus cálculos astronómicos, invención de astrolabios y otros aparatos marinos, empresas á las cuales, si no acompañaba el éxito, precedía, en cambio, un estudio concienzudo y formal de sus fundamentos.

No eran quiméricos ni soñadores, sino prudentes obreros de la ciencia, para quienes no había sonado aún la hora afortunada de la invención. Mas á su sombra y semejanza, fué cuando, á fines del siglo XVI, espoleados con la esperanza del galardón prometido, varios proyectistas y aventureros, locos y visionarios unos y embaucadores otros, comenzaron á proponer sus soluciones con gran énfasis y alboroto, ufa-

---

[60] «El doctor Arias de Loyola alegó en su tiempo, en propios méritos, que por la fijación de la ahuja le habían ofrecido fuera del Reino 100.000 ducados de oro en oro.»—NAVARRETE: *Memoria*, cit.; p. 121.—Porque en Holanda ó Inglaterra se aguijoneó el ingenio de los inventores como en España, ofreciendo pingües recompensas; y por esta causa guardaban con tanto secreto los matemáticos sus pretendidos descubrimientos.

nándose de haber dado con la clave del problema, para la cual utilizaban un recurso científico, por desgracia entonces no bastantemente dilucidado: el magnetismo; y á su bandera se acogieron, y del magnetismo derivaron sus fórmulas y teorías, esta vez descabelladas de todo punto ó irrealizables.

Aquí es, pues, cuando entran en escena los verdaderos modelos del *Coloquio;* y, ya que no á ellos mismos, al menos, cabrá presentar á sus deudos ó hermanos en la gran familia á que pertenecieron.

Coetáneos en propósitos y trabajos, por los tiempos del *Coloquio*, el Dr. Juan Arias de Loyola y su rival Luis de Fonseca Coutinho, empeñáronse uno y otro en largas pláticas y tratos con el Consejo de Indias. [61] Preferido el segundo, para verificar la pretendida bondad de su aguja, reuniéronse juntas de pilotos y matemáticos en Valladolid, Madrid y Sevilla; practicáronse experiencias costosísimas é infelices en los reinos de Portugal y Toledo, y en las mismas navegaciones de Indias; [62] y al cabo de no pocos gastos, el portugués, cuyo único *punto fijo* era cobrar á toda priesa el ofrecido y espléndido premio (6.000 ducados de renta perpetua, 2.000 de vitalicia, 1 000 una sola vez, por ayuda de costa), no viéndolo fácil, desapareció repentinamente de la Corte, [63] quedando por dueño del campo el Dr. Arias de Loyola, que

---

[61] Primeramente se presentó Loyola, remitiendo en 1603 desde Sevilla un *Memorial* al Rey, en que alegaba haber hallado la corrección de la ahuja de marear y la invención de los grados de longitud. Pasó, para su estudio, al Consejo de Indias, y de allí al Consulado de Sevilla, donde el buen doctor, receloso, se resistió á declarar sus secretos, ínterin no se le asegurase el premio ofrecido. Aceptó los tratos el Consulado en junta de 2 de Septiembre de 1603. y en su virtud, el Monarca llamóle á Valladolid, dándole 600 ducados de ayuda de costa para el viaje.

Fonseca debió de aparecer también en Valladolid sobre este tiempo (1603-1604). En uno de los infinitos *Memoriales* con que hubo de aburrir á los señores del Consejo de Indias, fechado á fines de 1699, dice: «que hacía seis años que estaba en la Corte,» Encuentro interesantes estos cabos para la cronología del *Coloquio*, por tratarse de Valladolid y confirmar la fecha señalada para aquélla en su lugar.

[62] Vid. NAVARRETE: *Memoria* citada, pp 22 á 43, y Apéndices, 114 á 138.

Los documentos originales de estas tentativas de Loyola y Fonseca constan en el Archivo de Indias de Sevilla. hay copias, sin embargo, de casi todos ellos en el Depósito Hidrográfico de Madrid.

[63] Fué despedido por Real Cédula de 3 de Julio de 1612, en vista de que,

no fué menos pródigo que su contrincante en solicitudes y memoriales, desplegando un celo y tenacidad dignos de mejor causa. Pero su mismo alejamiento del *Coloquio* me obliga á abandonarle, ya que, por otra parte, su fama como matemático fué muy celebrada entonces, [64] y no es de presumir que Cervantes tachase de loco á un hombre reputado como sabio entre los suyos.

Algún émulo de Loyola, cuyo nombre, por lo desatinado é insignificante, no ha conservado la historia, fué acaso la figura escogida por Cervantes para su novela; [65] pues de tal modo caldeó el problema de la longitud del mar los espíritus del tiempo, haciéndolos furiosamente frenéticos por estos hallazgos, que el mismo Fonseca, en uno de sus *Memoriales*, declaraba haber conocido en Lisboa á un hombre, que, por encontrar el punto fijo, gastó de su hacienda locamente más de 20.000 ducados. [66]

---

sobre no quererse embarcar con los pilotos reales para experimentar en una larga navegación la bondad de su invento, las pruebas realizadas por éstos no habían dado resultado ninguno.—*Memoria* cit., loc. cit.

[64] Vicente Espinel le recordaba como «grande varón en su facultad» y «docto que sabía las matemáticas con fundamento». *(El Escudero Marcos.....* Relac. III, Descanso IV.) Suárez de Figueroa cítalo también entre los buenos geómetras de su tiempo. (*Plaza universal....*, op. cit., f.º 87).—No solamente á las cuestiones matemáticas dedicó su celo el doctor Arias de Loyola: tuvo también sus pujos de político y moralista, como descubre un *Memorial* muy raro dirigido al rey Don Felipe IV años después de 1624. Comienza: «Señor: El Dr. Juan Arias de Loyola digo: Que en días pasados con celo de la honra de Dios......» Acaba: «.....ser imposible seguirse de cosa tan necesaria y santa inconveniente alguno.» (Un pliego en folio, impreso, s. l. n. a.).—Bib. de la Acad. de la Hist., Colec. de Jesuítas, Tomo 30, núm. IV. Reclama el *Memorial* la supresión de las casas de mujeres públicas, y es interesante para este capítulo.

[65] Otro de los charlatanes y falsarios que aspiraron al premio fué el capitán Lorenzo Ferrer de Maldonado: pero como sus proposiciones no tuvieron lugar hasta 1615, carecen de interés para este estudio los embustes y trampas del malicioso capitán.

Durante todo el siglo XVII y buena parte del XVIII, *el punto fijo* continuó ocupando la mente, fantasía y esperanza de mil hambrientos matemáticos, como podrá el lector estudiar en la excelente y citada *Memoria* de Navarrete, que, como todos sus trabajos, no envejece nunca.

[66] NAVARRETE: *Memoria* citada, p. 131.

Aun corrían los años de descubrimientos y viajes extraordinarios. Por émulo

Nada tiene, pues, de extraño que á la par de los sabios surgieran los proyectistas y aventureros, que es ley forzosa, histórica y artística, que junto á lo sublime aparezca lo ridículo, y que el error y la mentira cabalguen siempre á espaldas de la verdad.

Este aspecto fantástico del problema, su nota cómica y disparatada, fué la sorprendida por Cervantes para este pasaje del *Coloquio*, con su penetrante visión de la realidad, nunca desmentida.

Corona dignamente la larga procesión de figuras que avaloran el *Coloquio de los Perros*, una postrera, acabada, deliciosa y graciosísima. El arbitrista cervantino no tiene rival en nuestra literatura, y á su lado sólo puede codearse aquel otro donosísimo, obra de Quevedo, y cuya invención corría parejas con la del *Coloquio:* ¡chupar con esponjas el agua de los canales que rodeaban á Ostende, para desecarlos, y rendir, así, más fácilmente la plaza! [67].

Ni uno ni otro exageraron: tan estrecho es el nudo que ata las concepciones de ambos ingenios á la realidad de su tiempo, que no uno, sino mil modelos y ejemplares pueden sacarse de sus personajes.

Ya desde fines del siglo xvi los procuradores en cortes se lamentaban de que había imbuído tanto esta voz de arbitristas, que muchos extranjeros y naturales del reino andaban desvelados, maquinando cien medios con que sacar dineros, siendo muy grande el número de gente

---

de Colón y deudo cercano del matemático del *Coloquio* podría reputarse á aquel portugués de quien nos cuenta Cabrera que se presentó en la Corte de Valladolid á fines de 1603, pretendiendo durante muchos días «que S. M. le diese licencia y navío para ir á descubrir nuevo mundo en las Indias, mostrando papeles y recaudos por donde, y su relación, parece que ha andado muchas tierras y naciones. *el cual afirma que hay por descubrir poca menos tierra de la que se sabe que está poblada y descubierta.* Háse conferido en personas pláticas, y todos se conforman con él, el cual lo muestra por un globo ó mapa nuevo que ha hecho: y así S. M. le ha hecho merced de darle dos navíos y la gente que hubiere menester, y 15.000 ducados de ayuda de costa para el viaje, aunque él ha dicho que lo hará mejor con llevar sólo un navío; quiera Dios—concluye filosóficamente Cabrera—cumpla lo que ha prometido, que otros han emprendido semejantes descubrimientos y no han tenido efecto » — *Relaciones*....., op. cit., p. 154.—¡La raza de los Pinzones no se había extinguido todavía!

[67] *Historia de la vida del Buscón*, libro I, cap. VIII.

que malgastaba su vida en estas quimeras y novedades; y como, en general, eran hombres de corto entendimiento, servían sólo para importunar á los ministros del Rey con sus disparatadas trazas. Hasta llegaron á pedir que, como tan perniciosos á la república, saliesen de la Corte, para no volver á ella, so graves penas. [68]

La súplica fué inútil: siguieron los arbitristas emborronando papeles y papeles, repletos de necedades y fantasías, más aptos para destruir el reino que para levantarlo. Pero, con todo, eran acogidos en un principio por el mismo Rey y sus consejos, mientras no se tocaba la insensatez de sus remedios.

En Valladolid, durante la estancia de la Corte, cargó sobremanera esta plaga económica, y Diego de Urbina, Gabriel de Salabert, Juan González de Colosía y Luis de Castilla, entre otros muchos, acudieron á las Cortes para que llevasen adelante, poniéndolos en ejecución, sus descabellados expedientes. [69]

Uno hubo, en especial, tan hermano del del *Coloquio*, que, á mi entender, por la singular analogía de su arbitrio y por el año en que apareció, con mucho ruido y novedad de sus contemporáneos, debió Cervantes de tenerlo muy presente al elaborar este pasaje de su novela. [70]

Don Luis de Castilla, que tal era su nombre, arcediano de la Iglesia Catedral de Cuenca, habíase presentado ante el Monarca esgrimiendo su *Memorial*, en el que, como todos, ofrecía maravillas y virtudes nunca imaginadas *para remedio y socorro* (copio sus palabras) *de las necesidades universales*. Aprobólo la Junta ordenada por Felipe III, y remitióse el arbitrio á las Cortes, á la sazón abiertas (Abril de 1604). Extraño es el respeto y veneración con que éstas recibieron al canónigo conquense; disparóles su prevenido discurso, cuyos párrafos recuerdan á ratos la arenga del *Coloquio;* [71] celebró con los procuradores

---

[68] *Cortes de Madrid, 1588-1590* (XI, 515-517).
[69] *Cortes de Valladolid, 1603-1604* (XXII, 326, 249, 254, etc.).—Cabrera nos dejó noticias de otros que no llegaron á presentarle ante las Cortes.—*Relaciones......*, op. cit., 195, 196, 204, 205.
[70] En la primavera de 1604, año señalado por mí como el de composición del *Coloquio*.
[71] «Yo, señores, no quiero competir con los ingenios de otros tiempos, ni

largas y graves entrevistas, explicándoles muy por menudo los pormenores de su recurso, hasta que por fin y tras larga dilación, ó no vió próxima la recompensa que esperaba, ó cansáronse en vano de aguardarle, fracasando, en suma, su arbitrio, como tantos otros. Famosísima era su substancia. Pedía nada menos que, por cuenta del reino de Castilla, se sembrasen anualmente en las tierras desocupadas y baldías dos millones de fanegas de trigo, para cuyas labores contribuirían del balde, con sus brazos, mulas y bueyes *todos los vasallos de S. M., durante 20 ó 25 días*, asegurando que con su cosecha, vendida á su tiempo, vendría á desempeñarse la Hacienda, aliviando á los súbditos de la carga de las alcabalas, imposiciones y gravezas. ¡Graciosísimo recuerdo! ¿Qué necesidad tenía Cervantes de discurrir un arbitrio distinto cuando un sujeto, tan grave é hinchado, de su tiempo se lo proporcionaba? ¿Qué diferencia se toca entre este disparate y el de hacer ayunar también á *todos los vasallos de S. M. una vez al mes*, á pan y agua, para reducir el·dinero del ahorrado gasto, que había de entregársele sin defraudarle un ardite, so cargo de juramento? ¿No sabe el párrafo del *Coloquio* á irónica y burlesca chanza del proyecto de Castilla? Tan pública y coetánea á la composición del *Coloquio* fué la proposición de este arbitrio, que se me hace muy viva la sospecha de que Cervantes buscara en él, ya que no toda, buena parte de su inspiración para trazar la sabrosa figura del loco del hospital vallisoletano. [72]

Si D. Luis de Castilla fracasó, como fracasaron Colosía y Salabert, no por eso menguó la peste; sucediéronles otros políticos tan fantásticos como ellos, y á medida que las necesidades de la Hacienda hacíanse más vivas, y aumentaban sus trampas, crecía el número de curanderos, que, semejantes á nuestros charlatanes de plazuela, prome-

---

compararme ni igualarme con los que tiene nuestra edad, porque conozco bien el mío; y por constarme que es grosero, le procuro esconder en mi rincón......» *(Cortes de Castilla*, XXII, 291.)—Paréceme escuchar al del *Coloquio:* «Yo, señores, soy arbitrista......»

[72] Vid. toda esta curiosa historia.—*Cortes de Valladolid de 1603-1604*, (tomo XXII, 282, 283, 288 á 303, 306, 344, 346, 347.)

Cabrera también apuntó la noticia de este arbitrista, aunque sagazmente añadía: «parece á muchos que será invención sin fundamento, como las que otros han querido persuadir.»—*Relaciones....*, op. cit., 206.

tían maravillas estupendas y milagrosas de la aplicación de sus específicos. [73]

¿Eran sinceros? De todo hubo; aquel hermoso celo por el bien público que abrasaba los corazones de los españoles de aquel siglo, engendró más de una vez bien intencionados propósitos, á los cuales, si no acompañó el éxito, no fué ciertamente por falta de estudio, desinterés y desprendimiento.

Por eso Cánovas halló en las obras de muy formales políticos del tiempo su mezcla de arbitrismo, así como en los papeles de los arbitristas profundas máximas de economía y de derecho. [74]

Á gran parte de ellos guiábales, sin duda, una generosa intención. Juzgar por el éxito las acciones humanas, es errado y poco piadoso criterio. Pero no hay que dudar tampoco de que junto á los Navarretes, los Moncadas, Valles de la Cerda y Pérez de Herreras, codeáronse los Castilla, los Fernández de Paredes, los Maldonados, los Lope de Deza y Díaz de Minaya, hombres tracistas, que más que al desempeño del patrimonio público, tiraban al del suyo, exangue y combatido. [75]

Todos acudían á una, echando por delante su abnegación y desinterés, limpio de toda idea de lucro; pero si acaso los Consejos, ó las

---

[73] Vid. MANUEL COLMEIRO: *Biblioteca de los economistas españoles de los siglos* XVI, XVII y XVIII.—Memorias de la Real Academia de Ciencias Morales y Políticas, Parte I, 33 á 212.—Vid., además, su discurso de recepción en la Real Academia de la Historia.—*Discursos leídos en las sesiones públicas que para dar posesión de plazas de número ha celebrado desde 1852 la Real Academia de la Historia.*—Madrid, 1858: pp. 403-425.

Así llegóse á desacreditar de tal modo la voz *arbitrio*, que hasta los buenos proyectistas y políticos la rechazaban y huían de ella como deshonrosa. Pérez de Herrera, que fué de los mejores, hablando de uno suyo llámalo «*papel*», «que por tratar sólo de cosas tocantes al bien público, no merecen estos mis pensamientos nombre de *arbitrios* (que el vulgo llama)».—*Al Católico y poderossísimo Rey de las Españas....., en razón de muchas cosas tocantes al bien, prosperidad, riqueza y fertilidad destos Reynos, y restavración de la gente que se ha echado dellos»....—*Madrid, 1610; in 4.º, 31 folios; f.º 30.

[74] *Los Arbitristas.*—Artículo incluído en los *Problemas contemporáneos.*—Madrid, Pérez Dubrull, 1884; tomo I, 305-328.

[75] Cabrera, juzgando á D. Luis de Castilla, decíalo sin empacho: «todos los que levantan estos arbitrios llevan el intento puesto en su acrecentamiento, y toman esto como instrumento para introducirse con S. M. y los ministros».—*Relaciones.....*, op. cit., 206

juntas para ello diputadas, no accedían á concederles el tanto por ciento que en galardón y premio de sus servicios reclamaban, guardábanse sus arbitrios, mal humorados y mohinos, en espera de tiempos mejores y más generosos. [76] Había, por consiguiente, no poco de codicia y ambición en sus intentos; y, como de ordinario eran presuntuosos, vanos, irrealizables y quiméricos, al igual de las Cortes, los escritores esgrimieron contra ellos sus sangrientas censuras, tachándolos unos de «los locos más perjudiciales de la República», [77] juzgando otros sus arbitrios «por imposibles ó disparatados y en daño del Rey ó del Reyno», [78] hasta llegar á Quevedo, que mojó su pluma, al clavarlos en la picota, en aquella briosa indignación que hace valentísimos sus escritos. [79]
. Si hubo arbitristas prudentes, cautos y comedidos, fueron los menos; pero también habrá que reconocer en descargo de los malos, que cuanto más disparatados, eran, por ende, más inofensivos; y que á cambio de sus fantasías y descabelladas invenciones, nos dejaron una nota cómica agudísima con que llenar la virtud de la eutrapelia, que hace rientes, apacibles y serenos los momentos todos de la vida.

[76] Tal fué, por ejemplo, el caso de Gabriel de Salabert, que, llamado por las Cortes para que declarase su arbitrio ante los comisarios nombrados para oirle, no quiso hacerlo mientras el Reino no le diera una cédula prometiéndole el tres por ciento de lo que se sacase de sus proyectos. Instó nuevamente el Reino, y él terne que terne, defendió el secreto de su panacea, y hubo de quedarse con ella ante la resistencia de las Cortes á acceder á su codicia.—*Cortes de Valladolid de 1603-1604*, XXII, 249, 254, 272, 276.

Otro arbitrista, Jerónimo Díaz de Minaya, vecino de la ciudad de Valladolid, ofreció, en las Cortes de 1615, entregar un arbitrio que tenía, con que los vasallos serían aliviados de muchas cargas y tributos sin daño ninguno del Reino ni de sus súbditos, siempre que se le prometiera «*un moderado premio*».—*Cortes de Madrid de 1615*, XXVIII, 73.

Pérez de Herrera decíalo de todos, censurando el que presentasen siempre sus papeles «pidiendo tanto por ciento de lo que dieren de provecho» —Op citada arriba.

[77] Vélez de Guevara. *El Diablo Cojuelo*. Tranco III.
[78] *El Ingenioso Hidalgo*. Parte II, cap. I.
[79] Hermosa es la acusación de *La hora de todos*, § XVII: «Infames, vosotros sois el fuego..... El Anticristo ha de ser arbitrista..... Los príncipes pueden ser pobres; mas en tratando con arbitristas, para dejar de ser pobres, dejan de ser príncipes.»

VI

> Vamos viga por viga
> En la ya de Sancta María
> *(Conjuro brujil.)*

Entre todos los episodios del *Coloquio de los Perros* hay uno tan vivo, sobresaliente y realista, que logra destacarse por maravilloso modo sobre todos sus hermanos, en el conjunto general de la novela. Aunque Cervantes no hubiera escrito otras páginas que las que dedicó á la Cañizares, discípula aventajadísima de la sin par Camacha, sería el *Coloquio* eterno, y memorable su autor en la historia de la literatura nacional.

Es para mí este pasaje el nervio de su trama, y también lo fué, sin disputa, para Cervantes; así, merece atención aparte y estudio particular, que, con no poco temor, voy á dedicarle en este párrafo.

Acotando desde luego el campo de mi labor, que ha de reducirse, siguiendo el camino comenzado, á investigar las fuentes de que Cervantes se sirvió para componer este episodio, la misma Cañizares nos marcará sus hitos: «Sólo me he quedado — dice á Berganza — con la curiosidad de ser bruja, que es un vicio dificultosísimo de dejar.»

Limitémonos, pues, á la brujería.

Porque tan ancho y dilatado era el campo de la superstición, con tanta riqueza y profusión extrañas crecían en él un sinnúmero de plantas *(malezas* las llamaría) de necias credulidades, que libros enteros y una erudición semejante á la del P. Martín del Río habríamos menester para cumplir el propósito de tratarlas todas. Astrólogos judiciarios, vulgares conjuradores, agoreros misteriosos, nigrománticos obscuros, adivinos sibilíticos, descubridores de tesoros y fabricantes de calendarios, ensalmadores y curanderos, hechiceras celestinescas, brujas y xorguinas codiciosas de brutales placeres, componen un mundo nuevo, tétrico, sombrío, recóndito en sus tratos, tenebroso como la noche que amparaba sus artes, rústico é ignorante las más veces, é interesante y novelesco siempre, cuando las luces vivas del sol descubren, á través de los tiempos, sus torpes reuniones y consejos.

De todos ellos, con relación á España, tengo acopiado buen número de datos é ilustraciones, sin que ni remotamente pueda ufanarme de haberme hecho siquiera con una cuarta parte de su caudal riquísimo; sería preciso para ello abarcar toda la vida social de entonces, pues las supersticiones, en mayor ó menor grado, aferrábanse á ella como plantas parásitas, introduciéndose sutilmente en sus órdenes todos; y así, en la novela, en el teatro, en el derecho, en la religión, se adivinan sus cabos, se palpa su influencia y apuntan vergonzosamente las verduscas hojas de sus tallos.

Tanto y tan grande es el tesoro de noticias que sobre la hechicería y la brujería se junta en el *Coloquio* (por primera vez con su orden y método en una obra literaria), que cuantos comentaristas han pasado cerca de sus páginas han dado por asentado y cierto que todo él tenía una sola fuente y un mismo punto inicial, del cual arrancaban, resolviendo de plano, no ya la dificultad de su estudio, sino hasta el origen supersticioso del saber y ciencia cervantinos.

Tres años antes que las *Novelas ejemplares* crecieran en brazos de la estampa, y dentro del período en que lógicamente pudieron ser compuestas, ocurrió en España un suceso ruidosísimo que conmovió los espíritus, avivó las plumas, encendió el dormido fuego del Santo Oficio, y puso claras y al descubierto las horrendas prácticas y maldades de la secta de los brujos.

El famosísimo auto de fe celebrado en Logroño en los días 7 y 8 de Noviembre de 1610 deslumbró á los comentaristas cervantinos, que, sin más análisis ni trabajo, le señalaron como el fecundo manantial donde Cervantes había bebido los curiosísimos datos, nuevos en su tiempo, con que en el *Coloquio* teje la plática de la Cañizares. Y en este error cayeron buenos y muy buenos cervantistas, como los dos

Navarretes [1] y Clemencín, [2] arrastrando modernamente con su autoridad á otros celosos eruditos como Apráiz. [3] Comprendo el estrabismo que unos y otros padecieron, y hasta le disculpo. Tan memorable fué, en verdad, el concurrido auto, tan inmediatamente anterior su celebración á la salida de las *Novelas ejemplares*, y tan popular la *Relación* de él que por entonces salió impresa, [4] en compañía de otras más peregrinas, [5] repitiéndose en todas muchos

---

[1] NAVARRETE· *Vida de Cervantes*....., op cit ; pp 133-134 —EUSTAQUIO F. DE NAVARRETE. *Bosquejo histórico de la Novela española*. —(Autores Españoles, tomo XXXIII, pp. XLIV y XLV.)

[2] *El Ingenioso Hidalgo Don Quijote de la Mancha*. .. Comentado por D. Diego Clemencín —Madrid, 1838-1839. Tomo V., p. 87.

[3] *Juicio de la Tía Fingida*.....—Madrid, 1906, p. 223.

[4] *Relacion | de las personas qve | salieron al avto de la Fee qve los se | ñores Doctor Alonso Beserra Holguin, del Abito de Alcantara: Licenciado | Iuan del Valle Aluarado: Licenciado Alonso de Salazar Frias*. Inquisidores | Apostolicos del Reyno de Nauarra, y su distrito, celebraron en la ciudad de | Logroño, en siete y en ocho dias del mes de Nouiebre, de *1610* | Años. Y de las cosas y delitos por que | fueron castigados. | *Iuan de mongaston Impressor*. | *Impressa con licencia* | *en la muy noble y muy leal ciudad de Logroño. En este año de 1611*. 14 hojas en 8.º

Ésta es la primera edición que reprodujo Moratín bajo este título:

Auto de fe celebrado en la ciudad de Logroño en los dias 7 y 8 de Noviembre del año 1610..... Ilustrada (sic) *con notas por el Bachiller Gines de Posadilla, natural de Yebenes*.—Cádiz, Imprenta Tormentaria, 1812, in 8.º, 143 páginas

Idem.—Madrid, Imprenta de Collado, 1820; in 8.º, 143 páginas (3.ª edición)

Idem.—Biblioteca de Autores Españoles. Tomo II, pp. 617-631 (4.ª edición).

[5] *Relacion | svmmaria del | Avto de la fe qve | los señores Doctor Alonso Bezerra Holguin, del | Abito de Alcantara, Licenciado Ioan del Valle Alua | rado, Licenciado Alonso de Salaçar Frias, Inquisido | res Apostolicos en el Reyno de Nauarra, y su destri | cto, celebraron en la Ciudad de Logroño, en siete y | ocho dias del mes de Nouiebre, de mil y | seyscientos y diez años | Recoxida y ordenada por el Maestro Luis de Fonseca, natu | ral de Zaragoça, y residente en Burgos, a ocho de Enero | de mil y seyscientos y onze años* | (Grabado en madera con la cruz de Alcántara.) *En Burgos. Por Juan Baptista Varesio, 1611*. (in 8.º IV + 43 páginas dob. + 1 de colofón.

Portada.—*Aprobación* .. (falta en el único ejemplar que conozco, por rotura del final de la hoja segunda, la fecha y aprobante).—*Aprobación* del P. Thomás de Salazar, de la Compañía de Jesús, dada en el Colegio de San Salvador á 8 de Enero de 1611.—*Licencia*..... falta el final de la hoja segunda vuelta, como arri-

de los pormenores del *Coloquio*, que con harta facilidad cabía ligar aquel acontecimiento con la novela, como, en efecto, lo hicieron.

La equivocación estribaba en estimar al auto de Logroño por el primero de su clase y por descubridor de la secta, como si muchos años atrás no hubiera la Inquisición celebrado otros parecidos, si no tan célebres, no menos ricos que él en casos, experiencias y averiguaciones sobre la vida y costumbres de las brujas.

Tierra clásica de ellas la Vasconia, ya al alborear el siglo xvi se habían sentido allí sus primeros asomos, originando un proceso contra treinta brujas, que fueron penitenciadas en 1507. Reverdeció la planta, no enteramente descuajada, con más pujanza y vigor, como si la corta le hubiese sido saludable, hasta el punto de que el descubrimiento de nuevas brujas en Navarra en 1527 provocó una formal y minuciosa requisitoria, la persecución más tenaz y el castigo duro y ejemplar

---

ba.—«El Maestro Luis de Fonseca, al Lector.»—*Texto-Colofón.*—Relación distinta de la reproducida por Moratín, de una extremada rareza, pues ni la he visto citada en ninguna bibliografía, ni se halla tampoco en nuestras Bibliotecas. El texto es también diferente. Ejemplar cuyo estudio debo á la buena amistad del meritísimo colector biógrafo de fray Luis de Granada, el padre fray Justo Cuervo, O. P. Otras relaciones manuscritas corrieron entonces por España del famoso auto. Vid. una de ellas:

Relacion del auto de inquisición que se hiço en la ciudad de logroño, por mandado de los señores inquisidores, el año de mill y seyscientos y diez en siete dias del mes de Noviembre.—Mss. contenido en el *Memorial de cossas diferentes,* recopilado por D. Juan de Cisneros y Tagle. Parte II, ff. 16 á 30. (Acad. de la Historia, Colec. Salazar, F.-17.)—En la misma Biblioteca se conserva copia de una *Carta del Rey Felipe III al Arzobispo de Burgos con motivo del descubrimiento de las brujas de Zugarramurdi.*—Mss. letra del siglo xviii (Est. 27, gr. 5.ª; E. núm. 129); f.º 174.

Para acabar con la bibliografía de este auto, describiré una *Relación* poética, también rarísima, única que he alcanzado á ver del mismo. Debieron, no obstante, correr otras parecidas por España.

Relacion muy verdadera | donde se da larga cuenta del auto que la santa Inquisicion hizo | en la Ciudad de Logroño, a los ocho de Nouiembre, a donde | fueron sacados treynta y tres bruxos, y bruxas, y castigados con | forme sus delitos Y juntamente veran en el discurso de la obra | los hechizos que las bruxas y bruxos tratan, con todo lo demas q̃ | sucedió en este auto: vistas y examinadas por las personas que por | su señoria fueron nombradas, y por no auer cosa alguna contra | nuestra Sancta Fe, antes bien, y prouechoso porque se sepa, | y venga a no-

de las xorguinas. [6] El incendió debió de ser bastante poderoso, cuando precisó la reunión del Consejo de la Inquisición en pleno, discurriéndose en sus juntas, por el método escolástico, que era consubstancial con sus deliberaciones, sobre su vida, oportunas penas y pertinentes remedios. [7]

La dura mano del inquisidor Castañega dejó, á la cuenta, notar su influencia en Navarra durante buena parte del siglo xvi, porque pasaron muchos años sin que hubiera necesidad de promover procesos tan sonados como aquéllos. Ó la Inquisición se durmió sobre sus laureles, ó las brujas anduvieron muy listas y cautas en encubrir sus prácticas, hasta que en 1590 nace nuevamente el incendio, [8] y cosa singular, con

---

ticia de los christianos, se dio licencia a | *Iuan de Mongaston, Impressor en la ciudad* | *de Logroño. Año de 1611* | *Y lleua al cabo un Romance de Cortes, buelto a lo diuino.*—4 hojas en 8.º, signat. A.

Comienza:
«Soberana Virgen pía,
María Virgen Sagrada,
ganadme de vuestro hijo
fauor y abundante gracia.»

Acaba:
«O Pedro, gran capitán
Tu fama el mundo eternize,
Pues como leal vasallo
Por tu Christo te ofreciste.
Lavs. Deo.»

Comprende cuatro romances:
El I, que comienza como dejo dicho
El II, «Declaración de los demás bruxos».
El III, «Declaración de como el demonio se les apparesce en diversas figuras.»
El IV, «Romance á la Pasión de Christo, buelto á lo divino por el de Cortes.»—(Bibl. Nac., V.-73-12.)

[6] Prudencio de Sandoval: *Historia de la vida y hechos del Emperador Carlos V.....—*Amberes, por Gerónymo Verdvssem, mdclxxxi, tomo I, pp. 621-622.

[7] «Bruxas.—Dubia quæ in causa presenti sunt definenda.» (Archivo General de Simancas.—*Inquisición.—*Libro 1.034; ff. 54 al 61.)—Más adelante trataré de este muy curioso documento.

[8] *Relación de lo que se hizo por los Inquisidores de Calahorra para averiguar el mal trato y vivienda de las brujas* (año 1590) en las *Relaciones de los siglos XVI y XVII.* (Bibliòf. Esp.)—Madrid, mdcccxcvi; pp. 233-241.

los mismos caracteres y síntomas que en 1527. Los mismos, también, que veinte años después, en 1610, ocasionaban el aparatosísimo auto de Logroño, declarando patentemente que ni el germen se había extirpado, ni extinguido las ascuas, que ardían poderosas y vivas aún bajo las cenizas.

Todos estos descubrimientos y persecuciones [9] crearon un rumor popular y tradicional en España sobre las costumbres y trato de las brujas; rumor que, bajando desde los púlpitos de los predicadores el día del auto de fe, se extendía y propagaba por las muchedumbres silenciosas, que, medrosamente, escuchaban los mil pormenores contenidos en las sentencias, para correrlos de boca en boca por toda España, entre los corrillos de los ociosos, en los puestos de los soldados, dondequiera que se levantaba una conversación sobre tema tan del gusto del tiempo como los pactos y tratos diabólicos.

Este mismo rumor llegó, sin duda, hasta Cervantes, comunicando á su curioso espíritu nuevas formas episódicas, sucedidos extraños con que abonar las páginas de sus novelas; y aquí se encuentra, á mi juicio, buena parte del origen de este incidente del *Coloquio*.

Mas no era únicamente al vulgo adonde trascendía el ruido y novedad de aquellos inquisitoriales descubrimientos; también los sabios, también los doctos detenían sus plumas, ocupadas en otras más subidas especulaciones, para indagar científicamente, abroquelados con las armas de su honda erudición patrológica y clásica, el nacimiento, verdad y remedio de aquella maligna peste supersticiosa. Ésa fué la causa de que viésemos á varones como Alfonso de Castro, Francisco de Vitoria, Benito Pereiro, Pedro Ciruelo, Pedro de Valencia, y el gran recopilador de todos, Martín del Río, el demonólogo por antonomasia, ahondar muy concienzuda y serenamente en las raíces de aquel frondosísimo árbol, que tanta sombra hacía á la santa Fe Católica con sus pobladas ramas.

---

[9] Los primeros casos de castigo de brujas por la Inquisición en España se dan en el siglo xv, en la corona de Aragón. Gracia la Valle es relajada en Zaragoza en 1498. Á su sentencia siguieron las de María García Briesa (1499), Nananvina (?), Estefabrita (?) y Marieta (1500). Vid. *A History of the Inquisition of Spain by Henry Charles Lea. Ll. D.*—New-York, The Macmillan Company, 1906-1907. (4 volúmenes in 4°) Vol. IV, 210-211.—Monumento de erudición é imparcialidad levantado por el sabio norteamericano,

La aparición de la literatura antisupersticiosa sigue siempre, como triaca del veneno, al descubrimiento de las brujas y sus cómplices; y así, rompe la marcha fray Martín de Arlés y Andosilla, dando á luz un tratado sobre ellas, que no ha llegado á mis manos. [10] Más tarde, el inquisidor fray Martín de Castañega relata en un librillo, asaz raro y curioso, sus apuntes y observaciones, recogidos en la campaña que en 1527 emprendió contra las xorguinas navarras. [11] «Y hay que reconocer que cumplió con su cometido más que discretamente, dando pruebas, para aquellos tiempos, de muy levantado espíritu, raro tino y progresivo criterio, adelantándose en muchas cosas á modernas conclusiones médicas reputadas vanidosamente por notables progresos. [12]

---

[10] Da la noticia D. Juan Antonio Llorente en su *Histoire critique de l'Inquisition d'Espagne.*—París, 1817-1818. (Tomo III, cap. XXXVII, art. II), diciendo que se imprimió en latín, en 1517, á consecuencia de la aparición de las brujas en 1507, pero no lo he hallado. Acaso sea el *Tractatus de superstionibus* de Martín de Arlés (Francofurti ad Moenam, 1581), y cuya primera edición es de 1517. Vid. LEA: *A history of the Inquisition of Spain......*, loc. cit.

[11] *Tratado muy | sotil y bien fundado d' las | supersticiones y hechize | rias y vanos conjuros | y abusiones: y otras co | sas al caso tocátes y de | la posibilidad z reme | dio dellas.* | MDXXIX. | ✠ | (Al fin.) *Fué impresso el presente tratado en la muy | constāte y leal ciudad de Logro | ño en casa de Miguel de Eguia | a dizeocho dias del mes de | Agosto. MDXXIX.* (8.°, 56 hojas no foliadas.) Bibl. Nac. R.-11.066.—Lindo ejemplar, que fué de Gayangos. El nombre del autor aparece, en el prólogo.

[12] Así, explica los endemoniados y poseídos de malignos espíritus «por enfermedades y passiones naturales»; habiéndose de procurar «el remedio destos tales por via natural con medicinas naturales, confortando el celebro» (Capítulo XXIII); porque «las virtudes naturales son tan ocultas en la vida presente á los entendimientos humanos, que muchas veces vemos la experiencia y obras maravillosas y no sabemos dar la razon della.» (Cap. XII). «Muchas veces—añade—la enfermedad corporal es disposición para que el demonio tenga más entrada para atormentar aquel cuerpo assi mal dispuesto y enfermo.» (Capítulo XXIII.) Dígase si esto no es una adivinación de las teorías médicas del día sobre neurasténicos, epilépticos, etc......

Tan aficionado es el docto franciscano á explicar todos los portentos por razones naturales, que no solamente al tratar del ámbar explica racionalmente sus fenómenos (Cap. XII), sino que en el Cap. XIII defiende «que el aojar es cosa natural y no hechicería». Su criterio progresivo y levantado dalo á entender la conclusión que sienta de que «no debèn tenerse por milagrosas las cosas mientras puedan naturalmente produzirse» (Cap. XII). ¡No diríamos más hoy!

Pedro Ciruelo, poco tiempo después, reúne en su *Tratado*, bien conocido, todo lo que en su época se sabía sobre la materia supersticiosa, con claridad extremada de estilo y exposición.

Si no en los dos primeros, al menos, en el del canónigo salmanticense hay párrafos que parecen injertos más tarde en el *Coloquio*; y si su libro fué tan popular, por hallarse escrito en vulgar romance y haber repetido las prensas liberalmente sus ediciones, [13] acaso pudiera presumirse que Cervantes adquirió algo de su saber diabólico en el sencillo tratado del doctor Pedro Ciruelo.

É insisto en la paridad, no porque esté persuadido de la imitación, sino por aquel prurito que los cervantistas tenemos (y en especial aquellos que, como yo, indagan las fuentes de una de sus novelas), de ligar literariamente sus producciones con otras escritas, haciéndole, una vez más, jurisperito, médico, marino, hacendista, y poseedor, en fin, de enciclopédica y omnisciente sabiduría. Mi escrupulosa conciencia literaria me empuja á ello, aunque, bien puede creerme el lector, con no pequeña repugnancia.

Semejanzas parecidas, esta vez más sospechosas por tratarse de libro que Cervantes veneraba y tenía en concepto de *casi divino*, tiene con *La Celestina*. En uno de sus actos, el VII, el lector del *Coloquio* va emparejando con él, no sólo la homogeneidad de las situaciones, sino hasta los giros, las palabras, los pensamientos, que se repiten casi en los mismos términos en boca de Berganza. El razonamiento de la Cañizares con el perro recuerda en un todo el de Celestina con Pármeno; tanto, que al leerlo una y muchas veces he reputado siempre á la Cañizares como hija indubitada de Celestina, tan heredera suya como pudieron serlo Elicia ó Areusa. Con una ventaja: que ni los tiempos pedían ya continuaciones de *La Celestina*, difundido sobremanera el género, ni la especialidad tradicional de aquélla en su *honrada* oficio de tercera podía interesar á la generación coetánea de Cervantes; mucho más vivo, curioso y peregrino era entonces para la

---

[13] *Reprouación de supersticiones que escriuio el maestro Ciruelo*. Salamanca, Pedro de Castro, MDXXIX; in. 4.º

Ésta es la edición más antigua conocida. Siguiéronla las de Alcalá, 1530; Salamanca, 1540 y 1541; Alcalá, 1547; Sevilla, 1547; Medina, 1551; Salamanca, 1556, Sevilla, 1557; Barcelona; 1628; etc......

literatura la práctica brujesca, olvidada ó desconocida acaso en *La Celestina*, y que en el *Coloquio* se ensancha tan sobresalientemente y con tan soberana verdad y realismo, que nada tiene que envidiar al humanísimo de la tragicomedia de Fernando de Rojas.[14]

Sin insistir, pues, en la inspiración directa y calculada de este magistral libro, explico sus similitudes y parecidos, como hice anteriormente al tratar de la influencia en Cervantes de otras obras literarias; «la realidad provoca en quienes la alcanzan y profundizan iguales pensamientos y análogos retratos», hijos siempre de aquella condición que brillaba tanto en Cervantes como en Rojas: del espíritu observador y realista, que, convertido al pincel, labra años más tarde la gloria inmortal de Diego Velázquez de Silva.

Por lo mismo, para explicar la ascendencia literaria de este episodio del *Coloquio*, no pueden exhumarse, sino por un innecesario y vanidoso alarde de erudición, las muestras y rastros supersticiosos que, en mayor ó menor abundancia, encierran las vetustas páginas de los continuadores de *La Celestina*.

No faltan, no, en ellas conjuros y oraciones, ensalmos y recetas; pero al revolverlas, trasciende hasta el experto olfato del conocedor de

---

[14] También *El Crotalon* ofrece puntos de contacto con el *Coloquio*, al describir las artes y encantamientos de las hechiceras navarras; siéndole también aplicable por completo la misma explicación de estas analogías literarias que desarrollo en el texto.—(Vid. op. cit., canto V, pp. 89 y sigs.)

Los pliegos sueltos y relaciones en el siglo xvi sobre las brujas son rarísimos. En el siguiente no dejaron de aparecer, pero, principalmente, sobre monstruos y visiones espantables, en general venidos de Francia. En mi comentario hallará el lector noticia de algunos.

Todas las mañas de Celestina, y entre ellas sus prácticas de hechicerías, están recogidas en un pliego suelto del siglo xvi: *Aqui comiençan unas coplas de las comadres, fechas a ciertas comadres, no tocando en las buenas, saluo de las malas, y de sus lenguas y hablas malas; y de sus afeytes y sus aceytes y blanduras: et de sus trajes, et otros sus tratos. Fechas por Rodrigo de Reynosa*», (in 4.º, 12 hojas; let. gót.)—Reproducidas por GALLARDO: *Ensayo......*, IV, cols. 42 á 60.—La Mari-García que se pinta, también es deuda de la Cañizares; muy aplicables le son sus versos.

Vid. otras *Relaciones* sobre monstruos ó hechizos contemporáneas de Cervantes, escritas en coplas y con marcado sabor popular, en GALLARDO: *Ensayo......*, números 867 y 2.887.

estas artes un olorcillo que sabe á clásico, que denuncia su origen literario, bien lejano de la vida propia y eminentemente popular que la hechicería gozaba en España. Humanistas sus autores, Sancho de Muñón, Alonso de Villegas ó el bachiller Fernández, lógico es que Circe, Ericto ó Medea sean los modelos.

Agréguese á lo dicho otra razón del todo convincente, y es, que estos libros, ora por su acentuada liviandad, ora por sus toques anticlericales y erasmistas, disfrutaron de cortísima vida tipográfica; pues muy atinadamente, por una mezcla de celo religioso con acendrado gusto literario, la generación grave y severa que Felipe II formó en su reinado, repugnando estas, en general, obscenas imitaciones de aquel libro divino, sumiólas en el olvido, haciéndose, aun en el siglo XVI, rarísimos sus ejemplares; sería, por tanto, muy aventurado afirmar que cayeron en manos casi siempre tan poco ociosas y distraídas como las de Cervantes. Sin que por eso niegue que en una de ellas, en *La Segunda Comedia de Celestina*, de Feliciano de Silva, se palpen, no concordancias de lenguaje, como Gallardo y otros quisieron, sin recordar que tales concordancias no tenían valor, porque procedían de un léxico común, abierto á todos, sino semejanza en la pintura de algunas situaciones, pues tampoco puede desconocerse que el pincel ampuloso del famosísimo Feliciano mojóse más de una vez en los burdeles, mancebías y tablajes, donde la vida humana perdura siempre, palpitante y fecunda, la misma para todos los que la observen, á través de los siglos.

Mas donde, indudablemente, se confirman estas influencias y sombras literarias en el *Coloquio*, es trayendo á la cuenta un libro que alcanzó notable popularidad y favor por aquellos lustros Su autor, Antonio de Torquemada, de quien tan escasas noticias biográficas nos quedan, tuvo, como todo buen español de entonces, sus puntas y ribetes de corredor y aventurero, y, arrumbando en cualquiera de las boticas castellanas los emplastos, yerbas y específicos, y colgando el almirez, paseó buena parte de Europa, del modo arriesgado y personal que á la sazón se usaba. [15]

Al cabo de los años recogióse á la villa de Benavente, quizá su pa-

---

[15] *Colloquios satíricos......*, op. cit., pp. 495-505.

tria,[16] y, sirviendo al Conde de este título, [17] dedicó sus ocios á componer varios librillos, arrogantemente caballerescos y disparatados unos, satíricos y moralistas otros, y fantástico y mentiroso sobremanera uno, que no llegó á ver impreso, por haberle sorprendido antes la muerte, pero que es cabalmente el que solicita nuestra atención.

En el *Jardín de flores curiosas* discurrieron y se solazaron varias generaciones, repitiéndose muchas veces sus tiradas, y llegando á tanto su popularidad y crédito, que los poetas le recordaban como á libro único en su género, [18] codeábanle los moralistas con los Santos Padres, [19] y, por lograr notable y no soñada influencia, traspasó los secretos y rigores inquisitoriales, que, lejos de prohibirle, tomáronle como autoridad alegable en sus deliberaciones y dudas. [20]

Uno de los autores que frecuentaron más su lectura, y que, á través de

---

[16] El *Jardín de flores curiosas*, cuando menos, fué escrito en dicha villa.—Vid. edición de Medina, 1599; f.º 141.

[17] «Secretario del conde de Benavente» llámase en la portada de los *Colloquios satíricos*.... (Mondoñedo, Agustín de Paz, 1553), y como «criado del conde de Benavente» se le concede el privilegio de impresión de la misma obra, fechado en Segovia, á 10 de Abril de 1552. En Benavente también debió de fallecer.

[18]
«Pues ya, si tratays de amores
Y lo sacais á barrera,
Os contará una quimera
Impressa en *Jardín de flores*»....

Romancero General, 1604; op. cit., f.º 421.

[19] Por ejemplo, el P. Fr. Juan de la Cerda, que lo alega varias veces en su *Libro intitulado Vida política de todos los estados de mugeres*......—Alcalá, Juan Gracián, MDXCIX; f.º 502.

Las noticias biográficas de Torquemada son escasísimas. Don Nicolás Antonio se contenta con decir que fué criado del Conde de Benavente. Las dadas por mí en el texto están sacadas de sus escritos.

[20] *Relacion que hizo el doctor don lope de ysasti, presbytero y beneficiado de lego..... acerca de las maleficas de Cantabria......*—(Bibl. Nac. Mss. 2.031.)—Habiendo comisionado en 1615 el obispo de Pamplona, fray Prudencio de Sandoval, al doctor Isasti para que hiciera cuantas diligencias pudiese á fin de conseguir la conversión de las brujas de su diócesis, el doctor dice, al hacer la relación de su visita, que se preparó estudiando la materia de ellas que se *halla scripta*; y al par del *Malleus maleficarum* y de las *Disquisitionum magicarum*, cita á Torquemada en su *Jardín de flores*.

su despiadada crítica y sangrienta burla, confesó haberlo leído, fué Cervantes. Y no vale que en *El Ingenioso Hidalgo* diga por boca del cura, al condenar al fuego á su engendro caballeresco, *Don Olivante de Laura*, «en verdad que no sepa determinar cuál de los dos libros es más verdadero, ó, por decir mejor, menos mentiroso», cuando años más tarde hubo de acordarse de él, como sagazmente apuntó Ticknor, para idear la geografía disparatada en que coloca las maravillosas aventuras del *Persiles;* [21] juicio recto que después había de confirmar el maestro de la erudición española en uno de sus discursos más asombrosos, [22] declarando de consuno que Cervantes se aprovechó mucho de este librejo, y que no fué menor su influencia en el *Persiles* que en el pasaje brujil del *Coloquio*, en donde la sombra de Torquemada y de su exótico y fantástico *Jardín* aparece por demás patente é innegable. Flores en demasía encerraba aquella quinta, para saciar al curioso que entrase en ella buscando peregrinas novedades, que de todo linaje las brindaba el librillo. Y como la erudición de Torquemada en esta facultad era extraordinaria, ayudado por el latín (que como ingenio culto no debía de ignorar), se entró por otros ajenos jardines para poblar el suyo, patrañero y embusterísimo, y entre casos arrancados de aquí y de allá, siempre portentosos, sucedidos personales, propios comentarios, tradiciones y consejas populares, recibidas hospitalariamente por la ancha y holgada puerta de su credulidad, en compañía de trasgos, visiones, espectros, lamias, striges, lycanthropos, nigrománticos, encantadores y brujas, sumaron todos un tratado de bizarra miscelánea, amena lectura y curiosidad mucha, que justifica la popularidad y agrado con que fué acogido; sin que, á pesar de ser muy raro en el día, haya perdido su novedad y frescura por medio de los siglos, cual lo prueba que en pleno siglo XIX se hayan compuesto otros tan centonescos como él, bajo su mismo patrón y como á semejanza suya. [23]

---

[21] *Historia de la Literatura española. Traducida al castellano... por D. Pascual de Gayangos y D. Enrique de Vedia.* — Madrid, 1851-1856, tomo III, página 413.

[22] MENÉNDEZ Y PELAYO: *Cultura literaria de Miguel de Cervantes y elaboración del «Quijote»*, op. cit.

[23] *Jardin | de flores | curiosas, en q̄ se tratā | algunas materias de hu-*

El lector juzgará por ciencia propia en mi comentario si Cervantes espigó ó no más de una vez en sus *flores*, para hacer más llamativa y portentosa la relación de la Cañizares; solamente que, en lo que en Torquemada es jardín, y jardín contrahecho, artificioso y falso, el genio de Cervantes levantó tanto su vuelo, que hizo del *Coloquio* de Berganza

manidad, phi | losophia, theologia y geographia, con | otras cosas curiosas y apazibles, có | puesto por Antonio de Tor | quemada. | Dirigido al Mvy Illustre | y Reuerendissimo señor don Diego Sarmien | to de Soto Mayor, Obispo de Astorga, etc. | Va hecho en seys tratados, como parecera en | la sexta pagina de esta obra. | En Salamanca. | En casa de Iuan Baptista de Terranoua. | MDLXX | Con privilegio. | Esta tassado en dos reales y medio. | (1 vol. in 8.º, de viii hojas preliminares, + 286 páginas dob. + 1 de colofón.)

Privilegio.—« Por quāto por parte de vos, Luys de Torquemada, por vos y en nōbre de Hieronimo de los Rios, vuestro hermano (sic), hijos y herederos de *Antonio de Torquemada, vro. padre defuncto, vezino de la Villa de Benavēte,* nos fué fecha relacion, diziendo que el dicho vro. padre auia hecho un libro intitulado *Jardin de flores curiosas,* y porque era muy curioso y en lo hazer auia gastado mucho tiempo, nos supplicastes lo mandassemos ver.... E por la presente, damos licencia y facultad para que..... le podais imprimir..... por tienpo de seys años.—Dada en el Escurial, á 26 de Março de 1569.»

Tassa.—Por Juan de la Vega, escribano de cámara, en Madrid, á 7 de Julio de 1570.

Tabla de los Colloquios.

Dedicatoria —«... y aunque todas ó las más [historias] aura oydo y leydo, holgara de ver recopiladas aqui algunas dellas, con otras materias curiosas y peregrinas: esto me ha dado atrevimiento á dirigir á V. S. estos seys tratadillos..... para que debaxo de su amparo y fauor puedan salir á luz, sin temor del juyzio de los que murmuran de todo lo que veen y leen.» Firma sólo « *Torquemada.*»

Tabla en que se contienen los nombres de todos los autores acotados en este libro.—Texto.

1.ª edición. En la Biblioteca Nacional se conservan, además de este ejemplar completo (U.-1.092), tres ejemplares más, sin portada (R.-5.469; R.-2 891, y U.-10.275), copiados á plana y renglón de la 1ª edición, pero que ofrecen con ella notables variantes tipográficas, que acaso sean muestra de ediciones contrahechas ó falsificadas en aquel tiempo para burlar la primera.

El mismo.—En Çaragoça En casa de la Viuda de Bartholome de Nagera. Año de MDLXXI. In 8.º, viii hojas preliminares sin foliar + 276 pp dob de texto.— (Bib. Menéndez y Pelayo.)

El mismo.—¿1.573? Citada sin otro más dato por TICKNOR: *Historia de la literat castell......,* op. cit., III-413, acaso la siguiente:

El mismo.—En Leyda (Lérida), por Pedro de Robles y Ioan de Villanueva. Año

con Cipión una selva gigantesca, sombría é imponente, donde el ánimo se sobrecoge y se anonada, como ante los grandes y sublimes espectáculos de la naturaleza.

Todas estas obras y tratados influyeron, pues, en Cervantes, pero de un modo reflejo: creando la atmósfera literaria que había de respirar más tarde, pero sin que se crea que descendió á los detalles, que

de MDLXXIII; 8.°, VI + 257 págs. dob. + 1 de florón.—Preciosa edición. (Biblioteca Nacional, U.-2.968.)

El mismo.—Anveres, Juan Corderio, 1575; 8.° menor, XII hojas + 538 págs. (Ticknor-Whitney) y *Boletín de la Librería*, núm. 1.086. (Hoy Bib. Menéndez y Pelayo.)

El mismo.—Salamanca, Terranoua y Neyla, 1577; 8.°, VIII + 286 págs. dob. + 1 de colofón. (Salvá, núm. 2.011.)

El mismo.—Medina del Campo, por Francisco del Canto, 1587. In 8 ° (Pérez Pastor: op. cit., núm. 216, y Brunet.)

El mismo.—¿1589? Citada por Ticknor (loc. cit.), pero sin que agregue dónde y por quién.

El mismo.—Anveres, Nucio, 1599. In 8.° (Brunet.)

El mismo.—En Medina del Campo, por Cristoual Lasso Vaca. Año MDLXXXXIX, 8.°, VIII + 286 págs. dob. + 2 al fin sin numerar. (Pérez Pastor: núm. 244. Biblioteca Nacional, R -5.510, y Bibl. de la R. Acad. Española.) En esta edición se detiene el éxito editorial del *Jardín de flores*, hasta que sale la última en

El mismo.—Barcelona, Hieronymo Margarit. Año de MDCXXI; 8.° VII + 258 páginas dobles. (Bibl. Nac., R.-1.471.)

¿Acaso en el intermedio fué incluída en algún Índice expurgatorio? El P. Vicente Navarro, calificador del Santo Oficio, al aprobar en 16 de Marzo de 1621 la edición de Barcelona de dicho año, dice: «..... pues tantos años ha corrido ya, *sin tener nada del el expurgatorio de los libros prohibidos*, aunque trata de magias, nigromancias, bruxas y otras semejantes, parece podrá imprimirse.»

En efecto, en el Expurgatorio de 1583 no aparece; mas en el *Catalogo | dos livros qve se prohibem nestes Reynos et senhorios de | Portugal, por mandado do Illustrissimo | e Reverendissimo Senhor Dom Iorje | Dalmeida, Metropolytano Arcebispo de Lisboa | Inquisidor General.....* (Lisboa, per Antonio Ribeiro 1581, in 4.°), al folio 20, se prohibe un *Jardim de flores*. ¿La edición castellana, ó acaso una perdida traducción portuguesa?* Porque los tratados de Torquemada ad-

---

* La Inquisición portuguesa fué siempre más severa y rigorosa que la nuestra en la prohibición de los libros; y así, mientras que en España corrían libremente las *Celestinas*, en Portugal pusiéronse en el mismo Índice de 1581, alcanzándolas la redada al mismo tiempo que al famosísimo *Jardín*.

trabajó sobre ellos, pues no de otro modo cabe señalar las fuentes literarias de autor del temperamento realista cervantino. No fueron los autores de aquéllas sino descubridores de rumbos nuevos que llevaban á mundos desconocidos, que los ingenios ocupaban y explotaban luego, pero por su cuenta y albedrío; porque tan anchas y fértiles eran las tierras conquistadas por Fernando de Rojas ó Antonio de Torquemada, que en ellas cabían todos, respirando un mismo aire cargado de acres olores, y cultivando una misma tierra virgen y fecundísima, cada cual á su modo, con sus propios brazos y á su gusto y arbitrio.

Tales son, muy á la ligera (pues tampoco me da el espacio para recargar estos apuntes), las huellas literarias, más ó menos remotas, que pueden advertirse en esta parte del *Coloquio*.

Mas no es en ellas donde coloco yo sus últimos veneros; porque si en otros episodios de él acudió Cervantes al conducto popular, que es pródigo é inagotable, ¿cuánto más en el de la superstición, eminentemente consuetudinario y tradicional?

Salvo excepciones rarísimas, donde las brujas y hechiceras tienen sus reales, donde viven y medran, es en el bajo pueblo, singularmente en el campesino; allí oculta, velada, misteriosamente, sin estruendo

---

quirieron gran celebridad en toda Europa. Al francés se vertieron por Gabriel Chappuys bajo el título de *Exameron ou six journées, contenant plusieurs doctes discours sur aucuns points difficiles en divers sciences, avec maintes histoires notables.*—Lyon, Jean Beraud, 1579.—In 16.º

El mismo.—Lyon, Ant. de Harsy, 1582.—In 8.º

El mismo.—París, Philip Brachonier, 1583.—In 16.º

El mismo.—Rouen, Romain de Beauvais, 1610.—In 12.º

Como digo en el texto, en nuestros mismos días, y bajo igual patrón que el *Jardín de flores*, se han publicado en Francia las *Curiosites infernales, par P. L. Jacob, bibliophile* (Paul Lacroix). (París, Garnier, 1886, in 8.º), donde más de una vez se cita honrosamente á Torquemada.

Al italiano: *Giardino de fiori curiosi, in forma di dialogo diuiso in sei trattati..... Tradotto di spagnuolo in italiano per Celio Malespina.*—Venetia, P. Bertano, MDCXII, in 8.º; y finalmente al inglés: *The Spanish Mandevile of myracles, or the garden of curios florvers.....*—London, B. Alsop, 1618; in 4.º

El *Jardín de flores curiosas* fué prohibido en los Índices Expurgatorios de 1677 y 1790.

Á pesar del favor tipográfico de que gozó, hoy es un libro muy raro y harto difícil de encontrar.

ni alboroto, se dan la mano á través de los siglos, se confían sus fórmulas, se traspasan sus conjuros, y heredan unas de otras sus artes, oraciones, suertes y venganzas.

Y por encima de ellas pasan los años, se suceden las batallas, caen los imperios y trastruécanse los pueblos, y uno y otro día siguen untándose con sus sebillos y adorando al demonio, sin cesar la báquica orgía de su baile en el Prado de Berroscoberro, al destemplado y melancólico son de la gaita de Joanes de Goiburu y del tamborino de su primo Juan de Sansin. [24]

Hay que ir, pues, directamente al pueblo para buscar las verdaderas fuentes del pasaje de la Camacha. Y cuando la tarea se inicia, el investigador, triunfante, abandona las antiguas pistas literarias para entrar aún más de lleno en las populares, metiéndose mar adentro en el curiosísimo y misterioso piélago de los procesos inquisitoriales, donde están recogidas, con paradójica solicitud, sus prácticas, ensalmos, sortilegios, conjuros, y, en suma, todas las muestras de la vida supersticiosa nacional. [25]

---

[24] Adviértese muy distintamente este carácter tradicional de las artes brujescas y de hechicería, comparando la noticia que de ellas nos dejaron los procesos abiertos por la Inquisición con las actuales prácticas, recogidas del pueblo mismo. Porque, aunque el lector se haga cruces, aun en España se sigue creyendo, á pesar de un siglo de Constitución y de prensa periódica, en brujas, aojadoras y amuletos, como lo podrá leer en el interesante trabajo de D Rafael Salillas, *La Fascinación en España.—Estudio hecho con la información promovida por la sección de Ciencias Morales y Políticas del Ateneo de Madrid*.....—Madrid, 1905; un vol. in 4.º de 107 páginas.—Iré notando estas concordancias entre lo pasado y lo presente.

[25] En el Archivo Histórico Nacional, procedentes del General Central de Alcalá de Henares, se han ido reuniendo estos últimos años todos los papeles referentes á la Inquisición, harto mutilados y faltos por desgracia, pues los desamortizadores y liberales del año 36, en su odio al Santo Oficio, saquearon sus archivos, quemando ó vendiendo los interesantísimos documentos que encerraban. * ¡Que es el modo *liberal* y *progresivo* que entonces entendían para hacer la

---

* La mayor parte de estas quemas se hicieron en el período constitucional del 20 al 23 Ya los afrancesados habían destruído muchas causas. Llorente se llevó algunos procesos de la Inquisición de Aragón, que están hoy en la Biblioteca Nacional de París.

La labor es ruda y de paciencia; pero la mies que entra en los trojes literarios es tanta y tan rica, que se dan por bien empleados el tiempo y la atención que se gastaron en repasar las inéditas causas. Al calor de su lectura, entre el polvillo secular que se desprende de sus carcomidas y amarillentas hojas, en el silencio grave y simpático del Archivo donde se conservan, es donde se levantan de su secular letargo, como si despertasen vivas, palpitantes y remozadas, á pesar de sus años, si no ya la Camacha, la Cañizares ó la Montiela, otras fieles hermanas y amigas suyas, tan duchas como ellas en hacer cercos, en ligar á los hombres, en conjurar á los demonios, en encerrar espíritus familiares; y cada una es un rayo de luz que alumbra al intrigado lector, en la selva brava é imponente acotada por Cervantes para su *Coloquio*.

Una por una irán apareciendo la Andrea, Catalina Gómez, la Juana Dientes, la Gerónima, de Tordelaguna, [26] hospitalera también como la Cañizares, hechiceras malignas ó taimadas brujas de Madridejos, de Daimiel, de Villarrubia, lugares del corazón de la Mancha, que tantas veces, sudoroso y aspeado, recorrió el buen hidalgo complutense, de vuelta de sus comisiones, escuchando, quizá, á lo lejos, aquella co-

---

historia! Ello fué, que de Inquisiciones enteras desaparecieron todas las causas; de otras, como la de Córdoba, sólo han quedado las informaciones genealógicas y piezas judiciales referentes al secuestro de bienes de los procesados; y la única que, venturosamente, salvó su documentación íntegra de tanto estrago, fué la Inquisición de Toledo, cuyas causas de hechicería he aprovechado con gran fruto para este capítulo y para mi comentario. Son 16 legajos que contienen 287 causas, en su mayoría del siglo XVII, aunque las pocas del siglo XVI compensan su escasez con el interés vivo que encierran. Y no solamente su valía es grande en la materia supersticiosa; para el lenguaje, para la poesía popular (cuyas fórmulas trasladaban escrupulosamente los ministros y calificadores de aquel Tribunal), para la historia de las costumbres son una mina riquísima é inagotable, casi virgen hasta hoy por desgracia, pues, á excepción de Rodríguez Marín y del que estas líneas escribe, nadie las ha hojeado siquiera.

[26] En su proceso declaró un testigo haber visto en su casa bajar por la escalera del portal «un gran perraço negro que nunca le había visto». ¡Siempre los perros alrededor de las hospitaleras! ¡Quién sabe si este can sería *Montiel*, que, como en el *Coloquio*, vendría á averiguar de la bruja sus futuros destinos! *Causa contra la Gerónima, hospitalera de Tordelaguna, 1616.*—Inquisición de Toledo, leg. 87, núm. 98.

Verdad es, también, que en el historial de las brujas y hechiceras celestines-

pla popular que revelaba la abundancia de brujas que había la tierra:

> Cuatro son del Provencio,
> Tres del Toboso,
> Y la Capitanilla,
> Del Tomelloso. [27]

En aquel contacto íntimo y personal con el pueblo, bajo las clásicas campanas de los hogares castellanos, preso su cuerpo en el duro escaño que al amor de la lumbre conforta los ateridos miembros en las noches invernales, en el humoso y lóbrego recinto de las cocinas manchegas, ó en el limpio y encalado de los cortijos andaluces, fué donde Cervantes recogió de la boca del vulgo, de las huéspedas de los mesones, de los labriegos que atraía la llegada del cortesano, aquellos pormenores curiosos, singulares, algunos únicos, que esmaltan la arenga de la Cañizares, y que el memorioso comisario depositaba en el desván de su memoria, donde, acaso, se enmohecerían, como en la de Berganza, años y años; pero de donde al fin salían, revestidos de un lenguaje brioso y adecuado al misterioso pavor de sus secretos.

---

cas estaba el oficio de hospitalera. De Mari-García escribía Reynosa:

> «¿No conoceis la emplumada,
> Gran maestra de afeytes,
> Que face mudas é azeytes
> Y tiene la cara acuchillada.
> Y es mujer amaestrada,
> Muy gran bruja y hechicera,
> Alcahueta, encantadera
> Con táles acompañada?
> Ha andado al partido,
> Después ha sido ramera,
> Vendedora y hornera
> Y hospitalera ha sido.»—(Loc. cit.)

[27] SALILLAS: *La Fascinación en España*....., op. cit., p. 29

El informante de Provencio (Cuenca) dice haber oído cantar muchas veces la citada copla, que se encuentra transformada en otras partes desde muy antiguo, pues ya Moratín cítala en la siguiente forma:

> Quatro somos de Arganda,
> Tres de Pozuelo,
> Y la capitanita
> Del Lugar Nuevo.

Auto de fe celebrado en la ciudad de Logroño.—Madrid, 1820, p. 59.—Citaré siempre por esta rara edición, que poseo.

Y no solamente en el reino de Toledo: en los de Andalucía, que tanto paseó durante años enteros, brotaba lozanísima la planta supersticiosa; y sin acudir á los autillos de fe, que raro era aquel en que no era castigada alguna que otra hechicera, más de una vez, muchas, debió presenciar el mísero espectáculo de alguna vieja, que, desnudas las espaldas y enmelada, sobre enalbardado rucio, paseaba las acostumbradas calles, entre el zumbido de las moscas, ladrar de los perros, gritería y piedras de los muchachos, injurias de las mujeres y azotes del verdugo, todo en castigo de alguna flagrante hechicería, agravada por su oficio celestinesco. [28]

En una de estas correrías, á que la negra suerte de comisario le obligaba, por el año de 1592, cayó Cervantes en la populosa y rica villa de Montilla. [29] Era la comarca cordobesa abonada y clásica en punto á he-

---

[28] Agustín de Rojas nos da ligera noticia de algunas.—*El Viaje entretenido*, op. cit., ff. 15 y 230 vto.

Entre los planos sevillanos que ilustran el *Theatrum* de Braum (op. cit.), el de las afueras de Sevilla representa varias escenas muy curiosas. En una de ellas, que representa la *Execution de justicia de los cornudos patientes*, figura el marido cabalgando en un burro enalbardado, vestido él de amarillo, esposadas las manos y pegados á las orejas dos cuernos grandes de ciervo adornados de cascabeles, flámulas, gallardetes y campanillas, y tras él el alguacil pregonando á toque de trompeta la sentencia. Más atrás se ve la *Execution d'alcaguetas públicas*, en la forma que describo en el texto.

[29] Consta su estancia por escritura otorgada en Sevilla á 14 de Julio de 1592, en la cual, diciéndose «comisario del Rey nuestro señor», reconoce haber recibido de Diego de Ruy Sáyez «ansi mesmo comisario de S. M..... en nombre de Pedro de Isunza tres mil y doscientos reales de plata de a treinta y quatro maravedís cada uno.... en cuenta de mi salario que se me deve del tiempo que servi á S. M. en la saca y conducción del trigo de la ciudad de Jaen, Ubeda y Baeza y otras partes desta Andalucía para las dichas galeras de España, los cuales tres mil y doscientos reales he recibido en esta manera: *los dos mil seiscientos reales dellos en la villa de Montilla de que le di carta de pago ante Andres Capote, vecino de la dicha villa y escribano público della* .. »—José María Asensio: *Nuevos documentos para ilustrar la vida de Miguel de Cervantes Saavedra*.....—Sevilla, Geofrin, 1864; pp. 17 y 18.

«Con este dato—agrega Rodríguez Marín—rogué á D. Antonio Góngora Palacios, notario archivero de Montilla, que buscase la expresada escritura y me remitiese copia; pero no ha bastado á complacerme su bondadoso y bien agradecido deseo: no se conserva el libro en que tal documento había de hallarse.» (*El Loaysa*, op. cit., p. 226.) Como otros muchos, no sólo por la barbarie

chiceras y brujas, que por los lugares de su tierra repartían sus encantamientos y malicias. No vivían á la sazón, pero conservábase en la memoria de las de su oficio, como únicas y memorables, la de dos famosas hechiceras, maestras expertísimas, no tan sólo en las artes de magia, sino en todas aquellas adherentes con que se cubrían sus arriesgadas prácticas. Llamábalas el pueblo *las Camachas*, por haber estado casada una de ellas con fulano Camacho, y eran dos: Leonor Rodríguez, la Camacha, viuda ya en 1573 de Antón González de Bonilla, y otra cuyo preclaro nombre no nos ha conservado la historia, [80] pero tan sutil y diestra como aquélla en hacer afeites, enmendar ó remendar doncellas, reunir hierbas, correr randas y tocas, oficiar de parteras, ligar corazones, zurcir voluntades, echar las habas, bailar el cedazo y recitar de coro, no ya la manoseada oración de Santa Marta, San Herasmo ó la de la Estrella, sino otras más nuevas y eficaces, que les daban renombre universal por toda la campiña. [81]

Y es caso singular, que la lectura de las causas inquisitoriales com-

---

moderna, sino por la incuria de los mismos antiguos escribanos. En las Cortes de Castilla se leen curiosas peticiones del Reino, que aclaran la pérdida de muchas escrituras, y que lamentamos hoy, al tratar de reconstituir la vida de nuestros ingenios. Las escrituras se otorgaban, en efecto; pero desaparecían y se extraviaban con harta facilidad. Para la historia de nuestros protocolos, vid *Cortes de Castilla*, V, adic. 565; VII, 795; XI, 529; XXVI, 283; y XXVII, 189-190.

[80] Constan estos curiosísimos pormenores de una escritura inédita otorgada en Córdoba ante el escribano Alonso Rodríguez de la Cruz, con fecha 3 de Enero de 1573, por la cual Leonor Rodríguez, viuda, *la Camacha*, mujer que fué de Antón González de Bonilla, difunto, y Antón Gómez *Camacho*, su hijo, «mayor de 25 años, ambos vecinos que somos de la villa de Montilla», al presente en Córdoba, otorgan que deben dar y pagar á Alonso Martínez y Luis Martínez de Molina, su hijo, mercaderes, vecinos de Córdoba, 2.392 reales y tres cuartillos del precio y valor de 30 varas de paño de escarlata veinticuatreno á 13 reales la vara, 37 varas de paño averlatado y 18 varas y tres cuartas de Cabeza de Buey á 15 reales la vara, y 78 varas y una cuarta de paño negro veinticuatreno de Puertollano á 16 reales y medio cada vara, que montó la dicha contía. La Camacha no firmó, por no saberlo hacer.—*Archivo de protocolos de Córdoba.—Escribanía de Alonso Rodríguez de la Cruz*.—Libro 6.º, folio 36.

Debo esta noticia y su extracto á la amable generosidad de mi buen amigo el laureado escritor D. Rafael Ramírez de Arellano.

[81] De buen número de ellas hallará el lector noticias y traslados en mi comentario.

prueba, que no sólo sobre el bajo pueblo, sino entre los señores, magnates y clérigos mismos, privaban las hembras de esta laya, unas veces, por sus artes de celestinas; otras, por sus virtudes de ensalmadoras y curanderas; y muchas, por su cuasi milagroso don de atraer los corazones más enojados y concertar los más combatidos casamientos.

Cabalmente, un encantamiento de este linaje, llevado á efecto con grande resonancia, á mediados del siglo xvi, acabó de coronar su fama, y de graduarlas por doctoras en el ejercicio de su torpe facultad, en concepto del vulgo.

Por los años de 1550, ó pocos después, vivía en Córdoba un caballero mozo, principal, de noble sangre, copiosa hacienda y ánimo esforzado y valeroso. Llamábase D. Alonso Fernández de Córdoba y Aguilar, y era nieto por línea bastarda de D. Alonso de Aguilar, el Grande, é hijo del bailío de Lora, D. Pedro Núñez de Herrera, caballero de la ínclita Orden de Malta.

«Siendo mancebo ya para casarse — relata el anónimo cronista de las Camachas—, hubo grande competencia sobre quién se había de casar con él, por su mucha nobleza, riqueza y valor de su persona. Al fin, una señora muy principal, deseando casar á D. Alonso con una hija suya, determinó hablar [á] unas grandes hechiceras de Montilla, llamadas las Camachas. Encargóles el negocio, prometiéndoles, si salían con su pretensión, pagárselo muy bien; ellas se lo prometieron, y, dando y tomando sobre el caso, se resolvieron en convidar á D. Alonso para un jardín suyo, y que estuviese allí la señora. Las malas hembras no la avisaron en qué forma había de entrar D. Alonso, y con este descuido, viólo entrar en forma de un hermoso caballo.

»Cuando ella lo vió, espantada, comenzó á dar gritos y quedóse amortecida; volvió con algunos remedios que le hizieron, y comenzó á quejarse de las malas mujeres y á publicar y descubrir lo que estaba secreto.

»Vino luego el caso á noticia de los señores inquisidores, y, hecha su diligencia, prendieron á D. Alonso y á las hechiceras. Estuvo don Alonso mucho tiempo en una cárcel estrecha, y al fin le soltaron, por haber hallado que D. Alonso estaba inocente de todo el caso; pero, no obstante esto, le mandaron que burlando ni de veras entrase en casa de las Camachas.» [32]

---

[32] *Libro de cosas notables que han sucedido en la ciudad de Córdoba y á sus*

No pararon aquí las aventuras del noble mancebo con aquéllas. Con ocasión de unas fiestas que se celebraron en Montilla, vinieron de Córdoba muchos caballeros. Por curiosidad vana, y atraídos por la fama de las Camachas, fueron á visitarlas, y ellas, con la afición que conservaban á D. Alonso, rogaron á sus camaradas que, acabadas las fiestas, se lo trajesen, «porque era cosa que les importaba mucho». Hiciéronlo así, y con engaños llevaron una noche á casa de las hechiceras al asendereado mozo. «Estuvo el pobre caballero—prosigue nuestro autor—harto inquieto y sobresaltado; parecía que el corazón le decía lo que le había de suceder de aquella visita. Vino, al fin, á noticia de aquellos señores [los inquisidores], los cuales le volvieron á prender de nuevo. Sospechóse que, por la reincidencia, saldría mal de aquel negocio: fué Dios servido que las Camachas se desdijeron de lo que habían dicho contra él, y con esto dieron orden los inquisidores que un día señalado le soltasen de la cárcel», [83] como, al cabo de ciertos incidentes que no hacen al caso, se hizo, con extraño contento de la ciudad toda.

De los protagonistas de esta historia, la de aquellos tiempos no nos ha conservado más raras noticias que las apuntadas. Las Camachas,

---

hijos en diversos tiempos—Mss. de la R. Acad. de la Historia, D.-129; ff. 62 vto. á 64 vto. En la misma Biblioteca se conserva otra copia manuscrita de esta un tanto fantástica miscelánea. Tiene por signatura *C.-163;* el suceso de las Camachas está contenido en los *folios 87 al 91* y en idénticos términos.

Según el mismo anónimo historiador, D Pedro Núñez de Herrera había tenido á su hijo D. Alonso en una hermana del Rey de Túnez, que trajo á Córdoba, y con quien casó de vuelta de la expedición del Emperador Carlos V á Argel, emprendida en los años de 1533 á 1534. Como el caso de D. Alonso ocurrió «siendo ya mancebo para casarse», ó sea cerca de los veinte años, coloco la fecha de estos encantamientos (¡si hay que creer en ellos!) sobre 1555, 1556 ó 1557. Béthencourt, al trazar la historia de la casa de Priego, enumera la del Bailío de Lora y la de su hijo D. Alonso, desdeñando por conseja y patraña la especie caballeresca de su origen, aunque confiese que ignora cuál pudo ser su madre. Lo más interesante que apunta es que en 1561 D Alonso de Aguilar estaba en tutoría y curadoría, por ser menor de edad. Alrededor de este año debió ocurrir, pues, el intento de hechicería de las Camachas.—Vid. FRANCISCO F. DE BÉTHENCOURT: *Historia genealógica y heráldica de la Monarquía Española, Casa Real y Grandes de España.*—Madrid, 1905. Tomo VI, pp. 345 á 349.

[83] *Libro de cosas memorables.*—Mss. cit., loc. cit.

después de sufrir pacientemente varios encorozonamientos y no pocos azotes (liviana pena para la maldad y pertinacia de sus embelecos), debieron de finar tranquilamente, y en los brazos del diablo, en la villa de Montilla. [84]

---

[84] Analizando D. Eustaquio F. de Navarrete el *Coloquio*, dice: «Muy de propósito se detiene [Cervantes] en dar noticias de la hechicera Camacha, famosa bruja que vivió en Montilla, y de quien, como de personaje importante, hubo de escribirse particular historia, que se ha conservado manuscrita.—*Bosq. hist. de la nov. esp.*, op. cit., p. XLIV.

No dice dónde ni por quién. ¿Aludiría al *Libro de cosas memorables....*, del que abundan las copias? ¿Á su proceso por la Inquisición cordobesa? He aquí las noticias que he podido reunir sobre este interesante extremo de la investigación cervantina.

Cuenta D. Luis M. Ramírez y de las Casas-Deza, en su biografía de D. Manuel M. de Arjona, que cuando los franceses ocuparon á Córdoba, en 1810, comisionaron al poeta para que llevase á cabo la extinción del Tribunal del Santo Oficio. «Aconsejábanle los empleados del Rey José—relata aquel escritor—, unos, que todos los papeles, indistintamente, se quemasen: otros, que se hiciese de ellos una biblioteca curiosa, para pública diversión y ludibrio de aquel Tribunal (!); otros, en fin, que se separasen todas las causas, y que á los que aun vivían se les entregasen las suyas: consejos que Arjona juzgó á cual más insensato. Éste dividió los papeles en tres clases: en la primera puso las causas célebres conducentes para la historia literaria, las cuales se conservaron, formando de de ellas inventario particular; en la segunda colocó las pruebas de limpieza, que se guardaron como útiles á muchas familias; y finalmente, en la tercera comprendió *las causas ya inútiles, que se quemaron con la debida reserva*. (Biblioteca de Autores españoles. Tomo LXIII, pp. 501-502.)

¡Valiente hazaña! ¡*Útiles!* ¡*Inútiles!* ¿Y quién le podía decir al afrancesado Arjona cuáles lo eran y cuáles no, del Archivo interesantísimo de aquel calumniado Tribunal? Mezquino, en verdad, debió de ser su criterio, porque á la postre, ora debido á los *ilustrados* y *patrióticos* oficios del poeta, ora acaso á los desamortizadores de años después, la limpia de causas criminales de aquel importantísimo depósito fué casi absoluta, y hoy no quedan de procesos criminales más que dos de comienzos del siglo XVI, habiendo desaparecido los restantes y entre ellos el que debió formarse á las Camachas. Con mil pormenores de inestimable valía para la historia de la superstición y de la literatura popular, como por los trabajos de Rodríguez Marín se toca. ¡Gran lástima! Ni siquiera gozaron de la benigna suerte de los papeles de la Inquisición de Valencia, rescatados del poder de un pirotécnico, cuando llevaba quemados buena parte de ellos! ¡Y éste fué el donoso modo que tuvieron los afrancesados y desamortizadores de ayudar al esclarecimiento y verdad históricos del *temido* Santo Oficio!

Más trágico fué el remate de D. Alonso. Acompañó al Rey don Sebastián de Portugal en la infeliz jornada de África, y supo morir al frente de los suyos como buen español y cristiano caballero; [85] que no empecían á muertes tan gloriosas la creencia y afición pueriles en brujas, aojaderas y encantamientos.

Todos estos sucesos y otros muchos análogos, que no constan documentalmente, pudo conocer y, sin duda, conoció Cervantes, al tiempo que otorgaba en Montilla, en 1592, carta de pago ante Andrés Capote, escribano de número, de unos míseros reales recibidos á cuenta de su sueldo de comisario.

Si la existencia de aquellas reales hechiceras, las Camachas, muda-

¡Mana sangre semejante conducta! ¡Y chorrea salvajismo y barbarie! Ello es, ahorrando comentarios, que su desaparición, bien dolorosa, lo es aún más para este punto del *Coloquio*, donde el hallazgo de la causa de las Camachas nos hubiese permitido reconstituir una gran figura cervantina. Y resucitando el auténtico modelo que guió la pluma de Cervantes, hubiese cabido analizar, á todo sabor, lo que la crítica del día llama *procedimientos literarios*. ¡Bárbaros.....!

En mi afán, sin embargo, de averiguar cuantos datos pudieran proporcionarme sobre estas famosas hechiceras los autos inquisitoriales, busqué en los de Córdoba con empeño, ya que no sus procesos, los expedientes de *secretos de bienes*; no hallé, desgraciadamente, nada que á ellas pueda referirse. Yendo más allá aún. en las *Relaciones* que de causas y personas estantes en las cárceles mandaba el Santo Oficio de cada región al Consejo Supremo, pueden rastrearse á veces causas perdidas; las de la Inquisición de Córdoba (Inquisición de Corte, leg. 73) tampoco nos dan, sin embargo, ningún dato aprovechable para las Camachas Solamente en una *Relación de las personas que quedan en las cárceles del Santo Oficio de la Inquisición de Córdova á 21 de Septiembre de 1574*, aparecen dos brujas de Montilla, contemporáneas de las Camachas. «Marina de Brizuela» y «María Magdalena de Salazar, su hermana, que conffesaron spontaneamente el tracto con los demonios y pacto diabólico.» ¡Quién sabe si á la primera aludió Cervantes en este maravilloso episodio, transformando su apellido en el de *Montiela*, ya que *Montilla* era el lugar de la acción y la patria de todas! Poco amigo soy de conjeturas; mas ¡qué verosímil sería la que apunto! Esto es lo único que he podido hallar en mis insistentes pesquisas.

[85] Á la bravura y hazañas heroicas que desplegó D. Alonso en la tremenda batalla de Alcazarquivir, en la cual halló la muerte, dedicó varias páginas Juan Bautista de Morales en su *Jornada de África del Rey Don Sebastián de Portugal. Sevilla, 1622*. Reimpresa en el tomo XIX de la Colec. de libros españoles raros ó curiosos: *Tres Relaciones históricas.*—Madrid, 1884.—Vid. pp. 326 y 370 á 388.

das para el *Coloquio* en las figuras de la Camacha, la Montiela y la Cañizares, dióle bastante pie para tallar la figura de la última, sin olvidar el recuerdo de sus maestras, no es menos verosímil tampoco que con ellas entrasen en los dominios de la imaginación y pintura cervantinas otras muchas más, contemporáneas de ellas y acaso sus discípulas; porque las Camachas dejaron prosélitas en la tierra, principalmente en Priego, cuyas artes y juntas engrandecía luego la musa popular en sus romances, coplas y relaciones poéticas. [36]

[86] El citado *Libro de cosas memorables* relata otros casos de hechicerías y encantamientos ocurridos en la tierra de Córdoba por aquellos lustros (folios 177 á 179), muy fantásticos é increíbles, que inducirían á Gallardo á reputar por *papar ruchas* tales historias; pero consta, no obstante, la existencia de más brujas en Córdoba por un pliego suelto que lleva por título: *Relacion verisima en la cual se | da cuenta, de las muchas hechiceras y brujas que agora se han des | cubierto en la villa de Priego, por una maestra desta endiablada | ciencia, que en la dicha villa estaba muchos años avia: Dase cuen | ta de muchas muertes y casos feos que causó esta y otras sus com | pañeras que ella va nombrando, las quales van prendien | do por toda la tierra con muy gran cuidado. | Todo ello visto y examinado al pie de la letra, por un testigo | de vista que presente se hallo, a los tormentos y confesiones de | llas. Ympreso con licencia en Granada en casa de Martin | Fernandez, en la calle de Ossorio Año de mil | y seis cientos y quince.* (4 hojas in 8.º)—Contiene tres romances y una sátira. (Apud GALLARDO. *Ensayo*....., núm. 1 057.) He buscado con grande interés esta *Relación*, que, por la proximidad de Priego á Montilla, quizá contendría los nombres de algunas discípulas de las Camachas, y no he podido dar con ella; en la *Sección de Varios* de nuestra Biblioteca Nacional, manejada por mí con grande holgura, gracias á las amables facilidades que me dieron sus celosos y dignos conservadores, no se encuentra.

Da asimismo cabal idea de la abundancia de brujas y hechiceras en la comarca la *Colección de los Autos generales i particulares de Fé, celebrados por el Tribunal de la Inquisicion de Cordoba· Anotados i dados a luz por el Lic. Gaspar Matute i Luquin.*—Córdoba. Imprenta de Santaló, Canalejas y Comp., s. a. (1836); in 12.º, 296 páginas.—D. Luis María Ramírez de las Casas-Deza, verdadero colector de esta recopilación, reprodujo ó extractó, entre otras, las *Relaciones* de los autos de fe celebrados en 1625 y 1627; la primera, del licenciado Páez de Valenzuela, y anónima la segunda, pero quizá también debida á su pluma. (Vid. GALLARDO. *Ensayo*....., número 3 330, y VALDENEBRO: *La Imprenta en Córdoba.*—Madrid, 1900, número 125, edición distinta de la citada por aquél.) Salieron en ellos varias hechiceras: Catalina de Salazar, Ana de Jódar, Francisca Méndez, cuyas artes hacíanlas hermanas legítimas de las Camachas

Las notas que el supuesto Matute puso á los *Autos* son tan volterianas, in-

Las descripciones brujiles cervantinas en nada desdicen de la historia honda, formal y secreta de los procesos inquisitoriales ni de las actuales prácticas, conservadas por la tradición; y allí es donde se confirma cómo Cervantes no acudió (no ya sólo por impedírselo la cronología, sino por no necesitarlo) á la *Relación del Auto de Logroño*, como fuente inspiradora de su pluma.

Aunque coincidiendo en el fondo esencial, común á todas estas prácticas, otros son los caracteres y colores que distinguen los humildes conventículos castellanos de los populosos aquelarres vascos.

Vengamos, pues, para conocerlos, al pueblo mismo: metámonos en el riñón del reino de Toledo, por Villarrubia, por Casar, por Tórdelaguna, y, como cualquiera de aquellos incrédulos licenciados que rogaban á una bruja les llevase á una junta del diablo, para experimentar por sí sus untos y adoraciones, [87] acudamos nosotros también á una de las más famosas, á Catalina Mateo, ó á la Olalla Sobrino, contemporáneas de Cervantes y vecinas de su misma patria, sin miedo al Santo Oficio ni á sus temibles familiares; que un siglo casi justo ha que lo abolieron los doceañistas gaditanos.

El pueblo escogido para nuestra excursión nocturna sea cualquiera de los de la Mancha; la hora, pasadas de las once, á la media noche, como más propicia y favorable para conocer al diablo; y si es tiempo de pascuas, miel sobre hojuelas; que en tales fiestas se alborozan y regocijan singularmente los malignos espíritus infernales. El lugar de la casa, la cocina, obscura y misteriosa, alumbrada por la tenue luz del mísero candil, ó por el reflejo rojizo de las ascuas. Por los rincones ó en los vasares observará el lector curioso conmigo las armas y utensilios de la hechicería (que no hay bruja alguna que deje de practicarla):

---

solentes é impías como las de Moratín, á quien tiró á imitar, haciendo su hombrada; sólo que, faltándole el ingenio fino y sal ática de Inarco Celenio, sus gracias desmáyanse de tontas, frías y trasnochadas, ¡que este castigo lleva quien, entrando de *matute*, se mete á lo que ni Dios ni el diablo le llaman......!

[87] El caso es muy antiguo y proverbial en los tratados de magia. Torquemada lo relata tomándole, acaso, de Grillando ó del *Malleus maleficarum maleficas et earum heresim*..... (Colonia, 1486, 4.°), de H. Institor et Iacob Sprenger, obra de fama universal en la materia y que él saqueó bastante. (Vid. *Jardín de flores*....., op. cit., ff. 151 á 152. Cito por la edición de Medina. Cristoval Lasso, 1599; in 8.°)

son infinitos, complicados, de una variedad y capricho extraordinarios. Estampas de Santa Marta, San Herasmo ó San Cristóbal, pegadas á las paredes; clavos hincados tras de la puerta, bolsillas de paño, rojo por una vuelta y azul por otra, conteniendo sogas de ahorcados, ochavos de verdugos, barajas de 41 naipes, polvos quemados de piedra alumbre, piedra imán, cabos de cera blanca, hilillos de ombligo de niños, habas de mar y caracolillos, figurillas de cera y atravesadas en ellas alfileres y agujas, sesos de asno, hienda de lagartos y otras mil porquerías; sin que falte su sapo entre dos velas, ó su bien cuidada maceta de valeriana, regada con vino, muy propia para hechizos. [38] No son menester, sin embargo, para nuestra prueba; sólo una olla de barro, oculta en un rincón, será el poderoso talismán de la jornada.

En la cocina se encuentran dos, tres mujeres á lo sumo; salvo alguna moza, curiosa y principianta, como se verá luego, todas son viejas, feas, altas y huesudas, ó arrugadas y contrahechas, de mala catadura, ojos de harpía, pelo revuelto, canoso y desgreñado, que les cae sobre el sucio y miserable corpiño. No hay que forzarse mucho en buscar el tipo: la Cañizares, tal como la ideó Cervantes, lo llena con exceso; vale

---

[38] Todos estos ingredientes y elementos están sacados uno por uno de las causas de hechicería de aquellos tiempos, con otros que callo por poco limpios. (Vid. Inquisición de Toledo, leg. 82, núm. 1, leg. 85, núm. 56, leg. 86, núms. 71 y 91; leg. 87, núm. 101, y leg. 88, núms. 122 y 126.)

No he querido acudir á los testimonios literarios, que son también muy ricos, para componer mi descripción sólo con elementos auténticos y desconocidos. En la *Tragicomedia de Lisandro y Roselia*, Celestina se ufana de poseer «hieles de perro negro macho y de cuervo, tripas de alacrán y cangrejo, testículos de comadreja, meollos de raposa del pie izquierdo, pelos priápicos del cabrón, sangre de murciélagos, estiércol de lagartijas, huevos de hormigas, pellejos de culebras, pestañas de lobo, tuétanos de garza, entrañuelas de torcecuello, rasuras de ara, gotas de ólio y crisma......» (Colec. de lib. raros y curiosos.—Madrid, 1862; p. 74.)

No menos rica, aunque no tan extravagante, es la relación de aquella hechicera, amiga de Agustín de Rojas: «habas, verbena, piedra, pie de tejón, soga de ahorcado, granos de helecho, espina de erizo, flor de hiedra, huesos de corazón de ciervo, ojos de loba, ungüentos de gato negro, pedazos de agujas clavadas en corazones de cabritos, sangre y barbas de cabrón bermejo, sesos de asno, y una redomilla de aceite serpentino, sin otras invenciones de que no me acuerdo».—*El Viaje entretenido*....., op. cit., lib. I, f.º 15.

Tampoco olvidó *La Celestina* estos instrumentos. (Acto I.)

él solo un museo y sobrepuja á las geniales concepciones de los Teniers, los Platinir y los Zuloagas.

Dos de aquellas hembras son brujas antiguas y avezadas; la tercera, más joven, es una novicia que aquella noche va á experimentar, por vez primera, los halagos misteriosos del diablo.

Vencidos sus últimos escrúpulos y repugnancias, Juana la Izquierda, [39] maestra de todas, comienza la ceremonia invocando al demonio dentro del necesario cerco. [40] Para hacerlo, desnúdase en carnes, suelta su cabello, ralo y canoso, de modo que le cubra las espaldas, ase de una escoba de palma, perfumada previamente con alcrebite, adorna su palo con una toca, [41] y barre, ante todo, el espacio del suelo destinado á contener el cerco.

Traza luego en el suelo, con carbón ó con sus mismos cabellos, un círculo, colocando en su contorno sal, carbón y azufre, y desgreñada y desnuda, entra en él con la escoba y una candela encendida, y comienza á barrer la sombra que de su cuerpo proyecta la candela, diciendo en voz baja al mismo tiempo:

> Ven, ven, marido,
> Cara de cabra,
> Que más vale lo mío
> Que tu barba;

---

[39] La descripción del aquelarre castellano, que sigue, es en un todo auténtica y legítima. Nada, absolutamente nada, tiene de fantasía. Creo que hasta los mismos adjetivos pertenecen á las causas inquisitoriales.

Por de contado, no he utilizado ningún detalle de las *Relaciones* que poseo del *Auto de Logroño*. Por varias causas: para separar, primero, la brujería en la Mancha y Andalucía de la de Navarra; y, después, porque siendo tan conocida ésta, y estando sus descripciones en las manos de todo el mundo, poca novedad hubiera argüido mi trabajo si hubiera aprovechado uno siquiera de sus elementos. En cambio, las causas inquisitoriales han permanecido, en su mayoría, inéditas hasta ahora, y ya que no otros rasgos mejores, éste al menos podrá ostentar mi pintura. Iré citando uno por uno los legajos de donde están tomadas las noticias del texto.

[40] *Causa contra Juana la Izquierda, vecina de Casar, y Catalina Mateo y Olalla Sobrino, vecinas de Alcalá.*—1598-1609.—*Inquis. de Toledo*, leg. 88, número 128 —Interesantísima para la materia brujil.

[41] *Causa contra Quiteria y Lorenza de Luna.*—1604-1609.—*Ibidem*, leg. 89, número 150.

y esto por tres veces consecutivas, mientras las otras dos ayudantas, que están fuera del cerco, cooperan á la invocación rompiendo á decir con lastimeras voces:

> Ven, Belcebú, ven,
> Ven, Satanás. [42]

Si los diablos andan remisos en acudir á estas llamadas, no faltará una de las tres brujas que, abrazándose á las llares ó cadena pendiente de la chimenea, para colgar el perol, comience desde allí á invocar á los diablos y á sus siete capitanías. [43] De ordinario no son tardos ni perezosos los malos espíritus; sino que por el hueco ó cañón de la campana [44] princípianse á oir palabras extrañas, grandes gritos, ruidos mezclados con confusión y estruendo, de los que se destaca una gran voz que dice: ¡guárte, guárte! [45] ¡Es el momento de la aparición del demonio!

La forma tradicional en que se presenta es bien conocida: la del grosero macho cabrío, armado con gran profusión de cuernos, largas uñas y aspecto horrible y temeroso. [46] No siempre es la única: otras semejanzas toma de perros, gatos, conejos, [47] lobos, [48] mulas pardas, [49]

---

[42] *Causa contra Catalina Gómez, vecina de Toledo* —1532-1535.—*Inquis. de Toledo*, leg. 87, núm. 101.

Juana Dientes, la famosa bruja de Madridejos, usaba esta parecida invocación:

> Ven cabra, hi de cabrón,
> Que más vale lo mío
> Que quantos de ti son.

Causa contra Juana Dientes y Martínez.—1537-1553.—*Inquis. de Toledo*, legajo 90, núm. 167.

[43] *Causa contra Mari Sánchez Cebolla* —1548-1549.—*Inquis de Toledo*, legajo 95, núm. 255.

[44] *Causa contra Juana Dientes y Martínez, vecina de Madridejos.*—1537-1553.—*Inquis. de Toledo*, leg. 90, núm, 167.

[45] *Causa contra Catalina Gómez*, loc. cit.

[46] *Causa contra Juana la Izquierda*, loc. cit.

[47] *Causa contra Catalina Gómez*, loc. cit.

[48] *Causa contra Ana María García* —1648— *Inquis de Toledo*, leg. 86, número 86.

[49] *Causa contra María de Espolea*, alias *La Pastora.*—1640.—*Inquis. de Toledo*, leg. 85, núm. 68.

si es que, presumido y vanidoso, no entra vestido de negro, con negra barba y negra gorra también. [50] Las brujas antiguas presentan á su señor la neófita; abrázala el demonio, y bailan todas cuatro alrededor del fuego, en señal de contento y regocijo, hasta que el diablo desaparece nuevamente. [51] Recógense á la lumbre las xorguinas; desnúdanse todas con presteza hasta de la camisa misma, y tomando la olla de barro, úntanse las coyunturas de los pies y de las manos, diciendo al mismo tiempo la oración á Satanás, ú otras fórmulas y palabras misteriosas. [52]

  Lucifer,
  Hijo de Príncipe,
  Sobrino de Corer,
  Pan y quesito—te daré á comer.
  Lo que te pidiere—dámelo á entender
  Por hombre que pase, ó agua que vacie,
  Ó perro que ladre;

---

[50] *Causa contra Juana Dientes*, loc. cit.

Ana María García en su causa, loc. cit., declaró: «que estando bailando una tarde, avra cuatro años, al ponerse el sol, se le apareció un bulto negro de hombre con quernos á los lados de la frente, y aunque luego que lo bió se turbó y cayó en el suelo, boluiendo á levantarse bió que todavía estaua junto á ella, y entonces la assió del brazo derecho y la echó en tierra y dixo que se lebantasse, y auiéndolo hecho y assiéndola del mismo brazo, el bulto la dixo si le ofrecía aquel brazo, y le respondió que se le ofrecía, y él la boluió á dezir, que bien sabía que aquel brazo era suyo, que no se olvidasse dello, y ella le dijo de nueuo que sí y que le ofrecía el brazo y que no se olbidaría, y el la prometió hacer mucho bien y que la aparecería á cualquier parte que fuese.....» «de allí á quince días, estando también bailando á la mesma hora, el dho. hombre ó bulto, vestido de pardo, con sombrero negro y el rostro blanco, con cuernos y los ojos muy hundidos se le apareció, y sin hablar palabra se desapareció luego..... y se le boluió á aparecer en figura de perro..... y después de ordinario en figura de lobo... »—*Inquis. de Toledo*, leg. 86, núm. 86.

No siempre es negro el vestido del demonio. también usa del encarnado, color de fuego, natural elemento en que habita. Así se le apareció á Juana Domingo, bruja del lugar de La Regola, arciprestazgo de Ager (Lérida).—(1627).—Arch. Gral. de Simancas.—*Inquisición.*—*Relaciones de causas de fe de la Corona de Aragón*.—Libro 465; f.° 226.

[51] *Causa contra Juana la Izquierda*, loc. cit.

[52] *Ibidem.*

> Que te doy palabra, si me lo otorgas,
> De no santiguarme en la cama, ni en la iglesia,
> Ni delante de santo que encontrare. [53]

Apenas ha concluído de rezarla la última, cuando todas tres siéntense alzar un palmo del suelo, y en compañía del diablo, su maestro, otra vez aparecido, salen en vuelo por el aire, diciendo muchas veces:

> Vamos viga por viga,
> En la ira de Sancta María...... [54]

Sigamos tras ellas, por ver en dónde paran.

Las brujas y hechiceras son grandemente rencorosas. Su primera salida será á tomar venganza de sus comadres, ó de otros enemigos de quienes recibieron algún agravio. Volando por el aire llegan á la casa; cuélanse por un agujero ó resquicio de la ventana en el aposento donde duermen las madres con sus tiernas criaturas; ponen adormideras bajo las almohadas, para que aquéllas no despierten, y, ayudadas del diablo, que también asiste á la escena bajo la figura de macho cabrío, á la luz de una tea, que entran consigo, toman á la criatura y ejecutan en ella sus implacables y sordas venganzas. Ora la chupan lentamente hasta beberla toda la sangre; ora la ahogan entre sus agitados dedos; las

---

[53] *Causa contra Antonia González* — 1645-1647.—*Inquis. de Toledo*, leg. 87, número 106.

No he podido encontrar las fórmulas que las brujas manchegas decían al tiempo de untarse. No las declararon á la par de otras. Incluyo, empero, la oración á Satanás, muy empleada en la hechicería, por la semejanza grande que guardaría con aquéllas.

Fonseca escribe que las brujas de Zugarramurdi al untarse decían: «En tu nombre, señor, me unto; de aquí adelante yo he de ser una mesma contigo, yo he de ser demonio y no he de tener nada con Dios.»—*Relación svmmaria. ...*, op. cit., f° 15 vto.

[54] *Causa contra Juana la Izquierda*, loc. cit.

El informe del Dr. Béthencourt da esta otra fórmula:

> De lugar en lugar,
> De orilla en orilla,
> Sin Dios ni Santa María.

SALILLAS: *La Fascinación en España*, op. cit.; p. 32.

más veces hácenla perecer á puros cardenales y pellizcos, quebrándola las débiles piernecillas; y no faltan brujas más crueles y malvadas que las quemen por las nalguitas y los carcañares, usando de la tea que llevaron.

Si acaso despiertan á los padres los lamentos de sus hijos ó el rumor de las brujas, huyen éstas apresuradamente por el resquicio de la ventana, seguidas del diablo, para ejecutar en la misma noche, y ayudadas por él, otras fechorías de este linaje. [55]

En toda la Mancha son famosas y abundantes las bodegas; si las brujas tienen algún cosechero en la lista de sus enemigos, mal lo pasará el cuitado: aun cuando esté á muchas leguas de distancia, el diablo las transporta, lleva y mete en los lagares y cuevas donde atesora sus mostos; dan en ellas las brujas, y en un instante trasiegan por su galillo dos ó tres tinajas del vino más generoso. [56]

---

[55] *Causa contra Juana la Izquierda*, loc. cit.
Causa contra Antonia González, loc. cit.
[56] Auténtico, como todos los detalles de nuestra jira diabólica, «..... se desaparecieron y fueron á tordelaguna, y se veuieron tres tinajas de vino de cierta casa».... «otro dia se untaron..... y cada una se subio en un cabron y se fueron por el ayre, y en instante se hallaron en Radueña, y entraron en una bodega y veuieron quatro tinajas de vino tinto.» *Causa contra María Manzanares.*—1644-1646.—*Inquis. de Toledo*, leg. 90, núm. 158.
Entre las brujas del día consérvase (¡bien se comprende!) esta misma práctica. Corrobóralo el informe de D. Hugón Valle y Barroso, de Cabañas y Castroserna (Segovia). «Los untos de las brujas—dice—producían la virtud de convertirlas en algún animalucho, como ratón, hormiga, perro, gato, etc. Mediante esta metamorfosis, podían introducirse libremente en las bodegas, y allí bebían hasta alegrarse soberanamente, bromeando después, bien montadas en escobas y por el aire, ya bailando una danza extraña al son de destemplado tamboril. En cierta ocasión iba á ingresar una bruja nueva. Las otras, antes de aplicarle el referido ungüento, habíanle advertido repetidamente que no pronunciase ciertas palabras. Hecha la unción, dirigiéronse todas á la bodega del tío Martín. La novicia, como no estaba acostumbrada á refrenar la lengua, satisfecha de su primera libación, exclamó: «¡Jesús, y qué buen trago he echado!» En el momento quedaron todas en su forma ordinaria, sin poder salir del local. A la mañana siguiente llegó el tío Martín con un jarro para llevar vino; el buen hombre quedóse sorprendido al encontrar allí aquellas mujeres, quienes, aprovechándose de la turbación del dueño, huyeron cada una por su lado.» (SALILLAS: *La Fascinación en España*, op. cit., p 28.) Apunto estas minucias porque prue-

La alegría que el Yepes ó el San Martín comunica á ellas y al diablo, partícipe también de estas borracheras, se traduce en avivar sus dormidos miembros, reclamando asueto y regocijo.

Con no pequeño ruido y algarada pasan por las calles del pueblo, donde si algún vecino indiscreto sale á la puerta de su casa, para indagar el origen, topa con él el tropel de las brujas, péganle en los vestidos las mixturas con que se untaron, y que conservan aún su virtud pasmosa, y llévanle también por los aires, mal de su grado, hacia las afueras del lugar, donde comienzan, en un prado ó sobre las eras, sus excesos, bailes y desenfados. [57]

Preséntanse allí otros diablos y brujas, y entre todos hacen un corro grande; y tañendo un adufe, á su son y al de los panderos y sonajas, bailan alrededor del disforme macho cabrío, mientras una de las brujas rompe á cantar diciendo:

¡Qué buena es la ruda!

y responden las demás:

No vale nada.

Repite luego otra:

¡Qué buena es la verbena!

y contesta el coro:

No vale nada.

---

ban, y bien hondamente, el poder extraordinario de la tradición en la brujería.

¿Quién con semejantes libaciones y tragos no se explica el estado de las brujas, sus relaciones fantásticas y visionarias? Á la pluma se me viene un cuentecillo (que tiene todas las trazas y sospechas de sucedido), oportunísimo en este lugar. Una vieja beata, rezadora y abrujada, relataba á su confesor las gracias y visiones santas con que, al su entender, la favorecía el cielo. «Sobre todo, padre —concluía—, todas las noches, después de la cena, se me aparece una de las tres personas de la Santísima Trinidad unas veces es el Padre, otras el Hijo, y á menudo el Espíritu Santo.» Miróla socarronamente el religioso, y la preguntó: «Y dígame: ¿bebe usted algún vino al tiempo de la cena?» «Sí, padre—respondió la beata—; tomo un cortadillo de Arganda.» «Pues mire—agregó aquél—: tómese otros dos encima, y verá todas las noches la Santísima Trinidad completa.»

[57] *Causa contra Juana la Izquierda*, loc. cit.

Entra una tercera cantando:

> ¡Qué buena es la hierbabuena!

y merece igual respuesta:

> No vale nada;

hasta que hay una que dice, finalmente:

> ¡Qué bueno es el orégano!

y entonces responden todas alborozadas:

> El orégano es bueno.

Y á cada uno de estos cantos bala el macho cabrío, y cada vez que bala, las brujas le adoran y le besan en parte nada limpia. [58]
En señal de contento de ser bueno el orégano, saltan y palmotean, cantando todas á una, mientras bailan:

> Huevos cocidos,
> Para nuestros maridos;
> Huevos asados,
> Para nuestros enamorados,
> El carnero
> Para mí lo quiero,

y entre tanto, el demonio anda entre ellas haciendo *run*, *run*, y otras cosas, en verdad, poco aromáticas. [59]

Los desenfrenos eróticos y lujuriosos abren entonces su torpe camino, cuando no se efectúan en la misma cocina donde se inició, horas antes, la diablesca zambra. [60]

Mas desenfados son éstos que el prudente Berganza omitió en su relación movidísima, por no escandalizar las castas orejas de Cipión; y como tengo las del lector por tanto ó más honestas que aquéllas, acabo aquí la pintura del aquelarre manchego, dejando á las brujas en manos del diablo, que las transporta nuevamente al lugar de donde salieron.

---

[58] *Causa contra María de Espolea, la Pastora,* loc. cit.
[59] *Ibidem.*
[60] *Causa contra Juana la Izquierda,* loc. cit.

Aún en el retorno dejarán correr sus bromas, sacando á algún dormido lugareño de su cama y en camisa á la puerta misma de la calle, que también tienen poder para estas chanzas; [61] pero ya asoma el alba en el horizonte y cantan los gallos, y una y otros son implacables enemigos de las brujas.

Acógense, pues, de vuelta á la cocina; desaparece el diablo, y toman sus vestidos, murmurando otra vez y muy aprisa, al tiempo de ponérselos, la misma satanesca formulilla con que iniciaron horas antes su saturnal orgía:

> Vamos viga por viga,
> En la ira de Sancta María.
> . . . .
> . . . .

¿Fueron acaso muy corrientes y propagadas en Castilla estas prácticas brujescas?

---

[61] *Causa contra Juana Dientes*, loc. cit.
También este mismo pormenor se conserva en el día.—SALILLAS, *La Fascinación en España*, op. cit., p. 28.
No siempre, claro es, se celebra el aquelarre en la forma descrita. Cada bruja tiene su rito, que guarda como privilegio. María Manzanares, por ejemplo, hacía en su casa un altar, sin imagen alguna, poniendo en él dos velas de cera encendidas, é invocaba á los demonios diciendo:

> Ven acá, Barrabás;
> Ven acá, Satanás;
> Ven acá, Berzebud;

y untándose con sus perfumes debajo de los brazos y en los muslos, al instante se aparecían muchas brujas y un brujo en medio, caballeras cada una en un cabrón negro, y el brujo en otro, todas en figuras de demonios, y bailaban, sacándolas á bailar el brujo, al son de unos panderos que traían; y tras otras ceremonias indecorosas, que omito, poniéndose cada una en su cabrón, desaparecían por los aires, diciendo todas:

> De cabrío en cabrío
> Con la hija del diablo,

para acabar metiéndose en una bodega de Tordelaguna, «donde se bebieron tres tinajas de vino».—*Causa contra María Manzanares.*—*Inquis. de Toledo*, legajo 90, núm. 158.

Aquí encaja con gran oportunidad la separación hecha en un principio entre la brujería propiamente tal y las restantes muestras y manifestaciones supersticiosas; pudiendo asegurarse que en Castilla y Andalucía fueron, á la verdad, muy escasos los aquelarres, y, en general, la magia negra ó diabólica.

Los procesos inquisitoriales, archivo principal de estas torpezas, ricos en causas de hechicería, son de una extremada pobreza en cuanto á las de brujas, que pueden contarse con los dedos, sobre todo, después del auto de Logroño y de las predicaciones que le siguieron.

No sin fundamento el mismo Cervantes, al describir las excursiones nocturnas de la Cañizares, trasládala desde Montilla nada menos que á un valle de los Montes Pirineos; cuerdamente, porque en Navarra es donde tienen su asiento los conventículos infernales, no en las cálidas llanuras de Castilla, ni en los olivares andaluces. [62]

Cuando en las Cortes levantó su grito de protesta contra las hechiceras algún procurador, como Rodrigo Sánchez Doria, quejándose de que, aunque las justicias eclesiásticas y seglares prendían y castigaban á las que hallaban, no lo hacían «con la entereza, rigoridad y cuidado que el caso requiere», para nada se acordaba de las brujas ni aquelarres, que ni siquiera mienta, con ser el celoso Jurado conocedor y experto en las artes de magia. [63]

Sea por lo que fuere (que á pecar de prolijo me llevaría el tratar de sus causas), España, en aquellos tiempos, levántase sobremanera sobre otras naciones, reputadas como más liberales y progresivas, donde las brujas campeaban en verdaderas legiones, y su exterminio y castigo

---

[62] En Cataluña, por su proximidad á Francia, no faltaron tampoco. Conozco un muy curioso *Contrato relativo á la expulsión y castigo de los brujos y brujas del valle de Castellbó (Lerida)*, celebrado el día 5 de Agosto de *1637*, entre el *gobernador de dho. valle y los cónsules y concejo del mismo.* El gobernador se comprometía á capturar por su cuenta y gasto todos los brujos y brujas de la tierra, y por cada uno que fuese sentenciado como tal, recibiría de los cónsules, Universidad y Concejo 25 libras. (Acad de la Historia, Mss. E, número 129.)

[63] Presentó su proposición, enumerando las supersticiones más corrientes en su tiempo, sin mentar, como digo, las de brujería, en 10 de Junio de 1592. *(Cortes de Castilla.*—Tomo XII, 82 á 85.) Se trató largamente de ella en 7 de Marzo de 1595. *(Ibidem,* XIII, 488-492.)

dejaba tras sí anchos regueros de sangre y humeantes y no apagadas hogueras. [64]

Bien é imparcialmente lo han notado otros autores; y por si sus pruebas y testimonios no fueran bastantes, acúdase á los de la litera-

---

[64] Vid. ICAZA: *Las Novelas ejemplares*..., donde con mucha valentía y erudición trata este punto (op. cit., 216-218).

En Alemania y Francia eran *quemadas vivas* todas las brujas, cometiéndose verdaderos horrores en su exterminio.—Vid. JACOB: *Curiosités infernales*......, (op. cit., 79, 80, 92 y passim.)

«Ce qu'il y a eu de victimes réelles pour tant de crimes imaginaires,—agrega otro historiador—ne se peut dénombrer aujourd'hui. La science de la statistique, toute problématique qu'elle peut être sur un pareil sujet, ne reste pas néanmoins muette. De l'ensemble de ses calculs, on peut conclure qu'il y eut plûs de bûchers allumés au déclin de la sorcellerie, qu'á l'époque où la magie du Moyen Age se confondait avec la science et mêlait ses sombres mystères aux débats de la théologie. En spécifiant les degrés du crime parmi ceux qui se livraient aux sciences occultes ou qui abandonnaient leur âme á Satan, la jurisprudence devint impitoyable. Elle le fut surtout au delà du Rhin. *Si quinze mille individus succombèrent, par exemple, depuis le temps de la Renaissance jusqu'en 1628, il eu périt cent mille à partir de cette époque jusqu'en 1660.* (Voy. CONRAD HORST: *Bibl. Magique.*) En France, les grands procès de sorcellerie, ceux où figurent Gaufridi, Urbain Grandier, la Voisin, Charles et Urbain Pelé, Franchillon, et tant d'autres, datent du dix-septième siècle. *Il y a des dates et des chiffres qui mettent à neant bien souvent toutes les conjectures de la philosophie;* et l'histoire verra toujours avec surprise que le siècle où parut Newton fut aussi celui où le plus grand nombre de bûchers s'allumèrent pour punir les crimes prétendus de magiciens et de sorciers»—FERDINAND DENIS, Conservateur de la Bibliothèque Sainte Geneviève, en *Le Moyen Age et la Renaissance*......—París, 1851, tomo IV, f.º xxxii.

Estos horrores ocurrían no sólo en el siglo en que nació Newton, sino en plena y decantada *Reforma* ¿Dónde quedan las cifras de sus suplicios junto á las de la Inquisición española, tan combatida y difamada por quienes no se han tomado siquiera la pena de repasar las *Constituciones* de Valdés ni leer uno solo de sus procesos? Henry Charles Lea, en su magnífica y ya citada obra, *A History of the spanish Inquisition*, discurrió largamente sobre los servicios prestados por la Inquisición á la causa de la humanidad, deteniendo, merced á una represión benigna y cauta, la ola de superstición que invadió las comarcas todas de Europa, durante los siglos XVI y XVII. Suyas son estas notabilísimas palabras dedicadas á juzgar la conducta del Santo Oficio, tanto en Roma como en España. «Thus the two lands in Christendom, in which the Inquisition was thoroughly organized, escaped the worst horrors of the witchcraze. The service

tura supersticiosa, tan pródiga y abundante en Francia [65] como escasa y pobre en España; que el librillo de exorcismos del maestro Céspedes quizá se aplicaría contra las orugas y arañuelas, ratones, langostas y gusanos; pero poco servicio harían, ciertamente, las oraciones y rúbricas recogidas por el buen monje Bernardo contra las brujas. [66] En

---

rendered, especially by the Spanish Holy Office, in arresting the development of the epidemics so constantly reappearing, can only be estimated by considering the ravages in other lands where Protestants, who had not the excuse of obedience to papal authority, were as ruthless as Catholics in the deadly work.» (Op. cit., vol. IV, 246.) Y á continuación enumera los horrores cometidos en Europa por aquellos tiempos contra las brujas. En Francia, Nicholás Remy se jactaba de haber quemado 900 xorguinas en quince años. En Alemania se calcula en 100.000 (!!) el número total de sacrificadas durante el siglo XVII. Solamente en 1609, en el espacio de cuatro meses, quemó en la tierra de Labour 100 brujas un Tribunal civil, comisionado al efecto por Enrique IV. En la Gran Bretaña ascendieron á más de 30.000 las víctimas sacrificadas por el fanatismo civil. (Vid. op. cit., vol. IV, 246-247.) ¿Quién se atreverá con estos datos á tachar de cruel á nuestro Santo Oficio, que con su progresivo y profundo criterio evitó tales matanzas?

[65] Vid. la larga lista de obras tocantes á todos los géneros de Magia, en *Le Moyen Age et la Renaissance......*, op. cit., tomo IV, ff. XXXII y XXXII vto.; y en Brunet: *Manuel du Libraire......*, París, Didot, 1860-1865; tomo VI, pp. 530-534.

[66] *Libro de | conjuros, | contra tempestades, | contra orugas y arañvela, | contra duendes, y bruxas, contra peste, y males có | tagiosos, contra rabia, y contra endemoniados, | contra las aues, gusanos, ratones, langostas, y có | tra todos qualesquier animales corrusivos q̄ da | ñan viñas, panes, y arboles de cualesquier semi | lla: aora nueuamente añadidos. Sacados de | Missales, Manuales y Breuiarios Ro | manos, y de la Sagrada | Escritura. | Compuesto y ordenado por el padre fray Diego de Cespedes, | monje Bernardo, prior del Monasterio Real de N. | Señora la Blanca de Marcilla, y lector | de Santa Theologia | ✠ | Con licencia. | En Pamplona por la heredera de Carlos de | Labayen. Año de 1669.* Un vol. en 12.º, de III + 68 págs. dob. Por la aprobación más antigua (Pamplona, 23 de Agosto de 1626) se deduce que la primera edición debió de salir alrededor de dicho año; yo conozco otra de Pamplona, 1641, in 8.º Es librillo curioso, no en sí, que es todo ceremoniesco, sino porque patentiza las credulidades supersticiosas por la región navarra. El conjuro contra las brujas y duendes está de los folios 23 vto. á 32.

Otro librillo conozco de este mismo linaje, compuesto por el P. Fray Luís de la Concepción, Trinitario Descalzo: *Practica | de conjurar | en que se contienen exorcismos, y conjuros contra los malos espiritus de qualquier mo | do existentes*

España, de donde Menéndez y Pelayo ha dicho que «tuvieron las artes mágicas menos importancia y variedad que en parte ninguna de Europa», [67] pudieron crecer, y crecieron, en efecto, otras cizañas supersticiosas, y pudo tener sujetos la astrología judiciaria á casi todos los espíritus; mas la hechicería provocó siempre iguales dudas é incredulidades; y en lo que toca á las brujas, la misma controversia nacida sobre la verdad de sus aquelarres demuestra patentemente que no se dejaban vencer sus inteligencias por las declaraciones orgullosas y fantásticas de las xorguinas.

Donde se advierten más palpables estas dudas es en las mismas sentencias condenatorias del Santo Oficio. Encendíanse los fiscales, al redactar sus calificaciones, en grande indignación y celo; pero era el caso que llegaba la sentencia y las penas eran suaves y levísimas para la magnitud y maldad de los crímenes declarados por las confitentes. [68]

---

*en los cuerpos humanos.....—*Madrid, 1721; in 8.°, xiv pp. dob. + 204 sencillas.— (Bib. Real Academia Española.)

[67] *Historia de los Heterodoxos Españoles......,* op. cit., II, 670.—Vid. todo el Cap. IV del libro V, que no pasará nunca.

No faltan hoy espíritus fuertes que se indignan y escandalizan de que en España, por los siglos xvi y xvii, se creyera en brujas. Pues á los tales recomiendo que repasen la sexta plana de cualquier diario francés de gran circulación. Allí se encontrará anuncios como los siguientes:

«MADAMA CLARA: *Predice suerte, desgracia. Cartas y fichas egipcias. Desde 2 francos.*»

«PORVENIR REVELADO *Procedimientos para obtener salud, dinero, gloria. 2 francos. Envíese mecha pelo.—Madama Isolina.*»

«FORTUNA FÁCIL: *Suerte, bienestar, éxito, conseguidos consultando vidente misteriosa, fichas armenias, caldeas. 2 francos. Madama Tréfle.*»

«¡AVISO!: *Madama de Mars, la sonámbula más lúcida de París. La cartoquiromántica más reputada. Aconseja é informa sobre todo: herencias, bodas, procesos, amistad, etc. Precisión, fechas, detalles. Ella sola posee el don misterioso de quitar y echar el mal de ojo, obtener amor y amistad apetecidos, salir bien en todo. Consulta diaria desde 2 francos.—Correspondencia.*» Y como éstos y como los otros hay en la inmensa sexta plana hasta 74 anuncios, que se repiten todos los días; prueba de que son consultadas las *adivinas*. Y dígase ahora: ¿quiénes eran más bárbaros?

[68] Casi todas ellas encierran la misma fórmula: «Si el rigor de derecho huuieramos de seguir, la pudieramos condenar en grandes y graues penas; mas queriendolas moderar con equidad y misericordia *por algunas causas y justos respetos q̄ a ello nos mueven,* en pena y penitencia de lo por ella hecho, dicho y

¿Es que la benignidad de la Inquisición, innegable y verísima en la mayoría de sus causas, como de su lectura se toca, se confirmó aquí una vez más, ó, aparentando creer aquéllos, aliviaba la pena cuanto podía, excusando de castigar severamente unos delitos de los que en el fondo no estaba convencida? [69] Escoja el lector el que guste de ambos extremos; pero concluya conmigo que la represión de la brujería por el Santo Oficio de Toledo *fué suave y misericordiosa*, sin que tampoco extremara sus rigores el de Logroño, con verse allí, como se vió, perenne y no agotado el plantel de las brujas durante toda la centuria décimosexta. [70]

---

cometido la devemos mandar»..... (y aquí la pena, que, de ordinario, era reprensión pública, abjuración *de levi* ó cosa parecida). (*Inquisición de Toledo*, leg. 86, número 78.) Las *causas y justos respetos* que á los inquisidores movían ¿eran, como sospecho en el texto, su incredulidad en tales crímenes, jiras y convites? No lo sé, ni me atrevo á asegurarlo, pero sí que su benignidad y blandura fueron innegables. Á María de Espolea, bruja confitente, no la aplicaron más castigo que abjuración *de levi* (loc. cit.). Á Juana Dientes, con ser como era una *profesional* y maestra en toda la comarca, enseñando á otras muchas, y practicando la hechicería y la brujería juntamente, no recibió otra pena que salir en el Auto con una vela en la mano, soga á la garganta, coroza en la cabeza, cien azotes por mano del verdugo y cuatro años de destierro de Madridejos. Eso, en pleno siglo XVI, cuando el rigor de los inquisidores era más grande que lo fué luego. ¿Se hubiera salvado de la hoguera, ninguna de las dos, en Francia, Alemania ó Inglaterra?

[69] Esta sospecha mía hállola, después de escrita, convertida en afirmación categórica en la magistral obra de H. Ch. Lea, que juzga incrédula á la Inquisición en cuanto á la realidad de los aquelarres (op. cit., vol. IV, p. 239).

[70] No era solamente blando y misericordioso con las brujas y hechiceras el Tribunal del Santo Oficio de Toledo; lo eran asimismo los restantes del reino. El de Córdoba, por ejemplo: en el Auto de 1627 salieron varias hembras con las insignias de hechiceras: coroza y soga; diéronlas ciento ó doscientos azotes y desterráronlas del lugar donde practicaban sus artes, por cuatro ó seis años; ésta fué toda la pena. (Vid. MATUTE Y LUQUÍN: *Colección de los Autos generales i particulares de fe*, op. cit., p. 97.) En Cataluña, por extractos que poseo de procesos de hechicería, tampoco contradijo su benignidad la Inquisición. Represión pública, abjuración *de levi*, y, cuando mucho, azotes y destierro, eran las penas ordinariamente estiladas. (Vid. Archivo de Simancas. *Consejo de Inquisición.—Relación de causas de Fe de la Corona de Aragón.*—Libros 465, f.º 226, y 466, ff. 48 vto. y 136.) En América también procedía con igual blandura el Tribunal de la Inquisición de Chile.—Vid., por ejemplo: (Arch. de Simancas). *Con-*

Nadie podrá negar, sin pecar de sectario y de enemigo de la luz histórica, que la intervención del Santo Oficio en las causas de brujería y, en general, en todas las supersticiosas, evitó crueldades y rigores demasiados de la justicia seglar; que puestas en su mano las desdichadas reos, no hubieran dejado de ejecutar en ellas el rigor espantoso que en otras naciones padecieron. Claramente lo decía en nuestra misma patria el ejemplo severo de Cataluña, región á la cual, por sus fueros, no alcanzaba tan directamente el poder de la Inquisición como en Castilla, entendiendo, por lo tanto, casi siempre, los jueces seculares en las causas de las brujas, para ahorcar, eso sí, inexorablemente, á cuantas infelices, acusadas de tales, caían en sus garras; de tal manera, que en solo dos ó tres años, sobre 1619, perecieron en el suplicio más de trescientas personas convictas de brujería: [71] rigor, insisto, que en Castilla se hubiera repetido, de haber prosperado aquella rechazada proposición de los procuradores de Burgos, que en las Cortes de 1592 á 1598 pidieron «que á las maestras de este arte, *las condenen en pena de fuego*, y que en el conocimiento de las causas no se haga novedad», [72] esto es, siguiesen entendiendo en ellas las justicias ordinarias. ¡Cuántas y cuántas, pues, salvó en su misericordia el Santo Oficio! [73]

---

sejo de Inquisición. *Relación de causas de Fe. Causa contra María de Castro Barreto.*—Libro 760, 1.º, f.º 380.

A raíz del Auto de Logroño, en 31 de Agosto de 1614, y como consecuencia de los informes y excitaciones del inquisidor Salazar (á quien tan parcial é ignorantemente trató Moratín), redactó el Consejo Supremo del Santo Oficio unas *Instrucciones sobre el modo de perseguir á las brujas* (Arch. de Simancas.—*Inquisición de Logroño.* Leg. I, Procesos de fe, núm. 8), tan sabias y progresivas, que el protestante Lea no vacila en decir de ellas que son «an enduring monument to his calm good sense, which saved his country from the devastation of the witchmadness then ravaging the rest of Europe». (Op. cit. vol. IV, páginas 235-237.) Durante todo el siglo XVII constituyeron el procedimiento de la Inquisición en las causas de este linaje.

[71] Consta de una carta original de D. Martín de la Guerra, fechada en Barcelona á 26 de Octubre de 1619, donde sé lee lo siguiente: «en este Principado de Cataluña, de dos ó tres años á esta parte, an ahorcado *los jueces seglares mas de trescientas personas por brujas*, y oy tienen presas a muchas por el mismo delito.»—Biblioteca Nacional, Mss. núm. 2.440; ff. 212-213.

[72] *Cortes de Castilla.*—Tomo XIII, p. 488.

[73] No es conjetura mía: hablo con datos á la vista, que declaran un hecho

Bajo mi conciencia de investigador puedo asegurar que en las causas del Tribunal de la Inquisición de Toledo, tras de haberlas repasado todas, no he leído NI UNA SOLA en que fuera castigada una bruja siquiera con la severísima pena que los procuradores de Burgos pedían. Más

que quizás asombrará á muchos, á saber: *que las mismas hechiceras y brujas pedían ser juzgadas por el Santo Oficio, y no por la justicia seglar!!* ¿Qué tal sería el rigor de la Inquisición! Y ahí va la prueba auténtica y verídica.

Eulalia Ursola, doncella, natural de Caldes de Mombúy, obispado de Barcelona, de edad de diez y ocho años, fué testificada en 1621, ante el Bayle de Caldes de Mombúy, por seis mujeres mayores, que depusieron en tortura contra ella (y que por brujas también fueron luego *las cinco ahorcadas por el dicho Bayle*, huyendo la sexta á Francia), que la habían visto en compañía de su madre *(asimismo ahorcada por bruja)*, en las juntas que tenían todas con el demonio. Púsola presa el Bayle, negó en un principio, y apretada del tormento confesó que, en efecto, inducida por su madre, siendo muy moza, había asistido al aquelarre, por temor de los castigos con que aquélla le había amenazado. Con esta declaración y la información de las testigos, el Bayle *la condenó á ahorcar;* y lo hubiera ejecutado si por parte de la Eulalia Ursola no se hubiese presentado ante el Tribunal del Santo Oficio una petición relatando su proceso ante el Bayle y la pena de muerte que éste le había impuesto por sólo ser apóstata, delito del qual sólo podía conocer la Inquisición; «y que para darle el remedio combeniente á su alma, PEDÍA Y SUPLICAUA QUE LA MANDASEN TRAHER Á ESTE TRIBUNAL JUNTAMENTE CON SU PROCESSO». Hízolo así, avocó para su jurisdicción la causa el Santo Oficio; siguió sus trámites, *ratificóse la rea en sus declaraciones* hechas ante el Bayle, repitiendo que si renegó de la santa fe Católica y adoró al demonio, fué por temor de su madre, ser muchacha ignorante y de poca edad, pidiendo humildemente misericordia, con muchas lágrimas y promesas de cumplir la penitencia que se la mandase. Y visto por los Inquisidores, sentenciaron el proceso, fallando: «que esta rea *sea absuelta ad cauthelam* de las censuras en que puede hauer incurrido y reprehendida en la falta de las cosas que ha hecho, Y CON ESTO SEA SUELTA DE LAS CÁRCELES PÚBLICAS DESTE SANTO OFICIO DONDE ESTÁ PRESA»; «Y ASSÍ SE EXECUTÓ EL DICHO DÍA», que fué el 4 de Noviembre de 1621. (Arch. Gral de Simancas.—*Consejo de Inquisición.—Relación de las causas de Fe de la Corona de Aragón.*—Libro 465; fº 37.) Y por si el lector descontentadizo me arguye que una golondrina no hace verano, y un testigo solo no es entera fe, lea estos párrafos de un *Traslado de una Carta que el doctor Ayala, Inquisidor de Calaorra, escribió al doctor Ruesta, Inquisidor de Cuenca, sobre la materia de las bruxas.* Está fechada *a XX de otubre de 1529 años*, y en pleno descubrimiento y furor de las xorguinas navarras. Son interesantísimos é inéditos. «Manda v. m. que le ynforme de la Práctica y estilo que tienen en esta audiencia en juzgar las brujas, y en berdad, Señor, que según la

razón, humana filosofía y conocimiento de la debilidad y embustes femeninos poseían aquellos predicadores, que aseguraban que los éxtasis y sueños de las brujas no merecían curarse con penas de fuego ni otras

materia es confussa *y la muchedumbre dellas que en estas partes ay*, tenemos acá necessidad del conssejo y pareçer de tal persona de v. m. y de essos señores que le assisten en consultas que otra Audiencia ninguna; mas por obedeçer á v. m., diré lo que se practica: y es que *en esta ynquisición siempre se admiten á rreconciliaçión las que confiessan* de la manera que v. m. escriue *e ninguna de las tales se relaxa ni dexamos facultad a justicia seglar para que directa ui indirectamente entiendan mas en ellas, por muchos omiçidios que houiessen perpetrado*, y a tres años que nos tura [sic-dura] bentilar este artículo. Porque el consejo rreal de nauarra, se puso en que ellos auían de ser jueces de los omiçidios. *Y se lo e defendido como quien diçe la lança en la mano*, y sobre ello a auido muchas consultas asi en Granada como en Valladolid, *hasta que dixe que dexaria el offcio y que nunca yo rreconciliaría persona que la justiçia seglar me la obiesse de aorcar y justiçiar*»......

Tratando de las penas que imponían, añade. «lo que aquí se practica es que consideramos la grauedad é calidad de los tales delitos extraordinarios al crimen de la eregía [homicidios, venganzas, etc.] y las que se allan muy culpadas, aberiguados los delictos, después de rreconciliadas las *immuramos*, y asi están en este partido diez ó doçe entre quatro paredes...... *que persona ha auido que a confessado auer muerto a sus padres por que no los pudo tornar bruxos y ella a acauado sus dias entre quatro paredes*»...... Y para probar el delito no bastaban «dos ni tres y quatro testigos, por ser este delito tan incierto y el juicio del tan peligroso, que ya en este oficio á auido persona convencida deste delito *por siete testigos fidedignos no la osar rrelaxar;* lo que hacemos es, á las tales, atormentarlas, y si confiessan yn tortura, admitirlas á rreconciliaçión, y si el número de los testigos es grande, allende de la tortura, se mandan compurgar».—Arch. Gral. de Simancas.—*Inquisición.*—Libro 1.034; ff. 60 y 61.

Perdóneme el lector la extensión y porfía de la nota La materia y los documentos son del mayor interés. De ellos se desprende que, antes que en Italia ó en Suiza, la Inquisición había pretendido abolir la pena de muerte, ya que por delitos ordinarios, nunca la ejecutaba, reduciéndose á castigar á los reos con la pena que, en sustitución de aquélla, hoy defienden y propagan las más modernas y avanzadas escuelas criminalistas: *la inmuración.*

Escrita la anterior nota, tuve ocasión de hacerme con la soberbia *A History of the Spanish Inquisition by H. Ch. Lea*, y ver confirmados en ella, á pesar de ser protestante su autor, mis juicios sobre la conducta de la Inquisición en la represión de la hechicería y brujería. En los dos magistrales capítulos VIII y IX, que en su libro VIII las dedica (vol. IV, 178 á 247), resplandece la conducta prudente, cauta y sapientísima seguida por el Santo Oficio, opo-

graves ningunas, sino sencillamente..... con una tanda de azotes. [74] Que á esto, en puridad, se redujeron las impuestas por el Santo Oficio, aun á las más pertinaces y declaradas del territorio castellano. [75]

Cuatro palabras, por último, para acabar este capítulo. ¿Llegó Cervantes á creer en las fantásticas patrañas que pone en boca de la Cañizares?

Más difícil de lo que parece es concretar el juicio cervantino, ó de cualquier otro autor del tiempo, sobre las materias supersticiosas, y no puede concluirse categóricamente y de plano, como se han arrojado á hacer otros autores, el que Cervantes no creyera en absoluto en todos los embelecos que encierra aquella mala y fecundísima arte.

En aquella generación inquieta y atrevida, amiga de novedades, nada rutinaria ni estancada como se la pinta, sino hambrienta de lo desconocido y portentoso, ansia y afán que la llevó á conquistar la América, á recorrer la Europa entera, y aun, en la forzada quietud y soledad de sus patrios lares, á suplir aquellas andanzas y correrías por las maravillosas aventuras que les proporcionaban las *Silvas de*

---

niendo su cautela y benignidad al rigor precipitado é inconsciente de los tribunales civiles. Después de describir la lucha sostenida con éstos, para arrancar de su jurisdicción el conocimiento de las causas criminales, salvando, por ende, de la hoguera, innumerables víctimas, estampa estas terminantes palabras: «There is not question that, in most cases, the deliquents were fortunate in having the Inquisition as a judge rather than the secular courts, which everywhere showed themselves merciless where sorcery was concerned». (Op. cit., IV, 197.) Y callo, para no hacer perdurable esta nota, mil testimonios más que podrían sacarse de la citada obra. ¡Triste cosa es que vengan á enseñarnos la verdad los norteamericanos! ¡Y en nuestra casa! ¡Para vencernos dos veces.....! ¡Con las armas y con la razón!

[74] «Conocí á un padre religioso—escribe fray Martín de Castañega—que con una solemne disciplina de açotes sacó los espíritus á una semejante mujer.» (*Tratado muy sotil y bien fundado*, op. cit.; Cap. XXIII.) Este mismo risueño remedio proponía el inquisidor Joan Ramírez, según se lee en una apostilla de la *Relación que hizo el doctor don lope de ysasti*....., Mss. cit., Bibl. Nac., número 2.031.

[75] «These rules [las generales y severas de la Inquisición] were not observed; reconciliation was exceedingly rare, abjuration *de vehementi* was unusual, abjuration *de levi* almost universal, and the tribunals exercised wide discretion in the infliction of the most diverse penalties.»—LEA: *A History of the Spanish Inquisition*......, op. cit., vol. IV; p. 198.

varia lección, *Historias prodigiosas*, ú otras misceláneas de casos raros y estupendos, sin mentar la literatura típica, connatural y abonada de los libros de caballerías, la afición á lo maravilloso halló pasto abundante en que solazarse durante más de cien años. ¿Qué extraño es, pues, que, con semejantes antecedentes, la superstición, la brujería, pronósticos, agüeros y encantamientos se acogieran y propagaran, y no, ciertamente, por lo que tenían de mentirosos y obscuros, sino, por el contrario, por su espíritu fantástico innovador, [76] que la demasiada credulidad no supone, como hoy se juzga, sociedades abyectas, rebajadas y envilecidas, sino sanas, enteras y confiadas, como si, sedienta el alma de verdad y aspirando sin cesar por ella, prohijara como tal cualquiera que se le presentase con colores algo verídicos y reales?

Este carácter, en medio de todo, inocente, de las credulidades supersticiosas, lo declaraban las mismas Cortes, al tiempo de pedir que se corrigieran, «porque es delito en que muy de ordinario pecan las gentes, á veces más por ignorancia que malicia, mayormente en tierras de montañas y gente rústica; que si supiesen el rigor de la ley y ofensa que hacen á Dios, se abstendrían de ello». [77]

Cervantes en este punto no pudo, dígase lo que se quiera, sustraerse á la influencia del siglo en que había nacido: como otros ingenios preclarísimos del Renacimiento, ofrecía chocantes y bien extraños contrastes; porque, adelantándose á su época en muchas cosas, con sobrada valentía ó profundidad de entendimiento, era, en otras, de credulidad grande y lastimosa, ó, cuando menos, se dejaba arrastrar por ajenas y entonces valiosas autoridades, que creían en los convites infernales del demonio y sus iniciadas.

Bien sé que estaba muy lejos de Lope y de Agustín de Rojas, y estimaba cosas risibles y de juego aquellas agorerías que el famoso escribano zamorano había derramado en *El Bven repvblico*, de no lavarse las orejas en Marzo, ni cortarse las uñas en Mayo, ni levantarse de la

---

[76] La misma razón daba Martí, «La raíz deste vicio está en el apetito que reina en los hombres de cosas nuevas.»—*Guzmán de Alfarache.*—Parte II, Libro III, Cap. IV.

[77] *Cortes de Castilla.*—*Cortes de Madrid de 1592-1598.*—Capítulo LXIX, tomo XVI, p. 672

mesa con hambre en Junio, siendo quizá la única en que creería la predicción de Abril: «no prestéis, porque tarde lo cobraréis». [78]

¿Quién ha de sospechar siquiera que estimase por buena aquella receta para obtener un diablo familiar, que vendía una hechicera de su tiempo? «Tomad un gato negro, sacadle los ojos y haciéndole mil tajadas echadle en una redoma; y enterrada en un hoyo del corral, donde haya estiércol, al cabo de nueve meses cocerá, y se congelará el demonio, [79] presto para todos usos.» ¿Ni aquellos huevos maleficiados con que hechizaron á un clérigo, «que murió dello; que eran tres, y tan duros, que con un canto no los podían partir, hasta que con una hachuela los raxaron, y estaban por dentro azules como un lirio, y poniéndoles en el suelo bailaban sin que nadie se llegase á ellos»? [80] ¿Ni la fórmula para distinguir las brujas de las que no lo eran? ¿Ni tantas mentiras, embustes y patrañas, recibidas del pueblo, que en las causas inquisitoriales se contienen, sobre atraer voluntades, concertar desposorios ó inclinar amoríos? No; él mismo había confesado por boca del *Licenciado Vidriera* que «no hay en el mundo yerbas, encantos ni palabras suficientes á forzar el libre albedrío», y en el *Quijote:* «ni hechizos que puedan mover y forzar la voluntad, como algunos simples piensan; que es libre nuestro albedrío y no hay yerba ni encanto que lo fuerce». [81]

Pero á la vez que declaraba estas cosas, no dudó en acudir á los recursos de la magia con todo su cortejo de nigrománticos, astrólogos y hechiceras, moviéndose dentro de una geografía nebulosa y disparatada, para la trama y acción de su *Persiles*. Aquí mismo en el *Coloquio* expone sus dudas, cuando al tratar de la cuestión debatidísima en su tiempo de si las brujas iban realmente á sus jiras y convites, ó si las soñaban en la fantasía, dice «que entrambas opiniones tiene por ver-

---

[78] *El Bven repvblico*, op. cit; ff. 97 y 98.
[79] *Causa contra Margarita de Borja.*— 1615-1617.— *Inquis. de Toledo*, legajo 83, núm. 31

El gato negro es la materia prima para fabricar diablos familiares. No sé por qué. Pero repítese en otras causas.—Vid. *Causa contra María Gerónima*—1623-1624.— *Ibídem*, leg 87, núm. 99.
[80] *Causa contra María de Chaves.*— 1650.— *Inquis. de Toledo*, leg. 85, número 56.
[81] Parte I, cap XXII

daderas», encerrándose en el eclecticismo de quien no ve la verdad clara y sin sombras. [82]

No hay, por tanto, que llevar tan lejos su escepticismo, librando á su espíritu de toda credulidad, cuando insignes teólogos y filósofos discurrían muy seriamente sobre la materia, y el Santo Oficio dábala pública autoridad en sus autos y sentencias. Harta y hermosísima independencia demostró al negar su crédito á ciencia tan generalizada y universal entonces, como la Astrología judiciaria, en la que tantos y y tantos ingenios habían caído y cayeron, por desgracia. [83] Mas si para

---

[82] El mismo Clemencín no mantuvo siempre el mismo juicio sobre las credulidades cervantinas en materia de brujas. En un pasaje de su insigne comentario opinó rotundamente que Cervantes no creía en ellas; pero poco antes también había amenguado este parecer, escribiendo que tampoco estuvo enteramente exento de las ideas vulgares de su siglo, sobre los pactos diabólicos ó tratos con Satanás. Que es, en el fondo, el mismo criterio que inspira mis palabras del texto (Vid. op. cit., V; 34 y 455.)

[83] Alegar aquí los infinitos documentos y pasajes que llevan al ánimo el convencimiento de la extensión y alcance de la Astrología judiciaria sería inútil y por demás largo, extemporáneo y embarazoso. Cualquier autor del tiempo nos lo confesará, sin que nosotros se lo preguntemos, por ejemplo, SUÁREZ DE FIGUEROA: *El Passagero*, op. cit., 360 y sigs.; PINHEIRO: *Cervantes en Valladolid*, op. cit., 181, CERVANTES mismo, *El Ingenioso Hidalgo*, Parte II, Cap. XXV. Pero lo más notable del caso es que, en estos achaques, quienes más caían y se enviciaban eran los señores, caballeros y clérigos mismos. La lectura de las causas inquisitoriales lo evidencia patentísimamente. Y buena culpa de ello tenían los matemáticos y geómetras (como Juan Bautista Labaña) que en sus cátedras confundían los postulados de Euclides, con los pronósticos planetarios. ¿Cómo no? ¡Si hasta las mismas Cortes habían suplicado al monarca «que de aquí adelante en ninguna Universidad puedan dar grado á ningún médico, sin que sea graduado de bachiller en astrología, porque á causa de no estudiar aquella *astrología que basta á entender los movimientos de los planetas y días créticos de las enfermedades, yerran muchas curas, y siendo los principales autores de la medicina astrólogos, parece que es justo que lo sean los que los siguen*»!—*Cortes de Castilla.*—1571; cap. LXXI, tomo III, p. 407.

¿Quién se asombrará de que con tales alientos, y con las cátedras de Astrología que en Valencia y otros puntos se leían, hasta los santos mismos creyeran en sus influencias y patrañas? (Vid. *Vida de fray Martín de Ayala* en SERRANO. *Autobiografías y Memorias......*, op. cit., 211.) No es, pues, menester ahincar más en el caso, siendo tan conocido é incontrovertible, dejando que Cabrera, Zapata y mil más (entre ellos el doctísimo Cascales), prestasen su respeto á se-

combatirla el imperio de la filosofía escolástica en nuestras escuelas, y las definiciones gallardas del Concilio de Trento, movieron las plumas eruditas de Pedro de Valencia, Pedro Sánchez y otros; si en la cruzada que pretendió cortar el paso á aquella irrupción torpe y bastarda, que cifraba los destinos de los hombres en los movimientos y figuras de los planetas, sentaron plaza de soldados menores, pero soldados, al fin, ingenios y vates como Cristóbal de Villalón, Luis Pérez, Vicente Espinel, Juan Martí, Cristóbal Suárez de Figueroa, el Dr. Jerónimo de Alcalá, [84] y tantos otros, entre ellos hay que colocar también á Miguel de Cervantes; que todos, juntos ó sueltos, en los dominios de las musas, ayudaban á la buena empresa, reputando embelecos, trampantojos y embaimientos del demonio muchas de estas torpezas; levantando el imperio del libre albedrío, dueño y señor de las humanas acciones, hasta casarlo con la libertad misma, á cubierto de influencias de piedras, hierbas, lunarios, calendarios y pronósticos. Si en la hechicería, concluyo, no creyó Cervantes, hay que dejar en suspenso su juicio personal sobre las brujas y apariciones del demonio, á las cuales entonces todos daban asenso, comenzando por el maestro en la materia, Martín del Río. [85]

---

mejantes embaucamientos, que miraban más á las faltriqueras de los incautos que á los errantes astros.

[84] *Viaje de Turquía......*, op. cit., 140-141; *Del can y del caballo*, op. cit., f.º 138, *El Escudero Marcos de Obregón*, Relac. I Descanso XXIV; *Historia moral y philosophica*, 147 vto.; *Guzmán de Alfarache*, Lib. III, Cap. IV, *El Passagero*, folios 360-361; *El Donado Hablador*, Parte I, Cap. IV; y otros muchos más que podrían citarse. Por algo los nigrománticos italianos no querían enseñar sus secretos, delante de españoles, «porque son incrédulos y agudos de ingenio». (*El Escudero Marcos de Obregón*, Relac. III, Descanso IV)

[85] Exceptuando á Pedro de Valencia, * á Salazar y con él otros inquisidores, todos creían entonces en la existencia real y palpable de las brujas, sin que se libraran de tan torpe credulidad filósofos como Alfonso de Castro, juristas como Ciruelo y Torreblanca, teólogos como Alberghini y el P. Diego Tello. Henry Charles Lea declara que la conducta de la Inquisición no participando de estas

---

* A punto de mandar estas páginas á la imprenta, recibo el completo estudio biográfico-crítico del insigne humanista, escrito por el Sr. Serrano y Sanz, tan documentado, serio y útil, como todos sus buenos trabajos.—Vid. *Pedro de Valencia*..... Badajoz, 1910 (publicaciones del *Archivo Extremeño*); 172 págs. en 4.º

El mayor timbre de gloria en Cervantes (no hay que olvidarlo un momento siquiera) es que en todo fué hijo de su siglo: en las grandezas y en las pequeñeces, en las caídas y en las exaltaciones, en sus excelencias y en sus defectos, sin que esto reste uno solo de sus títulos famosos; que los genios son tanto más inmortales cuanto más se acercan á los dioses, sin dejar, por eso, de ser hombres.....

---

creencias, aunque por la corriente y extendida opinión de su tiempo no pudiera exteriorizar su progresivo criterio, tuvo doblado mérito y aplauso —*A History of the Spanish Inquisition......*, op. cit., IV, 239-240.

VII

> ¿Es Cervantes un escritor idealista, ó naturalista? Lo es todo. dibuja como Rafael y los antiguos y pinta como Velázquez, idealiza como Van-Eyck y siente como Alonso Cano
>
> (AURELIANO F -GUERRA. — *Algunos datos...*)

Es dote soberana del genio el que por intuición espontánea adivine y lleve á cabo, sin sospecharlo ni percatarse, aquellos sabios preceptos en que, especulativamente, cifran más tarde los retóricos la perfección de su arte; y este divino don comprobóse quizá en Cervantes más que en otro ninguno. Él fué quien creó aquel eterno carácter de Sancho, que, mirado al trasluz, parece encerrar unas reglas del Pinciano cuando estudia la figura del *simple ó gracioso* en las comedias; [1] él fué asimismo quien compuso la fábula de *El Casamiento engañoso*, trabándola tan hábilmente con la del *Coloquio de los Perros*, que parecía que columbraba un consejo dado por el licenciado Cascales poquísimo tiempo después de salido de las prensas.

Desarrollaba el doctísimo murciano la materia de la sátira, y, recordando á los gramáticos, decía «que el satyrico entra hablando *ex*

---

[1] «..... porque es una persona, la del simple, en la cual cabe ignorancia y cabe malicia, y cabe tambien lascivia rústica y grosera: y al fin es capaz de todas tres especies ridículas: porque como persona ignorante le está bien el preguntar, responder y discurrir necedades, y como necia le estan bien las palabras lascivas, rústicas y groseras».—LÓPEZ PINCIANO: *Philosophia antigua poetica*....., p 402.

abrupto; y es ansí; pero debajo de aquella entrada, que hace repentina, va disimulando un exordio que llama el Rhetórico *insinuación*, y ésta es el principio de la sátyra, que como este poeta viene á reprehender, y nadie gusta de ser reprehendido, comienza cautelosamente, y, como quien hace otra cosa, va culebreando hasta dar en el vicioso que pretende morder. Y según esto, aunque disimulado y encubierto, usa del exordio que á la materia satírica conviene». [2]

Si el lector me pidiera la razón de aquel prólogo que, con el título de *El Casamiento engañoso*, puso Cervantes al *Coloquio*, no dudaría en señalarle como clarísimo y patente este precepto de Cascales, dejando así sentado, sin fatigarle más, el nudo que ata ambas novelas. Tal es el papel que retóricamente, y aun en el pensamiento cervantino, tuvo *El Casamiento engañoso;* éste su valor literario; la cabeza de aquella sátira, el velo prudentísimo que disfrazadamente la cubría, su más hábil exordio; y si la intención de Cervantes en el diálogo de los perros de Mahudes fué malignamente la de *morder* (¡nunca mejor pudo emplearse esta voz, ya que la plática la había puesto en bocas de perros!), con indudable acierto literario «*comenzó cautelosamente, y, como quien hace otra cosa, fué culebreando hasta dar en el vicioso con sus dientes*».

Nada importa que en la dedicatoria de su obra enviara á su Mecenas «doce cuentos», dando valor numérico particular á *El Casamiento* respecto del *Coloquio;* no es mejor argumento tampoco el encabezar cada uno de ellos por separado con el independiente título de *Novela:* á Cervantes, que no se curaba de matemáticas ni gramatiquerías, hay que seguirle en el fondo mismo de su idea, buscando el enlace y hermandad de sus obras; y en estas dos suyas es tan patente y apretado, que si *El Casamiento* había de quedar manco y defectuoso arrancándole del *Coloquio*, notablemente empobrecido é inexplicable dejaríamos á éste, borrándole la figura simpáticamente desdichada del alférez Campuzano, su verídico y puntual historiador.

Mas después de casar así á ambas novelas, ligándolas íntimamente, como acatamiento del pensamiento cervantino, y merced á la homogeneidad de su fábula, que hace de las dos un conjunto total, perfecto y

---

[2] *Tablas poeticas.*—Murcia, Luis Beron, MDCXVI.—Cito por la edición de Madrid, Antonio de Sancha, MDCCLXXIX; p. 157.

consumado, cabe advertir, empero, diferencias muy radicales en cuanto á su abolengo literario, que las aparta tanto en un análisis, que no parecen obras hijas de una misma época en la labor novelística de Cervantes; llegando hasta á sospechar si *El Casamiento engañoso* sería refundición ó arreglo de antiguos ensayos, modificados más tarde para servir de introducción al *Coloquio de los Perros*.

Por más que los doce cuentos cervantinos salieran juntos, formando un solo cuerpo, á la luz pública, bien sabido es que unos y otros estaban entre sí muy distanciados en cuanto á la cronología de su composición; diferencia de tiempo que no era solamente formal, sino muy honda y expresiva, por representar épocas distintas en la vida literaria de Cervantes.

Tres, cuando menos, pueden señalarse en sus *Novelas*. Una primitiva, en que su temperamento no alcanza aún el verdadero dominio del arte; en que la concepción de la novela hácese al modo italiano del Bandello, Cinthio, Straparola; historias trágicas á las que el adulterio, la concupiscencia ó la avaricia sirven las más veces de fundamento y base para su enredo, analizando aquellos vicios, no como pasiones humanas, sino como muestras y ejemplares de legítimas preocupaciones sociales. Corresponden á este período *Las dos Doncellas*, *El Amante liberal*, *La señora Cornelia*; novelas sin gran trascendencia psicológica, á la manera italiana, repito; que, aunque en el *Prólogo* declare con orgullo su autor «no estar hurtadas á las toscanas» en el modo de entender el fin de la novela, en sus accidentes y recursos, sin gran innovación ni fuerza literarias, ofrecen muchos puntos de contacto y semejanza con aquéllas. [3]

---

[3] Véase, si no, el comienzo de una de Bandello, que nos trae á la memoria el de *Las dos Doncellas ó La Ilustre fregona*:

«Es Turin, como todos saben, ciudad que sirve de amparo y baluarte á la Provincia del Piamonte..... Cerca de esta sumptuosa ciudad está una villa llamada Moncaller, no de menos frescura que de buen asiento, donde habia cierta dama viuda, cuyo nombre era Zibra.....

Historias | Tragicas | Exemplares, sacadas del Bandello Verones | nueuamente traduzidas de las que en len | gua francessa adornaron Pierres Bonistau, y Francisco de | Belleforest. | Contienense en este libro catorze historias notables, | repartidas por capitulos. | 15 (marca del impresor) *96. | Con licencia. | En Madrid, en casa de Pedro Madrigal. | Á costa de Claudio Curlet, saboyano mercader*

Entre esta época y la tercera hay una intermedia, de transición, en que ya se vislumbra y atalaya el campo de la futura novela moderna: lo psicológico é íntimamente pasional; en que las muertes, los naufragios, cautiverios, pestes, calamidades y desventuras, tesoro y archivo principal del primer linaje, va desapareciendo, regalándonos, en cambio, más tranquilidad y sosiego, y, con ellos, espacio al narrador para *expropiar las almas* y hacer en ellas lo que su curiosidad le pida en averiguaciones, profundidades, disecciones y anímicos ensayos.

Y así, *La Gitanilla* y *El Curioso impertinente* dan entrada al estudio psicológico, que en *El Celoso Extremeño* se desenvuelve y ahonda de una manera prodigiosa.

En su fase tercera, Cervantes rinde culto entero á la verdad real que impresiona las pupilas de sus ojos escrutadores: corre suelta su pluma por el oreado y fecundísimo campo del sano naturalismo; ya es el mundo exterior quien se enlaza con las tormentas del alma, agregando á sus fidelísimas pinturas un conocimiento amargo y filosófico de las humanas pequeñeces, acudiendo á los peligrosos dominios de la sátira, Circe engañosa que ciega y pierde á muchos, sirviéndose de la moralidad breve y sentenciosa; y cuando el medio escogido no exige el apotegma, dejar que se toque la enseñanza del caso del recargamiento en las tintas de la misma realidad de las cosas descritas, como en *Rinconete y Cortadillo*, *El Licenciado Vidriera*, ó el *Coloquio de los Perros*, dechados y modelos insustituíbles de estos géneros novelísticos.

Si semejante separación corre por buena, no se reputarán gemelas ni afines siquiera, en la gran familia cervantina, las dos joyas que llenan este libro: *El Casamiento* podría pasar por una obra de franca y desembozada imitación italiana, si no la salvasen para las letras patrias lo castizo y español de su asunto y sus episodios.

Modelos, en efecto, cabría señalarle en cualquiera de los *novellieri*,

---

de libros. (In 8.°, 378 páginas dobles; la paginación comienza en la Portada.) *Licencia:* Madrid, 16 de Mayo de 1596; *Aprouación* de Juan de Olave: Madrid, 12 de Septiembre de 1584; *Erratas* (Juan Vázquez del Mármol); *Tassa*, 24 Julio 1596 (Gonçalo de la Vega); *Dedicatoria* del librero al Conde Alfonso Logosco de la Mora, Embajador del Duque de Saboya; *Al lector*; *Tabla* de las Historias; *Texto.*—(Bib. de la R. Acad. Esp.)—Describo minuciosamente este libro, por su mucha rareza; tanta, que se escapó á la gran diligencia del inolvidable Pérez Pastor en su *Bibliografía Madrileña*.

que el familiar conocimiento de la lengua toscana acercaría holgadamente al *gran lector*, Cervantes, sin tener que servirse de las mendosas y descuidadas traducciones de los Pescioni, Gaytán ó Godínez de Millis. Sobre todo, en la *Primera parte de las Cien Novelas*, de M. Juan Baptista Giraldo Cinthio, podrían encontrarse los patrones de *El Casamiento;* los temas son exclusivamente amorosos y de pura intriga; no palpitan en ellas otras pasiones que la simple lujuria ó la astuta avaricia, de ordinario arteramente combinadas, al modo italiano siempre, sin psicologismos hondos, afectos, ni movimientos poderosos del ánimo.

Como en *El Casamiento*, son también sus protagonistas famosas cortesanas ó rameras, que, con sus artes é industrias, prenden en sus redes á los incautos galanes y mancebos que las codician, buscando siempre sus dineros, joyas y preseas; algunas veces defiéndense éstos devolviendo á su vez la burla ó picardía, y del choque de un mismo sentimiento, amenizado con graciosos incidentes, sobremanera libres, brota la novela, autorizada á la postre, como en la de Cervantes, por alguna moralidad que colorea, tardíamente, su carácter predicado de *ejemplares*. [4]

Y como el cuento de Boccaccio, Cinthio y Bandello fué el modelo universalmente acatado entonces en la novela, y á cuyo calor y reflejo nacieron sus escasos frutos, hasta que Cervantes inició una nueva é independiente dirección con las suyas, podría reputarse como de filiación italiana *El Casamiento*—digo—, si la realidad que respiraba el temperamento cervantino no le hubiera brindado con sobrados modelos, no ya para un *Casamiento engañoso*, sino para un *Decamerone* entero, tan rico y pródigo en astutas licencias, graciosas liviandades y trampas deshonestas como el famosísimo del memorable florentino.

Sevilla, Madrid y Toledo eran entonces, como ciudades populosas,

---

[4] Dígase si *El Casamiento engañoso* no podría acogerse á aquella introducción que preside á las novelas de Cinthio: «Introduccion á las Cien novelas, donde se muestra que entre los amores humanos sólo hay tranquilidad y sosiego en el de marido y muger, lo qual no puede haber en los lasciuos y deshonestos». *Primera parte de las Cien Novelas de M. Ivan Baptista Giraldo Cinthio.... Traduzidas de su lengua toscana por Luys Gaytan de Vozmediano.—Impresso en Toledo por Pedro Rodriguez. 1590.*—(In 4.º, vi + 277 páginas dobles + iii de Tabla.—Bib. Nac., R.-11.888.—Ejemplar que fué de Gayangos.)

campo abonado, abierto real, asiento desembarazado y libre, para que entre sus murallas medrara aquel linaje, singular y típico en nuestras costumbres, de damas cortesanas, á quienes, para distinguirlas de las más abyectas y caídas, daban sus contemporáneos el nombre de *tusonas, busconas ó entretenidas*. Un libro entero, lleno de muy sabrosas reflexiones, merecería este aspecto singular que el pecado de la lujuria tomó por aquellos tiempos; forzando por salir en una sociedad timorata y religiosa (pero que benignamente perdonaba estas flaquezas, siempre que no se presentasen impúdicamente y con el franco descoco é insolente procacidad del escándalo), compúsose hipócritamente la lujuria, para su entrada en el mundo, con arreos y vestiduras de virtuosa, afectando un recogimiento y honestísimo decoro que acertara á cubrir la corrompida perdición de su alma.

Y como el vicio también tiene sus grados (más aún que la virtud, seguramente), unas eran las infelices mujeres públicas, desterradas á sus barrios ó collaciones, regentadas con *gran prudencia* por el padre de la mancebía y, sobre todo, por los alcaldes y corregidores, que con *paternal* solicitud cuidaban de los más nimios detalles de su triste oficio; [5] y otras, las *damas del toldillo*, que revoloteaban por su cuenta y

---

[5] En todo, desde el color y clase de sus trajes y mantos, número de criados, lugar en las iglesias, cirujano que las visitara, alcaide que las defendiera de los fieros y amenazas que los rufos ejecutaban en sus infelices tributarias, hasta el tasar de su ganancia ó precio de arriendo de su oficio. Á la mano tengo numerosos autos de la *Sala de Alcaldes* sobre esta materia, tantos, que su misma abundancia me ataja el poderlos incluir, como quisiera; quédense aguardando una ocasión más favorable para ser conocidos. No puedo resistirme, sin embargo, á la tentación, grave en estos achaques, de entresacar alguno de ellos: por ejemplo, el de 22 de Mayo de 1612, que demuestra lo expeditivo de los Alcaldes en la ejecución de sus acuerdos: «Este dia..... mandaron los SS. Aldes. que un alguacil desta q.te baya á la casa publica y á una muger que ay en ella que se llama de presente *la pretona*, y por otro nombre feliciana de los Reyes, la saque de la dha. casa asta la puerta de la villa, donde la notifique se vaya de la q.te y no entre en ella ni en las cinco leguas.....»—*Libro de la Sala de Alcaldes*, lib. V, f.º 305.

Por tratarse de Valladolid, lugar de las proezas de doña Estefanía, incluiré un notable acuerdo del Ayuntamiento, en su afán de reglamentar la vida de las infelices mujeres de la mancebía:

«*23 de Septiembre de 1605.*—Este dia, abiendo visto en este ayuntamiento

gusto, como nocturnos pajarracos, unas veces solas, las más con sus tías y madres postizas, abarcando un mar de engaños, astucias, taimerías y habilidades, para ocultar á los ojos de las gentes su deshonesto trato, y burlar á la justicia, que severamente ejecutaba en ellas el rigor de sus penas, una vez descubiertas.

De la raza de estas últimas era doña Estefanía de Caicedo, principal figura, con el alférez Campuzano, de *El Casamiento engañoso;* linaje del cual un fraile de la época hacía el fidelísimo retrato que encierran estas líneas: «No trato agora de aquellas que ya son del todo mugeres perdidas, y red barredera de tanta basura...., sino de las que nuestra España llama damas servidas, que son las que admiten galanes y se dan á recaudos y damerías y sustentan palacio con toda licencia.... En esto entienden días y nòches, de manera que muchas veces de día se haze el oxeo y de noche la caza..... Estas son las que con todo cuydado buscan sazonados puestos, como son las ricas y populosas ciudades y cortes: para hacer allí sus lances en lleno, haciendo picar los hombres con sus semblantes, meneos, ademanes disolutos, adereços, y con otra infinidad de ensayos apetitosos, de que siempre están prevenidas y muy á punto para su pesca.» [6]

Cuando la Corte hizo mudanza á Valladolid, desde la celebrada Mantua, al describir Cabrera el rigor grande que se desplegó en su entrada, añadía, no obstante, esta maligna excepción: «está mandado que no

---

cierta ynformaçion echa á pedimento de pasqual bicario, casero de la casa publica desta Çiudad, por donde pretende [que] esta ciudad le señale lo que le an de dar cada muger que ansi estubiere en la dicha casa cada un dia por la comida y lo demas neçesario, y tratado y conferido sobre ello, acordaron que desde el primero de año nuebo del año benidero de seiscientos y seis las dhas. mugeres que ansi estubieren en la dicha casa den al casero que alli estubiere cada un dia por la comida y demas condiciones questan puestas por esta Çiudad que a deser obligado a las dar, questa firmado por Joan de Salcedo, scriuano mayor deste ayuntamiento, cada una Cinco rreales cada dia por aora; eçeto los SS.ᵉ Joan Aluarez de Soto y Joan maria de milan, don pedro lopez de arrieta, que dijeron que no las lleben más de quatro rreales como asta aqui se les a llebado, y el dicho casero sea obligado de tener en la dicha casa un tanto deste arançel.»—*Libros de Actas del Ayuntam.º de Valladolid.*—Año de 1605; sin foliación.

[6] JUAN DE LA CERDA: *Libro intitvlado Vida política de todos los estados de mugeres....*, op. cit., f.º 568.

dejen entrar allí ninguna cualidad de *viudas*, aunque tengan negocios, sino que invíen personas que entiendan en ellos: mugeres enamoradas y cortesanas se permiten que entren, dando primeramente cuenta á la Junta, *por excusar otros inconvenientes*». [7]

Si tan abierto y llano fué el portillo, calcule el lector la muchedumbre que de las tales acudiría al piélago de aquella Corte, haciendo red barredera de sus galas y señuelo de su hermosura en el repleto concurso de curiosos que alimentó efímeramente su grandeza.

Trasunto galanísimo de la vida de la Corte en Valladolid, durante la estancia de Cervantes en ella, nos dejó Pinheiro, como hemos visto, y tantas son las aventuras, devaneos y casos galantes que por sus *Memorias* bullen, que al tropezarme, más de una vez, con los modelos vivos de *El Casamiento engañoso*, deseché toda idea, ó sombra siquiera, de imitación literaria, fuese ó no italiana, en asunto tan vivido, tan palpable y tan humano.

Por las páginas de la *Fastiginia* saltan aquellas mismas hermosas mujeres cuya abundancia y poco recato llamaban en su tiempo la atención de Navagero [8] y de Villalón, [9] hombres curados de inocentes escrupulillos; lenguas, una y mil veces, se hace Pinheiro de su soltura, libertad, licencia, picante conversación é ingeniosos discreteos; en las nubes ensalza su agudeza en los donaires, su prontitud en las respuestas, su afición extraordinaria á folgar y picardear por el Prado de la Magdalena ó en las Huertas del Río, en pastoriles meriendas, solas muchas veces, ó acompañadas, las más, de sus galanes y devotos.

Y conste que, si hemos de creer en su testimonio, no eran las damas cortesanas las únicas amantes de estos pasatiempos: también las doncellas y casadas honestas dábanse regocijadamente á ellos, haciendo poner en duda aquella opinión, tan corriente, del excesivo recogimiento femenino, que, como única é infalible idea, se ha venido sustentando hasta nuestros mismos días, al tratar de la condición de la mujer española en aquel siglo de oro. [10]

---

[7] CABRERA: *Relaciones......*, p. 99.

[8] «Hay en Valladolid hermosas mugeres, y se vive con algun menos recato que en el resto de España.»—*Viajes por España......*, op. cit., pp. 325-326.

[9] Dolíase de la corrupción que en su tiempo (¿1555?) había en Valladolid en su *Crotalon* (op. cit., canto XX, y especialmente pp. 388 á 390).

[10] Pinheiro, sin embargo, como en otro lugar dije, saca siempre adelante la

Encerrándonos más todavía en el marco de la vida de Cervantes, en los mismos sucesos que la rodearon, hay páginas tan afines en sus aventuras á las de *El Casamiento engañoso*, que parecen arrancadas de una misma cantera. En su propia familia, muy cerca de sí, tenía el comisario á sus dos hermanas, doña Magdalena y doña Andrea, de quienes los protocolos han descubierto ciertas historias que semejan propiamente unas novelas, poco ejemplares quizá, pero triste y dolorosamente exactas. [11]

Por novela, asimismo, poco ejemplar, he reputado siempre aquella movidísima declaración de Juana Ruiz, huéspeda de D. Gaspar de Ezpeleta, y que se lee en los folios de su proceso. ¿Quién, al tropezarse con aquella entrada que en su casa hace la *dama tapada*, amante del D. Gaspar, preguntando por su persona y, á falta de él, por su aposento, donde rompe, con abundancia de lágrimas y lloros, en aquel amargo soliloquio: «¡Oh aposento de mi deshonra y mis desventuras! ¡Oh, traidor, qué mal pago me has dado! ¡Vive Dios, que me lo tienes de pagar, aunque sea de aquí á cien años!», [12] no recuerda aquellas mismas explosiones de Teodosia ó Leocadia en *Las dos Doncellas*?

Tan unos y similares eran los modelos de las damas cortesanas, que nuestras novelas picarescas parece que tiraron á copiarse unas á otras

---

honestidad de las pincianas, prontas en las palabras y remisas en las obras. «Con todo, preciso es decirlo, á pesar de esta facilidad tan grande para entrar en conversación y formar relaciones y amistades, habéis de entender que las damas de esta corte son generalmente honestas y castas, sobre todo las doncellas, las cuales no se sienten nunca obligadas por la prontitud con que contestan y admiten nuestros galanteos, á hacer nada que no esté en el orden.....; rara vez pasan los galanteos más adelante.»—*Cervantes en Valladolid*.....; pp. 71 y 83.

[11] Aquellas cuantiosas donaciones, de cientos de ducados algunas de ellas, que se copian en los *Documentos Cervantinos* (tomo I, pp. 223 á 230) me han parecido siempre muy sospechosas y oliscado muy mal. Sobre todo, después de leer en Pinheiro las curiosas noticias que nos dejó, sobre ciertos contratos que en Castilla solían otorgarse por malvadas madres, de los cuales no salía muy bien librada la doncellez de sus hijas. Sin llevarlo tan lejos, al menos, en una y otra escritura parece que se tiró á remediar algo que ya era irreparable. (Vid. *Cervantes en Valladolid*; pp. 151 á 155.)

[12] Pérez Pastor: *Documentos cervantinos*; tomo II, pp. 508 á 511.—Vid. toda la declaración de la huéspeda, pródiga en sucesos novelescos, como lo es la historia de la muerte de Ezpeleta.

al servirse de ellas para sus libros. En Mateo Alemán léense unas burlas que unas damas hacen á Guzmanillo, tan parejas con las de *El Casamiento*, que diríase que de mozo sufre aquellos embustes en Toledo, y que con los años, medrado ya de alférez, tropieza con doña Estelanía, que tan mala cuenta hace de su pobre persona.[13] Concordancias de asunto y de expresión que se hallan asimismo en el *Guzmán* de Martí, en *El Donado Hablador*, en *El Escudero Marcos*, por no decir que en todas nuestras producciones picarescas; que en ninguna de ellas faltaba una de aquellas damas, amigas de doña Estefanía, de quienes el *Romancero* decía acertadamente que, como ella,

> Con un manto de soplillo
> Engañarán un linaje,
> Y así, por mudar de traje,
> Son como aves de rapiña,[14]

ó, al menos, lo eran entonces para las faltriqueras de los incautos.

Bastaba que con una de estas pécoras abocara un alférez Campuza-

---

[13] Parte I, lib. II, cap. VIII. Muy semejantes, en efecto, son ambos pasajes; usan los dos de iguales recursos para desembarazarse de las damas cuando en la novela les estorban: «fingir romerías»; acuden á parecidísimas frases y expresiones; los caracteres de Guzmán y el Alférez se confunden. Coincidencias que nos enseñan que, cuando el asunto y sujeto en dos obras es el mismo, real y humano, los verdaderos ingenios, como imitadores de la realidad, se repiten y copian sin quererlo; y es alabanza más que censura, pues, al coincidir, coinciden en la verdad, principal fin del Arte, y retratan fielmente la misma naturaleza en el lienzo de sus concepciones. En este pasaje de *El Casamiento* es la misma condición humana de la vanidad, que, en el curso de los siglos, y sirviéndose del engaño, cambiará de cintillos, colores y galas, pero sin que mude de ser, que permanece el mismo. Quien logre sorprenderla en lo que tiene de eternamente verdadero, escribirá un *Casamiento engañoso*, ó un *Guzmán de Alfarache*, y podrá llamarse, con justos títulos, hermano de Cervantes ó de Alemán en las letras españolas.

[14] *Romancero general*..... *(1604)*; ff. 457 vto. y 458.

Descriptiva también es esta décima de Góngora:

> Que la dama cortèsana,
> En su doble trato experta,
> Dando á todos franca puerta,
> Niegue á todos la ventana.
> Que peyne más de una cana,

no, hombre, como de guerra, de ancha conciencia y poco escrupuloso, y en quien encajan á maravilla aquellas palabras del embajador veneciano Badoaro, «que los españoles no reparan en tomar por mujer una cortesana», [15] para que del choque de la intención aviesa del soldado con el propósito engañador de doña Estefanía brotara también espontáneamente la novela.

Y como en el pecado llevó la penitencia, y, á la postre, fué herido por los mismos filos, hay que tener, además, su historia por ejemplarísima; porque al salir el desdichado mílite del Hospital de la Resurrección en el lastimoso ser en que Cervantes lo dibuja, pudo aplicársele en un todo aquella aguda respuesta que Juan Rufo dió á un caballero, que, viendo pasar un soldado viejo, maltratado también por el mal de bubas, preguntándole «qué enemigos le habían dado aquellas heridas», contestó el poeta, grave y filosóficamente, «que los del alma». [16]

No sin grande repugnancia entro ahora á tratar de la cronología del *Coloquio*, pesando los datos sembrados por sus páginas, por donde se pueda rastrear el tiempo de su composición, ya que patentemente es anterior con mucho al año de 1613, fecha de la primera edición de las *Novelas exemplares*.

Pertenece este punto al resbaladizo terreno de la conjetura, enojoso y antipático para mi criterio, no porque al estimarlo delicadísimo instrumento deje de considerar, al igual de un excelente historiógrafo, que es también «le plus puisant, le plus indispensable dans l'exploration du domaine des sciences historiques», [17] sino porque en los estu-

Y que, fingiéndose niña,
El uno dé la vasquiña
Y el otro la bordadura,
¡ Válgame Dios, qué ventura!

Romancero general....., ff. 440 vto. y 441.
[15] «non hanno rispetto a prender per moglie una meretrice».—GACHARD: *Relations des ambassadeurs venitiens sur Charles-Quint et Philippe II.*—Bruxelles, Hayez, 1856; p. 71.
[16] *Las seyscientas apotegmas*, op. cit., f.º 127 vto.
[17] *Principes de la critique historique, par le P. Ch. de Smedt, S. J.*—Liège, 1883; in 8.º, p. 238.

dios cervantinos se ha abusado tan sobremanera de él, vacia, pedestre y alocadamente, que hoy por hoy está punto menos que desacreditado. [18] Tampoco es cuestión esencialísima dentro de su análisis, ni de aquellas que no pueden menos de tocarse (salvo el caso en que contribuya á discernir dudosas paternidades literarias), la determinación exacta de la cronología de una obra; mas cuando se vienen á la mano los datos y jalones para asentarla sobre bases ciertas, ó, al menos, de una prudente probabilidad histórica, debe intentarse, siempre que se acompañe la brevedad y no embarquemos con nuestras disquisiciones el lastre pesado é inseguro de nuestro amor propio literario.

Icaza, tratando de *El Casamiento* y del *Coloquio*, ha dicho, razonadamente, que «no hay en las *Novelas ejemplares* otras cuya fecha pueda determinarse con más probabilidades de acierto»: [19] tantas, en verdad, son las huellas por donde se viene en su noticia. Basta para ello encerrar la composición del *Coloquio* entre dos barreras altas, innegables y visibles, y limitando entre las dos un corto número de años, aproximarse por exclusión al en que el *Coloquio* salió de la portentosa péñola cervantina.

Estas barreras nos las dan los años de 1599 y 1609.

La expresa cita de la Lonja sevillana, no concluída hasta 1598 y la alusión innegable á *La Arcadia*, de Lope, cuya primera edición es de 1599, [20] imposibilitan de todo punto el que el *Coloquio* pudiera escribirse antes de dicho año; tampoco pudo serlo después del de 1609, toda vez que hasta esta fecha no ocurrió la expulsión de los moriscos, que Berganza vaticina y desea en su plática, pero sin que aún entonces se hubiera efectuado.

---

[18] ¿No recuerda el lector, como ejemplo de famosas é insensatas conjeturas cervantinas, aquel tenedor de extraña figura que se enseñaba en Valladolid, hace treinta y cinco años, en la propia casa de Cervantes y en lugar preferente, como de su personal uso? (Pérez Mínguez: *La Casa de Cervantes*, op. cit., p. 125.) ¿O el testimonio de aquel autor inglés, Mr. James G. Bertrand, que, escribiendo un tratado sobre los productos marítimos, al llegar á las ostras, afirmaba muy serio, que, entre los grandes hombres aficionados á ellas, había sido uno el propio Cervantes? (!!). (Picatoste: *La Casa de Cervantes en Valladolid*.—Madrid, 1888; página 36.) ¡Esto es convertir al inmortal autor del *Quijote* en un grosero fetiche!

[19] *Las Novelas ejemplares*....., op. cit., p. 208.

[20] Vid. Pérez Pastor: *Bibliografía Madrileña*....., núm. 613.

Cerrado este paréntesis, cabe todavía apretar aún más sus lados.

El *Coloquio* y *El Casamiento engañoso* suponen forzosamente la llegada de Cervantes á Valladolid, que hasta 1603, cuando mucho, no pudo acaecer, y, por tanto, con anterioridad tampoco pudieron escribirse aquellas novelas.

Hasta aquí llega la certidumbre; en adelante hay que acogerse al arma peligrosa de la conjetura.

Resueltamente y por sí solos, escasa luz arrojan los copiosos datos históricos que el *Coloquio* contiene; de nada, en definitiva, servirían si uno nuevo, por nadie utilizado, no congregase todos ellos á su alrededor, dándonos, en conjunto, elementos bastantes para edificar nuestro juicio sobre bases muy verosímiles y de probable buen éxito.

Como el lector podrá ver en su lugar, [21] la abundancia de mozas vagabundas que, por no servir, daban en malas, poblando los hospitales de los perdidos que las seguían, tuvo en preocupación constante, durante los años postreros del siglo XVI y comienzos del siguiente, á los celosos defensores de la república, siendo muchos los remedios que se propusieron para curar estos males. Á la postre, quien atinó francamente con el verdadero, fué una religiosa: la madre Magdalena de San Jerónimo. Dedicada en Valladolid, de muchos años atrás, á proteger á las infelices mujeres que, arrepentidas de su viciosa vida, mostraban deseos de enmendarse, en 1598 fundó una casa llamada de Santa María Magdalena, merced á las limosnas que obtuvo, y á la protección del Monarca, que la favoreció siempre. La fundación era, sin embargo, pobre; y, sobre todo, no cumplía totalmente con sus fines, pues dejaba fuera de ella las vagabundas, disolutas y sueltas, que, á trueque de no servir, entregábanse al desenfreno y á la lujuria. Tal era la plaga que Berganza, entrando un día en casa del corregidor, tuvo á bien recordarle, atreviéndose á proponerle ciertos advertimientos oídos á un viejo enfermo del hospital, y que tan mal fueron escuchados.

Acongojada la buena religiosa por los escándalos y males que aquellas licenciosas hembras ocasionaban en el bullicio de la Corte, ya en Valladolid, y en 1604, trató con Felipe III, que la tenía en grande estimación, el remedio que á aquella peste podría aplicarse. El Monarca la

---

[21] En mi comentario, donde trato más detenidamente de la fundación de la *Casa de la Galera*.

envió al Duque de Lerma y al Consejo de Cámara, y, escuchado el parecer de uno y otro, llamó á la religiosa, mandándola pusiese en práctica su pensamiento, como, en efecto, lo hizo en Valladolid *aquel año de 1604.*

Éste fué el origen de la *Casa de la Galera para castigo de las mujeres vagantes, ladronas, alcahuetas y otras semejantes,* que tuvo su principio en una casa situada en el Campillo de San Andrés, cerca de la del Conde de Benavente, y no lejos de la que sirvió de morada á Cervantes.

Fundado su instituto, la madre San Jerónimo, en el otoño de 1604, partió para Flandes, llamada por la infanta doña Isabel Clara Eugenia; pero antes de salir de la Corte se presentó al Ayuntamiento, colocando bajo su amparo su nueva casa, iglesia é instituto. Aceptó la Corporación el legado, puso las armas de la Ciudad á las puertas del edificio, y, agradecida al celo cristiano de la fundadora, concedióla para el viaje una ayuda de costa de 200 ducados. [22]

---

[22] Por si no fuera suficiente el testimonio de la fundadora, que expresamente declara en la dedicatoria de su libro *Razon y forma de la Galera......*, que la Casa de la Galera se instituyó en 1604, en los libros de Actas del Ayuntamiento de Valladolid busqué con empeño, y la fortuna me deparó entonces, los siguientes acuerdos, que vienen á confirmar aquella declaración, y patentizan ser efectivamente, el año 1604, la fecha en que fué erigida. Concédoles grande importancia para este punto de la cronología del *Coloquio,* y, en gracia á su mérito, los reproduciré íntegros:

«biernes a 8 del mes de octubre de 1604 años......; este dia entro en este ayuntamiento Magdalena de san Geronimo, y dijo quella se abia criado en esta Çiudad desde niña, á la qual rreconoçia por su madre y señora, y procurado aumentar todo lo que fuese del seruiçio de dios n.ro S.or, *y para rremedio de las mugeres que andauan perdidas para las rrecojer y açer una casa de aprouaçion la abia echo con las limosnas de los vecinos desta Çiudad y fundadolas mas de mill ducados de rrenta* de que se ha seguido tanto serbicio a dios n.ro S.or y bien desta rrepublica en tener la dicha casa, adonde aprueban las quentran, unas para el monesterio de la penitençia y otras rremediadas, y agora ultimamente traydo los cuerpos santos çebedeos y tantas rreliquias para la dicha casa, y que asi para la perpetuidad y santuario y buen gobierno della y que baya adelante con su mayor aumento, Suplicaua a la ziudad umillmente á esta Çiudad se encargare de la dicha casa y santuario del rrelicario p.a que no se dibida y rreparta; sino que como caueça desta rrepp.a, sera senora y protetora de todo, de la forma y manera que le pareçiere, de suerte questo tenga la perpetuidad que tan sancta

Ahora me pregunto yo, volviendo al *Coloquio:* ¿tenían razón de ser los advertimientos de Berganza para la corrección de las mujeres vagabundas una vez fundada la casa de la galera? ¿No eran de todo punto ociosos, puesto que el remedio que para el mal pedía ya estaba dado? ¿No se ve, por el contrario, palpablemente, que tales palabras no podían escribirse sino con anterioridad á la fundación de la madre San Jerónimo? Y aun sin extremar tanto el argumento, basta que Cervantes evoque aquí aquella cuestión tan debatida, que por entonces (1604) hallaba en Valladolid su solución, para que, apoyándome en la ley crítica de la localización del agente, estime el recuerdo del *Coloquio* como un reflejo de cosas que acontecían por aquellos tiempos. Una misma es la idea que anima los advertimientos de Berganza y el levantamiento de aquella benemérita y correctora institución; y si ambos recuerdos se emparejan y asocian, habrá, en pura lógica, que asociar igualmente su respectiva cronología, que, en definitiva también, no puede ser más que una misma. Y para mí el argumento es de tanto más peso, cuanto que los restantes rastros que el *Coloquio*

obra se rrequiere; y por los dhos. SS.r visto, nombraron por Comisarios á los SS.s corregidor, don luis de alcaraz y esteuan del pesso, françisco calderon rregidores, para que de partes desta Çiudad la agradescan el ofreçimiento echo y traten y capitulen con hella todo lo que combiniere, ansi á esta Çiudad como á la dha. casa de aprouaçion, y con lo que se hiçiere se llame a rregim.to pleno para el dia que los dhos. ss.s acordaren, para questa Çiudad lo bea y acuerde aquello que mas sea para el serbiçio de dios nro. s.r»

«6 de Mayo de 1605.—este dia se trato en este ayuntamiento quan bienhechora hera desta çiudad la madre madalena de san geronimo, pues por su orden y diligencia, y con limosnas, abia fabricado y puesto un monesterio de aprouaçion, para poner en el las mugeres que andavan en el mundo que se arrepentian con rrenta, y traydo á su costa desde flandes y alemania á esta ciudad dos cuerpos santos de los çebedeos, que el uno esta en la yglesia mayor y el otro en el dicho monesterio de la aprouaçion con ynfinitas más rreliquias, y echo patrona á esta ciudad de todo, y que á tanto amor y celo y boluntad como esta sierba de dios tiene con esta ciudad, es justo la estime y benere como á tal; y assi por que se á hentendido esta de partida para flandes, á donde esta la SS.a ynfanta, bayan dos caballeros deste Ayuntamiento á la bisitar y aber si manda algo con questa çiudad la pueda serbir para su biaje, y para que en que le aga la merçed de duçientos ducados para que pueda comprar un macho, de los quales se le de librança.»—*Libros de Actas y Acuerdos...... de Valladolid.*—Año 1605; sin foliac.

contiene, débiles y pobres de por sí para darnos su cronología, se iluminan y robustecen agrupándolos alrededor de este dato de la galera, viniendo á ser su complemento lógico; y así, la memoria que se hace del corregidor de Valladolid, la del Marqués de Priego, la cita del representante Angulo, [23] juntamente con otros cabos sueltos desperdigados por la novela y recibidos en mis notas, [24] robustecen mi pensamiento de manera, que, sin gran audacia, puedo concluir: *El Coloquio de los Perros* vió la luz de las letras en Valladolid, poco tiempo después de la llegada de Cervantes (1603-1604) y antes de la primavera de 1605.

Al desarrollar la doctrina de la sátira, López Pinciano recomendaba para su lenguaje un estilo mediocre, [25] sin la nobleza y elegancia que reclaman otros géneros literarios más altos; y, como obedeciendo á este precepto del insigne gramático, el usado por Cervantes en su *Coloquio* es de lo más llano, natural y sobriamente castizo que atesora el habla castellana.

Para contar las aventuras de Berganza é introducir los maliciosos comentarios de Cipión, sobraban los requilorios y encumbramientos: aquellos dejos afectados, pomposos y líricos de que hizo gala en el *Quijote* (episodios de Dorotea, Luscinda y Cardenio), y en alguna de las novelas, con menoscabo de la propiedad en la dicción, huyeron

---

[23] Vid. asimismo las Notas correspondientes á estos pasajes, en mi comentario.

[24] Ancho campo para conjeturar me darían otros pasajes del *Coloquio*: por ejemplo, aquel en que Berganza dice «*lo que oí decir los días pasados, pasando por Alcalá de Henares*», frase que se refiere á tiempo muy inmediato, y que me trae á las mientes el realizado viaje de Cervantes desde Sevilla á la Corte.

Pero ya que no se pueda señalar con matemática certeza la época de la composición del *Coloquio*, al menos, la relación de sus sucesos por el alférez Campuzano, y consiguientemente la de Berganza, hácese en un otoño: probablemente el de 1604. En esto andan acordes todas las frases del *Coloquio*. Los sudores, remedio curativo para las bubas, tomábanse en primavera y otoño, el Alférez sale del hospital en tiempo «que no era muy caluroso». Berganza dice en su vida «una siesta de las del verano pasado»; pasean sus interlocutores por el «Espolón», paseo escogido para tiempo de otoño é invierno. Apure el lector estos unánimes datos hasta donde le plazca.

[25] López Pinciano: *Philosophia antigua poética....*, Epístola XII, p. 502.

afortunadamente en esta deliciosa sátira, para servirnos sus inimitables donaires y punzantes dardos en un lenguaje fresco, sencillo, digno, flúido y espontáneo, tal como Cervantes, vivo hoy, nos hubiera relatado su vida y aventuras.

Por la misma facilidad y ligereza de su estilo, por aquel correr suelto y presuroso de la pluma, que sigue al pensamiento ó al recuerdo lo más prontamente que puede, no escasean las incorrecciones, repeticiones de vocablos, abuso de los relativos y las conjunciones, de la polípote y polisíndeton, caídas en las cuales un Clemencín no hubiera dejado de hacer triunfante presa, al igual de otros imitadores suyos, chicos de espíritu, que hoy también bullen; pero que el lector discreto perdona y olvida magnánimamente cuando advierte que las caídas se remedian, los lunares se quitan y se borran las manchas ante la vivísima luz que irradia su lenguaje, rico, riquísimo en oportunos apelativos, de una propiedad portentosa, valiente y realista en las descripciones, con soberbia naturalidad que acusa su eminente origen realista, siguiendo tan paso á paso sus recuerdos y memorias, con tanta gracia y vida, que aparecen hechos unos, fundidos con el lenguaje que los expresa. [26]

Pasajes hay como la pintura de la jifería sevillana que se palpa y se tiene entre las manos; la entrada de Berganza en el hato, y cómo los pastores le tomaron, tan bebida está del natural y tan pintorescamente contada, que bien puede decirse de ella que huele á tomillo y ofrece el amargo sabor de la jara; vivacísimamente y con sin igual donaire se desarrollan las picardías del alguacil con la huéspeda sevillana y se hace revivir la escena del hambriento poeta. Mas donde el estilo se transfigura y eleva, alcanzando regiones infinitas, es en la exposición de la doctrina teológica de los males de daño y males de culpa, con el trasunto portentoso del alma encenagada en el vicio, que hace la Cañizares, soberana, magistral, como lo hubiera podido trazar el primero de nuestros místicos. No sé si, en efecto, este pasaje revela en Cervantes los conocimientos teológicos que admiradores suyos han dado en

---

[26] Por ejemplo, la omisión del artículo y de las preposiciones, muy empleada por Cervantes en el *Coloquio*, hace el lenguaje cortesano, sobrio y gallardo; «..... porque yo le llevaba [en] las madrugadas los que él había hurtado [en] las noches.....»

«Aquella noche dormí al cielo abierto, y [al] otro día me deparó la suerte.....» Era modo de hablar propio de su tiempo.

atribuirle; no sé si *Cervantes fué, ó no fué, teólogo;* mas, aparte la procedencia y fuente de este caudal filosófico, es patentísimo y cierto que raras veces llegó á declararse esta doctrina en lenguaje tan puro, en párrafos tan sutiles y acabados, en adaptación tan maravillosa de los secretos del romance á la materia teológica, profunda é intrincada, y que en sus cortas líneas está toda ella entera, cual admirable vulgarización de misteriosos secretos que no salían á la plaza del mundo, sino con la autoridad pegadiza del texto latino, ó la ceremonia grave y togada del púlpito y la cátedra. ¡Felicísimo acierto de la pluma de Cervantes, y uno de los más afortunados del *Coloquio!*

No por eso deja de flaquear en ocasiones: valga, por caso, siempre que profundiza ó sermonea; entonces tanto se pierde, tanto se aleja, que, al compás de sus reconditeces ó alegorías, se entenebrece el estilo, huye la luz del lenguaje, su claridad y transparencia, [27] prontamente reconquistadas, sin embargo: en cuanto el prodigioso can abandona la obscuridad de sus filosofías, para volver á pisar la tierra cálida y polvorosa de las campiñas andaluzas.

Cotejando, finalmente, el estilo de *El Casamiento engañoso* y del *Coloquio*, con el de las obras de pasatiempo de su siglo, no puede afirmarse que sea mucha ni muy grande la novedad que supone en cuanto á construcciones, giros y modismos; en general, son los usados por sus contemporáneos, como una muestra más del buen hablar, ejecutoria nobilísima que cobijó hermosamente á todos. [28] Por esta causa no cho-

---

[27] Aludo, sobre todo, á las reflexiones y comentarios que las predicciones de la Camacha provocan á los dos perros en el final de este episodio. En su lugar podrá comprobarlos el lector.

[28] En mis Notas hallará también el lector pruebas de esta afirmación del texto; pues de propósito no he desdeñado el estudio de aquellas frases que por su originalidad podían deslumbrar como puros *cervantismos*.

Desde luego la materia es resbaladiza y ocasionada á deslices y caídas, tanto, que hay frases que parecen á primera lectura cervantismos, y son, por el contrario, bordoncillos y rastros del común hablar de entonces, condenados ya por conocedores tan expertos de la lengua castellana como Quevedo y Espinosa. Véanse, en prueba, las siguientes, sacadas de nuestras dos novelas exclusivamente: «*vuesa merced haga penitencia conmigo*», «*le baile el agua delante*»; «*cuando no me cato*»; «*como volar*», etc.; modos de decir que, lejos de constituir estilo peregrino y alto, eran para Quevedo, por lo repetidos, corrupción del idioma y enfado del mundo.

can los constantes parecidos de expresión que se tocan en la joya cervantina con otras producciones gemelas, que, á no tener padre conocido y bien glorioso, no hubieran dejado algunos comentaristas de arrojarla, por ellos, á las puertas de otro conocido; peligrosísimo sistema muy explotado en los días de D. Adolfo de Castro, y que la crítica moderna ha sabido justamente desacreditar. [29] ¿Qué importa que los artistas coincidan en unos mismos rasgos de la paleta, si la intención, el alma, la idea, es otra y muy distinta en cada uno? Si unas son las armas de que todos se sirven en la liza de las letras, ¿qué extraño es que, á ratos, los golpes sean tan semejantes, que con error puedan atribuirse á un mismo brazo?

Cervantes, en este punto del lenguaje, y sin dejar de afirmar un momento siquiera su personalidad imborrable y característica, siguió también en esto la corriente de su tiempo y por hacerlo no se empequeñeció; que los ríos no son grandes por salirse de madre en una avenida, sino por tener su lecho profundo, sus márgenes anchas y espaciosas, y sus aguas corrientes, cristalinas y muchas. Otros ingenios hubo, deudos de Cervantes en la gran familia de las letras españolas, que, acaso, puedan ostentar un léxico más rico, formas de expresión, si se quiere, más originales y bravas, más tersura y limpieza en la frase; pero ninguno de ellos llegó á aquella plácida y perfecta ecuanimidad de su lenguaje que lo hace adorable, eternamente bello y codicioso á los oídos de ayer, de hoy y de siempre, que busquen algo más que el vocablo recóndito y rarísimo; que «no está en un escritor toda la lengua, ni la puede usar uno solo», [30] como decía el *divino* Fernan-

---

[29] Numerosas son, en efecto, estas similitudes y concordancias de estilo entre Cervantes y otros escritores; muchas veces obedecen á que la fuente de unos y otros es una misma, el lenguaje popular, el habla del vulgo, á quien ambos pagan tributo, como acabo de decir, recogiendo sus bordoncillos, sus modismos caprichosos y originales, buenos para hacer perder luego la paciencia del comentarista que pretenda descifrar su alcurnia y nacimiento. En otros casos la semejanza es puramente casual y telepática; por ejemplo, aquella figura lindísima de *El Casamiento*. «Yo quedé abrasado con las manos de nieve que había visto», y que en Quevedo se lee asimismo. «las manos que de rato en rato nevaban el manto, abrasaban los corazones.» *(El Mundo por dentro.)*

[30] *Obras de Garci-Lasso de la Vega con anotaciones de Fernando de Herrera.* En Sevilla, Alonso de la Barrera, 1580; f.° 575.

do de Herrera, y, en cambio, sí está el regalarnos la nota de soberana harmonía, en que reside mansamente encerrada la verdadera idea de la belleza.

Más correcto, pues, el lenguaje del *Coloquio* que el de la primera parte del *Quijote*, y sin llegar en su conjunto á aquella marmórea limpidez de *Persiles y Segismunda*, debe colocarse en el proceso cervantino entre ambas obras, natural corolario de su cronología.

De las dos noches consecutivas que duró la plática de Cipión y Berganza en el Hospital vallisoletano, su fiel cronista el alférez no escribió más que la relación de una, guardando la de la vida de Cipión, en espera de la acogida que tuviese su primer *Coloquio*. Él mismo lo confirma, cuando, en su final, pone este postrero diálogo entre los interlocutores de *El Casamiento engañoso:*

«—Aunque este *Coloquio* sea fingido y nunca haya pasado, paréceme que está tan bien compuesto, que puede el señor alférez pasar adelante con el segundo.»

«—Con ese parecer—respondió el alférez—, me animaré y disporné á escribille.»

No sé si en esta promesa pagó Cervantes tributo á la costumbre, tan recibida entre todos los escritores de novelas de su tiempo, de prolongar sus obras, añadiéndolas segundas y terceras partes, que, para dejar muchas veces mal al conocido proverbio, mejoraban notablemente á las primeras, como ocurrió en *El Ingenioso Hidalgo*. Mas como no fué tan sólo en este párrafo donde Cervantes declaró su propósito de continuar el *Coloquio*, sino que en repetidos lugares de éste ofreció regalarnos la vida de Cipión, [31] paréceme que su promesa tenía mucho de formal y seria, y encerraba algo más que el trivial recurso de todos los ingenios, que, al anunciar nuevas proezas de sus héroes, embargaban por adelantado la curiosidad de sus lectores, preparándoles el ánimo para un buen acogimiento, y hasta procuraban

---

[31] «No tengo escrita más de una, que es la vida de Berganza; y la del compañero Cipión pienso escribir (que fué la que se contó la noche segunda), cuando viere, ó que ésta se crea, ó á lo menos no se desprecie.....»

«CIPIÓN. Sea esta la manera, Berganza amigo, que esta noche me cuentes tu

detener maliciosamente la competencia de otras plumas, prontas á cortar por su cuenta en la ancha pieza tejida por el autor de la primera parte.

Lozano campo se descubría, en efecto, para dilatar la charla de los dos canes, sobre todo si, como en el *Coloquio* primero, tomaba el rumbo satirizador ó maldiciente. Porque, si bien se mira (y ya quedó anotado en su capítulo), sobre el talento descriptivo, creador ó novelesco, porque tanto y tan merecidamente se honra á Cervantes, estaba el satírico ó mordaz, que hace cruelísimas y ásperas sus frases, cuando se le antoja convertir la pluma en penca de tres suelas, como aquella que usaba Flechilla, verdugo de Ocaña, por el testimonio del Buscón en su *Vida*. Cabalmente, por levantarse Cervantes tanto, cuando desarrolla este color de su temperamento, es más de lastimarse y sentir, ya que no la pérdida (que muy probablemente no la hubo, pues no debió de escribirse), al menos, el incumplimiento de la palabra del alférez Campuzano, que prometía un segundo *Coloquio*, en el que ¡vive Dios, y qué de tesoros y maravillas hubiera repartido, animado con la buena acogida del primero, y con la libertad que ya por entonces se iba usando para tratar, entre chanzas y sueños, los vicios públicos, con entera franqueza y sin escrupulillos!

Por cuadrar, pues, por entero al temperamento cervantino este linaje de obras, debemos dolernos de la falta de un segundo *Coloquio*, más aún que de la de otros escritos suyos, prometidos igualmente, como la continuación de *La Galatea*, el *Bernardo ó Las Semanas del Jardín*,[32] en que acaso hubiera dado rienda suelta á ciertos resabios

---

vida.....; y si mañana en la noche estuviéremos con habla, yo te contaré la mia.....»

....

«Cipión. ..... mas quizá lo diré, si el cielo me concede tiempo, lugar y habla para contarte mi vida.....»

....

«Cipión. ..... de buena gana te escucho, por obligarte á que me escuches cuando te cuente, si el cielo fuere servido, los sucesos de mi vida.»

....

«Cipión ..... y esta noche que viene, si no nos ha dejado este grande beneficio de la habla, será la mia para contarte mi vida.» *Del dicho al hecho.....* ¡Lástima no se llenase!

[32] Prometidas en la dedicatoria de las *Novelas ejemplares*, en la de las *Co-*

de mal gusto literario, ú oído determinadas innovaciones, que le impidieran brillar con la intensidad y fuerza que en las imitaciones lucianescas.

Lo que Cervantes no quiso hacer, ó se lo impidió la muerte, llevólo á cabo, cumpliendo con la promesa cervantina, un escritor coetáneo suyo, aunque, por desgracia, tampoco se hayan conservado las muestras de su gallarda intención. Del licenciado Luis de Belmonte, ingenio sevillano, cuenta un su encomiasta, que anduvo remotas tierras, paseó las pampas americanas, arribó con títulos de descubridor á las perdidas regiones de Australia, ocupó la imprenta en Méjico, y vino finalmente á la Corte con no escaso caudal de sucesos propios y ajenos, muchos, dormidos en la memoria; y otros, pasto de versos, en los que se relataban sus aventuras, viajes y peligros. De un hombre así bien podía esperarse la segunda parte del *Coloquio*, y á ello se atrevió, «movido — dice su biógrafo — de ver la última novela de Cervantes, ingenio digno de ser reconocido por excelente, sin la conclusión que pide la curiosidad de los lectores; porque, habiendo escrito la *Vida de Berganza*, uno de los perros del hospital de Valladolid, deja en silencio la de Cipión, no sé si diga que porque le faltaron amos verosímiles á quien pudiera servir un perro, por haber gastado con el otro cuantos pudo haber á las manos. Al fin — concluye el panegirista—, Luis de Belmonte, comenzando por ella, prosigue hasta doce sus

---

medias y el *Persiles*, acaso esta obra de miscelánea, como su título traduce, estaría destinada á recoger nuevas novelas y relatos, en vista del gran favor que tuvieron los primeros. Y enfrascándome más en las conjeturas, contra mi costumbre, bien pudo pertenecer *in mente*, ó realmente manuscrita, la segunda parte del *Coloquio* en que se narrara la vida de Cipión á *Las Semanas del jardín*, infortunadamente perdidas. Era, por entonces, forma novelística muy usada y en boga, traída indudablemente de la literatura italiana, la de fingir la reunión periódica, en un mismo lugar y hora, de varios amigos: los cuales, en discreto ocio, van pasando las veladas del invierno, ó las siestas del verano, en la relación, alternativa y por su turno, de casos extraordinarios y novelísticos, hasta llenar el libro. Patrón bajo el cual se compusieron las enmarañadas *Noches de invierno*, de Antonio de Eslava (1609), y los más llanos *Diálogos de apacible entretenimiento*, de Gaspar Lucas Hidalgo (¿1603?); bajo este mismo, también, por lo que su título declara, me atrevo á pensar ordenaría Miguel de Cervantes sus *Semanas del Jardín*.

novelas, tan agradables, que, por ellas sólo, mereciera nombre cualquier buen ingenio.» [88]

Tantas y tales alabanzas en el prologuista de *La Hispálica*, no manco ciertamente, por la soltura y desenfado con que maneja la pluma; aquel elogio que hace de las mismas *Novelas* de Belmonte, juzgándolas «uno de los trabajos que más bien reciba España, por el donaire, invención y agudeza con que escribe la prosa», no exenta, sin embargo, en los frutos que de ella nos restan, de un sabor afectado y pomposo, como del tiempo en que el idioma comenzaba á inficionarse, hizo en mí más vivo el deseo de dar con la *Vida de Cipión*, relatada por el poeta sevillano. Desdichadamente, hay que reputarla por perdida, pues nadie hasta el día ha dado con algo más que esta engolosinadora noticia de su existencia; ni Gallardo, ni La Barrera, [84] ni Gayangos, en suma, ninguno de nuestros bibliógrafos; amén de los eruditos y literatos del día, á quienes he acudido en busca de su paradero, tan infortunados en ello como yo. Al Licenciado Belmonte Bermúdez, como novelista, hay que ponerle junto á Pedrosa, autor de novelas completamente desconocido, y tantos otros ingenios, con quienes la posteridad fué cruel, sumiendo en el olvido sus producciones.

---

[88] Prólogo que puso al manuscrito original de *La Hispálica*, poema en octava rima hoy en la Biblioteca Colombina de Sevilla, el licenciado Juan Bermúdez y Alfaro. (Apud GALLARDO: *Ensayo......*, II, col.s 62 á 68.)

[84] Salvá y Ticknor ni siquiera las mencionan. La Barrera, al dar su noticia, decía por su cuenta: «Las novelas de Belmonte quedaron inéditas, y se han perdido, como varias otras de sus producciones, ó por lo menos existen oscurecidas.» *(Nuevas investigaciones acerca de la vida y obras de Cervantes.—Obras completas.*—Madrid, Rivadeneyra, 1863-1864; tomo I, CXLVIII.) Tan obscurecidas, que, á menos de una casualidad futura, ¡ojalá ocurra!, no hay esperanza de que aparezcan. Eminentes eruditos como Menéndez y Pelayo y Rodríguez Marín me han asegurado haberlas buscado con empeño en un tiempo, sin éxito tampoco. Mal síntoma es, también, el de que igualmente se ignore el paradero de *El Cisne del Jordán*, otra obra del mismo Belmonte citada por Bermúdez.

Si, como se supone, Cervantes puso en el canónigo toledano del *Quijote* sus pensamientos (I, XLVIII) y trasladó á sus palabras encubiertamente su sentir, habría que reconocerle otra obra perdida. *un libro de caballerías*, guardando las reglas y preceptos exigidos por aquél en su discurso, y del que tenía escritas más de cien hojas. Curioso pormenor en que nadie ha caído. ¿Qué relación tendría, en caso de no ser fantástica esta conjetura, con el *Quijote* mismo?

Alguien quedaba, sin embargo, en aquella generación literaria, capaz de escribir el relato de las hazañas de Cipión, y aun de apurar también ciertas cosillas que Berganza había callado, porque no se le tuviese por largo y murmurador. Capaz y muy capaz era D. Francisco de Quevedo y Villegas de estas empresas, y harta prueba y desenfadada muestra dió en sus *Sueños* y obrillas satíricas, que, en cuanto á la intención, hondura y nervio lucianesco, guardan tanta y tan grande semejanza con el *Coloquio de los Perros*, como si ambos se iluminasen por recibir pródigamente una misma luz, que alumbrase y encendiera unas mismas facultades y temperamentos; mas para que el entronque con la joya cervantina hubiera resultado puro y legítimo, y las aguas que desembocaran en el caudal acopiado de maravillosos aciertos del primer *Coloquio* no enturbiasen su claridad limpísima y su intención honesta en el segundo, menester hubiera sido que á Quevedo se restasen ciertas cualidades y prendas, buenas en sí, pero estorbadoras de un éxito feliz en empresa semejante.

Á Quevedo le estorbaban (aparte sus aficiones políticas, que siempre ciegan y desatinan) su mucho saber teológico, moral é histórico, y, otro tanto que al autor de *La Pícara Justina*, el demasiado dominio y conocimiento de la lengua castellana, que, á fuerza de prodigarse sin tasa ni medida, hace sus escritos obscuros, sus reflexiones de forzada comprensión, impregnados como les deja del conceptismo lastimoso que tanto afea la inmensa obra de aquel memorable caballero, señor de la Torre de Juan Abad, el cual, á haber nacido cuarenta años antes y respirado, hecho hombre, la generosa atmósfera de los tiempos del Rey Prudente, y no la cargada y asfixiante de su nieto, sería hoy el primero y más indiscutible de los ingenios clásicos españoles.

Ese excesivo dominio del fondo y de la expresión fueron indudablemente, con el contagio de su época, las causas del conceptismo quevedesco, único é inconfundible, muy distante de los conceptismos falsos y vacíos que tanto abundaron en sus días, hijos cabalmente de la ausencia de aquellos dónes que tan pródigamente sobraban en Quevedo.

Á pesar de esta separación, al autor de las *Capitulaciones de la vida de la Corte*, horras y libres de todo unto sermonesco, atentas sólo á sacar *in puribus* á cada linaje de perdidos en un espacioso teatro, teniendo por auditorio, no á una junta de teólogos ni de hinchados catedráticos, sino á la turba alegre, desenfrenada y picaresca, que lo ríe todo, y lo jalea, celebra y aplaude; al padre del incomparable *Buscón* hay que secuestrarle, ya que no entre los imitadores del *Coloquio*, al menos, como uno de aquellos para quienes la novela cervantina fué potentísimo faro que alumbró un derrotero no sobradamente explorado aún en las letras castellanas.

Quizás las mismas *Capitulaciones de la vida de la Corte* gocen, como excelencia sobre el *Coloquio*, de la ausencia de aquellas moralidades y reflexiones que en la obra de Cervantes roban á ratos la naturalidad y la alegría. Y cabe explicarlo derechamente. Escribíanse aquéllas por Quevedo en el hervor de sus primeros años, libre de filosofías y sermonarios; cuando él mismo se llamaba «hombre dado al diablo, prestado al mundo y encomendado á la carne....., falto de pies y de juicio, ancho de frente y de conciencia, raído de capa y de vergüenza»; cuando, soñadora la cabeza, abiertos los ojos y diestrísima su pluma, mojábala en los garitos, tablajes, burdeles y tinelos, para sacar sus personajes asidos del copete, entre risas y burlas, con el alboroto y desenfrenado bullicio de unas carnestolendas. ¡Para sentencias y apotegmas estaba entonces Quevedo! Cervantes no; á la sazón de escribir el *Coloquio*, había dejado atrás, muy atrás, estas mocedades; lejos, muy lejos, estas alegrías: su edad no estaba ya para burlarse con la otra vida, «que al cincuenta y cinco de los años ganaba por uno más y por la mano». En un viejo, pues, están bien y en su punto las reflexiones que hagan *ejemplares* sus obras; en un mozo, y, por ende, alborotador, espadachín y mujeriego, no, estorban; que por eso moralizó Cervantes en el *Coloquio*, y no lo hizo Quevedo en las *Capitulaciones*.

La gloriosa popularidad que en España alcanzaron las *Novelas ejemplares* tenía que invadir también los dominios del arte, y señalar su influencia en el desarrollo subsiguiente de la Novela en general. Lugo Dávila, Luis de Belmonte, Castillo Solórzano, Salas Barbadillo y otros ingenios, tomáronlas como modelo para las suyas; siendo tan inmediata y rápida la imitación, que provoca la sospecha de que, mucho antes que impresas, eran conocidas, y corrieron manuscritas, entre los curiosos, á más del *Rinconete* y *El Celoso Extremeño*.

Si la novela corta, ó cuento breve, que nacía en los brazos del *manco sano*, no siguió el rumbo realista que le señaló, cúlpese, más que á la ignorancia ó falta de atención de los autores, que muy devotamente las estimaron y aplaudieron, llamándolas con Bartolomé de Góngora «atalayas de la humana vida», [85] al derrotero lastimoso que tomó nuestra literatura, cautiva del culteranismo, con todos sus errores, afectación y mal gusto.

Pero aunque la huella de Cervantes con sus *Novelas* no fuese todo lo honda, sana y fructífera que su importancia prometía, no puede desconocerse que existió, sin embargo, ora trasladando al teatro novelas enteras, ora recibiendo en otras obras, y disfrazados, episodios sueltos de ellas, ó bien, por último, mostrando generosamente á los prosistas el feracísimo campo del natural, cual brava y rica mina de donde arrancar sus producciones.

No fueron *El Casamiento engañoso* y el *Coloquio*, á pesar de ello. ó al menos en España, las novelas ejemplares más imitadas por los autores que siguieron á Cervantes. De la primera, acaso por la misma realidad de su asunto, tan repetido y constante en la vida de entonces, no hallo calcos, semejanzas ni reflejos directos, fuera de parecidos de situación ó de lenguaje, que, seguramente, nada de intencionados tuvieron; por ejemplo, en *La Niña de los embustes*, de Castillo Solórzano. [36] Tampoco el mismo *Coloquio*, en su conjunto, desarrolló la afición que se creyera hacia el apólogo satírico; pues no recuerdo, fuera de Quevedo, otro caso que el del licenciado Cosme Gómez de Tejada, que en su *León prodigioso* tiró más á copiar á los autores clásicos que á parar mientes en las sabias huellas de los Perros de Mahudes. [87]

Semejanzas aisladas é independientes, con episodios y lugares del *Coloquio*, no escasean, sin embargo, en obras posteriores. Con especialidad, el pasaje del poeta cómico, autor infatuado é inofensivo del *Ramillete de Daraja*, tuvo una aceptación extraordinaria, viéndose reproducido substancialmente en varias obrillas del tiempo. No juzgo, empero, estas coincidencias literarias como imitaciones conscientes cer-

---

[85] *El Corregidor sagaz.—Abisos y documentos morales* ..—Manuscrito curiosísimo, á juzgar por los extractos que nos dejó Gallardo, y que bien merece imprimirse.—Vid. *Ensayo*....., IV, col. 1.208.

[36] BARCELONA: Margarit, 1632, cap. XI y XVIII.

[87] *León prodigioso.—Apología moral entretenida y provechosa á las buenas costumbres, trato virtuoso y político.*—Madrid, Francisco Martínez, 1636, in 4.º

vantinas. Lejos de eso, tiene su explicación. Entre la turba gárrula de nuestro Parnaso, que anheló pisar con estruendo y triunfo las tablas de los corrales, medraron, á docenas, los poetillas disparatados y ridículos al estilo del del *Coloquio*, y á quienes sus dramáticos engendros hinchaban el cerebro y envanecían sobremanera, para caer, en mala hora y por castigo de sus culpas, en poder de los alegres farsantes, que les hacían pagar con las setenas sus locas vanidades y deplorables versos.

Vélez de Guevara, que había llevado á su graciosísimo *Diablo cojuelo* el patio y la persona del señor Monipodio, trasladó también á la posada del Sevillano, en Toledo, á un poeta dramático, que nada tiene que envidiar al cervantino; pues si éste pedía salieran en su farsa el Papa con doce cardenales, vestidos todos de morado, en la Tragedia Troyana de aquel disparatón sin medida, rompía la escena el Paladión con cuatro mil griegos, armados todos de punta en blanco; tras ellos, en la comitiva, Príamo, Elena y Paris; cerrándola, finalmente, en palafrenes negros, once mil dueñas á caballo, que no habían de ser una más ni una menos, [88] en sentir de su desvariada minerva.

También Quevedo celebró este mismo episodio, en su *Buscón*, con parecidas y ridículas exigencias por parte de un poeta huero, que, imaginando una comedia titulada *El Arca de Noé*, para cumplir con su rótulo, pone la fábula y la acción en boca de animales parleros, como tordos, papagayos y picazas. [89]

Finalmente, en *La Garduña de Sevilla*, de Castillo Solórzano, reprodúcese también la misma escena de la lectura de una comedia disparatada ante el concurso socarrón de los farsantes, con igual regocijo que en el *Coloquio*, presentándose esta vez la imitación tan desembozada y franca, que los párrafos enteros que se calcan confiesan clarísimamente la influencia de Cervantes. [40]

---

[88] *El Diablo Cojuelo*, op. cit. Tranco, IV, pp. 44 y 45.
[89] Libro I, cap IX.
[40] Cap. XX.—Va enumerando el poeta las condiciones y circunstancias que exige su comedia, y dice: « *Trece vasallos de la señoresa*. —¿Trece?—repitió el cómico—; ¿no se pueden reducir á menos número? —No, señor—dijo el poeta—, porque éstos son de trece casas solariegas, y cada uno en su nombre da el voto para casarse esta señora, y el faltar uno, era hacer un desprecio de una familia honrada; yo soy muy legal con la historia de Vizcaya, y no querría faltar un átomo de lo que dice.» Más adelante prosigue: «*Item, siete doncellas*......—Vue-

Otros pasajes de la joya cervantina fueron, igualmente, víctimas de hurtillos de más ó menos cuenta para algunas otras obras del tiempo, no sé si por artística y casual coincidencia ó por intencionada imitación; siendo muy claro ejemplo de estas piraterías el traslado que de las artimañas de la Colindres hizo Juan Cortés de Tolosa en su *Lazarillo de Manzanares*, cuyo capítulo VIII tiene bastantes puntos de contacto con aquel episodio. [41]

El título que preside á una novelita de Pedro Espinosa, y el desarrollarse la escasísima acción que encierra en forma de diálogo entre dos interlocutores, uno de los cuales es cabalmente un perro, ha hecho pensar á su meritísimo biógrafo si aquel escritor tomaría idea del *Coloquio* para su juguete. [42]

No hay ciertamente en castellano, á excepción del *Cuento de Cuentos*, obra que en tan corto número de páginas acopie riqueza tanta y tan prodigiosa de modismos, paremías y refranes como *El Perro y la Calentura*, [43] llenos de una fuerza de expresión y de una intensidad filológica ciertamente admirables; pero estas mismas virtudes obscurecen su valor episódico y narrativo, que es en la novela por extremo pobre, y aleja, por ende, la sospecha de toda imitación directa del *Coloquio*, cuyo mayor mérito reside en el número y variedad de los episodios.

Paréceme como si Espinosa hubiese tirado á hacer un *Diccionario* de modismos, al igual del que Correas ordenó años más tarde, y, falto de tiempo, humor ó gusto, se hubiera contentado con hilvanar los materiales reunidos en el artificio de una breve fábula, llena de tropológicas censuras, pero sin que en la intención satírica lograse su propósito, ni pueda acusarse, en su composición ó idea, la influencia de Cer-

---

sa merced traza una comedia—dijo el autor—, con cosas exquisitas: ¿dónde quiere vuesa merced que busquemos siete doncellas, y más en esta Corte?»... El calco sobre Cervantes y el *Coloquio* es indudable.

[41] *Lazarillo de Manzanares, con otras cinco nouelas. Compvesto por, Ivan Cortes de Tolosa, natural de la villa de Madrid......*—Año 1620.—En Madrid, por la Viuda de Alonso Martín, in 8.°; ff. 34 y 35

[42] RODRÍGUEZ MARÍN: *Pedro Espinosa....*, op. cit., p 396

[43] *El Perro y la Calentura. Novela peregrina......* Cádiz, 1625, 8.°, 34 páginas, (1.ª edición) Publicada conforme al texto de la 2.ª (Ruán, 1629) por Rodríguez Marín, en sus *Obras de Pedro de Espinosa....* Madrid, 1909, pp. 165-197.

vantes, de modo que conviertan al glorioso colector de las *Flores de poetas ilustres* en tributario suyo.

Decaída y rebajada nuestra Novela en las postrimerías del siglo xvii, tras el rápido esplendor que la comunicaron Cervantes, Barbadillo y Tirso, y olvidada con silencio de muerte en el xviii, que, lastimosamente, miró más á lo extranjero que hacia las cosas del terruño, no hay que buscar, salvo excepciones raras, influencias literarias de estas dos novelas en nuestras letras.

Mas, para vergüenza nuestra, con el favor con que comenzaron á introducirse en Inglaterra las obras de Cervantes, y en Alemania éstas mismas y las de Calderón, en aquellos países es donde toma carta de naturaleza lo cervantino, y comienzan á explotarse para el teatro y la novela las geniales producciones del Príncipe de nuestros ingenios.

Mucho antes que se iniciara este movimiento, y casi en vida de Cervantes, Beaumont y Fletcher habían ya acudido á la trama de *El Casamiento engañoso* para componer su «*Rule a wife and have a wife*» [44] *(gobierna á tu mujer y tendrás mujer)*; comedia que también bebió en *El Sagaz Estacio*, de Salas Barbadillo, y que está reputada por la crítica moderna como una de las mejores escritas en inglés, gozando por ello, aún, de los favores de la escena.

En Alemania, L. Holberg sacó también su *Heinrich und Pernillo* del picante *Casamiento*, [45] que, por conducto de Fletcher, había pasado in-

---

[44] Proverbio inglés que guarda alguna analogía con el nuestro, «antes que te cases, mira lo que haces».

Beaumont y Fletcher aprovecharon, en efecto, la trama de *El Casamiento* para su comedia, aunque, en verdad, aparezca bastante desfigurado. Doña Estefanía conserva su nombre; al alférez, en cambio, sustituye un «Michael Pérez»; agréganse, en los cinco actos, otros personajes y episodios que faltan por completo en la novela cervantina.—Vid. *The british drama. A collection of the most esteemed tragedies, comedies, operas, and farces in the english language.*—London, Jones and C.º, 1828 y 1829. (Vol. II, pp. 1.141 y 1.162.)

[45] Tomo esta noticia de la *Bibliografía Cervantina*, de Ríus. (Barcelona, 1895, tomo II, núm. 747.) «La novela *El Casamiento engañoso*—dice—dió la materia de esta pieza, que se halla en el tomo III de la siguiente colección de L Holberg: *Daniche Schaubühne*—Leipzig, 1744.»

directamente á otras piezas dramáticas germánicas, como la de F. L. Schroder, titulada *Guárdate del agua mansa*. [46] Esta popularidad cervantina alcanzó su grado máximo al provocar, en uno de los más insignes cuentistas alemanes, una franca imitación del famosísimo *Coloquio*. De Ernesto Teodoro Guillermo Hoffmann relatan sus biógrafos que ya desde niño descubrió su afición hacia lo fantástico, burlesco y extraordinario, llenando las márgenes de una Biblia familiar con caprichosos dibujos de figuras satánicas é infernales, horriblemente monstruosas. [47] Con tales anuncios, no podía extrañar que años más tarde impresionasen vivamente su imaginación nerviosa, ávida de fantasmas, espectros y apariciones, las escenas sombríamente lúgubres de la zahurda de la Cañizares; y que, olvidando aquella ecuanimidad y arte sereno que, en medio de su fantasía, resplandecen en algunas de sus obras, acometiera la ardua empresa de proseguir la vida de uno de los memorabilísimos canes vallisoletanos, poniendo sus nuevas andanzas bajo la inspiración de aquel genialmente grotesco aguafuertista y dibujante, Santiago Callot, cuyas obras, repetidas en mil reproducciones, eran popularísimas hacía dos siglos.

Tal debió de ser el origen primero de las *Últimas peregrinaciones del perro Berganza*, compuestas de 1809 á 1813, y que en unión de otros trabajos suyos, del mismo color y linaje, aparecieron en 1814 con el título: *Fantasías á la manera de Callot*. [48] Son las *Últimas peregrinaciones*..... una de las obras menos entretenidas del famoso novelista, aunque en ella resalten sobremanera sus más característicos ras-

---

[46] *Bibliografía Cervantina*, de Ríus. (Op. cit., tomo II, núm. 748.)

Tan honda es la impresión que deja la lectura del *Coloquio*, que bien pudo haber otras obras, sobre las apuntadas, en que marcase su influencia la memorable cervantina. Así, por ejemplo, Fitzmaurice-Kelly sospecha eruditamente que el *Entretien des cheminées à Madrid*, de Le Sage, debió probablemente su existencia al *Coloquio de los Perros*. (Prólogo á la traducción inglesa de Mr. N. Maccoll, *Exemplary Novels*.—Glasgow, Gowans and Grey, 1902. Vol. I; p. xxxix.)

[47] Vid. el Prólogo de Eduardo Lemoine á la traducción francesa de los *Contes, recits et nouvelles de E. T. A. Hoffmann*.—París; Garnier, 1905; pp. xxi y xxii.

[48] «Fantasiestüke ın Callots manıer. Blätter aus dem tagebuche eines reisenden enthusiasten. Miteiner Vorrede von Jean Paul. Bamberg, 1814» (1.ª edición). Las «Fantasías» se han traducido á todos los idiomas, salvo al castellano, que yo sepa.

gos literarios. Víctima Hoffmann de la misma complejidad y riqueza de su talento artístico, tan pronto se le desbordaba éste en el pentágrama, componiendo óperas y sonatas, como trazaba ridículas caricaturas, ó trasladaba, más vagas y perdidas aún, sus concepciones del lienzo á las páginas humorísticas de sus novelas. Á Hoffmann, pues, hay que mirarle, no como un simple literato, sino como un músico que escribió cuentos; un cuentista que trazó figuras y dibujos, y un pintor que solía fraguar partituras.

Las mismas *Últimas peregrinaciones*...... comprueban este juicio. Dos partes bien diferentes pueden señalarse en ellas. [49] Una, ciertamente literaria, continuación franca cervantina en cuanto á la intención, aunque, por desconocimiento absoluto del medio español, veamos trocado al alano andaluz en un dogo teutónico; pero, así y todo, aun perdura en esta primera parte la influencia del modelo, de Cervantes, en la evocación de la Cañizares, de la Montiela, del coro de brujas que asis-

---

[49] Véase cómo se desenvuelve su argumento. Sale Hoffmann una noche en Bamberg, camino del parque de la ciudad, y al atravesarle, oye unos angustiosos suspiros; corre adonde suenan y encuéntrase con un perro negro, dogo, que le habla. Admírase en un principio de semejante portento, pero el elocuente can le tranquiliza, descubriéndose á él: es Berganza, centinela del hospital de Valladolid, y compañero piadoso de Mahudes. Serenado ya Hoffmann, oye de sus labios la relación de su agitada vida, desde el punto en que la dejó Cervantes en su *Coloquio*. Cuenta, en efecto, cómo una noche, acompañando á Mahudes por las calles de Valladolid, al pasar bajo la sombra de una ventana, sintió que los largos y huesudos brazos de la Cañizares se le colgaban del cuello, al tiempo que con gritos roncos de júbilo le decía: «¡Te tengo otra vez!, ya no te me huirás más». Berganza la muerde y zamarrea, y después de dejarla mal herida, huye desolado, fuera de Valladolid, á campo traviesa. Tropiézase, en lo más negro de la noche, con un aquelarre de un sapo y siete brujas, una de ellas la Montiela: cae entre sus garras y asiste á la nocturna zambra. Calienta el sapo una gran caldera llena de un líquido negruzco y humeante, y, al desbordarse en las llamas, toman sus gotas sangrientas horribles y espantosas figuras: lagartos con cabezas humanas, ratones con picos de cuervo, un gran gato negro, etc. Luego vienen cantos, bailes, saltos y gritos; luchas de Berganza y el monstruoso gato, intervención de la Montiela; untan al perro y pierde el sentido Cuando nace el día hállase solo; vuelve á la ciudad; entra á servicio de Kreisler, maestro de capilla; más tarde, al de una señora maniática y música, cuya vida, en unión de la de otro compositor y un filósofo, constituye el resto de la novela, con los comentarios y alusiones que apunto en el texto.

ten al horripilante aquelarre; que, en verdad, en aquel momento la novelilla cumple con el patronímico de la portada, semejando la viva representación de uno de los más célebres grabados de Callot, y cuya vista tanta impresión produce: el famosísimo de *Las Tentaciones de San Antonio*. El mismo Bosco no se hubiera desdeñado de prohijarlo.

Mas desde que el alba asoma, cantan los gallos y desaparece el escuadrón de brujas, se apaga la sombra de Cervantes, para acentuarse, con la claridad del día, la personalidad de Hoffmann, como si cansado de una imitación á que no se prestaba su indómito talento, dejase á su caprichosa fantasía libre y suelta rienda. No es, pues, Cervantes; es Hoffmann crítico, que vaga ya sobre su afición favorita: la música; que convierte al pobre Berganza en anómalo intérprete de mil raras y desacordadas teorías sobre el teatro, sobre el arte, sobre la estética, salpicadas de otras tantas alusiones, mordaces é irónicas, á cosas y sujetos de su tiempo ó personales recuerdos. Hay vida, ciertamente, en el relato; pero desordenada, confusa, caprichosa. Á quien haya leído la de Hoffmann, no le cogerá de nuevas. Por entonces comenzó á buscar en el licor de Baco un aliado poderoso á la inspiración vacilante de sus Musas. *In vino veritas*. Él fué uno de los primeros que practicaron á conciencia esta formulilla, hoy tan celebrada.

Mas convengamos en que la verdad que el alcohol inspiró á Hoffmann, más que la visión serena y recogida del genio artístico, parece el producto desequilibrado y exótico de una calenturienta pesadilla.

Tal es la impresión que deja en el ánimo esta continuación alemana del *Coloquio*: una verdadera aguafuerte de Callot, mitigado el realismo de Cervantes por la superabundancia imaginativa de Hoffmann, que á buen seguro hubiera continuado mejor *El Diablo Cojuelo*, de Vélez de Guevara, que el humanísimo *Coloquio de los Perros*.

Para que nuestra patria mostrase también algo del amor y entusiasmo que hacia Cervantes suponían estas imitaciones y traslados, una insigne escritora española, que realizó la paradoja de pensar en castellano neto y purísimo y escribir casi en francés, trazó, en colaboración con un celoso hispanista, Mr. de Latour, un breve cuadrito en que aparecen, ya que no Berganza y Cipión, al menos, unos descendientes suyos.

Supone Mr. de Latour que por aquellos tiempos Cipión tuvo un hijo, y Berganza una hija, y que, cual suele suceder entre padres amigos, casaron entre sí á sus vástagos. De su numerosa descendencia es una infeliz perra, que, engañada miserablemente por un tenorio canino, acoge Fernán Caballero, viniendo á morir en su casa, después de relatar todas sus desdichas. [50] La semblanza de uno y otro escritor no tiene pretensiones, ni cabe tampoco concedérselas, siendo un rasgo tan sólo del españolismo sano del primero y del bondadoso corazón de la simpática novelista.

Recientemente, un cultísimo escritor en quien corren parejas el ingenio profundo y el desenfado libre y atrevido, pero á cuya pluma debemos una de las mejores obras dramáticas de nuestros días, *Rosas de Otoño*, ha dado á luz un cuento que lleva por título *Nuevo Coloquio de los Perros*. Por imitación puede estimarse del famosísimo cervantino, no por su fondo, que es original y personalísimo, como los escritos todos de Jacinto Benavente, sino por la adaptación de las parleras lenguas de dos canes á la trama y desarrollo del asunto. Como en el habido en el hospital pinciano, y tras un breve prólogo, que por su valor retórico recuerda al de *El Casamiento*, uno de los perros, aristocrático y pulcro, nacido en París, relata su vida, entre las apostillas realistas y crudos comentarios de su compañero, plebeyo y maltratado. El diálogo animado y suelto, la sátira punzante y viva, el ingenio natural y bizarro, las salidas personales y únicas, hacen del *Nuevo Coloquio* la continuación más feliz y completa (para nuestro tiempo) del cervantino, por más que su autor, con cariñosa humildad, diga del suyo «que ni segunda parte puede llamarse de aquella primera inimitable, que sólo con recordarla aquí creyera ofenderla, y que nunca perdonaríais, lo que no fué atrevimiento, bien lo juro, antes culto de devoción á tan gran nombre». [51] El asunto del *Nuevo Coloquio* es principalmente exótico, y esto ¡ay! sí es dolorosamente real: que ni vida propia nos queda con que contribuir á la novela y al teatro, que se extranjerizan.

Aquí terminan las imitaciones é influencias que he podido hallar

---

[50] *Los pobres perros abandonados......*, en el tomo *Vulgaridad y Nobleza*.—Madrid, Romero, 1907; pp. 331 á 334

[51] Apareció en el número 93 de *El Cuento semanal*, de esta Corte, correspondiente al 9 de Octubre de 1908, sin que, hasta la fecha, lo haya incluído su ingeniosísimo autor en sus *Obras completas*

provocadas por el maravilloso *Coloquio* cervantino. Ninguna de ellas, á excepción del desenfado de Benavente, acertó á darnos la vida intensísima y real que refleja la vida de Berganza; ninguna pluma, tampoco, salvo la de Belmonte, sintióse con ánimos bastantes para emprender el relato de la de Cipión. Porque si el incomparable diálogo de los Perros de Mahudes quedaba interrumpido entre las esteras del Hospital de la Resurrección, é inactiva la pluma del alférez que había prometido continuarle, nadie podía acometer la tarea de hilar sus aventuras con la magistral gracia y habilidad con que lo había hecho el escritor alcalaíno.

Su fiel intérprete, el alférez, pudo también, al final del *Coloquio*, haber estampado aquellas mismas palabras con que el prudentísimo Cide Hamete cerró la historia verídica de *El Ingenioso Hidalgo*:

«Aquí quedarás colgada desta espetera y deste hilo de alambre, no sé si bien cortada ó mal tajada péñola mía, adonde vivirás luengos siglos, si presuntuosos y malandrines historiadores no te descuelgan para profanarte; pero antes que á ti lleguen, les puedes advertir, y decirles en el mejor modo que pudieres:

    Tate, tate, folloncicos,
    De ninguno sea tocada,
    Porque esta empresa, buen Rey,
    Para mí estaba guardada.»

¡Por providencia y misión especialísimas de las bienhechoras Musas castellanas!

VIII

> ¿Siempre se ha de sentir lo que se dice?
> ¿Nunca se ha de decir lo que se siente?
>
> (QUEVEDO: *Epístola al Conde de Olivares.*)

A mediados del año 1612, ya tenía Cervantes concluídos, y á punto para la imprenta, aquellos doce cuentos que, «á no haberse labrado en la oficina de *su* entendimiento, presumieran ponerse al lado de los más pintados». Debió de pensar entonces en un elocuente título, bajo el cual se cobijasen todos al salir á la plaza del mundo, y tomando un cabillo del de la *Primera parte del honesto y agradable entretenimiento de damas y galanes* de Juan Francisco Straparola de Carvacho (Madrid, 1598), y aprovechándose, además, del que llevaban las *Historias trágicas exemplares* del Bandello, en su versión castellana (Salamanca, 1589), vino á componer entre los dos el suyo, heroico, sonoro, autorizado: *Novelas exemplares de honestíssimo entretenimiento.*

Con tal nombre pasaron poco después, á 2 de Julio de aquel año, y por orden del vicario general de la Corte, el doctor Cetina, á las manos de su buen amigo el padre presentado fray Juan Bautista, trinitario, que fué el primer afortunado mortal que saboreó las *Novelas ejemplares*, dando su aprobación, discreta y encomiástica, á 9 de aquel mes.

El honroso titulillo fué corriendo, con el manuscrito, de unos en otros aprobantes, y con él solicitó y obtuvo su autor los dos privilegios: el de la Corona de Castilla, á 22 de Noviembre de 1612, y el valedero para los reinos de Aragón, fecha de 9 de Agosto de 1613. Escaso de dineros Cervantes, en aquella sazón como en tantas otras, un mes justo después, á 9 de Septiembre de 1613, vendió estos privilegios á su constante editor Francisco de Robles, y en la escritura de concierto también se conservó el mismo rótulo puesto en un principio: *Novelas exemplares de honestíssimo entretenimiento*. No obstante, al tirar la portada, Cervantes mudó de idea: suprimió la antigua coletilla *de honestíssimo entretenimiento*, y dejó reducido su título al de *Novelas ejemplares*. [1]

¿A qué obedeció este corte? ¿Cuál fué la razón que le movió á cercenar su última parte? ¿El capricho sólo? [2] ¿Creyó que los requiebros amorosos que en ellas se contenían no eran lo bastante *honestíssimos*,

---

[1] Esta notable particularidad literaria, no observada hasta hoy por ningún cervantista, aparece de la lectura de los preliminares de la edición príncipe. Como las aprobaciones y licencias (y muchas veces los privilegios) se daban sobre el mismo manuscrito, Cervantes, al sacar los suyos, no contó con que en ellos había de perdurar el primitivo título de las *Novelas*, cercenado por él después.

En la *tassa* de la edición príncipe y en las aprobaciones de fray Juan Bautista, Gutierre de Cetina y fray Diego de Hortigosa, se lee su epígrafe como hoy: *Novelas exemplares;* mas en la de Alonso Gerónimo de Salas Barbadillo, se dice: «Por comission de los señores del supremo Consejo de Aragon vi un libro intitulado *Nouelas exemplares* DE HONESTISSIMO ENTRETENIMIENTO, su autor Miguel de Ceruantes Saavedra......» Sobre ello, los dos Privilegios que se obtuvieron para Castilla y Aragón decían á una «Por quanto por parte de vos, Miguel de Ceruantes Saavedra, nos fue fecha relacion que auiades compuesto un libro intitulado *Nouelas exemplares* DE HONESTISSIMO ENTRETENIMIENTO»; y, para que no quedase duda, al otorgar Cervantes la escritura de cesión del Privilegio para la impresión de las novelas á favor de Francisco de Robles, debió tenerse á la vista el mismo manuscrito, cuando se nombran aquéllas por el primitivo título con su suprimida coletilla ...*de honestíssimo entretenimiento*. (Vid. edic. JUAN DE LA CUESTA, 1613, y PÉREZ PASTOR: *Documentos cervantinos*, tomo I, p. 178). Acaso la supresión fuera obra de Robles. Sabido es que adquirida una obra por el librero editor, éste hacía en ella lo que le venía en gana. Y entonces hallaríamos una explicación á este caso del todo satisfactoria: la de que el público no confundiese, así rotuladas, las *Novelas ejemplares* con la *Primera parte del honesto y agradable entretenimiento*...., de Carvacho, repetida por las prensas de Nicolás de Assiayn, en Pamplona, aquel mismo año de 1612.

[2] No era la primera vez que Cervantes mudaba el primitivo título de una obra suya, poniendo en su lugar otro distinto, al tiempo de su impresión; *La Galatea* se llamó en principio *Los seys libros de Galatea*, trocado luego por *Primera parte de la Galatea, dividida en seys libros*.—Vid. PÉREZ PASTOR: *Documentos Cervantinos*. , tomo II, p. 394.

en superlativo, aunque en el *Prólogo* se hubiera defendido, de antemano, de esta posible tacha? ¿Repugnaban al *honestíssimo entretenimiento* las crudas escenas de *El Celoso Extremeño*, las bubas de *El Casamiento*, ó las libertades del *Coloquio*?

No lo sé, ni puedo conjeturarlo; sólo sí que las *Novelas ejemplares* no gozaron entre todos los escritores coetáneos suyos de buena opinión y honesta fama, pues no faltó uno de ellos que, en vida de Cervantes y desembozadamente, motejase de franca inmoralidad sus lances amorosos, en un abierto pasaje que es extraño no hayan notado sus comentaristas: de la pluma de Suárez de Figueroa salía, de aquel murmurador sempiterno, maldiciente perenne y envidioso de oficio, del agrio satiricón que, describiendo las mañas y artes del alcahuete para rendir la fortaleza de la honestidad femenina, estampaba estas curiosas palabras: «No calla la fábula de Olimpia, la de Genebra, la de Isabela: halla las novelas del Boccaccio, de Cinthio ó *Cervantes*....., combatiendo con estos *dislates lascivos* la virtud de las mujeres casadas, la castidad de las doncellas, y la preciosa honestidad de las viudas, *que bien á menudo vienen á quedar violadas con tales razonamientos.*» [8]

Su acusación, empero, cayó en el vacío, y aquella sociedad siguió prestando su favor á las *Novelas ejemplares* sin parar mientes en semejantes críticas; mas en tiempos modernos tampoco han faltado parecidos Catones, que, tomando pie de las libertades y desenfados que en sus páginas se contienen, las hayan convertido en armas con que calificar de francamente inmorales el pueblo y tiempo en que salieron, y cuyas costumbres, á su entender, por entero reflejaban.

Y á buen seguro que cuando el lector recorra codiciosamente las de *El Casamiento* y el *Coloquio*, su conciencia timorata se habrá de resentir más de una vez, tiñéndose con el carmín del bochorno, y con fruncido entrecejo y enojado ademán, habrá de preguntarme, como si nos halláramos á solas: «¿Ésta es la edad que nos pintan como de oro y dechado de los presentes? ¿Ésa es la antigua pureza de costumbres, tan decantada y aplaudida? ¿Á semejantes excesos y liviandades se nos exhorta que volvamos?»

Reporte un tanto su turbado ánimo, y vamos á saldar tales cuentas

---

[8] *Plaza universal......*, op. cit., f.º 276 vto.—Discurso LXXII, que trata *De los alcahuetes*

en este corto epílogo, discurriendo brevemente un rato (aunque el asunto, en probidad, requería un libro) sobre el valor del *Coloquio*, en relación con las costumbres de su tiempo; debate grave y espinoso más que otro alguno, y con el cual habré de acallar los escrúpulos de su conciencia, y de la mía también, al dejar en sus manos estas dos atrevidas novelillas.

Así como del teatro se ha dicho que es espejo de buenas costumbres, es palmario que la novela refleja ó ha de reflejar acabadamente el estado social de su época; y si esta máxima de crítica la aplicáramos inexorable y rigorosamente á las de nuestro siglo de oro, habría que dar por corrompidos y enviciados aquellos tiempos y por totalmente lastimosas sus costumbres.

Singularmente de la lectura de las relaciones picarescas, la impresión que con tan cerrado criterio se saca no puede ser más desalentadora y pesimista: allí no se tropiezan otros personajes que pícaros, rufianes, fulleros, cortesanos, vagos y mendigos; el cuadro es sombrío, y no brinda, ciertamente, á los aplausos.....

Sí; en verdad que las novelas de nuestros clásicos, y entre ellas capitalmente las picarescas, son documentos, y documentos vivos y fehacientes, para ahondar en la moralidad ó desenfreno de la época que describen; pero no lo es menos que, cumpliendo con la primera y hoy elemental regla de crítica, que nos manda ante todo depurar el valor de las fuentes de que nos sirvamos, no debe utilizarse su testimonio á ciegas, á tontas y á locas, *ad pedem litterae*, alejándonos después de su rápida lectura, como se aparta el sano del leproso; sin permitir que el crítico se acerque prudentemente á aquella materia, gangrenada en el exterior, y levante con su escalpelo la piel, y examine si la aparente infección y podredumbre llega asimismo hasta lo hondo y corroe los huesos.

No deben, no, tomarse como son las pinturas realistas y descarnadas de nuestros ingenios, ni esgrimir de ligero sus máximas, quejas y reclamaciones, sin más consideración ni estudio; antes con mucho peso. Nadie debe extrañar que semejante cadena de perdidos fuera la preferida por nuestros novelistas para sus obras, y no hay razón para inferir de ahí que todos los españoles de entonces arrastrasen el mismo grillete de sus vicios y trampas. Á excepción de los coloquios eróticos y de las falsas novelas pastoriles (que más que de tales novelas tenían de poemas en prosa), no se concebía exhibir entonces, en el terreno de la novela, la vida humana más que por su lado enviciado, en sus notas corrompidas, en lo que entrañaba novedad pecadora sobre los usos ordinarios y las habituales prácticas; y así, nada tuvo de extraño que las novelas de entonces menudeasen en trancos, descansos y capítulos en que aparecían los pícaros con su hambrienta vida, los fulleros con sus *flores* ó trampas, las rameras con sus engaños, los estudiantes con sus matracas y su sarna, y los valentones con sus fieros y sus chirlos; y cuanto más viva, real y penetrante descubrían las péñolas esta vida, *que no era la habitual, que era la de los menos, que no era el vivir de España, sino el de unas pocas castas de su inmenso imperio*, mayor era el gusto que los lectores recibían; y á dar gusto y pasatiempo tiraban los autores en sus movidas y descarnadas relaciones.

Claro es que esta anomalía originábase de la concepción preceptiva de la novela, entonces en pañales, tan distinta de lo que ha llegado á ser en nuestros tiempos. Más imperfecta entonces, que ahora, los novelistas creían que en sus libros sólo cabía lo irregular y extraordinario, y pocos, muy pocos, fueron los que, apartándose de este criterio, descendieron á pintarnos el interior de un hogar santo y sencillo. [1]

---

[1] No era únicamente en la novela: en el teatro mismo presentábase también abultadamente viciosa y relajada la vida de entonces por nuestros ingenios, como buscando mayor interés y apetito para sus obras. De las tan traídas y llevadas comedias de Tirso, ya notó D. Alberto Lista que, en ellas, su autor «exajeró los retratos que le plugo hacer de la liviandad femenina..... sin describir el espíritu de la sociedad culta de su tiempo..... que no era ciertamente la que él describió». Y nadie tachará de parcial ni de ñoño el sereno y reposado juicio de Lista. (Vid. Bib. Aut. Esp.—Tomo V; p. xxiii.) Tan no exageró Lista que, entre los acuerdos de la Junta de Reformación, nombrada á raíz del levantamiento de Felipe IV al trono, exhumados por el inolvidable erudito Pérez Pastor, hay uno que comprueba el juicio del poeta sevillano, y me afianza en la opinión que en el texto y en esta nota vengo sustentando. En una de las reuniones de aquélla «tratóse del escándalo que causa un fraile mercenario, que se llama M.º Tellez, por otro nombre Tirso, con comedias que hace profanas y de malos incentivos y exemplos; y por ser caso notorio, se acordó que se consulte á su Magestad, mande que el P.ᵉ confesor diga al Nuncio, le eche de aquí á uno de los Monasterios más remotos de su Religión y le imponga excomunión *latæ sententiæ*, para que no haga comedias ni otro ningún género de versos profanos y que esto sea luego» (1625). (Pérez Pastor: *Nuevos datos acerca*

Por ello, nuestros modernos Zoilos, no hallando otros personajes que paseen por las antiguas novelas que los apicarados, miden á aquella sociedad por el mismo rasero, y concluyen olímpicamente que toda era una misma

Explicada la concepción de la novela antaño, ¿qué pretendían que pintaran sus cultivadores? ¿Los conventos de clarisas ó los claustros benedictinos? ¿Los vulgares menesteres y oficios de una casa, poniendo en boca de sencillos labriegos helénicos discursos y alambicados conceptos, como en las *Dianas* hicieron con los remilgados pastores? Pues ni los conventos, ni los claustros, ni el mismo hogar, como tal, eran novelables entonces. El pícaro, al *desgarrarse* de él, no lo conoce. Un autor hubo que, por excepción rara, puso á su protagonista atisbando como demandadero un capítulo de religiosas. Cualquier lector, al tropezarse con el preñado titulejo *De cómo Alonso entró á servir á unas monjas*, se le avivarán los ojos y encenderá la imaginación ante los sabrosos y picantes cuadros que promete. ¡Buen chasco se llevará! El tal capítulo es de lo más flojo, zonzo y desmayado de la, por muchos conceptos, notable novela. [5] Y es que la relación del obscuro cumplimiento cuotidiano del deber podrá llegar á los límites del heroísmo ante Dios; nunca arribar á los de lo novelable, que ansían y ambicionan los paladares literarios.

Por lo tanto, repito, aunque las novelas picarescas sean documentos para juzgar de las costumbres, no pueden manejarse sino con mucho tiento y prudencia. No siendo, en general, como lo son hoy (más íntima y psicológica), representación de la vida toda, sino de la irregular, maleante y prohibida de entonces, debe sacarse el verdadero concepto y ponderar su juicio, no en lo universal, sino en lo particular; no en el cuerpo de la obra, sino en los pormenores; haciendo una solícita rebusca para animar hechos, figuras y pasajes en que el autor pasó de largo, teniéndolos en poco, por lo comunes y llanos, pero que son para nosotros de muy subida importancia. ¿Quién duda que entonces descubriremos figuras nobles é hidalgas, en representación de

---

del histrionismo español.—Bulletin hispanique, X; 250-251). Y tan á la práctica se llevaron estos acuerdos, que Tirso tuvo que salir de Madrid y dejó de escribir para el teatro durante algún tiempo. ¿Se quiere mayor severidad?
[5] *El Donado Hablador.*—Parte I; cap. x.

la verdadera España, como la de D. Diego de Miranda en el *Quijote*, las de los dos caballeros vizcaínos de *La señora Cornelia*, para no acordarnos de aquella madre que, en aras de la hospitalidad, recoge y oculta de la justicia, en el *Persiles*, al propio matador de su hijo?

Eran, por otra parte, los escritores de aquel tiempo más libres y sueltos en su lenguaje que los de ahora, como pertenecientes á una sociedad que no disfrutaba de los refinamientos é hipócritas escrúpulos de la nuestra, en la cual el vicio se admite y se celebra, si tiene la hábil precaución de presentarse pulcramente ataviado y con cortesanía. Entonces, no; rudos los oídos, como hechos al estampido de la pólvora, no tan delicada la vista, curada de espanto en los horrores del campo de batalla, permitíase llevar á la novela y al teatro situaciones escabrosas, palabras y expresiones que hoy desterraríamos á un burdel, sin que, á pesar de eso, revelasen inmoralidad estas licencias; porque, como ha dicho Menéndez y Pelayo, «aquella sociedad de tan libres formas era, en el fondo, más morigerada que la nuestra, y reservando la gravedad para las cosas graves, no temía llegar hasta los últimos límites de la expansión en materia de burlas y donaires». [6]

Hasta cierto punto, pues, eran entonces tan libres y desenvueltos nuestros ingenios como lo pueden ser hoy los modernos prosélitos del naturalismo, con una radical diferencia, sin embargo; diferencia que, con su agudísimo espíritu crítico, ya notó D. Juan Valera, á saber: «que los antiguos, cuando eran obscenos, cuando pintaban achaques grotescos, indecencias, en suma, lo hacían para reir, tomándolo casi siempre por el lado cómico; lo cual á mi ver — decía — es más conforme con la condición natural del alma, con la ley del buen gusto y con el ser de las cosas». [7]

Y con algo más, añado yo; porque para mí, en esa menudencia, en esa liviana contracción de los músculos, en el reir, está la sana separación del robusto realismo y las pinturas asquerosas naturalistas: esa risa es el agua bienhechora que limpia y purifica lo que de pecador y manchado puede hallarse en nuestras novelas. Porque la sanidad de alma, el ingenio, el buen humor y la alegría, aquel júbilo del vivir;

---

[6] *Orígenes de la novela*......, tomo II; p. cxvii.
[7] *Apuntes sobre el nuevo arte de escribir novelas.—Nuevos estudios críticos.—* Madrid, Tello, 1888, pp. 42 y 43.

notas todas que revelan un pueblo entero, una sociedad honrada, una generación gozosa de su destino, nada melancólica ni entristecida—como neciamente dicen algunos—, campean pródigamente por nuestras novelas picarescas, aun por las más tétricas, como el *Guzmán de Alfarache*, y tocan á su máximo grado en los librillos de burlas, cuentos y apotegmas, como los de Lucas Hidalgo, Santa Cruz, Zapata y Rufo; contento de vivir que hacia exclamar, con palabra de oro, al maestro de cuantos tratamos de estas cosas: «Corre por las páginas de *Rinconete* una intensa alegría, un regocijo luminoso, una especie de indulgencia estética que depura todo lo que hay de feo en el modelo, y, sin mengua de la moral, lo convierte en espectáculo divertido y chistoso». [8]

Y hay que convenir en que tanto ó más que en las acciones guerreras, ó en los desaciertos políticos, donde se descubre la vida y entrañas de un pueblo es en estas, al parecer, minucias baladíes, en sus chistecillos y pasatiempos, que para el historiador algo psicólogo son haces de luz que alumbran muchos misterios y alejan torpes errores, como nocturnos pajarracos, símbolos del atraso.

No puede estimarse corrompida una sociedad tan alegre; que los vicios, y más si son endémicos, lo primero que roban es la tranquilidad y el sosiego, sin que pueda sustituir su desenfreno loco y torbellinesco á la mansa y reposada alegría, que brota espontáneamente del alma sana. Si para la moderna escuela naturalista la novela es la imagen de la realidad vista á través de un temperamento, hay que reconocer (y ahí están para probarlo nuestro teatro y nuestras obras en prosa) que el temperamento español, sin perder su natural serio y adusto, pudo simbolizarse en una carcajada que brotó de sus pechos y regocijó durante dos siglos todas nuestras obras de pasatiempo.

Acertadamente Valera, defendiendo del dictado de naturalistas á nuestras novelas, decía poniendo en parangón una de Zola con *El Casamiento engañoso*: «La sífilis de Alfonsina, con tan sabio detenimiento explicada, casi produce en el lector la sensación de que la enfermedad se le pega.....; mientras que hacen reir las catorce cargas de bubas que suda en el Hospital de la Resurrección de Valladolid el alférez Cam-

---

[8] *Cultura literaria de Miguel de Cervantes*....., op. cit.

puzano.» [9] Y es que Cervantes no quiso (y en la intención reside toda la maldad del naturalismo) hacer naturalista también la descripción de las desdichas de aquél, cuando á la mano tenía los elementos y colores para trazar una descripción repugnante: tan sobrados, que basta acudir á cualquier tratado de medicina de su tiempo, sobre las bubas y el modo de curarlas, para convencerse del gran partido naturalista que, á querer, hubiera podido sacar del tema; [10] supo evitarlo, y contentóse con servirnos la verdad (fin de la novela) en muy pocas y discretísimas palabras, templando, con su maestría en los rodeos, la repugnancia invencible del asunto.

¿Á qué achacar, pues—objetará el lector, y es otro de los puntos de este examen—, las reclamaciones de nuestros procuradores, las quejas de los moralistas, la indignación de los teólogos y, en general, el santo escándalo que brotaba de los pechos todos, pidiendo reformación y enmienda en las costumbres?

Tuvo aquel tiempo, merced al ideal religioso que coloreó todas las manifestaciones de la vida, un carácter eminentemente moral: tan pronunciado, que, bajando desde los púlpitos y sermones, alcanzaba á la misma majestad real, cuando en sus casos espinosos de gobierno pedía el parecer de las juntas de teólogos y universidades, que justificasen el aspecto de conciencia de cada uno. Este carácter moral se tra-

---

[9] *Nuevos estudios críticos......*, op. cit., p. 44.
[10] Un médico de entonces, el Dr. Pedro de Torres, nos cuenta que entre los remedios más usados para curarlas estaba el de los sahumerios. «Hase pues de aparejar para ello—escribía—, una silla horadada por medio, á manera de un bacín, y un pabellón hecho de unas sábanas con su arco redondo por de dentro..... ó estando echados en su mesma cama, poner una caja entre las piernas, con fuego, para recibir el medicamento, y que el enfermo esté del todo desnudo ó alzada la camisa y la cabeza muy tapada con paños......, etc.»—*(Libro que trata de la enfermedad de las bubas* ....—Madrid, Luis Sánchez, 1600; ff. 85 y 86.) Perdone el lector estas indecorosidades, pero persuádase también que si Zola, los Goncourt y sus satélites llegan á coger por su cuenta *El Casamiento engañoso*, no hubieran parado hasta retratarnos al alférez Campuzano, sentado en una silla horadada, á manera de bacín, desnudo ó alzada la camisa, lleno de bubas y llagas, y con la cajuela entre las piernas, recibiendo pacientemente los perfumes. ¡Y aun dicen que Cervantes se excedió en realismo, cuando se contentó con poner en la relación del alférez estas simples y limpias palabras: «he tomado cuarenta sudores». ¿Hay ó no diferencia?

ducía en un celo extraordinario que abrasaba á las gentes todas, singularmente á las directoras, por la pureza y santidad de la vida, no sólo de la privada y familiar, sino de la misma pública; [11] y de ahí que las quejas, santos escándalos y demanda de corrección por los teólogos, lejos de poder estimarse como prueba de que estaban totalmente viciadas y corrompidas nuestras costumbres, me parezcan, por el contrario, argumento para defenderlas.

Aquel hondo é innegable sentimiento de aspiración á la perfectibilidad que, como ley humana, debe latir en las entrañas de todos los pueblos, y ¡ay de aquellos que no lo sientan!, era ardiente por demás y poderoso en la sociedad española, y puso en la pluma de los críticos que á la sazón vigilaban sus pasos agrias palabras, ásperas sentencias, y hasta duras excomuniones, porque, buscando ellos y aspirando á la mayor perfección imaginable, no podían tolerar la vista de críme-

---

[11] Para que el lector alcance bien el valor é importancia que entonces tuvo este aspecto de moralidad pública en la sociedad española, coetánea de Cervantes, dejaremos la palabra al mismo Monarca con su Consejo de cámara, que ellos nos lo declararán más elocuentemente que ningún otro testimonio.

Creciendo cada día la Corte en población, y con ello los vicios, escándalos y crímenes, amplióse la Sala de Alcaldes en 1583, y en la Pragmática en que se ordenó su aumento, estampábanse estas significativas palabras: «Otrosi, por quanto nuestro deseo y voluntad ha sido, y será siempre, que los delitos y pecados públicos, como dicho es, son tan en ofensa de Dios, Nuestro Señor, sean pugnidos y castigados, y se estorbe y impidan, porque Nuestro Señor no sea deservido, mandamos que los dichos quatro alcaldes, que como dicho es, han de conocer de las causas criminales, anden todas las tardes, que para ese efecto se dexan desocupadas, por las plazas y lugares públicos desta corte, y visiten por sus personas las tiendas, bodegones, posadas y mesones á donde se acoge gente forastera, y algunas otras casas particulares, y todas las demás partes y lugares que pareciere que conviene, donde entendieren que ay tablas de juegos, y se hazen otros pecados y ofensas de Dios, Nuestro Señor, teniendo sobre todo gran cuydado de ynquirir y saber los pecados públicos, y de punirlos y castigarlos con el rigor que merecen.»

Pragmatica en qve sv magestad manda qve de aqvi adelante, aya en su Casa y Corte, seis alcaldes. Y de la orden que han de tener en conocer los negocios y causas, civiles y criminales. (Escudo de Armas Reales.) *Impressa con licencia, en Madrid, en casa de Francisco Sanchez. Año de 1583. A costa de Blas de Robles, mercader de libros en esta Corte.*—6 hojas en folio, sin numerar. (Bibl. de la R. Acad. de la Hist.; Jesuítas, tomo 193, núm. 28.)

nes y pecados, que siempre han existido, desde que el mundo es mundo, pero que la santidad y rigor de su conciencia detestaba. ¿Qué duda tiene? Porque, si bien se mira, el patio del señor Monipodio, los burdeles de *La Tía fingida*, ó las casas de posadas con traslaticios usos del *Coloquio*, se han conocido siempre; y así, los crímenes, liviandades y picardías que en aquellos escenarios desarrollaron nuestros ingenios, no brotaban, por lo común, de la corrupción de la voluntad, ni menos del entendimiento: nacían de la humana flaqueza, y eran, generalmente, extravíos de cualidades y pasiones que cuando se descarrían merecen reprobación y castigo, eso sí; pero que de suyo son nobles y capaces de las más heroicas acciones, si, habitualmente, la razón las enfrena y guía por el camino de la virtud.

Cada época tiene los críticos y censores que merece; y que el padre Mariana, fray Alonso de Cabrera, Malón de Chaide y demás austeros religiosos padecieran escándalo, nacía más de la severidad é intransigencia de su rígido y monacal criterio que de la corrupción que denunciaban en sus escritos. Basta repasar sus peticiones y clamores para que el lector los juzgue excesivos, buenos para el noviciado de un convento, ó para un Estado ideal; nunca apropiados para aquella sociedad, donde pretendían hacer delitos públicos de lo que eran simples pecados privados, convirtiendo en pragmáticas los preceptos del Decálogo. 1.ª ¿Se atreverían hoy nuestros legisladores á considerar

---

[12] Menéndez Pelayo, por ejemplo, ya advirtió la excesiva rigidez del padre Malón de Chaide y otros moralistas, que, reputándolas dañosas, disparaban contra *obras de amores* tan inocentes como las de Boscán y Garcilaso, hija del espíritu excesivamente severo de su siglo. Tan severo, que no dudaba en proponer en las Cortes, por boca de sus procuradores, se pidiese, por capítulo de ellas, la prohibición de los libros de caballerías, aunque sin conseguirlo, dicho sea en verdad, y sí sólo «que se revean los libros lascivos y deshonestos, para que se prohiban los que lo fueren y no se impriman otros».

¡Si un diputado de hoy se levantase á reclamar semejante medida, ¿no le tacharíamos todos de bobo, monjil y pazguato? Y conste que, precisamente hoy, hace más falta que en aquellos tiempos tan calumniados..... (Vid. MENÉNDEZ PELAYO, *Juan Boscán*.—*Antología de Poetas líricos castellanos*, tomo XIII.—Madrid, 1908, pp. 391-392; y *Cortes de Castilla*, tomo XV; p. 766.)

Pues, en lo que toca á la famosa Junta de Reformación ya citada, sus acuerdos están llenos de semejantes peticiones. En 1625 declaraban á una que, «por-

como delito público y penable el simple amancebamiento? ¿Se arrojarían hoy á prohibir que las mujeres representasen en nuestros teatros, tan sólo porque sus ademanes y meneos podían incitar al auditorio á deshonestos pensamientos y propósitos? ¿Habría alguno que pensara sustituirlas con muchachos barbilampiños, hoy que este trueque de sexos es tan peligroso y tan sospechosamente mirado? ¿Ó el acordar, como se hizo en 1625, que hubiese separación de hombres y mujeres en los corrales de las comedias? [13] El mismo paso final de prohibirlas en absoluto, como se llevó á cabo en 1598, obra sólo del esfuerzo de unos pocos teólogos, ¿lo daríamos hoy? [14] ¿No fué á comienzos del reinado del más libertino de los Austrias, de Felipe IV, cuando se publicaron aquellos *Capítulos de reformación*, dictados más por la pluma del moralista escrupuloso que por la del mundano político? Pues todos estos ejemplos podrían ofrecerse á docenas; [15] que allí estaban todos uno y

que se ha reconocido el daño de imprimir libros de comedias, novelas, ni otros deste género, por el que blandamente hacen á las costumbres de la juventud, se consulte á su Mag.d ordene al Consejo que en ninguna manera se de licencia para imprimirlos». (Arch. Hist. Nac., Consejo de Castilla —1.ª serie, leg. 53.— Apud Pérez Pastor; *Nuevos datos acerca del histrionismo español.—Bulletin Hispanique*; X, 251). ¡Lo cual no fué óbice para que siguieran imprimiéndose más que nunca!

[13] Acuerdo de la Junta de Reformación de 29 de Junio de 1625.—Pérez Pastor: *Nuevos datos acerca del histrionismo español —Bulletin Hispanique*, tomo X, página 252.

[14] Todas estas resoluciones, tentativas y trabajos para moralizar el teatro, hasta un punto increíble, pueden leerse en la *Bibliografía de las controversias sobre la licitud del teatro en España.....*, por D. Emilio Cotarelo y Mori.—Madrid, 1904.

[15] Entre estas prohibiciones y medidas tocantes al teatro hay una muy curiosa y no conocida, que más semeja penitencia de confesor que disposición de gobierno.—En 1613, y por Auto del Consejo Real de 15 de Octubre, la Sala de Alcaldes mandó pregonar «que por aora y asta tanto que otra cosa se probea, ninguna muger de qualquier calidad que sea no pueda entrar en los corrales de las comedias a verlas en ellas en aposentos ni corredores ni patios ni otra parte ninguna del dcho. corral, so pena......» — *Libros de la Sala de Alcaldes*, lib. VI, folio 125. ¿Qué motivaría esta prohición? Cabrera no lo dice: sólo refiere que tres meses después consiguieron los hospitales que se revocara la orden. *(Relaciones....., op. cit., p. 540.)* Lope de Vega, por su parte, en una carta al Duque de Sessa, fechada en Lerma á 19 de Octubre del mismo año, decía: «De Madrid

otro día mirando con santo celo por la corrección de las costumbres, como si intentaran hacer un pueblo de santos de lo que ya era una generación de héroes. Utopía, pero utopía generosa, que ellos creían realizable y no lejana, como algo que imaginativamente se tiene y se ve cerca y de lo que creemos nos separan tan sólo unos pocos pasos.

Tal era la organización sobria y austera que los directores espirituales de aquella sociedad, moralistas seculares ó religiosos, principalmente, aspiraban á darla, y ésa fué la razón de sus clamores y protestas, hoy tan mal interpretados, sin que niegue un momento que tuvieran un fondo de verdad, exagerada, eso sí, por sus severos ojos, como el fiscal, sin percatarse de ello, suele exagerar la culpa del reo á quien acusa.

Donde se patentiza esta intromisión del poder público en lo íntimo del hogar para purificarle y corregirle es en la campaña que las Cortes, durante muchos años, sustentaron, y de la que tan hermosas iniciativas y propósitos se encuentran en sus actas. Uno y otro día reclamaban contra los gastos y excesos que los naturales del reino, perdiendo su clásica y espartana sobriedad, hacían en las comidas y banquetes, solicitando (¡extrañas peticiones para hoy!) que se pusiera orden y moderación en ellos, tasando, como maestresalas, el número de platos, que no había de subir de «dos frutas de principio, dos en fin, y cuatro platos cada uno de su manjar»; [16] mandando revisar y prohibir los libros lascivos y de caballerías, [17] antes que Cervantes acabase con ellos; moderando el coste y los adornos de los trajes y vestidos, [18] que, con excelente acuerdo, pretendían hacer no tan

---

me han escrito que por pregon público se ha prohibido que las mugeres no vayan á la comedia, no se que se murmura aqui acerca de la causa.»—Copia del Sr. Fernández-Guerra y HUGO ALBERT RENNERT, *The Spanish Stage in the time of Lope de Vega*.—New-York, 1909, pp 220-221.

[16] «Si en esto se pudiesse poner orden y moderacion, sería una de las cossas mas importantes que en este Reyno se podría prouer», decian con gran sentido.—*Cortes de Madrid de 1563*. Tomo I; pp. 370-371.

[17] *Cortes de 1592-1598*.—Tomos XV, pp. 766, y XVI, p. 675.

[18] *Cortes de 1582-1588*.—Tomos IX, pp. 445-490-501; XII, p 463.

Muy notable es el Memorial aprobado en las de Madrid, 1592-1598, enumerando todos los daños y males del Reino, entre ellos éste del lujo; vid. tomo XV, pp. 748 á 765.

fastuosos y ricos; deteniendo la subida del lujo y el boato que en las casas iba entrando, [19] con mil y mil medidas más, dadas con espíritu sano, corrector y valiente, sin sombra ni pizca de encogimiento monjil ni ñoñería, sino como hombres que veían el pecado cara á cara sin sentir tímidos espantos; criterio varonil que se traduce en aquella negativa que dieron todos á la proposición de un procurador que solicitó se pidiese por capítulo de Cortes *no se hiciesen pinturas deshonestas*, rechazándolo el reino. [20] ¿Cómo no, si para aplicarla hubieran tenido que arrancar luego de las mismas paredes del alcázar del Rey los lienzos del Tiziano, desde su maravillosa é impúdica Dánae hasta sus repetidas Venus, con mil cuadros más de otros autores, todos de tan *místicos* asuntos? ¡No! Muy lejos de eso, Tiziano y Rubens podían seguir tranquilos pintando junto á las hogueras del Santo Oficio ....!

Y hay que reconocer, sin embargo, que las Cortes de Castilla, al emprender esta campaña, tocaban en la llaga; porque aquí, en el des-

---

[19] Las reclamaciones de los procuradores en pro de leyes suntuarias abundaron sobremanera en las Cortes: uno y otro día alzaban su voz elocuente, sin cejar en su campaña. Todas ellas saldrán más adelante en un estudio que, acerca de las costumbres de aquel tiempo, vengo desde hace algún tiempo preparando Una de las más curiosas, porque palpablemente nos retrata el cambio que en gastos y costumbres había sufrido España, se encierra en un *Memorial sobre la moderación* [en el precio] *de las cosas* que aprobaron las Cortes de 1598-1601. «agora doce años—decía—valia una vara de terciopelo tres ducados, y agora vale cuarenta y ocho reales; una de paño fino de Segovia, tres ducados, y agora vale quatro y mas; unos zapatos quatro reales y medio, y agora siete; un sombrero de fieltro guarnecido, doce reales, y agora veinticuatro; el sustento de un estudiante con un criado, en Salamanca, costaba sesenta ducados, y agora mas de ciento y veinte; el jornal de un albañil quatro reales y el de un peon dos, y agora es al doble; los salarios de los criados de toda suerte, las hechuras de los oficiales, el hierro y herraje, maderas y lencerías, y hasta las hierbas y frutos y agrestes que se cojen sin sembrarlas para uso de los hombres y animales, todo vale tan caro que, á los ricos, no sólo consume sus haciendas, pero á muchos obliga á empeñarse, y á los pobres necesitados á perecer de hambre, desnudez suya y de sus hijos.....»

Se leyó esta notable Memoria en la Junta de 18 de Noviembre de 1600 — *Ibidem.*—Tomo XIX, pp. 554-555.

[20] En 24 de Noviembre de 1598, en la tarde..... «votóse sobre si se pedirá por capítulo de Cortes que no se hagan pinturas deshonestas, y se acordó por mayor parte que no se pida.»—*Cortes de 1592-1598.*—Tomo XV, p. 767.

arrollo del lujo é inútil fausto es donde hay que buscar la pretendida corrupción y podredumbre que se denuncia, y que no está, como erradamente han dado en escribir algunos, en la mayor ó menor inclinación de aquellas generaciones al pecado de la carne (caso para ellos donde se compendia y cifra la relajación de un pueblo); que no fué él quien pudo aniquilarlos y acabarlos, como lo dijo Quevedo en aquellas profundísimas frases que pone en boca de Satanás cuando reparte á los demonios por la tierra: «Diablos, en todo el mundo meted paz; que con ella viene el descuido, la lujuria, la gula, la murmuración; los viciosos medran, los mentirosos se oyen, los alcahuetes se admiten......, y los méritos se caen de su estado. Y no os fatiguéis mucho en enredar los hombres en, amancebamientos y gustos de mujer; que no hay pecado tan traidor como éste, que apunta al infierno y da en el arrepentimiento cada vez; y las mujeres se dan mucha priesa á desengañar de sí, y los que no se arrepienten, se hartan.» [21]

No en las guerras continuas é incesantes; no en los apuros del erario, ni en la desorganización de nuestra hacienda, ni en la inmensidad de nuestro imperio, que se dilataba cada vez más, como para escaparse de nuestras manos; no en aquella inferioridad evidente de nuestras aptitudes nacionales para ejercitar la administración y el gobierno, que el espíritu escéptico y amargado de Silvela señalaba como la causa primera entre todas, [22] es donde yo hallo las exclusivas de nuestra decadencia: por donde principalmente cayó España, por donde comenzó á labrar su ruina, fué por la mudanza de nuestras costumbres, como con su profundísimo sentido político había escrito también el gran Quevedo: «Perro, las monarquías, con las costumbres que se fabrican se mantienen: siempre las han adquirido capitanes; siempre las han corrompido bachilleres.» [23]

¡Grande y lastimosa verdad! La corrupción avanzaba, comenzando á gangrenar los robustos miembros de la monarquía, no porque campeasen unos cuantos pícaros, rufianes y cortesanos en las ciudades populosas, que siempre y en todo lugar hase criado semejante polilla al calor de su substancia, linaje perdido que venía de otras partes del

---

[21] *El Entremetido, la dueña y el soplón.*
[22] *Cartas de Sor María de Ágreda.....*, op cit.—Introducción, p. 80.
[23] *La hora de todos y la fortuna con seso*, § xxxv.

reino, sin que en sus crímenes y bellaquerías tuvieran muchas veces parte ni razón los naturales de aquéllas, [24] sino porque la sangre y caudal de España se iba poco á poco perdiendo por aquellos tres desaguaderos que ya advertía Juan de Valdés en su tiempo: *juego, vestir y banquetes*, [25] en nobles y plebeyos, hidalgos y oficiales, altos y bajos; que cuanto más descansaban los brazos de la guerra, más se enmohecían, afeminándose los valerosos pechos, sustituyendo á la austeridad de los tiempos guerreros la ociosidad vanidosa de los pací-

---

[24] Respecto de Sevilla, que por su confusión y mal gobierno pudo presumir como modelo entre las más libres ciudades de España, escribía Cristóbal de Chaves al tiempo de enumerar muchos de los crímenes y pecados que cometían los estantes en ella: «Los cuales—apunta—no todos se entienda ni crea que son naturales de Sevilla; porque los que lo son verdaderamente naturales crían sus hijos con grandísimo cuidado y honra, que se ven los colegios llenos de ellos..... Y así se han de entender, en todas ó la mayor parte de la gente, hombres y mujeres que entran presos y ocupan la ciudad viviendo mal, son la gente perdida que ya no caben en los lugares de todo el mundo donde nacieron, como son amigos de holgar y de vicios. Y esta ciudad es tan opulenta y rica, que vienen de todo el mundo á ella...; que como es grande, entienden que caben en ella todos, y se puede encubrir la torpeza de cada uno. De manera que de suyo la jaula es la mejor de todo el mundo, y no tiene ella la culpa, sino los pájaros que vienen á ella que son ruines»...—*Relación de la cárcel de Sevilla*. (Apud FERNÁNDEZ GUERRA: *Noticia de un precioso códice......*, op. cit; p. 62.)

En Toledo, por ejemplo, era la vida tan quieta, pacífica y honrada, que aludiendo á las muchas muertes de ahogados que, por bañarse en el río, se causaban todos los veranos, decía Rufo: «que en Toledo mataba más el *Tajo* que la estocada.»—*Las seyscientas apotegmas...*, op. cit.; ff. 102-103.

[25] *Dialogo de la lengua (tenido dzia el A. 1533)......*—Madrid, Alegría, 1860 (edic. Usoz); p 154.—Pérez de Herrera decíalo muy atinadamente: «Porque los daños del Reino han nacido principalmente de dos cosas. La vna, de la gran ociosidad de mucha gente ordinaria. ..., la otra, de los muchos y extraordinarios gastos en trajes, comidas superfluas, criados y otras cosas.»—*Al catolico y poderosissimo Rey de las Españas..... En razón de mvchas cosas tocantes al bien, prosperidad, riqueza y fertilidad destos Reynos y restauracion de la gente que se ha echado dellos.....*—Madrid, s. l. n. a. (1610).—31 páginas in 8.º, foliadas. (Biblioteca Nacional, V.-31-25); p. 9.

Bien merecía este insigne tratadista político que con sus escritos y memoriales hiciese, juntándolos con otros muy prudentes del tiempo, un tomo de Arbitrios, la Nueva Biblioteca de Autores Españoles. Todos ellos son del mayor interés para nuestra historia.

ficos, y á las corazas, petos y cascos, las bandas, lazos, encajes y guedejas.

«¿Por qué pensáis vos que España
Va, señor, tan decaída?,

preguntaba Tirso de Molina en una de sus lindas comedias. Honda y certera es la respuesta:

*Porque el vestido y comida
Su gente empobrece y daña.*
Dadme vos que cada cual
Comiera como quien es,
El marqués, como marqués,
Como pobre, el oficial;
Vistiérase el zapatero
Como pide el cordobán,
Sin romper el gorgorán
Quien tiene el caudal de cuero;
No gastara la mulata
Manto fino de Sevilla,
Ni cubriera la virilla
El medio chapín de plata.
Si el que pasteliza en pelo
Sale, á costa del jigote,
El domingo de picote
Y el viernes de terciopelo,
Cena el zurrador besugo,
Y el sastre come lamprea,
Y hay quien en la Corte vea
Como á un señor al verdugo,
¿Qué perdición no se aguarda
De nuestra pobre Castilla?
El caballo traiga silla,
Y el jumento vista albarda;
Coma aquél un celemín,
Y un cuartillo á esotro den,
Porque el jumento no es bien
Que le igualen al rocín.» [26]

---

[26] *La Huerta de Juan Fernández;* acto 1, escena 1.—Escribióse esta co-

Estos males y perniciosas novedades no es en la trama de las novelas picarescas donde se descubren principalmente: es en las peticiones de los procuradores, en los memoriales que aprobaban las Cortes, en las elocuentes excitaciones de nuestros sermonarios, palpándose en ellos el espantoso cambio que en usos, costumbres y hábitos venía transformando á la sociedad española, siempre en daño suyo.

Yo, que encuentro, en conjunto, tan hermosa y envidiable aquella generación á que perteneció Cervantes, ayudaría al quejoso y murmurante lector á descubrir también sus manchas (que pecadora fué, y en ciertas cosas mucho más, y más grande que la nuestra), juzgando uno por uno sus pecados, aunque fuese galopando los dos por este campo virgen, donde tantas son las novedades que nos asaltan y detienen, si no fuera ya hora de acabar estas páginas.

La imparcialidad, empero, ha puesto en mi pluma cuantos testimonios pedía el *Coloquio* para ilustrarle, por muy adversos que fueran á aquel tiempo y al sentimiento de entusiasta admiración que me produce; y lo que no callé en mis anteriores párrafos, cuando me lo pidió la sinceridad histórica, tampoco lo habré de callar en mi comentario, donde saldrán sin respeto alguno muchos de los síntomas viciosos que comenzaban á corroer el robusto cuerpo de la Monarquía.

Pero después de mostrarle el cambio que en sus costumbres tuvo España desde los tiempos de Carlos V hasta los de Felipe IV; sobre las pinturas negras de Suárez de Figueroa ó nostalgias que Mateo Alemán sentía de la virtud del tiempo viejo; sobre los pesimistas discursos de procuradores en Cortes tan rígidos como Juan de Vega ó Xinés de Rocamora; [27] por encima de los enérgicos disciplinazos de nuestros severos moralistas; sobre cuantos testimonios se aduzcan para describir podrida y enviciada la sociedad española del *Coloquio*, ha de alzarse siempre una verdad hermosa: el alma de la patria, *alma parens*, manteníase aún grandiosa y bella, capaz de concebir contra su poderío los odios del mundo todo (como hoy se odia á Inglaterra), prueba patente

---

media, según aparece de su lectura, en 1626 seguramente.—Vid. acto II, escenas V y VI.

[27] Notabilísimo á todas luces, y que pinta un español de los buenos de entonces, es el discurso que pronunció el íntegro procurador de Murcia, en las Cortes de 1592-1598, tomo XII, pp. 458-468.

de que por fuertes nos temían, cuando por débiles no nos despreciaban, aun los españoles conservaban su carácter, el *suyo*, el genuíno, tan distinto del de hoy, y en cuyas notas y matices se atesoraban grandes virtudes, sin mezcla de extranjerismo; [28] espíritu propio y castizo, que es el que labra la grandeza de los pueblos cuando un pensamiento heroico lo levanta; pensamiento que también latió en ellos, y que hoy acaso tacharemos de risible é iluso, porque no admite impuestos, ni produce riqueza, ni se traduce en cuentas corrientes, pero que entonces agigantó á muchas generaciones, encendiendo grandes amores en los pechos de cada una: la defensa generosa y sublime por todo el orbe de una desvalida doncella: la Fe católica.....

Todo fué hijo de ese espíritu quijotil: vicios y virtudes, victorias y derrotas, triunfos y caídas; y porque todo nació en el patrio suelo (sin lirismos lo digo), debemos acogerlo por nuestro, sin separaciones ni distingos; no como hoy se estila por algunos, que aman y ensalzan nuestra literatura y reniegan y abominan de nuestra política: como si el Cervantes de Lepanto y el del *Quijote* no fuesen uno mismo; como si Lope no hubiese gastado alegremente sus juveniles y queridos versos en tacos con que cargar la boca de su mosquete en las batallas de la *Invencible*; como si no hubieran latido juntos el corazón y la ca-

---

[28] Véase si no, en la siguiente descripción que hacía un escritor, que cabalmente no era español, sino italiano, de nuestro carácter entonces: «La gente de España, participa asaz de melancolía, la qual les hace graves en sus actos, lentos y espaciosos en sus empresas Aman por la mayor parte el sosiego y hazen gran fundamento en las apariencias, de do viene que gastan y consumen sus haziendas, en ornamentos, aparatos y pompas exteriores; son muy presunptuosos de sí mesmos; grandes encarecedores de sus cosas; reconocen con facilidad la ventaja, y procuran cobrarla con gran cuidado; sufren hambre y sed con mayor tolerança y esfuerço q̃ otras ningunas gentes de la Europa, lo qual les ha hecho salir vencedores infinitas veces. Fvera de su tierra, se defienden unos á otros en amistad extrecha....., son más valerosos á pie que á caballo.....; disimulan y encubren con admirable industria sus flaquezas; muestran siempre suma reuerencia á la sancta iglesia y á las cosas sagradas.....; enamóranse ardentísimamente, no reparando en gastos ni en cosa por los amigos....» (*Relaciones universales del mundo, de Juan Botero*.....—Valladolid, 1603, op cit.; f.º 3.) Muchos testimonios semejantes más tengo reunidos en mi prontuario. Todos ellos hacen á los españoles muy otros de lo que somos hoy ¡Sobre todo la *envidia*, vicio nacional, no aparece por ninguna parte.....!

beza de aquel pueblo, al calor de unos mismos ideales, que movió las plumas y agitó los brazos.

«*Amar la vida nacional*, AMARLA EN TODAS SUS FASES HISTÓRICAS, *amarla verdadera, profundamente, es condición primera para la dicha y prosperidad del porvenir*», ha escrito, refiriéndose á España, un eminente literato italiano. [29] Mas para amarla hay, ante todo, que conocerla y estudiarla, acabando de paso con esa torpe campaña de menguada difamación con que lenguas españolas (¡verguenza da el decirlo!) se han complacido durante cien años en enlodazar insensatamente lo único que no habían podido malbaratar de la gloriosa herencia que nos dejó lo pasado: *su memoria*, convirtiendo á la historia, al decir de Lamartine, en «la calumnia de los muertos»; y cuando hayamos llevado á cabo esta labor de justicia, al reconstituir imparcialmente aquellos tiempos, sobre sus impurezas, sobre sus miserias, sobre sus errores, en lo más corrompido y abyecto de aquellos siglos, descubriremos siempre *algo* que encierra virtud bastante para borrar las mayores manchas, que excusa los más negros crímenes y es nervio de la vida en los pueblos y en las razas, ya que en su generoso intento pretende convertir la tierra, no en el teatro de una lucha salvaje y despiadada, sino en un abrazo hermosísimo de hermanos; el *amor*: el amor por nuestros abuelos de *una sola Fe*, confundiéndose, hasta perderse, con el amor de *una Patria varia*.

Y entonces acudirán piadosas á nuestros labios aquellas tiernas palabras que, ha veinte siglos, escuchó la arrepentida Magdalena:

«Perdonados le son sus muchos pecados, *quoniam dilexit multum: porque amó mucho.....*»

---

[29] ARTURO FARINELLI: *Discurso leído en el Ateneo de Madrid la noche del 19 de Enero de 1901.*—Madrid, Tello, 1902; p. 32.

TEXTO

El texto crítico de *El Casamiento engañoso* y del *Coloquio de los perros*, que á estas páginas sigue, ha sido ordenado por mí, teniendo á la vista, en definitiva, tan sólo dos ediciones de las *Novelas ejemplares*: la de Madrid, Juan de la Cuesta, 1613, y la que, con el mismo pie de imprenta (para muchos apócrifo y furtivo), salió un año después, en 1614. La primera, como príncipe, excusa todo razonamiento que predique su importancia; la de 1614, tenida universalmente por segunda, ha sido objeto, por bibliógrafos y comentaristas, de muy atendibles conjeturas, asegurando que fué obra contrahecha en Lisboa, por Antonio Álvarez, editor ya conocido por otras tipográficas piraterías. Sea lo que fuere (que la cuestión es del puro dominio de la bibliografía y de los bibliógrafos), lo innegable es que encierra muchas y muy importantes variantes, que, alterando, por adiciones, supresiones ó trueques, el primitivo texto, en general, lo pulen, alisan, mejoran y perfeccionan.[1] Este criterio, á que obedecieron las ediciones de *El Celoso extremeño* y de *Rinconete y Cortadillo* hechas por Rodríguez Marín, ha sido consagrado como definitivo y último recientemente por la crítica,

---

[1] No dejaré, sin embargo, de advertir, y por lo mismo que constituye la excepción dentro de la regla general en las demás *Novelas ejemplares*, el que, contra lo observado por críticos y comentaristas suyos, en *El Casamiento* y el *Coloquio* es, de ordinario, más segura, perfecta y gramatical la lección de la edición príncipe que la de 1614, aunque tampoco se pueda hacer caso omiso de las variantes de ésta, singularmente de sus adiciones, muy lógicas algunas.

y todo ordenador de cualquiera otra novela cervantina debe prestarle, si busca la verdad, su humilde y total acatamiento.

Los mismos argumentos apuntados por Rodríguez Marín para impedir la entrada en sus ediciones de otras cualesquiera que no fuesen las dos de Juan de la Cuesta, son en un todo pertinentes en este caso, donde no pierden nada de su fuerza y valor. Las que salieron en Milán, Pamplona y Brúselas en vida de Cervantes, porque, salvo alguna rara é involuntaria variante, copian ciegamente á la príncipe; y en cuanto á las numerosísimas impresiones que después de su muerte coronaron la gloria de las *Novelas ejemplares*, porque carecen en absoluto de todo crédito para nosotros.

Cuantas diferencias ofrece su texto respecto del de las dos primeras, no siendo, como no son, hijas de la pluma de Cervantes, no pueden interesarnos; antes nos estorban, pues el fin de una edición crítica debe ser, sobre todo, presentar un texto *auténtico* y *legítimo*, propósito que no se consigue amontonando cientos de variantes de invención caprichosa y mareante lectura, y que, barajadas unas con otras, concluyen, á la postre, por estragar el texto de manera, que, redivivo su autor, no acertaría á reconocerlo.

Prescindiendo, pues, de todas éstas, me he limitado á las ediciones de Madrid, 1613 y 1614, siguiéndolas con tanto escrúpulo, que, salvo algún rarísimo caso (del cual hallará el lector la justificación en su nota), no me he atrevido á introducir corrección ninguna.[1] Esta ciega sumisión á las dos primeras ediciones obedece al íntimo convencimiento que me ha dado la lectura de enmiendas hechas por otros colectores en esta misma novela, de que trae más cuenta respetar las aparentes equivocaciones que enmendarlas, por ser más difícil de lo que parece co-

---

[1] He considerado ocioso el apuntar algunas ediciones de las *Novelas ejemplares* que se escaparon á la diligencia de Ríus en su *Bibliografía crítica de las obras de Miguel de Cervantes...*, por ejemplo, la de Valencia, Salvador Faulí, MDCCLXIX, que aquél reputa como muy rara y reconoce no haber dado con ella, citándola tan sólo por un pasaje de D. Eustaquio F. de Navarrete.

También Mr. Fitzmaurice-Kelly declara no haber hallado ejemplar de esta edición hasta el día. Existe, sin embargo, y en la Biblioteca Nacional (Sign. Cervantes, 591-2) podrá hallarla el futuro continuador de Ríus. — Vid. el erudito prólogo de Fitzmaurice-Kelly en las *Exemplary Novels*.....; op. cit.; tomo I, página xi.

rregir á Cervantes. Por ejemplo, Rosell y Aribau, en sus ediciones de las *Obras completas de Cervantes* (Madrid, 1864) y *Biblioteca de Autores españoles*, usaron, á menudo, de esta licencia: el lector advertirá cuán pecadoramente. Para que note también lo viciado que en algunos párrafos se hallaba el *Coloquio*, he escogido de las impresiones modernas la más seria, limpia y legítima, á mi entender, y que más se acerca al genuíno texto de la príncipe: la ordenada por Aribau para la citada *Biblioteca de Autores españoles*. Con sus, atinadas á veces, correcciones, que hallará al pie de cada página, podrá el lector atemperar mi intransigente obediencia á los textos de 1613 y 1614. [1] Fuera, pues, de las tres, hago caso omiso del fruto de mis cotejos con otras ediciones, cuyas variantes también tenía recogidas: la de Sancha, muy viciada y ligera; la de la *Biblioteca Clásica*, que, en lo que toca al *Coloquio*, no tiene de tal más que el nombre, siendo, por demás, groseras y arbitrarias sus erratas; y la misma tan celebrada de Rosell es, «á la verdad, más buena para vista que para leída con algún detenimiento», como juzga excelentemente Rodríguez Marín, pues, aunque declaró haber copiado en un todo la edición segunda de Juan de la Cuesta, basta cotejar una y otra para tropezarse con lamentable frecuencia omisiones ó enmiendas que no la pertenecen.

La ortografía adoptada en esta mía es la moderna, respetando, eso sí, la antigua conformación morfológica de los vocablos. Primero, porque el título de edición crítica lo pide, y segundo, porque, echando las claras por delante, es lo verdaderamente racional.

La controversia, muy aguda ha pocos años, sobre qué ortografía había de escogerse para la reproducción de los textos clásicos castellanos, si la académica, ó la de las primitivas lecciones, parecía completamente vencida y enterrada bajo el peso de los solidísimos argumentos con que también Rodríguez Marín justificó el empleo de la moderna en sus reimpresiones de otras novelas cervantinas. Mas, hétela aquí reviviendo de nuevo, por obra de un benemérito hispanista

---

[1] Las variantes de estas tres ediciones llevarán respectivamente al pie del texto las siguientes indicaciones para distinguirlas:
1 las de Madrid, Cuesta, 1613.
2 las de Madrid, Cuesta (?), 1614.
R Madrid, *Biblioteca de Autores Españoles* (Rivadeneyra).

francés, al reprochar severamente en Cortejón, y en el mismo editor de *Rinconete*, su alejamiento de la ortografía de Cuesta y Álvarez. [1]

Por lo mismo que me alcanzan aquellas censuras, que indefectiblemente habrán de repetirse á la publicación de este libro, me perdonará el lector benévolo que en propia defensa añada cuatro palabras.

Si la ortografía empleada por Cuesta en sus ediciones fuese la de Cervantes, no dudaría ni un momento en respetarla, como si se tratase de sus originales manuscritos. Más aún: si esa misma ortografía hubiera sido la constante y única en su tiempo, lo haría también Pero el caso está en que ni la ortografía de la edición príncipe de las *Novelas ejemplares* fué la de Miguel de Cervantes, ni tampoco, siquiera, la unánime de su siglo.

Para mostrar lo primero bástame acudir á una prueba muy sencilla: cotejar los autógrafos que conservamos del autor del *Coloquio* con sus textos impresos por Cuesta, y así se palparán cosas curiosísimas para este punto: primera, que Cervantes no siempre guardó una misma ortografía; y segunda, que era frecuentísimo en él escribir muchas voces diferentemente de como las componía ó dejaba pasar el cajista ó corrector de Cuesta. [2]

¿Para qué, pues, respetar una ortografía que no era la suya, sino, como acabadamente dijo Rodríguez Marín, «groseras erratas de cada ignorante hastialote que se arrimó á las cajas de la imprenta cuando se componían los moldes de tal ó cual edición»? «No por viejos—añade—han de subirse á venerables los desatinos.» Evidentísimo.

---

[1] ALFRED MOREL-FATIO: *Cervantes, et le troisième centenaire du «Don Quichotte», par...* Extrait de L Herrigs. «Archiv. für das Studium der neuren Sprachen un Literaturen».—Brunswich, 1906, in 8.º, 24 páginas.—Es una crítica de todas las obras publicadas en España con ocasión del centenario del *Quijote*. - (Vid. pp. 14, 23 y 24.)

[2] Llevando á efecto esta prueba, ayudado del *Diccionario Cervantino* de Cejador, utilísimo para este punto, se verá que Cervantes escribía *receuir, egecutor* (*Carta al Cardenal Sandoval y Rojas*), y Cuesta, *recibir ó recebir* y *executor*, siempre; Cervantes, *brevedad, cunplir, enbiar* y *servidos* (*Solicitud al Ayuntamiento de Carmona*), y Cuesta ó sus cajistas, *breuedad, cúmplir, embiar* y *seruidos*; el primero *e* por *he*, *conbenir, probar, aberiguar* y *cautivo* (*Información del cautiverio......, Docum. Cerv.*, I-facsím.), y él famoso impresor *he, conuenir, prouar aueriguar* y *cautiuo*. Y conste que la comparación sería aún más fructuosa si abundasen los autógrafos cervantinos, que, desdichadamente, son harto escasos.

Esto, en lo que mira á lo puramente cervantino; que tampoco nos merece respeto alguno la ortografía de los primitivos textos impresos con relación á la general de su tiempo Hablamos ahora de la *Ortografía* como de cosa familiar y corriente, sin considerar que en tiempo de Cervantes no tenía esta parte de la gramática el valor seguro y conocido que hoy todos la concedemos: tales eran entonces la confusión y anarquía babélicas que venía padeciendo la castellana desde muchos lustros antes de su muerte, y que ha perdurado hasta nuestros días.

Fueron aquellos siglos (y nada hay en lo que voy á decir que no sepa, mucho mejor que yo, un gramático tan docto y competente como el señor Morel-Fatio) el teatro de una empeñada y nunca decidida lucha entre los secuaces de dos sectas ortográficas: la de los empíricos, que defendían la escritura de las palabras conforme sonaban en su pronunciación vulgar, secta que abarcó desde las moderadas reglas del licenciado Villalón, hasta la llamada ortografía *pura* (bárbara y dañosa á los ojos) de Gonzalo Correas, y la de los latinistas y sabios, que colocaban el fundamento y precepto de la ortografía en el origen etimológico de las respectivas voces, prodigando el empleo de las letras dobles, de las *ff*, *ll*, *ss*, de la *p*, y de la *h*, á imitación de las lenguas clásicas. No se crea, sin embargo, que por eso reinó dentro de cada bando una mediana disciplina. Muy lejos de ello, alzada bandera por los corifeos de cada uno, agrupáronse en torno suyo los más independientes y rebeldes sujetos, aumentando cada cual la confusión con sus nuevos tratados, y personales doctrinas, unas veces por afán de introducir llamativas novedades, y otras, al contrario, con el bien intencionado propósito de poner coto á tantas y tan caprichosas licencias. Resultado de todo ello fué que, en punto á ortografía, cada escritor se arreglase la suya, y suya la tuvo Herrera, y suya la tuvo Mateo Alemán, y suyas la tuvieron Malón de Chaide y el extravagante Correas. En reconocer esta lastimosa independencia ortográfica estaban conformes y unánimes todos nuestros gramáticos. desde los Maestros de Madrid que, en un notabilísimo *Memorial*, representaron al Rey (1587) los vicios introducidos en la escritura,[1] ya notados años antes por Juan de Valdés,[2] hasta

---

[1] Reproducido íntegramente por el Conde de la Viñaza en su excelente *Biblioteca histórica de la filología castellana....* —Madrid, 1893 (cols. 1.166 á 1.180).

[2] *Dialogo de la lengua*, op. cit., p 12.

Alemán [1] y el licenciado Robles; y desde el satírico Suárez de Figueroa y Antonio de Torquemada [2] al meritísimo Cascales. [3] Uno de ellos nos confesará rotundamente que este estrago y desorden subsistía no sólo entre los ignorantes «sino entre los doctos y bien entendidos, entre quien no se hallarán dos que totalmente se conformen en el escribir». [4] ¿Está claro? Por algo de esto el sapientísimo Mayans, reconociendo tan triste estado de cosas, decía en su tiempo: «Lo repetiré mil veces: i me atreueré á afirmar con libertad i sencillez, que los que han escrito hasta ahora *(he leído los más clásicos)* han tenido por nortes unas estrellas muy errantes»; por eso «la ortografía castellana se halla hoi en tan miserable estado (con justa risa i desprecio de todas las naciones) que parece puede pintarse por empresa de ella un tintero con plumas i papel al lado, para que escriba cada cual según el antojo suyo.» [5] Este desorden ponía en la labor de la naciente Real Academia Española dificultades inmensas al intentar fijar la ortografía, «porque cada cual ha usado del método que le ha dictado su genio y manera de hablar». [6]

Si todo, pues, al imprimir los textos antiguos era empirismo, arbitrariedad, capricho y anarquía, ¿por qué modernamente, cuando nuestra Academia ha prestado á las letras el señaladísimo servicio de fijar la verdadera escritura de las voces, no hemos de aprovecharnos de esta victoria, en vez de resucitar de nuevo la contienda, reproduciendo una ortografía bárbara y anónima, que ni fué de Cervantes, ni de Cuesta, ni la unánime tampoco de su siglo?

---

[1] En repetidos pasajes de su *Ortografía castellana*......—México, Ierónimo Balli. Año 1609: entre otros, en el folio 26.

[2] En su inédito *Tratado llamado Manual de escribientes*.....—Apud GALLARDO: *Ensayo*......, IV; cols. 748-9.

[3] CASCALES: *Cartas philologicas*......, op. cit., p. 149, etc.

[4] JUAN DE ROBLES: *El Culto Sevillano.*—Sevilla, 1883 (Bibliófilos Andaluces), p. 297. Vid. además todo el *Diálogo V*, que es pertinentísimo para este punto.

[5] En la carta que dirigió á D. Antonio Bordázar de Artazú con ocasión de su *Ortografía española.*—(Valencia, 1728), y que figura en los preliminares de esta obra.—(Apud VIÑAZA: *Biblioteca histórica de la filología castellana*......, op. cit., cols. 1.327 á 1.330.)

[6] Vid. *Discurso proemial de la ortographia de la lengua castellana*, § II, entre los preliminares del monumental *Diccionario de autoridades.*—Madrid, 1728; tomo I, p. LXV

¿Cómo se explica, sin embargo — me preguntará en sus dudas el lector — que los textos impresos no llevaran, cuando menos, la ortografía de los manuscritos? Muy sencillamente: porque, para aumentar más las nieblas, una era la ortografía empleada usualmente en los autógrafos, y otra la que se trasladaba al texto impreso, por mano del corrector de pruebas; diferencia que habrá observado conmigo quienquiera que haya manejado con alguna asiduidad manuscritos antiguos. [1] Se daban, pues, dos males á cual peores: no conservar la ortografía propia del autor, y substituirla además por otra distinta, que fijaba arbitrariamente el corrector de la imprenta, hombre asalariado, de cuya barbarie, iliteratura, rusticidad é ignorancia, en muchos casos, nos dejaron bastantes testimonios Torquemada, [2] Suárez de Figueroa, [3] Cascales, [4] y tantos más, al defender á los autores contra las erratas, caídas y barbarismos que afeaban sus obras, y que luego el vulgo les achacaba.

Después de todos estos razonamientos, si alguna sombra de duda me quedase en mi elección, fácil seríame disiparla, recordando que, al escoger este camino, me arrimaba á la buena (¡y tan buena!) compañía del maestro de la erudición española, Menéndez y Pelayo, reproductor insigne de tantos memorables libros, el cual, explicando por qué en la edición académica de las obras de Lope de Vega no copiaba servilmente los antiguos textos, después de recordar que desde hace siglo y medio se vienen imprimiendo con la ortografía corriente,

---

[1] Hay, además, otra razón. En cuanto un autor vendía el *Privilegio* de su obra á un librero, desentendíase enteramente de todo lo que tocaba á la impresión, que era de exclusiva cuenta de aquél. Así salían ellas. Por esta razón, Eugenio de Salazar en unas instrucciones autógrafas que en el manuscrito de su *Silva de varia poesía* dejó á sus hijos, para que las tuviesen presentes al tiempo de imprimirla, después de consignar mil advertencias sobre el tamaño de las letras y la ortografía, *recomendando se hiciera la impresión por la suya*, añade. «si vendiéredes el privillegio de la impresión, *lo cual procurad excusar porque se haga la impresión buena*, y se miren y guarden todas estas cosas, sacad de concierto......, etc —Apud Gallardo· *Ensayo......, IV.*—Cols 326 á 329.
[2] *Colloquios satíricos......* «El impressor á los lectores sobre la corrección de los libros »—Op. cit, p. 487.
[3] *Plaza Universal......*, op. cit., ff 116, 117 y 119.
[4] *Cartas philologicas......*, op. cit., p. 149.

así para los más doctos como para los más rudos de nuestro pueblo, *El Ingenioso Hidalgo*, *La Guía de Pecadores*, *Las Moradas de Santa Teresa*, los más grandes libros, en suma, añadía estas patentísimas razones: «¿Á qué hemos de romper esta solidaridad, este vínculo espiritual que liga á los españoles de hoy con los gloriosos españoles de otra edad mejor, haciendo, verbigracia, ilegible el *Quijote*, por el empeño pedantesco de reproducir la ortografía de Juan de la Cuesta, que, probablemente, consistía en no tenerla? Publíquense enhorabuena con estricto rigor paleográfico (y no de otro modo deben publicarse) todos los monumentos literarios anteriores á la era de los Reyes Católicos; pero séanos lícito disfrutar, como de cosa familiar y doméstica, de todo el tesoro de nuestras letras clásicas, y no nos empeñemos en ahuyentar á las gentes de la lección de nuestros autores de la edad de oro, presentándolos en textos de aspecto repulsivo, sólo para que algún filólogo tenga el placer de saber á ciencia cierta que Calderón, en *El Mágico prodigioso* (verso 754), escribió *hedad* con *h*.» [1]

Del mismo modo entiendo que pensará quien lea estas novelas, y al hacerlo cómoda y holgadamente, ya que no otro mayor, este chico servicio tendrá que agradecerme; pues á pesar del aparato de notas é ilustraciones que forzosamente debe acompañar á un libro de este linaje, el propósito que le ha presidido fué vulgarizador, en lo posible: acercar los textos antiguos de nuestras preclaras y olvidadas obras de pasatiempo al lector moderno, de manera que pueda saborearlas cómodamente, como en justicia y reparación suya lo merecen. Y ¿sería acaso el camino para lograrlo servírselos con una ortografía anticuada y extravagante, que hace daño á la vista y pide casi casi una literaria preparación semejante á la del colector para entenderla? [2] ¿No ayudan, por el contrario, á su más fácil lectura el empleo é introducción de signos ortográficos que los antiguos desdeñaban, ó no conocían? ¿He-

---

[1] *Obras de Lope de Vega.*—Observaciones preliminares. Tomo II, pp. xix-xx.
[2] Para que el profano lector, no avezado al manejo de los libros antiguos, se haga cargo del todo, vea entre mil semejantes, y con la misma ortografía con que está escrito en la edición príncipe, un párrafo de *El Casamiento engañoso*, que luego podrá leer sin dificultad ninguna en la mía. «Estaua yo entōces bizarrísimo, cō aq̃lla grã cadena, q̃ v. m. deuio de conocerme» (f.º 234).

Y ¿no es seguro que, apenas comenzada la lectura de tales galimatías, arrojase el libro, aburrido y harto?

mos de respetar servilmente los libros viejos en su integridad, á trueque de que el lector moderno tenga que apartar los pudibundos ojos al leer, por ejemplo (y es frecuentísimo el caso), *caca* en vez de *caça*, porque el cajista torpe se olvidó, allá en el siglo xvi, de poner á la penúltima letra una honesta cedilla ó pihuela?

No: demos de lado á estas minucias y tiquismiquis que á casi nadie importan, y que, á respetarlas, nos pondrían á todos á la altura de aquel cojo maestro de Villaornate, celosísimo en las cosas de la ortografía, y digno preceptor del más regocijado de los predicadores: el famoso y sin rival fray Gerundio de Campazas.....

NOVELA DE
EL CASAMIENTO ENGAÑOSO [a]

Salía del Hospital de la Resurrección, que está en Valladolid, fuera de la Puerta del Campo, [1] un soldado, que, por servirle su espada de báculo, y por la flaqueza de sus piernas y amarillez de su rostro, mostraba bien claro que, aunque no era el tiempo [b] muy caluroso, debía de haber sudado en veinte días todo el humor que quizá granjeó en una hora. Iba haciendo pinitos y dando traspiés, como convaleciente, y al entrar por la puerta de la ciudad, vió que hacia él venía un su amigo, á quien no había visto en más de seis meses; el cual, santiguándose, como si viera alguna mala visión, llegándose [c] á él, le dijo:

—¿Qué es esto, señor alférez Campuzano? [2] ¿Es posible que está vuesa merced en esta tierra? [3] Como quien soy, que le hacía en Flandes, antes terciando allá la pica que arrastrando aquí la espada! ¿Qué color, qué flaqueza es ésa?

Á lo cual respondió Campuzano:

—Á lo si estoy en esta tierra ó no, señor licenciado Peralta, el verme en ella le responde; á las demás preguntas no tengo que decir sino que salgo de aquel Hospital, de sudar catorce cargas de

---

[a.] Novela *del* Casamiento engañoso. *1* y *2*.
El Casamiento engañoso. Falta «Novela de». *R*.
[b.] no era tiempo. *R*
[c.] llegándo*le*. *1*.

bubas, que me echó á cuestas [a] una mujer que escogí por mía, que non debiera. [b] [4]

—Luego ¿casóse vuesa merced?, replicó Peralta.

—Sí, señor, respondió Campuzano.

—Sería por amores, [5] dijo Peralta, y tales casamientos traen consigo aparejada la ejecución del arrepentimiento.

—No sabré decir si fué por amores, respondió el Alférez, aunque sabré afirmar que fué por dolores, pues de mi casamiento ó cansamiento saqué tantos en el cuerpo y en el alma, que los del cuerpo, para entretenerlos, me cuestan cuarenta sudores, y los del alma no hallo remedio para aliviarlos siquiera; pero, porque no estoy para tener largas pláticas en la calle, vuesa merced me perdone, que otro día con más comodidad le daré cuenta de mis sucesos, que son los más nuevos y peregrinos que vuesa merced habrá oido en todos los días de su vida.

—No ha de ser así, dijo el Licenciado; sino que quiero que venga conmigo á mi posada, [6] y allí haremos penitencia juntos, que la olla es muy de enfermo, y aunque está tasada para dos, un pastel suplirá con mi criado, [7] y, si la convalecencia lo sufre, unas lonjas de jamón de Rute nos harán la salva, y, sobre todo, la buena voluntad con que lo ofrezco, no sólo esta vez, sino todas las que vuesa merced quisiere.

Agradecióselo Campuzano, y aceptó el convite y los ofrecimientos. Fueron á San Llórente, [c] [8] oyeron misa, llevóle Peralta á su casa, dióle lo prometido, y ofreciósele de nuevo, y pidióle, en acabando de comer, le contase los sucesos que tanto le había encarecido. No se hizo de rogar Campuzano; antes comenzó á decir desta manera:

—Bien se acordará vuesa merced, señor licenciado Peralta, como yo hacia en esta ciudad camarada [9] con el capitán Pedro de Herrera, que ahora está en Flandes.

---

a. acuestas. *1* y *2*.
b. que *no* debiera. *R*.
c. San *Lorente*. *2* y *R*

—Bien me acuerdo, respondió Peralta.

—Pues un día, prosiguió Campuzano, que acabábamos *a* de comer en aquella Posada de la Solana [10] donde vivíamos, entraron dos mujeres de gentil parecer, con dos criadas; la una se puso á hablar con el Capitán, en pie, arrimados á una ventana, y la otra se sentó en una silla junto á mí, derribado el manto hasta la barba, [11] sin dejar ver el rostro más de aquello que concedía la raridad del manto; y aunque le supliqué que, por cortesía, *b* me hiciese merced de descubrirse, no fué posible acabarlo con ella, cosa que me encendió más el deseo de verla; *c* y para acrecentarle más (ó ya fuese de industria ó acaso), *d* sacó la señora una muy blanca *e* mano, con muy buenas sortijas. Estaba yo entonces bizarrísimo, con aquella gran cadena que vuesa merced debió de conocerme, el sombrero con plumas y cintillo, [12] el vestido de colores, á fuer de soldado, [13] y tan gallardo á los ojos de mi locura, que me daba á entender que las podía matar en el aire. Con todo esto, le rogué que se descubriese, á lo que ella me respondió: «No seáis importuno; casa tengo; haced á un paje que me siga; que aunque yo soy *f* mas honrada de lo que promete *g* esta respuesta, todavía, á trueco de ver si responde vuestra discreción á vuestra gallardía, holgaré de que me veáis.» *h*

Beséle las manos por la grande *i* merced que me hacía, en pago de la cual, le prometí montes de oro. Acabó el Capitán su plática. Ellas se fueron; siguiólas un criado mío. Díjome el Capitán que lo que la dama le quería era que le llevase unas cartas á Flandes á otro Capitán, que decía ser su primo, aunque él sabía que no era sino su galán *j*. Yo quedé abrasado con las manos de nieve que ha-

---

a   acabamos *R*.
b   le supliqué por cortesía. *R*
c   verle. *R*.
d   (ó ya fuese de industria, á caso). *I*.
e   una blanca mano. *R*.
f   aunque soy *R*.
g   de lo que *me* promete. *R*
h   veáis *más despacio R*.
i   gran. *2*
j   sino galan. *2*.

bía visto, y muerto por el rostro que deseaba ver; y así, otro día, guiándome mi criado, dióseme libre entrada. Hallé una casa muy bien aderezada, y una mujer de hasta treinta años, á quien conocí por las manos; no era hermosa en extremo, pero éralo de suerte, que podía enamorar comunicada, [14] porque tenía un tono de habla tan suave, que se entraba por los oídos en el alma. Pasé con ella luengos y amorosos coloquios: blasoné, hendí, rajé, ofrecí, prometí y hice todas las demostraciones [a] que me pareció ser necesarias para hacerme bien quisto con ella; pero como ella estaba hecha á oir semejantes ó mayores ofrecimientos y razones, parecía que les daba atento oído antes que crédito alguno. Finalmente, nuestra plática se pasó en flores cuatro días que continué en visitalla, [b] sin que llegase á coger el fruto que deseaba.

En el tiempo que la visité siempre hallé la casa desembarazada, sin que viese visiones en ella de parientes fingidos ni de amigos verdaderos. Servíala una moza más taimada que simple. Finalmente, tratando mis amores como soldado que está en víspera [c] de mudar, [15] apuré á mi señora doña Estefanía de Caicedo [d] (que éste es el nombre de la que así me tiene), y respondióme:

—«Señor alférez Campuzano, simplicidad sería si yo quisiese venderme á vuesa merced por santa: pecadora he sido, y aun ahora lo soy; pero no de manera, que los vecinos me murmuren ni los apartados me noten. [16] Ni de mis padres ni de otro pariente heredé hacienda alguna, y, con todo esto, vale el menaje de mi casa, bien validos, dos mil y quinientos escudos, [e] [17] y éstos, en cosas que, puestas en almoneda, [18] lo que se tardare en ponellas [f] se tardará en convertirse en dineros. Con esta hacienda busco marido á quien entregarme y á quien tener obediencia; á quien, juntamente con la

---

a. *demostraciones. R*
b. *visitarla. 2.*
c. *que está víspera. R.*
d. *Cayzedo. 1 y 2.*
e. *ducados. R.*
f. *ponerlas. 2.*

enmienda de mi vida, le entregaré una increíble solicitud de regalarle y servirle; porque no tiene príncipe cocinero más goloso, ni que mejor sepa dar el punto á los guisados, que le sé dar yo, cuando, mostrando ser casera, me quiero poner á ello. Sé ser mayordomo en casa, moza en la cocina y señora en la sala; en efeto,[a] sé mandar y sé hacer que me obedezcan; no desperdicio nada, y allego mucho; mi real no vale menos, sino mucho más, cuando se gasta por mi orden. La ropa blanca que tengo, que es mucha y muy buena, no se sacó de tiendas ni lenceros: estos pulgares y los de mis criadas la hilaron, y si pudiera tejerse en casa, se tejiera. Digo estas alabanzas mías, porque no acarrean vituperio cuando es forzosa la necesidad de decirlas; finalmente, quiero decir que yo busco marido que me ampare, me mande y me honre, y no galán que me sirva y me vitupere. Si vuesa merced gustare de aceptar la prenda que se le ofrece, aquí estoy moliente y corriente, sujeta á todo aquello que vuesa merced ordenare, sin andar en venta, que es lo mismo andar en lenguas de casamenteros, [19] y no hay ninguno tan bueno para concertar el todo como las mismas partes.»

Yo, que tenía entonces el juicio, no en la cabeza, sino en los carcañares,[b] [20] haciéndoseme el deleite en aquel punto mayor de lo que en la imaginación le pintaba, y ofreciéndoseme tan á la vista la cantidad de hacienda, que ya la contemplaba en dineros convertida, sin hacer otros discursos de aquellos á que daba lugar el gusto, que me tenía echados grillos al entendimiento, le dije que yo era el venturoso y bien afortunado en haberme dado el cielo, casi por milagro, tal compañera, para hacerla señora de mi voluntad y de mi hacienda, que no era tan poca, que no valiese con aquella cadena que traía al cuello, y con otras joyuelas que tenía en casa, y con deshacerme de algunas galas de soldado, más de dos mil ducados, que, juntos con los dos mil y quinientos suyos, era suficiente cantidad para retirarnos á vivir á una aldea de donde yo era natu-

---

a. *efecto. R.*
b. *carcañales. R.*

ral, y adonde tenía algunas raíces: hacienda tal, que sobrellevada con el dinero, vendiendo los frutos á su tiempo, nos podía dar una vida alegre y descansada. En resolución, aquella vez se concertó nuestro desposorio, y se dió traza como los dos hiciésemos información de solteros, y en los tres días de fiesta, que vinieron luego juntos en una Pascua, se hicieron las amonestaciones, y al cuarto día nos desposamos, hallándose presentes al desposorio dos amigos míos, y un mancebo que ella dijo ser primo suyo, [21] á quien yo me ofrecí por pariente con palabras de mucho comedimiento, como lo habían sido todas las que hasta entonces á mi nueva esposa había dado, con intención tan torcida y traidora, que la quiero callar; porque aunque estoy diciendo verdades, no son verdades de confesión, que no pueden dejar de decirse.

Mudó mi criado el baúl de la posada á casa de mi mujer; encerré en él, delante della, mi magnífica cadena; mostréle otras tres ó cuatro, si no tan grandes, de mejor hechura, con otros tres ó cuatro cintillos de diversas suertes; hícele patentes mis galas y mis plumas, y entreguéle para el gasto de casa hasta cuatrocientos reales que tenía. Seis días gocé del pan de la boda, espaciándome en casa como el yerno ruín en la del suegro rico: [22] pisé ricas alhombras, [a] ahajé [b] sábanas de holanda, [23] alumbréme [c] con candeleros de plata; almorzaba en la cama, levantábame á las once, comía á las doce, y á las dos sesteaba en el estrado: [24] bailábanme [d] doña Estefanía y la moza el agua delante. Mi mozo, que hasta allí le había conocido perezoso y lerdo, se había vuelto un corzo: el rato que doña Estefanía faltaba de mi lado, la habían de hallar en la cocina, toda solícita en ordenar guisados que me despertasen el gusto y me avivasen el apetito; mis camisas, cuellos y pañuelos eran un nuevo Aran-

---

a. *alfombras. R.*
b. *ahagé. 1 y 2.*
   ajé. R.
c. *alumbrame. 1.*
d. *bailabame. 2.*

juez de flores, según olían, bañados en la agua de ángeles [25] y de azahar que sobre ellos se derramaba. Pasáronse estos días volando, como se pasan los años que están debajo de la jurisdicción del tiempo; en los cuales días, por verme tan regalado y tan bien servido, iba mudando en buena la mala intención con que aquel negocio había comenzado; al cabo de los cuales, una mañana (que aun estaba con doña Estefanía en la cama) llamaron con grandes golpes á la puerta de la calle. Asomóse la moza á la ventana, y quitándose al momento dijo: «¡Oh, que sea ella la bien venida! ¿Han visto, y cómo ha venido más presto de lo que escribió el otro día?»

—¿Quién es la que ha venido, moza?, le pregunté.

—¿Quién?, respondió ella; es mi señora doña Clementa Bueso, y viene con ella el señor don Lope Meléndez de Almendárez, con otros dos criados, y Hortigosa, la dueña que llevó consigo. [26]

—Corre, moza, bien haya yo, y ábrelos, [a] dijo á este punto doña Estefanía; y vos, señor, por mi amor, que no os alboroteis ni respondais por mí á ninguna cosa que contra mí oyéredes.

—Pues ¿quién ha de deciros [b] cosa que os ofenda, y más estando yo delante? Decidme qué gente es ésta, que me parece que os ha alborotado su venida. [c]

—No tengo lugar de responderos, dijo doña Estefanía; sólo sabed que todo lo que aquí pasare es fingido, y que tira á cierto designio y efeto, [d] que después sabréis.» Y aunque quisiera replicarle á esto, no me dió lugar la señora doña Clementa Bueso, que se entró en la sala, vestida de raso verde prensado, con muchos pasamanos de oro, capotillo de lo mismo, [27] y con la misma guarnición, sombrero con plumas verdes, blancas y encarnadas, y con rico cintillo de oro, y con un delgado velo cubierta [e] la mitad del rostro. En-

---

a. ábreles R.
b. decir. R.
c. su venida? I.
d. efecto. R.
e. cubierto. R.

tró con ella el señor don Lope Meléndez de Almendárez, no menos bizarro que ricamente vestido de camino. [28]

La dueña Hortigosa fué la primera que habló, diciendo: «¡Jesús! ¿Qué es esto? ¿Ocupado el lecho de mi señora doña Clementa, y más con ocupación de hombre? ¡Milagros veo hoy en esta casa! ¡Á fe que se ha ido bien del pie á la mano la señora doña Estefanía, fiada en la amistad de mi señora!»

—Yo te lo prometo, Hortigosa, [29] replicó doña Clementa; pero yo, yo me tengo [a] la culpa: ¡que jamás escarmiente yo en tomar amigas que no lo saben ser sino es cuando les viene á cuento!

Á todo lo cual respondió doña Estefanía:

—No reciba vuesa merced pesadumbre, mi señora doña Clementa Bueso, y entienda que no sin misterio ve lo que ve [b] en esta su casa; que cuando lo sepa, yo sé que quedaré desculpada, [c] y vuesa merced sin ninguna queja.» En esto ya me había puesto yo en calzas y en jubón, y tomándome doña Estefanía por la mano, me llevó á otro aposento, y allí me dijo [d] que aquella su amiga quería hacer una burla á aquel don Lope que venía con ella, con quien pretendía casarse, y que la burla era darle á entender que aquella casa y cuanto estaba en ella era todo suyo, de lo cual pensaba hacerle carta de dote, [e] y que, hecho el casamiento, se le daba poco que se descubriese el engaño, fiada en el grande amor que el don Lope la tenía; «y luego se me volverá lo que es mío, [30] y no se le tendrá á mal á ella, ni á otra mujer alguna, de que procure buscar marido honrado, aunque sea por medio de cualquier embuste».

Yo le respondí que era grande extremo de amistad el que quería hacer, y que primero se mirase bien en ello, porque después podría ser tener necesidad de valerse de la justicia para cobrar su hacienda. Pero ella me respondió con tantas razones, representando tantas

---

a. pero yo me tengo *1*.
b. *vee* lo que *vee*. *1* y *2*.
c. *disculpaaa. 2* y *R*.
d. y me dijo. *2*.
e. *hacer la* carta de dote. *2*.

obligaciones que la obligaban á servir á doña Clementa, aun en cosas de más importancia, que mal de mi grado y con remordimiento de mi juicio hube de condecender [a] [31] con el gusto de doña Estefanía; asegurándome ella que solos ocho días podía durar el embuste, los cuales estaríamos en casa de otra amiga suya. Acabámonos de vestir ella y yo, y luego, entrándose á despedir de la señora doña Clementa Bueso y del señor don Lope Meléndez de Almendárez, hizo á mi criado que se cargase el baúl y que la siguiese, á quien yo también seguí, sin despedirme de nadie.

Paró doña Estefanía en casa de una amiga suya, y antes que entrásemos dentro estuvo un buen espacio hablando con ella, al cabo del cual salió una moza y dijo que entrásemos yo y mi criado. Llevónos á un aposento estrecho, en el cual había dos camas, tan juntas, que parecían una, á causa que no había espacio que las dividiese, y las sábanas de entrambas se besaban. En efeto, [b] allí estuvimos seis días, y en todos ellos no se pasó hora que no tuviésemos pendencia, diciéndole la necedad que había hecho en haber dejado su casa y su hacienda, aunque fuera á su misma [c] madre.

En esto iba yo y venía por momentos, [32] tanto, que la huéspeda de casa, un día que doña Estefanía dijo que iba á ver en qué término estaba su negocio, quiso saber de mí qué era la causa que me movía á reñir tanto con ella, [d] y qué cosa había hecho que tanto se la afeaba, diciéndole que había sido necedad notoria, más que amistad perfeta. [e] Contéle todo el cuento, y cuando llegué á decir que me había casado con doña Estefanía, y la dote que trujo, y la simplicidad que había hecho en dejar su casa y hacienda á doña Clementa, aunque fuese con tan sana intención como era alcanzar tan principal marido como don Lope, se comenzó á santiguar y á ha-

---

a. condescender. *R*.
b. *efecto. R.*
c. mism. *2.*
d. con ella? *1* y *2.*
e. *perfecta R.*

cerse ᵃ cruces con tanta priesa y con tanto «¡Jesús, Jesús de la mala hembra!», ᵇ que me puso en gran turbación, y al fin me dijo:

—«Señor Alférez, no sé si voy contra mi conciencia en descubriros lo que me parece que también la cargaría si lo callase; pero, á Dios y á ventura, ᶜ sea lo que fuere, viva la verdad y muera la mentira. La verdad es que doña Clementa Bueso es la verdadera señora de la casa y de la hacienda de que os hicieron la dote; la mentira es todo cuanto os ha dicho doña Estefanía; que ni ella tiene casa, ni hacienda, ni otro vestido del que trae puesto; y el haber tenido lugar y espacio para hacer este embuste fué que doña Clementa fué á visitar á unos parientes suyos á la ciudad de Plasencia, y de allí fué á tener novenas [83] en Nuestra Señora de Guadalupe, [84] y en este entretanto dejó en su casa á doña Estefanía que mirase por ella, [85] porque, en efeto, ᵈ son grandes amigas; aunque, bien mirado, no hay que culpar á la pobre señora, pues ha sabido granjear á una tal persona como la del señor Alférez por marido.» [86]

Aquí dió fin á su plática, y yo di principio á desesperarme, y sin duda lo hiciera, si tantico se descuidara el ángel de mi guarda en socorrerme, acudiendo á decirme en el corazón que mirase que era cristiano, y que el mayor pecado de los hombres era el de la desesperación, por ser pecado de demonios. Esta consideración, ó buena inspiración me conhortó ᵉ algo; [87] pero no tanto, que dejase de tomar mi capa y espada, y salir á buscar á doña Estefanía, con prosupuesto ᶠ [88] de hacer en ella un ejemplar castigo; pero la suerte, que no sabré decir si mis cosas empeoraba ó mejoraba, ordenó que en ninguna parte donde pensé hallar á doña Estefanía la hallase. Fuíme á San Llorente, ᵍ encomendéme á Nuestra Señora, [89] sentéme sobre un escaño, y, con la pesadumbre, me tomó un sueño

---

a. y hacerse cruces. *R*
b. de mala hembra. *2*
c. aventura. *1*.
d. efecto. *R*.
e. conhortó *R* —conortó *1* y *2*
f. presupuesto *2* y *R*
g. Lorente *R*

tan pesado, que no despertara tan presto si no me despertaran. Fuí, lleno de pensamientos y congojas, á casa de doña Clementa, y halléla con tanto reposo, como señora de su casa; no le osé decir nada, porque estaba el señor don Lope delante. Volví en casa de mi huéspeda, que me dijo haber contado á doña Estefanía como yo sabía toda su maraña y embuste, y que ella le preguntó qué semblante había yo mostrado con tal nueva, y que le había respondido que muy malo, y que, á su parecer, había salido yo con mala intención y con peor determinación á buscarla; díjome, finalmente, que doña Estefanía se había llevado cuanto en el baúl tenía, sin dejarme en él sino un solo vestido de camino.

Aquí fué ello; aquí me tuvo de nuevo Dios de su mano; fui á ver mi baúl, y halléle abierto y como sepultura que esperaba cuerpo difunto, y á buena razón había de ser el mío, si yo tuviera entendimiento para saber sentir y ponderar tamaña desgracia.

—Bien grande fué, dijo á esta sazón el licenciado Peralta, haberse llevado doña Estefanía tanta cadena y tanto cintillo, que, como suele decirse, todos los duelos, etc.

—Ninguna pena me dió esa falta, respondió el Alférez, pues también podré decir: «Pensóse don Simueque que me engañaba con su hija la tuerta, y por el Dio, contrecho soy de un lado» [40]

—No sé á qué propósito puede vuesa merced decir eso, respondió Peralta.

—El propósito es, respondió el Alférez, de que toda aquella balumba y aparato de cadenas, cintillos y brincos, [41] podía valer hasta diez ó doce escudos.

—Eso no es posible, replicó el Licenciado; porque la que el señor Alférez traía al cuello mostraba pesar más de docientos ducados. [42]

—Así fuera, respondió el Alférez, si la verdad respondiera al parecer; pero como no es todo oro lo que reluce, [a] [43] las cadenas, cintillos, joyas y brincos, [b] con sólo ser de alquimia se contenta-

---

a. lo que *luce*. 2.
b. joyas, brincos. *R*.

ron; [44] pero estaban tan bien [a] hechas, que sólo el toque ó el fuego podía descubrir su malicia.

—Desa manera, dijo el Licenciado, entre vuesa merced y la señora doña Estefanía, pata es la traviesa. [45]

—Y tan pata, respondió el Alférez, que podemos volver á barajar; pero el daño está, señor Licenciado, en que ella se podrá deshacer de mis cadenas, y yo no de la falsía de su término; y en efeto, [b] mal que me pese, es prenda mía.

—Dad gracias á Dios, señor Campuzano, dijo Peralta, que fué prenda con pies y que se os ha ido, y que no estáis obligado á buscarla.

—Así es, respondió el Alférez; pero, con todo eso, [c] sin que la busque la hallo siempre en la [d] imaginación, y adonde quiera que estoy tengo mi afrenta presente.

—No sé qué responderos, dijo Peralta, sino es traeros á la memoria dos versos de Petrarca, que dicen:

Che chi prende diletto di far frode
Non si de' lamentar s' altri l' inganna. [e] [46]

Que responden en nuestro castellano: «Que el que tiene costumbre y gusto de engañar á otro, no se debe quejar cuando es engañado.»

—Yo no me quejo, respondió el Alférez, sino lastímome; que el culpado, no por conocer su culpa deja de sentir la pena del castigo. Bien veo que quise engañar y fuí engañado, porque me hirieron por mis propios filos; pero no puedo tener tan á raya el sentimiento, que no me queje de mí mismo. Finalmente, por venir á lo

---

a. *tambien. 2.*
b. *efecto. R.*
c. *esto. R.*
d. ll. 1.
e. Che *qui* prende *dicleto* di far *fiode*
   Non si de lamentar si altri l' *ingana* 1 y 2
   Non *s' ha* di lamentar s' *altro* l' inganna *R*

que hace más al caso á mi historia (que este nombre se le puede dar al cuento de mis sucesos), digo que supe que se había llevado á doña Estefanía el primo que dije que se halló á nuestros desposorios, el cual, de luengos tiempos atrás, era su amigo á todo ruedo. No quise buscarla, por no hallar el mal que me faltaba. Mudé posada, y mudé el pelo dentro de pocos días; porque comenzaron á pelárseme las cejas y las pestañas, y poco á poco me dejaron los cabellos, y antes de edad me hice calvo, dándome una enfermedad que llaman lupicia, y por otro nombre más claro, la pelarela. [47] Halléme verdaderamente hecho pelón, porque ni tenía barbas que peinar, ni dineros que gastar. Fué la enfermedad caminando al paso de mi necesidad; y como la pobreza atropella á la honra, y á unos lleva á la horca, y á otros al hospital, y á otros les hace entrar por las puertas de sus enemigos con ruegos y sumisiones, que es una de las mayores miserias que puede suceder á un desdichado, por no gastar en curarme los vestidos que me habían de cubrir y honrar en salud, llegado el tiempo en que se dan los sudores en el Hospital de la Resurrección, me entré en él, donde he tomado [a] cuarenta sudores. [48] Dicen que quedaré sano si me guardo: espada tengo; lo demás Dios lo remedie.

Ofreciósele de nuevo el Licenciado, admirándose de las cosas que le había contado.

—Pues de poco se maravilla vuesa merced, señor Peralta, dijo el Alférez; que otros sucesos me quedan por decir que exceden á toda imaginación, pues van fuera de todos los términos de naturaleza: no quiera vuesa merced saber más sino que son de suerte, que doy por bien empleadas todas mis desgracias, por haber sido parte de habermе puesto en el hospital, donde vi lo que ahora diré, que es lo que ahora ni nunca vuesa merced podrá creer, ni habrá persona en el mundo que [b] lo crea.

Todos estos preámbulos y encarecimientos que el Alférez hacía

---
a. tomodo. 2
b. persona en el mundo *persona* que. 1.

antes de contar lo que había visto encendían el deseo de Peralta, de manera, que con no menores encarecimientos le pidió que luego luego le dijese [49] las maravillas que le quedaban por decir.

—Ya vuesa [a] merced habrá visto, dijo el Alférez, [b] dos perros que con dos lanternas [c] andan de noche con los Hermanos de la Capacha, alumbrándoles cuando piden limosna. [d]

—Sí he visto, respondió Peralta.

—También habrá visto ó oído vuesa merced, dijo el Alférez, lo que dellos se cuenta: que si acaso echan limosna de las ventanas y se cae en el suelo, ellos acuden luego á alumbrar y á buscar [e] lo que se cae, y se paran delante de las ventanas donde saben que tienen costumbre de darles limosna; y con ir allí con tanta mansedumbre, que más parecen corderos que perros, en el hospital son unos leones, guardando la casa con grande cuidado y vigilancia. [f]

—Yo he oído decir, dijo Peralta, que todo es así; pero eso no me puede ni debe causar maravilla.

—Pues lo que ahora diré dellos [g] es razón que la cause, y que, sin hacerse cruces ni alegar imposibles ni dificultades, vuesa merced se acomode á creerlo; y es que yo oí y casi vi con mis ojos á estos dos perros, que el uno se llama Cipión y el otro Berganza, [h] estar una noche, que fué la penúltima que acabé de sudar, echados detrás de mi cama en unas esteras viejas, y á la mitad de aquella noche, estando á escuras y desvelado, pensando en mis pasados sucesos y presentes desgracias, oí hablar allí junto, y estuve con atento oído escuchando, por ver si podía venir en conocimiento de los que hablaban y de lo que hablaban, y á poco rato vine á cono-

---

a Y a vuesa *2*.
b. Alfarez. *2*
c. linternas. R.
d limosna? *1* y *2*.
e alumbrar, á buscar. *R.*
f. vigilancia? *1* y *2*.
g dijo el Alférez. R. (Falta este inciso en *1* y *2*.)
h. se *llamaba* Cipión, el otro Berganza. *R.*

cer, por lo que hablaban los que hablaban, y eran [a] los dos perros Cipión y Berganza.

Apenas acabó de decir esto Campuzano, cuando, levantándose el Licenciado, dijo:

—Vuesa merced quede mucho en buen hora, [b] señor Campuzano; que hasta aquí estaba en duda si creería ó no lo que de su casamiento me había contado, y esto que ahora me cuenta de que oyó hablar los perros me ha hecho declarar por la parte de no creelle ninguna cosa. Por amor de Dios, señor Alférez, que no cuente estos disparates á persona alguna, si ya no fuere á quien sea tan su amigo como yo.

—No me tenga vuesa merced por tan ignorante, replicó Campuzano, que no entienda que, si no es por milagro, no pueden hablar los animales: que bien sé que si los tordos, picazas y papagayos hablan, no son sino las palabras que aprenden y toman de memoria, [50] y por tener la lengua estos animales cómoda para poder pronunciarlas; mas no por esto pueden hablar y responder con discurso concertado, como estos perros hablaron; [c] y así, muchas veces, después que los oí, yo mismo no he querido dar crédito á mí mismo, y he querido tener por cosa soñada lo que realmente, estando despierto, con todos mis cinco sentidos tales cuales nuestro Señor fué servido de dármelos, [d] oí, escuché, noté, y finalmente escribí, [e] sin faltar palabra por su concierto; de donde se puede tomar indicio bastante que mueva y persuada á creer esta verdad que digo. Las cosas de que trataron fueron grandes y diferentes, y más para ser tratadas por varones sabios que para ser dichas por bocas [f] de perros: así que, pues yo no las pude inventar de mío, á mi pesar y contra mi opinión vengo á creer que no soñaba, y que los perros hablaban.

a. *que* eran. *R.*
b. *buenora. 1* y *2.*
c. *hablaban. R.*
d. servido darmelos. *1* y *R.*
e. *escrebí. 2.*
f. *de* bocas de. *R.*

— ¡Cuerpo de mí, replicó el Licenciado, si se nos ha vuelto el tiempo de Maricastaña, cuando hablaban las calabazas, [51] ó el de Ysopo, [a] cuando departía el gallo con la zorra y unos animales con otros!

— Uno de ellos sería yo, y el mayor, replicó el Alférez, si creyese que ese tiempo ha vuelto, y aun también lo sería si dejase de creer lo que oi y lo que vi, y lo que me atreveré á jurar, con juramento que obligue y aun fuerce á que lo crea la misma incredulidad; pero, puesto caso que me haya engañado [52] y que mi verdad sea sueño, y el porfiarla disparate, ¿no se holgará [b] vuesa merced, señor Peralta, de ver escritas en un coloquio [c] las cosas que estos perros, ó sean quien fueren, hablaron?

— Como vuesa merced, replicó el Licenciado, no se canse más en persuadirme que oyó hablar á los perros, de muy buena gana oiré ese coloquio, que, por ser escrito y notado del buen ingenio del señor Alférez, ya le juzgo por bueno.

— Pues hay en esto otra cosa, dijo el Alférez, que como yo estaba tan atento, y tenía delicado el juicio, delicada, sotil [d] y desocupada la memoria (merced á las muchas pasas y almendras que había comido), [53] todo lo tomé de coro, [e] y casi por [f] las mismas palabras que había oído lo escribí otro día, sin buscar colores retóricas para adornarlo, ni añadir ni quitar para hacerle gustoso. No fué una noche sola la plática, que fueron dos consecutivamente, aunque yo no tengo escrita más de una, que es la vida de Berganza, y la del compañero Cipión pienso escribir (que fué la que se contó la noche segunda), cuando viere, ó que ésta se crea, ó, á lo menos, no se desprecie. El coloquio traigo en el seno: púselo en forma de coloquio por ahorrar de *dijo Cipión, respondió Berganza,* que suele alargar la escritura.

---

a. *Esopo. R.*
b. *holgara. R.*
c. en coloquio, *2.*
d. *sutil. 2.*
e. decoro. *2.*
f. *per. 1.*

Y en diciendo ésto, sacó del pecho un cartapacio [54] y le puso en las manos del Licenciado, el cual le tomó riyéndose, y como haciendo burla de todo lo que había oído y de lo que pensaba leer.

—Yo me recuesto, dijo el Alférez, en esta silla, en tanto que vuesa merced lee, si quiere, esos sueños ó disparates, que no tienen otra cosa de bueno sino es el poderlos dejar cuando enfaden.

—Haga vuesa merced su gusto, dijo Peralta; que yo con brevedad me despediré desta letura.

—Recostóse el Alférez, abrió el Licenciado el cartapacio, y en el principio vió que estaba puesto este título:

NOVELA [55] Y [a] COLOQUIO

QUE PASÓ ENTRE CIPIÓN Y BERGANZA, PERROS DEL HOSPITAL DE LA RESURRECCIÓN, QUE ESTÁ EN LA CIUDAD DE VALLADOLID, FUERA DE LA PUERTA DEL CAMPO, Á QUIEN [56] COMÚNMENTE LLAMAN LOS PERROS DE MAHUDES

CIPIÓN

Berganza amigo, dejemos esta noche el Hospital en guarda de la confianza, y retirémonos á esta soledad y entre estas esteras, donde podremos gozar sin ser sentidos desta no vista merced que el cielo, en un mismo punto, á los dos nos ha hecho.

BERGANZA

Cipión hermano, óyote hablar [57] y sé que te hablo, y no puedo creerlo, por parecerme que el hablar nosotros pasa de los términos de naturaleza.

CIPIÓN

Así es la verdad, Berganza, y viene á ser mayor este milagro, en que no solamente hablamos, sino en que hablamos con discurso, como si fuéramos capaces de razón, estando tan sin ella, que la diferencia que hay del animal bruto al hombre, es ser el hombre animal racional, y el bruto irracional.

BERGANZA

Todo lo que dices, Cipión, entiendo, y el decirlo tú y entenderlo yo me causa nueva admiración y nueva maravilla; bien es verdad

---

a. *falta* Novela y. *R*

que en el discurso de mi vida, diversas y muchas veces he oído decir grandes prerrogativas *a* nuestras, tanto, que parece que algunos han querido sentir que tenemos un natural distinto [58] tan vivo y tan agudo en muchas cosas, que da indicios y señales de faltar poco para mostrar que tenemos un no sé qué de entendimiento, capaz de discurso. [59]

CIPIÓN

Lo que yo he oído alabar y encarecer es nuestra mucha memoria; el agradecimiento y gran fidelidad nuestra; [60] tanto, que nos suelen pintar por símbolo de la amistad; y así, habrás visto (si has mirado en ello) que en las sepulturas de alabastro, donde suelen estar las figuras de los que allí están enterrados, cuando son marido y mujer, ponen entre los dos, á los pies, una figura de perro, en señal que se guardaron en la vida amistad y fidelidad inviolable.

BERGANZA

Bien sé que ha habido perros tan agradecidos, que se han arrojado con los cuerpos difuntos de sus amos en la misma sepultura; otros han estado sobre las sepulturas donde estaban enterrados sus señores, sin apartarse dellas, sin comer hasta que se les acababa la vida; [61] sé también que después del elefante, el perro tiene el primer lugar de parecer que tiene entendimiento, [62] luego el caballo, y el último la jimia.

CIPIÓN

Así es; *b* pero bien confesarás que ni has visto ni oído decir jamás que haya hablado ningún elefante, perro, caballo ó mona; por donde me doy *c* á entender que este nuestro hablar tan de improviso, cae debajo del número de aquellas cosas que llaman portentos, [63] las

---

a. *prerogativas* R.
b. *Ansí es.* R.
c. por donde *no* me doy 2.

— 288 —

cuales cuando se muestran y parecen, tiene averiguado la experiencia que alguna calamidad grande amenaza á las gentes.

BERGANZA

Desa manera, no haré yo mucho en tener por señal portentosa lo que oí decir los días pasados á un estudiante, pasando por *a* Alcalá de Henares.

CIPIÓN

¿Qué le oiste decir?

BERGANZA

Que de cinco mil estudiantes que cursaban aquel año en la Universidad, los dos mil oian Medicina. [64]

CIPIÓN

Pues ¿qué vienes á inferir deso?

BERGANZA

Infiero, ó que estos dos mil médicos han de tener enfermos que curar (que seria harta plaga y mala ventura), ó ellos se han de morir de hambre.

CIPIÓN *b*

Pero, sea lo que fuere, [65] nosotros hablamos, sea portento ó no, que lo que el cielo tiene ordenado que suceda, no hay diligencia ni sabiduría humana que lo pueda prevenir; y así, no hay para qué ponernos á disputar nosotros cómo ó por qué hablamos. Mejor será que este buen día ó buena noche la metamos en nuestra casa, [66] y, pues la tenemos tan buena en estas esteras, y no sabemos cuánto durará esta nuestra ventura, sepamos aprovecharnos della, y hable-

---

a. po. 1.
b. [sigue hablando Berganza]. 1 y 2.

mos toda esta noche, sin dar lugar al sueño que nos impida este gusto, de mí por largos tiempos deseado.

BERGANZA

Y aun de mí, que desde que tuve fuerzas para roer un hueso tuve deseo de hablar, para decir cosas que depositaba en la memoria, y allí, de antiguas y muchas, ó se enmohecían, ó se me olvidaban; empero ahora, que, tan sin pensarlo, me veo enriquecido deste divino don de la habla, pienso gozarle y aprovecharme dél lo más que pudiere, *a* dándome priesa á decir todo aquello que se me acordare, aunque sea atropellada y confusamente, porque no sé cuándo me volverán á pedir este bien, que por prestado tengo.

CIPIÓN

Sea ésta la manera, Berganza amigo: que esta noche me cuentes tu vida, y los trances por donde has venido al punto en que ahora te hallas; y si mañana en la noche estuviéremos con habla, yo te contaré la mía: porque mejor será gastar el tiempo en contar las propias que en procurar saber las ajenas vidas.

BERGANZA

Siempre, Cipión, te he tenido por discreto y por amigo, y ahora más que nunca, pues, como amigo, quieres decirme tus sucesos y saber los míos, y, como discreto, has repartido el tiempo donde podamos manifestallos; pero advierte primero si nos oye alguno.

CIPIÓN

Ninguno, á lo que creo, puesto que aquí cerca está un soldado tomando sudores; pero en esta sazón más estará para dormir que para ponerse á escuchar á nadie.

---

a. pudiere. 2.

BERGANZA

Pues si puedo hablar con ese seguro, escucha; y si te cansare lo que te fuere diciendo, ó me reprehende, *a* [67] ó manda que calle.

CIPIÓN

Habla hasta que amanezca, ó hasta que seamos sentidos; que yo te escucharé de muy buena gana, sin impedirte sino cuando viere ser necesario.

BERGANZA

Paréceme que la primera vez que vi el sol fué en Sevilla y en su Matadero, [68] que está fuera de la Puerta de la Carne; [69] por donde imaginara (si no fuera por lo que después te diré) *b* [70] que mis padres debieron de ser alanos de aquellos que crían los ministros de aquella confusión, á quien llaman jiferos. [71] El primero que conocí por amo fué uno llamado Nicolás *el Romo*, mozo robusto, doblado, [72] y colérico, como lo son todos aquellos que ejercitan la jifería. Este tal Nicolás me enseñaba á mí y á otros cachorros á que, en compañía de alanos viejos, *c* arremetiésemos á los toros y les hiciésemos presa de las orejas. [73] Con mucha facilidad salí un águila en esto.

CIPIÓN

No me maravillo, Berganza; que como el hacer mal viene de natural cosecha, fácilmente se aprende el hacerle.

BERGANZA

¿Qué te diría, *d* Cipión hermano, de lo que vi en aquel Matadero, *e* y de las cosas exorbitantes que en él pasan?

---

a. reprende. *R.*
b. después diré *R.*
c. compañía de *otros* alanos viejos. *2*
d. se diría. *1* y *2*.
e. aquel matadero? *1* y *2*.

Primero, has de presuponer que todos cuantos en él trabajan, desde el menor hasta el mayor, es gente ancha de conciencia, desalmada, sin temer al Rey ni á su justicia; los más, amancebados; son aves de rapiña carniceras; mantiénense ellos y sus amigas de lo que hurtan. [74] Todas las mañanas que son dias de carne, [75] antes que amanezca, [76] están en el Matadero gran cantidad de mujercillas y muchachos, todos con talegas, que, viniendo vacías, vuelven llenas de pedazos de carne, y las criadas, con criadillas y lomos medio enteros. [a] No hay res alguna que se mate de quien no lleve esta gente diezmos y primicias de lo más sabroso y bien parado; y como en Sevilla no hay obligado de la carne, [77] cada uno puede traer la que quisiere, y la que primero se mata, ó es la mejor, ó la de más baja postura; y con este concierto hay siempre mucha abundancia. [78] Los dueños se encomiendan á esta buena gente que he dicho, no para que no les hurten (que esto es imposible), sino para que se moderen en las tajadas y socaliñas [79] que hacen en las reses muertas, que las escamondan y podan como si fuesen sauces ó parras. Pero ninguna cosa me admiraba más, ni me parecía peor, que el ver que estos jiferos con la misma facilidad matan á un hombre que á una vaca: por quítame allá esa paja, á dos por tres, [80] meten un cuchillo de cachas amarillas [81] por la barriga de una persona, como si acocotasen un toro. Por maravilla se pasa día sin pendencias y sin heridas, y á veces sin muertes; [82] todos se pican de valientes, y aun tienen sus puntas de rufianes; no hay ninguno que no tenga su ángel de guarda en la plaza de San Francisco, [83] granjeado con lomos y lenguas de vaca. Finalmente, oí decir á un hombre discreto que tres cosas tenía el Rey por ganar en Sevilla: la calle de la Caza, [84] la Costanilla [85] y el Matadero.

CIPIÓN

Si en contar las condiciones de los amos que has tenido y las faltas de sus oficios te has de estar, amigo Berganza, tanto como

---

a   lomos *medios* enteros. *2*.

esta vez, menester será pedir al cielo nos conceda la habla siquiera por un año, y aun temo que, al paso que llevas, no llegarás á la mitad de tu historia. Y quiérote advertir de una cosa, [86] de la cual verás la experiencia cuando te cuente los sucesos de mi vida; y es, que los cuentos, unos encierran y tienen la gracia [a] en ellos mismos; otros, en el modo de contarlos; quiero decir que algunos hay que, aunque se cuenten sin preámbulos y ornamentos de palabras, dan contento; otros hay que es menester vestirlos de palabras, y con demostraciones del rostro [b] y de las manos, y con mudar la voz, se hacen algo de nonada, [c] y de flojos y desmayados se vuelven agudos y gustosos; y no se te olvide este advertimiento, para aprovecharte dél en lo que te queda por decir.

BERGANZA

Yo lo haré así, si pudiere, y si me da lugar la grande tentación que tengo de hablar; aunque me parece que con grandísima dificultad me podré ir á la mano.

CIPIÓN

Vete á la lengua, que en ella consisten los mayores daños de la humana vida.

BERGANZA

Digo, pues, que mi amo me enseñó á llevar una espuerta en la boca, [87] y á defenderla de quien quitármela quisiese; enseñóme también la casa de su amiga, y con esto se excusó la venida de su criada al Matadero, porque yo le llevaba las madrugadas lo que él había hurtado las noches; y un día que, entre dos luces, iba yo diligente á llevarle la porción, oí que me llamaban por mi nombre desde una ventana; alcé los ojos, y vi una moza hermosa en extre-

---

a. tienen gracia. 2.
b. de rostro 2.
c. nodada. 1

mo; detúveme un poco, y ella bajó á la puerta de la calle y me tornó á llamar; lleguéme á ella, como si fuera á ver lo que me quería, que no fué otra cosa que quitarme lo que llevaba en la cesta, y ponerme en su lugar un chapín viejo. Entonces dije entre mí: «La carne se ha ido á la carne.» Dijome la moza, en habiéndome quitado la carne:

— «Andad, Gavilán, ó como os llamáis, y decid á Nicolás *el Romo,* vuestro amo, que no se fíe de animales, y que del lobo un pelo, y ése, de la espuerta.» [88]

Bien pudiera yo volver á quitar lo que me quitó; pero no quise, por no poner mi boca jifera y sucia en aquellas manos limpias y blancas.

CIPIÓN

Hiciste muy bien, por ser prerrogativa[a] de la hermosura que siempre se le tenga respeto.

BERGANZA

Así lo hice yo, y así, me volví á mi amo sin la porción y con el chapín; parecióle que volví presto, vió el chapín, imaginó la burla, sacó uno de cachas, [89] y tiróme una puñalada, que, á no desviarme, nunca tú oyeras ahora este cuento, ni aun otros muchos que pienso contarte. Puse pies en polvorosa, y, tomando el camino en las manos y en los pies por detrás de San Bernardo, [90] me fuí por aquellos campos de Dios, á donde la fortuna quisiese llevarme. Aquella noche dormí al cielo abierto, y otro día me deparó la suerte un hato ó rebaño de ovejas y carneros. Así como le vi, creí que había hallado en él el centro de mi reposo, [b] pareciéndome ser propio y natural oficio de los perros guardar ganado, que es obra donde se encierra una virtud grande, como es amparar y defender de los poderosos y soberbios los humildes y los que poco pueden. Apenas me hubo

---

a. *prerogativa.* R
b. *del* reposo. R.

visto uno de tres pastores que el ganado guardaban, cuando diciendo: «¡To! ¡To!», me llamó; y yo, que otra cosa no deseaba, me llegué á él, bajando la cabeza y meneando la cola; trújome la mano por el lomo, abrióme la boca, escupióme en ella, [91] miróme las presas, conoció mi edad, y dijo á otros pastores que yo tenía todas las señales de ser perro de casta. Llegó á este instante el señor del ganado, sobre una yegua rucia á la jineta, con lanza y adarga, [92] que más parecía atajador de la costa [93] que señor de ganado. Preguntó al pastor:

—¿Qué perro es éste, [a] que tiene señales de ser bueno? [b]

—Bien lo puede vuesa merced creer, respondió el pastor; que yo le he cotejado bien, y no hay señal en él que no muestre y prometa que ha de ser un gran perro: agora se llegó aquí, y no sé cúyo sea, aunque sé que no es de los rebaños de la redonda. [c]

—Pues así es, respondió el señor, ponle luego el collar de Leoncillo, el perro que se murió, y denle la ración que á los demás, y acaríciale todo cuanto pudieres, porque tome cariño al hato y se quede de hoy por delante en él. [d]

En diciendo esto, se fué, y el pastor me puso luego al cuello unas carlancas llenas [e] de puntas de acero, habiéndome dado primero en un dornajo [f] [94] gran cantidad de sopas en leche, y asimismo me puso nombre, y me llamó Barcino. [95] Vime harto y contento con el segundo amo y con el nuevo oficio; mostréme solícito y diligente en la guarda del rebaño, sin apartarme dél sino las siestas, que me iba á pasarlas, ó ya á la sombra de algún árbol, ó de algún ribazo ó peña, ó á la de alguna mata, á la margen [g] de algún arroyo de los muchos que por allí corrían; y estas horas de mi sosiego no las pa-

---

a. es este? *1* y *2.*
b. de ser bueno. *1* y *2.*
c. de la *ronda. 2.*
d. y acaríciale, porque tome cariño al hato y se quede en él. *1.*
y se quede de hoy *adelante* en él. *R.*
e. llanas. *2.*
f. adornajo. *2.*
g. ó á la margen. *R.*

— 295 —

saba ociosas, porque en ellas ocupaba la memoria en acordarme de muchas cosas, especialmente en la vida que habia tenido en el Matadero, y en la que tenia mi amo, y todos los como él, que están sujetos^a á cumplir los gustos impertinentes de sus amigas. [96] ¡Oh, qué de cosas te pudiera decir ahora de las que aprendí en la escuela de aquella jifera dama de mi amo!; pero habrélas de callar, porque no me tengas por largo y por murmurador.

CIPIÓN

Por haber oído decir que dijo un gran poeta de los antiguos que era difícil cosa el no escribir^b sátiras, [97] consentiré que murmures un poco de luz y no de sangre; quiero decir, que señales, y no hieras ni des mate á ninguno en cosa señalada; [98] que no es buena la murmuración, aunque haga reir á muchos, ^c si mata á uno; y si puedes agradar sin ella, te tendré por muy discreto.

BERGANZA

Yo tomaré tu consejo, y esperaré con gran deseo que llegue el tiempo en que me cuentes tus sucesos; que de quien tan bien ^d sabe conocer y enmendar los defetos^e que tengo en contar los míos, bien se puede esperar que contará los suyos de manera que enseñen y deleiten á un mismo punto.

Pero, anudando el roto hilo de mi cuento, digo que en aquel silencio y soledad de mis siestas, entre otras cosas, consideraba que no debía de ser verdad lo que había oído contar de la vida de los pastores; á lo menos, de aquellos que la dama de mi amo leía en unos libros, [99] cuando yo iba á su casa, que todos trataban de pastores y pastoras, diciendo que se les pasaba toda la vida can-

---

a los *que* como él están sujetos. *R.*
b el escribir. *R.*
c aunque haga reir *mucho. R.*
d *también. 2.*
e *defectos. R*

tando y tañendo con gaitas, zampoñas, rabeles y chirumbelas, a [100] y con otros instrumentos extraordinarios. Deteníame á oirla leer, y leía como el pastor de Anfriso [101] cantaba extremada y divinamente, alabando á la sin par b Belisarda, sin haber en todos los montes de Arcadia árbol en cuyo tronco no se hubiese sentado á cantar, desde que salía el sol en los brazos del Aurora hasta que, se ponía en los de Tetis; y aun después de haber tendido la negra noche por la faz c de la tierra sus negras y escuras alas, él no cesaba de sus bien cantadas y mejor lloradas quejas. No se le quedaba entre renglones el pastor Elicio, [102] más enamorado que atrevido, de quien decía que sin atender á sus amores ni á su ganado, se entraba en los cuidados ajenos. Decía también que el gran Pastor de Fílida, único pintor de un retrato, [103] había sido más confiado que dichoso. De los desmayos de Sireno y arrepentimiento de Diana [104] decía que daba gracias á Dios y á la sabia Felicia, que, con su agua encantada, deshizo aquella máquina de enredos y aclaró aquel laberinto de dificultades. Acordábame de otros muchos libros que de este jaez la había oído d leer, pero no eran dignos de traerlos á la memoria. [105]

CIPIÓN

Aprovechándote vas, Berganza, de mi aviso; murmura, pica y pasa, y sea tu intención limpia, aunque la lengua no lo parezca.

BERGANZA

En estas materias nunca tropieza la lengua si no cae primero la intención; pero si acaso, por descuido ó por malicia, murmurare, responderé á quien me reprehendiere lo que respondió Mauleón, poeta tonto y académico de burla de la Academia de los Imitado-

---

a. *churumbelas. R.*
b. *sinpar. 1.*
c. [falta el *la*, aunque se apunta en el reclamo del folio anterior.] *2.*
d. *le* había oído. *R.*

res, [106] á uno que le preguntó que qué quería decir [a] *Deum de Deo,* y respondió que *dé donde diere.* [107]

CIPIÓN

Ésa fué [b] respuesta de un simple; pero tú, si eres discreto ó lo quieres ser, nunca has de decir cosa de que debas dar disculpa. Di adelante.

BERGANZA

Digo que todos los pensamientos que he dicho, y muchos más, me causaron ver los diferentes tratos y ejercicios que mis pastores, y todos los demás de aquella marina [108] tenían de aquellos que había oído leer que tenían los pastores de los libros; porque si los míos cantaban, no eran canciones acordadas y bien compuestas, sino un *"Cata el lobo dó va, Juanica",* [109] [c] y otras cosas semejantes, y ésto no al son de chirumbelas, [d] rabeles ó gaitas, sino al que hacía el dar un cayado con otro, ó al de algunas tejuelas puestas entre los dedos; [110] y no con voces delicadas, sonoras y admirables, sino con voces roncas, que, solas ó juntas, parecía, no que cantaban, sino que gritaban ó gruñían. Lo más del día [e] se les pasaba espulgándose ó remendando [f] sus abarcas; ni entre ellos se nombraban *Amarilis, Fílidas, Galateas* [g] y *Dianas,* [111] ni había *Lisardos, Lausos, Jacintos* ni *Riselos:* [112] todos eran Antones, Domingos, Pablos, ó Llorentes; por donde vine á entender lo que pienso que deben de creer todos: que todos aquellos libros son cosas soñadas y bien escritas, para entretenimiento de los ociosos, y no verdad alguna; que, á serlo, entre mis pastores hubiera alguna reliquia de aquella felicísima vida y de aquellos amenos prados, espaciosas selvas, sagrados montes, hermosos jardines, arroyos claros y cris-

---

a preguntó que quería decir. *2* y *R*
b. *Ésta* fué. *R.*
c. Cata el lobo do va Juanica *1* y *2.*—Cata el lobo, do va Juanica. *R.*
d. *churumbelas. R.*
e. de el día. *2.*
f. remendándose. *2* y *R*.
g. *Galeteas. 1*

talinas fuentes, y de aquellos tan honestos cuanto bien declarados requiebros, y de aquel desmayarse aquí el pastor, allí la pastora, acullá resonar la zampoña del uno, acá el caramillo del otro.

CIPIÓN

Basta, Berganza; vuelve á tu senda, y camina.

BERGANZA

Agradézcotelo, Cipión amigo; porque si no me avisaras, de manera se me iba calentando la boca, que no parara hasta pintarte un libro entero destos que me tenían engañado; pero tiempo vendrá en que lo diga todo con mejores razones y con mejor discurso que ahora. [113]

CIPIÓN

Mírate á los pies, y desharás la rueda, [114] Berganza; quiero decir que mires que eres un animal que carece de razón, y si ahora muestras tener alguna, ya hemos averiguado entre los dos ser cosa sobrenatural y jamás vista.

BERGANZA

Eso fuera ansí [a] si yo estuviera en mi primera ignorancia; mas ahora que me ha venido á la memoria lo que te había de haber dicho al principio de nuestra plática, [115] no sólo no me maravillo de lo que hablo, pero espántome de lo que dejo de hablar.

CIPIÓN

Pues ¿ahora no puedes [b] decir lo que ahora se te acuerda?

BERGANZA

Es una cierta historia que me pasó con una grande hechicera, discípula de la Camacha de Montilla.

---

a. *así.* 2 y *R.*
b. Pues ahora no puedes. *1* y *2.*
    Pues ahora ¿no puedes. *R.*

CIPIÓN

Digo que me la cuentes, antes que pases más adelante en el cuento de tu vida.

BERGANZA

Eso no haré yo, por cierto, hasta su tiempo; ten paciencia, y escucha por su orden mis sucesos; que así te darán más gusto, si ya no te fatiga querer saber los medios antes de los principios.

CIPIÓN

Sé breve, y cuenta lo que quisieres, y como quisieres.

BERGANZA

Digo, pues, que yo me hallaba bien con el oficio de guardar ganado, por parecerme que comía el pan de mi sudor y trabajo, y que la ociosidad, raíz y madre de todos los vicios, no tenía que ver conmigo, á causa que, si los días holgaba, las noches no dormía, dándonos asaltos á menudo y tocándonos á arma [a] los lobos; y apenas me habían dicho los pastores: *"¡Al lobo, Barcino!"*, cuando acudía, primero que los otros perros, á la parte que me señalaban que estaba el lobo; corría los valles, escudriñaba los montes, desentrañaba las selvas, saltaba barrancos, cruzaba caminos, y á la mañana volvía al hato, sin haber hallado lobo ni rastro dél, anhelando, cansado, hecho pedazos, y los pies abiertos de los garranchos, y hallaba en el hato, ó ya una oveja muerta, ó un carnero degollado y medio comido del lobo. Desesperábame de ver de cuán poco servía mi mucho cuidado y diligencia.

Venía el señor del ganado; salían los pastores á recebirle, con las pieles de la res muerta; culpaba á los pastores por negligentes, y mandaba castigar á los perros por perezosos. Llovían sobre nosotros palos, y sobre ellos reprehensiones; [b] y así, viéndome un día

---

a. *al* arma. *R*.
b. *reprensiones. R.*

— 300 —

castigado sin culpa, y que mi cuidado, ligereza y braveza no eran de provecho para coger el lobo, determiné de mudar estilo, no desviándome á buscarle, como tenía de costumbre, lejos del rebaño, sino estarme junto á él; que pues el lobo allí venía, allí sería más cierta la presa.

Cada semana nos tocaban á rebato, y en una escurísima noche tuve yo vista para ver los lobos, de quien era imposible que el ganado se guardase. Agachéme detrás de una mata, pasaron los perros mis compañeros adelante, y desde allí oteé y vi que dos pastores asieron de un carnero de los mejores del aprisco, y le mataron, de manera que, verdaderamente, pareció á la mañana que había sido su verdugo el lobo. Pasméme, quedé suspenso cuando vi que los pastores eran los lobos, y que despedazaban el ganado los mismos que le habían de guardar. [a] Al punto hacían saber á su amo la presa del lobo, dábanle el pellejo y parte de la carne, y comíanse ellos lo más y lo mejor. Volvía á reñirles el señor, y volvía también el castigo de los perros; no había lobos; menguaba el rebaño; quisiera yo descubrillo; hallábame mudo; todo lo cual me traía lleno de admiración y de congoja. «¡Válame Dios!, decía entre mí, ¿quién podrá remediar esta maldad? ¿Quién será poderoso á dar á entender que la defensa ofende, que las centinelas duermen, que la confianza roba, y que el que os guarda os mata?» [b]

CIPIÓN

Y decías [c] muy bien, Berganza; porque no hay mayor ni más sotil [d] ladrón que el doméstico, y así, mueren muchos más de los confiados que de los recatados; pero el daño está en que es imposible que puedan pasar bien las gentes en el mundo si no se fía y

---

a. los que le habían de guardar. 2
b. os mata! 1
   os mata. 2.
c. y decíais. R
d. sutil. 2 y R.

se confía; mas quédese aquí esto, que no quiero que parezcamos predicadores.ᵃ Pasa adelante.

BERGANZA

Paso adelante y digo que determiné dejar aquel oficio, aunque parecía tan bueno, y escoger otro, donde por hacerle bien, ya que no fuese remunerado, no fuese castigado. Volvíme á Sevilla, y entré á servir á un mercader muy rico.

CIPIÓN

¿Qué modo tenías para entrar con amo? Porque, según lo que se usa, con gran dificultad el día de hoy halla un hombre de bien señor á quien servir. [116] Muy diferentes son los señores de la tierra del Señor del cielo; aquéllos, para recebir un criado, [117] primero le espulgan el linaje, examinan la habilidad, le marcan la apostura, y aun quieren saber los vestidos que tiene; pero para entrar á servir á Dios, el más pobre es más rico, el más humilde de mejor linaje, y con sólo que se disponga, con limpieza de corazón, á querer servirle, luego le manda poner en el libro de sus gajes, señalándoselos tan aventajados, que, de muchos y de grandes,ᵇ apenas pueden caber en su deseo.

BERGANZA

Todo eso es predicar, Cipión amigo.

CIPIÓN

Así me lo parece á mí, y así, callo.

BERGANZA

Á lo que me preguntaste del orden que tenía para entrar con amo, digo que ya tú sabes que la humildad es la basa y fundamento de

---

ᵃ. Predicadores. *r*
ᵇ. y grandes. *R*.

todas virtudes, y que sin ella no hay alguna *a* que lo sea. Ella allana inconvenientes, vence dificultades, y es un medio que siempre á gloriosos fines nos conduce; de los enemigos hace amigos, templa la cólera de los airados y menoscaba la arrogancia de los soberbios, es madre de la modestia y hermana de la templaza; en fin, con ella no pueden atravesar triunfo que les sea de provecho los vicios, porque en su blandura y mansedumbre se embotan y despuntan las flechas de los pecados. Désta, pues, me aprovechaba yo cuando quería entrar á servir en alguna casa, habiendo primero considerado y mirado muy bien ser casa que pudiese mantener, y donde pudiese entrar, un perro grande; luego, arrimábame á la puerta, y cuando, á mi parecer, entraba algún forastero, le ladraba; y cuando venía el señor, bajaba la cabeza y, moviendo la cola, me iba á él, y con la lengua le limpiaba los zapatos. Si me echaban *b* á palos, sufríalos, y con la misma mansedumbre volvía á hacer halagos al que me apaleaba, que ninguno segundaba, viendo mi porfía y mi noble término. [118] Desta manera, á dos porfías, me quedaba en casa; servía bien, queríanme luego bien, y nadie me despidió, si no era que yo me despidiese, ó, por mejor decir, me fuese; y tal vez hallé amo, que éste fuera el día que yo estuviera en su casa, si la contraria suerte no me hubiera perseguido.

CIPIÓN

De la misma manera que has contado entraba yo con los amos que tuve, y parece que nos leímos los pensamientos.

BERGANZA

Como en esas cosas nos hemos encontrado, si no me engaño, y yo te las diré á su tiempo, como tengo prometido; y ahora escucha [119] lo que me sucedió después que dejé el ganado en poder de aquellos perdidos.

---

a. ninguna. 2 y R.
b. echaba. 2.

Volvíme á Sevilla, como dije, que es amparo de pobres y refugio de desechados; que en su grandeza no sólo caben los pequeños, pero no se echan de ver los grandes; arriméme á la puerta de una gran casa de un mercader, hice mis acostumbradas diligencias, y á pocos lances me quedé en ella. Recibiéronme [a] para tenerme atado detrás de la puerta de día, y suelto de noche; servía con gran cuidado y diligencia: ladraba á los forasteros y gruñía á los que no eran muy conocidos; no dormía de noche, visitando los corrales, subiendo á los terrados, hecho universal centinela de la mía y de las casas [b] ajenas.

Agradóse tanto mi amo de mi buen servicio, que mandó que me tratasen bien y me diesen ración de pan y los huesos que se levantasen ó arrojasen de su mesa, con las sobras de la cocina; á lo que yo me mostraba agradecido, dando infinitos saltos cuando veía á mi amo, especialmente cuando venía de fuera, que eran tantas las muestras de regocijo que daba, y tantos los saltos, que mi [c] amo ordenó que me desatasen y me dejasen andar suelto de día y de noche. Como me vi suelto, [120] corrí á él, rodeéle todo, sin osar llegarle con las manos, acordándoseme [d] de la fábula de Ysopo, [e] cuando aquel asno tan asno, que quiso hacer á su señor las mismas caricias que le hacía una perrilla regalada suya, que le granjearon ser molido [f] á palos. [121] Parecióme que en esta fábula se nos dió á entender que las gracias y donaires de algunos no están bien en otros: apode el truhán, juegue de manos y voltee el histrión, [g] rebuzne el pícaro, imite el canto de los pájaros y los diversos gestos y acciones de los animales y los hombres el hombre bajo que se hubiere dado á ello, y no lo quiera hacer el hombre principal, á quien ninguna habilidad déstas le puede dar crédito ni nombre honroso.

---

a. *recebiéronme R.*
b. *cosas. 1 y 2.*
c. *m amo. 2 [falta la i de mi, por final de renglón].*
d. *acordándome. 1 y R.*
e. *Esopo. R.*
f. *molidos. 2.*
g. *istrión. 1, 2 y R.*

CIPIÓN

Basta; adelante, Berganza, que ya estás entendido.

BERGANZA

¡Ojalá qué, como tú me entiendes, me entendiesen aquellos por quien lo digo! que no sé qué tengo de buen natural, que me pesa infinito cuando veo que un caballero se hace chocarrero, [122] y se precia que sabe jugar los cubiletes y las agallas, [123] y que no hay quien como él sepa bailar la chacona. [124] Un caballero conozco yo que se alababa que, á ruegos de un sacristán, había cortado de papel treinta y dos florones *a* para poner en un Monumento, sobre paños negros, [125] y destas cortaduras hizo tanto caudal, que así llevaba á sus amigos á verlas como si los llevara á ver las banderas y despojos de enemigos que sobre la sepultura de sus padres y abuelos estaban puestas.

Este mercader, pues, tenía dos hijos, el uno de doce y el otro de hasta catorce años, los cuales estudiaban gramática en el Estudio de la Compañía de Jesús; *b* [126] iban con autoridad, con ayo y con pajes que les llevaban los libros y aquel que llaman *vade mecum*. [127] El verlos ir con tanto aparato, en sillas si hacía sol, en coche si llovía, [128] me hizo considerar y reparar en la mucha llaneza con que su padre iba á la Lonja *c* [129] á negociar sus negocios, porque no llevaba otro criado que un negro, y algunas veces se desmandaba á ir en un machuelo aun no bien aderezado.

CIPIÓN

Has de saber, Berganza, que es costumbre y condición de los mercaderes de Sevilla, y aun de las otras ciudades, mostrar su autoridad y riqueza, no en sus personas, sino en las de sus hijos; por-

---

a. *flores. R.*
b. de Jesús. *1.*
c. la lonja..... *1, 2* y *R.*

que los mercaderes son mayores en su sombra que en sí mismos, y como ellos por maravilla atienden á otra cosa que á sus tratos y contratos, trátanse modestamente; y como la ambición y la riqueza muere por manifestarse, revienta por sus hijos, y así, los tratan y autorizan como si fuesen hijos de algún príncipe; y algunos hay que les procuran *a* títulos y ponerles en el pecho la marca que tanto distingue la gente principal de la plebeya. [130]

BERGANZA

Ambición es, pero ambición generosa, la de aquel que pretende mejorar su estado sin perjuicio de tercero.

CIPIÓN

Pocas ó ninguna vez se cumple con la ambición, que no sea con daño de tercero.

BERGANZA

Ya hemos dicho que no hemos de murmurar.

CIPIÓN

Sí, que yo no murmuro de nadie.

BERGANZA

Ahora acabo de confirmar por verdad lo que muchas veces he oído decir. Acaba un maldiciente murmurador de echar á perder diez linajes, y de caluniar *b* veinte buenos, y si alguno le reprehende *c* por lo que ha dicho, responde que él no ha dicho nada; y que si ha dicho algo, no lo ha dicho por tanto; y que si pensara que alguno se había de agraviar, no lo dijera. Á la fe, Cipión, mucho ha de saber y muy sobre los estribos ha de andar el que quisiere susten-

---

a. *los* procuran. *R.*
b. *caluniar. R.*
c. *reprende. 2.*

tar dos horas de conversación sin tocar los límites de la murmuración; porque yo veo en mí que, con ser un animal, como soy, á cuatro razones que digo, me acuden palabras á la lengua como mosquitos al vino, y todas maliciosas y murmurantes; por lo cual vuelvo á decir lo que otra vez he dicho: que el hacer y decir mal lo heredamos de nuestros primeros padres, y lo mamamos en la leche. Vese *a* claro en que apenas ha sacado el niño el brazo de las fajas, cuando levanta la mano con muestras de querer vengarse de quien, á su parecer, le ofende; y casi la primera palabra articulada que habla es llamar puta á su ama ó á su madre.

CIPIÓN

Así es verdad, y yo confieso mi yerro, y quiero que me le perdones, pues te he perdonado tantos: echemos pelillos á la mar (como dicen los muchachos), [181] y no murmuremos de aquí adelante; y sigue tu cuento, que le dejaste en la autoridad con que los hijos del mercader tu amo iban al Estudio de la Compañía de Jesús.

BERGANZA

Á Él *b* me encomiendo en todo acontecimiento; y aunque el dejar de murmurar lo tengo por dificultoso, pienso usar de un remedio que oí decir que usaba un gran jurador, el cual, arrepentido de su mala costumbre, cada vez que, después de su arrepentimiento, juraba, se daba un pellizco en el brazo, ó besaba la tierra, en pena de su culpa; pero, con todo esto, juraba. Así yo, cada vez que fuere contra el precepto que me has dado de que no murmure y contra la intención que tengo de no murmurar, me morderé el pico de la lengua, de modo que me duela y me acuerde de mi culpa, para no volver á ella.

CIPIÓN

Tal es ese remedio, que, si usas dél, espero que te has de morder

---

a. *Veese.* *1* y *2.*
b. Á *él.* *1*, *2* y *R.*

tantas veces, que has de quedar sin lengua, y así, quedarás imposibilitado de murmurar.

BERGANZA

Á lo menos, yo haré de mi parte mis diligencias, y supla las faltas el cielo. Y así, digo que los hijos de mi amo se dejaron un día un cartapacio en el patio, donde yo á la sazón estaba; y como estaba enseñado á llevar la esportilla del jifero mi amo, así del *vade mecum* y fuime tras ellos, con intención de no soltalle hasta el Estudio. Sucedióme todo como lo deseaba: que mis amos, que me vieron venir con el *vade mecum* en la boca, asido sotilmente [a] de las cintas, mandaron á un paje me le quitase; [b] mas yo no lo consentí, ni le solté, hasta que entré en el aula con él, [c] cosa que causó risa á todos los estudiantes. Lleguéme al mayor de mis amos, y, á mi parecer, con mucha crianza, se le puse en las manos, y quedéme sentado en cuclillas á la puerta del aula, mirando de hito en hito al maestro que en la cátedra leía.

No sé qué tiene la virtud, que, con alcanzárseme á mí tan poco ó nada della, luego recibí [d] gusto de ver el amor, el término, la solicitud y la industria con que aquellos benditos padres y maestros enseñaban á aquellos niños, enderezando las tiernas varas de su juventud, porque no torciesen ni tomasen mal siniestro en el camino de la virtud, que juntamente con las letras les mostraban. Consideraba cómo los reñían con suavidad, los castigaban con misericordia, los animaban con ejemplos, los incitaban con premios, y los sobrellevaban con cordura, y, finalmente, cómo les pintaban la fealdad y horror de los vicios, y les dibujaban la hermosura de las virtudes, para que, aborrecidos ellos y amadas ellas, consiguiesen el fin para que fueron criados. [132]

---

a. *sutilmente.* 2
b. *que* me le quitase 2.
c. en el aula, cosa que. *R.*
d. *recebí.* 2 y *R.*

CIPIÓN

Muy bien dices, Berganza; porque yo he oído decir desa bendita gente que para repúblicos del mundo, no los hay tan prudentes en todo él; y para guiadores y adalides del camino del cielo, pocos les llegan. Son espejos donde se mira la honestidad, la católica dotrina, [a] la singular prudencia y, finalmente, la humildad profunda, [b] basa sobre quien se levanta todo el edificio de la bienaventuranza.

BERGANZA

Todo es así como lo dices; y, siguiendo mi historia, digo que mis amos gustaron de que les llevase siempre el *vade mecum*, lo que hice de muy buena voluntad; con lo cual tenía una vida de rey, y aún mejor, porque era descansada, á causa que los estudiantes dieron en burlarse conmigo, y domestiquéme con ellos de tal manera, que me metían la mano en la boca, y los más chiquillos subían sobre mí; arrojaban los bonetes ó sombreros, y yo se los volvía á la mano limpiamente y con muestras de grande regocijo. Dieron en darme de comer cuanto [c] ellos podían, y gustaban de ver que cuando me daban nueces ó avellanas, las partía como mona, dejando las cáscaras y comiendo lo tierno; tal hubo que, por hacer prueba de mi habilidad, me trujo [133] en un pañuelo gran cantidad de ensalada, la cual comí como si fuera persona. Era tiempo de invierno, cuando campean en Sevilla los molletes y mantequillas, [134] de quien era tan bien servido, que más de dos *Antonios* [135] se empeñaron ó vendieron para que yo almorzase. [136] Finalmente, yo pasaba una vida de estudiante sin hambre y sin sarna, que es lo más que se puede encarecer para decir que era buena; porque si la sarna y la hambre no fuesen tan unas con los estudiantes, [137] en las vidas no habría [d] otra

---
a *doctrina. R.*
b. la humildad profunda basa, sobre. *1.*
    la humildad, profunda basa, sobre. *2.*
c. *cuando. 2.*
d. *habriá. 1 y 2.*

de más gusto y pasatiempo, porque corren parejas en ella la virtud y el gusto, y se pasa la mocedad aprendiendo y holgándose.

Desta gloria y desta quietud me vino á quitar una señora, que, á mi parecer, llaman por ahí *razón de estado*, que cuando con ella se cumple, se ha de descumplir con otras razones muchas. Es el caso que á aquellos señores *a* maestros [188] les pareció que la media hora que hay de lición á lición, [139] la ocupaban los estudiantes, no en repasar las liciones, sino en holgarse conmigo; y así, ordenaron á mis amos que no me llevasen más al Estudio. Obedecieron, volviéronme á casa y á la antigua guarda de la puerta, y sin acordarse *señor el viejo* *b* [140] de la merced que me había hecho de que de día y de noche anduviese suelto, volví á entregar el cuello á la cadena, y el cuerpo á una esterilla que detrás de la puerta me pusieron.

¡Ay, amigo Cipión, si supieses cuán dura cosa es de sufrir el pasar de un estado felice á un desdichado! Mira: cuando las miserias y desdichas tienen larga la corriente y son continuas, ó se acaban presto, con la muerte, ó la continuación dellas hace un hábito y costumbre en padecellas, que suele en su mayor rigor servir de alivio; mas cuando de la suerte desdichada y calamitosa, sin pensarlo y de improviso, se sale á gozar de otra suerte próspera, venturosa y alegre, y de allí á poco se vuelve á padecer la suerte primera y á los primeros trabajos y desdichas, es un dolor tan riguroso, que si no acaba la vida, es por atormentarla más viviendo.

Digo, en fin, que volví á mi ración perruna y á los huesos que una negra de casa me arrojaba, y aun éstos me dezmaban *c* dos gatos romanos, [141] que, como sueltos y ligeros, érales fácil quitarme lo que no caía debajo del distrito que alcanzaba mi cadena. Cipión hermano, así el cielo te conceda el bien que deseas, que, sin que te enfades, me dejes ahora filosofar un poco; porque si dejase de decir las cosas que en este instante me han venido á la memoria, de

---

a. que aquellos *1 y 2.*
b. y sin acordarse *el señor viejo. R*
c. diezmaban *R*

aquellas que entonces me ocurrieron, me parece que no sería mi historia cabal, ni de fruto alguno.

CIPIÓN

Advierte, Berganza, no sea tentación del demonio esa gana de filosofar que dices te ha venido; porque no tiene la murmuración mejor velo para paliar y encubrir su maldad disoluta que darse á entender el murmurador que todo cuanto dice son sentencias de filósofos, y que el decir mal es reprehensión,[a] y el descubrir los defetos[b] ajenos buen celo; y no hay vida de ningún murmurante que, si la consideras y escudriñas, no la halles llena de vicios y de insolencias. Y debajo de saber esto, filosofea ahora [142] cuanto quisieres.

BERGANZA

Seguro puedes estar, Cipión, de que más murmure, porque así lo tengo prosupuesto.[c] Es, pues, el caso que, como me estaba todo el día ocioso, y la ociosidad sea madre de los pensamientos, di en repasar por la memoria algunos latines que me quedaron en ella, de muchos que oí cuando fui con mis amos al Estudio, con que, á mi parecer, me hallé algo más mejorado de entendimiento, y determiné, como si hablar supiera, aprovecharme dellos en las ocasiones que se me ofreciesen; pero en manera diferente de la que se suelen aprovechar algunos ignorantes. Hay algunos romancistas [143] que en las conversaciones disparan de cuando en cuando con algún latín breve y compendioso, [144] dando á entender á los que no lo entienden que son grandes latinos, y apenas saben declinar un nombre, ni conjugar un verbo.

CIPIÓN

Por menor daño tengo ése que el que hacen los que verdadera-

---

a. *reprension.* R.
b. *defectos.* R.
c. *propuesto.* R.

mente saben latín, de los cuales hay algunos tan imprudentes, que hablando con un zapatero ó con un sastre, arrojan latines como agua.

BERGANZA

Deso podremos *a* inferir que tanto peca el que dice latines delante de quien los ignora, como el que los dice ignorándolos.

CIPIÓN

Pues otra cosa puedes advertir, y es que hay algunos que no les excusa el ser latinos de ser asnos.

BERGANZA

Pues ¿quién lo duda? La razón está clara; pues cuando en tiempo de los romanos hablaban todos latín, como lengua materna suya, algún majadero habría entre ellos á quien no excusaría el hablar latín dejar de ser necio.

CIPIÓN

Para saber callar en romance y hablar en latín, discreción es menester, hermano Berganza.

BERGANZA

Así es; porque también se puede decir una necedad en latín como en romance, y yo he visto letrados tontos, y gramáticos pesados, y romancistas vareteados con sus listas de latín, [145] que con mucha facilidad pueden enfadar al mundo, no una, sino muchas veces.

CIPIÓN

Dejemos esto, y comienza á decir tus filosofías.

BERGANZA

Ya las he dicho; éstas son que acabo de decir.

---

a. poaemos. 2.

CIPIÓN

¿Cuáles?

BERGANZA

Éstas de los latines y romances, que yo comencé y tú acabaste.

CIPIÓN

¿Al murmurar llamas filosofar?ª ¡Así va ello! Canoniza, canoniza, Berganza, á la maldita plaga de la murmuración, y dale el nombre que quisieres; que ella dará á nosotros el de cínicos, que quiere ᵇ decir perros murmuradores; y por tu vida, que calles ya, y sigas tu historia.

BERGANZA

¿Cómo la tengo de seguir si callo?

CIPIÓN

Quiero decir que la sigas de golpe, sin que la hagas que parezca pulpo, según la vas añadiendo colas.

BERGANZA

Habla con propiedad; que no se llaman colas las del pulpo. ¹⁴⁶

CIPIÓN

Ése es el error que tuvo el ᶜ que dijo que no era torpedad ni vicio nombrar las cosas por sus propios nombres, como si no fuese mejor, ya que sea forzoso nombrarlas, decirlas por circunloquios y rodeos, que templen la asquerosidad que causa el oirlas por sus mismos nombres. Las honestas palabras dan indicio de la honestidad del que las pronuncia ó las escribe.

a. *filosofía?* 2.
b. *quiero.* 1.
c. *el* 1.

BERGANZA

Quiero creerte, y digo que, no contenta mi fortuna de haberme quitado de mis estudios, y de la vida que en ellos pasaba, tan regocijada y compuesta, y haberme puesto atraillado tras de una puerta, y de haber trocado la liberalidad de los estudiantes en la mezquinidad [a] [147] de la negra, ordenó de sobresaltarme en lo que ya por quietud y descanso tenía.

Mira, Cipión: ten por cierto y averiguado, como yo lo tengo, que al desdichado las desdichas le buscan y le hallan, aunque se esconda en los últimos rincones de la tierra. Dígolo porque la negra de casa estaba enamorada de un negro, asimismo esclavo de casa, [148] el cual negro dormía en el zaguán, que es entre la puerta de la calle y la de enmedio, detrás de la cual yo estaba, y no se podían juntar sino de noche, y para esto habían hurtado ó contrahecho las llaves; y así, las más de las noches bajaba la negra, y tapándome la boca con algún pedazo de carne ó queso, abría al negro, con quien se daba buen tiempo, [149] facilitándolo mi silencio, y á costa de muchas cosas que la negra hurtaba. Algunos días me estragaron la conciencia las dádivas de la negra, pareciéndome que sin ellas se me apretarían las ijadas, y daría de mastín en galgo; pero, en efeto, [b] llevado de mi buen natural, quise responder á lo que á mi amo debía, pues tiraba sus gajes y comía su pan, como lo deben hacer, no sólo los perros honrados, á quien [c] se les da renombre de agradecidos, sino todos aquellos que sirven

CIPIÓN

Esto sí, Berganza, quiero que pase por filosofía, porque son razones que consisten en buena verdad y en buen entendimiento; y adelante, y no hagas soga, por no decir cola, de tu historia.

---

a. *mezquindad.* R.
b. *efecto* R
c. *quienes.* R.

BERGANZA

Primero te quiero rogar me digas, si es que lo sabes, qué quiere decir filosofía; *a* que aunque yo la nombro, no sé lo que es; sólo me doy á entender que es cosa buena.

CIPIÓN

Con brevedad te la diré. *b* 150 Este nombre se compone de dos nombres griegos, que son *filos* y *sofía*: *filos* quiere decir *amor*, y *sofía*, *la ciencia*; así que *filosofía* significa amor de la ciencia, y *filósofo*, *amador de la ciencia*.

BERGANZA

Mucho sabes, Cipión. ¿Quién diablos te enseñó á ti nombres griegos?

CIPIÓN

Verdaderamente, Berganza, que eres simple, pues desto haces caso, porque éstas son cosas que las saben los niños de la escuela, y también hay quien presuma saber la lengua griega sin saberla, como la latina ignorándola.

BERGANZA

Eso es lo que yo digo, y quisiera que á estos tales los pusieran en una prensa, y, á fuerza de vueltas, les sacaran el jugo de lo que saben, porque no anduviesen engañando el mundo *c* con el oropel de sus greguescos rotos y sus latines falsos, como hacen los portugueses con los negros de Guinea. 151

CIPIÓN

Ahora sí, Berganza, que te puedes morder la lengua, y tarazármela yo, porque todo cuanto decimos es murmurar.

---

a. filosofía? *1* y *2*
b. te *lo* diré. *R.*
c. a*l* mundo. *R.*

BERGANZA

Sí, que no estoy obligado á hacer lo que he oído decir que hizo uno llamado *a* Corondas, tirio, [152] el cual puso ley que ninguno entrase en el Ayuntamiento *b* de su ciudad con armas, so pena de la vida. Descuidóse desto, y otro día entró en el cabildo ceñida la espada; advirtiéronselo, y acordándose de la pena por él puesta, al momento desenvainó su espada, y se pasó con ella el pecho, y fué el primero que puso y quebrantó la ley y pagó la pena. Lo que yo dije no fué poner ley, sino prometer que me mordería la lengua cuando murmurase; pero ahora no van las cosas por el tenor y rigor de las antiguas: hoy se hace una ley, y mañana se rompe, y quizá conviene que así sea. [153] Ahora promete uno de enmendarse de sus vicios, y de allí á un momento cae en otros mayores. Una cosa es alabar la disciplina, y otra el darse con ella; y, en efeto, *c* del dicho al hecho hay gran trecho. Muérdase el diablo; que yo no quiero morderme, ni hacer finezas detrás de una estera, donde de nadie soy visto que pueda alabar mi honrosa determinación.

CIPIÓN

Según eso, Berganza, si tú fueras persona, fueras hipócrita, y todas las obras que hicieras fueran aparentes, fingidas y falsas, cubiertas con la capa de la virtud, sólo porque te alabaran, como todos los hipócritas hacen.

BERGANZA

No sé lo que entonces hiciera: esto sé que quiero hacer ahora, que es no morderme, quedándome tantas cosas por decir, que no sé cómo ni cuándo podré acabarlas, y más estando temeroso que al salir del sol nos hemos de quedar á escuras, faltándonos la habla.

---

a. *un* llamado. *K.*
b. ayuntamiento. *2* y *R.*
c. *efecto. R.*

CIPIÓN

Mejor lo hará el cielo. Sigue tu historia, y no te desvíes del camino carretero con impertinentes digresiones; y así, por larga que sea, la acabarás presto.

BERGANZA

Digo, pues, que habiendo visto la insolencia, ladronicio [a] [154] y deshonestidad de los negros, determiné, como buen criado, estorbarlo por los mejores medios que pudiese, y pude tan bien, [b] que salí con mi intento. Bajaba la negra, como has oído, á refocilarse con el negro, fiada en que me enmudecían los pedazos de carne, pan ó queso que me arrojaba..... ¡Mucho pueden las dádivas, Cipión!

CIPIÓN

Mucho. No te diviertas; [155] pasa adelante.

BERGANZA

Acuérdome que cuando estudiaba oí decir al precetor [c] un refrán latino, que ellos llaman adagio, que decía: *"habet bovem in lingua"*. [156]

CIPIÓN

¡Oh, que en hora mala hayáis encajado vuestro latín! ¿Tan presto se te ha olvidado lo que poco ha dijimos contra los que entremeten latines en las conversaciones de romance? [d]

BERGANZA

Este latín viene aquí de molde: que has de saber que los atenienses usaban, entre otras, de una moneda sellada con la figura de un

---

a. *latrocinio. R.*
b. *tambien. 2.*
c. *preceptor. R.*
d. romance. *1 y 2*
    romances? R.

buey, y cuando algún juez dejaba de decir ó hacer lo que era razón y justicia, por estar cohechado, decían: "*Éste tiene el buey en la lengua.*"

CIPIÓN

La aplicación falta.

BERGANZA

¿No está bien clara, si las dádivas de la negra me tuvieron muchos días mudo, que ni quería ni osaba ladrarla [a] cuando bajaba á verse con su negro enamorado? [b] Por lo que vuelvo á decir que pueden mucho lás dádivas.

CIPIÓN

Ya te he respondido que pueden mucho; y si no fuera por no hacer ahora una larga digresión, con mil ejemplos probara lo mucho que las dádivas pueden; mas quizá lo diré, si el cielo me concede tiempo, lugar y habla para contarte mi vida.

BERGANZA

Dios te dé lo que deseas, y escucha. Finalmente, mi buena intención rompió por las malas dádivas de la negra, á la cual, bajando una noche muy escura á su acostumbrado pasatiempo, arremetí sin ladrar, porque no se alborotasen los de casa, y en un instante le hice pedazos toda la camisa, y le arranqué un pedazo de muslo; burla que fué bastante á tenerla de veras más de ocho días en la cama, fingiendo, para con sus amos, no sé qué enfermedad. Sanó, volvió otra noche, y yo volví á la pelea con mi perra, [c] [157] y, sin morderla, la arañé todo el cuerpo, como si la hubiera cardado como manta. Nuestras batallas eran á la sorda, de las cuales salía siempre vencedor, y la negra, malparada y peor contenta; [d] pero sus enojos

---

a. *ladrar. R*
b. enamorado. *1 y 2.*
c. con *ella. R.*
d. [falta] *y peor contenta. 2.*

se parecían bien en mi pelo *a* y en mi salud; alzóseme con la ración y los huesos, y los míos poco á poco iban señalando los nudos *b* del espinazo. Con todo esto, aunque me quitaron el comer, no me pudieron quitar el ladrar; pero la negra, por acabarme de una vez, me trujo una esponja frita con manteca; conocí la maldad, ví que era peor que comer zarazas: porque á quien la come se le hincha el estómago, y no sale dél sin llevarse tras sí la vida; y, pareciéndome ser imposible guardarme de las asechanzas de tan indignados enemigos, acordé de poner tierra en medio, quitándomeles delante de los ojos.

Halléme un día suelto, y, sin decir adiós á ninguno de casa, me puse en la calle, y á menos de cien pasos me deparó la suerte al alguacil que dije al principio de mi historia que era grande amigo de mi amo Nicolás *el Romo*, [158] el cual apenas me hubo visto, cuando me conoció y me llamó por mi nombre. También le conocí yo, y al llamarme, me llegué á él con mis acostumbradas ceremonias y caricias. Asióme del cuello, y dijo á dos corchetes *c* suyos: «Éste es famoso perro de ayuda, [159] que fué de un grande amigo mío; llevémosle á casa.» Holgáronse los corchetes y dijeron que si era de ayuda, á todos sería de provecho. Quisieron asirme para llevarme, y mi amo dijo que no era menester asirme; que yo me iría, porque le conocía. Háseme olvidado decirte que las carlancas con puntas de acero que saqué cuando me desgarré y ausenté del ganado, me las quitó un gitano en una venta, y ya en Sevilla andaba sin ellas; pero el alguacil me puso un collar tachonado todo *d* de latón morisco. Considera, Cipión, ahora *e* esta rueda variable de la fortuna mía: ayer me vi estudiante, y hoy me ves *f* corchete.

---

a. peso. 2.
b. ñudos. R.
c. á los corchetes. R.
d. tachonada todo. 2.
e. agora. 2.
f. vees. 1 y 2.

CIPIÓN

Así va el mundo, y no hay para qué te pongas ahora á exagerar los vaivenes de fortuna, como si hubiera mucha diferencia de ser mozo de un jifero á serlo de un corchete. No puedo sufrir ni llevar en paciencia oir las quejas que dan de la fortuna algunos hombres, que la mayor que tuvieron fué tener premisas y esperanzas de llegar á ser escuderos. ¡Con qué maldiciones la maldicen! ¡Con cuántos improperios la deshonran! Y no por más de que porque piense el que los oye que de alta, próspera y buena ventura han venido á la desdichada[a] y baja en que los miran.

BERGANZA

Tienes razón; y has de saber que este alguacil tenía amistad con un escribano, con quien se acompañaba. Estaban los dos amancebados con dos mujercillas, no de poco más á menos,[b] [160] sino de menos en todo; verdad es que tenían algo de buenas caras; pero mucho de desenfado y de taimería putesca. Éstas les servían de red y de anzuelo para pescar en seco, en esta forma: vestíanse de suerte, que por la pinta descubrían la figura, [161] y á tiro de arcabuz mostraban ser damas de la vida libre; andaban siempre á caza de extranjeros, y cuando llegaba la vendeja[c] [162] á Cáliz[d] [163] y á Sevilla, llegaba la huella de su ganancia, no quedando bretón[e] [164] con quien no embistiesen; y en cayendo el grasiento con alguna destas limpias, avisaban al alguacil y al escribano adónde y á qué posada iban, y en estando juntos, les daban asalto y los prendían por amancebados; pero nunca los llevaban á la cárcel, á causa que los extranjeros siempre redimían[f] la vejación con dineros.

---

a. *desdicha. 2.*
b. mas ó ménos, *R.*
c. *Verdesa. 1.*
d. *Cádiz. R.*
e. Breton (siempre). *1 y 2.*
f. *redemian. 2.*

Sucedió, pues, que la Colindres, *a* [165] que así se llamaba la amiga del alguacil, pescó un bretón, unto y bisunto; [166] concertó con él cena y noche en su posada; dió el cañuto á su amigo, [167] y apenas se habían desnudado, cuando el alguacil, el escribano, dos corchetes y yo dimos con ellos. Alborotáronse los amantes, exageró el alguacil el delito, mandólos vestir á toda priesa para llevarlos á la cárcel, afligióse el bretón, terció, movido de caridad, el escribano, y á puros ruegos redujo la pena á solos *b* cien reales. Pidió el bretón unos follados de camuza, [168] que había puesto en una silla á los pies de la cama, donde tenía dineros para pagar su libertad, y no parecieron los follados, ni podían parecer; porque así como yo entré en el aposento, llegó á mis narices un olor de tocino, que me consoló todo; descubríle con el olfato, y halléle en una faldriquera de los follados. Digo que hallé en ella un pedazo de jamón famoso, y por gozarle y poderle sacar sin rumor, saqué los follados á la calle, y allí me entregué en el jamón á toda mi voluntad; y cuando volví al aposento, hallé que el bretón daba voces, diciendo en lenguaje adúltero y bastardo, aunque se entendía, que le volviesen sus calzas, que en ellas tenía cincuenta *escuti d' oro in oro*. *c* Imaginó el escribano ó que la Colindres ó los corchetes se los habían robado; el alguacil pensó lo mismo: llamólos *d* aparte, *e* no confesó ninguno, y diéronse al diablo todos. Viendo yo lo que pasaba, volví á la calle donde había dejado los follados, para volverlos, pues á mí no me aprovechaba nada el dinero; no los hallé, porque ya algún venturoso que pasó se los había llevado. Como el alguacil vió que el bretón no tenía dinero para el cohecho, se desesperaba, y pensó sacar de la huéspeda de casa lo que el bretón no tenía: llamóla, y vino medio desnuda, y como oyó las voces y quejas del bretón, y

---

a   *Colindris.* 2.
b.   á *solo. R.*
c.   escuti *doro* in oro. *1.*
     escuti *de oro* in oro. *2* y *R.*
d.   *llamóles. R.*
e.   a parte. *1* y *2.*

á la Colindres desnuda y llorando, al alguacil en cólera, y al escribano enojado, y á los corchetes despabilando lo que hallaban en el aposento, no le plugo mucho. Mandó el alguacil que se cubriese y se viniese con él á la cárcel, [169] porque consentía en su casa hombres y mujeres de mal vivir. Aquí fué ello; aquí sí que fué cuando se aumentaron las voces y creció la confusión, porque dijo la huéspeda:

— «Señor alguacil y señor escribano, no conmigo tretas, que entrevó [a] toda costura; no conmigo dijes ni poleos; [170] callen la boca y váyanse con Dios: si no, por mi santiguada, [171] que arroje el bodegón por la ventana, y que saque á plaza toda la chirinola desta historia; [172] que bien conozco á la señora Colindres, y sé que ha muchos meses que es su cobertor el señor alguacil, y no hagan que me aclare más, sino vuélvase el dinero á este señor, y quedemos todos por buenos; porque yo soy mujer honrada, y tengo un marido con su carta de ejecutoria, [b] y con á *perpenan rei de memoria*, [173] con sus colgaderos de plomo, [174] Dios sea loado, y hago este oficio muy limpiamente y sin daño de barras; el arancel tengo clavado [c] donde todo el mundo le vea, [175] y no conmigo cuentos; que por Dios que sé despolvorearme. ¡Bonita soy yo para que por mi orden entren mujeres con los huéspedes! Ellos tienen las llaves de sus aposentos, [176] y yo no soy quince, [177] que tengo de ver tras siete paredes.»

Pasmados quedaron mis amos de haber oído la arenga de la huéspeda, y de ver cómo les leía la historia de sus vidas; pero como vieron que no tenían de quién sacar dinero, si della no, porfiaban en llevarla á la cárcel. Quejábase ella al cielo de la sin razón y justicia [d] [178] que la hacían, [e] estando su marido ausente y siendo tan principal hidalgo. El bretón bramaba por sus cincuenta *escuti*. Los corchetes porfiaban que ellos no habían visto los follados, ni

---

a. *entreveo. R.*
b. carta executoria. *2.*
c. *enclavado. 2.*
d. *y injusticia. R.*
e. *le* hacian. *2*

Dios permitiese lo tal. [a] El escribano, por lo callado, insistía al alguacil que mirase los vestidos de la Colindres, que le daba sospecha que ella debía de tener los cincuenta *escuti,* por tener de costumbre visitar los escondrijos y faldriqueras de aquellos que con ella se envolvían. Ella decía que el bretón estaba borracho, y que debía de mentir en lo del dinero.

En efeto, todo era confusión, gritos y juramentos, sin llevar modo de apaciguarse, ni se apaciguaran si al instante no entrara en el aposento el Teniente de asistente, que, viniendo á visitar aquella posada, [179] las voces le llevaron adonde era la grita. Preguntó la causa de aquellas voces. La huéspeda se la dió muy por menudo. Dijo quién era la ninfa Colindres, que ya estaba vestida; publicó y hizo patente [b] la pública amistad suya y del alguacil; echó en la calle sus tretas y modo de robar; disculpóse á sí misma de que, con su consentimiento, jamás había entrado en su casa mujer de mala sospecha; canonizóse por santa, y á su marido por un bendito, y dió voces á una moza que fuese corriendo y trujese de un cofre la carta ejecutoria de su marido, para que la viese el señor Tiniente, [c] diciéndole que por ella echaría de ver que mujer de tan honrado marido no podía hacer cosa mala, y que si tenía aquel oficio de casa de camas, [180] era á no poder más, que Dios sabía [d] lo que le pesaba, y que si quisiera ella tener [e] alguna renta y pan cuotidiano [f] para pasar la vida, que tener aquel ejercicio. El Teniente, enfadado de su mucho hablar y presumir de ejecutoria, le dijo:

—Hermana camera, yo quiero creer que vuestro marido tiene carta de hidalguía, con que vos me confeséis que es hidalgo mesonero. [181]

---

a. permitiese tal. *R.*
b. Falta *y hizo patente. 1* y *R*
c. *Tenients. 2* y *R.*
d. mas, *y* que Dios sabía. *2.*
e. y si quisiera ella tener. *1.*
 y si quisiera ella *mas* tener. *R*
f. *cotidiano R.*

—Y con mucha honra, respondió la huéspeda; y ¿qué linaje hay en el mundo, por bueno que sea, que no tenga algún dime y direte?

—Lo que yo os digo, hermana, es que os cubráis, que habéis de venir á la cárcel.

La cual nueva dió con ella en el suelo. Arañóse el rostro, alzó el grito; pero, con todo eso, el Teniente, demasiadamente severo, los llevó á todos á la cárcel, conviene á saber: al bretón, á la Colindres y á la huéspeda. Después supe que el bretón perdió sus cincuenta *escuti*, y más diez en [a] que le condenaron en las costas; [182] la huéspeda pagó otro tanto, y la Colindres salió libre por la puerta afuera; [183] y el mismo día que la soltaron pescó á un marinero, que pagó por el bretón, con el mismo embuste del soplo; porque veas, Cipión, cuántos y cuán grandes inconvenientes nacieron de mi golosina.

CIPIÓN

Mejor dijeras de la bellaquería de tu amo.

BERGANZA

Pues escucha; que aún más adelante tiraba la barra, puesto que me pesa de decir mal de alguaciles y de escribanos. [184]

CIPIÓN

Sí, que decir mal de uno no es decirlo de todos; sí, que muchos y muy muchos escribanos hay buenos, fieles y legales, [185] y amigos de hacer placer, sin daño de tercero; [b] si, que no todos entretienen los pleitos, ni avisan á las partes, ni todos llevan más de sus derechos, ni todos van buscando é inquiriendo las vidas ajenas para ponerlas en tela de juicio, [186] ni todos se aúnan con el juez para háceme [c] la barba y hacerte he el copete, [187] ni todos los alguaciles

---

a. y *mas diezen. 1.*
   y *mas dizen. 2 y R.*
b. tercero? *1.*
c. *hazme. R.*

se conciertan con los vagamundos *a* y fulleros, ni tienen todos *b* las amigas de tu amo *c* para sus embustes. *d* Muchos y muy muchos hay hidalgos por naturaleza y de hidalgas condiciones; muchos no son arrojados, insolentes ni mal criados, ni rateros, como los que andan por los mesones midiendo las espadas á los extranjeros, y, hallándolas un pelo más de la marca, destruyen á sus dueños; [188] sí, que no todos como prenden sueltan, [189] y son jueces y abogados cuando quieren. *e*

BERGANZA

Más alto picaba mi amo; otro camino era el suyo: presumía de valiente y de hacer prisiones famosas; sustentaba la valentía sin peligro de su persona, pero á costa de su bolsa. Un día acometió en la Puerta de Jerez, [190] él solo, á seis famosos rufianes, sin que yo le pudiese ayudar en nada, porque llevaba con un freno de cordel impedida la boca; que así me traía de día, y de noche me le quitaba. Quedé maravillado de ver su atrevimiento, su brío y su denuedo: así se entraba y salía por las seis espadas de los rufos [191] como si fueran varas de mimbre; era cosa maravillosa ver la ligereza con que acometía, las estocadas que tiraba, los reparos, [192] la cuenta, el ojo alerta porque no le tomasen las espaldas. Finalmente, él quedó, en mi opinión y en la de todos cuantos la pendencia miraron y supieron, por un nuevo Rodamonte, *f* [193] habiendo llevado á sus enemigos desde la Puerta de Jerez hasta los mármoles del Colegio de Mase Rodrigo, *g* [194] que hay más de cien pasos.

Dejólos encerrados, [195] y volvió á coger los trofeos de la batalla, que fueron tres vainas, y luego se las fué á mostrar al Asistente,

---

a. *vagabundos.* 2.
b. *intienen* todos. *1*
c. las amigas *como la* de tu amo. *R.*
d. embustes? 1.
e. quieren? *1*
f. *Radamonte. R.*
g. *Maese* Rodrigo. *R.*

— 325 —

que, si mal no me acuerdo, lo era entonces el licenciado Sarmiento de Valladares, [196] famoso por la destruición de la Sauceda. [197] Miraban á mi amo por las calles do pasaba, señalándole con el dedo, como si dijeran: «Aquél es el valiente que se atrevió á reñir solo con la flor de los bravos de la Andalucía.»

En dar vueltas á la ciudad para dejarse ver se pasó lo que quedaba del día, y la noche nos halló en Triana, en una calle junto al Molino de la Pólvora; y habiendo mi amo avizorado, como en la jácara se dice, [198] si alguien le veía, se entró en una casa, [199] y yo tras él, y hallamos en un patio á todos los jayanes de la pendencia, sin capas ni espadas, y todos desabrochados; [200] y uno, que debía de ser el huésped, tenía un gran jarro de vino en la una mano, y en la otra una copa grande de taberna, la cual, colmándola de vino generoso y espumante, brindaba á toda *a* la compañía. Apenas hubieron visto á mi amo, cuando todos se fueron á él con los brazos abiertos, y todos le brindaron, y él hizo la razón á todos, [201] y aun la hiciera á otros tantos si le fuera algo en ello, por ser de condición afable y amigo de no enfadar á nadie por pocas cosas.

Quererte yo contar ahora lo que allí se trató, la cena que cenaron, las peleas que se contaron, los hurtos que se refirieron, las damas que de su trato se calificaron y las que se reprobaron, [202] las alabanzas que los unos á los otros se dieron, los bravos ausentes que se nombraron, la destreza que allí se puso en su punto, [203] levantándose en mitad *b* de la cena á poner en práctica *c* las tretas que se les ofrecían, esgrimiendo con las manos, los vocablos *d* tan exquisitos de que usaban, [204] y finalmente, el talle de la persona del huésped, á quien todos respetaban como á señor y padre, sería meterme en un laberinto donde no me fuese posible salir cuando quisiese. [205]

---

a. brindaba toda *2.*
b. en *la* mitad. *2.*
c. *platica. 2.*
    práctica. R.
d. esgrimiendo con las manos los vocablos *R.*

Finalmente, vine á entender con toda certeza que el dueño de la casa, á quien llamaban Monipodio, era encubridor de ladrones y pala de rufianes, [206] y que la gran pendencia de mi amo había sido primero concertada con ellos, [207] con las circunstancias del retirarse y de dejar las vainas, las cuales pagó mi amo alli luego de contado, con todo cuanto Monipodio dijo que había costado la cena, que se concluyó casi al amanecer, con mucho gusto de todos; y fué su postre dar soplo á mi amo de un rufián forastero que, nuevo y flamante, había llegado á la ciudad. Debía de ser más valiente que ellos, y de envidia le soplaron. Prendióle mi amo la siguiente noche, désnudo en la cama: que si vestido estuviera, yo vi en su talle que no se dejara prender tan á mansalva. Con esta prisión que sobrevino sobre la pendencia creció la fama de mi cobarde, que lo era mi amo más que una liebre, y á fuerza de meriendas y tragos sustentaba la fama de ser valiente, y todo cuanto con su oficio y con sus inteligencias granjeaba se le iba y desaguaba por la canal de la valentía. Pero ten paciencia, y escucha ahora [a] un cuento que le sucedió, sin añadir ni quitar de la verdad una tilde.

Dos ladrones hurtaron en Antequera un caballo muy bueno: trujéronle á Sevilla, y para venderle sin peligro, usaron de un ardid que á mi parecer tiene del agudo y del discreto: [208] fuéronse á posar á posadas [b] diferentes, y el uno se fué á la justicia, y pidió por una petición que Pedro de Losada le debía cuatrocientos reales prestados, como parecía por una cédula firmada de su nombre, de la cual hacía presentación. [209]

Mandó el Tiniente [c] que el tal Losada reconociese la cédula, y que si la reconociese, le sacasen prendas de la cantidad, ó le pusiesen en la cárcel. Tocó hacer esta diligencia á mi amo y al escribano su amigo; llevóles el ladrón á la posada del otro, y al punto reconoció su firma y confesó la deuda, y señaló por prenda de la

---

a. Pero ten paciencia, escucha *agora*. *?*.
b. fuéronse á posadas. [Falta *á posar.*] *R.*
c. *Teniente. R.*

ejecución el caballo; el cual visto por mi amo, le creció el ojo, y le marcó por suyo [210] si acaso [a] se vendiese. Dió el ladrón por pasados los términos de la ley, y el caballo se puso en venta, y se remató en quinientos reales, en un tercero que mi amo echó de manga, para que se le comprase. [211] Valía el caballo tanto y medio más de lo que dieron [b] por él; pero como el bien del vendedor estaba en la brevedad de la venta, á la primer postura remató su mercaduría. Cobró el un ladrón la deuda que no le debían, y el otro la carta de pago que no había menester, y mi amo se quedó con el caballo, que para él fué peor que el Seyano lo fué para sus dueños. [212] Mondaron luego la haza los ladrones, [213] y de allí á dos días, después de haber trastejado mi amo las guarniciones y otras faltas del caballo, pareció sobre él en la plaza de San Francisco, más hueco y pomposo que aldeano vestido de fiesta. Diéronle mil parabienes de la buena compra, afirmándole que valía ciento y cincuenta ducados como un huevo un maravedí, [c] y él, volteando y revolviendo el caballo, representaba su tragedia en el teatro de la referida plaza. Y estando en sus caracoles y rodeos, llegaron dos hombres de buen talle y de mejor ropaje, y el uno dijo: «¡Vive Dios, que éste es Piedehierro, [214] mi caballo, que ha pocos días que me le hurtaron en Antequera!» Todos los que venían con él, que eran cuatro criados, dijeron que así era la verdad, que aquél era Piedehierro, el caballo que le habían hurtado. Pasmóse mi amo, querellóse el dueño, hubo pruebas, y fueron las que hizo el dueño tan buenas, que salió la sentencia en su favor, y mi amo fué desposeído del caballo. [215] Súpose la burla y la industria de los ladrones, que por manos é intervención de la misma justicia vendieron lo que habían hurtado, y casi todos se holgaban de que la codicia de mi amo le hubiese rompido el saco. [216]

Y no paró en esto su desgracia; que aquella noche, saliendo á

---

a. a caso. *1* y *2.*
b. tanto y medio de lo que dieron. *2*
c. *maravidí. 2.*

rondar el mismo Asistente,*a* [217] por haberle dado noticia que hacia los barrios de San Julián [218] andaban ladrones, al pasar de una encrucijada vieron pasar un hombre corriendo, y dijo á este punto el Asistente, asiéndome por el collar y zuzándome:

—«¡Al ladrón, Gavilán! ¡Ea, Gavilán hijo al ladrón, al ladrón!» *b*

Yo, á quien ya tenían cansado las maldades de mi amo, por cumplir lo que el señor Asistente me mandaba, sin discrepar en nada, arremetí con mi propio amo y, sin que pudiese valerse, di con él en el suelo, y si no me le quitaran, yo hiciera á más de á cuatro *c* vengados; [219] quitáronme, con mucha pesadumbre de entrambos. Quisieran los corchetes castigarme, y aun matarme á palos, y lo hicieran si el Asistente no les dijera: «No le toque nadie, que el perro hizo lo que yo le mandé.» Entendióse la malicia, y yo, sin despedirme de nadie, por un ahujero *d* de la muralla salí al campo, y antes que amaneciese me puse en Mairena, que es un lugar que está cuatro leguas de Sevilla. Quiso mi buena suerte que hallé allí una compañía de soldados, que, según oí decir, se iban á embarcar á Cartagena. [220] Estaban en ella cuatro rufianes de los amigos de mi amo, y el atambor era uno que había sido corchete, y gran chocarrero, como lo suelen ser los más atambores. [221] Conociéronme todos, y todos me hablaron, y así me preguntaban por mi amo como si les hubiera de responder; pero el que más afición me mostró fué el atambor, y así, determiné de acomodarme con él, si él quisiese, y seguir aquella jornada, aunque me llevase á Italia ó á Flandes; porque me parece á mí, y aun á ti te debe parecer lo mismo, que puesto que dice el refrán: «Quien necio es en su villa, necio es en Castilla», el andar tierras y comunicar con diversas gentes hace á los hombres discretos. [222]

---

a. el Asistente. *2*
b. hijo, al ladrón. Yo, á quien. *R.*
c. á más de quatro. *R.*
d agujero. *1, 2* y *R.*

CIPIÓN

Es eso tan verdad, que me acuerdo haber oído decir á un amo que tuve de bonísimo ingenio que al famoso *a* griego llamado Ulises le dieron renombre de prudente, por solo haber andado muchas tierras y comunicado con diversas gentes y varias naciones; y así, alabo la intención que tuviste de irte donde te llevasen.

BERGANZA

Es, pues, el caso que el atambor, por tener con qué mostrar más sus chocarrerías, comenzó á enseñarme á bailar al son del atambor, y hacer otras monerías, tan ajenas de poder aprenderlas otro perro que no fuera yo, como las oirás cuando te las diga. Por acabarse el distrito de la comisión, se marchaba poco á poco; no había comisario que nos limitase; [223] el capitán era mozo, pero muy buen caballero y gran cristiano; [224] el alférez no había muchos meses que había dejado la corte y el tinelo; [225] el sargento era matrero *b* [226] y sagaz, y grande harriero *c* de compañías, [227] desde donde se levantan hasta el embarcadero. [228] Iba la compañía llena de rufianes churrulleros, [229] los cuales hacían algunas insolencias por los lugares do pasábamos, [230] que redundaban en maldecir á quien no lo merecía: infelicidad del buen príncipe *d* ser culpado de sus súbditos por la culpa de sus súbditos, á causa que los unos son verdugos de los otros, sin culpa del señor; pues, aunque quiera y lo procure, no puede remediar estos daños, porque todas ó las más cosas de la guerra traen consigo aspereza, riguridad y desconveniencia.

En fin, en menos de quince días, con mi buen ingenio y con la diligencia que puso el que había escogido por patrón, supe saltar por el Rey de Francia, y á no saltar *e* por la mala tabernera. [231] En-

---

a *el* famoso. *2.*
b. *mohatrero. R.*
c. *arriero. R.*
d. Infelicidad *es* del buen príncipe. *r.*
e. y no saltar. *R*

señóme á hacer corvetas como caballo napolitano, [232] y á andar [a] á la redonda como mula de atahona, [b] con otras cosas, que si yo no tuviera cuenta en no adelantarme á mostrarlas, pusiera en duda si era algún demonio en figura de perro el que las hacía. Púsome nombre *el perro sabio*, [233] [c] y no habíamos llegado al alojamiento, cuando, tocando su atambor, andaba por todo el lugar, pregonando que todas las personas que quisiesen venir á ver las maravillosas gracias y habilidades del perro sabio, en tal casa, ó en tal hospital las mostraban, á ocho, ó á cuatro maravedís, según era el pueblo grande ó chico. Con estos encarecimientos no quedaba persona en todo el lugar que no me fuese á ver, y ninguno había que no saliese admirado y contento de haberme visto. Triunfaba mi amo con la mucha ganancia, y sustentaba seis camaradas como unos reyes. La codicia y la envidia despertó en los rufianes voluntad de hurtarme, y andaban buscando ocasión para ello; que esto del ganar de comer holgando [d] tiene muchos aficionados y golosos: por esto hay tantos titereros en España; tantos que muestran retablos; tantos que venden alfileres y coplas, [234] que todo su caudal, aunque le vendiesen todo, no llega á poderse sustentar un día; y con esto, los unos y los otros no salen de los bodegones y tabernas en todo el año, por do me doy á entender que de otra parte que de la de sus oficios sale la corriente de sus borracheras. Toda esta gente es vagamunda, [e] inútil y sin provecho; esponjas del vino y gorgojos del pan.

CIPIÓN

No más, Berganza: no volvamos á lo pasado; sigue, que se va la noche, y no querría que al salir del sol quedásemos á la sombra del silencio.

BERGANZA

Tenle, y escucha. Como sea cosa fácil añadir á lo ya inventado,

---

a. y andar. *R*.
b. tahona. *R*.
c. nombre *del* perro sabio. *1*.
d. holgado. *2*.
e. esta gente vagamunda. *R*.

— 331 —

viendo mi amo, cuán bien sabía imitar el corcel *a* napolitano, hízome unas cubiertas de guadamecí *b* ²³⁵ y una silla pequeña, que me acomodó en las espaldas, y sobre ella puso una figura liviana de un hombre ²³⁶ con una lancilla de correr sortija, y enseñóme á correr derechamente á una sortija que entre dos palos ponía; y el día que había de correrla pregonaba que aquel día corría sortija *el perro sabio*, y hacía otras nuevas y nunca vistas galanterías, las cuales de mi santiscario, como dicen, ²³⁷ las hacía, por no sacar mentiroso á mi amo.

Llegamos, pues, por nuestras jornadas contadas á Montilla, villa del famoso y gran cristiano Marqués de Priego, señor de la casa de Aguilar y de Montilla. ²³⁸ Alojaron á mi amo, porque él lo procuró, en un hospital; echó luego el ordinario bando, ²³⁹ y como ya la fama se había adelantado á llevar las nuevas de las habilidades y gracias del perro sabio, en menos de una hora se llenó el patio de gente. Alegróse mi amo viendo que la cosecha iba de guilla, ²⁴⁰ y mostróse aquel día chocarrero *c* en demasía. Lo primero en que comenzaba la fiesta era en los saltos que yo daba por un aro de cedazo, que parecía de cuba: conjurábame por las ordinarias preguntas, y cuando él bajaba una varilla de membrillo *d* que en la mano tenía, era señal del salto; y cuando la tenía alta, de que me estuviese quedo. El primer *e* conjuro deste día (memorable entre todos los de mi vida) fué decirme:

—Ea, Gavilán amigo, salta por aquel viejo verde que tú conoces, que se escabecha las barbas; ²⁴¹ y si no quieres, *f* salta por la pompa y aparato de doña Pimpinela de Plafagonia, que fué compañera de la moza gallega que servía en Valdeastillas. ²⁴² ¿No te cuadra el conjuro, hijo Gavilán? Pues salta por el bachiller Pasillas, que se

---
a. corfel. *1* y *2*.
b. guadamacil. *R.*
guadamací. *1.*
c. chacarrero. *1.*
d. mimbre. *R.*
e. primero. *R.*
f. quisieres. *1.*

firma licenciado sin tener grado alguno. [243] ¡Oh! perezoso estás. ¿Por qué no saltas? Pero ya entiendo y alcanzo tus marrullerías: ahora, salta por el licor de Esquivias, famoso al par del de Ciudad-Real, San Martín y Ribadavia. [244]

Bajó la varilla, y salté yo, y noté sus malicias y malas entrañas. [a] [245] Volvióse luego al pueblo y en voz alta dijo:

—No piense vuesa merced, senado valeroso, que es cosa de burla lo que este perro sabe: veinte y cuatro piezas le tengo enseñadas, que por la menor dellas volaría un gavilán; quiero decir, que por ver la menor se pueden caminar treinta leguas: sabe bailar la zarabanda [246] y chacona mejor que su inventora misma; [247] bébese una azumbre de vino sin dejar gota; entona un *sol, fa, mi re,* [b] también [c] como un sacristán; todas estas cosas, y otras muchas que me quedan por decir, las irán viendo vuesas mercedes en los días que estuviere aquí la compañía, y por ahora [d] dé otro salto nuestro sabio, y luego entraremos en lo grueso.

Con esto suspendió el auditorio, [e] que había llamado senado, [248] y les encendió el deseo de no dejar de ver todo lo que yo sabía. Volvióse á mí mi amo y dijo:

—Volved, hijo Gavilán, y con gentil agilidad y destreza deshaced los saltos que habéis hecho; pero ha de ser á devoción de la famosa hechicera que dicen que hubo en este lugar.

Apenas hubo dicho esto, cuando alzó la voz la hospitalera, [249] que era una vieja, al parecer, de más de sesenta años, [250] diciendo:

—Bellaco, charlatán, embaidor y hijo de puta, aquí no hay hechicera alguna; si lo decís por la Camacha, ya ella pagó su pecado y está donde Dios se sabe; si lo decís por mí, chocarrero, [f] ni yo soy ni he sido hechicera en mi vida; y si he tenido fama de haberlo sido,

---

a. y noté sus malas entrañas *R.*
b. solfamıre. *1 y 2.*
c. *tan bien. R.*
d. *agora. 2.*
e. *al* auditorio. *R.*
f. *chacorrero. 1.*

merced [a] á los testigos falsos, y á la ley del encaje, y al juez arrojadizo y mal informado, ya sabe todo el mundo la vida que hago, en penitencia, no de los hechizos que no hice, sino de otros muchos pecados otros [b] que, como pecadora, he cometido; [251] así que, socarrón tamborilero, salid del hospital; si no, por vida de mi santiguada que os haga salir más que de paso.

Y con esto comenzó á dar tantos gritos, y á decir tantas y tan atropelladas injurias á mi amo, que puso [c] en confusión y sobresalto; finalmente no dejó que pasase adelante la fiesta en ningún modo.

No le pesó á mi amo del alboroto, porque se quedó con los dineros, y aplazó para otro día y en otro hospital [252] lo que en aquél había faltado. Fuése la gente maldiciendo á la vieja, añadiendo [d] al nombre de hechicera el de bruja, y el de barbuda sobre vieja. Con todo esto, nos quedamos en el hospital aquella noche; y encontrándome la vieja en el corral solo, me dijo:

—¿Eres tú, hijo Montiel? ¿Eres tú, por ventura, hijo?

Alcé la cabeza, y miréla muy de espacio; [e] lo cual visto por ella, con lágrimas en los ojos se vino á mí y me echó los brazos al cuello, y si la dejara, me besara en la boca; pero tuve asco, y no lo consentí.

CIPIÓN

Bien hiciste; porque no es regalo, sino tormento, el besar ni dejarse besar [f] de una vieja.

BERGANZA

Esto que ahora [g] te quiero contar, te lo había de haber dicho al principio de mi cuento, y así excusárámos la admiración que nos

---

a. sido *vuessa* merced. *1* y *2*.
b. otros muchos pecados *ó* otros *R*.
c. que *le* puso. *R*.
d. *y* añadiendo. *2*
e. despacio. *R*.
f. ni *dejar besarse*. *1* y *R*.
g. *agora*. *2*

causó el vernos con habla; porque has de saber que la vieja me dijo:

—Hijo Montiel, vente tras mí y sabrás mi aposento, y procura que esta noche nos veamos á solas en él, que yo dejaré abierta la puerta; y sabe que tengo muchas cosas que decirte de tu vida y para tu provecho.

Bajé yo la cabeza, en señal de obedecerla, por lo cual ella se acabó de enterar en que yo era el perro Montiel que buscaba, según después me lo dijo. Quedé atónito y confuso de las palabras de la vieja, esperando la noche, *a* por ver en lo que paraba aquel misterio ó prodigio de haberme hablado de aquella suerte; *b* y como había oído llamarla de hechicera, esperaba de su vista y habla grandes cosas. Llegóse, en fin, el punto de verme con ella en su aposento, que era escuro, estrecho y bajo, y solamente claro con la débil luz de un candil *c* de barro que en él estaba; atizóle la vieja, y sentóse sobre una arquilla, y llegóme junto á sí, y sin hablar palabra me volvió á abrazar, y yo volví á tener cuenta con que no me besase. Lo primero que me dijo, fué:

—Bien esperaba yo en el cielo que antes que estos mis ojos se cerrasen con el último sueño te había de ver, hijo mio; y ya que te he visto, venga la muerte, y llévame desta cansada vida. Has de saber, hijo, que en esta villa vivió la más famosa hechicera que hubo en el mundo, á quien llamaron *la Camacha de Montilla*. [253] Fué tan única en su oficio, que las Eritos, las Circes, las Medeas, de quien he oído decir que están las historias llenas, no la igualaron. Ella congelaba las nubes cuando quería, cubriendo con ellas la faz del sol; y, cuando se le antojaba, volvía sereno el más turbado cielo; [254] traía los hombres en un instante de lejas tierras; [255] remediaba maravillosamente las doncellas que habian tenido algún descuido en guardar su enteresa; cubría á las viudas de modo que con honesti-

---

a. Quedé atónito y confuso, esperando la noche. *1* y *R*.
b. de haberme hablado *la vieja*. *1* y *R*.
c. del candil. 2.

dad fuesen deshonestas; [256] descasaba las casadas, y casaba las que ella quería; [257] por diciembre tenía rosas frescas en su jardín, y por enero segaba trigo. [258] Esto de hacer nacer berros en una artesa era lo menos que ella hacía, [259] ni el hacer ver en un espejo, ó en la uña de una criatura, los vivos ó los muertos que le pedían que mostrase. [260] Tuvo fama que convertía los hombres en animales, y que se había servido de un sacristán seis años en forma de asno, real y verdaderamente, [261] lo que yo nunca he podido alcanzar cómo se haga; porque lo que se dice de aquellas antiguas magas, que convertían los hombres en bestias, dicen los que más saben [262] que no era otra cosa sino que ellas, con su mucha hermosura y con sus halagos, traían [a] los hombres de manera [263] á que las quisiesen bien, [264] y los sujetaban de suerte, sirviéndose dellos en todo cuanto querían, que parecían bestias. Pero en ti, hijo mío, la experiencia me muestra lo contrario; que sé que eres persona racional, y te veo en semejanza de perro, si ya no es que esto se hace con aquella ciencia que llaman *tropelia*, que hace parecer una cosa por otra. [265] Sea lo que fuere, lo que me pesa es que yo ni tu madre, que fuimos discípulas de la buena Camacha, [266] nunca llegamos á saber tanto como ella, y no por falta de ingenio, ni de habilidad, ni de ánimo, que antes nos sobraba que faltaba, sino por sobra de su malicia, que nunca quiso enseñarnos las cosas mayores, porque las reservaba para ella. Tu madre, hijo, se llamó *la Montiela*, que, después de la Camacha, fué famosa; yo me llamo *la Cañizares*, [b] si ya no tan sabia como las dos, á lo menos, de tan buenos deseos como cualquiera dellas; verdad es que al ánimo que tu madre tenía de hacer y entrar en un cerco, y encerrarse en él con una legión de demonios, [267] no le hacía ventaja la misma Camacha. Yo fuí siempre algo medrosilla; con conjurar media legión [c] me contentaba; [268] pero, con paz sea dicho de entrambas, en esto de conficionar las

---

a. atraían. *1* y *R*.
b. llamo Cañizares. *2*.
c. region. *1*.

unturas con que las brujas nos untamos á ninguna^a de las dos diera ventaja, ni la daré á cuantas hoy siguen y guardan nuestras reglas; que has de saber, hijo, que como yo he visto y veo que la vida, que corre sobre las ligeras alas del tiempo, se acaba, he querido dejar todos los vicios de la hechicería, en que estaba engolfada muchos años había, y sólo me he quedado con la curiosidad de ser bruja, que es un vicio dificultosísimo de dejar. [269] Tu madre hizo lo mismo: de muchos vicios se apartó; muchas buenas obras hizo en esta vida; pero al fin murió bruja, y no murió de enfermedad alguna, sino de dolor de que supo que la Camacha, su maestra, de envidia que la tuvo porque se le iba subiendo á las barbas en saber tanto como ella, ó por otra pendenzuela de celos que nunca pude averiguar, estando tu madre preñada, y llegándose la hora del parto, fué su comadre la Camacha, la cual recibió^b en sus manos lo que tu madre parió, y mostróle que había parido dos perritos; [270] y asi como los vió dijo:

—Aquí hay maldad, aquí hay bellaquería; pero, hermana Montiela, tu amiga soy: yo encubriré este parto, y atiende tú á estar sana, y haz cuenta que esta tu desgracia queda sepultada en el mismo silencio. No te dé pena alguna este suceso; que ya sabes tú que puedo yo saber que, si no es con Rodríguez, el ganapán, tu amigo, [271] días ha que no tratas con otro; así, que este perruno parto de otra parte viene, y algún misterio contiene». [272]

Admiradas quedaron^c tu madre y yo, [273] que me hallé presente á todo, del extraño suceso. La Camacha se fué y se llevó los cachorros; yo me quedé con tu madre para asistir á su regalo, la cual no podia creer lo que le había sucedido. Llegóse el fin de la Camacha, y estando en la última hora de su vida, llamó á tu madre, y le dijo como ella había convertido á sus hijos en perros, por cierto enojo que con ella tuvo; pero que no tuviese pena: que ellos volverían

---

a. *ninguun. R.*
b. *recebió. R.*
c. *quedamos. R.*

á su ser cuando menos lo pensasen; mas que no podía ser primero que ellos por sus mismos ojos viesen lo siguiente:

> Volverán en su forma verdadera
> Cuando vieren con presta diligencia
> Derribar los soberbios levantados
> Y alzar á los humildes abatidos,
> Con poderosa mano para hacello. [274]

Esto dijo la Camacha á tu madre al tiempo de su muerte, como ya te he dicho. Tomólo tu madre por escrito y de memoria, y yo lo fijé en la mía, para si sucediese tiempo de poderlo decir á alguno de vosotros; y, para poder conoceros, á todos los perros que veo de tu color los llamo con el nombre de tu madre, no por pensar que los perros han de saber el nombre, sino por ver si respondían á ser llamados tan diferentemente como se llaman los otros perros; y esta tarde, como te vi hacer tantas cosas, y que te llaman *el perro sabio*, y también, como alzaste la cabeza á mirarme cuando te llamé en el corral, he creído que tú eres hijo de la Montiela, á quien con grandísimo gusto doy noticia de tus sucesos, y del modo con que has de cobrar tu forma primera; el cual modo quisiera yo que fuera tan fácil como el que se dice de Apuleyo en *El Asno de oro,* que consistía en sólo comer una rosa; pero éste tuyo va fundado en acciones ajenas, y no en tu diligencia. Lo que has de hacer, hijo, es encomendarte á Dios allá en tu corazón, y espera que estas [a] que no quiero llamarlas profecías, sino adivinanzas, [275] han de suceder presto y prósperamente; que pues la buena de la Camacha las dijo, sucederán, sin duda alguna, y tú y tu hermano, si es vivo, os veréis como deseáis. De lo que á mí me pesa es que estoy tan cerca de mi acabamiento, que no tendré lugar de verlo.

Muchas veces he querido preguntar á mi cabrón qué fin tendrá vuestro suceso; pero no me he atrevido, porque nunca á lo que le preguntamos responde á derechas, sino con razones torcidas y de

---

a *á que estas. R.*

muchos sentidos; así que á este nuestro amo y señor no hay que preguntarle nada, porque con una verdad mezcla mil mentiras, y á lo que yo he colegido [a] de sus respuestas, él no sabe nada de lo porvenir ciertamente, sino por conjeturas; [b] [276] con todo esto, nos trae tan engañadas á las que somos brujas, que con hacernos mil burlas, no le podemos dejar.

Vamos á verle muy lejos de aquí, á un gran campo, donde nos juntamos infinidad de gente, brujos y brujas, [277] y allí nos da de comer desabridamente, y pasan otras cosas, que, en verdad, y en Dios y en mi ánima, que no me atrevo á contarlas, según son sucias [c] y asquerosas, y no quiero ofender tus castas orejas. Hay opinión que no vamos á estos convites sino con la fantasía, en la cual nos representa el demonio las imágenes de todas aquellas cosas que después contamos que nos han sucedido; otros dicen que no, sino que verdaderamente vamos en cuerpo y en ánima, [278] y entrambas opiniones tengo para mí que son verdaderas, puesto que nosotras no sabemos cuándo vamos de una ó de otra manera; porque todo lo que nos pasa en la fantasía es tan [d] intensamente, que no hay diferenciarlo [279] de cuando vamos real y verdaderamente. Algunas experiencias desto han hecho los señores Inquisidores con algunas de nosotras que han tenido presas, y pienso que han hallado ser verdad lo que digo. [280] Quisiera yo, hijo, apartarme deste pecado, y para ello he hecho mis diligencias: heme acogido á ser hospitalera, curo á los pobres, y algunos se mueren que me dan á mí la vida con lo que me mandan, [e] ó con lo que se les queda entre los remiendos, por el cuidado que yo tengo de espulgarlos los vestidos. Rezo poco, y en público, [281] murmuro mucho, y en secreto. Vame mejor con ser hipócrita que con ser pecadora declarada; las apariencias de mis buenas obras presentes van borrando en la memoria de los que me

---

a. que he colegido. *R*.
b. *conjeturas 1* y *R*.
c. son *de* sucias. *R*.
d. estan *1*.
e. con lo que mandan. *2*

conocen las malas obras pasadas. En efeto, la santidad fingida no hace daño *a* á ningún tercero, sino al que la usa. Mira, hijo Montiel, este consejo te doy: que seas bueno en todo cuanto pudieres; y si has de ser malo, procura no parecerlo, en todo cuanto pudieres. Bruja soy, no te lo niego; bruja y hechicera fué tu madre, que tampoco te lo puedo negar; pero las buenas apariencias de las dos podían acreditarnos en todo el mundo. Tres *b* días antes que muriese habíamos estado las dos en un valle *c* de los Montes Perineos, *d* 282 en una gran jira; y, con todo eso, cuando murió fué con tal sosiego y reposo, que, si no fueron algunos visajes que hizo un cuarto de hora antes que rindiese el alma, no parecía sino que estaba en aquélla como en un tálamo *e* de flores. 283 Llevaba atravesados en el corazón sus dos hijos, y nunca quiso, aun en el artículo de la muerte, perdonar á la Camacha: tal era ella de entera y firme en sus cosas. Yo le cerré los ojos, y fuí con ella hasta la sepultura; allí la dejé para no verla más, aunque no tengo perdida la esperanza de verla antes que me muera, *f* porque se ha dicho por el lugar que la han visto algunas personas andar por los cimenterios y encrucijadas, en diferentes figuras, 284 y quizá alguna vez la toparé yo, y le preguntaré si manda que haga alguna cosa en descargo de su conciencia.»

Cada cosa déstas que la vieja me decía en alabanza de la que decía ser mi madre, era una lanzada que me atravesaba el corazón, y quisiera arremeter á ella y hacerla pedazos entre los dientes; y si lo dejé de hacer fué porque no le tomase la muerte en tan mal estado. Finalmente, me dijo que aquella noche pensaba untarse para ir á uno de sus usados convites, y que, cuando allá estuviese, pensaba preguntar á su dueño algo de lo que estaba por sucederme. Quisiérale yo preguntar qué unturas eran aquellas que decía, y parece

---

a. la santidad fingida hace daño. *2.*
b. T*tes. 2.*
c en *el* valle. *2.*
d Pirineos. R.
e. en aquella *cama* como en un tálamo *R.*
f. ántes que muera. *R.*

que me leyó el deseo, pues respondió á mi intención como si se lo hubiera preguntado, pues dijo:

—Este ungüento con que las brujas nos untamos es compuesto de jugos de yerbas en todo extremo fríos, [285] y no es, como dice el vulgo, hecho con la sangre de los niños que ahogamos. Aquí pudieras también preguntarme qué gusto ó provecho saca el demonio de hacernos matar las criaturas tiernas, [286] pues sabe que, estando bautizadas, como inocentes y sin pecado, se van al cielo, y él recibe pena particular con cada alma cristiana que se le escapa; á lo que no te sabré responder otra cosa sino lo que dice el refrán: que tal hay que se quiebra dos ojos porque su enemigo se quiebre uno; y por la pesadumbre que da á sus padres, matándoles los hijos, que es la mayor que se puede imaginar. Y lo que más le importa es hacer que nosotras cometamos á cada paso tan cruel y perverso [a] pecado, y todo esto lo permite Dios por nuestros pecados; [287] que sin su permisión, yo he visto por experiencia que no puede ofender el diablo á una hormiga; y es tan verdad esto, que rogándole yo una vez que destruyese una viña de un mi enemigo, [288] me respondió que ni aun tocar á una hoja della no podía, [289] porque Dios no quería. Por lo cual podrás venir á entender, cuando seas hombre, que todas las desgracias que vienen á las gentes, á los reinos, á las ciudades y á los pueblos, las muertes repentinas, los naufragios, las caídas, en fin, todos los males que llaman de daño, vienen de la mano del Altísimo y de su voluntad permitente; y los daños y males que llaman de culpa vienen y se causan por nosotros mismos. Dios es impecable, de do se infiere que nosotros somos autores del pecado, formándole en la intención, en la palabra y en la obra; todo permitiéndolo Dios por nuestros pecados, como ya he dicho. Dirás tú ahora, [b] hijo, si es que acaso [c] me entiendes, que quién me hizo á mi teóloga, y aun quizá dirás entre ti: [d] «¡Cuerpo

---

a. *preverso.* 2.
b. *agora.* 2.
c. a caso. *1* y *2.*
d. y aun quizá entre ti. *R*

de tal, con la puta vieja! ¿Por qué no deja de ser bruja, pues sabe tanto, y se vuelve á Dios, pues sabe que está más prompto [a] á perdonar pecados que á permitirlos?» Á esto te respondo, como si me lo preguntaras, que la costumbre del vicio se vuelve en naturaleza, y este de ser brujas se convierte en sangre y carne, y en medio de su ardor, que es mucho, trae un frío que pone en el alma, tal, [b] que la resfría y entorpece aun en la fe, de donde nace un olvido de sí misma, y ni se acuerda de los temores con que Dios la amenaza, ni de la gloria con que la convida; y, en efeto, como es pecado de carne y de deleites, [c] es fuerza que amortigüe todos los sentidos, y los embelese y absorte, sin dejarlos usar sus oficios como deben; y, así, quedando el alma inútil, floja y desmazalada, no puede levantar la consideración siquiera á tener algún buen pensamiento, y, así, dejándose estar sumida en la profunda sima de su miseria, no quiere alzar la mano á la de Dios, que se la está dando, por sola su misericordia, para que se levante. Yo tengo una destas almas que te he pintado: todo lo veo y todo lo entiendo; y como el deleite me tiene echados grillos á la voluntad, siempre he sido y seré mala.

Pero dejemos esto, y volvamos á lo de las unturas; y digo que son tan frías, que nos privan de todos los sentidos en untándonos con ellas, y quedamos tendidas y desnudas en el suelo, y entonces dicen que en la fantasía pasamos todo aquello que nos parece pasar verdaderamente. Otras veces, acabadas de untar, á nuestro parecer mudamos forma; y, convertidas en gallos, lechuzas ó cuervos, [200] vamos al lugar donde nuestro dueño nos espera, y allí cobramos nuestra primera forma, y gozamos de los deleites, que te dejo de decir, por ser tales, que la memoria se escandaliza en acordarse dellos; y así, la lengua huye de contarlos; y, con todo esto, soy bruja, y cubro con la capa de la hipocresía todas mis muchas faltas.

---

[a] *pronto. R.*
[b] que pone el alma tal. *R.*
[c] *deleite. 2.*

Verdad es que si algunos me estiman y honran por buena, no faltan muchos que me dicen, no dos dedos del oído, el nombre de las fiestas, [291] que es el que les imprimió [a] la furia de un Juez colérico que en los tiempos pasados tuvo que ver conmigo y con tu madre, depositando su ira en las manos de un verdugo, que, por no estar sobornado, usó de toda su plena potestad y rigor con nuestras espaldas; [292] pero esto ya pasó, y todas las cosas pasan: [b] las memorias se acaban, las vidas no vuelven, las lenguas se cansan, los sucesos nuevos hacen olvidar los pasados; hospitalera soy; buenas muestras doy de mi proceder; buenos ratos me dan mis unturas; no soy tan vieja, que no pueda vivir un año, puesto que tengo setenta y cinco; y ya que no puedo ayunar por la edad, ni rezar por los vaguidos, ni andar romerías por la flaqueza de mis piernas, ni dar limosna porque soy pobre, ni pensar en bien porque soy amiga de murmurar, y para haberlo de hacer es forzoso pensarlo [c] primero, así que siempre mis pensamientos han de ser malos, con todo esto, sé que Dios es bueno y misericordioso, y que Él sabe lo que ha de ser de mí, y basta, y quédese aquí esta plática, que verdaderamente me entristece. Ven, hijo, y verásme untar; que todos los duelos con pan son buenos; [d] [293] el buen día, meterle en casa, pues mientras se ríe, no se llora; quiero decir que, aunque los gustos que nos da el demonio son aparentes y falsos, todavía [e] nos parecen gustos, y el deleite mucho mayor es imaginado que gozado, aunque en los verdaderos gustos debe de ser al contrario.»

Levantóse en diciendo esta larga arenga, y tomando el candil, se entró en otro aposentillo más estrecho; seguíla, combatido de mil varios pensamientos, y admirado de lo que había oído y de lo que esperaba ver.

---

a. *nos* imprimió. *R*.
b. cosas *se* pasan. *I*
   cosos se pasan. *R*
c. forzoso *el* pensarlo. *2*.
d. son *ménos*. *R*.
e. toda vía. *I*.

Colgó la Cañizares *a* el candil de la pared, *b* y con mucha priesa se desnudó hasta la camisa; y sacando de un rincón una olla vidriada, metió en ella la mano y, murmurando entre dientes, se untó desde los pies á la cabeza, que tenía sin toca. Antes que se acabase de untar me dijo que ora se quedase su cuerpo en aquel aposento sin sentido, ora desapareciese dél, que no me espantase, ni dejase de aguardar allí hasta la mañana, porque sabría las nuevas de lo que me quedaba por pasar hasta ser hombre. Díjele, bajando la cabeza, que sí haría, y con esto acabó su untura, y se tendió en el suelo como muerta; llegué mi boca á la suya, y vi que no respiraba, poco ni mucho.

Una verdad te quiero confesar, Cipión amigo: que me dió gran temor verme encerrado en aquel estrecho aposento con aquella figura delante, la cual te la pintaré como mejor supiere. [294] Ella era larga de más de siete pies; [295] toda era notomía de huesos, [296] cubiertos con una piel negra, vellosa y curtida; con la barriga, que era de badana, se cubría las partes deshonestas, y aun le colgaba hasta la mitad de los muslos; las tetas semejaban dos vejigas de vaca, secas y arrugadas; denegridos los labios, traspillados los dientes, la nariz corva y entablada, desencajados los ojos, la cabeza desgreñada, las mejillas chupadas, angosta la garganta y los pechos sumidos; finalmente, toda era flaca y endemoniada. Púseme de espacio *c* á mirarla, [297] y apriesa comenzó á apoderarse de mí el miedo, considerando la mala visión de su cuerpo y la peor ocupación de su alma; quise morderla, por ver si volvía en sí, y no hallé parte en toda ella que el asco no me lo estorbase; pero, con todo esto, la así de un carcaño, y la saqué arrastrando al patio: mas ni por esto dió muestras de tener sentido. Allí, con mirar el cielo y verme en parte ancha, se me quitó el temor; á lo menos, se templó de manera, que tuve ánimo de esperar á ver en lo que paraba la

---

a. Cañizales 2
b. en la pared. R.
c. despacio R.

ida y vuelta de aquella mala hembra, y lo que me contaba de mis sucesos.

En esto, me preguntaba yo á mí mismo: «¿Quién hizo á esta mala vieja tan discreta y tan mala? ¿De dónde sabe ella cuáles son males de daño y cuáles de culpa? ¿Cómo entiende y habla tanto de Dios, y obra tanto del diablo? ¿Cómo peca tan de malicia, no excusándose con ignorancia?»

En estas consideraciones se pasó la noche, y se vino el día, que nos halló á los dos en mitad del patio: ella, no vuelta en sí; y á mí, junto á ella, en cuclillas, atento, [a] [298] mirando su espantosa y fea catadura. Acudió la gente del hospital, y, viendo aquel retablo, unos decían: «Ya la bendita Cañizares es muerta; mirad cuán disfigurada y flaca la tenía la penitencia.» Otros más considerados la tomaron el pulso, y vieron que le tenía y que no era muerta, por do se dieron á entender que estaba en éxtasis y arrobada de puro buena. Otros hubo que dijeron: «Esta puta vieja sin duda debe de ser bruja, y debe de estar untada; que nunca jamás los santos hacen deshonestos arrobos, [b] y hasta ahora, entre los que la conocemos, más fama tiene de bruja que de santa.» Curiosos hubo que se llegaron á hincarle alfileres por las carnes, desde la punta hasta la cabeza; [299] ni por eso recordaba la dormilona, [300] ni volvió en sí hasta las siete del día; y como se sintió acribada de los alfileres y mordida de los carcañares, y magullada del arrastramiento, fuera de su aposento, y á vista de tantos ojos que la estaban mirando, creyó, y creyó la verdad, que yo había sido el autor de su deshonra; y así, arremetió á mí, y echándome ambas manos á la garganta, procuraba ahogarme, diciendo: «¡Oh bellaco, desagradecido, ignorante y malicioso! y ¿es éste el pago que merecen las buenas obras que á tu madre hice, y de las que te pensaba hacer á ti?» Yo, que me vi en peligro de perder la vida entre las uñas de aquella fiera arpía, sacudime, y asiéndole [c] de las luengas faldas de su vientre, la zamarreé y

---

a. en cuclillas, atento mirando. *R*.
b. que nunca los santos hacen *tan* deshonestos arrobos. *I* y *R*.
c. asiendo*la*. *R*.

arrastré por todo el patio; ella daba voces, *a* que la librasen de los dientes de aquel maligno *b* espíritu. Con estas razones de la mala vieja *c* creyeron los más que yo debía de ser algún demonio de los que tienen ojeriza continua con los buenos cristianos, y unos acudieron á echarme agua bendita; otros no osaban llegar á quitarme; otros daban voces que me conjurasen; la vieja gruñía; *d* yo apretaba los dientes; crecía la confusión, y mi amo, que ya había llegado al ruido, se desesperaba oyendo decir que yo era demonio. Otros, que no sabían de exorcismos, acudieron á tres ó cuatro garrotes, con los cuales comenzaron á santiguarme los lomos; escocióme la burla, solté la vieja, y en tres saltos me puse en la calle, y en pocos más salí de la villa, perseguido de una infinidad de muchachos que iban á grandes voces diciendo: «Apártense, que rabia *el perro sabio*.» Otros decían: «No rabia, sino que es demonio en figura de perro.» Con este molimiento, á campana herida salí del pueblo, siguiéndome muchos que indubitablemente creyeron que era demonio, así por las cosas que me habían visto hacer como por las palabras que la vieja dijo cuando despertó de su maldito sueño. Dime tanta priesa á huir y á quitarme delante de sus ojos, que creyeron que me había desparecido como demonio; en seis horas anduve doce leguas, y llegué á un rancho de gitanos, que estaba en un campo junto á Granada. Allí me reparé un poco, porque algunos de los gitanos me conocieron por *el perro sabio*, y, con no pequeño gozo, me acogieron y escondieron en *e* una cueva, porque no me hallasen, si fuese buscado; con intención, á lo que después entendí, de ganar conmigo, como lo hacía el atambor mi amo. Veinte días estuve con ellos, en los cuales supe y noté su vida y costumbres, que por ser notables, es forzoso que te las cuente.

---

a. patio, y ella daba voces. *R.*
b. *malino. 2.*
c. razones de la vieja. *2.*
d. a quitarme, la vieja gruñía. *2.*
e. *en. 2.*

CIPIÓN

Antes, Berganza, que pases adelante, [a] es bien que reparemos en lo que te dijo la bruja, y averigüemos si puede ser verdad la grande mentira á quien das crédito.

Mira, Berganza: grandísimo disparate sería creer que la Camacha mudase los hombres en bestias, y que el sacristán en forma de jumento la sirviese [b] los años que dicen que la sirvió; todas estas cosas y las semejantes son embelecos, mentiras ó apariencias del demonio; y si á nosotros nos parece ahora [c] que tenemos algún entendimiento y razón, pues hablamos siendo verdaderamente perros, ó estando en su figura, ya hemos dicho que este es caso portentoso y jamás visto, y que, aunque le tocamos con las manos, no le habemos de dar crédito, hasta tanto que el suceso dél nos muestre lo que conviene que creamos. ¿Quiéreslo ver más claro? Considera en cuán vanas [d] cosas y en cuán tontos puntos dijo la Camacha que consistía nuestra restauración; y aquellas que á ti te deben [e] parecer profecías no son sino palabras de consejas ó cuentos de viejas, como aquellos del caballo sin cabeza, y de la varilla de virtudes, [801] con que se entretienen al fuego las dilatadas noches del invierno, porque, á ser otra cosa, ya estaban cumplidas; si no es que sus palabras se han de tomar en un sentido que he oído decir se llama alegórico: [f] [802] el cual sentido no quiere decir lo que la letra suena, sino otra cosa que, aunque diferente, le haga semejanza; y así, decir:

Volverán á su forma [g] verdadera
Cuando vieren con presta diligencia

---

a. Antes que pases. *2*.
b. *serviese* *1*
c. *agora*. *2*
d. *qué* vanas. *R*.
e. te deben *de* parecer. *2*
f. *algorico* *1*.
g. *en* su forma. *R*.

Derribar los soberbios levantados
Y alzar á los humildes abatidos,
Por mano *a* poderosa para hacello; *b*

tomándolo en el sentido que he dicho, paréceme que quiere decir que cobraremos nuestra forma cuando viéremos que los que ayer estaban en la cumbre de la rueda de Fortuna, hoy están hollados y abatidos á los pies de la desgracia, y tenidos en poco de aquellos mismos que más *c* los estimaban; y asimismo, cuando viéremos que otros que no ha dos horas que no tenían deste mundo otra parte que servir en él de número que acrecentase el de las gentes, y ahora *d* están tan encumbrados sobre la buena dicha, que los perdemos de vista; y si primero no parecian, por pequeños y encogidos, ahora no los podemos alcanzar, por grandes y levantados. Y si en esto consistiera volver nosotros á la forma que dices, ya lo hemos visto y lo vemos á cada paso; por do me doy á entender que no en el sentido alegórico, sino en el literal se han de tomar los versos de la Camacha; ni tampoco en éste consiste nuestro remedio, pues muchas veces hemos visto la que dicen, *e* y nos estamos tan perros como ves; *f* así que la Camacha fué burladora falsa, y la Cañizares embustera, y la Montiela tonta, maliciosa y bellaca, con perdón sea dicho, si acaso *g* es nuestra madre de entrambos, ó tuya; que yo no la quiero tener por madre. Digo, pues, que el verdadero sentido es un juego de bolos, donde con presta diligencia derriban los que están en pie, y vuelven á alzar los caídos, y esto, por la mano de quien lo puede hacer. Mira, pues, si en el discurso de nuestra vida habremos visto jugar á los bolos, y si hemos visto por esto haber vuelto á ser hombres, si es que lo somos. *h*

---

a. *con* poderosa mano *R*.
b. (estos versos, corridos, como prosa). *1* y *2*.
c. de aquellos que mas. *1* y *R*.
d. *agora*. *2*
e. lo que dicen. *R*.
f. como *vees*. *1* y *2*.
g a caso. *1* y *2*.
h. somos *? 2*.

BERGANZA

Digo que tienes razón, Cipión hermano, y que eres más discreto de lo que pensaba; y de lo que has dicho vengo á pensar y creer que todo lo que hasta aquí hemos pasado, y lo que estamos pasando, es sueño, y que somos perros; pero no por esto dejemos de gozar deste bien de la habla que tenemos, y de la excelencia tan grande de tener discurso humano, todo el tiempo que pudiéremos; y así, no te canse el oirme contar lo que me pasó con los gitanos que me escondieron en la cueva.

CIPIÓN

De buena gana te escucho, por obligarte á que me escuches cuando te cuente, si el cielo fuere servido, los sucesos de mi vida.

BERGANZA

La que tuve con los gitanos fué considerar en aquel tiempo sus muchas malicias, sus embaimientos y embustes, los hurtos en que se ejercitan, así gitanas como gitanos, desde el punto casi que salen de las mantillas y saben andar. ¿Ves [a] la multitud que hay dellos esparcida por toda España? [b] Pues todos se conocen y tienen noticia los unos de los otros, y trasiegan y trasponen los hurtos déstos en aquéllos, y los de aquéllos en éstos.

Dan la obediencia, mejor que á su rey, á uno que llaman Conde, al cual, [c] y á todos [d] los que dél suceden, tienen el sobrenombre de Maldonado; [303] y no porque vengan del apellido deste noble linaje, sino porque un paje de un caballero deste nombre se enamoró de una gitana, la cual [e] no le quiso conceder su amor si no se hacía gitano y la tomaba por mujer. [304] Hízolo así el paje, y agradó tanto á

- a. *Vees. 1 y 2.*
- b. por España? *1* y *R*.
- c. *el* cual. *R*.
- a. y todos. *K*.
- e. gitana, *muy hermosa*, la cual *R*.

los demás gitanos, que le alzaron por señor, y le dieron la obediencia, y como en señal de vasallaje le acuden con parte de los hurtos que hacen, como sean de importancia.

Ocúpanse, por dar color á su ociosidad, en labrar cosas de hierro, haciendo instrumentos con que facilitan sus hurtos; y así los verás siempre traer á vender por las calles tenazas, barrenas y martillos, [a] y ellas, trébedes y badiles. [805] Todas ellas son parteras, y en esto llevan ventaja á las nuestras, porque sin costa ni adherentes sacan sus partos á luz, y lavan las criaturas con agua fría en naciendo, [806] y desde que nacen hasta que mueren se curten y muestran á sufrir las inclemencias y rigores del cielo; y así verás que todos son alentados, volteadores, [807] corredores y bailadores. Cásanse siempre entre ellos, porque no salgan sus malas costumbres á ser conocidas de otros; ellas guardan el decoro á sus maridos, y pocas hay que les ofendan con otros que no sean de su generación. Cuando piden limosna, más la sacan con invenciones y chocarrerías que con devociones; y á título que no hay [b] quien se fíe dellas, no sirven, y dan en ser holgazanas; y pocas ó ninguna vez he visto, si mal no me acuerdo, ninguna gitana á pie [c] de altar comulgando, puesto que muchas veces he entrado en las iglesias. Son sus pensamientos imaginar cómo han de engañar y dónde han de hurtar. [d] Confieren sus hurtos y el modo que tuvieron en hacellos; y así, un día contó un gitano delante de mí á otros un engaño y hurto que un día había hecho á un labrador: y fué que el gitano tenía un asno rabón, y en el pedazo de la cola que tenía sin cerdas le ingirió otra peluda, que parecía ser suya natural. Sacóle al mercado, comprósele un labrador por diez ducados, y en habiéndosele vendido y cobrado el dinero, le dijo que si quería comprarle otro asno hermano del mismo, y tan bueno como el que llevaba, que se le vendería por más

---

a. barrenas, martillos. *1* y *R*.
b. y á título *de* que no hay. *1*.
c. *al* pie. *R*.
d. *hurtat. 2.*

buen precio. ³⁰⁸ Respondióle el labrador que fuese por él y le trujese, que él se le compraría, y que en tanto que volviese llevaría el comprado á su posada. Fuése el labrador, siguióle el gitano, y, sea como sea, el gitano tuvo maña de hurtar al labrador el asno que le había vendido, y al mismo instante le quitó la cola postiza y quedó con la suya pelada; mudóle la albarda y jáquima, y atrevióse á ir á buscar al labrador, para que se le comprase; y hallóle *a* antes que hubiese echado menos el asno primero, ³⁰⁹ y á pocos lances compró el segundo.

Fuésele á pagar á la posada, donde halló menos la bestia á la bestia; y aunque lo era mucho, sospechó que el gitano se le había hurtado, y no quería pagarle. Acudió el gitano por testigos, y trujo á los que habían cobrado la alcabala del primer jumento, y juraron que el gitano había vendido al labrador un asno con una cola muy larga y muy diferente del asno segundo que vendía. Á todo esto se halló presente un alguacil, *b* que hizo las partes del gitano con tantas veras, que el labrador hubo de pagar el asno dos veces.

Otros muchos hurtos contaron, y todos ó los más, de bestias, en quien son ellos graduados, y en lo que más se ejercitan. ³¹⁰ Finalmente, ella es mala gente, y aunque muchos y muy prudentes jueces han salido contra ellos, no por eso se enmiendan. ³¹¹

Á cabo *c* de veinte días me quisieron llevar á Murcia; pasé por Granada, donde ya estaba el capitán cuyo atambor era mi amo. Como los gitanos lo supieron, me encerraron en un aposento del mesón donde vivían. Oíles decir la causa; no me pareció bien el viaje que llevaban, y así, determiné soltarme, como lo hice; y, saliéndome de Granada, di en una huerta de un morisco, que me acogió de buena voluntad, y yo quedé con mejor, pareciéndome que no me querría para más de para guardarle la huerta, oficio, á mi cuenta, de menos trabajo que el de guardar ganado; y como no

---

a. comprase: hallóle. *R.*
b. anguacil. *2.*
c. Al cabo. *R.*

había allí altercar [312] sobre tanto más cuanto al salario, fué cosa fácil hallar el morisco criado á quien mandar, y yo amo á quien servir.

Estuve con él más de un mes, no por el gusto de la vida que tenía, sino por el que me daba saber la de mi amo, y por ella la de todos cuantos moriscos viven en España. ¡Oh, cuántas y cuáles cosas te pudiera decir, Cipión amigo, desta morisca canalla, si no temiera no poderlas dar fin en dos semanas! Y si las hubiera de particularizar, no acabara en dos meses; mas, en efeto, habré de decir algo, y así, oye, en general, lo que yo vi y noté en particular desta buena gente.

Por maravilla se hallará entre tantos uno que crea derechamente en la sagrada ley cristiana: todo su intento es acuñar y guardar dinero acuñado, [313] y para conseguirle trabajan y no comen; en entrando el real en su poder, como no sea sencillo, [314] le condenan á cárcel perpetua y á escuridad eterna; de modo, que, ganando siempre y gastando nunca, llegan y amontonan la mayor cantidad de dinero que hay en España. Ellos son su hucha, su polilla, sus picazas y sus comadrejas; [315] todo lo llegan, todo lo esconden y todo lo tragan. Considérese que ellos son muchos, y que cada día ganan y esconden poco ó mucho, y que una calentura lenta acaba la vida, como la de un tabardillo, y como van creciendo se van aumentando los escondedores, que crecen y han de crecer en infinito, como la experiencia lo muestra. Entre ellos no hay castidad, ni entran en religión ellos ni ellas; todos se casan, todos multiplican, porque el vivir sobriamente aumenta [a] las causas de la generación. No los consume la guerra, ni ejercicio que demasiadamente los trabaje. Róbannos á pie quedo, y con los frutos de nuestras propias heredades, [b] que nos revenden, se hacen ricos, dejándonos á nosotros pobres. [c] No tienen criados, porque todos lo son de sí mismos; no

---

a. *augmenta.* 2
b. nuestras heredades. 1 y *R*.
c. se hacen ricos. No tienen criados. 1 y *R*.

gastan con sus hijos en los estudios, porque su ciencia no es otra que del robarnos, y ésta fácilmente la deprenden. *a* De los doce hijos de Jacob, que he oído decir que entraron en Egipto, cuando los sacó Moisén [316] de aquel cautiverio, salieron seiscientos mil varones, sin niños y mujeres; de aquí se podrá inferir lo que multiplicarán las déstos, *b* que sin comparación son en mayor número.

CIPIÓN

Buscado se ha remedio para todos los daños que has apuntado y bosquejado en sombra, que bien sé que son más y mayores los que callas que los que cuentas, y hasta ahora *c* no se ha dado con el que conviene; pero celadores prudentísimos tiene nuestra república, que, considerando que España cría y tiene en su seno tantas víboras como moriscos, ayudados de Dios, hallarán á tanto daño cierta, presta y segura salida. [317] Di adelante.

BERGANZA

Como mi amo era mezquino, como de ordinario lo son *d* todos los de su casta, sustentábame con pan de mijo, y con algunas sobras de zahinas, [318] común sustento suyo; pero esta miseria me ayudó á llevar el cielo por un modo tan extraño, como el que ahora *e* oirás.

Cada mañana, juntamente con el alba, amanecía sentado al pie de un granado, de muchos que en la huerta había, un mancebo, al parecer, estudiante, vestido de bayeta, no tan negra ni tan peluda, que no pareciese parda y tundida. Ocupábase en escribir en un cartapacio, y de cuando en cuando se daba palmadas en la frente y se mordía las uñas, estando mirando al cielo; [319] y otras veces se ponía

---

a. que la del robarnos. De los doce 1 y *R.*
b. *los* destos. 2.
c *agora.* 2.
d. como lo son. *1* y *R.*
e. *agora.* 2.

tan imaginativo, que no movía pie ni mano, ni aun las pestañas: tal era su embelesamiento. Una vez me llegué junto á él, sin que me echase de ver; oíle murmurar entre dientes, y al cabo de un buen espacio dió una gran voz, diciendo: «Vive el Señor, que es la mejor otava [a] que he hecho en todos los días de mi vida»;— y escribiendo apriesa en su cartapacio, daba muestras de gran contento; todo lo cual me dió á entender que el desdichado era poeta. Hícele mis acostumbradas caricias, por asegurarle de mi mansedumbre: echéme á sus pies, y él, con esta seguridad, prosiguió en sus pensamientos, y tornó á rascarse la cabeza, y á sus arrobos, y á volver á escribir lo que había pensado. Estando en esto, entró en la huerta otro mancebo, galán y bien aderezado, con unos papeles en la mano, en los cuales de cuando en cuando leía; [320] llegó donde estaba el primero y díjole:

—¿Habéis acabado la primera jornada?

—Ahora [b] le di fin, respondió el poeta, lo más [c] gallardamente que imaginarse puede.

—¿De qué manera?, preguntó el segundo.

—Désta, respondió el primero. Sale Su Santidad del Papa, [d] vestido de pontifical, con doce cardenales, todos vestidos de morado, porque cuando sucedió el caso que cuenta la historia de mi comedia era tiempo de *mutatio caparum*, [321] en el cual los cardenales no se visten de rojo, sino de morado; y así, en todas maneras conviene, para guardar la propiedad, que estos mis cardenales salgan de morado, y ésto es [e] un punto que hace mucho al caso para la comedia, [322] y á buen seguro dieran en él, y así hacen á cada paso mil impertinencias y disparates; yo no he podido errar en esto, por-

---

a. octava *1* y *R*.
b. Aaora. *1*.
    agora. 2
c. la más. *1* y *2*.
d. Su Santidad *el* papa. *R*.
e. *éste* es. *2* y *R*.

— 354 —

que he leído todo el Ceremonial Romano, por sólo acertar en estos vestidos.

—Pues ¿de dónde queréis vos, replicó el otro, que tenga mi autor [323] vestidos morados para doce cardenales? [324]

Pues si me quita uno tan sólo, respondió el poeta, así le daré yo mi comedia como volar. ¡Cuerpo de tal! ¿esta apariencia tan grandiosa se ha de perder? Imaginad vos desde aquí lo que parecerá en un teatro un Sumo Pontífice con doce graves cardenales, y con otros ministros de acompañamiento, que forzosamente han de traer consigo; ¡vive el cielo, que sea uno de los mayores y más altos espectáculos que se haya visto en comedia, aunque sea la de *El Ramillete* [a] *de Daraja!* [325]

Aquí acabé de entender que el uno era poeta y el otro comediante. El comediante aconsejó al poeta que cercenase algo de los cardenales, si no quería imposibilitar al autor el hacer la comedia; á lo que dijo [b] el poeta que le agradeciesen que no había puesto todo el cónclave que se halló junto al acto memorable que pretendía traer á la memoria de las gentes en su felicísima comedia. Rióse [c] el recitante, y dejóle en su ocupación, por irse á la suya, que era estudiar un papel de una comedia nueva. El poeta, después de haber escrito algunas coplas de su magnífica comedia, con mucho sosiego y espacio sacó de la faldriquera algunos mendrugos de pan y obra de veinte pasas, que, á mi parecer, entiendo que se las conté, y aun estoy en duda si eran tantas, porque juntamente con ellas hacían bulto ciertas migajas de pan que las acompañaban. Sopló y apartó las migajas, y una á una se comió las pasas, y los palillos, porque no le vi arrojar ninguno, ayudándolas con los mendrugos, que, morados con la borra de la faldriquera, parecían mohosos; y eran tan duros de condición, que aunque él procuró enternecerlos paseándolos por la boca una y muchas veces, no fué posible mo-

---

a. del Ramillete. *1, 2* y *R*.
b. a lo cual dijo. *2*
c *riyóse. R.*

— 355 —

verlos de su terquedad; todo lo cual redundó en mi provecho, porque me los arrojó, diciendo:

—¡To, to! Toma; que buen provecho te hagan.

¡Mirad, dije entre mí, qué nectar ó ambrosía me da este poeta, de los que ellos dicen que se mantienen los dioses y su Apolo allá en el cielo! En fin, por la mayor parte, grande es la miseria de los poetas; pero mayor era mi necesidad, pues me obligó á comer lo que él desechaba.

En tanto que duró la composición de su comedia no dejó de venir á la huerta, ni á mí me faltaron mendrugos, porque los repartía conmigo con mucha liberalidad, y luego nos íbamos á la noria, donde, yo de bruces y él con un cangilón, satisfacíamos la sed como unos monarcas.

Pero faltó el poeta, y sobró en mí la hambre; tanto, que determiné dejar al morisco y entrarme en la ciudad á buscar ventura; que la halla el que se muda, particularmente si es de malo á mejor estado. [a] Al entrar en la ciudad [b] [326] vi que salía del famoso Monasterio de San Jerónimo [327] mi poeta, que como me vió, se vino á mí con los brazos abiertos, y yo me fuí á él con nuevas muestras de contento y regocijo [c] por haberle hallado; luego al instante comenzó á desembaular pedazos de pan más tiernos de los que solía llevar á la huerta y á entregarlos á mis dientes, sin repasarlos por los suyos, merced que con nuevo gusto satisfizo mi hambre. Los tiernos mendrugos y el haber visto salir á mi poeta del Monasterio dicho me pusieron en sospecha de que tenía las musas vergonzantes, como otros muchos las tienen. Encaminóse á la ciudad, y yo le seguí con determinación de tenerle por amo, si él quisiese, imaginando que de las sobras de su castillo se podía mantener mi real, porque no hay mayor ni mejor bolsa que la de la caridad, [d] cuyas

---

a. el que se muda. Al entrar. *r* y *R*.
b. *de* la ciudad. *r*.
c. nuevas muestras de regocijo por haberle. *r* y *R*.
d. que la caridad. *R*.

liberales manos jamás están pobres ni necesitadas; [a] y así, no estoy bien con aquel refrán que dice: «Más da el duro que el desnudo», como si el duro y avaro diese algo, como lo da el liberal desnudo, que, en efeto, da el buen deseo, cuando más no tiene.

De lance en lance paramos en la casa de un autor de comedias que, á lo que me acuerdo, se llamaba Angulo *el Malo*, [b] de otro Angulo, no autor, sino representante, el más gracioso que entonces tuvieron y ahora [c] tienen las comedias. [328] Juntóse toda la compañía á oir la comedia de mi amo, [329] que ya por tal le tenía, y á la mitad de la jornada primera, uno á uno y dos á dos se fueron saliendo todos, excepto el autor y yo, que servíamos de oyentes. La comedia era tal, que, con ser yo un asno en esto de la poesía, me pareció que la había compuesto el mismo Satanás para total ruina y perdición del mismo poeta, que ya iba tragando saliva, viendo la soledad en que el auditorio le había dejado; y no era mucho, si el alma présaga le decía allá dentro la desgracia que le estaba amenazando: que fué volver todos los recitantes, que pasaban de doce, [330] y sin hablar palabra, asieron de mi poeta, y si no fuera porque la autoridad del autor, llena de ruegos y voces, se puso de por medio, sin duda le mantearan. [331] Quedé yo del caso pasmado, [d] el autor desabrido, los farsantes alegres, y el poeta mohino; el cual, con mucha paciencia, aunque algo torcido el rostro, tomó su comedia, y encerrándosela en el seno, medio murmurando dijo:

—«No es bien echar las margaritas á los puercos»—; [e] y con esto, se fué con mucho sosiego. Yo, de corrido, ni pude ni quise seguirle, y acertélo, á causa que el autor me hizo tantas caricias, que me obligaron á que con él me quedase, y en menos de un mes salí grande entremesista y gran farsante de figuras mudas. [332] Pusiéronme un freno de orillos, y enseñáronme á que arremetiese en el tea-

---

a. jamas estan pobres. Y así no. *r* y *R*.
b. Angulo el Malo, *por distinguirle* de otro. *R*.
c. *agora. 2*
d. del caso *como* pasmado. *R*.
e. y *sin decir mas palabra* se fué con mucho sosiego. *R*.

tro á quien ellos querían; de modo que, como los entremeses solían acabar por la mayor parte en palos, en la compañía de mi amo acababan en zuzarme, ³³³ y yo derribaba y atropellaba á todos, con que daba que reir á los ignorantes, y mucha ganancia á mi dueño.

¡Oh Cipión! ¡Quién te pudiera contar lo que vi en ésta y en otras dos compañías de comediantes en que anduve! ³³⁴ Mas, por no ser posible reducirlo á narración sucinta y breve, lo habré de dejar para otro día, si es que ha de haber otro día en que nos comuniquemos. ¿Ves [a] cuán larga ha sido mi plática? ¿Ves [b] mis muchos y diversos sucesos? ¿Consideras mis caminos y mis amos tantos? [c] Pues todo lo que has oído es nada, comparado á lo que te pudiera contar de lo que noté, averigüé y vi desta gente: su proceder, su vida, sus costumbres, sus ejercicios, sus trabajos, [d] su ociosidad, su ignorancia y su agudeza, [e] con otras infinitas cosas, unas para decirse al oído, y otras [f] para aclamallas en público, y todas para hacer memoria dellas, y para desengaño de muchos que idolatran en figuras fingidas y en bellezas de artificio y de transformación.

CIPIÓN

Bien se me trasluce, Berganza, el largo campo que se te descubría para dilatar tu plática, y soy de parecer que la dejes para cuento particular, y para sosiego no sobresaltado.

BERGANZA

Sea así, y escucha. [g] Con una compañía llegué á esta ciudad de Valladolid, donde en un entremés me dieron una herida, que me

---

a. Vees. *1* y *2*.
b. Vees. *1* y *2*.
c. tantos *como han sido?* pues todo. *R*.
d. su *trabajo 1* y *R*.
e. ignorancia, su agudeza. *2*.
f. oído, otras. *R*.
g. y escúcha*me ahora un poco*. Con una compañía. *R*.

llegó [a] casi al fin de la vida; no pude vengarme, por estar enfrenado entonces, y después á sangre fría no quise; que la venganza pensada arguye crueldad y mal ánimo. Cansóme aquel ejercicio, no por ser trabajoso, [b] sino porque veía en él cosas que, juntamente, pedían enmienda y castigo; y como á mí estaba más el sentillo que el remediallo, acordé de no verlo, y asi, me acogí á sagrado, como hacen aquellos que dejan los vicios cuando no pueden ejercitallos; [335] aunque más vale tarde que nunca.

Digo, pues, que viéndote una noche llevar la linterna con el buen cristiano Mahudes, te consideré contento y justa y santamente ocupado; y lleno de buena envidia, quise seguir tus pasos, y con esta loable intención me puse delante de Mahudes, que luego me eligió para tu compañero, y me trujo á este hospital. Lo que en él me ha sucedido no es tan poco, que no haya menester espacio para contallo; especialmente lo que oí á cuatro enfermos, que la suerte y la necesidad trujo á este hospital, y á estar todos cuatro juntos en cuatro camas apareadas. Perdóname, porque el cuento es breve y no sufre dilación, y viene aquí de molde.

CIPIÓN

Sí perdono. Concluye, que, [c] á lo que creo, no debe de estar lejos [d] el día.

BERGANZA

Digo que en las cuatro camas que están al cabo desta enfermería, en la una estaba un alquimista, en la otra un poeta, en la otra un matemático, y en la otra uno de los que llaman arbitristas.

CIPIÓN

Ya me acuerdo haber visto á esa buena [e] gente.

---

a. *llevó*. *R*.
b. *trabajo*. *1* y *R*.
c. concluye *presto,* que. *R*
d debe estar *muy* lejos. *R*.
e. acuerdo haber visto esa buena. *2*.

BERGANZA

Digo, pues, que una siesta de las del verano pasado, estando cerradas las ventanas, y yo cogiendo el aire debajo de la cama del uno dellos, el poeta se comenzó á quejar lastimosamente de su fortuna; y preguntándole el matemático de qué se quejaba, [a] respondió que de su corta suerte.

—¿Cómo, y no será razón que me queje, prosiguió, que habiendo yo guardado lo que Horacio manda en su *Poética*, que no salga á luz la obra que después de compuesta no hayan pasado diez años por ella, [b] [336] y que tenga yo una de veinte años de ocupación [337] y doce de pasante, [338] grande en el sujeto, admirable y nueva en la invención, grave en el verso, entretenida en los episodios, maravillosa en la división, porque el principio responde al medio y al fin, [339] de manera que constituyen el poema alto, sonoro, heroico, deleitable y sustancioso, [340] y que, con todo esto, no hallo un Príncipe á quien dirigille? [c] [341] Príncipe, digo, que sea inteligente, liberal y magnánimo. ¡Mísera edad y depravado siglo nuestro!

—¿De qué trata el libro?, preguntó el alquimista.

Respondió el poeta: «—Trata de lo que dejó de escribir el Arzobispo Turpín del Rey Artús de Inglaterra, [d] con otro suplemento de la *Historia de la Demanda del Santo Brial*, [e] [342] y todo en verso heroico, parte en otavas [f] y parte en verso suelto; pero todo esdrújulamente, digo, en esdrújulos de nombres sustantivos, sin admitir verbo alguno. [343]

—Á mí, respondió el alquimista, poco se me entiende de poesía, y así, no sabré poner en su punto la desgracia de que vuesa merced se queja, puesto que, aunque fuera mayor, no se igualaba á la

---

a. quejaba? *I*.
b. por ella? *I*.
c. dirigirle. *I* y *R*.
d. Ingalaterra. *R*.
e. Grial. *R*.
f. octava. *R*.

mía, que es que, por faltarme instrumento, ó un Príncipe que me apoye y me dé á la mano los requisitos que la ciencia de la alquimia pide, [344] no estoy ahora manando en oro, y con más riquezas que los Midas, que los Crasos y Cresos.

—¿Ha hecho vuesa merced, dijo á esta sazón el matemático, señor alquimista, la experiencia de sacar plata de otros metales?

— Yo, respondió el alquimista, no la he sacado hasta ahora; [a] pero realmente sé que se saca, y á mí no me faltan dos meses para acabar la piedra filosofal, con que se puede hacer plata y oro de las mismas piedras.

—Bien han exagerado vuesas mercedes sus desgracias, dijo á esta sazón el matemático; pero, al fin, el uno tiene libro que dirigir, y el otro está en potencia propincua [345] de sacar la piedra filosofal; [b] mas ¿qué diré yo de la mía, que es tan sola, que no tiene donde arrimarse? Veinte y dos años ha que ando tras hallar el punto fijo, y aquí lo dejo, y allí lo tomo, y, pareciéndome que ya lo he hallado y que no se me puede escapar en ninguna manera, cuando no me cato, [346] me hallo tan lejos dél, que me admiro; lo mismo me acaece con la cuadratura del círculo, que he llegado tan al remate de hallarla, que no sé ni puedo pensar cómo no la tengo ya [c] en la faldriquera; [347] y así, es mi pena semejable [d] á las de Tántalo, que está cerca del fruto, y muere de hambre; y propincuo al agua y perece de sed. Por momentos pienso dar en la coyuntura de la verdad, y por minutos me hallo tan lejos della, que vuelvo á subir el monte que acabé de bajar, con el canto de mi trabajo á cuestas, [e] como otro nuevo Sísifo.

Había hasta este punto guardado silencio el arbitrista, y aquí le rompió, diciendo:

---

a. *agora. 1.*
b. añade. *con que quedará tan rico como lo han quedado todos aquellos que han seguido este rumbo, mas ¿qué diré yo..... R.*
c. como la tengo ya. *2.*
d. *semejante. 2 y R.*
e. acuestas. *1 y 2.*

—Cuatro quejosos, tales, que lo pueden ser del Gran Turco, [848] ha juntado en este hospital la pobreza; y reniego yo de oficios y ejercicios que ni entretienen, ni dan de comer á sus dueños. Yo, señores, soy arbitrista, y he dado á su Magestad, en diferentes tiempos, muchos y diferentes arbitrios, todos en provecho suyo y sin daño del Reino; y ahora tengo hecho un memorial donde le suplico me señale persona con quien comunique un nuevo arbitrio que tengo, [849] tal, que ha de ser la total restauración de sus empeños; pero por lo que me ha sucedido con los otros memoriales, entiendo que éste también ha de parar en el carnero. Mas porque vuesas mercedes no me tengan por mentecapto, [a] aunque mi arbitrio quede desde este punto público, [850] le quiero decir, que es éste: Hase de pedir en Cortes que todos los vasallos de su Magestad, desde edad [b] de catorce á sesenta años, sean obligados á ayunar una vez en el mes á pan y agua, [851] y esto ha de ser el día que se escogiere y señalare; y que todo el gasto que en otros condumios de fruta, carne y pescado, vino, huevos y legumbres que se han de gastar [c] aquel día, se reduzga á dinero, y se dé á su Magestad, sin defraudalle un ardite, so cargo de juramento; [852] y con esto, en veinte años queda libre de socaliñas y desempeñado; porque si se hace la cuenta, como yo la tengo hecha, bien hay en España más de tres millones de personas de la dicha edad, [853] fuera de los enfermos, más viejos ó más muchachos, y ninguno déstos dejará de gastar (y esto, contado al menorete) cada día real y medio; y yo quiero que sea no más de un real, que no puede ser menos, aunque coma [d] alholvas. Pues ¿paréceles á vuesas mercedes que sería barro tener cada mes tres millones de reales como ahechados? [854] Y esto antes sería provecho que daño á los ayunantes, porque con el ayuno agradarían al cielo y servirían á su Rey, y tal podría ayunar que le fuese conveniente para

---

a. *mentecato. R.*
b. desde *la* edad. *R.*
c. legumbres que han de gastar. *1.*
    legumbres, se han de gastar. *R.*
d. *como. 2.*

su salud. Éste es el arbitrio, *ª* limpio de polvo y de paja, y podríase coger por parroquias, sin costa de comisarios, que destruyen la república.

Riyéronse todos del arbitrio y del arbitrante, y él también se riyó de sus disparates, y yo quedé admirado de haberlos oído, y de ver que, por la mayor parte, los de semejantes humores venían á morir en los hospitales. *ᵇ*

CIPIÓN

Tienes razón, Berganza. Mira si te queda más que decir.

BERGANZA

Dos cosas no más, con que daré fin á mi plática; que ya me parece que viene el día. Yendo una noche mi mayor á pedir limosna en casa del Corregidor desta ciudad, que es un gran caballero y muy gran cristiano, [355] hallámosle solo, y parecióme á mí tomar ocasión de aquella soledad para decille *ᶜ* ciertos advertimientos que había oído decir á un viejo enfermo deste hospital, acerca de cómo se podía remediar la perdición tan notoria de las mozas vagamundas, que, por no servir, dan en malas, y tan malas, que pueblan los veranos *ᵈ* todos los hospitales de los perdidos *ᵉ* que las siguen: plaga intolerable y que pedía presto y eficaz remedio. [356] Digo que queriendo *ᶠ* decírselo, alcé la voz, pensando que tenía habla, y en lugar de pronunciar razones concertadas, ladré con tanta priesa y con tan levantado tono, que, enfadado el Corregidor, dió voces á sus criados que me echasen de la sala á palos, y un lacayo que acudió á la voz de su señor, que fuera mejor que por entonces estuviera sordo, asió de una cantimplora de cobre que le vino á la mano, y

---

a. Este es arbitrio. *1*
b. hispitales. *2.*
c. decirle. *1.*
d. que pueblan *dos* veranos. *1.*
e. que pueblan los hospitales; de los perdidos. *R.*
f. quiriendo. *2.*

diómela tal en mis costillas, que hasta ahora guardo las reliquias de aquellos golpes.

CIPIÓN

Y ¿quéjaste deso, Berganza?

BERGANZA

Pues ¿no me tengo de quejar, si hasta ahora me duele, como he dicho, y si me parece que no merecía tal castigo mi buena intención?

CIPIÓN

Mira, Berganza: nadie se ha de meter donde no le llaman, [a] ni ha de querer usar del oficio que por ningún caso le toca; y has de considerar que nunca el consejo del pobre, por bueno que sea, fué admitido, ni el pobre humilde ha de tener presumpción [b] de aconsejar á los grandes y á los que piensan que se lo saben todo. La sabiduría en el pobre está asombrada; que la necesidad y miseria son sombras [c] y nubes que la escurecen, y si acaso [d] se descubre, la juzgan por tontedad y la tratan con menosprecio.

BERGANZA

Tienes razón; y, escarmentando en mi cabeza, de aquí adelante seguiré tus consejos. Entré asimismo otra noche en casa de una señora principal, la cual tenía en los brazos una perrilla [e] destas que llaman de falda, [357] tan pequeña, que se pudiera [f] esconder en el seno; la cual, cuando me vió, saltó de los brazos de su señora y arremetió á mí ladrando, y con tan gran denuedo, que no paró hasta morderme de una pierna. Volvíla á mirar con respeto [g] y con enojo,

---

a. *lo* llaman. *R*
b. *presuncion. R.*
c. son *las* sombras. *1.*
d. a caso. *1* y *2.*
e. *perrita. R.*
f. que *la* pudiera. *1.*
g. *respecto. 1.*

y dije entre mí: «Si yo os cogiera, animalejo ruin, en la calle, ó no hiciera caso de vos, ó os hiciera pedazos entre los dientes.» Consideré en ella que hasta los cobardes y de poco ánimo son atrevidos é insolentes cuando son favorecidos, y se adelantan á ofender á los que valen más que ellos.

CIPIÓN

Una muestra y señal desa verdad que dices nos dan algunos hombrecillos, [358] que, á la sombra de sus amos, se atreven á ser insolentes; y si acaso *a* la muerte ó otro accidente de fortuna derriba el árbol donde se arriman, luego se descubre y manifiesta su poco valor; porque, en efeto, no son de más quilates sus prendas que los que les dan sus dueños y valedores. La virtud y el buen entendimiento siempre es una y siempre es uno, desnudo ó vestido, solo ó acompañado; *b* bien es verdad que puede padecer acerca de la estimación de las gentes; mas no en la realidad verdadera de lo que merece y vale. Y con esto pongamos fin á esta plática; que la luz que entra por estos resquicios muestra que es muy entrado el día, y esta noche que viene, si no nos ha dejado este grande beneficio de la habla, será la mía para contarte mi vida.

BERGANZA

Sea así, *c* y mira que acudas á este mismo puesto. *d*

El acabar el coloquio el Licenciado y el despertar el Alférez fué todo á un tiempo, y el Licenciado dijo:

—Aunque este coloquio sea fingido, y nunca haya pasado, paré-

---

a. a caso. *1 y 2.*
b. añade: *no ha menester apoyos ni necesita de amparos; por sí solo vale, sin que las grandes dichas le ensoberbezcan, ni las adversidades les desanimen:* [359] bien es verdad..... *R.*
c. ansí. *1.*
d. añade: *que yo fío en el cielo que nos ha de conservar el habla para decir las muchas verdades que ahora se nos quedan por falta de tiempo. El acabar.....* *R.*

ceme que está tan bien ª compuesto, que puede el señor Alférez pasar adelante con el segundo.

—Con ese parecer, respondió el Alférez, me animaré y disporné [b] á escribille, [c] sin ponerme más en disputas con vuesa merced, si hablaron los perros ó no.

Á lo que dijo el Licenciado:

—Señor Alférez, no volvamos más á esa disputa; yo alcanzo el artificio del coloquio y la invención, y basta. [860] Vámonos al Espolón á recrear los ojos del cuerpo, pues ya he recreado los del entendimiento.

—Vamos, [d] dijo el Alférez.

Y con esto, se fueron.

---

a. también. 2.
b. dispondré. R.
c. escribirle. 1.
d. en buen hora. R.

NOTAS

Campo fecundo de investigación y de trabajo para literatos é historiadores viene siendo el hidalgo solar cervantino desde casi dos siglos á la parte. Hasta ha muy poco, redujéronse la mayoría de las empresas eruditas á porfiadas exploraciones y rebuscas sobre la vida del *famoso todo y regocijo de las Musas;* y cuando, por creer agotado este filón, vieron sus plumas ociosas, tiraron á hacer de aquel suelo una inexhausta mina de omnisciente sabiduría, en la cual pródigamente hallaban tan copioso linaje de conocimientos y saberes, que, arrancando de los misterios de la Medicina, remataba en una pericia marinera ó económica que ponía espanto.

Pero no ya solamente estos trabajos exóticos, sino hasta los mismos estudios cervantinos concienzudos y serios adolecieron siempre de un pecado capital: el de aislar con exceso la figura de Cervantes de las de sus contemporáneos, como imaginándole nacido, por arte de maravillosa y espontánea generación, en medio de una desolada estepa, que la florida fantasía de sus cultivadores poblaba, caprichosamente y á su modo, de juicios personales, sin solidez científica ni base, párrafos pomposos, comentarios retóricos y altisonantes, ó desusadas, hiperbólicas y empalagosas alabanzas, lírica y hojarasca, en fin, que á la ardiente llama de la crítica pura deshacíase en humo, vistoso y alegre á los ojos, eso sí, en sus extrañas formas y dibujos, pero humo tan sólo. En cambio, del medio en el que Cervantes vivió, de la atmósfera generosa que sus escritos respiraron, de aquella España singular y castiza que le tuvo por hijo, y de la cual lo fué tan genuíno, nada ó casi nada decían; salvo honrosas y muy contadas excepciones. Ó desdeñaban el hacerlo, ó barruntaban que la empresa estaba llena de muy espinosas é intrincadas dificultades. Ello fué que, por una ú otra causa, siempre que de Cervantes escribían, aferrábanse á él, soslayando lo demás ladinamente.

Por fortuna, en estos últimos tiempos ha mudado su rumbo la crítica, cambiando el mal criterio y desapareciendo el mal gusto que aquellas imprudentes y excesivas admiraciones revelaban. Hoy todos estimamos á Miguel de Cervantes como escritor, el más insigne y glorioso de los españoles, si se quiere, pero escritor tan sólo; que, hasta pocos años antes de su muerte, vivió obscurecido y pobre en la opulenta confusión de su siglo; y de la cual, á vuelta de azares, desdichas, pesadumbres y malandanzas, llevó á las páginas de sus escritos muchos sucesos, propios y ajenos, y buena parte de su espíritu. De ahí que, abandonando el holladísimo subsuelo (aunque sin despreciar por eso su figura, enigmática todavía en muchos rasgos y pasajes de su vida), aspiren honrosamente los modernos estudios á descubrir y recomponer costumbres, usos, sucedidos y personajes que á su pincel divino sirvieron de colores para trazar los cuadros que sacó con maravilloso y no superado realismo.

Y puestos en la empresa, acaso no sea el más errado de los caminos para lograrlo el de las ediciones críticas. Porque en ellas, con achaque de servir remozado el texto de una obra, limpio de erratas, libre de postizos, y en toda su integridad y pureza, cabe discurrir también sobre sus orígenes, entronques y méritos, lugar donde vió la luz, y causas secundarias y externas que la motivaron, exornándola á la postre de breves y pertinentes notas que ilustren sus puntos de costumbres, desemboquen sus obscuras alusiones y sátiras, aclaren sus giros y arcaísmos, á fin de que, casando la erudición con la amenidad, hagan entre todas de amable *cicerone* y *guía* para con el lector que intente atravesar la exuberante campiña de sus páginas. «Luz, más luz es lo que esos libros inmortales requieren—ha escrito la pluma de oro de la crítica literaria española con relación á las *Novelas ejemplares*—; luz que comience por esclarecer los arcanos gramaticales y no deje palabra ni frase sin interpretación segura, y explique la génesis de la obra, y aclare todos los rasgos de costumbres, todas las alusiones literarias, toda la vida tan animada y compleja que Cervantes refleja en sus libros.»

Acatando substancialmente este criterio, al emprender el comentario de *El Casamiento engañoso* y del *Coloquio de los Perros*, procuré encerrar, no obstante, el mío en los severos límites de una prudente sobriedad, refrenando la ambiciosa pluma, que reclamaba á menudo más espacio y holgura del que, para cumplir con mi propósito, podía concederle. Consecuente con él, en las notas gramaticales he admitido tan sólo aquellas que se refieren á algún modismo castizo, perdido ó desusado hoy de todo punto, así como las voces que nuestro *Diccionario*, ó no ha incluído, ó calla el sentido en que aparecen citadas en la novela; desdeñando las incorrecciones cervantinas, salvo en aquellos casos en que por su gravedad y caída pidan ellas mismas ser enmendadas, para que el lector no tenga mi silencio por punible descuido ó por inexcusable ignorancia. La misma sobriedad que predico me ha hecho huir del método *clemencinesco*, aun admirando, como admiro, el saber, la doctrina y extraordinario mérito de su insigne comentario, que, á pesar de los años, ni ha envejecido, ni ha encontrado todavía quien le sustituya sin desventaja. *

En las notas históricas he sido más amplio y tolerante, por ser también más nuevo el asunto y por pedirlo el carácter mismo del *Coloquio*, reflejo tan fiel de la vida riquísima de su tiempo. Todas ellas llevan un fin: servir de adelantos y jalones para una futura *Historia de las costumbres españolas bajo los Austrias*, obra con la cual mi ambición juvenil soñó más de una vez; pero hermoso sueño que, al despertar, truécase en titánica empresa, guardada para manos más capaces y doctas que las mías. Dentro de la especialización de los estudios, que cada día imponen más las nuevas orientaciones y progresos de las ciencias, singularmente de las históricas, pocos libros habrá que — á componerse — acierten á llenar un objeto tan alto é importante como este que anhelo. En Francia, Alemania é Inglaterra, los trabajos de Lacroix, Taine, Janssen, Macaulay y tantos otros han mostrado el fruto que de la historia de las costumbres puede sacarse para la general de un pueblo, y las oportunas enseñanzas que regala. En España,

---

* Escribiéronse estas líneas hace ya bastante tiempo, mucho antes que el benemérito anotador de *Rinconete y Cortadillo*, D. Francisco Rodríguez Marín, sacara á luz los primeros tomos de su valiosísima edición comentada de *El Ingenioso Hidalgo*, anuncio y heraldo de una futura y cuasi preparada, más extensa, donde, por milagros de su saber y hazañas de su ingenio, quedará cumplida, y por él solo, aquella sobrehumana empresa para la cual Menéndez y Pelayo exigía, y con razón, el concurso de una generación entera de eruditos, el comentario del *Quijote*. No extrañe, pues, el lector este anacronismo, así como cualesquier otros que halle en el curso de la obra.

desdeñada por todos (salvo algunos ensayos, no muy afortunados, de D. Adolfo de Castro y de D. Julio Monreal), no se ha comenzado verdaderamente aún; mas hora es ya de que se vaya contribuyendo á tan grandiosa empresa. Si algún mérito ú originalidad tuvieren estas notas, será el de que abro con ellas el inexplorado camino, aunque sea dentro de los estrechos linderos con que su mismo carácter de notas me sujeta

Con todo esto, no he vacilado en señalar en ellas fuentes y datos no utilizados por mí, pensando al consignarlos que, aunque no mate la liebre, al menos, la moveré para que otros la alcancen. No sé por qué hemos de confundir la erudición con la cicatería. Ahí quedan muchos lugares citados tan sólo, especialmente de aquellas tres fuentes de riquísimo valer para la historia de nuestras costumbres, casi vírgenes hasta ahora, y que no dudo en señalar á los estudiosos como curiosísimas: las *Actas de las Cortes de Castilla*, los *Libros de la Sala de Alcaldes de Casa y Corte* y los *Procesos* de todas clases incoados por la Santa Inquisición; tres abundantes veneros para nuestra historia, los cuales, no obstante haber sido explorados por mí, conservan aún intacta mucha riqueza y están clamando por plumas y brazos que los ahonden.

He procurado, por último, ser sincero, alejándome en lo posible de las conjeturas, y no avergonzándome de declarar con franqueza mis pocas letras cuando, á pesar de mis esfuerzos, no logré atinar con la verdad que con tanto ahinco perseguía.

No digo que haya acertado, ni menos aún que el *Coloquio* tenga, hoy por hoy, aquel comentador que su excelsa importancia y alteza requerían: si entré en él y me decidí á hollar sus páginas, fué porque me pareció que eran cosa *nullius*, y amenazaban serlo durante muchos años en esta España donde tan escasa es la afición que hacia este linaje de estudios é investigaciones, míseramente, se observa. Por eso, cuando el lector tropiece más de una vez con caídas y errores hijos de mi pluma, antes que brote en su boca la censura, pídole tan sólo que recuerde y medite un instante aquellas hermosas palabras del Águila de Hipona, que ellas me excusarán y justificarán con él, mejor, mucho mejor que mis razones, desmayadas y torpes:

«Nunca es más perdonable la equivocación que cuando nace de un amor ardentísimo por la verdad.»

NOTAS

1 ... fuera de la Puerta del Campo ...

Una de las cuatro puertas de la muralla que daban acceso á la ciudad. La historia de su nombre la relatan de este modo los historiadores pincianos:

En tiempo de Fernando IV de Castilla acudieron ante el Rey dos caballeros llamados D. Pedro de Benavides y D. Pedro Alonso de Carvajal, en demanda de un campo ó liza donde celebrar un desafío que, por sus diferencias, ambos tenían concertado. Concedióles el Monarca para ello el terreno que se extendía delante de esta puerta: celebróse el combate, y en lo más fiero de él cayó muerto D. Pedro de Benavides, bautizando con su sangre aquel lugar, que desde entonces se llamó Puerta del Campo. [1]

Modificóse su entrada en el reinado de Carlos V, ensanchándola en la forma que tenía al escribirse *El Casamiento engañoso*, [2] y Pinheiro refiere que entonces la coronaba un arco con su cornisa, rematándose en un frontispicio adornado en extremo de cubillos ó torrecillas, metopas y cuernos. [3]

Á la Puerta del Campo sustituyó poco después el elegante Arco de Santiago, edificado en 1626, bajo la dirección del arquitecto Francisco

---

[1] DAZA: *Excelencias de la ciudad de Valladolid*.....; op. cit., f.º 19.
FRAY ALONSO FERNÁNDEZ: *Historia y anales de la ciudad y obispado de Plasencia*.... Madrid, 1627.—Apud SANGRADOR. *Historia de Valladolid*.....; op. cit, tomo I, página 141.

[2] Ibidem.—Tomo I, p. 440.

[3] *La Corte de Felipe III*.....; op. cit., p 21.

de Praves, y derruído no hace aún muchos años. [1] Por su puerta se salía al Campo Grande, uno de los paseos más concurridos y famosos de Valladolid [2]

2 ¿Qué es esto, señor alférez Campuzano? ...

Desde que Pellicer inició la vituperable manía de hallar retratos de personas determinadas en los tipos sacados por Cervantes en sus *Novelas*, según apunta oportunamente Icaza, [3] ha venido corriendo por buena la especie de que en el alférez Campuzano pintó en un todo, sin cuidarse siquiera de mudarle el nombre, á un homónimo suyo, á quien hubo de conocer en las comisiones reales que le llevaron á Orán

El primero que echó á volar esta noticia fué D. Eustaquio Fernández de Navarrete, copiando una nota manuscrita hallada entre los papeles de D. Martín, su abuelo, y al cual se la había remitido su diligente corresponsal en el Archivo de Simancas, D. Tomás González. Dicha nota decía así:

«El alférez Campuzano, á quien Cervantes hace el héroe de la novela *El Casamiento engañoso*, se llamó D. Alonso Campuzano, alférez de la Compañía de Navarra, de que era Capitán su padre D. Rodrigo, y lo había sido su abuelo, que entre ambos sirvieron más de ochenta años, con mucho celo y fidelidad, según certificación del Marqués de Almazán y de D. Martín de Córdoba, ambos Virreyes de Navarra. En 19 de Junio de 1589 el Consejo de Guerra consultó la capitanía que quedaba vaca por muerte de D. Rodrigo Campuzano en su hijo D. Alonso, el alférez; y no habiendo resolución, repitió consulta de recuerdo en 4 de Mayo de 1590, la cual tuvo favorable éxito. El alférez D. Alonso Campuzano estuvo en Orán los años de 1587 y 88 al mando de don Pedro de Padilla, y sin duda en aquella época le conoció Cervantes.» [4]

---

[1] SANGRADOR. ...; op. cit., tomo I, p 635.
[2] Cock atribuía á esta circunstancia el nombre dado á la Puerta del Campo. *Jornada de Tarazona* ...; op cit, p. 22.
[3] *Las Novelas ejemplares*...., op. cit., pp. 73 y 74.
[4] *Bosquejo histórico de la Novela española*, op. cit., p. XLI. La Barrera aceptó totalmente esta especie, escribiendo en sus *Nuevas investigaciones*: «En Orán conoció entonces al Alférez Campuzano, don Alonso Campuzano, de la compañía de Navarra, á quien años después introdujo como protagonista de la novela *El Casamiento engañoso* »—*Obras completas de Cervantes*.....; op. cit., tomo I, p. LVIII.

Aunque sea contradiciendo la valiosa autoridad de Navarrete, observaré dos cosas: primera, que no consta que Cervantes estuviera en Orán por los años de 1587 y 88, único punto donde, documentalmente, pudo conocer al susodicho alférez;[1] y segunda, que tan común y usado fué el apellido Campuzano en aquel tiempo,[2] que no hay razón para atribuir á uno determinado las hazañas del héroe cervantino, pues con el mismo fundamento cabría hacer al Alférez protagonista de aquel valiente soneto donde también saca Cervantes á un Campuzano, maestro de esgrima; á aquel espadachín insolente y fiero que después de haber rebanado narices en Castilla y cometido otras muchas fechorías,

> Vínose á recoger á aquesta ermita
> Con su palo en la mano y su rosario,
> Y su ballesta de matar pardales.

Y ¿habrá alguno que acepte por verosímiles estas casuales coincidencias?

3   ¿Es posible que está vuesa merced en esta tierra? ...

La impresión primera que en los oídos de hoy causa la lectura de este párrafo es la de un verdadero caso de solecismo, y de ella parti-

---

[1] Ninguno de los biógrafos de Cervantes lleva la fecha de la comisión real á Orán más allá del año 1581. Y aun el único documento en que tal comisión consta verdaderamente es el *Memorial* que en 1590 elevó al Monarca, pidiéndole merced de un oficio en Indias. En este importantísimo papel recordó, enumerando sus servicios, «que fué el que trajo las cartas y avisos del Alcaide de Mostagán y *fué á Orán por orden de S. M.*»; comisiones que debieron practicarse poco después de su liberación del cautiverio No se prueba, por lo tanto, la estancia de Cervantes en Orán por los años de 1587-1588.— Vid. para este punto: NAVARRETE: *Vida de Cervantes*....., op. cit., 312-313.— MORÁN: *Vida de Cervantes*....; op. cit., 339 á 341; y PÉREZ PASTOR: *Documentos Cervantinos*....., tomo I, página XII

[2] Cervantes, por no acudir á otros, alabó con preclaros timbres en el *Canto de Calíope* á un Dr. Campuzano á quien llamó *famoso*; poeta celebrado también por Luis Gálvez de Montalvo en *El Pastor de Fílida*, sirviendo de ocasión al canónigo Mayans para trazar una indigesta genealogía de los Campuzanos *(El Pastor de Fílida.*—Valencia, Salvador Faulí, MDCCXCII, pp. LXXVI y LXXVII). Este ingenio tan ensalzado no era otro que el Dr. Francisco de Campuzano, de quien el benemérito Pérez Pastor allegó varios documentos tocantes á su vida. — *Bibliografía Madrileña;* III, pp. 340-341.

cipó también el severo Clemencín al comentar un pasaje análogo del *Quijote*.

Bien mirado, no existe tal vicio de dicción; antes la aparente caída derechamente se explica con recordar que tanto Cervantes como los demás escritores del siglo de oro acostumbraban á usar el presente de indicativo en lugar del de subjuntivo, singularmente en aquellos párrafos que llevaban interrogación, sobre todo, si iban precedidos de este mismo bordoncillo: *¿Es posible?*

Véanse, para probarlo, ejemplos de una y otras plumas.

De Cervantes: «*¿Es posible que tal hay* en el mundo, y que tengan en él tanta fuerza los encantadores?» [1]

De Ruiz de Alarcón, éstos dos:

> LUCRECIA ... ¡Cosa extraña!
> *¿Es posible que me engaña*
> Quien desta suerte porfía? [2]

Comprobado en la misma comedia, más abajo:

> DON GARCÍA. Corred los delgados velos
> Á ese asombro de los cielos,
> Á ese cielo de los hombres.
> *¿Posible es que os llego á ver,*
> Homicida de mi vida? [3]

4 ... que non debiera.

Comentando D. Adolfo de Castro un pasaje análogo del *Entremés de los Mirones:* «y dijo entre dientes, que no debiera...», sentaba rotundamente esta conclusión: «frase muy de Cervantes»; y para ello aducía, entre otros ejemplos, este mismo de *El Casamiento engañoso* que ahora anoto. [4] «Y de cualquiera de su tiempo», añadirá presurosamente el lector; porque lo que Castro reputaba giro cervantino puro, al efecto de poder incluir aquel anónimo entremés entre los escritos

---

[1] *El Ingenioso Hidalgo.*—Parte II, cap. XXIII.
[2] *La Verdad sospechosa.*—Acto III, escena I.
[3] *Ibidem.*—Acto III, escena VI.
[4] *Varias obras inéditas de Cervantes* —Madrid, 1874; pág. 35

descarriados del gran soldado, [1] es bordoncillo que se repite con mucha frecuencia en todas las obras coetáneas; y así, siguiéndole pacientemente la pista, le he podido leer desde Feliciano de Silva, Cristóbal de Villalón, Diego Hurtado de Mendoza y el ignorado autor de la *Segunda parte del Lazarillo*, hasta Zapata, Mateo Alemán, Luján de Sayavedra, Velázquez de Velasco, Liñán, Juan Cortés de Tolosa, Tirso de Molina, con otros mil ejemplos y autores que podrían sacarse. [2]

Lo cual prueba, y á ello tira esta nota, que el criterio literario que para adjudicar una obra anónima á determinada pluma se fija sólo en los parecidos y coincidencias de lenguaje, cuando es exclusivo y único, debe rechazarse como inadmisible por todo crítico serio y concienzudo. Podrá ser un auxiliar prudente; pero nunca base capital para discernir paternidades dudosas ó controvertidas.

5 Sería por amores ...

Amores está aquí por devaneos, ligerezas juveniles, locuras, engaños y liviandades, que traen, más ó menos forzosamente, las bodas, y que, por no ajustarse con el concierto y prudencia debidos, llevan mucho

---

[1] Como muy de Cervantes la tenía el mismo D. Adolfo de Castro, cuando al urdir el tan conocido embuste literario del *Buscapié*, lo insertó, asimismo, en él, entre la rebuscada colección de cervantismos que, dispuestos con más arte que ingenio, dieron lugar á aquella celebrada burla del maleante erudito gaditano.—Vid. *El Buscapié, opúsculo inédito que en defensa de la primera parte del Quijote, escribió Miguel de Cervantes Saavedra, publicado con notas históricas, críticas y bibliográficas, por D. Adolfo de Castro.*—Cádiz, Imp. de la *Revista Médica*, 1848, in 8.º menor, p. 11.)

[2] Feliciano de Silva: *Segunda Comedia de Celestina.*—Madrid, 1874.—Libros raros ó curiosos, p. 339.

Diego Hurtado de Mendoza: *Carta del Bachiller de Arcadia.*—*Sales españolas......*, op. cit., I, p. 80.

Alemán: *Guzmán de Alfarache.*—Parte I, lib. I, cap. III, y parte II, lib. I, capítulo V.

Luján de Savavedra: *Guzmán de Alfarache.*—Parte II, lib. I, cap. I.

Zapata: *Miscelánea......*; op. cit., pp. 258 y 327.

Segunda parte del Lazarillo.—Cap. II.

Velázquez de Velasco *La Lena..*—Milán, 1602; reproducida en la Nueva Biblioteca de Autores Españoles: tomo XIV, pp. 390 y 394

Liñán: *Guía y avisos de forasteros......*—Madrid, 1620; Novela IX.

Tirso: *La villana de Vallecas.*—Acto I, escena X.

adelantado para hallar su castigo con la pena del arrepentimiento. Sentido amplio y significativo de la voz *amores*, corriente en nuestros clásicos y linguistas, [1] que mejor que yo pueda hacerlo, lo explicaban nuestros procuradores en Cortes, cuando en las de Madrid de 1586 á 1588, en su capítulo XLIII, decían al Rey. «Muchas doncellas principales y honestas son engañadas con promesas que los hombres les hacen de matrimonio de futuro, y muchos hijos desigualmente casados con deshonra de sus padres y linajes, por la fuerza que tienen semejantes palabras, que, de ordinario, como mozos, inconsiderada y clandestinamente dan.» [2] Éstos eran los casamientos *por amores*. Á la frase del licenciado Peralta responden dos refranes castellanos que la confirman: *Vanse los amores y quedan los dolores; Quien casa por amores, malos días y buenas noches.*

6 ... que venga conmigo á mi posada ...

Posada, como advierte un comentarista, en su antigua y genérica acepción de *casa en donde se posa ó vive. morada*. [3] Y así, decíase *señor de la posada* por *señor de la casa*, [4] y *posar* por *vivir*. Tan sabido es, que los ejemplos huelgan por lo infinitos. Y es regla para distinguir, en las obras del tiempo, *posada* (casa donde se vive), de la *posada* (mesón ú hostería), el que la primera se decía *posada* simplemente, y la segunda, *casa de posadas*, por la tablilla ó cartel colgado de su puerta, y en el que campeaba semejante rotulillo. [5] En los libros de la

---

[1] Así Covarrubias decía: «*Amores* siempre se toma en mala parte, por los amores lascivos, que son los que tratan los enamorados» (Artículo *amor*.)

Acepción que adoptó nuestro *Diccionario de Autoridades*, pero desaparecida del modernísimo de la Academia «Casó por amores, que fué gran maravilla, un ciego», dice Luis Zapata en su *Miscelánea*, aludiendo al famoso músico Antonio Cabezón.—Op. cit., p. 121

[2] *Cortes de Castilla*.—Tomo IX, p. 433.

[3] Rodríguez Marín: *Rinconete* ..; op. cit., pp. 439, 440.

[4] «..... con el dinero del mismo *señor de la posada*».—*Fiel desengaño contra la ociosidad, y los juegos, vtilissimo á los confessores y penitentes.*.... por el Licenciado Francisco de Luque Fajardo.—Madrid, Miguel Serrano de Vargas, 1603; folio 211 vto.

[5] Tirso de Molina: *Los tres maridos burlados*.—Edic. Rivadeneyra; pp. 485, 486.

Antonio Liñán y Verdugo. *Guía y aviso de forasteros*.....; op. cit., Novela primera.

Sala de Alcaldes de Casa y Corte pueden verse numerosas peticiones de las mesoneras ó huéspedas, denominando así, *casas de posadas*, á sus propias hosterías. [1]

7 ... un pastel suplirá con mi criado ...

La transposición hácese un tanto violenta; pero hay que reconocer que, en cambio, comunica á la frase novedad y elegancia. Hoy diríamos: «mi criado suplirá con un pastel», sintaxis más correcta, sí, pero falta también de la originalidad y fuerza cervantinas.

8 Fueron á San Llorente ...

La iglesia parroquial de San Lorenzo, denominada en los documentos y libros antiguos Santa María de San Llorente, por la corrupción vulgar del nombre de *Lorenzo*, usualísima entonces.

Fué en sus comienzos, que arrancan del siglo XII, una ermita pobre, pequeña, labrada de madera rasa, y hacia el año de 1485 derrocada de alto á abajo y edificada con más suntuosidad y riqueza, por el celo y piedad de D. Pedro Niño, regidor de Valladolid.

Avalorada durante el siglo XVI con valientes obras de arte de Berruguete, Antonio Vázquez y otros artífices, sufrió en los primeros años del XVII (1602-1617) una gran obra, principalmente en la nave de la sacristía y en su portada, corriendo á cargo de Juan Díaz del Hoyo y Diego de Praves. [2]

En el primer tercio del siglo XIX (1826) fué modificada nuevamente por manos impías, que hicieron desaparecer el carácter y sello de

---

[1] Vid., para ejemplo, una, contenida en el libro V, f.º 36, año de 1611. El Dr. Rosal iba más allá aún: «podemos decir — escribía — *posadas, ventas y mesones* á nuestras casas».—*Diccionario de la lengua castellana, por el Dr. Francisco del Rosal, Médico, natural de la ciudad de Córdoba*, copia ms. de la Bib. de la R. Acad. de la Hist., A. 26-27 (Alphabeto III, Art. *Posar* y *Posada*). Semejantes libertades harían confuso, sin duda, nuestro lenguaje: no son para recomendadas.

[2] Para esta obra concedieron en 13 de Febrero de 1604 las Cortes de Castilla, reunidas en Valladolid, 30.000 maravedís de limosna, como ayuda de «la grande obra que trae engrandando la Iglesia».—*Actas de las Cortes de Castilla*; op. cit., XXII, pp. 194-195.

época en el interior del templo, así como pinturas, retablos y frescos de no poco mérito artístico. [1]

9 ... como yo hacía... camarada con el capitán Pedro de Herrera ...

Hacer camarada con uno equivale á ser compañero suyo de cámara, comiendo y durmiendo los dos en una misma posada. [2] La penuria y escasez del sueldo en la gente de guerra originó primeramente la costumbre, y luego la palabra, pues para poderse sustentar con más holgura, juntábanse dos ó más soldados en un mismo aposento, sobrellevando de este modo, rata por cantidad, los gastos comunes. Ganaban no poco con esta práctica el espíritu militar y la afición á las armas, y por ello la recomendaron tanto los escritores bélicos de aquel tiempo. [3]

En el comienzo, la voz *camarada* era femenina; hoy un capricho del uso ha mudado su género, haciéndola masculina. [4]

---

[1] Para mayores y más circunstanciados detalles, puede el lector consultar á Sangrador en su *Historia de Valladolid...*. (op. cit., I, pp. 197 á 201), y con más fruto aún los *Estudios histórico-artísticos* de Martí y Monsó (op. cit., pp. 562 á 572), donde se corrigen muchos errores de aquel celoso cronista, y se traza una completa historia artística y monumental de este celebrado templo.

[2] COVARRUVIAS: *Tesoro.....*, op. cit., artículo *Camarada.*

«Hice camarada con Diego Centeno Pacheco de Chaves», dice el pendenciero Duque de Estrada en sus *Comentarios del desengañado, ó sea vida de D. Diego Duque de Estrada.*—Mem. Hist. Esp., tomo XII, p. 36.—Abundan sobremanera los ejemplos

[3] «Otro sí, porque gran parte de la soldadesca buena consiste en que los soldados tengan *camaradas*, de los cuales procede poderse sustentar con el sueldo mejor que estando cada uno de por sí, y así mesmo grande amistad, con otras muchas utilidades, todos los soldados las tengan, y mucho cuidado que en ellas no entre hombre vicioso, por que los que con él alojaren no vengan á serlo: y si alguno jugare ó defraudare la despensa, que pare *(sic)* para el sustento y comida de todos, por todos se uviere depositado en él, de más de pagar quatro doblado, sea puesto en la cárcel por tiempo limitado, ó á voluntad por la primera vez y por la segunda en galera».—*El Discurso sobre la forma de reduzir la disciplina militar á meior y antigvo estado*, por D. Sancho de Londoño.... En Brvsselas. En casa de Roger Velpius, en l'Aguila d'Oro, cerca del Palatio. 1596, in 4.º, ff. 68 y 69.

[4] CLEMENCÍN.....; III, pp. 261 y 262.

Cervantes emplea este término siempre como femenino, conformándose con el habla de su época.

10 ... en aquella Posada de la Solana ...

El paraje de Valladolid conocido entonces por el nombre de la Solana, sito al oriente de la ciudad y no lejos de la Chancillería, correspondía á la actual calle del Marqués del Duero, que hasta hace no muchos años se llamó de las Parras.

Había Solana alta y Solana baja y cada una de ellas daba nombre á dos calles distintas, ambas de la Solana. [1]

Más curiosa ilustración de este pasaje es la de que, si mis cuentas no fallan, puedo hoy reconstituir como real y auténtica la Posada de la Solana y el nombre de su huéspeda. Llamábase Juana Ruiz, era viuda de un Diego Hernández, y dedicábase á sostener casas de posadas. Dos cuando menos aparecen como suyas en el Proceso de Valladolid, de donde entresaco estas noticias: una en la calle de los Manteros, en la cual posaba D. Gaspar de Ezpeleta, y otra «á la Solana, en mitad de ella», que es la posada á que hace referencia en su relación el Alférez. [2]

La dicha Juana Ruiz era pájaro de cuenta: no es solamente en los autos cervantinos donde me he tropezado su nombre, unido á los devaneos amorosos del D. Gaspar con la mujer del escribano Galván (causa indudable de la muerte de aquél); en otro documento del tiempo

---

[1] *Á la Solana* tenía Juan de Bostillo su oficina tipográfica; y Pedro Lasso aparece imprimiendo algunas obras también *á la Solana*. De dicho nombre toma el suyo la posada cervantina.

[2] Ocurrido el fallecimiento de D. Gaspar de Ezpeleta, procede la Justicia al embargo y depósito de sus bienes. Al efecto, el escribano, acompañado de los alguaciles, persónase en «la posada donde vivía el dicho D. Gaspar de Ezpeleta, que es en la calle de los Manteros [hoy de la Mantería], en casa de Juana Ruiz, viuda de Diego Hernández». Practícase el inventario, y, concluído, prosigue la diligencia el escribano, diciendo. «Todos los quales dichos bienes desuso inventariados, los alguaciles Francisco Vicente y Diego García entregaron á Juana Ruiz, viuda de Diego Hernández, *que se pasa de esta casa á la Solana en mitad de ella, donde tiene casa de posadas*.....; é la dicha Juana Ruiz los recibió».— PÉREZ PASTOR: *Documentos Cervantinos;* op. cit., II, pp. 482 á 485. En los depósitos judiciales estilábase entonces acompañar las señas y circunstancias de la casa donde quedaban los bienes, efectos y cosas, para mayor garantía de lo depositado. Á esta formalidad debemos los detalles que aquí se dan de la Posada de la Solana.

también aparece con sus puntas y collar de alcahueta; que el oficio de hospedadera dióse la mano casi siempre con las infames prácticas de la taimada Celestina. [1]

11 ... derribado el manto hasta la barba ...

Por donde se ve que las disposiciones de las Cortes en contrario, reforzadas por las pragmáticas, eran letra muerta, como tantas otras, y no se acataban ni cumplían.

Habían prohibido las de Madrid de 1586-1588 el andar tapadas las mujeres, porque «ha venido á tal extremo el uso, que dello han resultado grandes ofensas de Dios y notable daño de la República, á causa de que en aquella forma no conoce el padre á la hija, ni el marido á la mujer, ni el hermano á la hermana, y tienen la libertad y tiempo y lugar á su voluntad, y dan ocasión á que los hombres se atrevan á la hija ó mujer del más principal como á las del más vil y bajo, lo que no sería si diesen lugar, yendo descubiertas, á que la luz discirniese las unas de las otras.... ; demás de lo cual se excusarían grandes maldades y sacrilegios que los hombres, vestidos como mujeres y tapados, sin poder ser conocidos, han hecho y hacen.» [2]

Tan arraigada estaba, no obstante, la costumbre, que poco después volvieron á las andadas, desoyendo las quejas de los procuradores y los preceptos de las pragmáticas [3]

Las damas vallisoletanas eran más que otras ningunas aficionadísimas

---

[1] Relatando Pinheiro las escrituras de ventas de doncellas, que no escaseaban por su tiempo, copia una otorgada en Valladolid á 25 de Marzo de 1604, por D. Melchor Carlos Zúñiga en favor de doña Ana de Valdés, hija doncella de doña Francisca, y entre las firmas de los testigos se hallan: «Ana de Urries (huéspeda), Valdemoro la comadre y *Juana Ruiz*».—*Cervantes en Valladolid;* op. cit., pp. 152 y 153.

[2] *Cortes de Castilla;* tomo IX, pp. 440-441 y 139-141.

[3] En las de Madrid de 1598-1601, quejóse un procurador que «de no guardarse la pregmática que manda que las mugeres no anden tapadas, resultan muchos inconvenientes».—*Cortes de Castilla*, tomo XVIII, p 260.

Toda la legislación referente á las prohibiciones de los mantos, hasta mediados del siglo xvii, está contenida, aparte el libro que luego cito, en una *Prematica en que su Magestad manda que ninguna muger ande tapada, sino descubierta el rostro, de manera que pueda ser vista y conocida......*—Madrid, Pedro Tazzo, MDCXXXIX; 4 hojas en folio (Bib. Acad. Hist; Jesuítas; tomo 193, núm. 36.)

á rebozarse, y merced al manto entrábanse de corrido por los banquetes, fiestas y saraos de Palacio: un manto en la Corte era entonces la mejor ganzúa; allanaba todos los obstáculos y abría todas las puertas. [1]

Tan grande fué el empeño de los Consejos en prohibirlos [2] como la tenacidad de las mujeres en usarlos; mirado hoy á lo lejos, debemos estimárselo en mucho, pues ¿qué hubieran hecho nuestros dramaturgos del siglo XVII á haberles arrancado este recurso extraordinario de las tapadas en los incidentes é intriga de sus obras? ¿No fué el mismo Calderón quien lo reconoció más tarde, cuando en la jornada segunda de *No hay burlas con el amor*, escribía:

> ¿Es comedia de don Pedro
> Calderón, donde ha de haber,
> Por fuerza, amante escondido,
> Ó rebozada mujer?

Aquellos velos sutiles, neblinos, que escasamente borraban las líneas de un hechicero rostro, y á que expresivamente llamaban entonces *velos de humo*, hicieron no poco por el esplendor de las letras patrias, y á fuer de amantes de ellas debemos hoy estarles agradecidos por entero.

12 ... el sombrero con plumas y cintillo ...

Adornábase el sombrero por aquellos tiempos con toquilla ó con cintillo. «La toquilla, comúnmente de gasa, era al sombrero lo que ahora la cinta; adorno que rodeaba la copa por junto á la falda ó ala.» [3] El cintillo era prenda más soldadesca, vistosa y cortesana, consistente

---

[1] Pinheiro *Cervantes en Valladolid.....;* op. cit., pp. 18 y 158.

[2] Vid., ó, por mejor, no ver, salvo para la legislación, el fastidiosísimo libro del licenciado Antonio de León Pinelo: *Velos antiguos i modernos en los rostros de las mugeres, sus conueniençias i daños.....*—Madrid, Juan Sánchez, 1641; in 4.º, xxx + 137 folios. Obra apestosa por su indigesta y aburrida erudición. Todo lo útil para nuestros tiempos podría reducirse á tres páginas. Lo restante son citas, textos y más autoridades, repartidas sin tasa, con aquella increíble manía que tan odiosas hace, en general, muchas obras de estudio de aquel tiempo. Mil veces más se aprende en una novela que en estos engendros. La legislación sobre los mantos está al capítulo XXI, f.º 82.

[3] Rodríguez Marín. *Rinconete.....;* op cit., pp. 352 y 353.

en un cordón de seda con piezas de oro labrado á trechos, ciñendo asimismo la copa del sombrero. Fabricábanse muy galanos y ricos, y los grandes señores y potentados ostentábanlos de brillantes y pedrería.

La gente de guerra, por hacer aún más gallardo y airoso el ancho sombrero, vestíalo también con plumas grandes y caídas, pormenor propio de su oficio, que los separaba á primera vista de otros cualesquiera. [1]

13 ... el vestido de colores, á fuer de soldado ...

Desde fines del siglo XVI, el vestido cortesano había perdido los colores lucidos y brillantes de la corte de Carlos V, reduciéndose casi exclusivamente al negro; hasta el punto que, como decía el P. Fonseca, «si vais á la Corte, veréis todos los señores y caballeros de negro hasta los jubones: que os pone melancolía». [2]

De tales usos libróse el hábito militar, el cual era más gentil, alegre y vistoso que el cortesano, pues las mismas Cortes y pragmáticas, tan celosas en la reformación del lujo en los vestidos y adornos, salvaban siempre de sus rigores á los soldados que venían á la Corte; [3] y mer-

---

[1] «..... en una pluma que cosida en el sombrero llevaba, sospeché ser soldado.»—H. DE LUNA: *Segunda parte del Lazarillo de Tormes*....., op. cit., cap. I.—Puede verse un ejemplo gráfico de esta famosa costumbre, en la lámina grabada que representa al capitán D. Juan de Santans y Tapia, obrante al f.º VIII de su *Tratado de fortificación militar*.......—Bruselas, MDCXLIV.

[2] FRAY CRISTÓBAL DE FONSECA: *Primera parte de la Vida de Christo*.—Toledo, Thomás de Guzmán, 1596.

[3] «También han hecho exentos á los soldados de las pragmáticas de traer almidón en los cuellos y las lechuguillas mayores de la marca y con bandas ó como quisieren, y los vestidos de la misma manera.» (CABRERA: *Relaciones*. ..., p 3.) Es muy buena ilustración, también, para este pasaje la *Pragmática en que se mandan guardar las últimamente publicadas, sobre los tratamientos y cortesías y andar en coches y en traer vestidos y trajes y labor de las sedas con las declaraciones que aquí se refieren.—En Madrid. Por Juan de la Cuesta; año de 1611.*

Después de consignar, en general, reglas muy severas, permitía, sin embargo, á los soldados que venían á la Corte, y á los estantes en ella, llevar el traje que quisiesen, no rezando con ellos sus disposiciones.

Mateo Alemán se quejaba de que en su tiempo se quería uniformar el traje soldadesco con el cortesano, pues «siendo las galas, las plumas, los colores, lo

ced á su indulgencia ha quedado imborrable y pintorescamente gallardo el tipo del soldado español, que enamoraba á Brântome y que paseó su apicarada figura por la novela y el teatro del siglo XVII. Aludiendo á esta costumbre es por lo que Cervantes en *El Licenciado Vidriera* dice de su héroe, al entrar en una compañía de guerra, que «se vistió de papagayo, poniéndose á lo de Dios es Cristo, como se suele decir.»

14 ... que podía enamorar comunicada ...

Esto es, *tratada en conversación y amistad familiar*.

Forma activa del verbo *comunicar*, desusada hoy, pues se emplea casi exclusivamente en su forma reflexiva *comunicarse*. Nuestros clásicos, no obstante, manejaban sobremanera este verbo como activo,[1] y bien estaría que, á imitación suya, se le restaurase su perdido crédito, por ser acepción muy necesaria en la corriente conversación. Sustitúyesele

---

que alienta y pone fuerzas á un soldado......, en viéndonos con ellas somos ultrajados en España, y les parece que debemos andar como solicitadores, ó hechos estudiantes capigorristas, enlutados y con gualdrapas; envueltos en trapos negros».—*Guzmán de Alfarache*, parte I, libro II, cap. IX.

Rufo declara perfectamente esta costumbre en una de sus *apotegmas*.

«Dos soldados, bizarros y valientes, llegaron á la Corte, y aunque venían galanes y bien puestos en el traje que por allá se usa, no salían de la posada esperando que les acabasen sendos vestidos negros. Sabido lo cual les dijo: «Tan »bien les están á los soldados sus colores y hábito militar, como á las colunas »de jaspe sus diferencias y labores naturales.»—*Las seyscientas apotegmas....*, op. cit., f.º 176 vto.

[1] Los ejemplos de esta forma activa abundan á granel. «Por ninguna cosa dexaré de *comunicar* con v. m. el entretenimiento que tuue en mi camino». (*Cartas inéditas de Eugenio de Salazar.—Sales españolas......*, II, 226.) *Comunicar*, sustituyendo á *tratar* para las personas: «Nunca he sabido hasta ahora de donde fuese v. m., aunque le conocí en Sevilla y le *comuniqué* en Flandes y en Italia.» (*El Escudero Marcos de Obregón*, Relación I, descanso VIII.) «... que el Torcuato, al cual yo *comuniqué* cinco años en Roma. (MESA. *La Restauración de España.—*Madrid, 1607. Prólogo «Á los lectores».) Así, *comunicación* equivale á *trato* y *amistad confiada*.

«Si la *comunicación*
Quita la melancolía,
Y en nuestra amistad consientes
Tu desgracia es bien me cuentes,
Pues ya te dije la mía.»

TIRSO: *Don Gil de las Calzas Verdes*, acto II, escena v.

hoy por el verbo *tratar*, castizo también, mas al cual los antiguos aplicaban con especialidad para las cosas; y así decían: «trata de negros», «trato de mercaderías», «los tratos y contratos», dejando á su correspondiente *comunicar* más preferentemente para las personas. [1]

15 ... que está en víspera de mudar ...

De asiento ó de ciudad, se sobreentiende. Es sencilla elipsis, común dentro del lenguaje de Cervantes, que fué de ordinario muy inclinado á ellas. Obedece también en este caso al empleo como activo del verbo *mudar* (pasarse de una casa, de un lugar á otro), usado casi siempre hoy en su forma reflexiva.

16 ... que los vecinos me murmuren ni los apartados me noten.

Aunque, por contraposición á *vecinos*, alcánzase fácilmente el sentido general de la voz *apartados*, es cierto que en tiempo de Cervantes tenía un valor y uso perdidos hoy, como tantos otros.

Decíase de aquellos que, aun conviviendo en un mismo lugar, no eran *vecinos*, esto es, *próximos*, *cercanos*, *inmediatos en trato ó vivienda* á la persona de quien se hablaba.

Cervantes mismo explica esta acepción en otra de sus Novelas, *El Licenciado Vidriera:* «Otro le preguntó que qué le parecía de las alcahuetas. Respondió que no lo eran las *apartadas*, sino las vecinas.»

17 ... dos mil y quinientos escudos ...

Más adelante menciónalos de nuevo, pero cambiando los escudos por ducados. Apenas merecía señalarse esta ligera distracción de Cer-

---

[1] No es regla general, sin embargo. Algunas veces el verbo *tratar* se emplea también para las personas, mas en compañía de su análogo *comunicar*, y entonces realza y da mayor vigor y expresión á la frase. Véanse ejemplos: «*que trataba é comunicaba* con el dicho Miguel de Çerbantes».—Perez Pastor: *Documentos cervantinos;* op. cit., I, p. 67.

«..... al Rector de Villahermosa, su hermano, ambos amigos suyos, á quienes *ha tratado y comunicado* mucho tiempo.»—Carta de Diego de Amburcea, en las *Sales Españolas.....;* op. cit., I, pp. 350 y 351.

El mismo Cervantes confirma esta excepción, mas también con la salvedad dicha: «pero tienes propiedad de volver locos y mentecatos á cuantos *te tratan y comunican*».—*El Ingenioso Hidalgo*, parte II, cap. LXII.

vantes, sobre todo, si se considera que el valor de los escudos y ducados era casi el mismo, razón por la cual se nombraban indistintamente en las escrituras y tratos del tiempo unas y otras monedas. [1]

18 ... en cosas que, puestas en almoneda ...

Curiosa costumbre y notable contraste con relación á nuestros días; pues si hoy raramente acontece, era antaño frecuentísima, por no decir que la única manera de efectuar la venta de las cosas.

Nadie se libraba de ella; ni pobres ni ricos, ni señores ni villanos; junto á la almoneda del labriego, el pregonero *cantaba* la del titulado caballero, y así, había almonedas de embajadores, como el de Francia; [2] de casas tan linajudas y poderosas como la del Duque de Lerma; [3] y el mismo Felipe II mandó, sin escándalo de nadie, que á la muerte de su hermano D. Juan de Austria se vendiesen en pública almoneda buena parte de sus bienes. [4]

Practicábase comúnmente al fallecimiento caído de una persona para pagar sus deudas, mandas y legados, poniendo en venta pública aquellos bienes que el testador no había declarado de mayorazgo.

Como costumbre fué muy dañosa y perjudicial para la guarda de

---

[1] Este mismo cambio de escudos por ducados, y viceversa, vid. en *El Ingenioso Hidalgo*, parte II, cap. XIII: CLEMENCÍN; op. cit. IV, p. 225; y en *Rinconete y Cortadillo*, edic. RODRÍGUEZ MARÍN; op. cit., pp. 466 y 467. El trueque influye bien poco en el valor de la moneda. Sabido es, y bueno será recordarlo para el lector poco erudito, que el ducado valía once reales y el escudo diez. Con relación al valor actual de la moneda, el escudo de oro equivalía á 11,05 francos.—F. DE LA IGLESIA: *Estudios históricos*, 1515-1555.—Madrid, Imp. del Asilo de Huérfanos, 1908; p. 262

[2] CABRERA: *Relaciones......*, p. 116.

[3] PINHEIRO: *Cervantes en Valladolid......*, p. 14.

[4] «Una de las más notables cosas que en Valladolid observé y más gusto me dió, son las almonedas, porque en muriendo un señor ó una señora, luego se vende cuanto en la casa hay, y si el viudo que ha perdido á su muger, ó el hijo al padre, quiere alguna cosa de lo que en la casa ha quedado, hasta sus propios vestidos, no tiene más remedio que comprarlo en la misma almoneda, ó hacer que la incluyan en su parte de la herencia.»—PINHEIRO: *La Corte de Felipe III......*, p. 30.

[4] BALTASAR PORREÑO. *Historia del sereníssimo señor Don Juan de Austria......*, (Bibliófilos españoles).—Madrid, MDCCCXCIX; pp. 534 y 535.

innumerables y riquísimos objetos de arte, que, vendidos en estas almonedas, llegaron á perderse: otra hubiera sido su suerte, y acaso hoy se conservarían, á haberse vinculado dentro del mayorazgo. Mas, en cambio, las diligencias preparatorias de la almoneda han sido y son para el investigador de los Archivos de Protocolos venero rico y abundante de muy curiosos pormenores biográficos.

Datos cuya existencia no se sospechaba, noticias de obras de arte cuyo paradero se daba por perdido, con otras mil rarezas, se han descubierto merced á las escrituras de venta que formalizaban la almoneda. [1]

En Madrid hacíanse las almonedas en la Plazuela de Herradores y en la del Hospital de la Pasión, [2] exponiéndose en anchas mesas los objetos dedicados á la venta; y tanto era el concurso de gente que á ellas asistía, que hasta en el cementerio mismo de aquel hospital celebrábanse pujas y almonedas, motivando las protestas de su escandalizado rector. [3]

---

[1] Á raíz del fallecimiento, y muchas veces el día mismo de ocurrido, por una petición en forma, acudían los herederos ante la Justicia en solicitud de que se ejecutasen las diligencias preparatorias para la de la almoneda. Acordado así por auto, practicábase ante escribano el inventario de los bienes dejados á su muerte por el testador, y que, como queda dicho, no habían entrado por disposición de éste en el mayorazgo. Formalizado el inventario, procedíase á la tasación, y tras ella á la venta pública, con intervención de escribano, alguacil y pregonero. En las almonedas no judiciales, sino particulares ó privadas, prescindíase de estas formalidades, sirviéndose tan sólo del corredor, pregonero vergonzante ó *de oreja*, como los llamaban en Aragón, y que hacía los mismos oficios que el pregonero público.

[2] Marcos Álvarez, arrendador de la ropa vieja, se quejaba en escrito dirigido al Consejo de Cámara de que, «estando proveído de antiguo que las almonedas y venta de la ropa vieja se hiciesen en la Plazuela de Herradores y á la del Hospital de la Pasión, se ha mandado que vayan solamente á este sitio, con gran daño para ellos, pues por lo apartado no hay concurso de gentes. Pide se vuelva á la Plaza de Herradores»—Acordaron los señores del Consejo «que asistan á la plaçuela de herradores como está mandado y no se les inquiete».—Archivo Histórico Nacional —*Libros de la Sala de Alcaldes*—Año 1607.—Libro IV, f.º 151.

[3] Escrito del licenciado Alonso de Valencia, rector del Hospital de la Pasión, pidiendo á la Sala «impida se hagan almonedas en el cementerio de dho. Hospital, cosa que no puede evitar por más que lo ha procurado».—Los Alcaldes, por auto de 16 de Febrero de 1621, mandaron se pregone «que desde las

Finalmente, en las almonedas comprábanse los ajuares de casa por los infinitos pleiteantes, pretendientes y pedigueños que acudían á la Corte á sus negocios. [1]

19 ... andar en lenguas de casamenteros ...

Otro de los tipos curiosos de aquella sociedad, desaparecido, por fortuna, de la nuestra. La rigorosidad y recogimiento que en las costumbres de las doncellas se guardaba solía dificultar el concierto voluntario de los matrimonios, y para vencer este obstáculo, interponía sus buenos oficios el casamentero, que, sin constituir práctica ni oficio especial, era el personaje obligado que acercaba á las partes, concertaba las voluntades y aceleraba las bodas, urdiendo todo linaje de embelecos, patrañas, falsedades y mentiras.

Casamenteros, «gente la más maldita del mundo», [2] no faltaban en ninguna de las clases sociales; pero quienes con más amor y gusto ejercían este ministerio eran los frailes y las alcahuetas.

Nuestros novelistas y moralistas descargaron sobre todos la justa furia de sus plumas, [3] y Quevedo, en especial, trazó un retrato de casamentero, agua fuerte maravillosa como todas las suyas, donde quedó para siempre modelo imborrable y fecunda simiente del oficio. [4]

---

casas de don diego parexa asta el Hespital de la passion y San millan en toda aquella cera no aya ning.ª corredora vendiendo ning.ªˢ cosas de almoneda con sus mesas ni en otra forma».—*Ibidem*—Libro XII; ff. 146-147.

[1] QUEVEDO. *Historia de la vida del Buscón.*—Libro II, cap. VI.
La universal costumbre entonces de las almonedas creó el verbo *almonedear* que Cervantes usa, pero en una forma más desfigurada, *almodonear*, no recibida aún por la Academia: «Por amor de Dios, Mariana, que no *almodonees* tanto tu negocio».—*El Juez de los divorcios*

[2] QUEVEDO: *Visita de los chistes.*—Edic. Rivad., I, p. 337.
LUQUE FAJARDO. *Fiel desengaño contra la ociosidad......*; op. cit, f.º 89 vto.

[3] El satírico Suárez de Figueroa pintaba así sus tratos: «Para conseguir su fin, persuaden se tome por hermosa la fea; por graciosa la fría; por laboriosa la holgazana; por diligente la torpe..; buscan á los padres, júntanse con los hermanos..., y haciendo que se junte un hombre con una mala mujer, hacen que caiga en una casa la peste y el fuego.»—*Plaza universal*, f.º 253.

[4] «Soy sastre de hombres y mugeres, que zurzo y junto y miento en todo y hurto la mitad. Yo soy embelecador de por vida, inducidor de divorcios; vivo de engordar dotes flacos, añado haciendas, remiendo abuelos; abulto apelli-

20 ... no en la cabeza, sino en los carcañares ...

Reina en los escritores de la época una lamentable anarquía en la lección ortográfica de esta voz. Tan pronto leemos caRcañaLes como caLcañaRes y caRcañaRes, caLcañar y caRcañal como caRcaño.[1] Covarrubias opta por *calcañal* y nuestra Academia por *calcañar*. De todas estas versiones es, á no dudarlo, la más sabia y justa la académica, por

---

dos, pongo virtudes postizas como cabelleras, confito condiciones y desmocho de años á los novios. Tengo una relación Jordán que remoza las bodas. En mi boca los partos y los preñados son doncellas... Al fin, yo hago suegros y suegras que no hay más que hacer». (QUEVEDO: *El Entremetido, la dueña y el soplón.)*

En las farsas y pasos del teatro anterior á Cervantes se encuentra á menudo este tipo del casamentero, que luego va desapareciendo lentamente en las comedias coetáneas á él, á medida que aumenta la libertad en las costumbres. Vid una figura de casamentero en la *Comedia Armelina* de Lope de Rueda. *Obras de Lope de Rueda* —Madrid, 1895 —Tomo II, pp. 109-117

[1] Véanse ejemplos de unas y otras lecciones:

Carcañal y Carcañales:

> Dicen del pie de Violante
> Que, por compás, es igual
> Del tobillo al *carcañal*
> Que del tobillo adelante.
>
> B. DEL ALCÁZAR: *Poesías.*—Edic. Rodríguez Marín..., p. 53.

«..... mi simplicidad le hizo sacar la risa de los *carcañales.*» —H. DE LUNA. *Segunda parte del Lazarillo.....,* cap. II.

Calcañares y calcañar.

«..... se hincan de rodillas y cargan las nalgas sobre los *calcañares.*» —VILLALÓN. *Viaje de Turquía ...,* p. 133.

> Aspid al vecino llama
> Que le roe el *calcañar.*
> *Romancero general.....,* 1604; op. cit., f.º 402 vto.

Esta es la lección más corriente.

Carcaño:

> ..... si ellas fueran
> Resbaladoras de *carcaño,* acaso
> Tropezaran aquí .....
> CERVANTES: *La Entretenida.*

Espinosa lo escribe como Cervantes y con las mismas palabras· «Éste trae el juicio en los *carcañares».* Era frase proverbial — *El Perro y la Calentura.— Obras de Pedro Espinosa, coleccionadas y anotadas* por Francisco Rodríguez Marín —Madrid, 1909; p. 185.

ser la que más lógicamente se desprende de su etimología y estar más acreditada por el uso y los escritores.

Cervantes, en cambio (y erraba en esto), escribió aquí, y casi siempre, *carcaño* y *carcañares*.

21 ... y un mancebo que ella dijo ser primo suyo ...

Este parentesco fingido, que servía para encubrir los amantes y galanes á los ojos de la sociedad timorata, era frecuentísimo entonces, y el más usado ardid para evitar pasar plaza de amancebados, y aun poder concluir casamientos engañosos como el del desdichado alférez Campuzano. Dícelo él mismo cuando más arriba asegura que vió libre la casa de doña Estefanía «de visiones de *parientes fingidos* y de amigos verdaderos»; dícelo también cuando en la Posada de la Solana se le acercan aquellas dos mujeres de gentil parecer, con dos criadas, y una de ellas aprieta al capitán Pedro de Herrera, camarada del Alférez, para que llevase á Flandes unas cartas á otro capitán, «*que decía ser su primo*, aunque él sabía que no era sino su galán».

Vicente Espinel, al pintar de mano maestra la suerte de la mujer moza y doncella que casa con viejo, asiente diciendo: «no hay mozo en todo el lugar que no sea *su pariente*». [1]

«Miren (los regidores) — exhortaba el moralista Ortiz de Lucio — que una doncella no tiene para qué venir á la corte, porque acaece que viene con un hombre, *con título de que es su hermano ó primo*, y que viene en seguimiento de algún pleito, y es por estar amancebada.» [2]

Quejándose á su vez Góngora de los engaños de las mujeres que le burlaban con otros galanes, escribe

«Porque os den luego por libres,
Buscáis falsa información;
Si es mozo, decís que es primo,
Si es anciano, que tutor.» [3]

---

[1] ESPINEL: *El Escudero Marcos de Obregón*.—Relación I, descanso V.

[2] *República Christiana y espejo de los que la rigen*. Autor, fray Francisco Ortiz Lucio.... Año de 1606. En Madrid, por Juan Flamenco; en 4.º, f.º 12.

[3] *Catálogo de la Biblioteca de Salvá...*; op. cit., tomo I, p 239.

Peor estaba el buen racionero de Toledo Pedro Sánchez «con algunas doncellas que hablan en secreto y por los rincones con algunos parientes en quinto grado». Y su experiencia del mundo daba pintorescamente las razones «Por-

Éstas son las concordancias de la frase, que, tan liviana al parecer, dice y enseña mucho. Pues el recato y honestidad familiar de las doncellas hacía que los donceles y galanes amorosos no pudieran, no ya traspasar los umbrales de la casa de la niña que adoraban, pero ni requebrarla siquiera, sin peligro de sus vidas, bajo sus rejas y ventanas, con músicas, serenatas, trovas y canciones.

Sin embargo, esta barrera, que el rigor de las costumbres imponía á los enamorados en sus correrías, empresas y propósitos, la salvaba una escala: el parentesco. Con ser deudo (y dentro de ello ¿qué mejor que decirse *primo?*) podían frecuentar las casas de las doncellas, hablarlas de secreto, aun sin la presencia de las dueñas; y no es raro tampoco en nuestro clásico teatro, antes usadísimo ardid, el del mancebo galán que, fingiéndose primo, acompaña á su dama por calles, callejuelas, pasadizos y aun campestres soledades, con esa libertad y soltura que hoy se mira como el *desideratum* de nuestras costumbres, y que aspiramos á introducir en ellas con la careta y nombre de *educación á la americana*.

22 ... espanciándome en casa como el yerno ruín en la del suegro rico ...

Glosa del proverbio «como se extiende como ruín en casa de su suegro», que el doctísimo comentarista Juan de Mal Lara traducía del siguiente modo: «Así son los yernos, el ruin en casandose piensa que su muger es esclava, y toda la casa de sus suegros es suya, todo lo manda y vieda, y así se extiende. Aplícase á los hombres que en hacienda agena se descomiden, y toman más de lo que deben tomar, y así, les dicen, *como se extiende, como ruín.*» [1]

---

que destos secretos se siguen á ratos pláticas y palabras blandas. Y de las palabras blandas requiebros amorosos Y de los requiebros, grandes llamaradas de concupiscencia.» Y concluía gravemente «Porque no están seguras las estopas par del fuego. Y la carne con carne, hiede».—PEDRO SÁNCHEZ: *Historia moral y philosophica*.....; op. cit., f.º 328.

[1] JOAN DE MAL LARA: *La Philosophía vulgar* ; op. cit.., f.º 259 vto.

Espaciándome: esto es, *extendiéndome* que, como se ve por el texto de Mal Lara, así se decía este refrán. Vaya un ejemplo: «.... ¡ ay amarga de mí, y creo que es loca, y acá se sube, y á mi ver se quiere alzar á mayores! *Extendeos, veréis como ruin en casa de su suegro*.....» — *Comedia llamada Seraphina*.....; op. cit., p. 350.

23 ... ahajé sábanas de holanda ...

Ahajar ó *ahaxar*, por *ajar*. Prefiero mantener la forma anticuada de esta voz, primeramente, por la diferencia fonética que acusa; cumpliendo en esto con el criterio que me fijé al tratar de la ortografía que habían de llevar estas novelas; y segundo, porque, si bien según el Diccionario tienen una y otra igual valor, los contemporáneos de Cervantes decían así, *ahaxar*, las raras veces que de esta palabra usaban, y como *ahaxar* la explican Covarrubias y nuestro *Diccionario de Autoridades*, donde, por vez primera en una compilación de voces, se da entrada al moderno *ajar*. Cervantes, que yo recuerde, no volvió á emplearla: solamente en su participio pasado, *ajado, a*, aparece alguna que otra vez en el *Quijote*.

24 ... á las dos sesteaba en el estrado ...

Era el estrado á las casas de entonces lo que á las nuestras el salón ó sala: pieza capaz y bien alhajada donde las damas recibían á sus huéspedes y visitas. Adornábanse curiosamente sus muros, ora con ricos reposteros y tapices, bien con paños de tela de plata, brocados y damascos de lucidos colores, que en verano la fuerza del calor sustituía por los frescos guadameciles.

Tomaron los estrados este nombre de la ordinaria tarima (no siempre de rigor, sin embargo) que los presidía, guarnecida de ancha alhombra ó tapete, sobre la que se colocaban las almohadas y cojines de estrado, de costosos precios y ricos terciopelos.

Sentadas sobre ellos, en el suelo, costumbre de patente reminiscencia morisca, recibían las damas sus visitas y labraban sus costuras y trabajos de aguja; y para los hombres había destinados taburetes ó sillas bajas. Los estrados enlutábanse en los duelos con paños negros y almohadas de terciopelo del mismo color.

Sobre los cojines del estrado de doña Estefanía sestearía reposadamente el incauto alférez Campuzano. [1]

---

[1] Como se imaginará el lector, estas notas *de costumbres* no se encuentran *hechas*. Hay que reconstituirlas trabajosamente, tomando de aquí y de allí cabillos sueltos, que luego se ordenan y ajustan. Para la presente, me he servido de ALEMÁN: *Guzmán de Alfarache*, parte II, libro II, cap. IX; VILLALÓN: *Viaje de*

25 ... bañados en la agua de ángeles ...

Á imitación de las aguas almizcladas, rosadas, de olor, etc., que se usaban entonces para rociar los aposentos de una casa y sus paredes, [1] el agua de ángeles servía asimismo, más que como perfume ó ungüento de tocador (de los que tantas noticias nos dejó el Arcipreste de Talavera), [2] como agua olorosa para el lavamanos de los convites, y para bañar con ella las ropas de cama y personal uso.

Según Pellicer, que saca la noticia de un códice manuscrito de la Biblioteca Real, en su composición entraban «rosas coloradas, rosas blancas, trébol, espliego, madreselva, azahar, azucena, tomillo, clavellinas y naranjas». [3] Agréguese el ámbar destilado, y se tendrá la razón del olor suavísimo con que regalaba, según el testimonio de los contemporáneos. Su uso y conocimiento, contra el parecer de Clemencín, era ya bastante antiguo. [4]

26 ... doña Clementa Bueso..., don Lope Meléndez de Almendárez... y Hortigosa ...

Cervantes, que tan aficionado fué á trasladar á sus novelas los nom-

---

Turquía, Colloquio X, p. 133; ALCALÁ: *El Donado Hablador*, parte I, cap. VII; CLEMENCÍN; op. cit., III, 32, y IV, 164; y PÉREZ PASTOR: *Documentos cervantinos*; I, 149.

[1] *Libro en que se hallarán diuersas memorias ansí para adobar guantes como para hazer muchas y diferentes ollores, agua almizclada y otras aguas y cosas de buen ollor.* (Bib. Nac. Mss. núm. 6.058.) No trae la receta del agua de ángeles, pero sí las de otras aguas de olor equivalentes: sus componentes eran aguas rosadas, almizcle, algalia y zumo de limón. (f.º 134.)

[2] ARCIPRESTE DE TALAVERA: *Corvacho ó reprobación de amor mundano......*—Madrid, MCMI; pp. 129-132.

[3] *El Ingenioso Hidalgo Don Quijote de la Mancha.*—Madrid, Hijos de Hernández, 1905; pp. 638 y 639.

[4] Clemencín reputaba de invención inmediata á Cervantes la del agua de ángeles, alegando que no la conocieron el Arcipreste de Talavera, ni el autor de *Celestina*, ni Agustín de Rojas (op. cit., V, 170). Desde luego puede asegurarse que es anterior á 1528, pues se encuentra citada ya en *La Lozana Andaluza* (Madrid, 1871; p. 152), como también lo es á 1555, toda vez que asimismo la nombra el autor del *Crotalón*: «servían á las manos en fuentes de cristal agua rosada y azahar y *de ángeles*», «olía la cámara á muy suaves pastillas, y la cama y ropa á *agua de ángeles* y azahar». (Op. cit., pp. 99 y 101.)

bres de las personas que le rodeaban, ó con quienes tuvo amistad y trato, observación ya apuntada por otros comentaristas al fijarse en los del licenciado Valdivia, D. Diego de Miranda, D. Juan de Gamboa y tantos más, [1] no desmintió aquí la misma inclinación; y fuera del de doña Clementa Bueso, nombre para nosotros desconocido, sin que por eso creamos que lo fuera para él, los demás nos son casi familiares. Hortigosa, como dueña, aparece en *El Viejo celoso*, y Almendárez también, en *La Entretenida*. Pero más curioso y singular es el recuerdo que evoca el nombre compuesto de D. Lope Meléndez de Almendárez. Cabalmente hubo un D. *Lope Díaz de Almendárez*, [2] coetáneo suyo, reputado marino y capitán general de aquella flota de sesenta naos que en Junio de 1608 partió para Nueva España, [3] llevando á bordo á dos insignes y memorabilísimos escritores: Mateo Alemán, que no había de volver, «mereciendo Méjico su precioso cadáver», y D. Juan Ruiz de Alarcón y Mendoza, á quien aguardaban de retorno en el hispano suelo muchos sinsabores, mezclados con aplausos.

27 ... capotillo de lo mismo ...

Lo que hoy impropiamente llamamos *talma*, cuando hay término desusado de puro castizo.

Capotillos, según nos enseña Covarrubias, habíalos de muchas formas: galdreses (gualdreses), tudescos y capotillos de dos faldas. [4] En general, era el capotillo «una ropa corta á manera de capa, que se

---

[1] Por ejemplo, *los Cachopines de Laredo* son linaje auténtico y relacionado con la familia de Cervantes. (Pérez Pastor: *Documentos cervantinos*; I, 15.) En el testimonio de las diligencias hechas en Argel para el rescate de algunos cautivos firma un *Pedro de Biedma*, que nos trae á la memoria el del *Quijote*. *Ibidem*; I, 77, etc.

[2] Cervantes escribió siempre *Almendárez* por *Armendáriz*. Como *Almendárez* citó, en el *Viaje del Parnaso*, á Julián de Armendáriz, aventajado ingenio salmantino, á quien en 1602 se había concedido privilegio en Valladolid para la impresión de su *Patrón salmantino*, salido á luz el siguiente año en su ciudad natal, de las prensas de Artús Taberniel.

[3] «Desde el año de 1608, que el señor don Lope Díaz de Almendáriz, Capitan general de aquella gran flota de 60 naos, que me trujo de España.....»—Bartolomé de Góngora. *El Corregidor sagaz. Abisos y documentos morales*.....; op. cit. Apud Gallardo: *Ensayo*.....; IV, col.as 1.198-1.199 y 1 204.

[4] Covarrubias: *Tesoro*.....; artículo *Capa*.

ponía encima del vestido y llegaba hasta la cintura». [1] Usábase indistintamente por hombres y mujeres, y con más especialidad para los viajes y caminos. Pocos años después fueron sustituyéndose por «gabanes bravos para de camino, aforrados en felpa». [2]

28 ... no menos bizarro que ricamente vestido de camino ...

Como habrá visto el lector en una de las notas anteriores, el vestido cortesano, en la época de acción de la novela, era comúnmente negro. Contábase, sin embargo, una curiosa anomalía, á saber, que el vestido de camino, esto es, el escogido para viajar, no sólo no era negro y sí de colores vistosos, [3] sino aún más bizarro, rico y ataviado que el de calle, mereciendo la justa sátira de Antonio de Torquemada, que con airada exclamación decía: «¿Puede ser mayor disparate en el mundo que andar un hombre vestido de paño, procurando que un sayo y una capa le dure cien años, y cuando va de camino lleva terciopelos y rasos y los chapeos con cordones de oro y plata, para que lo destruya todo el aire, y el polvo, y la agua, y los lodos: y muchas veces un vestido destos que les cuesta cuanto tienen, cuando han servido en un camino están tales que no pueden servir en otros? Á mi parecer mejor sería mudar bisiesto, y que los buenos vestidos serviesen de rúa, y los que no lo fuesen, de camino.» [4]

Á la cuenta, nuestros antepasados no eran tan prácticos, en el viajar, como nosotros, aunque sí tan vanidosos.

---

[1] *Diccionario de Autoridades;* artículo *Capotillo*
[2] SUÁREZ DE FIGUEROA: *Plaza universal;* op. cit., f.º 227.—Debieron ser prendas introducidas en la indumentaria por aquellos años. Al menos, no he hallado noticias sobre ellos ni en el *Libro de Geometría practica y traça El qual trata de lo tocante al officio de sastre......, compuesto por Joan de Alcega.* ... (Madrid, 1580); ni tampoco en FRANCISCO DE LA ROCHA BURGEN: *Geometría y traça pertenecientes al officio de sastres......* (Valencia, Mey; 1618), á pesar de haberlos consultado con empeño.
[3] Apoyándose en esto Quevedo, decía de una niña, con frase violenta hoy de puro tropológica, que tenía «ojos de rúa», aunque la aclare en seguida añadiendo «vestidos de negro, porque las niñas de color miran *de camino*». (QUEVEDO. *Perinola*.)
[4] *Colloquios satíricos......*, op. cit., p. 530.

29 Yo te lo prometo, Hortigosa ...

De *prometer* faltan en el Diccionario académico dos acepciones: primera, la de *asegurar, dar fe de lo que se dice;* y segunda, el giro familiar *yo te lo prometo, yo te ú os prometo*, equivalente al moderno *yo te lo aseguro*, que por lo añejo, castizo y usadísimo en las obras todas de aquel tiempo, no debía omitirse en nuestro léxico oficial. [1] Cervantes lo usó con frecuencia en todas sus obras.

30 ... y luego se me volverá lo que es mío ...

Hablaba el Alférez por sí, y pone ahora estas palabras en boca de doña Estefanía.

Sobre esta figura, muy repetida por Cervantes en sus obras, de introducir á uno de los personajes en la relación, haciéndole hablar de pronto, sin anuncio ni preparación alguna, y llamada por los gramáticos *anacoluto*, véase la acabada nota que Rodríguez Marín puso á un pasaje análogo de *Rinconete*.

Y conformes también con él en que «estas repentinas mudanzas de persona, aunque, á juicio de Clemencín, son «modo elegante que sin »perjudicar á la claridad, varía la contextura de los diálogos y los hace »más rápidos y animados», con eso y con todo, hoy tales cambios pasarían por incorrecciones necesitadas de enmienda». [2]

---

[1] Dos ejemplos, entre mil:
«Yo os prometo, sino fuere cosa contraria á mi profesión.....»—VALDÉS: *Diálogo de la lengua*.....; op. cit., p 14.
«Yo te prometo que no sabré decir cual de las dos fuese mayor.....»—ALEMÁN: *Guzmán de Alfarache;* parte I, lib. II, cap. IV.
Feliciano de Silva lo usa á cada paso.
[2] RODRÍGUEZ MARÍN: *Rinconete;* op. cit., p. 446.
No siempre, sin embargo, observa D. Julio Cejador, son defecto los anacolutos. Á veces «son los toques más felices del artista, que, al dejar escapar ese brochazo ó borrón, pinta en él toda su alma.... El que al describir está viendo en su fantasía el cuadro que trata de pintar, se olvida de la consecuencia lógica de las palabras». Exacto· y por este motivo prodigó Cervantes tanto los anacolutos en sus obras. (Vid. CEJADOR: *La Lengua de Cervantes.—Gramática y diccionario de la lengua castellana en El Ingenioso Hidalgo.—*Madrid, 1905 (I-525).

31 ... hube de condecender con el gusto de doña Estefanía ...

Un caso más de aquella curiosa y secreta lucha que los siglos pasados presenciaron, apenas acabada de formar el habla castellana, entre el pueblo y los eruditos: el pueblo, más *demócrata*, pretendiendo castellanizar las voces; los eruditos, apegados á la tradición, trabajando por conservarlas su abolengo, sus pergaminos, su raíz clásica, en fin.

Condescender con *s* es muy latino, sí, porque á tiro de cañón acusa su etimología latina: *con-de-scendere*; pero *condecender*, ahorrando esa letra, es mucho más español. En la mayoría de los escritores, por clásicos y buenos, se lee esta forma sabia: *condescender*, que es, á la postre, la que ha vencido; pero no dudo un instante que en Andalucía, grandes y chicos, dirían á cada paso *condecender*, *comiéndose* la *s*, como es sabida costumbre allí.

Cervantes, atentísimo observador de su tiempo, no llegó á decidirse en la contienda, escribiendo esta palabra de uno y otro modo; pero su sutil instinto, amante de lo popular por bueno y verdadero, en las diversas veces que sale esta voz en el *Quijote*, sólo una vez le hizo decir, como los doctos, *condescender*, [1] prefiriendo en las demás la forma del pueblo, *condecender*, [2] que es la misma que aquí se repite.

32 ... En esto iba yo y venia por momentos ...

Ir y *venir*, no en su recto significado, sino en el de tratar insistentemente sobre el mismo punto, estar discurriendo sobre él, sin cesar de revolverlo en la imaginación ni en la memoria. Según Covarrubias, «dejarle un rato y luego volver á él, inconstantemente». [3] Para explicar este pasaje prefiero la primera acepción.

33 ... fué á tener novenas ...

Prácticas piadosas ó devociones llamadas novenas, porque duraban el espacio de nueve días. Hacíanse fuera del lugar donde se moraba,

---

[1] «... y cuán ajena vive de *condescender* con los deseos de ninguno de sus amantes.»—*El Ingenioso Hidalgo;* parte I, cap. XIV.—Y acaso este *condescender* fuera una errata ó libertad del cajista.

[2] Parte I, cap. XXVII (dos veces), y parte II, cap. XLIX.

[3] Covarrubias: *Tesoro;* op. cit., art. *Ir*.

saliendo de él á santuarios y monasterios para venerar imágenes milagrosas de la Virgen, que principalmente eran seis, conocidas por el nombre de las seis casas angelicales de Nuestra Señora: Nuestra Señora de Monserrat, el Pilar de Zaragoza, Nuestra Señora del Sagrario de Toledo, Guadalupe, La Peña de Francia y Nuestra Señora de la Blanca en Burgos. [1] Fuera de estos santuarios había además otros muy concurridos en novenas, como Atocha, Nuestra Señora de Illescas y Nuestra Señora del Valle en Sevilla. [2]

Su práctica era principalmente femenina; mas también por los hombres se visitaban en novenas y romerías, á consecuencia de votos, promesas y ofrecimientos hechos en momentos angustiosos y de peligro. Principalmente de los viajes por mar se originaban muchas novenas, pues cuando apretaba la tormenta y veíase cercana la muerte entre sus horrores bravíos, despertando entonces la dormida fe en los angustiados corazones de los afligidos tripulantes,

> Cuál promete de ir á Roma,
> Cuál á la Peña de Francia,
> Cuál de no ofender á Dios
> Si deste peligro escapa. [3]

Otras eran las razones femeninas de las novenas.

Aparte las que inspiraba la sincera piedad y devoción honesta, mu-

---

[1] *Reportorio de todos los caminos de España......, compuesto por pero juan villuga, valeciano.*—Año de MDXLVI; in 16.°, f.° III. En este Repertorio se incluye el itinerario de «las seis casas angelicales, y *de unas á otras*»; lo que confirma cuán común era hacer estas novenas ó romerías.

[2] Cervantes: *La Entretenida.* Jornada I.

Mateo Alemán: *Guzmán de Alfarache.* Parte II, libro II, cap. IX.

Lope de Rueda, en uno de sus pasos tan castizos, explicaba así las novenas:

BÁRBARA. Voy á tener unas novenas á una santa, con quien yo tengo grandísima devoción.
MARTÍN. Novenas, ¿y qué son novenas, mujer?
BÁRBARA. ¿No lo entendéis? Novenas se entiende que tengo destar yo allá encerrada nueve días.
MARTÍN. ¿Sin venir á casa, álima mía?
BÁRBARA. Pues sin venir á casa.

Obras de Lope de Rueda. (Colec. de libros raros y curiosos); op. cit., I, p. 34.

[3] Rojas: *El Viaje entretenido......*; f.° 23.

chas veces eran inventado pretexto para acudir maliciosamente á devaneos y amoríos, que el recogimiento y recato de la vida familiar les impedía, ó, también, recurso extraordinario para concertar secretos desposorios. [1]

Con harto fundamento, un moralista de la época exhortaba á las madres á que no enviasen á sus hijas «con sirvientes ni escuderos á devociones y romerías, revueltas, tapadas y hechas cocos, porque no acaezca que vayan romeras y vuelvan rameras, y que vayan á ganar perdones y traigan cargazón de pecados». [2] Fruto inesperado de estas correrías, que Tirso, tan conocedor del alma femenina, maliciosamente apuntaba:

> Estas novenas de ogaño
> Suelen volver intereses:
> Novenas de nueve meses,
> Cuando las hace el engaño. [3]

Que era á menudo.

34 ... en Nuestra Señora de Guadalupe ...

Cuentan las crónicas del memorable santuario que en tiempos del rey D. Alonso XI de Castilla, yendo un pastor de las sierras de Guadalupe en busca de una res perdida de su ganado, se le apareció la Virgen en lo más fragoso y áspero de aquellas montañas, mostrándole el lugar donde desde la entrada de los árabes estaba escondida una efigie suya, y á la cual, más tarde, dió origen apostólico la tradición. Descubrióse la milagrosa imagen; se levantó, para venerarla, una pobre ermita; echáronse luego en el reinado de D. Pedro los cimientos de su torre é iglesia, hasta que en el de D. Juan I, habiendo encomendado, por consejo del obispo de Sigüenza D. Juan Serrano, la guarda y dirección del santuario á la naciente orden Jerónima, fray Fernando Yáñez, primer prior que tuvo, prosiguió las obras, acabando el monasterio.

---

[1] «..... y así se desposaron secretamente, estando Cantufla en una ermita teniendo novenas».—*Comedia Thebayda.* (Apud GALLARDO: *Ensayo......*, I, col. 1173).

[2] FRAY JUAN DE LA CERDA: *Libro intitulado Vida política de todos los estados de mugeres....*; op. cit., f.º 16.

[3] *Por el sótano y el torno.* Acto III, escena X.

La piedad de los siglos, junto á la generosa largueza de los reyes, magnates y devotos, fueron acumulando posteriormente en él incalculables riquezas y tesoros: en metales preciosos, piedras finas, ornamentos sagrados, retablos, libros y pinturas, que, en nuestros días, franceses y desamortizadores (los mayores enemigos que el arte ha tenido en España) se encargaron de dispersar á los cuatro vientos.

Franca y liberal acogida hallaría doña Clementa Bueso dentro de los muros de Guadalupe, al igual de los millares y millares de romeros que en todo tiempo lo visitaban. Las descripciones que hasta nosotros han llegado del desprendimiento y caridad de los religiosos con los peregrinos así lo atestiguan; y por si no se creyera, dícenlo además aquellas inmensas cantidades que de todo género de provisiones y bastimentos consumíanse cada año para el sustento de todos. Doce mil fanegas de trigo, veinte mil arrobas de vino, ocho mil cabezas de ganado; sin que por eso se llegaran á ver vacíos nunca los trojes, graneros y bodegas del opulento monasterio. Repartíanse además á los pobres copiosas limosnas y sendos pares de zapatos para sus jornadas de vuelta. [1] Había, finalmente, tres hospitales, con médicos, cirujanos y practicantes, donde se curaban con amor y regalo los enfermos é impedidos, no escatimándose, si era menester — como un historiador suyo escribe — cien ducados en la medicina de un pobre, consumiendo entre todos anualmente más de trece mil. [2] Si á estos gastos se agregan los que causaban el colegio de niños, los seminarios, hospederías, clases de oficios, limosnas abundantes, repartimiento de raciones (hasta mil y quinientas cada día) y demás obras caritativas de los religiosos, se tendrá, á la ligera, una muy parca idea de la grandeza, suntuosidad y munificencia del célebre monasterio de Nuestra Señora de Guadalupe. [3]

---

[1] PEDRO DE MEDINA: *Grandezas de España*.....; ff. 184 á 186.

[2] FRAY JOSEPH DE SIGÜENZA *Segvnda parte de la historia de la orden de San Gerónimo.*—Madrid, Imprenta Real, MDC; pp. 106 á 130.

[3] Historias particulares suyas existen, en que el lector podrá saciar su curiosidad por entero. Contemporánea al *Coloquio*, la *Historia de Nuestra Señora de Guadalupe*......, por fray Gabriel de Talauera..... (Toledo; Thomas de Guzmán, 1597; in 4.°); y más moderna, la *Historia universal de la primitiva y milagrosa imagen de Ntra. Sra. de Guadalupe*..... por fray Francisco de San Joseph..... (Madrid, 1743; folio); sin contar mil noticias y pormenores relativos á sus rique-

35 ... dejó en su casa á doña Estefanía que mirase por ella ...

Hace aquí el pronombre *que* oficios de *para que*; y entendido así resulta clarísima la frase: «y dejó en su casa á doña Estefanía *[para]* que mirase por [cuidase de] ella.»

Abundan en las obras de Cervantes ejemplos de esta licencia, corriente entre los escritores de su tiempo. [1]

36 ... pues ha sabido granjear á una persona como la del señor Alférez por marido ...

Anda aquí la huéspeda un tanto maliciosa y socarrona. Porque á ironía saben estos encarecimientos de la pretendida alteza y condición del cargo de alférez, entonces, cuando corría por vulgar y llano el dicho: «Desgraciada la madre que no tuvo hijo alférez». [2] ¡Cuántos habría!

37 Esta consideración, ó buena inspiración, me conhortó algo ...

Respecto del arcaico *conhortar* decía nuestro *Diccionario de autoridades:* «Lo mismo que *confortar, consolar, animar.* Ya tiene poco uso. Hállase escrito algunas veces sin la *h*, diciendo *conortar;* pero viniendo del latín *confortare*, debe, según los antiguos, retener la *h* en lugar de la *f* que hoy ponemos, por que así lo pronunciamos.»

Sin embargo, casi me atrevería á afirmar que, aunque el uso moderno haya hecho *conortar* y *conhortar* unos mismos con *confortar*, tuvieron en un tiempo diferentes significados; y á sospecharlo me inclinan estas razones: primera, el que aparecía diferentemente escrito este verbo: unas veces con *h*, otras sin ella (y sin ella la registran las dos primeras ediciones de *El Casamiento);* segunda, que Covarrubias, tan celoso lingüista, recoge sólo la forma *conortar*, dándola una etimología distinta de la que hoy unánimemente se la atribuye á *confortar (confortare);* y tercera, que Rodríguez Marín ha hallado pasajes en que se

---

zas y pinturas, repartidos en libros y grabados. Cervantes debió de visitar este famoso Santuario, porque en el *Persiles* aludió nuevamente á él, y con más pormenores que aquí. (Libro III, caps. IV y V.)

[1] Tratando Torquemada del influjo de las constelaciones y astros en los destinos humanos, dice. «Mars influye en los hombres *que* sean fuertes.....»—*Jardín de flores curiosas.....*; op. cit., f.º 189.

[2] ESPINEL: *El Escudero Marcos de Obregón.*—Relación I, descanso XXI.

emplean, una tras otra, estas palabras, como si sus significados fuesen diferentes. De todos modos es oscura é intrincada cuestión.

38 ... con prosupuesto ...

Prosupuesto en su significado de *propósito, intención* ó *designio*, no incluído todavía en nuestro Diccionario académico.

Decíase entonces, indistintamente, *prosupuesto* y *presupuesto*, [1] é indistintamente también los usó Cervantes. [2] La primera forma es más arcaica; pero Clemencín prefiere la segunda, por conformarse más con su origen latino. [3]

39 Fuíme á San Llorente, encomendéme á Nuestra Señora ...

Nuestra Señora de San Llorente, Patrona de la ciudad de Valladolid, imagen muy querida y venerada por su vecindario, que desde tiempos muy remotos ha acudido á ella en sus momentos de tribulación y angustia.

Sangrador narra la piadosa tradición de su hallazgo por un pastor, en una cueva á orillas del Pisuerga, donde muchos años antes había sido ocultada por un pío clérigo que la libró de Consuegra, cuando aquella villa fué ocupada por los moros. [4]

Durante la estancia de la Corte fué objeto de grandes muestras de devoción por los Reyes, singularmente por la reina Doña Margarita, y sacada en solemnes procesiones, y enriquecida con numerosas lámparas de plata. [5] Su iglesia era visitadísima entonces, permaneciendo

---

[1] Véanse estas concordancias en comprobación de lo dicho:

«Pero óyeme y ten por *prosupuesto*... »—VILLALÓN: *Diálogo de las transformaciones*.—Nueva Biblioteca de Autores Españoles; tomo VII, p. 103.

«..... aveis de hacer la dicha fianza ..... y debajo de *prosupuesto* de que yo os aga y otorgue esta escritura.....»—ASENSIO: *Nuevos documentos*.....; op. cit., p. 20.

[2] «..... sino tomar á mi cargo hacer lo que me pareciere, con *presupuesto* de mirar por tu honra».—*La Galatea*, libro V.

Bien ves que á cuerpo y alma es peligroso,
Y más á aquel que tiene *prosupuesto*
De dejarse morir......................
El Trato de Argel.—Jornada 1.

[3] CLEMENCÍN.....; op. cit., III, p. 129.

[4] SANGRADOR: *Historia de Valladolid*.....; II, pp. 196 á 198.

[5] *Relación de las fiestas de Valladolid*..... Valladolid, 1605; op. cit. (*Obras com-*

abierta hasta muy entrada la noche. La familia de Cervantes, y Cervantes mismo, frecuentábanla mucho. [1]

40 "Pensóse don Simueque que me engañaba con su hija la tuerta, y por el Dío, contrecho soy de un lado."

Es refrán judío, casi exótico en toda nuestra literatura indígena, pues fuera de este lugar no me lo he tropezado en la copiosa lectura preparatoria para la composición de este libro, y por de contado me perdería en un mar de conjeturas si mi buena fortuna no me lo hubiera puesto disfrazado y oculto en la selva virgen de refranes que en su *Philosophia vulgar* comenta el doctísimo Mal Lara.

La verdadera lección de este refrán es como sigue: *Piensa D. Braga que con su hija tuerta me engaña? Pues para el Dío,* [2] *hermano, que soy contrecho de un lado;* y Mal Lara lo aclara así: «Este refrán es de gran sentencia, y de cosas que cada día acontescen, principalmente cuando en los casamientos, que son negocios de mucha verdad, se trata engaño, como se vió en estos dos judíos (que habrá cien años que serían), y casando el D. Bragas su hija con otro de su jaez, siendo tuerta la vendió por derecha, y el desposado vínolo á saber (que no falta en estas cosas quien lo descubre), y él dijo al que le traía las nuevas cómo pensaban de engañarlo con la moza que era tuerta, respondiendo mansa-

---

pletas de Cervantes. Madrid, 1864, tomo II, pp. 164-166, 203 y 205.) — CABRERA. *Relaciones....*, pp. 127 y 128.—MARTÍ Y MONSÓ. *Estudios histórico-artísticos.....*, páginas 565 y 566.

[1] PÉREZ PASTOR: *Documentos cervantinos*, II, pp. 500 y 501.

[2] *Por el Dío,* ó *para el Dío*, es juramento propio de judíos, y en boca de ellos pónenlo muy á menudo nuestros antiguos escritores, entre ellos Cervantes mismo en *La Gran Sultana*, Jornada I, y en *Los Baños de Argel*, Jornada II.— DELICADO: *La Lozana Andaluza;* op. cit., p. 78.— VELÁZQUEZ DE VELASCO: *La Lena.....*, op. cit., p. 422, etc.

En modernas colecciones de refranes judío-españoles, abundan los que repiten este bordoncillo, privativamente judáico, pero sin que incluyan el refrán que ahora explico. Vid. los completísimos estudios hechos sobre este punto por Mr Foulché Delbosc, en la *Revue Hispanique;* 1895, pp 312-352; 1902, páginas 440-454, y 1903, pp. 594-606.

Corresponden á este proverbio nuestros dos refranes castellanos: «Á ruin, ruin y medio»; «Casó Pedro con Mariguela; si ruin es él, ruin es ella.»

mente: *Pues para el Dio, hermano, que soy contrecho de un lado.* Calla tú, que poco nos llevamos.

»Así cuando les fueron á tomar las manos, la moça tenía una manera buena de encubrir el ojo con la vergüença y exercicio que no faltaba en la mano con que se atapaba muchas veces, y el desposado procuró de salir lo más derecho que pudo, andando muy poco y haciéndole señas con el lado contrecho, de manera que el suegro se holgaba de darle la hija tuerta y él casarse contrecho, y como estaba riéndose el uno del otro, no sabiendo si se entendían, hasta que después de velados conoscieron sus faltas y quedaron desengañados.

»Agudeza fué de judíos — concluye filosóficamente Mal Lara — y engaño justo; porque á traidor, traidor y medio, y quedaron bien pagados, según en nuestros tiempos se hace, que queriendo uno engañar con la hija que tiene incasable ó con el hijo, de la misma manera viene á recebir el engaño, aunque agora las faltas pasan á puro dinero y se quieren con todas sus tachas, buenas y malas, como haya dinero.» [1]

¡Parece un comentario hecho de molde para este pasaje de *El Casamiento engañoso!*

41 ... y brincos ...

¿Por qué se ha de decir en nuestros días, con odiosa y afrancesada voz, «pendant» y «pendantif», si en nuestra lengua gozamos, aunque arrinconadas, otras tan lindas y significativas como *brincos* y *brinquiños*? Pues ¿en qué se distinguen las joyas modernas, para las que se ha introducido aquel nombre exótico, de los «joyeles, buxetillas ó piedras que cuelgan de los çarcillos ó arracadas, llamados brincos por su continuo movimiento, ó brinquiños, buxetillas ó redomitas que sirven de andar pendientes por adorno» [2] y de que tanta gala y gusto hicieron nuestras damas del buen tiempo?

Por los mismos de la publicación del *Coloquio* salió una curiosísima *Pragmática* en la cual se dictaban reglas muy severas y estrechas sobre el uso y traza de los brincos, cintillos, cadenas y toda clase de joyas, mandando «que de aquí adelante no se puedan hacer..... ni traer joyas algunas de oro que tengan relieves ni esmaltes, ni puntas con perlas

---

[1] JUAN DE MAL LARA: *La Philosophia vulgar.....*, ff 117 vto. y 118.
[2] ROSAL: op. cit. *Alphabeto I*, artículo *Brincos.*

ni piedras ni joyeles, *ni brincos que las lleven*, ni que tengan esmaltes ni relieves, y que solo puedan llevar joyeles y brincos una piedra con sus pendientes de perlas: aunque permitimos que las mugeres puedan traer libremente cualesquier hilos y sartas dellas, y que se puedan hacer collares y cinturas y otras cualesquier joyas para mugeres que lleven piedras y perlas, con que cada pieza dellas no pueda llevar más que una sola piedra, ni ser solo de diamantes, sino que haya de llevar, á lo menos, otras tantas piedras de diferente calidad, ó perlas como llevaren de diamantes»......

«Otro si, permitimos que los hombres puedan traer cadenas y cintillos de piezas de oro, y aderezos de camafeos y hilos de perlas en las gorras y sombreros, y prohibimos á los plateros el poder labrar aderezo alguno con piedras.» [1]

Mil pormenores más, interesantes en extremo, sobre el arte de la joyería, contiene esta pragmática, que al igual de tantos otros, relativos á las costumbres de entonces, tengo forzosamente que reservar, para no hacer perdurables estas notas.

42 ... mostraba pesar más de cuarenta ducados.

Pesar significa aquí *valer*, acepción no incluída en nuestro Diccionario académico.

Las cadenas de oro, joyas muy estimadas y lucidas por los soldados, no se compraban sino á peso, añadiendo un tanto más por la hechura. [2] Por esta razón en los libros del tiempo, cuando se mienta su valor se dice «*pesaba* tantos ducados». [3]

---

[1] *Pragmatica y nueva orden, cerca de las colgaduras de casas, y hechuras de joyas de oro y piedras, y pieças de plata, y en la forma que se han de hazer labrar, y traer y otras cosas* (Esc. de Arm. RR.)—*En Madrid, por Iuan de la Cuesta. Año de 1611.* (6 hojas en folio numer.) Bibl. R. Acad. Hist., *Jesuítas*, tomo 176, núm. 30.

[2] Tratado del concierto de una cadena, dice Mateo Alemán en su *Guzmán de Alfarache* «comencé luego mi enredo, preguntando lo que valía y *lo que pesaba*. El mercader se rió de oirme y dijo: «señor, esto no se vende á peso, sino »así como está, un tanto por toda».—Parte II, lib. II, cap. VI.

[3] «Platero. Esta cadena he tenido yo en mis manos muchas veces, y sé que *pesa* ciento y cincuenta escudos de oro, de á veinte y dos quilates.»—Cervantes: *El Vizcaíno Fingido.*

«Perdió un soldado mil reales sobre una cadena que *pesaba* mil y quinientos.»—Rufo *Las seyscientas apothegmas;* op. cit., f.º 62 vto.

43 ... pero como no es todo oro lo que reluce ...

Cuatro son las formas que conoce este refrán en el habla castellana:
No es todo oro lo que luce.
No es todo oro lo que reluce.
No es oro todo lo que luce.
No es oro todo lo que reluce.

De todas ellas abundan ejemplos en nuestros clásicos, [1] habiendo que confesar, no obstante lo que en contrario diga un comentarista cervantino, que estima, quizá con razón, más lógica y correcta la última forma, [2] que es cabalmente la más escasa en nuestros clásicos, que repiten frecuentemente, en cambio, las dos primeras. [3] Cervantes empleó unas y otras indistintamente, aunque de ordinario prefiera la lección que usa en esta novela. [4]

44 ... con sólo ser de alquimia se contentaron ...

La vanidad humana ha existido siempre. Quien no puede lucir cadenas de oro fino, lábralo falso; á las piedras preciosas verdaderas se oponen las imitadas ó contrahechas. También el gustillo de la vanidad presuntuosa sentíase entonces tanto ó más que entre nosotros; y de ahí nació el dorado y plateado sobre latón, á que propiamente se llamaba alquimia. Prodigóse tanto en joyas, bujerías, armas, aparejos de jineta y aderezos de la brida, que las Cortes se sintieron alarmadas repetidas veces, reclamando contra estos usos que acrecentaban la vanidad y los gastos superfluos en sus naturales.

---

[1] Manuel J. García: *Estudio crítico acerca del entremés «El Vizcaíno fingido» de Miguel de Cervantes.*—Madrid, 1905, pp. 120-121.

[2] «No es todo oro lo que luce.» (Arcipreste de Talavera: *Corvacho*; op. cit., página 157).—«Piensa que es todo oro lo que reluce». *(La Pícara Justina*, libro I, cap. III).—«No es oro todo lo que reluce.» *(Comedia llamada Selvagia, compuesta por Alonso de Villegas Selvago.* Madrid, Rivadeneyra, 1873 (Libros raros y curiosos); p. 76.
La Celestina agrega una variante, que hace aún más expresivo el dicho: «Ni es todo oro *cuanto amarillo* reluce». (Acto VIII)

[3] Covarrubias, al citar el proverbio, hácelo como en *El Casamiento engañoso.* «No es todo oro lo que reluce». Menudean los ejemplos en Liñán. *Guía y aviso de forasteros;* op. cit., Avisos I y II, y en otros autores.

[4] García: op. y loc. citados.

Porque ocurría que de Francia, Milán y, principalmente, Venecia, lugares todos donde se labraban las cosas de alquimia, los vidrios y piedras falsas, [1] llovían sobre España nubes de buhoneros, con sus cajuelas llenas de azabaches, muñecas y juguetes; pero menudeando, sobre todo, en cosas de alquimia. [2]

Cadenas, brincos, engarces, filigranas, rosarios, piedras falsas, vidrios teñidos, cuentas, sartas de todo esto y de pastas falsas, trayéndolas unas veces leonadas, otras azules, que llamaban de agua marina, todo hecho de alquimia y oro bajo, mas vendido en tan grandes sumas, que los procuradores confesaban con pintoresca y filosófica frase que nos sacaban «el oro y plata que con tanto trabajo se adquiría é iba á buscarse á las Indias y partes remotas del mundo, *como si fuésemos indios*». [3]

Accedió el Rey repetidas veces á lo que las Cortes pedían, [4] aunque inútilmente, porque otras tantas hacíase la trampa de la ley, pues en ello andaban interesados, no sólo los buhoneros franceses, sino los doradores españoles.

En Valladolid, principalmente, como floreciente mercado y fábrica de platería, azofábanse numerosos dijes y cosas de alquimia, unas veces con permisión de las justicias, y otras, perseguidos por los escribanos y alguaciles que corrían á su caza, librándose los plateros con artimañas, enredos y legales sutilezas. [5]

---

[1] *El Crotalón....*, op. cit., p 255.
VILLALÓN: *Ingeniosa comparación......*; op. cit., p. 181.
[2] De estos quincalleros y buhoneros trato más adelante en otra de mis notas.
[3] *Cortes de Castilla*, 1588-1590, tomo XI, pp. 523-24.
[4] Hay una pragmática de 1534, reproducida en 1552, prohibiendo dorar ni platear hierros ni cobre, si no fuere para ornamentos de iglesia.—*Reportorio de todas las Pragmaticas y Capitulos de Cortes, hechas por su Magestad desde el año de mil y quinientos y cincuenta y dos......, hecho por el Bachiller Alonso de Azeuedo......*—Salamanca, Andrea de Portonariis, 1566; in folio.—Es la ley IX, tít. XXIV, libro V de la *Nueva Recopilación*.
Iguales prohibiciones pueden verse en las *Cortes de 1573*, tomo IV, p 469, y *Cortes de 1592-1598*, tomo XVI, p. 637.
[5] Tal aparece de una provisión real de Felipe III, fechada en Valladolid á 23 de Diciembre de 1605, en la cual, dirigiéndose al corregidor de la ciudad de Valladolid, su lugar teniente y alguaciles, dice que «Marcos Garcia tirador de oro en nombre de los demás tiradores y oficiales y mercaderes nos hiço rela-

Pero tanto creció el mal y tantos y tantos embustes se urdían con las cadenas, [1] que años más tarde, en el de 1616, la Sala de Alcaldes consultó el caso con el Consejo de Cámara, [2] y ante el favorable dictamen de éste salió auto prohibiendo para lo sucesivo hacer ni vender cadenas y cintillos de alquimia, como no fuera dándolas á labrar particularmente. [3]

---

zion que bosotros les molestabades cada día haciendoles muchas bejaziones por dezir que hazian y bendian en sus tiendas trencillos de sombreros de alquimia dorados y pintados y cadenas doradas de todas suertes y otras muchas cossas de la dha. alquimia dorada y plateada diciendo q̄ heran contra las prematicas de nros. Reynos que lo proibian, y la prematica era lo que proibia que los estrangeros no pudiessen meter de otros Reynos cossas semejantes, y no se hablaba con los naturales..... suplicandonos os mandasemos no les molestasedes ni hiciesedes agrauio y darles licencia para que se pudiese hacer y bender libremente...., lo qual visto por los de nuestro consejo, fue acordado que debiamos de mandar dar esta carta para bos mandando que..... (aquí se accede á lo pedido por Marcos García), y contando y pareciendo q̄ son naturales de estos ntros. reinos no les prendais ni molesteis por hacer y bender en sus tiendas trencillos de sombreros......, etc. (como pedían)».—Archivo Histórico Nacional. *Libros de la Sala de Alcaldes* —Libro VII, ff. 411 y 412.

[1] ¿Quién no recuerda los donosísimos del *Guzmán de Alfarache*, de *El Vizcaíno fingido*, y de nuestras novelas todas, en las cuales era usado enredo y trampa picaresca?

[2] «Señor: Los Alcaldes dicen que los días pasados representaron á V. mg.d el desorden que abía en esta Corte en vender los doradores y otras personas cadenas y cintillos de alquimia dorados, de que tanbien abia corredores y challanes que se ocupaban en esto con que engañaban la gente sinple: á vnos vendiendo la Alquimia por oro y á otros dandolo en precios excesibos, de que se hacian algunas causas; y que abia parecido se pregonase que ninguna persona destas vendiesse estas cossas hechos en sus tiendas ni por las calles, y que solo se les permitiesse el hacerlo quando se les pidiesse ó mandasse haçer, que seran bien pocos; con que çesarian estos fraudes y el oro no se gastaría en cosas de tan poco fruto donde totalmente se pierde su valor, y porque V. M. no a respondido á esta consulta y se entiende se a perdido lo buelbe á acordar la sala para que V. mag.d visto lo que se dice y los ynconvenientes que esto puede tener probea y mande lo que fuere servido á dios y á V. mag.d; de la Sala y dic.e 22 de 1616 as.»—*Sala de Alcaldes*, libro VII, f.º 438.

[3] En vista de la anterior consulta, que debió de tener respuesta, los Alcaldes, por auto de 23 de Diciembre de 1616, mandaron «que atento los grandes ynconuenientes que resultan de que se hagan cadenas de alquimia y dorarse por los engaños que ay, de no conocerse, y que no son de ningún provecho si no

45 ... entre vuesa merced y la señora doña Estefanía, pata es la traviesa.

Casi no necesitaba nota, por ser locución que explica perfectamente nuestro Diccionario: «se dice cuando uno ha engañado á otro en una cosa y él ha sido engañado en otra: que es lo mismo que decir que se han quedado iguales.» Es término metafórico, que trae su origen del juego de naipes, como el Alférez mismo confirma en la novela, cuando replica: «y tan pata, que podemos volver á barajar.»

También el insigne Tirso gustó de jugar del vocablo con él.

...... ¡Vive Dios!
Que no ser don Gil me pesa
Por ti, y que somos las dos
Pata para la traviesa. [1]

Hoy se ha sustituído mucho por «empatarse», «quedar empatados».

46 Che chi prende diletto di far frode
Non si de' lamentar s' altri l' inganna.

Forman, efectivamente, parte de un terceto del capítulo I del *Triunfo de Amor*, de Francisco Petrarca:

Tal biasma altrui che se stesso condanna;
Che chi prende diletto di far frode,
Non si de' lamentar s' altri l' inganna. [2]

---

antes de muy gran daño..... que ninguna persona aga cadenas de alquimia para bender y ningun Platero ni dorador las dore ni las pueda bender ni benda en ninguna tienda ni fuera della ni en otra forma; si no que si alguna se hiziere y dorare aya de ser y sea dandola á azer particularmente y no de otra manera, so pena...»—*Sala de Alcaldes;* libro VII, f.° 446.

[1] Tirso: *Don Gil de las calzas verdes*, acto III, escena VII.
Citando Cejador este mismo pasaje de Cervantes, explícalo diciendo: «el engaño ha sido igual, el mismo, han quedado iguales, engañándose mutuamente: *traviesa* aquí lo que se juega y atraviesa».—Julio Cejador: *La Lengua de Cervantes.....;* op. cit., II, p. 830.

[2] *Le Rime di Francesco Petrarca secondo l' edizione e col proemio di Antonio Marsand, aggiuntevi le memorie sulla vita del poeta e saggi di Ugo Foscolo, le dichiarazioni de' migliori comentatori, etc.*—Parigi; Firmin Didot, 1847; in 8.°; página 466.

Restablezco la ortografía ante la edición crítica de Antonio Marsand. Véase ahora, á título de curiosidad, cómo entendieron nuestros ingenios este pasaje al trasladarlo en verso castellano. De Hernando de Hoces:

«Tal hay, que por dañar á sí se daña,
Que los que alegres viven engañando
No giman cuando alguno los engaña.» [1]

Declárolo más fielmente Antonio de Obregón en sus quintillas:

Uno por otro dañar
Tal vez á sí mismo daña,
Y quien huelga de engañar
No se debe de quexar
Si después otro le engaña. [2]

Finalmente, de Álvar Gómez de Ciudadreal son los siguientes polidos versos:

«Que cualquier que á otro daña
No llore, si otro le engaña,
Si su maldat conociere.» [3]

Obregón fué de los tres quien más se acercó al original; aun cuando en vigor poético se lleve la palma la traducción de Hernando de Hoces.

47 ... *que llaman lupicia, y por otro nombre más claro, la pelarela.*

Lupicia por *alopecia*, corrupción del vocablo muy usada, como á semejanza suya se decía y dice *tiricia* por *ictericia*, no sólo por el vulgo, sino también por nuestros clásicos. [4] Era síntoma característico de la enfermedad que padeció el Alférez, y que se describe en la siguiente

---

[1] *Los Trivmphos de Francisco Petrarcha, ahora nueuamente traduzidos en lengua castellana.....*—En Medina del Campo, por Guillermo de Millis, 1555; f.º 8 vuelto.

[2] *Francisco Petrarca con los seys triunfos de toscano sacados en castellano con el comento que sobre ellos se hizo.*—Logroño, Arnao Guillén de Brocar, 1512, f.º XIII.

[3] Apud GALLARDO: *Ensayo....*, I, col.ª 622.

[4] «.... y los que por alguna enfermedad y pasión del ánimo tienen alguna especie de *tiricia.*» *(El Donado Hablador,* op. cit., parte II, cap. IX). Cervantes dice *tericia* en *Pedro de Urdemalas*, jornada II.

nota.[1] Conocíase por muchos nombres: *pelarela*, voz traída por nuestros soldados de Italia, *pelambrera*, *pelambre*[2] y *pelona*.[3]

48 ... donde he tomado cuarenta sudores.

Si mi conciencia de comentarista escrupuloso no me lo vedase, de buena gana haría gracia al culto y limpio lector de esta enfadosa nota.

Aunque si se tiene por versado en la lectura de nuestros clásicos, no habrán de repugnarle ni cogerle de nuevas muchas de las noticias que he de estampar aquí sobre las bubas. Ni habrá de escandalizarse tampoco ante los testimonios que nos declaren cuán comunes y extendidas estuvieron entonces; tanto, que ya Luis Lobera de Ávila las reputaba en su tiempo como una de las cuatro enfermedades cortesanas.[4] Porque es muy de notar que, más aún que entre pobres y gente baja, eran los magnates y caballeros quienes principalmente se veían visitados por estas señoras.[5] Comunísimas se habían hecho por Europa entera, gozando de una bibliografía y de un estudio que quizá no alcanzaron otras dolencias;[6] y por lo mismo que herían poco menos que á todos, y á tan ridículo y lastimoso estado reducían á sus cofra-

---

[1] Si el lector siente más curiosidad en este punto, cosa que no creo, vea el capítulo XIX de la obra del Dr. Torres, que más adelante va citada

[2] «Este doctor traía un capacete de raso negro en la cabeza, por encubrir la *pelambre* que le provino de cierta enfermedad.»—Lucas Hidalgo: *Diálogos de apacible entretenimiento;* op. cit., pp. 283 y 284.

[3]
                     Como vino *la pelona*
                     Por tan agradable dama .

Cetina: *Paradoja en honor de las bubas* ... Apund Fernández-Guerra. *Noticia de un precioso códice*....., op. cit., p. 5.

[4] *Libro de las quatro enfermedades cortesanas q̄ son: Catarro, Gota Arthetica Sciatica, Mal de piedra y d' Riñones e Hijada E mal de buas.* , s. l., 1544, folio.

[5] «¿Quieres saber con quien tratan y comunican estas señoras? Pues notad que siempre las veréis con gente mayor, con señores, caballeros, príncipes y gente illustre No hayais miedo que las halleis con ganapanes, pícaros y trabajadores... ., etc.»—Lucas Hidalgo *Diálogos de apacible entretenimiento*......, op. cit., capítulo II: «Que trata de las excelencias de las bubas ...»

[6] Hasta en verso se pusieron sus recetas por el Dr. Francisco de Villalobos en su rarísimo tratado *El sumario de la medicina con un tratado sobre las pestíferas bubas.* (Salamanca, 1498.) Reproducido por Hernández Morejón en su *Historia bibliográfica de la Medicina española.*—Madrid, 1842 Tomo I, pp. 363-391.

des, las burlas, los donaires, los versos y paradojas, en alegre zumba y festivas gracias, cayeron sobre las bubas y los bubosos, llenando nuestra literatura jocosa de sazonados cuentos, agudos chistes y famosas y divertidas semblanzas de este mal cortesano. [1]

Y no se escandalice ni asuste el lector pío y timorato ante lo universal y propagado de las bubas, ó *mal francés*, ó *napolitano* (que cada nación bautizábalo con el nombre de su vecina, colgándola así el milagro de su origen).

Más que á inmoralidad franca debe atribuirse su propagación, entonces, á la falta tan lastimosa de higiene. La diferencia con nuestros tiempos no está en que seamos más castos y continentes, sino en que somos más limpios. Con razón los turcos motejaban de sucios á los cristianos; descuido en la personal policía que hacía declarar á un verídico escritor «que no hay hombre ni mujer en España que se labe dos veces de como nasce hasta que muere.» [2]

Así se extendieron y generalizaron tanto, y nada extraña el testimonio de aquel arbitrista sobre bubas (que hasta para el modo de curarlas se escribían arbitrios) cuando decía: «esta mala enfermedad ha cundido tanto y cunde, que un varón inficiona á cien hembras y una hembra á cien varones, y assí está España perdida con ella.» [3]

Al efecto de curarla y atajar sus estragos, había en los principales lugares del Reino hospitales, diputados solamente para su tratamiento, como el de Antón Martín, de Madrid; San Cosme y San Damián, en Sevilla; Santiago de los Caballeros, en Toledo, y el de la Resurrec-

---

[1] Sin embargo, Pinheiro se extrañaba de lo escasas que eran las bubas en Castilla comparativamente á Portugal. «Rara vez, en efecto—decía—, se verán allí personas desfiguradas y con señales en el rostro ó nariz; al contrario, los hombres son generalmente sonrosados, bien dispuestos y gentiles hombres....., así es que no he oído á nadie quejarse de bubas, mulas, incordios ó cosas semejantes, y que las dolencias de este género se curan con la mayor facilidad.» PINHEIRO: *La Corte de Felipe III*, op. cit., p. 43.—¡No hubiera dicho otro tanto el desdichado alférez Campuzano!

[2] VILLALÓN: *Viaje de Turquía;* op. cit. Colloquio XI, p. 144.

[3] *Papel que dió Miguel de Luna á Felipe II sobre las bubas.* (Biblioteca Nacional, Mss., núm. 9.149.) Y como remedio, proponía la creación de «500 vaños ó estufas artificiales q̃ no costarán 250 mil ducados en la forma y traça que yo daré». ¡La de todos los arbitristas!

ción, en Valladolid. En sus tiempos señalados, y asistidos principalmente por los hermanos de San Juan de Dios, acogíanse á curarse verdaderas legiones de atacados, gente pobre ó escasa de dineros que, como el alférez Campuzano, no querían gastar en sus casas en médicos y bebidas los vestidos que habían de cubrirlos y honrarlos en salud. [1]

Cuatro eran los géneros de remedios recibidos comúnmente para tratar esta enfermedad El cocimiento de guayacán ó palo de Indias, las unciones, los emplastos y los sahumerios. El más usado en los hospitales españoles era el primero, que habré de describir, porque fué el empleado por el Alférez en el de la Resurrección.

Recogíase el enfermo, guardando cama, á uno de los aposentos del hospital que, *ex proffeso*, buscábanse pequeños, en enfermerías altas, sin ventanas, entapizado el suelo con tablas, alfombras, mantas y esteras, y no otra luz que la de unas lámparas de aceite, rechazando la de las velas, porque causaban humo.

Encendíanse braseros ó leña pequeña en él, ayudando á este sudorífico el del jarabe del palo (sustituído á veces por la zarzaparrilla, el sasafrás ó la raíz de china), de cuyo cocimiento propinábanse al paciente nueve onzas muy de mañana y otras tantas á la tarde, envolviéndole, además, en una sábana caliente sobre el correspondiente aparato de frazadas recias, mantas de lana y toda suerte de ropa de pelo y abrigo.

Guardábase un régimen muy severo y parco en cuanto á la comida, recomendando mucho la quietud y el sueño; y al cabo de treinta días, ordinario término de la cura, si su mal no era peligroso, dábanlo por sano, admitiendo en su lugar y cama á nuevos contagiados. [2]

---

[1] En las Cortes de 1592 á 1598 acudieron los hermanos del Hospital de Antón Martín «representando la mucha necesidad que tienen, y que se curarán este año más de mill pobres, y que han de dar las unciones este mes de Setiembre, y que para ello es menester mucho gasto; y suplican se les haga merced de alguna limosna». Acordóse concederles 50.000 maravedís.—*Cortes de Castilla*; tomo XIII, p. 316.

[2] Para trazar estas noticias me he servido principalmente de dos obras muy populares y admitidas en su tiempo:

Practico de Morbo Gallico, en el qual se contiene el origen y conocimiento desta enfermedad y el mejor modo de curarla. Por el Doctor Andrés de León, Médico y Cirujano del Rey Nuestro Señor, Protomedico de la Real Armada del Mar Oceano. Dirigido al Conde de Lemos, de quien el autor es vasallo y criado.—(Escudo del Mece-

Considere el lector ahora cuál quedarían los pobres enfermos después de haber padecido semejante asedio de cuarenta sudores y dieta absoluta, no empañada por otro alimento substancioso, como verá en nota próxima, que unas tres onzas de bizcochos y otras tantas..... de pasas y almendras; eso sí, regadas abundantemente con agua de regaliz ó simple de la China. Con sobrado fundamento podía dolerse Cristóbal de Castillejo en aquellas conocidas *Coplas en alabanza del palo de las Indias, estando en la cura de él.*

¡Oh guayaco!
. . . .
Mira que estoy encerrado,
En una estufa metido,
De amores arrepentido,
De los tuyos confiado.
Pan y pasas
Seis ó siete onzas escasas
Es la tasa la más larga,
Agua caliente y amarga,
Y una cama en que me asas.

Flacos, amarillentos, consumidos, andando merced á las muletas ó al junquillo ó bastón en que se apoyaban, sin poderse arrodillar, con su bonetico colorado en la cabeza día y noche, para guardarse del sereno, llevando pantuflos y no botas ni calzones ajustados, tasado y medido su comer y sus bebidas, [1] bien podían, tras semejantes dolores

---

nas). Con privilegio.—En Valladolid, por Luis Sánchez, año 1605.—Un volumen in 4.º de xii + 126 folios + 2 de Tabla. — Y el *Libro que trata de la enfermedad de las bvbas. Compvesto por el Doctor Pedro de Torres, Medico y Cirujano de la Magestad de la Emperatriz......*—En Madrid, por Luis Sánchez, año 1600; in 4.º

Vea el curioso lector una muestra de la farmacopea de entonces. «Polvos para los que tienen bubas. toma hojas de sen y epítimo, de cada uno dos onzas; mirabolanos indios y chebulos, de cada uno drama y media; culantro preparado, una onza· zarza, onza y media, muélase no muy sutil y añade onza y media de azúcar.»—PEDRO DE TORRES: *op. cit.*, f.º 113.—¡El milagro es que con semejante pócima salieran vivos!

[1] Vid. la *Nueua institucion y ordenança para los que lo son ó an sido cofrades del Grillimon ó mal frances..... Agora nueuamente hechas por un cofrade llamado Ga-*

y padecimientos, hacer, como Estebanillo González, y en voz alta, aquel juramento de no volverse á poner en ocasión parecida, aunque muchas veces acabasen el voto añadiendo también, como aquel pícaro, por lo bajo: «Hasta que salga del hospital.» [1]

Como el plan curativo fundábase principalmente en los sudores, los tiempos señalados para tomarlos, como más propicios y convenientes, eran los de los meses de la primavera al otoño.

Los hospitales destinados á estas curas abrían en especial sus temporadas, que principalmente eran dos, desde mediados de Marzo hasta San Juan, y desde mitad de Agosto hasta la de Septiembre. [2]

Y perdone, por último, el mirado lector tanta prolijidad y detalle en materia tan enfadosa.

49 ... le pidió que luego luego le dijese ...

Cervantes, como advierte Rodríguez Marín en otros pasajes análogos, fué muy dado á superlativar los adverbios por repetición. [3]

La duplicación del adverbio *luego* denota vehemencia, rapidez, calor y energía: reitérase en otros pasajes cervantinos, [4] y hay uno en un *Vejamen* de D. Francisco de Rojas muy expresivo, en que se triplica. [5]

---

briel Robert. (Barcelona; Sebastián de Cormellas, año de 1610.—Reimpresas en la *Revue Hispanique*, tomo XIII, 1905, pp. 148-152.) Hay edición anterior de «Cuenca, Cornelio Bodan, Año de 1602».—Gallardo reputa esta obrilla por mucho más antigua.—*Ensayo*. ..., I n.° 774.

[1] *Vida y hechos de Estebanillo González*....., edic. Rivaden., cap. XII, p. 360.

[2] ANDRÉS DE LEÓN: *Practico de Morbo Gallico*.....; op. cit., f.° 28, y cap. XLIIII «en el cual se enseñan los tiempos más convenientes para sudar y tomar el jarabe» (f.° 90 vto. y 91).—PEDRO DE TORRES: *Libro que trata de la enfermedad de las bvbas*......; op. cit., ff. 72 y 73.

[3] RODRÍGUEZ MARÍN: *Rinconete*....., pp. 333 y 476.

[4] «Que me la ha de entregar luego, luego, ó no ha de atravesar los umbrales de su casa.»—*La Guarda Cuidadosa*.

[5] «..... entró un soldado de la Guardia con un pliego grande cuyo sobre escrito dezia assí:

A Don Francisco de Rojas
Luego, luego, luego.»

BONILLA Y SAN MARTÍN *El Diablo Cojuelo* por Luis Vélez de Guevara.—Vigo, Krapf, 1902, p. 262.

En general, al tiempo de duplicarse el adverbio se duplica su significado, ora aumentándolo, ora disminuyéndolo, según su caso respectivo. [1]

50 ... los tordos, picazas y papagayos...; mas no por esto pueden hablar y responder con discurso concertado ...

No hubiera dicho lo mismo D. Luis Zapata en su graciosa *Miscelánea*, donde crédulamente relata el caso «del monstruoso hablar de una urraca en la Torre de Don Jimeno, lugar de Andalucía», y la cual, cuando la tiraban piedras los muchachos, saltando y escondiéndose dentro de su jaula, decía: «Bellacos, no han de andar piedras; no han de andar piedras, bellacos!» [2] Y añade muy formalmente que del estupendo hecho se dió, por escribano público, el correspondiente testimonio!

En nuestras obras de pasatiempo no faltan episodios muy divertidos basados en el hablar de las picazas. [3]

51 ... el tiempo de Maricastaña, cuando hablaban las calabazas ...

Maricastaña es otro de nuestros personajes proverbiales de quien no nos quedan más que noticias muy vagas y dudosas. [4] Puesto en boca del vulgo como símbolo de una antigüedad muy remota, repítese en

---

[1] *Aumentativo*:
        Que es cosa que te importa, corre, corre.
    Rústico Ya voy, Corinto amigo, espera, espera.
        Cervantes *La Casa de los Celos;* Jornada II
Diminutivo.
« .... pues casi casi en no traer éramos todos unos »—*El Donado Hablador;* parte I, cap. VII.

[2] Zapata: *Misceldnea;* op. cit., pp. 191 y 192

[3] Véase uno que tiene trazas de auténtico en Espinel: *El Escudero Marcos de Obregón;* Relac. II, descanso XII.

[4] «Esta Maricastaña, cuyo apellido creo femenino de castaño, estuvo en el siglo XIV con su marido y dos hermanos de éste al frente del partido popular de Lugo, que resistía el pago de los tributos que el Obispo, como señor, imponía, resistencia en que no escasearon excesos y violencias, hasta matar al mayordomo del mismo Obispo. La nombradía de hembra tan varonil debió extenderse por la comarca, y no es improbable que sea la misma que ha asumido la representación de vagos tiempos remotos. Por lo menos, no registra la historia otra Mari-Castaña más célebre, ni tanto.» — Godoy Alcántara: *Ensayo histórico*

los escritores á menudo este bordoncillo, uno de los modos de decir que Quevedo pedía se borrase del hablar corriente. [1]

Confesaré, además, para cargo de mi ignorancia, que aunque constan muy auténticas referencias sobre que en los tiempos de Maricastaña eran parleras las aves y elocuentes las bestias, [2] no he podido rastrear dato tan importante (que no faltará, sin embargo, quien me lo apunte en cuenta) de si por entonces hablaban ó no las calabazas. [3]

También es verdad que el papel de anotador tiene á ratos sus quiebras y merece que la crítica mordaz refrene sus iras y detenga sus censuras; porque ¡vaya si es empresa honrosa emplear horas, estudio y diligencia en averiguar cosas tan simples como la de si en tiempo de Maricastaña hablaban ó no las calabazas!

---

etimológico sobre los apelliaos castellanos. — Madrid, Rivadeneyra 1871; páginas 68 y 69.

En efecto, como masculino, *Maricastaño,* he leído citado este personaje: «bien se me dirá que son cuentos de Maricastaño.»—ANDRÉS DE LEÓN: *op. cit.,* f.º 30.

[1] *Premáticas y Aranceles generales.*—Obras.—Rivadeneyra; I, p. 430.

[2]
En tiempos que el Rey Theseo
Residía en Badajoz,
Y cuando Maricastaña
Allá en Castilla reynó;
Cuando hablaban las bestias,
Aunque hartas hablan hoy,
Y cantaron sobre apuestas
El Asno y el Ruyseñor,
....

Romancero General.—Madrid, 1604, op. cit., f.º 431 vto.

«En el tiempo de Maricastaña—explica Gonzalo Correas—, cuando hablaban los animales, para decir en tiempo muy ignorante y antiguo, cuando cualquier disparate era posible y que hablaban los animales y peces y árboles y cosas sin sentido.»— *Vocabulario de refranes y frases proverbiales y otras fórmulas comunes de la lengua castellana......*—Madrid, 1906; p. 521.

[3] En la *Vida y tiempo de Maricastaña, por D. Fernando de Guzmán,* manuscrito que Gallardo copia en su *Ensayo......,* IV, núm. 4.542, para nada se mienta esta condición habladora de las calabazas, reduciéndose á pintar la tierra de Jauja, á que tan aficionados fueron nuestros antepasados, como símbolo de la vida regalona, dulce, descansada y harta en el país de la felicidad y la dicha.—Vid. sobre la Tierra de Xauxa: BONILLA: *Anales de la literatura* —Madrid, Tello, MCMIV; páginas 47-49 y 56-63.

52 ... pero, puesto caso que me haya engañado ...

Puesto que por *aunque*, clarísimo. Sirva de advertencia para otros pasajes del *Coloquio* en que se repite. Y añadiré que, aunque Cervantes use muy á menudo de esta conjunción continuativa trocándola en adversativa, el giro no es suyo, sino corriente y universal en el habla de entonces; y tan antiguo, que se encuentra ya en obras del siglo xv. [1]

53 ... y tenía delicado el juicio, delicada, sotil y desocupada la memoria (merced á las muchas pasas y almendras que había comido) ...

Trayéndolo de los retóricos latinos, nuestros gramáticos, al tratar de la memoria, distinguían dos formas en ella: la memoria natural, y la artificial, que hoy, en una de sus ramas, llamamos *Mnemotecnia*. «*Natural*— decían — es la que está en el ánima....., y *artificial* es por la cual la natural se confirma con razones y reglas.» [2] Dados á fomentarla, crearon los profesores de memoria, [3] atribuyendo á determinadas plantas, yerbas y frutos, como el eléboro y la anacardina, [4] propiedades estimulantes de esta facultad.

Entre los remedios más recomendados estaban «las pasas; que, sa-

---

[1] No repetiré ¡líbreme Dios!, como hacen la generalidad de los comentaristas al tocar este punto, el manoseadísimo ejemplo del *El Ingenioso Hidalgo*:

Yo sé, Olalla, que me adoras.....,

apuntando en cambio dos muy terminantes:

«..... y hay en ella todo género de artes y oficios, *puesto que* el más celebrado es [el] que llaman de la Platería.» (JUAN BOTERO: *Relaciones*.....; op. cit., f.º 12.) «No admitan los inquisidores ni consientan estar otras personas más de las que son de derecho para lo tal necessarias, *puesto que* sea alguacil, receptor ó los otros oficiales de la Inquisición».—*Instrucciones del Santo Oficio de la Inquisición, sumariamente antiguas y nuevas. Puestas por abecedario por Gaspar Isidro de Argüello*.....—Madrid. En la Imprenta Real. Año MDCXXVII; f.º 10. Sabido es que su fecha verdadera es de 1484 y 1488.—Abundan los ejemplos en Torquemada, Juan de Valdés, Villalón, etc.

[2] RODRIGO ESPINOSA DE SANTAYANA: *Arte de Rethorica*.....—Madrid, Guillermo Drouy, 1578; f.º 27.

[3] Suárez de Figueroa trata de ellos en su *Plaza universal*; op. cit., ff. 235 vuelto y 237.

[4] SAAVEDRA FAJARDO: *República literaria*.

cados los granillos y echadas en vino de la noche á la mañana, tomadas en ayunas, aumentan la memoria». [1]

Como habrá visto el lector en la nota 48, á los enfermos de bubas se les sujetaba á dieta severa, sin otro alimento que bizcochos, pasas y almendras. [2] Á ello atribuye el memorioso Alférez su retentiva fiel del *Coloquio*.

54 ... sacó del pecho un cartapacio ...

Cartapacio en su acepción antigua de «libro de mano en que se escriben diversas materias y propósitos»; [3] nombre que daban también los escolares al «cuaderno donde se va escribiendo lo que el maestro dicta desde la cátedra». [4]

La primera acepción, hoy desusada por completo, era la corriente y vulgar en nuestro buen lenguaje. [5]

Y así, decíase *traer cosas de cartapacio* por razones estudiadas, decoradas y profundas, pero dichas fuera de lugar y propósito. [6]

Más adelante, en el *Coloquio,* emplea Cervantes esta voz en su sentido hoy habitual.

---

[1] Espinosa de Santayana: *Arte de Rethorica*......; f.º 27 vto.

[2] «..... se requiere que estos sudores si se pueden dar á dieta entera, que es comiendo pasas y almendras y bizcochos de pan solo......»—Pedro de Torres: *Libro que trata de la enfermedad de las bubas*....., op. cit., f.º 91.

«En esta cura se ha de comer cuatro horas después del sudor, y el segundo ocho horas después del primero. La comida sea pasas y almendras y pan mollete bizcochado.....; la cena sea una hora después del postrer sudor y también será de pasas y almendras.»—Andrés de León: *Practico de Morbo Gallico*.....; op. cit., ff. 99 vto. y 100.

[3] Covarrubias: *Tesoro*.....; artículo *Carta*.

[4] «Por perezoso que sea el estudiante suele tener un libro donde escribe lo que más le agrada; á éste llaman Codex exceptorius, proverbiador, ó *cartapacio*».—*El estudioso de la aldea, compuesto por Lorenço Palmyreno*.—Valencia, Ioan Mey, 1568; ff. 132-133.

[5] «..... si el autor no afirmara que lo había leído en un *cartapacio* de su padre»......—Eugenio de Salazar: *Cartas inéditas. Sales Españolas;* op. cit., II, p. 235.

Mil ejemplos análogos, á ser prolijo, podría presentar.

[6] «..... En Ytalia, donde son gente de grande entendimiento, en viendo el predicador que se mete en qualquiera desas cosas, luego ven que es idiota y *trae cosas de cartapacio*, si no es día que la Iglesia hace mención dellas.»—Villalón: *Viaje de Turquía;* op. cit., Colloquio III, p 27.

55 Novela y Coloquio [1] ...

No tan sólo por respetar el texto de las primeras ediciones, que tal dicen, sino porque seguramente así estaría escrito en el borrador de Cervantes, encabecé *El Casamiento engañoso*, y encabezo ahora el *Coloquio*, separadamente y cada uno con la voz *Novela*, sin que crea, como algunos comentaristas han estimado, que fuese añadido ó postizo de los impresores; errónea creencia que ha llevado á todos los modernos (con excepción de Rodríguez Marín) á suprimir semejante titulillo. Y como no es mi gusto el dejar al aire y sin fundamento las afirmaciones que hago, vayan aquí también para demostrar la de ahora dos testimonios sacados de la misma pluma de Cervantes, aludiendo á otras novelas manuscritas suyas. «vió hasta obra de ocho pliegos escritos de mano, y al principio tenían un título grande que decía: *Novela del curioso impertinente.*» [2] «Vió que al principio de lo escrito decía: *Novela de Rinconete y Cortadillo.*» [3]

¿Es bastante? ¿Á quién habrá que hacer caso: á Cervantes, que lo escribía así, ó á sus comentadores, que le enmiendan?

Hay además otra razón, y es que entonces era universal costumbre (á imitación de las colecciones italianas) lo de rotular todos los cuentos ó ficciones de este linaje con aquel título; y así se decía dentro de un mismo libro: «*Novela de la Tinta*, *Novela de las Flores*, *Novela de los Bandos*, *Novela del licenciado Tamariz*», etc. [4]

56 ... á quien comúnmente llaman ...

Ante el empleo actual del relativo *quien*, *quienes*, dos advertencias livianas saltan á la vista leyendo este pasaje:

---

[1] Rosell, en sus notas al texto de la edición de 1864, observa al llegar á este punto: «*Novela y Coloquio* dicen las ediciones de Cuesta. Fácil es comprender que este epígrafe es un reclamo de editor que no se le ocurriría á Cervantes.» *(Op. cit.*, VIII, p. 469).—Vid. mis razones en el texto de esta nota, que contradicen la tajante opinión de Rosell y sus seguidores.

[2] *El Ingenioso Hidalgo*, parte I, cap. XXXII

[3] *Ibidem*, parte I, cap. XLVII.

[4] Vicente Salvá: *Catalogue of spanish and portuguese books.*—Londres, 1826, número 2.307.

1.ª Que Cervantes, como en *El Ingenioso Hidalgo*, [1] usa de este pronombre aplicándolo á animales, siendo así que el uso actual lo repugna y lo circunscribe á las personas.

2.ª Que hoy, también, construiríamos este período acudiendo al plural *quienes*, desconocido, ó muy raro al menos, en tiempos de Cervantes. [2]

Ambas observaciones nacen, según apunta Bello, de que «el uso moderno del relativo *quien* es algo diferente del que vemos en los escritores castellanos hasta después de la edad de Cervantes y Lope de Vega». [3]

57 Cipión hermano, óyote hablar ...

Oyo, por *oigo*, y *oya* por *oiga*, eran formas muy usuales entre nuestros primitivos prosistas, [4] pero raras ya en tiempo de Cervantes, que las emplea alguna que otra vez en el *Quijote*. [5]

58 ... un natural distinto ...

Distinto, por *instinto*, decíase entonces, no sólo por la gente rústica, como Clemencín opina, [6] dando por estropeada en su boca esta pala-

---

[1] Primera parte, cap. XXV.

[2] Vid. BONILLA: «Datos para la historia del relativo *quien*» en sus *Anales de la literatura...*; pp. 174 á 186.

Por excepción, en Mateo Alemán, se halla también alguna vez el plural *quienes*.—*Guzmán de Alfarache.....*, parte I, lib I, cap. VIII, edic. Rivadeneyra, que, aunque bastante cuidada, es poco de fiar para estos delicados pormenores. Yo mismo he estado expuesto más de una vez á ser víctima de sus erratas. Cada día precisa más la reproducción en facsímil de las ediciones primeras de nuestros libros clásicos.

[3] *Gramática de la lengua castellana* ...—Madrid, 1903; tomo I, p. 180.

[4] «Pero *oyo* los cantos de las aves á las mañanas.....» «Poco vaya ni viene que me *oyan*...»—TORQUEMADA. *Colloquios satíricos...*; op. cit., pp. 516 y 530.

.... Pastor, si de tu sangre no bebiere,
Si más *oyo* hablar de esa manera.
RODRÍGUEZ MARÍN *Luis Barahona de Soto;* op. cit., p. 831.

[5] Verbigracia, en el cap. XVIII de la primera parte: «El miedo que tienes..... te hace, Sancho, que ni veas ni *oyas* á derechas.»

Pedro Espinosa, más moderno, aun la emplea· «Quien tiene oídos, *oya*». *El Perro y la Calentura.—Obras de.....*; op. cit., p. 175.

[6] CLEMENCÍN: *op. cit.*, III, 491.

bra, sino por buenos y castizos escritores; [1] por Cervantes mismo, que, entre otros, [2] en esta forma la empleó varias veces.

59   ... que tenemos un no sé qué de entendimiento, capaz de discurso ...

Muy difícil es seguir las huellas de Cervantes en sus alabanzas á los perros. Cabalmente, de todos los animales ha sido siempre el que ha merecido mayor cariño y estudio por parte de los antiguos naturalistas, y en sus obras, como en las de mero pasatiempo, abundan sobremanera los casos y cuentecillos en que se relata su prodigioso instinto, sus habilidades, fidelidad y memoria.

«Haber de decir las excelencias de los perros — exclamaba gallardamente uno de los más famosos — y las maravillas que dellos se hallan escriptas en los libros, no cabrían en uno. ¿Qué animal hay que tanto ame á su señor? ¿Qué pan tan conocido? ¿Qué guarda tan fiel? ¿Qué compañero tan contino? ¿Qué velador tan sin sueño? ¿Qué amigo tan sin doblez ni engaño? ¿Qué enemigo tan bravo?» [3]

Volviendo ahora á la cuestión propuesta por Berganza, ¿quién, al leer este «no sé qué de entendimiento capaz de discurso» que algunos habían querido sentir que tenían, no recuerda, entre otras, las famosas disputas de Gómez Pereira con el doctor Sosa sobre el automatismo é insensibilidad de los brutos, y el *Endecálogo contra Antoniana Margarita* del segundo, donde se asienta como conclusión «que los brutos tienen ánima viviente y que son más que plantas y animales»? [4]

Pues sin entrar en tantas honduras, que muy probablemente no sondeó Cervantes, en libro muy conocido por él y que más de una

---

[1] «..... que eran acometer á reses grandes, y enseñarle las raposerías que ella solía usar por su natural *distinto.*»—*El Escudero Marcos de Obregón*; Relación I, descanso VII

Eres Norte á la aguja del distinto.....
PEDRO ESPINOSA: *Obras de. ...*, op. cit., 110.

[2] *El Ingenioso Hidalgo.*—Parte I, capítulos XXI y L.

[3] GABRIEL ALONSO DE HERRERA: *Agricvltvra general qve trata de la labranza del campo y svs particvlaridades......*—Madrid, por la viuda de Alonso Martín, 1620; f° 137 vto.

[4] Vid. ELOY BULLÓN: *Los Precursores españoles de Bacón y Descartes, por......*— Salamanca, Calatrava, 1905; pp. 106-114.

PÉREZ PASTOR: *La Imprenta en Medina.*—Madrid, 1895; p. 139.

vez dejó rastro marcado en las obras cervantinas, en la *Philosophia antigua poetica*, también se afirma la misma idea del *Coloquio*: «llamémosle instinto ó como queráis, que realmente ellos tienen su sombra de discurso.» [1] Controversia que en las escuelas se planteaba infinitas veces, desembocando luego en la corriente del vulgo, donde Cervantes la bebería, sin necesidad de recordar estos textos, á más de otros mil, que por sabidos callo. [2]

De afirmar alguna influencia en este pasaje canino, nuevamente la atribuiría á Antonio de Torquemada en su popular *Jardín de flores*, donde dedica varios folios á este debatido punto, con muy extrañas semejanzas de lenguaje con Cervantes. [3]

60 ... nuestra mucha memoria, el agradecimiento y gran fidelidad nuestra ...

De boca del vulgo, repito, es de donde Cervantes tomaba estas alabanzas y recuerdos maravillosos de los perros.

Porque aunque es verdad que en Pedro Mejía, en Jerónimo de Huerta, en Francisco de Vallés y en otros muchos, se mientan numerosos casos de su fidelidad, agradecimiento y memoria, la especie era muy antigua, tratada ya por Plinio y seguida después por sus traductores y comentaristas, como lugar común de la erudición clásica.

---

[1] López Pinciano: *op. cit.*, p 224.

[2] «.. tienen grande docilidad que esta prompta á defender lo que se les enseña. De tal suerte que paresce que tienen algún rastro de entendimiento.» Pedro Bovistau: *Historias prodigiosas y maravillosas de diverssos sucessos acaescidos en el mundo, escriptas por......* Traduzidas .... por Andrea Pescioni.—Medina del Campo, por Francisco del Canto, MDLXXXVI, f.° 209.—Largo es el capítulo que á las cosas de los perros dedica este patrañero libro.

[3] Disputan Antonio y Luis sobre el entendimiento de los animales, y dice «Antonio: Todo lo que habéis dicho es así, pero eso que hay en esos animales no se llama ni se puede llamar razón ni entendimiento, sino un instinto de naturaleza que los mueve y los guía para hacer lo que hacen.» Replica Luis refiriendo varios portentos de perros, y añade: «Parece cierto que todas estas cosas eran de calidad que no podían hacerse sin algún entendimiento»; á lo que Antonio se da por convencido, concluyendo como Cervantes: «Yo confieso que teneis razón para dubdar si los animales que eso hacen es con algún entendimiento ó election de lo malo á lo bueno, ó de lo dañoso á lo provechoso; que, en lo que toca á la razon, bien averiguado está que ni la tienen consigo, ni con

«Tienen gran memoria de los caminos—decía el protonotario Luis Pérez—, y después de los hombres no hay animal de más memoria.» [1]

«De todos los animales—añadía el licenciado Huerta—los más fidelísimos al hombre son el perro y el caballo, pues el amor y fidelidad grande deste animal para con sus amos es ya tan conocido de todos que no será necesario buscar ejemplos para probarlo......; y de su memoria y sagacidad pudiéramos decir grandes cosas, pero hay tantas escritas, que no quiero detenerme en ellas, pues á cada paso se hallan.» [2]

Acójome al parecer del famoso médico para abreviar esta nota; mas si el lector quisiere apurar la materia, busque los libros que abajo cito, donde hallará casos estupendos y maravillosos de la fidelidad y amor de los perros para con los hombres.

61 ... sin apartarse dellas, sin comer hasta que se les acababa la vida ...

Cuenta Jerónimo de Huerta que «en Toledo, ciudad famosa así por su antigüedad y fuerza como por ser Metrópoli de Castilla, tuvo cierto hombre un perro tan fiel y reconocido, que aun después de muerto jamás quiso desamparar su cuerpo, antes acompañándole hasta la sepultura, se quedó mucho tiempo sobre ella, dando muestras grandes de sentimiento y dolor. Si de noche le echaban de la Iglesia y cerraban sus puertas, estaba en el cimenterio aguardando la luz del día, y en abriendo tornaba á la sepultura, donde asistía todo el tiempo que le dejaban, y así, viendo tan grande amor y tan constante fe, muchos que con razón lo advertían, le llevaban de comer para que no pereciese de hambre, ni aquel exemplo de fidelidad se acabase, antes permaneciese condenando su ingratitud». [3]

---

ninguna cosa que hagan, pues sólo el hombre es animal racional que puede usar della...... y así, lo que parece razón y entendimiento en esos animales es un instinto mayor con que la naturaleza los ha criado más que á los otros......»—*Jardín de flores;* op. cit., ff 172 vto. á 176 vto.

[1] *Del Can y del Cavallo;* op. cit., f.º 9.

[2] *Historia natural de Cayo Plinio Segvndo.* Traducida por el Licenciado Geronimo de Huerta y ampliada por el mismo.—Madrid, Luis Sanchez, 1624, y Juan González, 1629; tomo I, p. 462.

[3] *Historia natural de Cayo Plinio;* op. y loc. cit.

· En Valladolid mismo oiría Cervantes otro caso famoso, muy popular, ocurrido años antes, y que relata el protonotario Luis Pérez. [1]

Y cabalmente por los tiempos en que, según mi cuenta, se escribía el *Coloquio*, apareció un librejo, en realidad poco estimable, pero en el que Cervantes pudo leer otro caso semejante inspirador de este pasaje, si, como tengo ya dicho, no hubiesen sido en su siglo famosos, públicos y celebrados. [2]

62 ... que después del elefante, el perro tiene el primer lugar de parecer que tiene entendimiento ...

Juan de Guzmán, al dar la noticia de que en 1589 había en Madrid un elefante, discurría sobre sus cualidades, diciendo: «en lo que toca á su entendimiento me espantan las cosas del elefante.» [3]

«Tiene inmortal memoria, y entendimiento cuasi humano», añadía Palmireno. [4]

---

[1] «Esto mismo acaeció aquí en Valladolid, año 1535, que como un pleiteante trajo consigo un perrito de su tierra, y acaeció que de allí á tres meses murió aquel hombre, y llevandole á enterrar al Antigua, jamás se quiso apartar de las andas y se fué con ellas á la iglesia, y como le vió echar en la sepultura y que le cubrían, comenzó á hacer como una persona un sentimiento grande, y jamás se quiso apartar del lugar do estaba enterrado, por más de quince días ni comer bocado, hasta que le quitaron de allí, y le llevaron comidos los dedos y le metieron en una cámara cerrada; y de ahí á dos horas volviendo le hallaron muerto. Desto me dieron testimonio dos clérigos, de los cuales el uno, al presente que esto escribo, vive agora.»—Luis Pérez: *Del Can y del Cavallo;* op. cit., ff. 5 y 5 vto.

[2] *Cartas familiares de moralidad, escritas por el Licenciado don Francisco de Vallés* ... Madrid, Luis Sánchez, 1603.

En la «Carta octaua y ultima del Licenciado D. Francisco de Valles. . á una sobrinilla suya reprehendiendola porque lloraua vna perrilla perdida (ff. 207 vto. al fin), cuenta que en «Toledo, en San Bartolomé de Sanzoles, se enterró un »pastor de los que venían de Extremo..... y un perro que traía más de seis años »estuvo continuamente sobre la sepultura, y sólo se apartaba y salía de la igle-»sia á cumplir con las obligaciones de naturaleza, y echandolo de ver un canó-»nigo le dió un pan de ración de allí adelante, justa paga de tan buena fideli-»dad» (ff. 229 y vto.). Otros casos semejantes relata.

[3] *Primera parte de la Rethorica de Joan de Guzman, publico profesor desta facultad.* ...—Alcalá de Henares, Joan Yñiguez de Lequerica, 1589; ff. 114 y 115.

[4] *Vocabulario del humanista, compuesto por Lorenço Palmreno* (sic) *donde se*

«¿Qué diremos también de las cosas que el elefante hace — agregaba Torquemada — entendiendo y obedeciendo y aun poniendo por obra aquello que les mandan los que tienen cargo de gobernarlos?»; [1] elogios que Luis Zapata recopilaba en uno: «estos son los animales que de mayor entendimiento hay, y así, parece que en la grandeza de su raza les infundió Dios cuanto cabe.» Y para probarlo inserta un divertidísimo caso ocurrido en Mérida con un elefante, caso que siento no disponer de espacio para incluirlo. [2]

Apunto estas minucias para que el lector pese cuán justo y verídico es Cervantes, hasta en las pequeñeces. Y no holgará añadir que en *La Gran Sultana* (jornada 1), escrita indudablemente en Valladolid hacia el otoño de 1605, volvió Cervantes á repetir estos encarecimientos del elefante: coincidencia en sí sin importancia, si no viniese á robustecer las conclusiones apuntadas al tratar de la cronología del *Coloquio*.

63 ... **que este nuestro hablar tan de improviso cae debajo del número de aquellas cosas que llaman portentos** ...

Entra la vieja Dolosina, celestina protagonista de la *Comedia Selvagia*, en el aposento de la doncella Isabela, á poner en obra sus malvadas tercerías, y detiénela un instante el recuerdo de los agüeros que en su camino se había tropezado. «Dos falcones maltratando una graja se me representaron en saliendo de mi casa; poco más acá vi en el suelo una lechuza muerta: el primer hombre que al encuentro me vino, sobre ser cornudo, le dieron de palos: bueno va todo: quiera Dios no sean badanas.....» [3]

Pues con todo eso, no fueron los españoles, ciertamente, entre los hijos de aquel siglo, como dije en otro lugar, los más dados á agüeros, presagios y creencias torpes en días aciagos ó venturosos. Á hacer prolija esta nota, podría acotar aquí mil y mil testimonios que lo corroborarían. Bástenos, por ahora, repetir por boca de Sancho, recordando al licenciado Pero Pérez, «que no es de personas cristianas ni

---

trata de aues, peces, quadrupedos.....—Valentiæ, Extypographia Petri a Huete, in Platea herbaria, 1569; in 8.º (Abecedario V.)

[1] *Jardín de flores;* op. cit , f.º 172 vto
[2] *Miscelánea......;* pp. 199-200.
[3] *Comedia Selvagia.....;* op. cit., pp. 153-154.

discretas mirar en estas niñerías», dando á entender que «eran tontos aquellos cristianos que miraban en agüeros». [1]

Dentro, no obstante, del capítulo de ellos, había un linaje superior y escogido y al cual Cervantes alude aquí: los portentos ó casos maravillosos precursores de alguna gran calamidad ó desgracia. Teníanse por tales las apariciones de monstruos ó animales de extraña catadura, disformes moscones ó nubes de langostas. [2] Pero entre todos, el más temeroso portento era el hablar un can ó ladrar una serpiente. Todos los que escribieron de perros lo repetían, [3] pagando con ello tributo á la clásica erudición de Alejandro de Alejandro y Plinio, de cuyas crédulas plumas arrancaba el embuste: embuste que hizo coincidir, también, á las de Villalón y Cervantes, quienes, al comienzo de sus respectivas obras, *El Crotalón* y el *Coloquio*, le dieron cabida, con muy singulares semejanzas de estilo é idea. [4]

64 ... que de cinco mil estudiantes que cursaban aquel año en la Universidad, los dos mil oían Medicina.

La cifra que Cervantes da no es exagerada. Años más tarde, Avellaneda, en su *Quijote*, declaró haber en Alcalá más de cuatro mil estudiantes. [5] Y en un curioso manuscrito que, como tantos otros españo-

---

[1] *El Ingenioso Hidalgo*.—Parte II, cap. LXXIII.

[2] Numerosos y no conocidos son los datos que sobre la materia poseo. *Deo volente*, saldrán todos en un trabajo especial que preparo.

[3] «..... y aun Plinio dice un can haber hablado, que lo tuvieron por mala señal.»—JERÓNIMO DE HUERTA: *Historia natural de Cayo Plinio*....., op. cit., II, f.º 16 vuelto.

«Alejandro de Alejandro—añadía por su parte el licenciado Vallés—refiere que cuando los romanos echaron á Tarquino del reino, habló un perro y ladró una serpiente, en presagio de mal suceso.»—*Cartas familiares*.....; op. cit., folios 222 y 223.

[4] Principia á hablar el gallo en el primer Diálogo, y dice:

MICILO. ¡Oh Dios inmortal! ¿Qué es esto que oyo? ¿El gallo habla? ¿Qué mal agüero ó monstruoso prodigio es éste?

GALLO. ¿Y deso te escandalizas, y con tanta turbación te maravillas, oh Micilo?

MICILO. Pues ¿cómo y no me tengo de maravillar de vn tan prodigioso acontecimiento?.....»—*El Crotalón*....; op. cit., Diálogo 1, p 8.

[5] Cap. XXVIII.

les, atesora el *British Museum*, describiendo el estado social, religioso y político de España en 1586, al llegar á las Universidades, cuenta 7.000 escolares en Salamanca y 6.000 en Alcalá. [1] Valladolid y Alcalá se disputaban la primacía en los estudios de Medicina, y tantos doctores y licenciados salían de sus aulas, que los procuradores en Cortes se quejaban de muy antiguo que «estaba el Reyno lleno de personas que curaban faltos de letras y de experiencia, en notable perjuicio y daño de sus súbditos y naturales»; [2] superabundancia que ponía en la pluma de Mateo Alemán este curioso símil: «Diré aquí solamente que hay, sin comparación, mayor número de ladrones que de médicos.» [3] ¡Que es ponderar!

65 CIPIÓN: Pero, sea lo que fuere ...

En las ediciones primeras que me sirven de base para fijar el texto, y en las mismas de Bruselas, 1614, y Milán, 1615, sigue hablando Berganza, hasta llegar al párrafo «Y aun de mí.....», que nuevamente se le atribuye. Hay una indudable omisión del nombre de *Cipión* delante de estas líneas, enmienda racional introducida ya por Sancha (Madrid, 1783), y aceptada en todas las reproducciones modernas de esta novela.

66 ... que este buen día ó buena noche la metamos en nuestra casa ...

Sencilla adaptación al diálogo del común refrán: *el buen día, meterle en casa;* esto es, no perder la ocasión de la buena suerte y tiempo oportuno. [4]

---

[1] Tiene por signatura Sloane, Mss. núm. 1.026, y se copia en los apéndices de la *Historia de Portugal nos seculos XVII e XVIII*, por Luis Augusto Rebello da Silva.—Lisboa, Imprenta Nacional, MDCCCLXVII. Tomo III, pp. 529-549.

[2] *Pragmática sobre la orden que se ha de tener en el examen de los Médicos, Cirujanos y Boticarios.* En Alcalá, por Juan de Iñiguez de Lequerica, año 1588; folio; 8 folios sin numerar.

[3] *Guzmán de Alfarache.*—Parte II, libro II, cap. VII.

[4] COVARRUBIAS: *Tesoro.* Artículo *Día.*
Juzgando M. Morel-Fatio una edición crítica y su comentario, decía. «Il êut utile aussi de relever tous les *refranes* que Guevara s'amuse à déformer plaisamment.» (*Bulletin Hispanique.* Año V, 1903; p. 310.)—Atendiendo esta recomendación, incluyo la nota.

67 ... ó me reprehende ...

Forma anticuada del imperativo con pronombre antepuesto, equivaliendo á *reprehéndeme*, muy repetida en la antigua literatura, pero rara y escasa ya en tiempo de Cervantes, sin que por eso falten ejemplos. [1]

68 ... en Sevilla y en su matadero ...

Los comentarios se hacen y escriben para aclarar los pasajes obscuros ó confirmar los dudosos, en suma, para fijar el sentido, ora literal, bien de fondo, de la obra que se estudia; mas ¿qué comentario puede dignamente ponerse al Matadero de Sevilla que no ya supere, mas ni siquiera alcance á la valentísima descripción cervantina? Si en lugar de ser obra tan conocida, fuera inédita, serviría de testimonio único para ilustrar otras novelas; y así, el solo papel que me resta en esta nota y en las que la siguen, es verificar la exactitud y verdad de la pintura del *Coloquio*, acostándola á los documentos y datos del tiempo.

El Matadero, como ya apunta Cervantes, estaba situado extramuros de Sevilla, en su mediodía y á la Puerta de la Carne. Levantado por el orden y celo del jurado Juan de Oviedo, [2] formábalo una gran nave ó bóveda de 300 pies de largo, sustentada por catorce arcos romanos, con holgados corredores, amplios corrales y pertenencias, y agua abundante de pie para los servicios de su limpieza.

En sus dos extremos había adosados dos cuerpos más de fábrica, que se remataban en unas torres, desde cuyos miradores descubríase una plaza capaz para correr y alancear toros en verano. [3]

---

[1] Viuda estoy mientras no os vea·
O *me matad*, ó venid.
TIRSO: *No hay peor sordo*. Acto II, escena XIII

«Primero que os responda *me decid* si habeis cenado..» — LUCAS HIDALGO: *Diálogos de apacible entretenimiento*.....; op. cit. cap. I.

[2] FRANCISCO PACHECO: *Libro de descripción de verdaderos retratos, de illustres y memorables varones.—En Sevilla, 1599.*—Biografía de Juan de Oviedo.

[3] ALONSO MORGADO: *Historia de Sevilla en la qval se contienen svs antigvedades, grandezas, y cosas memorables en ella acontecidas, desde su fundación hasta nvestros tiempos*.....—Sevilla, Andrea Pescioni y Iuan de Leon; 1587. (Reproducción del *Archivo Hispalense;* pp. 159-160.)—Para mayores pormenores gráficos, véase la estampa que, de los alrededores de Sevilla, incluye Braun en su *Theatrum in*

El gobierno de la casa estaba á cargo de un alcaide, que de noche cerraba sus puertas y de día cuidaba del mundo de valentones, bravos, perdidos y pícaros que á la sombra del Matadero se acogían, ayudándole en su oficio otro casero, comúnmente llamado *amo* y *repeso*, porque el repesar era función de su cargo, y un fiel, que registraba cuantos ganados se traían para su muerte.

Todos eran gente sospechosa, de mala vida y poca escrupulosidad y conciencia, [1] y amparadores y compinches de la tropa sangrienta de los jiferos y matarifes que á su sombra medraban, como verá el lector en las notas inmediatas, á la vez de otras noticias inéditas, que pintan bravamente el desorden y desconcierto del Matadero sevillano.

69 ... la Puerta de la Carne ...

Situada entre la de Carmona y la de Jerez, llamábase así «porque entra por ella toda la carne del Matadero para las carnicerías de Sevilla, por la misma razón que el repartimiento la nombra de la Judería, porque se entraba y se entra también agora por ella primero y forzosamente á las Collaciones de Sancta Cruz y de San Bartholomé, que fueron Judería antiguamente.» [2]

---

quo visuntur illustriores Hispaniæ urbes...... (El plano sevillano lleva esta fecha: «MDXCII».)

[1] Abundan los acuerdos capitulares para refrenar su conducta:

En 1585 propusieron los jurados que mientras se procedía á la información y visita del Matadero, se removieran de sus oficios al alcalde y fieles de él, á fin de que los testigos declarasen con libertad y sin temor de ser cohibidos ni vejados por aquéllos.—*Arch. Municip. de Sevilla.* Sección 3.ª, tomo 8, núm. 18.

En cabildo de 7 de Diciembre de 1592, se trató también de los desmanes «de un fulano Velasco fiel del matadero el qual avnque dizen ques onbre de bien y haze bien su of.º a oydo ques onbre ocasionado y mal sufrido». ¡Al igual de los que Cervantes retrata! Como á su altura estaba el fiel de la romana en 1598, de quien se contaron los milagros en cabildo de 2 de Diciembre de 1598: era merchante y criaba reses por su cuenta dentro del mismo matadero, y poníase de acuerdo con otros para que cuando se *pesase* el suyo, nadie bajara los precios y tuviera la ciudad que pasar por los que él tasaba, con otros excesos gemelos.—*Actas capitulares:* Escrib. 1.ª

Para ver de enmendar á esta gente, en 1603 se ordenó «se haga en el Matadero un altar donde se diga misa los días festivos.»—*Ibidem:* Cabildo de 7 de Noviembre de 1603; escrib. 2.ª

[2] Alonso Morgado: *Historia de Sevilla;* op. cit., pp. 133-34.

70 ... (si no fuera por lo que después te diré) ...

Alude aquí á un episodio muy posterior del *Coloquio:* al parto de la Montiela y transformación canina de sus hijos, uno de los cuales era Berganza para la Cañizares. Y vea de paso el lector, por ser pormenor curioso, cómo este inciso revela, á menos de ser añadido y retoque de años más tarde, que Cervantes escribía esta novela con su método y plan, cuando en sus comienzos adelanta la idea de un pasaje muy lejano aún en su curso.

71 ... á quien llaman jiferos.

Jifero dícese del cuchillo del carnicero ó matador, por ser voz griega equivalente á *cuchillo ó espada*, y así, aunque jiferos se llamaban á todos los mozos y oficiales del matadero, más propiamente se decía de los matarifes que degollaban las reses, y por ende usaban cuchillos jiferos. [1]

De ahí se derivaron las voces *jifa*, que era la sangraza, despojos y desperdicios de las reses que se descuartizaban en el matadero, [2] y *jifería*, el oficio de matarlas y desollarlas; y translaticia y antonomásticamente, todo lo tocante al matadero. [3]

72 ... mozo robusto, doblado ...

En la excelente versión inglesa de las *Novelas ejemplares* hecha por Mr. Mac Coll, al llegar á este punto, tradúcese *doblado* por *deceitful*, adjetivo equivalente á *engañoso, falaz, falso.* Y aunque, en verdad, sea una de sus acepciones en buen romance castellano, la significación que aquí tiene no es la que Mr. Mac Coll apunta, sino la de «persona de mediana estatura, pero recia y fuerte de miembros»; interpretación que hallo robustecida por el *Diccionario de Autoridades*, alegando ca-

---

[1] «..... mas deteníame saber suelen ocultarse por entre aquellos cajones ciertas sabandijas que, al improviso, embainan un *jifero* en el estómago del más confiado.»—Suárez de Figueroa: *El Passagero;* op. cit., f.º 204.

[2] Rosal: op. cit., alphabeto I, artículo *xifa*.

[3] «Solo un bellaco jifero ó carnicero recién venido.....»—*Vida de D. Diego Duque de Estrada;* op. cit., p. 63.

balmente este pasaje cervantino, con el mismo significado que le atribuyo. [1]

73 ... á que, en compañía de alanos viejos, arremetiésemos á los toros ...

La abundancia de despojos, *caídos* y desperdicios de las reses descuartizadas, hizo antigua en los mataderos la costumbre de criar lebreles y perros, principalmente alanos, así llamados por tener origen su raza, según Plinio, de la Alania, región de la antigua Scitia.

Eran perros no muy corpulentos, pero robustos y recios, de tanta fuerza, que asiendo de la oreja á un toro, no la soltaban hasta rendirle. [2] Adiestrábanles los matarifes en esta suerte, ora por pasatiempo, bien para remate y fin de las fiestas de toros; costumbre pintoresca, aunque un tanto bárbara, que ha llegado hasta nuestros días, creando un modismo propio en el habla castellana. [3] Á esta habilidad aludía Lope de Vega en su *Epístola á Gaspar de Barrionuevo:*

> Cuando, como el alano que á hacer presa
> En los bueyes le enseña el carnicero,
> Las humildes orejas me atraviesa. [4]

---

[1] *The complete works of Miguel de Cervantes Saavedra. Exemplary Novels.*—Glasgow, 1902, vol. II, p 159.
Cabalmente, por ser la traducción inglesa de Mr. Mac Coll erudita, acabada y fidelísima, enriquecida con notas muy discretas y oportunas, hago ahora esta advertencia, sin ánimo alguno de censura; que, muy por el contrario, agradecimiento hidalgo deben las letras españolas á Mr. Fitzmaurice-Kelly, que tan concienzudamente ha dado á conocer en Inglaterra las obras todas del *manco sano*. ¡Ojalá pudiéramos decir otro tanto los españoles de las obras inglesas en nuestro suelo!

[2] GERÓNIMO DE HUERTA: *Historia Natural de Cayo Plinio......*, op. cit., I, f.º 463,

[3] «Cuando alguno va molestando á otro y persuadiéndole lo que quiere, decimos que va como alano colgado de la oreja»......—COVARRUBIAS: *Tesoro;* op. cit. artículo *Alanos*.

[4] El anónimo autor de los *Diálogos de la Montería* (Luis Barahona de Soto) explica bien la razón de criarse perros en los mataderos. «Éstos [los alanos] se han de criar en los rastros, carnicerías ó mataderos, de suerte que, cebados en la sangre de los toros y vacas, se hagan golosos y codiciosos de carne y sangre», en el perseguir de las reses y venados.—*Diálogos de la Montería......*; op. cit., página 466.

74 ... mantiénense ellos y sus amigas de lo que hurtan.

Añadiré algunas auténticas pinceladas al realista cuadro cervantino. Tanto se prodigaban los hurtos de carne en el Matadero de Sevilla, que en 6 de Julio de 1594 se trajo al Ayuntamiento una relación, que fué leída en cabildo del 15 del mismo mes, «cerca de la orden que se deue tener para que no se hurte la carne en el matadero». [1] Deliberó la Ciudad sobre el caso, [2] saliendo como único y desdichado remedio la creación de un nuevo tributo de unos maravedís por cabeza que se registrase, para pagar á los cortadores, cuya verdadera causa declarábala en el mismo cabildo D. Andrés de Monsalve, diciendo que «no es esta ympusiçion que pone la ciudad, sino vna contribuçion voluntaria de los merchantes, por librarse de los hurtos inreparables que allí se les hazían». [3]

Creyóse con esto atajado el mal, que perduró, sin embargo; y tanto y tanto, que años después, en Marzo de 1600, se leía una proposición que había hecho en 16 de Junio del 99 el jurado Cristóbal Suárez «cerca de que se quiten las imposiciones que se echaron para evitar los hurtos de la carne que se hazian en el matadero, atento que no an çesado los hurtos y la dha. ympu.on ha sido causa de que se aya subido la carne.» [4]

Que es una historia ejemplar que podría aplicarse en un todo á nuestros días: el pago y moraleja que dan los ladrones á las justicias, cuando éstas, por debilidad, parlamentan y transigen con ellos.

---

[1] *Actas capitulares de Sevilla*. Cabildo de 15 de Julio de 1594.
La ciudad pagaba á los dueños de los colgaderos, mozos y demás ralea que servían en el matadero con la renta que se sacaba de los tajos y menudos: y en cambio, ellos tenían la obligación de dar la carne muerta desollada y cabal, obligación que al cumplirse favorecía extraordinariamente los hurtos de carne que Cervantes apunta.

[2] «Acordose de conformidad que se guarde lo que la ciudad tiene pasado en 15 de Julio deste año cerca de la orden que se a dado para evitar los hurtos de la carne en el Matadero y que el procurador mayor envie el testimonio dello al Real consejo para que S. M. sea seruido de mandarlo confirmar.»—*Actas capitulares de Sevilla;* cabildo de 20 de Julio de 1594.

[3] *Ibidem;* cabildo de 23 de Septiembre de 1594.

[4] *Ibidem;* cabildo de 16 de Marzo de 1600.

De todos modos, los hurtos de carne en el Matadero, ora directamente ó jugando, al tiempo de pesarla, *del dedillo, balanza* y *golpete*, [1] continuaron á más y mejor, durante muchos años, viniendo á ser algo proverbial y reconocido para lo que no se veía el remedio; de tal modo, que cuando, cumplido el cargo, quería el Asistente viejo adornar su hoja de residencia con sus hechos más memorables y meritorios, echaba mano de éste de los hurtos, ufanándose de haber acabado con ellos (¡vana ilusión!), porque, como mucho, lograba disminuirlos un tanto, ó hacerlos, sólo, no tan desvergonzados y escandalosos. [2]

En Madrid no eran mejor gente los jiferos. Jugábase en el Rastro y en las Carnicerías, de que resultaban heridos y muertos; [3] maliciábanse los pesos, con notable falta de menos en las cantidades vendidas, [4] y de ordinario asistían con ellos en el Matadero y en los tablajes una turba de ayudaderas y mozos, reputada, como toda la gente que tenía el dicho trato, de «bagabunda y de mal bibir». [5]

---

[1] Mateo Alemán: *Guzmán de Alfarache.* Parte I, lib. II, cap. V.

[2] *Testimonio ajustado a los tes | timonios y certificaciones autenticas, por donde consta | del Asistencia de Sevilla al tiempo que la governo el se | ñor Don Diego Hurtado de Mendoça Vizconde de la | Corçana, Cavallero de la Orden de Santiago, del Conse | jo del Rey nuestro señor, Mayordomo de la Reyna nuestra señora.*—(12 hojas en folio, s. l. n. a. [1634]. Bibl. Acad. Hist.—*Jesuítas*, tomo 193, núm. 26).

Relatando los servicios hechos por el Vizconde durante su asistencia (1629-1634), al llegar al abasto de carnes, dice: «Parece por certificación de Diego Ordóñez, Fiel del Matadero y carnicerías públicas desta ciudad de Sevilla, dada en 23 de Abril de 1634 años, que por la mucha vigilancia y cuidado que el señor Vizconde ha tenido en el abasto de todo género de carnes y tocino para esta ciudad y que valga á más moderados precios...., buscando muchos medios para ello, y *remediando los excesivos y grandes hurtos de carnes que los matadores dellas hacían en el dicho Matadero, que parecía imposible su remedio*, poniéndolo de manera que totalmente habían cesado los dichos hurtos....., con lo qual estaba valiendo el dicho día una libra de carnero de 32 onzas, 34 maravedís para el dueño, que era el precio más barato que ha habido de muchos años á esta parte por el dicho tiempo.»

[3] Archivo Histórico Nacional. *Sala de Alcaldes.* Año de 1610. Libro IV; f.º 565.

[4] *Ibidem.* «Escrito de Estevan de Pedraza, contraste y marcador de la Villa, sobre la malicia y falsedad en los pesos de los tocineros.»—Año de 1607, Libro IV; f.º 236.—Curioso documento del que, como de tantos otros, saqué copia, que lamento no poder incluir.

[5] *Ibidem.* Libro II; f.º 148.

75 ... días de carne ...

Decíase *dia de carne* en contraposición á *dia de pescado*, que eran aquellos en que por disposición de la Iglesia no se podían comer carnes, ni venderlas ni matarlas, siendo tan grande el rigor que en su cumplimiento se tenía, que, con excepción de los enfermos, no se perdonaba á nadie, ni á los mismos embajadores luteranos. [1]

Días de pescado eran todos los viernes del año, la cuaresma, las témporas y vigilias de los santos de guardar.

Según un edicto, muy curioso para este punto, del doctor D. Cristóbal de Mantilla, provisor é inquisidor ordinario de la metrópoli sevillana, las fiestas de guardar, sin incluir las domínicas, ascendían á treinta y seis. [2]

Los sábados eran propiamente los días de carne [3] (sobre todo, en las aldeas y lugares pequeños), en que se mataban reses, proveyéndose los vecinos de carne para el resto de la semana; costumbre que aun perdura en muchos pueblos de España.

76 ... antes que amanezca ...

Porque los robos se hacían principalmente en las noches, como va á tocar el lector de la sabrosa descripción que hizo á la Ciudad Alonso

---

[1] V. CABRERA: *Relaciones*.....; pp. 486 y 487.

[2] *Nuestro muy santo | padre Vrbano VIII. Ha mandado | que generalmente en toda la christiandad no se guarden | por de precepto sino las fiestas siguientes*..... (Sigue su enumeración). (Al fin:) *Con licencia. Impressa en Seuilla por Iuan Gomez de Blas, junto al Collegio de San Acacio | Año de 1643, y vendese en su casa*. (Una hoja en folio, seguida de otra separada, en folio también, s. l. n. a., que contiene el edicto del doctor Mantilla citado. (Bibl. Acad. Hist.—*Jesuítas*, tomo 101, número. 48). Eran días de fiesta los dos siguientes á las Pascuas de Resurrección y Espíritu Santo, y de ellos se aprovechó el alférez Campuzano en *El Casamiento* para poder amonestarse á toda prisa y celebrar el suyo con doña Estefanía, como ha visto el lector.

La Bula de Urbano VIII promulgada por el provisor sevillano era de 1.º de Septiembre de 1642.

[3] «En sábado matan carne en el matadero».—ROJAS: *El Viaje entretenido* .... «Loa del sábado»; op. cit., f.º 235.

«..... porque el sauado es el dia que todos se probeen de carne.....» *Sala de Alcaldes*. Año 1607. Libro IV; f.º 227.

de Porras, Veinticuatro y Fiel executor suyo, en cabildo de 22 de Junio de 1598: «dixo alonso de porras V° e quatro [Veinticuatro] como fiel executor que, entendiendo el grande eçeso que avia en el matadero de hurtos de carne, y que estos y otros semejantes delitos por ordenanças estan remitidos a los fieles executores, fue al matadero a media noche, y halló tres ladrones de carne con tres arrobas de carne, y prendió los dos dellos, y el vno se le huyó y el vno dellos se le resistió con armas media hora, hasta que lo prendió, como consta por la causa questá ff.ª [hecha], teniéndole condenado a çient açotes y galeras......» [1]
¡Castigo más ejemplar aún merecía aquella canalla!

77 ... y como en Sevilla no hay obligado de la carne ...

Era entonces práctica universal en los lugares todos de España, desde las ciudades populosas hasta las más humildes aldeas, contratar el aprovisionamiento de carne, pescado, aceite, jabón y otros artículos con determinados tratantes ó ganaderos, que, por este concierto, se obligaban á tener abastecidas abundantemente de carne (si tal era el obligado), las tablas y carnicerías del lugar.

Hacíanse los remates de estos abastos públicamente, en las casas del Ayuntamiento, ante escribano del número, con asistencia del corregidor y diputados del cabildo, habiéndose pregonado previamente sus condiciones. [2]

La duración del cargo de obligado de la carne era ordinariamente un año, de un día de San Juan Bautista á otro, como consta por las innumerables escrituras que, sobre obligados, el investigador tropieza en los protocolos de la época. [3]

En Sevilla, sin embargo, como Cervantes dice, no había obligado de la carne, [4] estando abierto y libre el matadero, pues «ningun señor de

---

[1] *Actas capitulares de Sevilla.*—Año de 1598; escribanía 1.ª

[2] CASTILLO DE BOBADILLA: *Práctica para corregidores y señores de vasallos en tiempo de paz y de guerra......*—Madrid. Por Luis Sanchez. Año MDXCVII. Tomo II, página 82.

[3] Véanse las de Madrid de 1582-1583: *Sala de Alcaldes*, libro I, ff. 49-54, ó las de 1624: *Ibidem*, libro XIV, ff. 732 y siguientes.

[4] Habíalo, sin embargo, para los pueblos comarcanos de Sevilla. (Vid. *Actas capitulares.* Cabildos de 17 de Noviembre de 1593, 28 de Julio de 1597 y 27 de Octubre de 1599.)

ganado —declara un historiador suyo—hay en España que pueda, ó, si puede, que ose obligarse por año á las carnecerias de Sevilla, por la gran cantidad que de todas las carnes pide forzosamente el menester desta gran ciudad.» [1]

Sustituía al obligado un muy curioso procedimiento, que prueba cómo aquella sociedad no padecía el desbarajuste grande con que se la tacha. Reducíase, en substancia, á admitir en las dos fertilísimas y abundantes dehesas de la ciudad, á la ciudad inmediatas, Tablada y Tabladilla, como herbaje y descansadero, cuantos ganados traían sus dueños con ánimo de venderlos, habiendo registrado antes su número y precio, *á su albedrío*, ante el fiel del Matadero. Asistían diariamente á éste para hacer «*la hoja*» ó remate de las carnes, y en representación de la ciudad, un veinticuatro, un jurado y un fiel executor. El fiel daba cuenta entonces de los ganados registrados y de sus precios. Los ganaderos que deseaban que sus reses fuesen sacrificadas aquel día hacían ante los jurados una baja en sus posturas, y una vez conocidas las de todos los merchantes, se comenzaba á *pesar* por los de más bajo precio, siguiendo por los inmediatos, hasta concluir, si era preciso, en las de los más altos.

De este modo, las carnes más baratas eran las primeras que se sacrificaban, en beneficio de los sevillanos, quienes, por las tablillas de rigor pendientes en la puerta del Matadero y carnicerías de Sevilla, conocían diariamente la tasa de la carne. [2]

Sin embargo, como rancio y español que es el refrán que dice que «donde se hace la ley, allí se hace la trampa», también se hacía en Sevilla y en punto tan bien estatuído como éste de los abastecimientos, por los interesados en lograr y engrandecerse, aun á costa de los pobres; prácticas impías que denunciaba un muy raro y curioso testimonio del tiempo aquel, diciendo: «porque las personas poderosas desta ciudad y los que tratan de enriquecerse con el trato de la carne y otros merchantes y forasteros que vienen con sus ganados, teniendo alli [Tablada y Tabladilla] descansadero y hervaje en que el ganado se les va aumentando de carne, no disponen dél sino muy á sus ventajas, haciendo entre sí liga y concierto de ir poniendo las posturas más á

---

[1] Morgado: *Historia de Sevilla.....*; op. cit., p. 160.
[2] *Ibidem*, pp. 160-162.

su pro.» Y para asegurar el monipodio compraban, además, á los forasteros cuanto ganado traían; cumplían acto seguido con el registro que mandaba la ley, y vendían luego la carne, faltos de competidores, á los más subidos precios.[1] Mañas y picardías de todos los tiempos; que de todos son la ambición y la codicia de oro.

78 ... y con este concierto hay siempre mucha abundancia.

«El mejor gobierno para que en la república haya provisión y abundancia de mantenimientos — decía un experimentado corregidor por aquellos días — es haber obligados á bastecerla dellos....., porque cuando la ciudad bastece es maravilla si no se le pegan á los pobres muchos dineros de pérdida»,[2] amén de mil abusos más que de los regidores mienta.

No obstante esta opinión, con los obligados padecían las ciudades extraordinarios disgustos y no pocas escaseces, por la codicia y cautelas maliciosas de los tratantes, que se excusaban con mil artimañas y enredos de cumplir sus escrituras cuando las ganancias no venían derechas; tirando entonces á remediar estos males y penurias un sinnúmero de acuerdos de los alcaldes y justicias,[3] ora buscando dinero para proveer por cuenta de los concejos las tablas que los obligados dejaban en punible abandono, ora compeliéndolos por medio de alguaciles y escribanos á que cumpliesen fiel y honradamente las condiciones estipuladas en los remates para el abasto de los mantenimientos.

Á veces también sentía Sevilla, á pesar de su franco mercado, carestías y faltas de carne en su matadero;[4] que la ambición de los mer-

---

[1] *Las vtilidades que se | sigven á la ciudad de Sevilla de | tener dada la dehesa de Tablada y Tabladilla | en arrendamiento.*—(8 hojas en folio, imp. s. l. n a. [Sevilla, ¿1625?] (Bibl. Acad. Hist.; *Jesuitas*, tomo 75, núm. 8).—Papel muy interesante para la historia de los abastos de la ciudad. Su anónimo autor era partidario del obligado.

[2] CASTILLO DE BOVADILLA.—*Política para corregidores......,* op. cit., tomo II, página 80.

[3] Arch. Hist. Nac., *Sala de Alcaldes.*—Abundan los autos sobre la materia. Vid. libro IV, f.° 84, auto de 23 Octubre 1606, libro II, f.° 406, y, sobre todos, uno que pinta las malicias de los obligados, 1589 (falta el día y mes), tomo I, folios 314-315.

[4] En el cabildo de 17 de Noviembre de 1593, Cristóbal González Suárez dijo: «que á la ciudad le es notorio la falta y carestía que hay de carne por las

chantes y regatones no conocía tasa, si bien atajábase prontamente, merced al celo y diligencia de sus jurados.

En general, como Cervantes escribe, gozaba de grande y proveída abundancia.

79 ... sino para que se moderen en las tajadas y socaliñas que hacen en las reses muertas ...

Así era la verdad; y para probarlo é ilustrar someramente este pasaje, dejemos otra vez la voz á nuestro anónimo sevillano, autor del raro papel citado más arriba. El cual, pintando el largo calvario que para el sacrificio de sus reses en el matadero tenían que recorrer los ganaderos pobres, escribía estas curiosas razones: «Á lo cual se les junta en la carnicería otra pérdida no menor: que es la carne que les

despensas que ay, y carniçerias de los lugares, que lo atraviesan todo». Cuatro años después, en cabildo de 28 de Julio de 1597, el veinticuatro Diego Caballero de Cabrera, como diputado del Matadero, añadía: «que en las carnicerias que están fuera de la ciudad se vende la carne á más precio de a como se pesa en la ciudad». Pidió que se remediara y que se mandase «que ningun ganado de bacas ni ternera se deje pasar por la puente desta ciudad ni en barcas por ninguna parte del río..... lo qual hacen los merchantes y obligados á fin de matar el mejor ganado fuera desta ciudad..... y traer lo peor á las carnecerias della.....» No cesaron, sin embargo, estas penurias, porque en cabildo de 27 de Octubre de 1599, se dió cuenta «que no hay carne de carnero ni vaca que se pueda pesar en las carnicerías»; habiéndose tenido que acordar que saliesen personas del concejo á los pueblos comarcanos en busca de ganados, y no faltando quien, como el jurado Cristóbal Suárez, pidiese á la ciudad «que para de aquí á carnes-tolendas trate de hazer obligado de carne, porque desta manera se proveerá la ciudad, llamando para ello a los obligados de las aldeas». *(Actas capitulares de Sevilla.)* Para remedio de estas carestías de carnes y ganados «en tanta cantidad, que han llegado á valer á esesivos precios, cuya causa ha sido el mal govierno y orden que ha avido en el Matadero y carnecerías desta ciudad», con fecha 21 de Abril de 1601, redactáronse unas Ordenanzas que, aunque llegaron á imprimirse (7 hojas en 4.º), sólo se conservan de ellas la segunda (páginas 3 y 4) y la última (pp. 13 y 14). *(Archivo Municipal de Sevilla. Papeles in folio del Conde del Águila;* tomo 24, núm. 3). A la cariñosa liberalidad de mi buenísimo amigo D Francisco Rodríguez Marín debo la noticia y copia de estos inéditos acuerdos de las Actas Capitulares de Sevilla, que tan cabalmente ilustran los pasajes del Coloquio, y que son producto de sus sondeos y redadas en el hondísimo mar de la *papelería* antigua sevillana; suyo es el mérito, que, de todo corazón, me complazco en declarar aquí.

hurtan en cada res los degolladores dellas; y como son forasteros estos que asi han recebido este daño, porque con su detencion en Sevilla no se les haga mayor, no se querellan de lo que les han hurtado los degolladores, que se quedan sin castigo y con mucho más atrevimiento, y dan gracias á Dios los ganaderos si el dinero que les ha causado su venta lo cobran con tiempo, y al fin venden con estas pérdidas, pues les será mayor el volverse con su mismo ganado, recibiendo á la vuelta las mismas molestias, agravios y vexaciones que en Sevilla.» [1]

¡Cómo se repiten los tiempos! ¡Qué lecciones más sabrosas las de la Historia! Porque al leer estos clamores de ayer parece que en nuestros oídos resuenan los clamores que todos los días y en todos los periódicos leemos hoy.....

En cuanto al término *socaliñas*, así escrito en el *Coloquio*, agregaré brevemente que, apartándose del común hablar del tiempo, que las llamaba *sacaliñas*, y en contra de la autoridad de Covarrubias y de Rosal, [2] y de tan buenos escritores como Mateo Alemán, Luque Fajardo y Suárez de Figueroa [3] entre otros muchos, Cervantes, en este pasaje y en varios del *Quijote*, dijo *socaliñas*.

El uso ha consagrado, sin embargo, por buena la forma cervantina, hoy admitida por la Academia en su Diccionario.

80 ... á dos por tres ...

Burlábase Quevedo de los que, encareciendo una verdad, dicen:

---

[1] *Las utilidades qve se sigven á la ciudad de Sevilla de tener dada la dehesa de Tablada y Tabladilla en arrendamiento*, op. cit.

[2] «*Sacaliña*: una garrocha ó arma arrojadiza atada á una cuerda con que se tornaba á sacar para tornar á tirar.... De ahí se dixo con propiedad *sacaliña* lo que pide el señor al vasallo fuera de su derecho para tornarlo á pedir otras veces.....»—Rosal: op. cit., *alphabeto*, I, art. *sacaliña*.

«Se llama *sacaliña* lo que uno despues de haber tomado su mercaduría y pagado el precio saca gracioso el vendedor.» — Covarrubias: *Tesoro*...., op. cit., artículo *saca*.

[3] «. sin otras adehalas ni *sacaliñas*.» (Alemán: *Guzmán de Alfarache*; parte II, lib. III, cap. IV.) «.... las demasiadas imposiciones, gabelas y *sacaliñas* de los presos.» (Luque Fajardo: *Fiel desengaño*..... f.º 293.) Véanse en el mismo más ejemplos, ff. 84 vto. y 195 vto.

«jamás allí han de faltar rifas y otros géneros de *sacaliñas*.—Suárez de Figueroa: *Plaza universal*....., f.º 273.

«*yo le dije dos por tres*»; y «*decir dos por tres*—añadía—, ¿quién negará que no es decir una cosa por otra? Había de decir *dos por dos*». [1]

Aparte las bromas de Quevedo, es cierto que fué muletilla y giro corriente entonces, que un erudito comentarista suyo, D. Francisco de Seijas, explica del siguiente modo: «*Á dos por tres:* se usa hoy para expresar que alguno dice ó hace alguna cosa con prontitud ó sin miedo ni reparo: tan pronto como se multiplica dos por tres»; [2] que es la forma en que el vulgo lo emplea «*en un dos por tres*».

81 ... meten un cuchillo de cachas amarillas ...

Los llamados propiamente *jiferos*, como habrá visto el lector más arriba. «En Sevilla—dice Rodríguez Marín—se extendió tanto el uso de estos enormes cuchillos llamados ordinariamente de *cachas amarillas*, y aun *de cachas*, á secas, y cuyas heridas, por lo enormes, eran casi siempre mortales, que en cabildo de 22 de Junio de 1607 propusieron los jurados que se pidiera pragmática sobre ellos.» [3]

También en Madrid daban que hacer á las justicias los cuchillos jiferos, ó vaqueros, usados por los matarifes para algo más, seguramente, que para desollar las reses, cuando se les prohibía sacarlos fuera de los lugares de su oficio por auto de los alcaldes. [4] Los cuchillos

---

[1] Quevedo: *Cuento de cuentos;* edic. Rivadeneyra; II, 401.—Á quien copió en este mismo pasaje Luis Quiñones de Benavente, escribiendo en su entremés de *Las Civilidades:*

> Ya lo dije: *dos por tres*
> Es mentira manifiesta,
> Que más verdad le tratara
> Si *dos por dos* le dijera

Colección de piezas dramáticas, entremeses, loas y jácaras..... (Libros de antaño.) Madrid, MDCCCLXXII, I, p. 53.

[2] *Obras de Quevedo;* loc. cit.

[3] Rodríguez Marín: *Rinconete y Cortadillo*....., p. 355.

[4] «Mandan los SS.s aldes. de la casa y corte de su mag.d que ningun desollador de los que desuellan carne en los mataderos desta corte y Villa y en el rrastro ni los carnyceros ni tocineros que pesan en las carnezerias desta Corte y Villa no sean osados á sacar los cuchillos fuera de los dhos mataderos, rrastros y carnezerías ni traellos por las calles en manera alguna, so pena de cada çien açotes y quatro años de destierro de la corte y çinco leguas»..... (Auto de 21 de Junio de 1600).—Archivo Histórico Nacional. — *Sala de Alcaldes;* libro II, f.º 414.

jiferos debían de encerrar además alguna recóndita virtud, cuando en los procesos inquisitoriales salen en manos de las brujas más de una vez, como obligados instrumentos de sus malignas artes. [1]

82 Por maravilla se pasa día sin pendencias y sin heridas, y á veces sin muertes ...

Ya desde los tiempos de Feliciano de Silva, ser matarife ó jifero y ser bravo ó rufián eran una misma cosa, y unas mismas también sus artes y fechorías. [2]

Y como al oficio de rufián iban anejos «el robo, el encubrir ladrones, lo alcahuete, valentón, espadachín de alquiler y asesino», [3] los oficiales del matadero eran de aquellos valientes que en el Corral de los Naranjos daban pólizas de vida al quitar, prontos, como cualquier Chiquiznaque ó Maniferro, á ser *secutores* de unas cuchilladas de á catorce puntos, por sus docenas de escudos, ó también, si se terciaba y subía la paga, llegar á mayores, convirtiéndose de oficiales de la matanza en ministros de la muerte, á quienes se encomendaban los alevosos asesinatos cuando se quería quitar de en medio á un enemigo. [4]

Agréguense á estas muertes y heridas las infinitas que cada día se causaban por ocasión de pendencias y cuchilladas, y se hallará justifi-

---

[1] María de San León Espejo, hechicera cordobesa, al tiempo de decir la *Oración de la estrella*, «hincaba un cuchillo jifero en el suelo hasta las cachas en derecho de la estrella que estaba mirando», sirviéndose de él además para otros embustes.—*Relación del Auto general de la fee, que se celebró en la ciudad de Cordoba á veintiuno del mes de Diziembre de mil y seiscientos veinte y siete años..... Cordoba Por Francisco Sánchez Romero.*, s. a. (1627). 4 hojas en folio. (Bibl. Acad. Hist. *Jesuitas*, tomo 75, núm. 67.)

[2] «..... Y para mayor seguridad, yo me quiero ir á dormir á los tajones de la carnicería»—dice el rufián Pandulfo en la *Segunda comedia de Celestina*; op. cit , página 353.

[3] AURELIANO FERNÁNDEZ-GUERRA: *Obras de Quevedo;* edición Rivaden.; I, página 398.

[4] Liñán y Verdugo los recordaba cuando escribía . . . «gente distraída de una manera de hombres que hay en Sevilla que viven de matar, hasta que dura el llegar para ellos la hora de su castigo y muerte en la horca, que es adonde todos paran.»—*Guia y aviso de forasteros..*, op. cit , Novela IV

Vid. también SALAS BARBADILLO: *El curioso y sabio Alejandro;* edición Rivadeneyra, p. 11.

cado el escándalo y las lástimas que estos males producían entre los moralistas del tiempo, no obstante el rigor empleado por las justicias para atajarlos.

Ampliando para ello el cuadro, á fin de que el lector toque de propia mano esta llaga social de entonces, fruto de la hirviente sangre española, pronta al arrebato y á la pendencia, hoy tanto como ayer y como siempre, en Madrid abundaban de tal modo las cuchilladas, aunque no fuese siempre entre jiferos, que los alcaldes, en 9 de Septiembre de 1615, pidieron al Rey que se repitiera el pregón sobre las cuchilladas, «por el exceso que en la era presente ay de pendencias y cuchilladas.» En efecto, por auto de 10 de Septiembre, se mandó «que ninguna persona..... sea osado de meter mano á la espada ni acuchillarse....., so pena de vergüença pública y *clavarle la mano por solo echar mano; y si hiriere ó matare, pena de muerte*». [1] Por auto de 26 de Octubre de 1611 se había prohibido «llevar cuchillos ú otras armas que espadas y dagas, ni éstas solas, para excusar *las heridas y muertes que todos los días suceden*». [2]

Las muertes y heridas se sucedían, sin embargo, unas veces por reyertas y puntillos de honra; otras, como francos asesinatos, valiéndose los matadores á destajo, para encubrir más fácilmente su delito, de medias mascarillas, que públicamente se hacían y vendían en las tiendas de los buhoneros, y con especialidad en las de los de Palacio. [3]

Y en pleno reinado de Felipe IV, con carta, aún inédita, fechada en Granada á 18 de Enero de 1642, un Gabriel López de Mendoza enviaba al P. Juan Eusebio Nieremberg cierto Memorial sobre *las muertes que suceden y cómo se excusarán*, y en el cual se leen los siguientes y curiosos datos:

«Antes de decirlo probaré como pasan de dos mil onbres los que mueren cada año solo en las dos Castillas bieja y nueva. Para esto se ha de considerar que en Madrid..... ay muchos días que matan tres y quatro, y días de más: pues pongamos uno un día con otro que son 400 en el año.....; *en Sevilla y su territorio largamente serán contados otros cuatrocientos, esto es á lo menos*. Iremos á Granada y sus costas

---

[1] Arch. Hist. Nac. *Sala de Alcaldes;* libro VII, ff. 12 y 15.
[2] *Ibidem;* libro V, f.º 155.
[3] Auto de 10 de Noviembre de 1611. *Ibidem;* libro V, f.º 172.

desde marbella hasta almería otros 200, que más son en estas tres ciudades y sus territorios: son mil á lo menos, y cierto que pasan largamente de mil. Pues ¿que será en Cordoua, jaen, Toledo y segobia y más de otras ochenta ciudades y más de mil lugares grandes y pequeños? cierto que ando corto en decir dos mil, porque pasan de tres mil, y estos mueren desde los veinte á los quarenta años.....

«Estas muertes se han ido aumentando de algunos años á esta parte, en tanto grado, que se tiene por delito común, como los amancebamientos; porque hoy cometen las muertes y mañana se pasean libres; y es la raçón que, en sucediendo el caso, ora esté el delincuente ausente ú retraído, ó preso, entra de por medio gente piadosa, allanan la parte, y solo queda el escrivano por dueño, el qual, *satisfecho*, le busca soltura; y con esto se ha perdido el miedo á matar, tanto, que, al exemplo, los muchachos cometen homicidios.....» Y á continuación, este piadoso sujeto, que por la edad que confiesa (setenta años), merece todo crédito, propone en su memorial medios muy curiosos para hoy, en su fin de atajar los homicidios. [1]

83 ... **no hay ninguno que no tenga su ángel de guarda en la plaza de San Francisco** ...

El tiro cervantino no va sólo contra los escribanos y alguaciles, como otros comentaristas suponen, sino que en los *ángeles de guarda* señala aquí más bien á los fieles ejecutores, [2] ministros encargados de recorrer todos los días la ciudad, inquiriendo el modo como se cumplían las posturas de los mantenimientos, y la fidelidad en los pesos y medidas, y que tenían sus estrados «en la Audiencia, que es en la Plaza de San Francisco, junto con las casas del Cabildo». [3]

Mas como para cumplir con su oficio se acompañaban de un ejecutor teniente y de un escribano, á todos ellos alcanza la acusación cer-

---

[1] Bibl. Acad. Hist. *Jesuitas;* tomo 66, núm. 17.
[2] Confírmalo este párrafo del loco D Amaro: «Los primeros que son desollados son los carniceros. Porque hay otros más desollados que ellos, que los consienten, que son los señores ejecutores que son sus compañeros y viven con ellos y comen con ellos».—*Sermones del célebre loco...... llamado D. Amaro*, op cit. páginas 49-50
[3] MORGADO: *Historia de Sevilla;* op. cit., p. 188.

vantina de cohecho, que un escritor coetáneo extiende asimismo á todos ellos. [1]

Otro rasguillo de costumbres, en fin, que patentiza cómo en todos los tiempos, también, han participado las justicias de estas granjerías, maliciosa práctica de los tratantes en mantenimientos; que las dádivas quebrantan peñas y doblan muchas veces con su peso las varas de las justicias. [2]

La frase *tener su ángel de guarda*, metafóricamente dicha del que tiene algún valedor ó protector para sus pretensiones ó empeños, es frecuente entonces; y á creer el testimonio del beneficiado de Pilas, Luque Fajardo, término sacado del lenguaje tablajesco. [3] Ignoro por qué el moderno Diccionario académico la ha desterrado en esta acepción de su léxico, cuando otros más antiguos, como el de Autoridades, la habían acogido y explicado.

84 ... la calle de la Caza ...

Al tratar todo anotador moderno de las cosas viejas de Sevilla,

---

[1] «Los carniceros, ó por amistad, ó por temor, reparten la buena carne á los regidores, jurados, alcaldes, escribanos, alguaciles y procuradores, por comprar de los unos favor y de los otros rescatar el miedo.»—LUJÁN DE SAYAVEDRA: *Guzmán de Alfarache*; parte II, libro III, cap. II.

[2] El vicio era muy antiguo. Las Cortes de Madrid de 1563 quejábanse ya de que «en la ciudad de Granada y villa de Valladolid y en las otras ciudades principales destos Reinos pasa una cosa muy perjudicial, y es que muchos regatones, taberneros y mesoneros, y otras personas que tienen trato de comprar y vender mantenimientos, sirven y se allegan á las casas de oidores, alcaldes, fiscales, justicias, regidores y otros oficiales de concejos, y con este favor, que cada uno destos tiene de quien es criado ó allegado, hacen cosas muy mal hechas, ansí encareciendo los dichos mantenimientos y quebrantando las ordenanzas de los pueblos, como en otros atrevimientos muy grandes y escandalosos.....»—*Actas de las Cortes de Castilla*; I-363.

[3] MATEO ALEMÁN: *Guzmán de Alfarache*; parte II, lib. II, cap. VII; y parte II, lib. III, cap. VIII.

«El caso es que se llegan á estas casas cierto género de hombres, los cuales viven de dar favor y hacer espaldas á fulleros, defendiéndolos á capa y espada en los sucesos de su latrocinio..... El nombre ordinario por donde son conocidos es llamarlos padrinos ó *ángeles de guarda:* del primero bien se conoce la causa, el segundo téngole por escandaloso y ajeno de toda piedad cristiana.» *Fiel desengaño*.....; f.º 179 vto.

Que es ciudad divina y santa,
Que á las del mundo adelanta
En valor, trato y nobleza, [1]

tiene que pagar forzosamente (¡si es de buena ley, él lo hará muy á su gusto!) derecho de portazgo en la aduana literaria de Rodríguez Marín.

Y metidos en la historia de sus calles y en lo hondo de su vida, ¿qué he decir—pecador de mí—que alcance ni remede siquiera á las sabrosas y pintorescas notas que á la calle de la Caza y á la Costanilla dedica en su *Comentario* inimitable de *Rinconete*? ¿No es más leal copiarlas que ponerse á hacer cómicos equilibrios, barajando tontamente unas pocas citas arrancadas de tal ó cual novela? Dice así la primera: «Según D. Félix González de León *(Noticia histórica del origen de los nombres de las calles de Sevilla.*—Sevilla, 1839; p. 228), la calle de la Caza, que antes se había llamado de la Gallinería, se componía de dos calles en ángulo: la *de la Caza grande*, que va de la calle Confiterías á la Alfalfa, y la *de la Caza chica*, más corta, que tuerce en la esquina de aquélla y va á la plaza de San Isidoro.

»Era esta calle una de las tres cosas que el Rey tenía por ganar en Sevilla, según refirió Cervantes en el *Coloquio de Cipión y Berganza*; y decíanlo de ella, porque, como en la Costanilla y el Matadero, en tal calle no se respetaban las posturas, ni se hacía maldito el caso de pregones ni de amenazas de multas y azotes. Y si por acaso las amenazas se cumplían, tal día hizo un año, y ¡á robar; que el tiempo es breve y la vida corta! Porque se vea algo de lo que en esto sucedía, extractaré lo que de la dicha calle se platicó por la ciudad en algunos de sus cabildos.

»En el de 3 de Septiembre de 1597, después de pedir D. Andrés de Monsalve que se hiciera ordenanza para que los que allí vendían no tuviesen la caza escondida, sino manifiesta, dijo el licenciado Collazos de Aguilar, teniente de asistente, «que el día de oy está la calle de la caça más perdida que de antes, y que el desorden se extiende á que los flamencos y mercaderes y casas de gula se lleuan toda la buena caça, y la dañada y mala venden á la gente principal y para los enfer-

---

[1] ROJAS: *El Viaje entretenido*.....; f.° 6.

mos......» y se ha de procurar «que se guarden asimismo las posturas, porque lleuan á esesiuos preçios á las personas á quien las venden». Así se acordó; pero ¡que si quieres!....., aunque nueve días después, á petición de Pedro Caballero de Illescas, al aprobarse una rigurosa ordenanza sobre el vender de la caza, se adicionó con que toda ella y las aves entrasen en la ciudad por sólo alguna de sus cuatro puertas, la de Macarena, la de Carmona, la de Jerez y la de Triana, y que al entrar las cargas de caza hubiesen de registrarse en un libro que tuviera el estante en cada puerta, «donde assiente el nombre de quien la mete y las cargas que mete y cuyas son......», y esto se pregonó luego «con trompetas en la calle de la caça y otras partes públicas», el mal no tuvo remedio, y en 1598, puestas las gallinas á cuatro reales, vendíanse á cinco y á seis *(Cabildo de 10 de Abril)*.

»Y cuando, cerca de las Pascuas ó de Carnestolendas, se alzaba la postura de la caza, comenzaba á hacer de las suyas la regatonería, y una perdiz muerta, pongo por ejemplo, era más difícil de coger que viva y volando.

»Con todo, tan mal iba con las posturas (pues los vendedores tenían que robar para sí, y para los ejecutores, y para los ángeles custodios de la plaza de San Francisco, digo, para los señores de la Audiencia), que se tuvo por menor mal alzarlas por más largo tiempo.

»Veamos, que es curioso, lo que sobre esto decía en cabildo de 27 de Enero de 1599 (escribanía 2.ª) un capitular que conocía bien la materia: «Don Juan maldonado es en que atento que le consta por auer sido fiel executor en los dos meses ultimos del año pasado que todo el tiempo que vuo posturas en la caça asta que la ciudad las mandó alçar por las pasquas nunca se bendia en la calle de la caça ninguna que fuese buena sino el desecho y Reus de las cargas á la postura, porque lo bueno y lo más granado que trayan en ellas lo bendian en casas particulares á eccesiuos preçios, de suerte que lo muy malo vendian á la postura y lo muy bueno á tres veces más de la postura y que ansí como la ciudad las alçó toda la caça que los Recoberos trayan la ponian en sus casas de manifiesto y alli cada vno llegaua á comprar por lo menos que podia y por las calles andaban bendiendo mucha cantidad de caça......, y por esto es, en que teniendo consideracion de que las posturas no son más de *dar materia á los esecutores para que roben la República*, que no se guarden posturas hasta quaresma......» Y así se acordó, y los regatones, lo mismo que suele suceder hoy, siguieron robando á honrado el último.» [1]

85 ... la Costanilla ...

«La Costanilla era una placeta en forma de cuesta (de donde tomó el nombre), cercana á la iglesia de San Isidro, hoy llamada de San Isidoro, y que en 1572 tenía quince casas, según cierto padrón de la moneda forera. Era ya mercado en el siglo xiv, y en aquel tiempo solían ser gallegos los mozos de la esportilla. Juan Alfonso de Baena, en una *replicación* contra el poeta hispalense Ferrán Manuel de Lando *(Cancionero de Baena*, núm. 361), decíale:

Ferrand Manuel, á los de Cadique
Ó del Açuayca d'allá de Sevilla,
Ó algunos gallegos de la Costanilla,
Porniedes vos miedo con vuestro replique...

»Desde tiempos muy remotos, á las placeras de la Costanilla, mulatas las más de ellas, no se les permitía vender pescado fresco, sino abadejo y mariscos; pero bien entrada la segunda mitad del siglo xvi, empezó á tolerárseles, y aquel mercado que, según dicho que recogió Cervantes....., era una de las tres cosas que el Rey tenía por ganar en Sevilla....., se empeoró en términos, que el asistente creyó necesario prohibir toda venta que no fuese la que de antiguo se había permitido en aquel lugar. Sepamos algo de lo que allí acaecía:

»En cabildo de 1.º de Julio de 1594, Juan de Santander y Francisco Sedano, playeros y armadores de pescado, y Juan Infante, arrendador de él, pidieron que se revocara el pregón que prohibía la venta de pescado fresco en la Costanilla, y Andrés Núñez Zarzuela, mayordomo de los jurados, dijo que lo proveído por el Conde no era en daño de la república ni de nadie, sino en beneficio común, «porque de venderse el pescado fresco en la costanilla resulta la manifiesta regatonería que allí ay, en tanto grado, que las casas estan amaestradas y con cautela hechas para poderse esconder los Regatones que allí ay y que las justicias no los puedan prender, y por esta misma orden á los playeros les toman y esconden los pescados y las mulatas y gente atre-

---

[1] *Rinconete y Cortadillo*.....; op. cit., pp. 334-336.

uida que allí Reside los maltratan de hecho y de palabra y quando los van á prender si se querellan los playeros, no los pueden aver». Designóse una comisión que entendiese en este asunto, y al cabo la ciudad acordó que el pescado fresco que se vendía en la Costanilla se vendiese en la plaza de la Alfalfa y en la puerta de la Carnicería; mas también esto ofreció sus inconvenientes, de que se trató en cabildo de 1.º de Abril de 1597, volviendo á tolerarse la venta en la Costanilla, aunque no por largo tiempo, según se echa de ver por un acuerdo tomado en el cabildo de 5 de Julio de 1600: «Acordóse de conformidad que por los grandes daños que hazen en esta Republica los pescaderos y pescaderas que asisten en la Costanilla y el provecho que se vió por experiençia el tiempo que estuvieron fuera della, los señores fieles executores hagan pregonar públicamente que ningun pescadero ni pescadera asista ni Remoxe en ella, so pena de cient açotes.»

»Y aunque en 14 del dicho mes, María Nabeles y otros de la Costanilla, «atento que son pobres y tienen hijos», pidieron licencia para solamente vender caballas y sardinas, se acordó unánimemente «que se guarde lo que la ciudad tiene pasado, y en lo que piden, no ha lugar».

Y á continuación copia Rodríguez Marín un pasaje de Vélez de Guevara y un lindo soneto inédito más, referentes á los latrocinios y picardías de los pescaderos de la Costanilla. [1]

86   Y quiérote advertir de una cosa ...

Entre nuestros clásicos el uso de la preposición *de* llegó á ser tan abusivo, que muchas veces era de todo punto irrazonable. Quizás por ello el lenguaje moderno lo ha reducido sobremanera. Hay que reconocer, sin embargo, que también comunicaba elegancia y decoro al estilo literario, como se advierte en esta frase cervantina, gemela de otras del tiempo.

87   ... me enseñó á llevar una espuerta en la boca ...

Relatando el protonotario Luis Pérez las gracias y habilidades estupendas «De un can que en Palencia hubo de extraño y maravilloso instincto y cosa jamás oida, de que al presente hay sin número de tes-

---

[1] *Rinconete y Cortadillo;* op. cit., pp. 374-377.

tigos», refiere, entre otras muy famosas, una idéntica á este episodio de Berganza. [1]

Años más tarde se hizo tan común, que Luis Zapata declaraba que «el traer ya perros grandes espuertas tras sus amos de la carnicería con ellos, y asar como buenos mozos de cocina, trayendo muchos asadores al rededor, y otras semejantes cosas, no pienso que á los humanos ingenios es cosa nueva». [2]

Admira, sin embargo, la fidelidad de Cervantes hasta en estos livianos pormenores, arrancados todos, como se ve, de la cantera de la realidad que le rodeaba.

88 ... del lobo un pelo, y ése, de la espuerta.

Otro juego caprichoso y burlesco con el refrán que rara vez se lee ó dice completo: «del lobo un pelo, y ése de la frente», ó «del lobo un pelo, y ése del copete»: que son las dos formas en que suele hallarse este adagio castellano. [3]

89 ... sacó uno de cachas, y tiróme una puñalada ...

Esto es, sacó *un cuchillo* de cachas amarillas, ó jifero. Es expresión elíptica, tomada del lenguaje de los rufianes y bravos sevillanos, y repetida por Cervantes, además, en dos pasajes de otras tantas obras suyas: *El Rufián viudo* [4] y *Rinconete y Cortadillo*. [5] Por típica y curiosa,

---

[1] «También podré decir deste can otra cosa tan de notar como la que arriba dije, y es que le enviaba á la carnecería con la cesta en la boca á traer carne, y metíanle en ella dos ó tres reales, ó lo que les parecía, y llegábase al carnicero entre la gente; y el cortador, que ya le conoscia, le tomaba los dineros que llevaba en la cesta, y le echaba toda la carne que montaban los dineros, y el can volvía con su cesta llena de carne á su casa y tocaba con las manos del aldaba, como solía, y daba su carne sin faltar cosa alguna».—LUIS PEREZ: *Del Can y del Cavallo;* op. cit., f.º 26.

[2] *Miscelánea......,* op. cit., p. 354.

[3] La primera es de don Iñigo Lopez de Mendoza en su *Refranero*...... Apud MAYANS: *Orígenes de la lengua* (Madrid, 1737; tomo II, p. 187), y la segunda, de COVARRUBIAS, en su *Tesoro*, artículo *pelo.*

[4]
«Aquí fué Troya: aquí se hacen rajas:
Los de las cachas amarillas salen»....
El Rufián viudo.

[5] RODRÍGUEZ MARÍN. *Rinconete y Cortadillo......,* op. cit., p. 364.

aunque nada loable, tradición, este hablar de los bravos y matones de ayer, perdura con todo su vigor en los clásicos chulos y matones de hoy.

90 ... por detrás de San Bernardo ...

El barrio de San Bernardo está á un extremo de Sevilla, de la que le separa una parte del Prado de San Sebastián y el limpio y sabeo arroyo Tagarete.

Cerca, muy cerca del barrio de San Bernardo, casi lindando con sus casas, estaba el Matadero, y por esta razón, casi todos los jiferos y matarifes vivían en él, y en él, á la cuenta, tenía también su posada Nicolás *el Romo*. Hoy, en cambio, es el barrio de donde salen los toreros. La proximidad del matadero, con sus amplios corrales y reses en ellos, hace cómoda la práctica y aprendizaje de su arriesgada profesión.

91 ... trújome la mano por el lomo, abrióme la boca, escupióme en ella ...

Trújome la mano por el lomo. Esto es, *pasóme la mano por el lomo*, *acaricióme*, halagando al perro para que se confiara. Acepción del verbo *traer* que falta del Diccionario académico; y es cosa extraña, porque no sólo aquí usó de ella Cervantes, sino que volvió á emplearla en el capítulo XXXV de la parte segunda del *Quijote*. [1]

La Academia sólo tiene registrada la frase figurada y familiar «traer la mano por el cerro».

... abrióme la boca ...

Para conocer si Berganza era viejo ó no: porque los perros viejos se conocen en que tienen ya los dientes botos, prietos y dañados. [2]

... escupióme en ella ...

Curiosa particularidad dentro de esta relación pastoril, que confieso no entender, á pesar de haberlo preguntado á la gente del campo,

---

[1] «Pues el señor mi amo, que había de *traerme la mano por el cerro*, y halagarme...»; *op.* y *loc. cit.*

[2] HERRERA: *Agricultura general.....*; op. cit., f.º 138 vto.

eruditos y autoridades en esta materia más que los libros. No han sabido darme razón. ¿Acaso para probar la mansedumbre ó fiereza del perro, dócil y humilde si se dejaba escupir, ó bravo y fiero si lo resistía? Ésta es la sola explicación que me satisface. La única verdad es que Cervantes estaba en los detalles todos, aun en los más mínimos.

92 ... el señor del ganado, sobre una yegua rucia á la jineta, con lanza y adarga ...

Aunque la seguridad en los caminos de Castilla y Andalucía fuese por entonces muy grande y tranquila, [1] no extraña tropezarse aquí, como en otras obras del tiempo, con caballeros, ó hacendados simplemente, á la jineta, con lanza y adarga, que así en más de una ocasión topóseles Don Quijote en sus correrías. Muy frecuente era por todo linaje de gentes cabalgar con tales aparejos: unas veces por práctica y costumbre, traída desde el tiempo de los moros; [2] otras, por pertenecer á hermandades de cristianos viejos é hijosdalgo, como los del Campo de Criptana, en donde todos estaban obligados á sustentar caballo, lanza y adarga; [3] bien, finalmente, por ser caballeros de cuantía y acudir á los alardes, como habré de explicar en la siguiente nota.

De todos modos, para viajar entonces montábase á la jineta, esto es, sobre silla con arzones altos y estribos cortos, que no bajaban de los ijares del caballo, llevando lanza, como arma ofensiva, y adarga ó escudo como defensiva, que en ser de cuero y con dos asas para sujetarlo se diferenciaba de la rodela, hecha de madera ó hierro, y con una sola.

93 ... que más parecía atajador de la costa ...

Asoladas las costas de Levante y Andalucía en aquellos siglos por los corsarios berberiscos y turcos, como en tan pintorescos y movidos

---

[1] El embajador veneciano Tiepolo lo notaba como digno de mucha alabanza.—GACUARD: *Relations des ambassadeurs vénitiens*......; op. cit., p. 157.

[2] «..... y porque como hombre que no sufría serle hecha demasía..... andaba siempre á buen recaudo; y así, salió un día de su casa con un muy buen caballo, con una lanza jineta en la mano, y fué á otro lugar que se llamaba Villanueva.»—TORQUEMADA: *Jardín de flores;* op. cit., ff. 119 vto. y 120.

[3] ANTONIO BLÁZQUEZ: *La Mancha en tiempo de Cervantes.*—Madrid, Imp. de Artillería, 1905; p. 25.

cuadros nos dejaron retratado, Cervantes en sus obras, y los procuradores de Cortes en sus peticiones y capítulos, [1] tenían para su centinela y defensa, de muchos años atrás, y de legua en legua, atalayas ó torres ciegas, á las que se subía por una escala de cuerda, que luego se retiraba desde arriba, y ordinariamente guarnecidas de pedreros. [2]

Vivía de asiento en ellas un vigía ó hachero, hombre de extraordinaria y perspicaz vista, con la misión de descubrir en el mar la aparición de las galeotas y bajeles turcos, cuya presencia señalaba á las vecinas torres y guardas costeras por medio de linternas colocadas en lo alto de las picas, si era de noche, ó más comúnmente por hogueras y humaredas, que con rapidez se extendían de unas á otras atalayas. [3]

Descubierto el enemigo, tocábase á rebato; repicaban las campanas de los lugares, para apercibir á la defensa, retirándose tierra adentro los pastores y gentes de campo; y hacia el lugar de la marina donde se temía ó señalaba el desembarco, acudían presuros los *atajadores de la costa*, jinetes ligeros, armados comúnmente de lanza y adarga, y de cota y coraza, con mangas de malla, morrión ó casco, espada y daga y sus espuelas de pico de gorrión, asta ó correhuela, al igual de los caballeros de cuantía. [4] Organizábanse por compañías, teniendo cada ciudad ó lugar marítimo, á su costa, su número señalado, con obli-

---

[1] CERVANTES: *La Galatea*, libro II, y *Los Baños de Argel*, jornada I.—*Actas de las Cortes de Castilla;* tomos I, p. 168, y IX, pp. 390-392.

[2] CLEMENCÍN: *op. cit.,* III-249.

[3] ESPINEL: *El Escudero Marcos de Obregón;* relación II, descanso VII.
JEAN LHERMITE. *Le Passetemps......,* op. cit., tomo I, pp. 184-190.
BARTHÉLEMY JOLY: *Voyage en Espagne;* op. cit., p. 51.

[4] Presentaban muchos puntos comunes los caballeros de cuantía con los atajadores, acudiendo como ellos también á la defensa de las costas amenazadas por los corsarios; pero su origen y organización eran distintos. Figuraban como tales todos los hidalgos y cristianos viejos del estado pechero en los reinos de Andalucía y Murcia, que, en reconociéndoseles mil ducados de hacienda, veíanse obligados á sustentar armas y caballo, acudiendo á los dos alardes que anualmente se hacían, en Septiembre y Marzo, con las armas y caballo de marca que estaban ordenados. Su objeto principal era adiestrar en tiempo de paz gente apta y ejercitada para el de la guerra, y desde 1562 se extendió á ellos, al igual de los atajadores, la obligación de guarnecer los puertos, costas y fronteras.—Vid. *Cortes de Castilla;* tomo XII, pp. 285 á 290, y tomo XVIII, páginas 280 á 285; y Bib. Acad. Hist. *Jesuitas;* tomo 109, f.º 471.

gación de salir á la marina una vez tocados los rebatos, hasta obligar á los corsarios á reembarcarse. [1]

Cobraban siete ducados por mes, á más del alojamiento, vinagre y aceite, que recibían graciosamente de los pueblos. [2] Su origen arranca de los tiempos de la reconquista, en que se crearon para guardar las tierras recién ganadas de las correrías é irrupciones de los moros.

Más tarde se emplearon, á falta de otros brazos, en empresas militares de dentro del reino; [3] haciendo también papel lucido y brillante en fiestas reales, como ocurrió en las de 1599, con ocasión de las bodas de Felipe III con doña Margarita de Austria, en Valencia. [4]

Los libros de la época llámanlos *jinetes, atajadores ó caballería de la costa*, indistintamente. [5]

94 ... habiéndome dado primero en un dornajo gran cantidad de sopas en leche ...

Según la definición de la Academia, tomada de Covarrubias, el dornajo es «una especie de artesa pequeña y redonda que sirve para dar de comer á los cerdos, para fregar y para otros usos.»

Sin embargo, también se utilizaba para la comida de las personas, [6]

---

[1] Castillo de Bovadilla: *Política para corregidores*.....; tomo II, pp. 653, 654, 660 y 661.

[2] Barthélemy Joly *Voyage en Espagne*, op. cit., pp. 44-45.

[3] Sobre los atajadores, vid. la curiosa y erudita polémica que sostuvieron D. Felipe Pérez y González y D. Adolfo Bonilla *El Diablo Cojuelo. Notas y Comentarios.* (Madrid, Suces. de Rivadeneyra, 1903; pp. 13-17), y *Más diabluras. Comentario y Notas á unas Notas y á unos Comentarios..* (Madrid, 1904). Pero sin confundir tampoco, como lo hizo el primero, los atajadores de la costa con las compañías de los hombres de armas, caballos ligeros y compañía de los continuos «que todos se llaman de las guardas», cuya razonada supresión se pidió en las Cortes de Madrid de 1617; tomo XXIX, pp. 308 á 314.

[4] Luján de Sayavedra: *Guzmán de Alfarache*; parte II, libro III, cap. X.

[5] «Parece que veo venir de hacia Tarifa un hombre á caballo á toda priesa por entre aquellos árboles.»
Alcaide· «Verdad es, señor, y sin duda que debe traer algún aviso, porque me parece que es uno de los atajadores de la costa.»
Bernardino de Escalante: *Dialogos del arte militar de* .....;—Sevilla, Andrea Pescioni, 1583; in 4.°; f.° 168 vto.—*El Ingenioso Hidalgo*, parte I, cap. XLI.

[6] «Este *dornajo* en que habemos cenado ha de descubrir el hurto de los higos».—Espinel. *El Escudero Marcos de Obregón*; relación I, descanso XVI.

siendo, desde luego, vasija, al igual de la colodra, de invención y uso exclusivamente pastoriles, y hecho principalmente de madera. [1] Nuestros hablistas llámanlo también *dornillo*, [2] y es claro que ambas voces, aumentativa y diminutiva, proceden de un sustantivo común, *duerna*, que casi se ha perdido. [3]

95 ... y me llamó Barcino.

Era nombre usualísimo entonces para los perros. [4] «Los nombres de los canes españoles — escribe Argote de Molina — de que al presente se sirve S. M. en su montería, son Bocanegra, Manchado, Bravonel, Mohino, Mayortes, Barroso, *Barcino* y otros semejantes»; [5] en verdad sonoros, apropiados y castizos, y no los ridículos ingleses que hoy estilamos.

Llamábanse *Barcinos* por su pelo rojo, ó bermejo mezclado con blanco, colores muy estimados, por lo claros, en la opinión de los doctos y tratadistas en la materia, [6] y sobre ellos corrían dos refranes: *El galgo barcino ó malo ó muy fino; Cuñados y perros bermejos, pocos buenos*.

Y por ahí sacará el cervantista exigente detalle de tanto interés y monta como el color del pelo del famoso *Berganza*.

---

[1] *El Ingenioso Hidalgo;* parte II, capítulo XXXII.

[2] «Y á vuelta de cabeza veréis el *dornillo* más barrido por de dentro que fregado por fuera».— Eugenio de Salazar: *Cartas de......* (Bibliof. esp.), op. cit., página 87.

[3] «*Duerna,* vaso de madera, de *urna* latín, que era cántaro de madera, de donde se dice *dornillo* y *dornajo*».—Rosal: op. cit., *alphabeto I.*

[4] Y Cervantes le recordó de nuevo en aquel pasaje de *El Ingenioso Hidalgo:* «que ya tenía comprados de su propio dinero dos famosos perros, el uno llamado *Barcino* y el otro Butrón». (Parte II, cap. LXXIV.)

[5] Gonzalo Argote de Molina: *Discurso sobre la montería, por......*—Madrid, Sucesores de Rivadeneyra, 1882; p. 34.

[6] «Sean asimismo los perros de ganado de una color, que los que son remendados, por la mayor parte no valen nada, salvo sino son hijos de algún muy afamado perro de aquella señal. Y para andar con el ganado procuren los perros blancos, porque algunas veces acaece asirse de noche con algún lobo, y por ser todos de un color, ó casi, no sabe determinar el pastor cuál es perro ó cuál es el lobo, y á las veces, con aqueste error, piensan herir al lobo y hieren al perro». Herrera· *Agricultura general......*; op. cit., f.º 138.

96 ... y en la que tenía mi amo, y todos los como él, que están sujetos á cumplir ...

Período, aparentemente, de construcción un tanto violenta. Acaso, en verdad, lo sea; mas no debe achacarse, como lo hizo Aribau, á la transposición de la conjunción *que*, enmendando por ello el texto, para leer: «...... y en la [vida] que tenía mi amo y todos los *que* como él están sujetos á cumplir, etc.»; sino dar al adverbio *como* todo su valor comparativo, denotando semejanza, equivalencia ó igualdad; que, así entendido, hácese la frase llana y clara: «...... y en la [vida], que tenía mi amo y todos los como él [semejantes ó parecidos á él que están sujetos á sufrir......», etc.

97 ... que dijo un gran poeta de los antiguos que era difícil cosa el no escribir sátiras ...

Juvenal en su Sátira primera:

Difficile est Satyram non scribere; nam quis iniquæ
Tam patiens urbis, tam ferreus, ut teneat se? [1]

98 ... consentiré que murmures un poco de luz y no de sangre; quiero decir, que señales, y no hieras ni des mate á ninguno en cosa señalada ...

Cuadro galano y pintoresco, lleno de movimiento y vida, era entonces el de las procesiones de disciplinantes, á que alude claramente Cervantes en esta frase: «disciplinantes de luz y de sangre», [2] no en-

---

[1] Cito por la edición bipontina: *A Persii Flacci et Dec. Iun. Iuvenalis Satiræ*, (1785). Por cierto, que tanto Rosell y Aribau, como la Biblioteca Clásica, en sus respectivas ediciones, dicen á una «que era difícil cosa el escribir sátiras», suprimiendo la negación, y quitando, por consiguiente, todo sentido é intención á la frase.

[2] El Sr. Cortejón, en su espléndida edición crítica de *El Ingenioso Hidalgo*, escribía comentando esta misma frase (capítulo XXXV, parte II): «*Disciplinante de luz.* Á diferencia del *disciplinante de penca*, á quien sacaban públicamente para ser azotado, el *disciplinante de luz* sólo salía á la verguenza. No hay que confundir á ninguno de éstos con el *flagelante*, hereje de una secta que apareció en Italia en el siglo XIII»...... *(El Ingenioso Hidalgo......*, Madrid, Suárez, 1911, tomo V, página 181) No, la cosa no iba por ahí, ni había para qué remontarse tanto. Á la inversa, Clemencín aplebeyó el asunto, estimando modo de germanía la frase «disciplinante de luz» (*op. cit.*, V, p. 218). Tampoco tiene que ver nada con

tendida por la mayoría de los comentaristas del *Quijote*, aun por los más modernos.

Con ocasión de las sequías extremadas, de los anuncios de bajada del turco á nuestras costas, ó peligro de nuestras flotas de Nueva España, en suma, en los momentos de pública inquietud y zozobra, ó más periódicamente en la cuaresma, organizábase por el piadoso albedrío de las cofradías y hermandades una procesión de disciplinantes.

Anunciábanla primero los mayordomos para que concurrieran los devotos cofrades inscritos en sus filas; corría la nueva por la corte, y el día señalado aderezábanse las calles con más primor y celo que de ordinario, barridas muy limpiamente, apostándose en ambas aceras copiosa muchedumbre que á veces llenaba la rúa toda, separados, eso sí, muy honestamente ambos sexos en sus respectivos bandos de hombres y mujeres; á las ventanas, compuestas y ataviadas, salían las damas y las dueñas, y caracoleando muy bizarros y airosos en sus fogosos potros recorrían la carrera los caballeros y galanes, esperando todos la venida de la procesión de disciplinantes. [1]

Los cofrades que se sentían con ánimo y virtud para rasgar duramente sus carnes, ó para autorizar la procesión con sus personas, reuníanse en la iglesia ó monasterio de la hermandad, de donde salían precediendo á la devota imagen de Nuestra Señora, ó al lacerado y conmovedor Cristo. Rompía la marcha una gran cruz negra, llevada por un enmascarado penitente; tras él, los *disciplinantes de luz*, esto es, los hermanos de la cofradía que iban alumbrando con sus hachas embreadas, antorchas y velas, y, finalmente, cerrando el paso, los *disciplinantes de sangre*, unos con cilicios, otros desnudos de pecho y espalda, otros con túnicas de holanda cruda, y todos cubierto el rostro

---

la jácara, y el lector lo comprobará al repasar esta nota. Sin descender á recónditas erudiciones, hubiérales bastado, para entender el dicho, recordar la saladísima descripción que de uno y otro linaje de disciplinantes hace el padre Isla en su *Fray Gerundio de Campazas* (libro I, capítulo III) Y ahora deje el lector estos apartes, minucias y pequeñeces, y váyase al grano, quiero decir, al texto.

[1] JUAN RUFO: *Las seyscientas apotegmas;* op. cit , ff. 18, 105 vto., 60, 34 y 113 vuelto.

con negros capirotes, y empuñando en sus manos disciplinas, azotes y abrojos. [1]

Bien sabían ellos la edificación y lástima que á su paso causaban en la apretada muchedumbre, y hasta las lágrimas de devoción y suspiros de sentimiento que arrancaban de los blandos corazones femeniles; pero como su devoción les empujaba á mayores cosas, seguían su carrera con el canturreo monótono y tristón del *Miserere*, ó el lúgubre sonido de la destemplada trompeta (la cual nunca faltaba), y asiendo gentilmente, entre dos salmos, con ambas manos del abrojo, azotábanse sin piedad y bravamente, á compás, haciendo piernas y contoneando todo el cuerpo.

¡Y cuán lindos y galanes salían al famoso paso con sus airosas túnicas, alquiladas de los mayordomos de la cofradía, ó de los roperos de la Puerta de Guadalajara, albas como el ampo de la nieve, por sus diez reales, para los disciplinantes de luz; y por cuatro, y negras como el pecado, para los de sangre, amén de sus disciplinas de *abroxos* ó *de canelones*, [2] por los dos reales de la tasa! [3]

---

[1] PINHEIRO Cervantes en Valladolid; op. cit., pp. 36-37.

BARTHÉLEMY JOLY: *Voyage en Espagne* (1603-1604; op. cit., pp 102-103). Ambos autores atestiguan la fervorosa afición que á tales procesiones tuvieron en aquel siglo, no sólo los menestrales y gente humilde, sino los mismos señores y títulos que, alumbrados por sus lacayos y pajes, recorrían en disciplinantes cuadrillas las calles y plazuelas. En las de Valladolid, relata Pinheiro, se tropezó más de una vez con una de genoveses, precedidos por diez hombres con otras tantas hachas negras: «siendo de advertir—añade con ironía— que estos últimos eran los amos, mientras que los que se azotaban eran dos cajeros suyos, que lo debían bien merecer por ser, cuando menos, tan ladrones como ellos»!

[2] La disciplina de canelones componíase de seis ú ocho ramales que rematan juntos; pero gruesa, dura y desigualmente labrados, para mayor castigo y daño en el azote. Distinguíanse de las de *abrojos* en que éstas tenían pedacillos de plata, hierro ú otro metal cualquiera, con que se rasgaban y herían las espaldas los penitentes, muchas veces hasta caer desmayados y siempre cubiertos de sangre. Á unas y otras aludió humorísticamente Don Quijote en el capítulo XXXVI, segunda parte, de su famosa historia.

[3] Auto de 20 de Marzo de 1603 sobre alquileres de túnicas y disciplinas. En él se mandaba á los roperos y mayordomos que «por cada túnica nueua holgada no pueden llevar más de diez reales....., por cada disciplina con sus abroxos dos reales..... y por cada túnica negra si fuese nueua, quatro reales».— *Sala de Alcaldes*, libro III, f.º 115.

Y no duda un momento mi fe cristiana que hubo muchos, muchos sinceros penitentes, los más acaso, que se azotaron de veras y sin piedad, como Don Quijote pedía á Sancho se abriese las espaldas para el desencanto de Dulcinea; pero como entre ellos no faltaban otros muchos y muchos, mozos y virotes, á quienes arrastraba á la pública mortificación, no sólo la contrición verdadera, sino también su poquito de vanidad y prurito de lucimiento, á que se prestaba el concurso grande y principalmente femenil que admiraba compungido el religioso espectáculo, y algunas veces los azotes dados con denuedo caían sobre blando, debiéndoles doler más de la cuenta, la invención de los roperos por un lado, y la maliciosa idea de hacer compatible la piedad con la pinturería, sin daño de las carnes, trajo entre los dos una innovación curiosa y humorística en las túnicas y arreos de los disciplinantes; comenzando á llevarlas los de sangre *colchadas y almidonadas*, en las que, ¡vive Dios!, si se embotarían las puntas de los abrojos y se amortiguaría la violencia del azote; y en cuanto á los de luz, dieron en salir curiosos y bizarros, con lindos zapatos y guantes blancos, llenos de cintas, divisas, lazos, rosarios y cruces, con sus pañizuelos guarnecidos y bordados, todo ello de invención llamativa, alegre y pintoresca, cayendo sobre las túnicas cándidas y relucientes de puro blancas ó azuladas, también, que también discurría estos pormenores el adamamiento de los gentiles penitentes.

Como se alcanzará al lector, las procesiones tornábanse fiestas; la mortificación trocábase en teatral espectáculo; la fe se ruborizaba ante la insolente vanidad; crecía el escándalo y urgía el remedio, que vino enérgico y contundente por mano de los alcaldes de Corte, que prohibieron en adelante, so graves penas, primeramente las dichas túnicas; y al cabo, como roperos y cofrades insistieran en usarlas, presuntuosos y tercos, embargando todo el exótico depósito de túnicas y disciplinas. [1]

---

[1] El adjunto cuadrito de costumbres no es fantástico: *es de todo en todo auténtico*, como de los siguientes inéditos testimonios deducirá el lector, y que extracto muy á la ligera, apurado de espacio. Y si en ésta como en otras notas análogas omito señalar las fuentes de los pormenores de detalle, es por no embarazar más aún el texto con nuevas llamadas y citas, pero respondiendo de la autenticidad de todos, hasta de los más mínimos.

Por auto de 28 de Enero de 1613 los Alcaldes de Casa y Corte de S. M.,

99 ... de aquellos que la dama de mi amo leía en unos libros ...

No es testimonio baladí el de este pasaje del *Coloquio* para confirmar cuán hondo y total fué el imperio de las novelas pastoriles en la sociedad del siglo de oro, cuando no sólo la aristocrática, culta y refinada frecuentaba su lectura, sino que á ella se daban también con fruición y gusto las amigas de los jiferos y matarifes. ¡Hasta dónde llegó entonces lo que hoy llamamos *cultura!* ¡Qué abismos de gustos y paladares! Porque en nuestros días ¿quién es el valiente que, á no ser por obligación de erudito, apechuga con ellas?

«mandaron que ninguna persona sea osado de acer ni alquilar tunicas colchadas para las disciplinas ni ninguna persona que se disciplinare la pueda llebar puesta, so pena el que las alquilare ó bendiere ó yciere de quatro años de destierro de la corte y cinco leguas y de veinte ducados para la camara de su mag.^{d} y de perdimento de las dichas tunicas, y el que se disciplinare con las dhas. tunicas de dos años de destierro de la Corte y cinco leguas y treinta ducados para la camara de su mag.^{a}, y que se les quitaran en la parte donde fueren allados con ellas»...... *Sala de Alcaldes*, libro V; f.º 345.

Contra este Auto recurrieron ante el Consejo los roperos, como declara el siguiente escrito: «Muy poderoso señor: Gregorio de Soto cid, en ombre [*sic*] de tomas de baltierra y Pedro de mugicca ropero, y los demás roperos desta Corte por quien los susodhos. prestan cauzion:=Digo, que estando en costumbre de muchos años á esta parte los dchos. mis partes y sus antecesores de hacer tunicas para los penitentes y disciplinantes que salen en las prucesiones de la semana santa de cada vn año, á los quales se benden y alquilan las dhas. tunicas para la auturidad y frequenzia de las dchas. procesiones; y siendo esto hanssi ussado y guardado, los alcaldes de buestra casa y Corte el año pasado de mill y seiscientos y doce en el domingo de rramos, teniendo mis partes en sus tiendas, é puestos y cassas mucha cantidad de tunicas en que hauian gastado la mayor parte de sus aciendas y caudal, les an enbargado y secrestado las dichas tunicas, quitandoles no usasen de la dicha su posision siendo en utilidad y provecho del bulgo y seruicio de dios, y bisto por los del buestro consejo se les han mandado entregar para el dicho efeto y por ser passado el tienpo en que se auian de bender y alquilar las dichas tunicas se an quedado con ellas, y muy gastados, y agora se temen que los dchos. alcaldes este año y quaresma que biene y por el tiempo susodicho aran lo mismo que icieron el dicho año pasado...... a V. A. pido y suplico mande dar licencia á los dhos mis partes para que puedan libremente bender las dhas. tunicas que anssi tienen echas y alquilarlas á las personas que las quisieren para el efeto susodicho»...... Á lo cual respondieron los Alcaldes con el siguiente: *Auto de 22 de Hebrero de 1613;* man-

100 ... y tañendo con gaitas, zampoñas, rabeles y chirumbelas, y con otros instrumentos extraordinarios.

Para los extranjeros y profanos que desconozcan su calidad y manejo, daré brevemente una idea de ellos.

Las gaitas, por de pronto, son tan conocidas y universales que no requieren comentario. El rabel era un instrumento de estructura y forma semejantes á la viola, con tres cuerdas y arco pequeño, todo de una pieza, y de voces muy subidas; servía sólo para acompañar el canto, y fué muy popular y cortesano juntamente. Procede de los moros españoles, quienes lo siguen usando aún con el nombre de *rebab* ó *rabeb*, pues dada la semejanza de la pronunciación de las letras *a* y *e* entre los árabes, y teniendo un solo signo para ambas, no es fácil es-

---

dando «que todas las personas de qualquier calidad que sea, que se desceplinare o fuere penitente en esta quaresma no puedan desceplinarse llebando tunicas colchadas ni almidonadas si no que la aya de llevar lisa y llana; y todos los que las ycieren para bender, alquilar, prestar y dar, ansi por las personas que las ycieren como los mayordomos de las cofradias, las ayan de bender, alquilar y prestar y dar lisas y llanas y no en otra forma, so pena el que la sacare açotandose con ella de veinte ducados..... y perdimento de la tunica, y los que las bendieren, alquilaren, prestaren y dieren de dos años de destierro y veinte ducados y perdimento de las tunicas y los mayordomos de las cofradias de veinte ducados de su acienda. Y so las dichas penas mandaron que todas las personas que las tubieren colchadas y almidonadas, ansi para açotarse como para bender, alquilar, prestar y dar, dentro de tercero dia las rregistren y traygan a poder de juan enrriquez, escriuano del crimen para se bean y se probea lo que conbenga. Y ansi mismo mandaron que ninguno de los que se *disciplinare ni alumbrare* llebe guantes puestos, ni zapatos blancos, ni cintas, ni otra cosa mas que las tunicas llanas, y calçados ordinarios, so pena de diez ducados, y que en la parte donde fuere allado se les quitara publicamente y será llebado a la carzel y ansi lo mandaron y señalaron». *(Sala de Alcaldes;* libro V, ff. 445-446).—Por *Auto de 9 de Marzo de 1617*. se repitio el de las tunicas añadiendo estos curiosos pormenores: «y ansi mesmo no lleuen zapatos ni guantes blancos, zintas ni rrosarios de ynuencion ni pañizuelos guarnecidos, colgando de la cinta cruzes de ynuenzion ni en otra forma, y los que lleuaren cruzes acuestas y alumbraren bayan de la misma forma».—*Ibidem;* libro VIII, f.º 529.

Estos autos se repitieron desde entonces periódicamente en el mes de Marzo, con ocasión de la cuaresma. Vid. el auto de 26 de Marzo de 1625. *Ibidem;* libro XV, f.º 64.

tablecer el sonido propio de dichas dos vocales en la palabra citada, nombre de este instrumento. El rabel, origen probable de las *rebecas* del siglo xiv, quedó reducido á fines del xv y principios del xvi á ser usado por pastores y gente del pueblo, mientras la vihuela de arco fué aristocratizándose y convirtiéndose en madre del violín. Entre las representaciones gráficas más curiosas del rabel, figura la del tríptico mozárabe que, como joya del siglo xiv, guarda la Academia de la Historia. Su forma es absolutamente igual á la del *rebab* de los marroquíes, sin otra diferencia que la de tener tres cuerdas el del siglo xiv, y sólo dos, por cierto muy gruesas, como de contrabajo, el marroquí.

La zampoña era un instrumento de viento, análogo á la flauta, aunque más grosera y rústicamente fabricado; los muchachos, de las cañas de la cebada verde ó alcacer, hacen unas flautillas que llaman pipas y pipitañas, y el refrán, *zampoñas*: «ya está duro el alcacer para zampoñas.» No tan claras de definir son las chirumbelas ó churumbelas, que de ambos modos se decía, muy citadas con su simple nombre en romances bucólicos y obras pastoriles, pero no descritas determinadamente por nadie de entonces. Covarrubias — nuestro inestimable lexicógrafo — se contenta, al definirlas, con decir que era un «género de instrumento músico, que se tañe con la boca, *en forma de chirimía*»; y «chirimía, instrumento de boca, á modo de trompeta derecha, sin vuelta, de ciertas maderas fuertes, pero que se labran sin que tengan repelos; y porque en los agujeros que tienen se ocupan casi todos los dedos de ambas las manos»; en suma, «análogos á nuestros clarinetes ú óboes, con nueve agujeros, de los cuales sólo seis se tapaban ó abrían con los dedos», como aclara y resume un docto musicógrafo moderno. [1] Por estas concomitancias y analogías podrá el lector hacerse una ligera idea de las churumbelas. [2]

---

[1] Mi muy querido amigo el académico D. Cecilio de Roda (á quien debo también muy interesantes indicaciones sobre estos instrumentos y otras particularidades de la música de antaño), en su curioso folleto: *Ilustraciones del Quijote. Los instrumentos músicos y las danzas. Las canciones. Conferencias dadas en el Ateneo de Madrid.*—Madrid, B. Rodríguez, 1905. (4.°; 47 páginas + 18 de música.)

[2] *Churumbelas, churumbelas ó cherumbelas*, que, en efecto, de todos estos modos se usaba esta voz. (Vid., por ejemplo, TORQUEMADA: *Colloquios satíricos.....* op. cit., p. 550.) Cuervo dice que Cervantes preferiría la primera lección por más campesina. (*Cinco Novelas ejemplares.*—Strasburgo, s. a. (Bibl. Románica), pági-

Con las gaitas zamoranas, los tamborines, las sonajas y los albogues se completa el catálogo de los instrumentos músicos pastoriles, á cuyo suave son discurrieron y se solazaron los enamorados protagonistas de la *Diana* de Montemayor, y sus imitaciones.

101 ... como el pastor de Anfriso ...

Comienza Cervantes en este párrafo á hacer sutil y encubiertamente la crítica y escrutinio de las novelas pastoriles, y en estas líneas alude á *La Arcadia. Prosas y versos de Lope de Vega*, que salió por vez primera en Madrid, en casa de Luis Sánchez, 1599.

102 ... el pastor Elicio ...

Recuerdo cariñoso, aunque, en verdad, no harto modesto, de su *Primera parte de la Galatea*. (Alcalá, Juan Gracián, 1585.)

103 ... que el gran Pastor de Fílida, único pintor de un retrato ...

El Pastor de Fílida, de Luis Gálvez de Montalvo. (Madrid, 1582.)

Único aquí no significa el solo y sin otro de su especie, sino singular, raro, especial ó excelente en su línea; en suma, el mejor.[1]

El retrato á que Cervantes alude es aquel que en octavas de «elegante y gracioso amaneramiento», como dice Menéndez y Pelayo,[2] hace Siralvo en la parte III de aquella novela á la imagen de Fílida, para competir con el que Coelio, el lusitano, hizo de la misma pastora, y que Florela guardaba en una cajuela de marfil. Rompe á trazarlo Siralvo diciendo:

> Ya que me faltan para dibuxaros
> Pincel divino y mano soberana,
> Y no la presunción de retrataros
> Con mal cortada péñola liviana,

---

na 22.) El prólogo y advertencias á esta linda edición son anónimos; pero, al hacer su crítica, el *Bulletin Hispanique* (X-216) agregaba: «Le préface, anonyme, est d'une main experte et digne de Mr. Cuervo, à qui on l'attribue.»

[1] Acepción muy frecuente entonces, y que Clemencín no recordaba al censurar á Cervantes por el empleo aumentativo de este adjetivo en un pasaje de *El Ingenioso Hidalgo;* op. cit., tomo II, p. 282.

[2] *Orígenes de la Novela;* tomo II, p. DII.

De mis entrañas quiero trasladaros,
Donde os pintó el Amor, con tanta gana,
Que, por no ser á su primor ingrato,
Se quedó por alcaide del retrato.

Y á fe que al encarecido retrato no le falta gallardía ni viveza.

104   De los desmayos de Sireno y arrepentimiento de Diana decía que ...

Crítica justa y atinada de *Los siete libros de la Diana*, de Jorge de Montemayor. (Valencia, ¿Ioan Mey, 1559?)

105   Acordábame de otros muchos libros que de este jaez le había oído leer, pero no eran dignos de traerlos á la memoria.

Contrasta singularmente con la benignidad y benevolencia críticas que Cervantes guardó para con los autores de su tiempo, el análisis duro y despiadado de las novelas pastoriles, y, más aún, el sabroso escrutinio que se desprende del párrafo que anoto, que en lo implacable y severo anda á los alcances (aunque nadie haya advertido la semejanza) del famoso del capítulo VI del *Quijote*.

No más que cuatro ingenios se libran en el expurgo cervantino: Montemayor, Gálvez de Montalvo, Lope de Vega y el propio padre de *La Galatea*; aunque hay que presumir que englobase con el primero á Gil Polo, feliz continuador del memorable bucólico portugués. Y por lo mismo que por aquellos lustros el género pastoril había alcanzado un tan exuberante desarrollo, y tan varias y numerosas eran sus muestras, hallo la condenación más significativa y excepcional el indulto de cuatro tan sólo, entre el cúmulo grande de todas ellas. [1]

Y nótese también que el expurgo apocalíptico que en el repertorio pastoril hace Berganza, es trasunto fidelísimo del hecho por el cura en el capítulo VI del *Quijote;* pues, sin que entienda meramente casual la

---

[1] Vid. el farragoso prólogo que á *El Pastor de Fílida*, de Luis Gálvez de Montalvo, puso el canónigo D. Juan Antonio Mayans, en la edición de Valencia, Salvador Faulí, MDCCXCII, y cuya incompleta lista mejoró y acabó el profesor Hugo A. Rennert en su excelente monografía *The Spanish Pastoral Romances* (Baltimore, 1892) Afortunadamente, esta parte de la historia de la literatura castellana está ya indeleble y definitivamente escrita por su glorioso maestro D. Marcelino Menéndez y Pelayo, en el tomo I de sus *Orígenes de la Novela*, páginas CDXI á DXXXII

coincidencia, sálvanse en éste de la quema y rigoroso fallo los mismos libros pastoriles que arriba quedan apuntados. [1]

De lo cual se desprende derechamente una de estas dos conclusiones, ó quizás ambas á una: que Cervantes mudaba harto poco de juicios literarios, ó que la proximidad en la fecha de composición de ambas novelas es de todo punto patente, cuando tan ajustadamente coincidían en unos mismos episodios.

La dureza y rigidez del escalpelo cervantino, que olvida aquí lo manso y apacible de su condición, de que tanto se preciaba; aquellas palabras de Cipión al lenguaraz Berganza notándole la murmuración en que incurría, y que hacen prorrumpir al denodado perro en la aguda frasecilla *dé donde diere,* y la condenación formal que arroja del linaje pastoril, tan en boga aún y recibido, confirman clarísimamente uno de los caracteres más peculiares del *Coloquio*: el *debelador ó satírico*, que resalta aquí sin paliativos.

No por pecar de inconsecuente esta crítica en el propio autor de *La Galatea*, resulta menos lógica en el *Coloquio de los perros*, obra, al fin, tan acremente humana y realista, que por de contado tenía que repugnar la falsedad y afectación de aquel género literario. Y para que la inconsecuencia se hiciese mayor, aunque sea en gracia á la espontaneidad del pensamiento cervantino, por boca de Berganza promete la continuación de *La Galatea*, antítesis caprichosas dentro de una

---

[1] Excepto *La Arcadia*, de Lope de Vega, excepción que para mí prueba dos cosas que derechamente son una sola: primera, que este capítulo VI tuvo que escribirse con anterioridad al año de 1599, fecha de la edición príncipe de aquélla; y segunda, que la inmortal novela cervantina debió, por tanto, de engendrarse durante la primera prisión de Cervantes en la cárcel sevillana, en 1597, como Rodríguez Marín ha sostenido. Y obedeciendo al mismo criterio, me certifico en que el *Coloquio* tuvo que escribirse también antes de 1609 De haber sido después, Cervantes no hubiera dejado de incluir á Suárez de Figueroa

. . . . .el doctorado,
Que cantó de Amarilis la constancia
En dulce prosa y verso regalado,

salida de las prensas de Valencia en 1609 Como tampoco me parece que habría olvidado en su relación al Dr. Bernardo de Balbuena con su *Siglo de oro...*. (Madrid, 1608.) Son conjeturas y cabillos no despreciables para la cronología del *Coloquio*

misma página, que aparecen como fruto de aquellas libérrimas condiciones en que se mueve la psicología de un artista, á quien su hondo y sutil sentir estético hace condenables las producciones pastoriles, sin perjuicio de que las rinda culto más tarde; como si las modas y exigencias literarias de su siglo le embarcasen por fuerza en el vetusto galeón contra quien certeramente desde la costa disparaba.

Ingenuas inconsecuencias, repito, y antojadizas anomalías, que á la par suya sufrieron otros poetas como Lope, que en *La Dorotea*, obra de sus mocedades, se burlaba primero de las invenciones pastoriles, por fingidas y engañosas, [1] y años más tarde daba á luz su popularísima *Arcadia*, tan ensalzada por Cervantes en este pasaje del *Coloquio*.

106 ... Mauleón, poeta tonto y académico de burla de la Academia de los Imitadores ...

Á Mauleón téngolo por auténtico y corporal personaje, ante todo, porque su apellido era entonces común y corriente, originario de Navarra, y repetido en genealogías y pruebas de nobleza. [2] Pero hay más todavía, y es que en un libro coetáneo del *Coloquio* se cita al mismo Mauleón, poeta tonto, expresa y festivamente, en unión de otros copleros hermanos suyos en esto de cultivar las hortalizas, digo, los versos. [3] Como ente ridículo y apto para la zumba y regocijo de los de-

---

[1] «Porque esto de pastores, todo es arroyuelos y márgenes, y siempre cantan ellos ó sus pastoras; deseo ver un día un pastor que esté asentado en banco, y no siempre en una peña ó junto á una fuente.»—*La Dorotea;* acto II, escena V.

[2] En la *Colección Salazar* (Biblioteca de la Academia de la Historia, sala de manuscritos, signatura D-49, f.º 68) hay un papel de letra del siglo XVI que contiene una genealogía de D. Miguel de *Mauleón*, aspirante al hábito de Santiago Vid. en la misma Biblioteca otro manuscrito del siglo XVII, referente también á un Mauleón *(Jesuítas,* tomo 143, núm. 5), y sobre el linaje de los Mauleones en Navarra, á YANGUAS. *Adiciones al Diccionario de antigüedades de Navarra....*—Pamplona, 1843, pp. 198 y 199

[3] «Por los años de 1615 y 1616 había en Granada un loco llamado Rodrigo Vázquez Saavedra, que se preciaba de poeta y éralo disparatadísimo..... Encareciendo en broma sus méritos, con ocasión de unos premios que aun más en broma le habían otorgado, dice Ferriol y Cayzedo, insertando sus mal llamados versos..... «..... y assi pongo essas coplas..... con quienes quedan muy atrás *Mauleon* y Pollocrudo en Madrid, Rendon en Sevilla, Orteguilla en Cordoua, y

más cofrades, admitiría la Academia Imitatoria á este desdichado y repentista vate; el cual, gracias á su infelicísima minerva y al recuerdo que de él hizo Cervantes, goza hoy de una inmortal celebridad que otros ingenios más discretos y buenos no alcanzaron.

En cambio, la Academia de los Imitadores, ó Imitatoria, así llamada porque debió de fundarse á ejemplo de las de Italia, no ha tenido igual fortuna que otras gemelas suyas, como la del Marqués del Valle, la Arcadia, la de los Nocturnos de Valencia y la Selvaje, de cuyas juntas y reuniones corren desperdigados por los libros de erudición buena copia de datos, é historia particular de alguna de ellas.

Escasísimas son, en suma, las noticias que han podido recoger los biógrafos y comentaristas cervantinos al ilustrar este pasaje en *El Ingenioso Hidalgo*, en cuya parte II, capítulo LXXI, repitió Cervantes este recuerdo y el chistecillo que le sigue, en los mismos términos que en el *Coloquio*. [1]

Todas ellas se las debemos al jurado de Córdoba, Juan Rufo; noticias que, aprovechadas primero por Pellicer, de quien las tomó Navarrete, con alguna contribución que puso por su parte, han venido saqueándose con muy poca conciencia desde entonces por eruditos y comentaristas. Aunque muy conocida la apotegma de Rufo en que aquéllas están encerradas, la copiaré de nuevo, por tratarse de su única y auténtica fuente. Dice así:

«Fundóse en Madrid la Academia imitatoria, cuyos principios parece que prometian que había de durar como imitadora de las famosísimas de Italia; porque el presidente, aunque era muchacho, era rico y principal, y siendo con esto poeta y de buen ingenio, acariciaba con liberalidad y cortesía á los hombres de aquella profesión. Esforzaba tambien las esperanzas deste noble edificio la multitud de personas eminentes que le servian de columnas, y finalmente el concurso de

---

»Don Quixote en Granada».—*Libro de las fiestas que en honor de la inmaculada Cöcepcion de la Virgen Maria, nuestra señora, celebró su deuota y antigua hermandad. En San Francisco de Granada......*—Granada, Martin Fernandez, 1616.—Apud RONRÍGUEZ MARÍN: *El «Quijote» y Don Quijote en América*......—Madrid, Hernando, 1911, p. 57.

[1] «..... ó habrá sido como un poeta que andaba los años pasados en la Corte, llamado *Mauleón*, el cual respondía de repente á cuanto le preguntaban; y preguntándole uno qué quería decir *Deum de Deo*, respondió: *dé donde diere.*»

oyentes calificados, grandes, títulos y ministros del Rey, que iban á oir con aplauso y atencion. Pues como tras todo esto, la Academia susodicha se acabase tan en flor, que no cumplió el año del noviciado, y le preguntase [á Juan Rufo] el señor de la Horcajada la causa de haberse logrado tan mal, respondió: «Como el presidente era niño, mu- »rió la Academia de alferecía.» [1]

Fuera, pues, del texto de Rufo, lo que por su cuenta agregó Navarrete, y es interesante para la cronología de la Academia, es esto que sigue: «Parece que Lupercio Leonardo de Argensola, siendo muy mozo, fué admitido en esta Academia, en la cual tomó por nombre el *Bárbaro*; y preguntándole la causa de llamarse así, respondió con aquellos ingeniosos tercetos que andan en sus obras, manifestando que quiso tomar tal nombre con alusión á doña Mariana Bárbara de Albión, á quien obsequiaba, y con quien casó por los años de 1587, como á los veinticuatro de su edad»; [2] á continuación copia los tercetos.

Y como Juan Rufo, al historiar la Academia Imitatoria, no la da más que un año de vida, desde entonces, sin otra base, pasa por buena la especie de que floreció en 1586.

El fundamento que tuvo Navarrete para dar esta noticia, que deja sin prueba y al aire, son, sin duda, aunque lo calle, aquellas palabras con que Gabriel Leonardo de Albión, hijo de Lupercio, ilustró los tercetos, diciendo en el *Índice*, al darlos á luz por vez primera: «Siendo muy mozo el autor, fué admitido á una Academia de personas graves, que había entonces en Madrid, en la cual tomó por nombre el Bárbaro, y se le preguntó la causa de llamarse así, á que respondió con estos tercetos.» [3]

Mas como en ellos no se cita para nada la Academia Imitatoria, *nominatim*, ni de las dichas palabras puede deducirse que fuera cabalmente ésa, y no otra de las muchas conocidas ó ignoradas, en la que ingresase el famoso secretario, concluyo, finalmente, que las únicas noticias auténticas, harto escasas y pobres, por desgracia, que de la Academia

---

[1] Juan Rufo: *Las seyscientas apotegmas......*, op. cit., ff. 1 vto. y 2.
[2] *Vida de Cervantes*, op. cit., pp. 408 y 409.
[3] *Rimas del secretario Lupercio Leonardo......*—En Zaragoza. En el Hospital Real i General de Nuestra Señora de Gracia. Año 1634.—(Vid. el índice en los Preliminares).

de los Imitadores nos restan, son las que dió Rufo, en las que, no obstante, substanciosamente, se lee su concurso extraordinario, sus principios boyantes y sus fines prematuros y desdichados. [1]

107 ... que qué quería decir "Deum de Deo", y respondió que "dé donde diere"...

Arranquémosle á Mauleón, poeta tonto y repentista y académico de burla, la gloria de que hasta el día ha gozado por la paternidad de este sabroso y disparatado chistecillo, muy popular y conocido á la sazón, á creer el siguiente pasaje. Entre los barbarismos é ignorancias con que las viejas rezadoras maltrataban el latín de los divinos oficios, según de una de ellas nos relata regocijadamente Gaspar Lucas Hidalgo, estaba el que sigue: «Cuando se dice en el Credo *Deum de Deo*, etcétera, decía ella: «Dé donde diere y no me empezca»; [2] cuentecillo

---

[1] Don Juan Pérez de Guzmán, en un trabajo titulado *Bajo los Austrias. Academias literarias de Ingenios y Señores* (LA ESPAÑA MODERNA; tomo 71, pp. 67 á 107), al llegar á la Imitatoria, glosa las noticias de Rufo y Navarrete, agregando, aunque sin pruebas ni documento alguno que las robustezca, estas dos especies. «Que fué fundada con fines más políticos que literarios, á lo que debió su descrédito, enemiga y finalmente su muerte» (pp. 83 y 84); «y que sobre ella quisieron conservar su monopolio los Silva de la casa del Príncipe de Éboly» (página 89). Ignoro la base que tendrán estas afirmaciones del erudito académico.

Como en la asendereada apotegma de Rufo no consta la fecha de fundación de la Imitatoria, encuentro interesante, para acabar este punto, la siguiente noticia que mi inolvidable maestro D. Cristóbal Pérez Pastor copió de un manuscrito de la Real Academia de la Historia: «D. Juan de Zúñiga, D. Cristóval de Mora, D. Gomez Dávila y D. Juan de Silva, tenian grande amistad y trato frecuente, y esta amistad y camarada de caballeros mozos tomó nombre en la Corte de Academia, y del término y discrecion de los que en ella concurrieron se tuvieron luego esperanzas de que habian de subir mucho, como después pareció por los efectos.... D. Juan de Silva era el de más edad entre ellos y á quien todos los demás respetaban y tenían como maestro». *(Bibliografía Madrileña;* I, p. 362).

[2] *Diálogos de apacible entretenimiento...* ; op. cit., p 299. Por la fecha de aprobación y privilegio estampados en la edicion de Barcelona, 1605, conjetura fundadamente Salvá *(Catálogo. ., núm. 1847)* que hay una edición anterior, la primera, de Valladolid, 1603 Edición que da por segura, aunque sin nombrar al impresor, D. Marcelino Gutiérrez del Caño, en su ya citado y manuscrito *Ensayo de una Tipografía vallisoletana*. En esta edicion pudo Cervantes, aparte el recuerdo personal de Mauleón, beber este pasaje.

que, como tantos otros de sus festivos *Diálogos*, procede para el seguro olfato del príncipe de la Novelística española, «no de los libros, sino de la tradición oral, recogida principalmente en Burgos, donde acaso habría nacido»;[1] tanto más que *dé donde diere* es bordoncillo propio de idiotas ó gente necia, con el que topamos más de una vez en obras anteriores y coetáneas á las *Novelas*,[2] aunque aquí en boca de Berganza tenga un valor y alcance hondamente satíricos.

108 ... de aquella marina ...

Aquí *marina* parece significar campiña ó terreno llano, extenso, sin accidente, semejando al mar, aunque estuviese lejos, que, por otra parte, para nada se nombra en esta parte del *Coloquio*.

De valer esta acepción cervantina, sería única; pues ni en los Diccionarios, ni en los escritores, me he tropezado esta voz *marina* con el sentido y valor en que, aparentemente, Cervantes hace aquí uso de ella.

109 ... no eran canciones acordadas y bien compuestas, sino un "cata el lobo dó va, Juanica" ...

Forman parte, efectivamente, estas palabras de un cantar del siglo XVI, nada literario ni escogido, sino montaraz y rústico, y como tal lo presenta Cervantes en contraposición á las canciones acordadas y bien compuestas, romances, silvas, endechas, sonetos, letrillas y demás linaje de pulidas composiciones que adornaban las novelas pastoriles. Aunque por su carácter popular creíalo perdido, se ha conservado, afortunadamente, con otros más, muy curiosos, gracias á los ignorados desvelos del glorioso maestro y compositor Francisco de Salinas, el cual, no sólo le dió cabida en su soberbio tratado *De Musica libri septem*,[3]

---

[1] MENÉNDEZ Y PELAYO: *Orígenes de la Novela......*, tomo II, p. cxxi.

[2] «..... y diréte á esto lo que decia un loco que arrojaba cantos; cuando alguno tiraba, daba voces diciendo: «guarda, aho, guarda, aho, todos me la deben, *dé donde diere.*» (ALEMÁN: *Guzmán de Alfarache;* parte II, libro I, cap. I.) «Y el tema de los porfiados: *Dé donde diere.*» — «Otro incapaz estaba determinando su voto por aquellos dos textos de los idiotas: *Dios se la depare buena* y *dé donde diere.*»—QUEVEDO: *La Hora de todos y la fortuna con seso.....*; Edic. Rivaden., páginas 385-386.

[3] *Francisci Sa | linæ Bvrguensis | Abbatis Sancti Pancratii | de Rocca Scalegna*

sino que, como si pensase en el futuro comentador del *Coloquio*, encabezó su tono con este rotulillo, que aclara, aún más, la intención y el pasaje cervantinos:

Quo cani solet hæc Hispana cantio.

Cata el lobo do va, Juanica, cata el lobo dó va.

Vea ahora el filarmónico lector el cantarcillo, traducido de la cifra antigua para vihuela al pentágrama moderno por mi buen amigo D. Cecilio de Roda, y note de paso en aquél lo típico y singular de su ritmo:

Ca-ta el lo-bo dó vá, Juani - ca, ca-ta el lo bo dó va

Á pesar de haber buscado con empeño el resto de la letra del cantar, no he podido hasta ahora dar con él; no desespero de tropezármelo, sin embargo, ora suelto, ora glosado en algún raro papel ó colección de villancicos, pues fueron infinitos los que en aquellos tiempos llegaron á imprimirse, aunque por la forma en que salían (hojas sueltas en folio doble ó cuádruple) se hayan conservado poquísimos, relativamente. [1]

Catar dícese aquí por *buscar*, ó más bien, *mirar*, acepciones anticuadas de este verbo; tan anticuadas, que lo eran ya por los tiempos de Cervantes. [2]

---

in Regno Neapolitano, & *in Academia Salmanticensi | Musicæ Professoris, De Musica libri septem.... Salmanticæ. | Excudebat Mathias Gastius. MDLXXVII.*—1 vol. in folio de vIII folios + 348 páginas + x de índice, colofón y erratas.—Biblioteca Nacional R.-14080.—El cantarcillo del *Coloquio* está registrado á la p. 344 y repítese con una pequeña variante en la 346.

[1] Para rastrear el número grande que de ellos se perdieron, vid. Pérez Pastor· *Bibliografía madrileña;* II, núm. 980.

[2] «No cates, por no busques, parece que usaban antiguamente; y así, decían: *Al buen viejo no le cates abrigo;* y *Haz bien, y no cates á quien.*»—Valdés: *Diálogo de la lengua.....; op. cit., p.* 115.

110 ... ó al de algunas tejuelas puestas entre los dedos ...

«El uso de las tejoletas — dice Rodríguez Marín ilustrando un pasaje de *Rinconete*, idéntico á éste — como medio de producir un son análogo al de las castañuelas ó crótalos, es antiquísimo»; [1] y recuerda al efecto el testimonio de Rodrigo Caro. [2] Las tejuelas, propiamente tales, eran pedazos de teja, de platos, en suma, trozos de barro cocido, que puestos entre los dedos repicábanse con gran ligereza, ora á compás del canto, ora á contrapunto, como Monipodio, manteniendo el ritmo en la canción; no deben confundirse con las castañetas, castañuelas ó crótalos, hechos de madera ó palo, y que, según Zapata, por los días de Cervantes, hacia 1593, comenzaron á introducirse en los bailes, para mí seguramente animando el sordo y melancólico son de la zarabanda. [3]

111 ... ni entre ellos se nombraban Amarilis, Fílidas, Galateas y Dianas ...

Responden estos nombres individualmente á cada una de las protagonistas de las cuatro novelas pastoriles, que Cervantes libra en la condenación encubierta que de todas ellas hizo más arriba, confirmando la intención dura é insistente en no salvar del cúmulo grande de todas más que estas cuatro, una de las cuales (¡vanidoso!) era la propia suya, de la cual, á la cuenta, no estaba tan descontento, cuando do líneas más adelante promete continuarla.

---

[1] *Rinconete y Cortadillo*....; op. cit., p. 458.
[2] Rodrigo Caro: *Días geniales ó lúdicros.*—Sevilla, 1884; pp. 200 y 201.
[3] «Invención nueva es bemoles y semitonos, con añadidas y entretejidas cuerdas en las arpas, y también castañetas de palo sonoras en los bailes».— Zapata: *Miscelánea*......; op cit., p. 356.
Doy por fecha á la *Miscelánea* el año de 1593, cuando menos, y no 1592 como hizo Gayangos al publicarla, y á su imitación cuantos citan esta obra, declarando no encontrar fecha posterior á 1592 *(anterior* dice en el Prólogo, pero es evidente errata), porque, al contrario, hallo citado expresamente el año de 1593 en dos pasajes pp. 419 y 464.—La innovación que supone Zapata de las castañetas repútola fantasía, hermana de otras mil acogidas en su deliciosa *Miscelánea*.... Antiquísimo es el uso de los crótalos en España, por el testimonio de Marcial, al pintar las famosas bailarinas de Cádiz.

Amarilis es la pastora de *La Arcadia*, de Lope; *Fílida*, protagonista de la novela de Gálvez de Montalvo, y *Galatea* y *Diana*, heroínas de Cervantes y Jorge de Montemayor, respectivamente.

Por de contado, Amarilis nada tiene que ver con la novela de Cristóbal Suárez de Figueroa, salida años más tarde, escrito ya, evidentemente, el *Coloquio*, nombre, por otra parte, clásico y usualísimo en las églogas griegas y latinas, y en toda suerte de romances y composiciones pastoriles

112 ... ni había Lisardos, Lausos, Jacintos, ni Riselos ...

Lisardo es personaje de *La Galatea*, y *Lauso*, pastor de *La Arcadia*, *Riselo* y *Jacinto*, sin embargo, no aparecen en las obras respectivas de Montemayor [1] y Gálvez de Montalvo; mas, en cambio, suenan á menudo en composiciones pastoriles y bucólicas del *Romancero*. [2]

113 ... pero tiempo vendrá en que lo diga todo con mejores razones y con mejor discurso que ahora.

Reitera aquí de nuevo Cervantes, aunque sus comentaristas no lo hayan notado, su franco propósito de continuar *La Galatea*, cumpliendo la promesa hecha en su final y en el capítulo VI de la primera parte de *El Ingenioso Hidalgo*, y la cual había de repetir más tarde en el prólogo de la segunda parte, en la dedicatoria de las *Comedias*, y, últimamente, en la de *Persiles y Sigismunda*, continuación que, si llegó á escribirse, desgraciadamente se ha perdido. [3]

---

[1] Riselo, para la memoria de Cervantes, quizás pudo ser *Arsileo*, de cuyo nombre es anagrama casi perfecto, y que figura mucho en *Los siete libros de la Diana*. De todos modos, era el sobrenombre poético de Pedro Liñán de Riaza.

[2] *Romancero general*....., 1604; op. cit., ff. 48, 78 vto., 79, 411, 421 vto. y *passim*.

[3] Así para D Adolfo de Castro *(Varias obras inéditas de Cervantes..... ,* op cit., página x), como para el Sr. Asensio *(Cervantes y sus obras,* Barcelona, Seix, MCMI, página 72), el *Diálogo entre Silena y Selanio sobre la vida del campo*, publicado por el primero, estaba destinado á formar parte de esta *Segunda parte de la Galatea* Cumplía previamente á ambos escritores probar que el dicho *Diálogo* es de Cervantes, cosa que ni hicieron, ni creo fácil. Como tampoco hay más prueba para atribuirle el soneto « Á un ermitaño » (citado más arriba, en la p 375), que la palabra literaria de Arrieta, á la verdad, de harto dudoso crédito; tanto más cuando el susodicho soneto figura anónimo en varias colecciones manuscritas de poesías.

114 Mírate á los pies, y desharás la rueda ...

¿Qué cosa se verá jamás que pueda
Igualarse á un pavón enamorado
Cuando la bella cola pone en rueda? [1]

Pero también es fama que sus pies son feos y abominables, y que, cuando acierta á mirárselos, depone avergonzado su orgullo, encoge sus brillantes plumas, y abate la hermosura de su rueda. [2]

Á ello alude Cervantes, recordando el común adagio que se aplica á toda persona envanecida, que, como el pavón, símbolo del orgullo, desarma su presunción y altanería cuando advierte, ó la mientan, sus defectos é imperfecciones.

115 ... mas ahora que me ha venido á la memoria lo que te había de haber dicho al principio de nuestra plática ...

Á la frase que dejé comentada en la nota 70 alude Cervantes en esta de ahora, refiriéndose en ambas al origen y nacimiento de Berganza, como fruto del canino parto de la Montiela; confirmando así que el episodio de la Camacha es nervio y nudo principal de la novela, á cuyo alrededor, al componerla, agrupa Cervantes los restantes sucesos. Son atisbos y rastros de un método muy pensado y formal al escribirla, é indicaciones muy importantes para su *embriología*

116 ... con gran dificultad el día de hoy halla un hombre de bien señor á quien servir.

Apenas llegadas á la Corte aquellas turbas de mozos que, abandonando en las ciudades menores del reino sus oficios mecánicos, colgando en las aldeas y lugares los aperos de labranza, caían en ella con

---

[1] *Obras de Gutierre de Cetina*, con introducción y notas del doctor D. Joaquín Hazañas y la Rua.—Sevilla, Díaz, 1895 —«Epístola en alabanza de la cola ó rabo», tomo II, p 76.

[2] «... aquí deshacen la rueda los pavones mirándose á los pies».—ALEMÁN. *Guzmán de Alfarache*...., parte II, libro III, capítulo III.

«..... cuando los ojos bajan á registrar los pies ... , no hay pavón tan lindo que no deshaga la rueda».—LOPE DE VEGA: *La Dorotea;* acto II, escena I.

la ilusión de medrar en la privanza de algún gran señor ó titulado, agostábanse sus deseos ante las trabas y barreras que la sociedad les imponía por mano de las justicias y señores.

Sujetábanles las primeras á la obligación de registrarse dentro de las veinticuatro horas ante el padre de mozos, oficio que pública y legalmente hacía entonces las veces de nuestras modernas agencias de colocación, y en cuyo libro se asentaban con su nombre, naturaleza, lugar de donde venían y oficio que pretendían servir. [1]

Ya estaban en potencia propincua para ver colmadas sus esperanzas; mas no eran aún bastantes estos trabajos, pues hasta merecer el favor de ser admitidos en la servidumbre de un grande ¡cuántas y cuántas horas transcurrían, custodiando las puertas de sus casas; acompañándoles humilde y oficiosamente, á la zaga de sus criados, siempre que salían de ellas; empeñando sus ajuares ó su futura ración para comprar vestidos de más suntuosidad y costa; aguardando pacientemente á que un día el señor bajase su vista hasta ellos y escuchara su demanda! [2] Entonces era cuando precedían, antes de ser admitidos, aquellas informaciones y pesquisas de que Berganza se queja, sobre su habilidad, sobre su linaje, sobre su apostura; y cuando el muchacho, por ser nuevo ó extraño al lugar, no podía ofrecerlas bastantes y seguras, el tener que acudir á las fianzas y los fiadores que abonasen el fiel cumplimiento de su oficio; [3] formalidad, no obstante, que muchas veces absolvía la plática é ingenio del avispado mozo; que tal era la fuerza y premio que antaño se daban al buen discurso [4] y aventajado entendimiento.

Sobre estas trabas y condiciones, pesaban otras aún, impuestas por los alcaldes y corregidores, y á que también parece aludir Cervantes en este párrafo.

Como, so color de asentar por criados, crecían en las ciudades populosas un sin fin de pícaros y fulleros, gente baldía y desocupada, viviendo del hampa y medrando con el fraude y los embustes, y la

---

[1] *Cortes de 1579 á 1582;* cap. XC, tomo VI, p 876.
[2] *El Crotalón.....;* op. cit., pp. 368-376.
[3] ALEMÁN: *Guzmán de Alfarache.....;* parte II, libro III, capítulo VI.
ALCALÁ: *El Donado Hablador.....;* parte I, capítulo V.
[4] *Ibidem;* parte I, capítulos VIII y IX.

— 477 —

Corte, en especial, veíase inquietada por semejante polilla, los procuradores pidieron en mil ocasiones que se refrenasen aquellos abusos, moderando su crecimiento y sus excesos; y son abundantísimas las pragmáticas y autos, capítulos y memoriales que sobre este extremo salieron, hasta conseguir se ordenase que «el criado que se despidiere de su señor ó amo no pueda asentar ni servir á otro señor y amo en el mismo lugar y sus arrabales, ni otra persona alguna le pueda recibir y acoger, *sin expresa licencia y consentimiento del señor ó amo de quien se despidió*»; disposición tan éxtremadamente rigorosa, que, calculo, no siempre llegaría á acatarse. [1]

Más tarde se les obligó á figurar en la nómina ó lista de criados que cada casa tenía, señalándoles su *ración* (pitanza ó importe del alimento diario, no consumido allí), [2] y *quitación* (su salario ó sueldo); [3] se

---

[1] «Sabed que nos habemos informado que á causa de la facilidad y disposición que los que sirven tienen de se pasar de unas casas á otras, y del servicio de unos señores y amos á otros, y cuando más los han menester los dejan sin haber acabado de servir el salario y sueldo que han recibido...... y los salarios han subido y crecido excesivamente...» (ordena lo arriba copiado, que es la ley I, tit. XVI, lib. VI de la *Nov. Recop.*)— *Quaderno de nueuas prouisiones y pragmáticas que los señores del Côsejo Real de su Magestad mandan que se impriman este año de 1565*—Alcalá de Henares; Andrés de Angulo, 1565. Fol., 8 folios numerados. Bib. Acad. de la Hist.

La Sala de Alcaldes de Casa y Corte repitió varias veces en sus Autos estas pragmáticas, demostrando con ello que los excesos seguían.—*Sala de Alcaldes*, 1613, libro V, ff. 498 vto. y 499.

[2] Esta *ración* no se les daba en comida ó especie, sino en dinero, esto es, que ordinariamente los criados (pajes, escuderos, lacayos, etc.), no comían en casa de su señor, sino que con la ración que éste les señalaba (real y medio por día, dos cuando más), acudían á los figones, tiendas y casas de comidas, de donde, una vez hecha la suya, volvían á las de sus amos. (Vid. BARTHÉLEMY JOLY: *Voyage en Espagne* (1603-1604); op. cit., p. 113, y, en general, nuestras novelas picarescas)

[3] Por auto de 8 de Agosto de 1606 se mandó «que todas las personas que siruieren en ella [en la corte] á los títulos y caualleros y otras qualesquier personas..... ayan de tener y tengan obligaçion de estar en la nomina de tales sus criados y de lleuar ración y quitación, y los que de otra manera estuuieren en ella y no lleuaren la dicha rrazion y quitacion aunque esten en nombre de entretenidos se salgan dentro de tercero dia desta corte, y no entren en ella, so pena de ser auidos por vagamundos»..... *(Sala de Alcaldes;* libro IV, f.º 57).

mandó que no se ajustaran por días, sino por meses, tasando sus ganancias, que no podían exceder de dos reales diarios; [1] y, finalmente, como si todo este régimen tiránico fuera aún poco, vivían sobresaltados, con un pie en las galeras, porque las justicias y familias hacíanles responder con su persona de la honra de la casa en los amoríos y liviandades de las hijas de los señores. No quiero alargar más esta nota, aunque me sobre la tela cortada para hacerlo; si el curioso lector desea enterarse de otros pormenores, y singularmente de las miserias, hambre y pasión que los criados de aquel tiempo sufrieron bajo el poder de sus amos, cutres y avaros, tome la grata compañía de las novelas picarescas, ó de las comedias de capa y espada, que ellas le dirán por boca de Caramanchel en una celebrada de Tirso:

> Y aunque dos reales me daba
> De ración y quitación,
> Si la menor falta hacía,
> Por irremisible ley,
> Olvidando el *Agnus Dei*,
> *Qui tollis* ración, decía. [2]

117 ... para recebir un criado ...

Á buen seguro que en los delicados oídos del lector moderno habrán de sonar mal estos *recebir*, tan repetidos en el *Coloquio*, y relegados hoy al grosero lenguaje de la gente rústica.

Bástele saber para tranquilidad suya que en tiempos de Cervantes era usualísima esta forma, y que el Príncipe de nuestros escritores, en

---

[1] «Mandan los señores Alcaldes...... que ningun lacayo de los que sirben en esta corte puedan seruir concertandose por dias sino por meses, y que si algun forastero alquilase alguno de los dichos lacayos ansimismo le alquile por meses pagandole a rrata los dias que le siruiere..... y que por racion y quitacion no pueda exceder lo quel tal lacayo llebare por cada un dia de dos reales. ... y quel que no mostrare estar despedido del amo que sirbió o aber cumplido el tiempo que la ley manda *no pueda yr a la plaçuela de los herradores a alquilarse*». (Auto de 14 de Agosto de 1599; libro II, f.º 311.) Remito al lector, por no alargar más esta nota, á la copiosa abundancia de datos que sobre la materia contienen las *Actas de las Cortes de Castilla;* tomo IX, pp. 25 y 444; tomo XII, p. 463; tomo XIX, página 834; tomo XX, pp. 380-381; tomo XXI, pp. 375-376; tomo XXII, páginas 450-451, y tomo XVI, pp. 40-43.

[2] *Don Gil de las calzas verdes;* acto I, escena II.

la más gallarda muestra del ingenio humano, en el *Quijote*, sirvióse tanto del lugareño *recebir* como de su hermano gemelo *recibir*, que, por más cortesano y musical, es el que hoy impera.

Antonio de Nebrija, en su *Vocabulario de romance*....., registró esta palabra conforme se decía entonces por todos: *recebir*. [1]

118 ... viendo mi porfía y mi noble término.

Término aquí, por *conducta, proceder, comportamiento;* acepción desusada hoy de todo punto, y de la que nuestros antepasados sirviéronse mucho, sin embargo; y hay que reconocer que oportuna y fundadamente, por la gran utilidad que prestaría en la plática familiar. [2]

119 Como en esas cosas nos hemos encontrado, si no me engaño, y yo te las diré á su tiempo, como tengo prometido, y ahora escucha ...

La frase es enfática, como si dijera «*en cosas como ésas, en tales cosas como ésas* nos hemos encontrado, y yo te las diré á su tiempo». Porque entendido de otro modo el párrafo, habría que confesar que su sintaxis andaba manca de algo.

Y, lejos de eso, es giro correcto, que Cervantes repitió en otro lugar muy semejantemente, [3] y que ajenas plumas usaron también por aquel tiempo. [4]

---

[1] *Vocabulario de Româce en latin, hecho por el doctísimo maestro Antonio d'Nebrissa.....*—Sevilla, 1516; artículo *recebir*.

[2] «¡Que es posible que tan buena cara tenga tan ruines *términos!*».....—*Dos novelas de Alonso G. de Salas Barbadillo.*—Madrid, MDCCCXCIV; p. 220.

«.... muchas veces, sin pretenderlo ni querer oirlo, escuché grandes alabanzas de *mi buen término*».—ALCALÁ: *El Donado hablador;* parte II, cap. VII.

[3] «Como eso puede desparecer y contrahacer aquel ladrón del sabio mi enemigo. Sábete Sancho»..... *El Ingenioso Hidalgo;* parte I, cap. XVIII.

[4] Relatando Madrigalejo, lacayo ladrón, en uno de los *pasos* de Lope de Rueda, sus cuentas con la justicia y los azotes recibidos por ellas en cierto trance, dícele un su amigo:

MOLINA: Yo me espanto cómo no murió de aquella hecha, según llevaba las espaldas.
MADRIGALEJO: *Como en aquéllas refriegas se ha visto el pobre Madrigalejo*
MOLINA: Es verdad que ansí lo decían, que otras dos veces le habían dado çien açotes.—*Obras de Lope de Rueda;* op. cit., I-126.

El giro, como se ve, es idéntico al del *Coloquio.* Véase otro ejemplo, y de un

120. Como me vi suelto, corrí á él ...

Como, por *luego que*, ó *así que:* incluída esta acepción en nuestro Diccionario, ausente de él la primera y repetidísimas ambas por Cervantes en todas sus obras, al igual de los escritores todos de aquellos siglos.

121 ... que le granjearon ser molido á palos.

Es, en efecto, la fábula XIII del popularísimo escritor griego, que se encuentra en todas las numerosas traducciones que de aquel fabulista por entonces se hicieron, valga por caso, en la muy rara, y métrica, de Joaquín Romero de Cepeda:

> El perro compañero y fiel amigo
> Halagaba á su amo y su familia.... .[1]

122 .. que me pesa infinito cuando veo que un caballero se hace chocarrero ...

La acepción académica de este vocablo, tan frecuente en las obras del tiempo, es, en verdad, muy pobre: «el que tiene por costumbre decir chocarrerías», y *chocarrería*, «chiste grosero», á secas. Ignoro por qué no adoptó la Academia la definición del Diccionario de Autoridades [2] ó la del de Covarrubias, que son, en verdad, más exactas, capaces y explicativas. *Chocarrero* decíase entonces en equivalencia de

---

gran hablista: «Mas morios de miedo como de esas voces caben en orejas de lobo».—Espinosa: *El Perro y la Calentura.—Obras*.....; p. 172, y en Velázquez de Velasco. *La Lena* ...; op. cit., pp. 413 y 424; etc.

[1] Joaquín Romero de Cepeda: *Fábvlas de Ysopo. Fabvlas y vida de Ysopo en verso castellano*, por..... (falta la portada al ejemplar de la Bib. Nac., R-15 028, que he manejado, que, por otra parte, son rarísimos, pues apenas hay bibliografía que cite esta obra). (Al fin): *Impresso en Sevilla con licencia y priuilegio en casa de Juan de León, junto á las Siete rebueltas......, 1590.*—La fábula de la perrilla está de los folios 141 vto. al 143.

[2] «*Chocarrería*, gracejo, bufonada, chanza, conversación de cosas insustanciales y de ningún provecho. *Chocarrero:* El bufón truhán y placentero que siempre habla de burlas para hacer reir á otros, sin tener otro empleo ni exercicio».

bufón, *truhán*, llamando así traslaticiamente á aquellos graciosos abufonados que, sin serlo de oficio en los palacios de los reyes, señores y arzobispos (porque hasta los prelados los mantenían), aplicábanse á imitarlos con sus gestos, ademanes, burlas y chocantes donaires, convirtiéndose muchas veces, según frase aguda de Rufo, en «cascabeles de plomo».[1] Definiciones muy completas, amén de curiosas noticias sobre ellos, nos dejaron el P. Alcocer[2] y Villalón,[3] y en nota puede saborearlas el lector, para mayor claridad de este pasaje.

123 ... y se precia que sabe jugar los cubiletes y las agallas ...

Los juglares, bufones y chocarreros eran muy dados á divertir á los señores en sus casas y palacios, ó al pueblo bajo en las posadas y plazas, con habilidosos juegos de manos, de prestidigitación, que hoy decimos, y uno de ellos, llegado hasta nosotros, era el de los cubiletes, vasos pequeños de hoja de lata ó cuerno, opacos siempre, y fabricados de modo que pudiesen encajar unos en otros; con ellos se hacían diversas suertes y ejercicios, hasta que el truhán lograba desaparecerlos de la vista de todos, con sus mañas y sutilezas.

---

[1] *Las seyscientas apotegmas;* op. cit., f.º 92 vto.

[2] «Entre otras maneras de regocijos que se usan es uno el que algunas personas con sus graciosos gestos y palabras de burla y risa y donaires que dicen, dan á las personas con quien tratan y conversan; y á los que esto tienen por oficio los llaman en nuestro vulgar *chocarreros* y truhanes. Suelen los Príncipes y grandes señores preciarse de tener en sus casas personas semejantes, y hacerles largas mercedes, por que les hablan á favor de su paladar, lisonjeándolos....., contándoles cuantas cosas pasan en la Corte..... y diciendo veinte deshonestidades y malicias que llegan á lo vivo del corazón».—Fray Francisco de Alcocer. *Tratado del Iuego....* —Salamanca, Andrea de Portonariis, MDLIX, página 279.

[3] «..... anda un genero de hombres malaventurados que no los puedo callar; su nombre es truhanes *chocarreros*..... Estos, para ser estimados y ganar el comer se han de hacer bobos o infames para sufrir cualquier afrenta que les quisieren hacer: precianse de sucios, borrachos y glotones....., sin ninguna vergüenza ni temor nombran muchas cosas sucias....., sirven de alcahuetes para pervertir á las muy vergonzosas señoras doncellas y casadas, y aun muchas veces se desmandan á tentar las monjas consagradas á Dios»...—Villalón: *Diálogo de las transformaciones;* op. cit., p. 106.—De los juglares, propiamente tales, acumuló Clemencín extensas noticias; *op. cit.*, tomo V, pp. 129-131.

Con los cubiletes combinábanse, de ordinario, las agallas, constituyendo el juego de *pasa pasa ó maese coral*, [1] antiguo ya en nuestras costumbres. [2]

Las agallas son las piñas menudas y chicas que, como único fruto, arroja el ciprés. Poníanse estas piñas debajo de los cubiletes, y el gracioso las pasaba con sus trampantojos de unos á otros, escamoteándolas, finalmente. Otras veces, en lugar de agallas, usábanse pelotillas de cera ó bolitas de corcho.

De todos modos, era juego propio de personas bajas, faranduleras, pícaros y truhanes, que decoraban sus tropelías con una plática disparatada, llena de fieros y bernardinas; y de ahí que Cervantes se lastimase tanto de que por los caballeros y gente noble se ejecutasen. [3]

124 ... y que no hay quien como él sepa bailar la chacona.

Si el celebradísimo baile de la chacona fué regocijo y alegría de los ánimos de entonces, no por cierto añorancescos ni tétricos, como da en decirse; si se bailó mucho, destronó á otros antiguos, provocando las iras catilinarias de los moralistas y predicadores, no es menos ver-

---

[1] Según Covarrubias, diéronle este nombre «porque los charlatanes y embusteros que traen estos juegos se desnudan de capa y sayo, y quedan en unas jaquetas ó almillas coloradas que parecen troncos de coral».—*Tesoro*; artículo *Coral*.

[2] Fray Francisco de Alcocer ya da cuenta de este juego en su *Tratado*..... «Hay otras invenciones y juegos que llaman *de pasa pasa*, que algunos de ligeras y subtiles manos usan, y otros que llaman Matachines; los cuales, con otras invenciones semejantes y niñerías de danzas y juguetes que extranjeros traen para sacar dinero de la gente vulgar y popular..... habían los buenos jueces y gobernadores de desterrar.....» *(op. cit.,* f.º 306). De él decía Rodrigo Caro explicándolo: «Este juego [la corregüela] es muy semejante al juego de pasa-pasa ó Maese Corral *(sic)* que los jugadores con tres cubiletes juegan con tanta ligereza de manos, que parece que se juntan todas tres pelotillas en uno, estando cada una repartida en el suyo».—*Días geniales....*; op. cit., pp. 248-249.

[3] Franco archivo sobre la materia hallará el lector, con cuantos pormenores desee sobre cubiletes, en la siguiente obrilla. *Engaños á ojos vistos, y diversión de trabajos mundanos, fundados en lícitos juegos de manos, que contiene todas las diferencias de los cubiletes ....* Su autor Pablo Minguet é Iról.—Madrid, Domingo Fernández de Arrojo, 1755. Un volumen in 12.º de VIII hojas + 150 páginas + 7 páginas de índice. (Vid. ff. 1 á 3.) Bib. Nac.; R-14.628.

dad, también, que nadie se cuidó de historiarlo, y á estas alturas se sabe de la chacona otro tanto, ó menos, que del origen de los restantes bailes españoles; es decir, nada ó casi nada.

Intentaré por mi parte, en asunto tan virgen, agrupar las noticias que sobre este famosísimo pasatiempo se me han venido á las manos.

La primera dificultad con que tropiezo es la de su etimología. Para Barbieri tomó este nombre del *Chaco*, vasta región situada entre la República Argentina, el Paraguay y Bolivia, [1] revelando ya así su origen americano; pero si se mira á que la mayor parte de los cantares bailados que se introducían por los faranduleros, con pecadora frecuencia, [2] recibían nombre del inventor, ó del artista ó la artista que más contribuyó á vulgarizarlos, habrá que convenir con Rodríguez Marín en que la *Chacona* se llamó así «de alguna mujer á quien, por tener el apellido *Chacón*, ó por estar casada ó *liada* con un Chacón, germanazo de siete suelas, llamasen *la Chacona*, como de los apellidos Montiel, Carrasco, Camacho, Montero y Beltrán, se decía, y aun se dice hoy, por el vulgo, la Montiela, la Camacha, la Carrasca, la Montera y la Beltrana.» [3]

Más conformes están los escasos tratadistas de esta danza en su linaje y origen americanos.

---

[1] Barbieri *Danzas y bailes en España en los siglos XVI y XVII.*—Artículos publicados en *La Ilustración Española y Americana* (1877), 2.º semestre; pp. 330 y 346.

[2] En la *Consulta ó parecer sobre la prohibición de las comedias* que en 1598 redactaron D. García de Loaysa, fray Diego de Yepes y fray Gaspar de Córdoba, y que tanto pesó para que se suspendieran por decreto de Felipe II, se acusa á los cómicos de ser los introductores de estas danzas. «Destas representaciones y comedias se sigue—decían—otro gravísimo daño, y es que la gente se da al ocio, deleite y regalo y se divierte de la milicia, y *con los bailes deshonestos que cada día inventan estos faranduleros,* y con las fiestas, banquetes y comidas se hace la gente de España muelle y afeminada é inhábil para las cosas de trabajo y guerra». (Apud Cotarelo: *Bibliografía de las controversias sobre la licitud del teatro en España.....*; op. cit., p. 394.) Tantos cantares fueron, que de muchos de ellos hoy no queda otra noticia que el puro nombre. Así, Rufo cita una canción de *La Susana*, célebre en su tiempo y desconocida en absoluto hoy: «Acabó un excelente músico de cantar *La Susana* ...—*Las seyscientas apotegmas;* op. cit., f.º 58 vto.

[3] El Loaysa de «*El Celoso extremeño*»; op. cit., p. 282.

Quevedo, al trazar la genealogía de los bailes, hacía mulata á la *chacona*, al igual de Cervantes, [1] Simón Aguado [2] y el mismo *Romancero*, [3] y, sin duda, aunque sin nombrarla, á la chacona y á su proce-

---

[1] El primero, en un pasaje bien conocido:

>   ... *Escarraman*
> Del primero matrimonio
> Casó con la *Zarabanda*,
> Tuvo el *¡Ay! ¡ay! ¡ay!* enfermo,
> Y á *Ejecutor de la vara*,
> Éste, andando algunos días,
> En la *Chacona*, mulata..
>   *El Parnaso Español*, Musa v.

Cervantes, en su valiosísimo romance para la historia de la chacona, contenido en *La ilustre fregona*, donde dice:

> Esta indiana amulatada...

[2] Fernández-Guerra cita un entremés inédito de este autor, llamado del *Platillo*, escrito en 1599 con motivo de las bodas de Felipe III en Valencia, donde danza la chacona y canta el coro:

> Chiqui, chiqui, morena mía,
> Si es de noche si es de día
> Vámonos, vida, á Tampico
> Antes que lo entienda el mico
> Que álguien mira la *Chacona*,
> Que ha de quedar hecho mona.
>   Vid. *Obras de Quevedo*; edic. Rivad., tomo I, pp. 370 y 371.

[3]
> Puerto donde surgen
> De los chaconistas
> Las cascadas naves
> De sus pobres Indias.
> Examinadora
> De mudanzas primas,
> Que dicen vinieron
> Del *Cuzco y la China...*
>   *Romancero general*, 1604, op. cit., ff. 486 vto. y 487.

En *El casamiento | gracioso del famoso Codillo | con la hermosa Chacona. Con vna loa mvy cvriosa. | Y vn Romance nueuo y mvy | sentido | compuesto por Esteuan Martin de la Puente*. (Al fin): *Con licencia en Barcelona, en casa de Sebastian de Cormellas | al Call. Año 1608.* Dos hojas en 4.º (Bibl. Acad. Esp.) también se alude á su origen americano. Para enamorar Codillo á la Chacona, agasájala con varias cosas, y entre ellas,

> «Truxo una danza de negros
> Conque piensa hazerle honra,
> Que van cantando y diciendo,
> Uzí ha la, mi señora »

Por lo demás, el plieguecillo nada interesante encierra.

dencia americana se refería también Bartolomé Leonardo de Argensola en uno de los tercetos de aquella hermosísima *Epístola:*

>Dícesme, Nuño, que en la Corte quieres
>Introducir tus hijos................,

donde le encarecía:

>... que en sus aposentos no consienta
>Un paje disoluto, ni allí suene
>Canción de las que el vulgo vil frecuenta,
>*Canción que de Indias con el oro viene,*
>Como él, á afeminarnos y perdernos,
>Y con lasciva cláusula entretiene.

Nada, en efecto, tendría de extraño que se hubiera importado de las Indias por nuestras flotas, en los mismos galeones que nos traían el añil, el guayacán, las especias y las riquísimas barras de oro y plata; mas ¿sobre qué año ocurrió esta novedad famosa? Ya que no el preciso, puedo, al menos en este punto, de ordinario tan obscuro, hacer alguna luz, asegurando, sin temor á equivocarme, que las chaconas se introdujeron en España de 1589 á 1597. Véase la prueba.

Censurando el cejijunto racionero de Toledo Pedro Sánchez el uso y abuso de las danzas en su tiempo entre la gente moza, principalmente en las doncellas, decía con pintoresco y agitado estilo: «¿Qué cordura puede haber en la muger que en estos diabólicos exercicios sale de la composición y mesura que debe á su honestidad, descubriendo con estos saltos los pechos y los pies y aquellas cosas que la naturaleza, ó el arte, ordenó que anduviesen cubiertas? ¿Qué diré del halconear con los ojos: del revolver las cervices, y andar coleando los cabellos, y dar vueltas á la redonda y hacer visajes: *como acaece en la zarabanda y otras danzas,* sino que todos estos son verdaderos testimonios de locura, y que no están en su seso los danzantes?» [1] Años más tarde, en 1599, el franciscano fray Juan de la Cerda, faltando á lo que debía á sus hábitos, con poquísimo escrúpulo y manifiesta desaprensión, hurtaba estas mismas frases del racionero toledano para su

---

[1] *Historia moral y philosophica......;* op. cit., f.º 102 y vto.—La aprobación más antigua que contiene es de Madrid, 6 de Mayo de 1589.

Libro intitulado Vida política de todos los estados de mugeres, [1] trasladándolas íntegramente, sin confesar el origen, con una sola y muy significativa variante, á saber: que llegando á la cita de la zarabanda, ya no se contenta con decir genéricamente «y *otras danzas*», sino que añade por su cuenta «*como acaece en la zarabanda, polvillo,* CHACONA *y otras danzas.*» Y como Pedro Sánchez escribió sobre 1589 y el padre La Cerda tenía aprobado el suyo en 1.º de Enero de 1598, hay que colocar, pues, entre ambas fechas la de introducción de la chacona en España.

Los testimonios más antiguos de esta danza no van tampoco más allá de dicho año, [2] cuando se citaba abundantemente á su próxima pariente la zarabanda; y, en cambio, á partir de él, comienzan á escucharse las voces de indignación de los moralistas contra sus provocadores é incitantes movimientos. Pero sea lo que fuera, apareciese en uno ú otro año, en esta ó aquella ciudad, para los teólogos y gente sensata el origen remoto de la chacona era el mismo que el de las demás danzas gemelas: aquel que tan graciosamente las atribuye Cervantes por boca del Barbero, personaje de su entremés *La Cueva de Salamanca*, cuando preguntándole Pancracio: «Dígame, señor, pues los diablos lo saben todo: ¿dónde se inventaron todos estos bailes de las *zarabandas, zambapalo,* y *Dello me pesa,* con el famoso del nuevo *Escarramán?*», contestaba aquel tuno: «¿Adónde? En el infierno: allí tuvieron su origen y principio.»

---

[1] Alcalá de Henares, Juan Gracián, M.D.XC.IX, f.º 468.

[2] En una carta de Lope á su Mecenas, fechada «de Madrid 1 Marzo 2 de 1612» se lee este obscuro párrafo: «Las chaconas no se han oído en este lugar por ventura tuvieron principio en Valladolid, que es costumbre de algunos Chancilleres de esas Audiencias.» (Apud ASENSIO: *Cervantes y sus obras* ...; op. cit., página 285.) ¿Aludiría, acaso, al uso que de la Chacona se hizo durante mucho tiempo, amenizando con su danza el final de los banquetes? Cervantes, en *La Gran Sultana* (jornada III), ya dejó noticias de esta costumbre nacional, nombrando á un Alonso Martínez como introductor primero de estos bailes. De todos modos, una fué la patria de la chacona, como declara el padre Juan Ferrer en su *Tratado de las comedias, en el qual se declaran si son lícitas* .. (Barcelona, Margarit, 1618), donde escribe estas palabras: «Y en cierta ciudad de España corrió un tiempo una canción desas que la llaman *chacona,* con tanta disolución que vino á parar en escándalos bien graves».—Apud COTARELO: *Bibliografía de las controversias......*; p. 253.

El ritmo de la chacona en el rasgueado — dice un docto musicógrafo moderno — era exactamente el de nuestras actuales granadinas, [1] y para bailarse pedía el concurso de las castañetas, panderos y guitarrillo, repitiéndose al comienzo y final del romance el estribillo que nos conservó Luis de Briceño:

Vida bona, vida bona,
Vámonos á la chacona; [2]

ó aquel otro tan conocido de Cervantes:

El baile de la chacona
Encierra la vida bona.

---

[1] Cecilio de Roda: *Ilustraciones del Quijote.—Los instrumentos músicos y las danzas.—Las Canciones. ...*; op. cit., p. 32.

[2] *Método muy facilissimo para aprender á tañer la guitarra á lo español.* (París, Pedro Ballard, 1626.) El libro no es ya raro, sino rarísimo. Nadie, en España, fuera de Barbieri, que lo cita y aprovecha en sus citados artículos, ha logrado echarle la vista encima. Yo lo he procurado también, pero inútilmente. No creo que exista más ejemplar que el de la Biblioteca Nacional de París. Por la misma imposibilidad de allegarse á él, copiaré una letrilla de la chacona que contiene, según Barbieri, testimonio muy curioso del imperio de este son. Harto mala es como poesía (?), pero merece conocerse, y dice así:

Vida, vida, vida, bona,
Vámonos á la chacona,
Vida, vida, vida, vida,
Vámonos á Castilla.

Romance de la chacona.

Es chacona un son gracioso
De consonancias graciosas,
Que en oyéndole tañer
Todos mis huesos retozan.
No hay fraile tan recogido,
Ni monja tan religiosa,
Que en oyendo aqueste son
No deje sus santas horas.
Cuéntase de un religioso
Que, estando cantando nona,
En el coro con los frailes
Dijo acaso *vida bona.*
Los frailes, cuando han oído
Esta voz tan sonorosa,
Arriman todos los mantos,

Haciendo mil cabriolas,
Bailaron todo aquel día,
Sin haber comido cosa,
Y si el son no les quitaran
Bailando fueran agora.
Vida bona.

También se cuenta de un cura
Que, enterrando una pastora,
Por decir *requiem æternam*
Dijo acaso *vida bona.*
El sacristán, que ha oído
Esta voz tan sonorosa,
Arrima á un lado la cruz
Haciendo mil jeringonzas.
Los que llevaban la muerta,
Puestos de una parte y otra,
Hacen tantos de meneos,
Que era cosa milagrosa.
También dicen que la muerta
Alzó la cabeza toda,

Su alegría, movimiento y picaresco desenfado traslúcense al través de las invectivas de los muchos detractores que tuvo, [1] y más aún, de las poéticas descripciones de los romances con que se cantaba, entre los que se lleva la palma, por su pintoresca vida, el de *La ilustre fregona*, de Cervantes.

Pero oigamos ahora otro testimonio no tan conocido: el de un caballero y poeta italiano que vió bailar entonces la chacona, y describía sus pasos y movimientos en este vistoso cuadro:

«La atrevida muchacha empuña un par de castañuelas de bien sonante boj, las cuales repica fuertemente al compás de sus preciosos pies; el otro tañe un pandero, con cuyos cascabeles sacudidos la invita á saltar; y alternando los dos en su bello concierto, se ponen de acuerdo para la explosión. Cuantos movimientos y gestos pueden provocar á lascivia, cuanto puede corromper un alma honesta, se representa á los ojos con vivos colores. Ella y él simulan guiños y besos, ondulan sus caderas, encuéntranse sus pechos entornando los ojos, y parece que, danzando, llegan al último éxtasis de amor.» [2]

Que este endemoniado son
Á los muertos alborota
Vida bona.

Confusos y arrepentidos
De una tan horrible cosa,
Fueron á pedir perdón
Al obispo de Pamplona.
El obispo que los vido
Mandó'es cantar dos coplas
Apenas cantaron una,

El obispo se alborota.
Levantó luego el roquete
Y bailó más de una hora,
Alborotando la casa,
Cocinas, salas y alcobas,
Toda la casa contenta
Bailaron cinco ó seis horas;
Y al fin de tanta alegría
El obispo los perdona.
Vida, vida, vida, bona
Vámonos a la chacona.

[1] Un padre jesuíta del tiempo, que acaso vería bailar estas danzas en sus mocedades, escribió el siguiente párrafo, bien ajeno á que en él nos dejaba una pecadora semblanza de la chacona «¿Qué ocasión más peligrosa estarse un mancebo mirando á una destas mujeres cuando está con su guitarrillo en la mano porreando, danzando con grande compostura *(sic)*, cantando con dulce voz y regalada, bailando con aire y donaire, afeitada por el pensamiento, el cabello con mil lazos marañado, el cuello á compás anivelado, el vestido muy compuesto, la banda recamada, la basquiña corta, la media que salta al ojo, el zapato bordado, las chinelas de plata?»—Juan Ferrer: *Tratado de las comedias en el qval se declaran si son licitas*.....—Barcelona, Margarit, 1618.—Apud Cotarelo: *Bibliografía de las controversias*.....; op. cit., p. 252.

[2] Barbieri: *Las castañuelas. Estudio jocoso dedicado á todos los boleros y dan-*

¿No es verdad que comparando el trasunto de estas danzas, trazado tan realistamente por Marini, con algunas de nuestras modernas de tablado, puede asegurarse con certeza y humorística filosofía que ni la zarabanda ni la chacona murieron, sino que todavía perduran, revividas hoy, con otros nombres?

Porque ¿quién al leer esta descripción, ó aquella otra del romance cervantino,·

> Requieran las castañetas,
> Y bájense á refregar
> Las manos por esa arena,
> Ó tierra del muladar,

no se cree transportado á cualquiera de nuestros tablados andaluces, donde lucieron los ágiles movimientos de sus gentiles cuerpos La Nena, Petra Cámara, Concha Ruiz, las Fernández, Ferrer y Montero, saladísimas sucesoras de la Jusepa Vaca y la Amarilis?

Con razón fundada cantaba Lope el asturiano, en la citada novela de Cervantes:

> Bulle la risa en el pecho
> De quien baila y de quien toca,
> Del que mira y del que escucha
> Baile y música sonora;
> Vierten azogue los pies,
> Derrítese la persona,
> Y con gusto de sus dueños
> Las mulillas se descorchan.

Con su risa, alboroto, brío y ligereza vino á desprivar á la zarabanda y al zambapalo, de quien eran tributarios la turba fregonil y caterva de los pajes; y á sus devotos, llamados *chaconistas*, celebró la gente de trueno de su siglo diciendo por boca de la musa popular:

> Bien hayan los chaconistas,
> Que con diez ó doce chufas
> Riyendo engrandan las bocas
> Y los huesos descoyuntan. [1]

---

zantes por uno de tantos.—Madrid, Ducazcal, 1879; pp. 27 y 28.—La descripción está tomada de dos octavas de Juan Bautista Marini (1569-1625) en su voluptuoso poema *Adonis*.

[1] *Romancero general*......, 1604; op. cit., f.º 461.

Convertida la chacona en reina de las danzas españolas entre la gente pícara, atruhanada y baja, aficionóse también á la principal y titulada;[1] paseó las calles cuando, como en Sevilla, se daban representaciones bailadas por ellas;[2] alzóse con el imperio de los corrales;[3] llenó nuestros *Romanceros* de letrillas;[4] y no contenta con enseñorearse del mundo, intentó

> Entrarse por los resquicios
> De las casas religiosas,
> Á inquietar la honestidad
> Que en las santas celdas mora,

cantándose chaconas *á lo divino!*[5]

No lograron detener su triunfante carrera durante la primera mitad del siglo XVII ni los destierros de los gobernantes[6] ni las protestas y

---

[1] Todavía en 1642, escribía Juan de Esquivel: «enséñase comúnmente el *alta*, cuatro mudanzas de *pavana*, seis pasos de *gallarda*, cuatro mudanzas de *folías*, dos de *Rey*, dos de *villano*, CHACONA, *rastro, canario, torneo, pie de jibado* y *alemana*».—*Discursos sobre el arte del danzado y sus excelencias*.....; Sevilla, Juan Gomez de Blas, 1642; f.º 26 vto.

[2] RODRIGO CARO. *Días geniales*....; op. cit., pp. 60 y 64.

[3] La misma villa de Madrid, pidiendo al Rey no se suspendieran las comedias, lo reconocía, sin embargo: «Lo que más puede notarse y cercenarse en las comedias es los bailes, músicas deshonestas así de mugeres como de hombres, *que desto esta Villa se confiesa por escandalizada*; y suplica á V. M. mande que haya orden y riguroso freno para que ni hombre ni muger baile ni dance si no los bailes y danzas antiguos y permitidos, y que provocan solo á gallardía y no á lascivia».—Apud COTARELO: *Bibliografía de las controversias*.....; op. cit., página 424.

[4] Vid. en el *Romancero general*, 1604, f.º 451, y en la *Primavera y flor de los meiores romances qve han salido, aora nueuamente en esta Corte, recogidos de varios poetas. Por el Licenciado Pedro Arias Perez*.....; Madrid, Viuda de Alonso Martín, 1622; in 8.º; ff. 60 y 83. Rennert, en su *The spanish stage in the time of Lope de Vega* (New-York, 1909, p. 73), transcribe un romance de la chacona, por cierto indecentísimo, sacado, entre otros dos, del raro libro *Norte de la poesía española*..... (Valencia, Mey, 1616.) Llevaba este estribillo:

> *Assí vida, vida bona*
> *Vida, vámonos á chacona.*

[5] LUCAS HIDALGO: *Diálogos de apacible entretenimiento*....., cap. II; op. cit., página 283.

[6] En la *Reformación de comedias mandada hacer por el Consejo para que se*

reclamaciones escandalizadas de los varones píos, hasta quienes llegaba el hálito del infierno que derramaba por doquier este maldito baile.

Tanto fué el orgullo de la chacona, que alzó su vuelo y traspuso las fronteras, como sedienta todavía de mayor popularidad y gloria; pero compungida y llorosa, se arrepintió de su descoco, perdió su liviandad, acogiéndose al yermo de la música seria bajo el amparo de Bach, Rameau, Gluck y demás reverendos padres del pentágrama, que la utilizaron, muy transformada, en sus composiciones.

Cuando hoy escucho las zarabandas y chaconas que nos dejaron los libros de Gaspar Sanz y otros, y me sorprenden sus sones tristes, lánguidos y melancólicos, me pregunto siempre con curiosidad no satisfecha: ¿qué encanto mágico, qué endemoniado hechizo repartirían aquellas danzas para arrancar á los moralistas el agudísimo grito de protesta que provocaron?

125 ... había cortado de papel treinta y dos florones para poner en un monumento sobre paños negros ...

Entre las habilidades que poseía Cortadillo y declaraba á su compañero Rinconete, contábase la de cortar de tijera muy delicadamente. «Todo eso es muy bueno, útil y provechoso — contesta el segundo —, porque habrá sacristán que le dé á v. m. la ofrenda de Todos Santos, porque para el Jueves Santo le corte florones de papel para el Monumento.»

En efecto, los Monumentos de Jueves Santo adornábanse con gran fausto y aparato de estatuas, pinturas, paños, y con ellos hacían este oficio los florones de papel, ejecutados ordinariamente por los barberos y mascareros,[1] en cuyas tiendas se cortaban y vendían, y, á ratos, por soldados y señores, como Cervantes dice, lamentándose de ello, por ser ocupación propia de gente baja.[2]

---

guarde, así en esta Corte como en todo el Reino, á 8 de Abril de 1615, se dan por prohibidos «todos los bailes de escarramanes, *chaconas*, zarabandas, carreterías y cualesquier otros semejantes á estos».—COTARELO: *Bibliografía*.....; op. cit., página 626.

[1] *La Pícara Justina;* libro I, cap. II.
[2] «En este tiempo un amigo mío, soldado de la compañía del capitán Fran-

126 ... los cuales estudiaban gramática en el Estudio de la Compañía de Jesús ...

La labor de la naciente Compañía en sus comienzos fué principalmente escolar y educativa. En Sevilla, aunque establecidos con humildes principios desde 1551, hasta seis años después, en 1557, no pudieron abrir sus escuelas y cursos, acomodándolas en una casa grande, que compraron por 8.000 ducados en el barrio que llamaban de Don Pedro Ponce, collación de San Salvador, donde se comenzó á leer la Gramática.

Edificado el nuevo y monumental Colegio de San Hermenegildo, trasladaron á él el Estudio en 19 de Septiembre de 1580, y en él continuaron con gran fama de virtud y letras, hasta su extrañamiento. [1]

127 ... y aquel que llaman "vade mecum".

«El cartapacio ó funda de cartones cubiertos con badana en que llevan los estudiantes y guardan los papeles que escriben en escuelas», según acertadamente define el Diccionario de Autoridades.

Traslaticiamente y en lenguaje apicarado y familiar dábase también este nombre á los mismos estudiantes, como se alcanza de la lectura de otro pasaje cervantino; acepción que falta en aquel Diccionario y en el oficial de la Academia. [2]

---

cisco de Cañas, el cual se llamaba Manuel de Quevedo, y el más único hombre de cortar sobre papel con punta de cuchillo que hay ni creo debe haber en el mundo: eran sus obras estimadísimas de muchísimos Príncipes y por ellos y su buen proceder de todos querido. ...»—*Vida del soldado español Miguel de Castro* (1593-1611), *escrita por él mismo y publicada por A. Paz y Melia* (Biblioteca Hispánica), 1900; pp. 90 y 91

[1] ANTONIO ASTRAIN: *Historia de la Compañía de Jesús en la Asistencia de España.*—Madrid, Sucesores de Rivadeneyra, 1902-1905; tomo I, pp. 432-433.

ALONSO MORGADO: *Historia de Sevilla.....*, op. cit., pp 431-433; y RODRÍGUEZ MARÍN: *Cervantes estudió en Sevilla....*; op. cit., pp. 24 y 25.

[2] «Sucedió que en este tiempo llegó á aquella ciudad [Salamanca] una dama de todo rumbo y manejo Acudieron luego á la añagaza y reclamo todos los pájaros del lugar, sin quedar *vademecum* que no la visitase».—*El Licenciado Vidriera.*

128 El verlos ir con tanto aparato, en sillas si hacía sol, en coche si llovía ...

El uso de las sillas de manos, llamadas *toldillos* por el toldo ó armadura que las cubría para defenderlas del sol, propagóse tanto á fines del siglo XVI, empoltronándose con ellas los señores y titulados, que hubieron de prohibirse á principios del siguiente XVII. [1]

No era menor el escándalo que en los estudios y universidades daban los estudiantes con sus excesos y demasías en los vestidos, trajes y autoridad con que vivían, pues «unos á título de que son hijos de señores, otros, caballeros hijosdalgo, ricos hombres, y otros, que no lo son, por acompañarlos é imitarlos, traen *carrozas, coches y literas*, y vestidos de seda, camas de brocado, colgaduras de brocado y tapices muy ricos, cosas que de suyo inclinan más aparato de vanidad, ocio y otros vicios que á la profesión de las letras, virtud y recogimiento». [2]

Por los tiempos de Cervantes se introdujo también en las universidades la costumbre de llevar en sillas á los catedráticos, acompañados de escuadras de estudiantes que, haciendo subir el *víctor* hasta las nubes, los paseaban por la ciudad con gran algazara. [3]

129 ... con que su padre iba á la Lonja ...

La famosa Lonja ó casa de contratación de la Universidad de mer-

---

[1] «Sepades que habiendo visto el exceso y desorden que hay en andar en sillas de manos los hombres de todas edades, sin necesidad ni otra causa alguna, por solo su regalo, que de pocos años á esta parte se ha introducido, siendo cosa tan indecente y que por ello se va olvidando el loable y necesario exercicio de los caballos....., mandamos ....» (y prohibe su uso).—*Prematica en qve se prohibe andar los hombres en sillas de mano.*—En Valladolid. Por Luis Sanchez Año 1604 (folio; 4 hojas) Bibl. Acad. Hist. Colección de pragmáticas y cédulas reales de los siglos XVI y XVII, vol. I, f.º 304.

[2] *Cortes de Madrid* de 1607 á 1611. Proposición de D. Juan Coello, tomo XXIII, páginas 604-605, y tomo XXIV, pp. 109 y 110.

[3] SUÁREZ DE FIGUEROA: *Plaza universal*; op. cit., f.º 281 vto. Los mozos de silla en Madrid estaban obligados á asistir en la Plazuela de los Herradores, y la insignia de su oficio era el correón con que llevaban la silla, echado al hombro descubierto. Su tasa en 1601, por viaje de ida y vuelta á la parte donde llevaran la persona, era de un real. En 1607 se subió á real y medio.—*Sala de Alcaldes*, libro III, f.º 8; libro V, f.º 143, y libro XII, f.º 1.

caderes, comenzada á levantar sobre los planos de Juan de Herrera en 1585, y acabada bajo la dirección de Juan de Minjares en 1598, en cuyo día 14 de Agosto se principió á negociar en ella. [1]

Es dato interesante para fijar el tiempo de composición de la novela, que, como se desprende, es posterior á 1598, toda vez que anteriormente la Lonja no estaba construída, celebrando sus tratos los mercaderes y hombres de negocios en las celebradísimas *Gradas* de la Iglesia Mayor. [2]

130 ... y algunos hay que les procuran títulos y ponerles en el pecho la marca que tanto distingue la gente principal de la plebeya.

«Ésta es una de las más principales causas por que en España no hay tantos singulares artífices» — escribía un tratadista del tiempo, lamentándose de que nadie quisiese perseverar en el arte que comenzó, ó sus padres le enseñaron —; «en España — agrega — en uno se hallan siete ú ocho oficios, que tan presto como es calcetero, cuando comienza á entender aquel oficio y tracto que le había de lucir, tan presto le deja y se hace mercader, y en siendo mercader (que á su parecer no consiste en más de traer capa larga y andar en mula con gualdrapa),

---

[1] Para su historia y descripción vid. ORTIZ DE ZÚÑIGA. *Anales eclesiásticos de la muy noble y muy leal ciudad de Sevilla.*—Madrid, 1677; p. 592, libro XV.— MORGADO: *Historia de Sevilla*; op. cit., pp. 171 y 172; y para su crítica artística, un tanto severa: *España: Sus monumentos y artes, su naturaleza é historia.—Sevilla y Cádiz, por D. Pedro de Madrazo.*—Barcelona, Daniel Cortezo, 1884; páginas 711 á 716.

[2] Gestoso y Pérez va más allá, y cree que hasta el primer decenio del siglo XVII no se comenzó á negociar en la Lonja á menos que se habilitara para este efecto una parte del local mientras que por la otra proseguían las obras. Vid. su historia total, documental y completa en su excelente obra *Sevilla Monumental y Artística....* (Sevilla, 1889-1892, tomo II, pp. 214-232). Sin embargo, en una «*Relación de algunas cosas sucedidas en Sevilla desde el año de 1578*» (dos hojas en folio manuscritas, letra del siglo XVI), se lee en la efeméride de 1598: «en 13 de Agosto se abrió la lonja y començaron á tratar en ella» (Biblioteca Acad. Hist. *Jesuítas;* tomo 104, núm. 1). Nótese que mientras que este anónimo cronista fija el día 13 de Agosto como el de la inauguración de la Lonja, en la inscripción que figura sobre su puerta principal se dice fué el 14, testimonio que hace más fe y que es al que me atengo en el texto.

hele que aspira para caballero, y si él no, á lo menos amolda sus hijos para ello; esta es la perdición de los mercaderes». [1]

Que, en efecto, rabiaban y morían, como dice el mismo escritor, por entrar en la caballería; y como todo se compraba y andaba puesto á peso y medida, también se compraban y tasaban las honras y los linajes, con enojo de los buenos caballeros.

Sevilla, por el número y opulencia de los mercaderes, era el lugar del reino donde más se daban las ventas de hidalguías; y llenos andan los papeles de la época con mil pormenores, que corroboran el dicho cervantino.

«Demás que, como se sabe (hablo al uso de la tierra) — objetaba Suárez de Figueroa — implica contradicción concurrir en un sujeto dos conocidos opuestos: nobleza y mercadería. Si caballero, ¿para qué tratante?; y si tratante, ¿para qué caballero?» [2]

¿Para qué? Para seguir mercadeando; que no era la sola vanidad la que les empujaba á hacerse caballeros. Para gozar de sus privilegios en

---

[1] *Arte de los contractos | compuesto por Bartolome de Albornoz | Estvdiante de Talavera....* —En Valencia, en casa de Pedro de Huete. Año MDLXXIII, in folio, f.º 128 vto.

[2] *Pvsilipo. Ratos de conversación en los que dura el paseo....* —Napoles, Lázaro Scoriggio, MDCXXIX; y añadía en su nervioso estilo:

«Permita el cielo y sufra el mundo que un hombrecillo de poca sustancia, un renacuajo, un pigmeo del número de la más vil chusma, adquiera convertido en caco un riquísimo tesoro, que no podrá hacer creer á los curiosos del siglo sea su metal de quilates, sino soez y baxísimo» (f.º 204).

Á estas hidalgas arrogancias contestaba la sabiduría popular profundamente con un acertadísimo proverbio: *Costumbres y dineros hacen hijos caballeros*; porque la verdadera nobleza está ahí: en los hechos, en la vida, en las costumbres, que en lo que toca á las alcurnias y á sus humos, antes que la celebrada redondilla de Bretón de los Herreros en *El pelo de la dehesa* preguntara:

¿Quién será el santo varón
Que afirme con fundamento·
«Veinticinco abuelos cuento
Y ninguno fué ladrón»?

dijo también el buen sentido popular, por boca de otro refrán que Mal Lara comentó (op. cit.): *No hay generación donde no haya ramera ó ladrón*. Por eso es más cristiano, equitativo y *democrático* sentir con aquella veracísima máxima *Cada uno es hijo de sus obras*, para que luego puedan decir con alusión á las nuestras: *Ése es hidalgo: el que las hace*.

los tratos con las Indias, de que, por permisión regia, disfrutaban; para eximirse de los tributos que dejaban de pagar desde muy antiguo los nobles é hidalgos, pesando todos sobre los *pecheros*, que *pecho* y más *pecho* eran menester para soportar tamañas cargas. [1]

Y así se daban á comprar los oficios vacantes en los concejos, como en Sevilla, donde no podía evitarlo la ciudad, á pesar de las infinitas resoluciones que tomaba para lograrlo; [2] haciéndose hidalgos, con escándalo de los nobles, que sentían se igualasen con ellos los ayer mercaderes; con escándalo de los pecheros, que protestaban se les antepusieran advenedizos de condición más baja y peor nacimiento, por sólo tener dineros con que comprar la postiza nobleza, y con escándalo universal de las gentes todas, que por boca de las Cortes miraban con lástima se hiciera venable «*lo que siempre fué premio de la virtud y remuneración de las hazañas y notables servicios que se hacen á los Reyes*». [3] Con escándalo, sí, pero con provecho también del mísero caudal del reino, que de tiempo en tiempo veía aliviarse sus apuros y henchir sus arcas exhaustas con los ducados y escudos de los mercaderes sevillanos aspirantes á nobles, que á la postre ganaban sí, un *don*, más á costa de buenos *dones* suyos.

Y si el Rey, á instancias de los procuradores, prometía atajar el abuso «y tener la mano en ello cuanto fuese posible», [4] no faltaban á

---

[1] Así lo decía expresamente un procurador á Cortes en las de 1617 á 1620, describiendo las causas de los males y daños del Reino: «La segunda es la venta de hidalguías y las mercedes que de ellas ha hecho S. M. á muchas personas, que como las que las compran son los más ricos y que más habían de contribuir en los pechos y servicios de labradores, carga todo el peso sobre los pobres, que no tienen con qué comprar sus hidalguías, y no pudiendo llevarle, van dando con él y consigo en tierra». (*Cortes de Castilla;* tomo XXX, página 231).

[2] En Sevilla los regidores de su Ayuntamiento, como es bien sabido, tenían nombre de *veinticuatros* por ser éste, en su principio, el número de los oficios. Pues bien; á fines del siglo XVI había aumentado á 68, número que subió más aún en 1634, que eran 72.—RODRIGO CARO: *Antigvedades y principado de la ilvstrissima civdad de Sevilla.*—Sevilla, Andrés Grande, 1634; f.º 62.

[3] *Cortes de Castilla.*—Cortes de Madrid de 1592-1598; cap. 64, tomo XVI, página 668.

[4] *Cortes de Castilla;* loc. cit.

los tratantes hábitos ó títulos extranjeros, que se vendían aún más fácilmente que los nuestros. [1]

¿Moraleja? La de la profunda y eterna exclamación de Tirso:

¡Ay, dinero encantador,
Qué grande es tu señorío! [2]

Ayer, hoy y siempre.....

131 ... echemos pelillos á la mar (como dicen los muchachos) ...

En los eruditísimos *Días geniales ó lúdicros*, de Rodrigo Caro, pregunta uno de los interlocutores:

«Dígame v. m., ¿por qué cuando los muchachos han reñido y se meten en paz, para firmeza de ella echan pelillos cortándoselos de la ropa, y echándolos por el viento?—*Don Fernando* Delgada dificultad por cierto; y si yo la disuelvo, ha de decir v. m. que corto un pelo en el aire. Si v. m. me pregunta la significación de esta ceremonia, osaré afirmar que es lo mismo echar pelillos que decir: que como aquéllos se los lleva el viento, y de ellos no se hallará arte ni parte, aunque con cuidado los busquen, así no se acordarán más de los agravios pasados, como si el viento se los hubiese llevado y no importasen un pelo. Y así, la ceremonia se ha hecho refrán, y decimos *echar pelillos* por olvidar para siempre las diferencias que entre algunos ha habido.» [3]

En suma, *reconciliarse*, como la Academia dice, confirmando la cabal y doctísima explicación del insigne paremiólogo.

132 ... consiguiesen el fin para que fueron criados.

Después de copiar Rodríguez Marín este mismo párrafo en su discurso *Cervantes estudió en Sevilla*, añade comentándole: «¿No creéis,

---

[1] Con objeto de evitarlo, en 1609 se publicó una *Prematica para que ningvn natural destos Reynos, y residente en ellos, pueda sin licencia traer ni vsar en publico, ni en secreto, ni recebir abito algvno militar de los que dan los Principes, y Señores de otros Reynos y Señoríos.* (En Madrid. Por Juan de la Cuesta. Año 1609; 4 hojas en folio.) Y las razones que da son las mismas que quedan consignadas en el texto.

[2] TIRSO: *Marta la piadosa*; acto I, escena VIII.

[3] RODRIGO CARO: *Días geniales ó lúdicros*; op. cit., pp. 255-256.

como lo creo yo, que en estas afectuosas palabras se trasluce una afición más propia de discípulo que de persona indiferente, siquiera mirase con buenos ojos el saber y las virtudes de aquellos padres? Á mi juicio, rebasa los límites de la conjetura la creencia de que Cervantes frecuentó las aulas de la Compañía.» [1]

Sin duda alguna; que á veces es más seguro el criterio de razón que el documental, que, por otra parte, tampoco falta en el mismo *Discurso*, donde con escrituras se prueba que la familia de Cervantes residió en Sevilla desde 1564 (cuando menos) hasta 1565.

Otras alabanzas del ministerio escolar de los Jesuítas tengo acotadas; pero sin que ninguna llegue al calor, vehemencia y personal efusión que estas palabras respiran. [2]

133 ... tal hubo que..... me trujo en un pañuelo ...

Trujo, *truje*, *trujese*, *trujesen*, etc., usados á cada paso y en esta arcaica forma en el *Coloquio*, por *trajo*, *traje*, *trajese*, *trajesen*, etc. Aplique aquí el lector lo dicho en las notas 31 y 117 comentando los verbos *condecender* y *recebir*.

Y para que esta vez dé mayor crédito á mis palabras, y advierta nuevamente cuán honda fué la lucha entre latinistas y romancistas, al querer fijar la verdadera dicción de las voces, oiga sobre el *trajo* y el *trujo* esta curiosa polémica, sacada de una de las más doctas obras filológicas de entonces; del *Diálogo de la lengua*, de Juan de Valdés:

MARCIO. ¿Por qué escribís *truxo* escribiendo otros *traxo*?
VALDÉS. Porque es, á mi ver, más suave la pronunciación; y porque así lo pronuncio desde que nací.
MARCIO. ¿Vos no véis que viene de *traxit* latino?
VALDÉS. Bien lo veo; pero cuando escribo castellano, no procuro de mirar cómo escribe el latino.

---

[1] *Op. cit.*; p. 27.
[2] MORGADO: *Historia de Sevilla:* op cit., pp. 433-434.—CELLORIGO. *Memorial* citado.—La más parecida es del maestro Pedro Sánchez:
«Entre otras virtudes que yo he notado en estos religiosos que los ha hecho subir al punto en que están es la humildad y menosprecio que tienen del mundo y de sí mismos». Y sigue, como Cervantes, discurriendo sobre esta condición humilde de los Jesuítas de entonces.—*Historia moral*.....; op. cit., f.º 269.

TORRES. En eso tenéis razón; porque yo siempre me acuerdo oir decir: *Fué la negra al baño y truxo que contar un año;* y no *traxo*.
MARCIO. No oso admitiros ese *truxo*.
VALDÉS. ¿Por qué?
MARCIO. Porque veo y siento que muchos cortesanos, caballeros y señores dicen y escriben *traxo*.
VALDÉS. Por la misma razón que ellos escriben su *traxo*, escribo yo mi *truxo*; vosotros tomad lo que quisiéredes. [1]

Y así lo hizo la posteridad, condenando el *truxo* de Valdés y Cervantes, aunque más castellano, por rústico y bajo, para consagrar en el uso y la gramática el *trajo* latino.

134 ... cuando campean en Sevilla los molletes y mantequillas ...

Manjares castizos de Sevilla; [2] distintos los molletes del pan de leche ó regalado que los tahoneros acostumbraban hacer por entonces de trigo candeal, muy blanco y escogido, para los enfermos y personas delicadas. [3]

El mollete sevillano era un bodigo ó panecillo muy semejante á los llamados franceses, algo más pequeños, y redondos, muy blandos y tiernos de cochura, y de ahí derivaron su nombre de *mollete* [*mollis*, blando], diminutivo de *muelle*. Úsanse todavía en algunos lugares andaluces, sirviéndose muy calientes, para untar en ellos las mantequillas, y, como Cervantes dice, son propios de tiempo frío ó de invierno.

---

[1] JUAN DE VALDÉS· *Diálogo de la lengua;* op. cit., p. 55.

[2] «Era yo muchacho, vicioso y regalado, criado en Sevilla....., cebado á torreznos, *molletes y mantequillas* y sopas de miel rosada»..... —MATEO ALEMÁN· *Guzmán de Alfarache;* parte I, libro I, capítulo III.

[3] Por auto de 8 de Abril de 1592, los alcaldes dieron licencia «para que los panecillos de corte que llaman pan rregalado se puedan vender á 22 mrs. las dos libras, con que el dho. pan sea bueno y bien cocido».—*Sala de Alcaldes;* libro I, f.º 429.

En Abril de 1619 léese la petición de una panadera solicitando de los alcaldes licencia para vender *molletes de leche*. Acordólo la Sala, siempre que lo hiciera á 8 maravedís.—*Ibidem;* libro XI, f.º 33.

El maravedí con relación á nuestra moneda equivalía á unos dos céntimos con 99 centésimas: tres céntimos, pues, aproximadamente.

135 ... que más de dos "Antonios" ...

La famosa *Arte de gramática*, latina, de Antonio de Nebrija, ó de Lebrija, que desde fines del siglo xv fué popular en todos nuestros estudios y colegios, denominada *el Antonio* por los escolares y los mismos escritores,[1] y que, refundida por el padre Juan Luis de la Cerda, ha venido sirviendo de texto hasta nuestros días.[2]

En los tiempos de su aparición significó un evidente progreso; mas, perfeccionadas las humanidades, no le faltaron detractores tan insignes como Juan de Valdés y el maestro Sánchez de las Brozas, que tachaban de bárbaros á los españoles porque continuaban aprendiendo el latín y su gramática en el Arte de Nebrija.[3] Hasta muy entrado el siglo xviii, la impresión y venta del Arte de Antonio fué, por gracia de los Reyes, de exclusivo privilegio del Hospital general de la Corte, que encontraba en ello fuente de muy pingües ingresos.

136 ... se empeñaron ó vendieron para que yo almorzase.

¿Dónde? En las tiendas de los libreros nuevamente,[4] ó con especia-

---

[1]
                    Vístela en el Arte
                    Quando lo estudiabas,
                    Porque allí *el Antonio*
                    Cuenta mil patrañas

Trato de las posadas de Sevilla y de lo que en ellas passa...... Compuesto por quien paso todo lo vno y lo otro para que sirua de consejo al que lo quitieie tomar. —Sevilla, Francisco Pérez. ..., 1596, 4 hojas en 4.º Reimpreso por el Sr. Bonilla en la *Revue Hispanique*, tomo XIII, pp 137-144.

«Paresçenme los versos del *Antonio* como los versos del Salterio»......—Villalón: *Viaje de Turquía*... ; op. cit., p 98.

[2] Vid. Pérez Pastor: *Bibliografía Madrileña*; números 586, 1.758 y 2.251.— La rareza actual de los ejemplares del *Arte de Antonio* es uno de los fenómenos bibliográficos más curiosos. Durante los dos siglos xvi y xvii se repitieron constantemente las ediciones, siendo numerosísimas, de miles de cuerpos cada una. Con todo eso, al presente los ejemplares son escasísimos y difíciles de hallar. Puestos en manos de escolares, desaparecían todos ó casi todos, al igual que hoy ocurre con los libros manuales de uso en nuestras escuelas.

[3] Villalón: *Viaje de Turquía*.. ; op cit., pp. 98 y 99 —Sánchez de las Brozas.—Apud Gallardo: *Ensayo......*, IV, col.ª 468.—Valdés: *Diálogo de la lengua*...; op. cit., pp. 9 á 11.

[4] En Madrid los Alcaldes, por *Auto de 23 de Marzo de 1615*, «dixeron que

lidad en las pastelerías, refugio y amparo de los estudiantes pobres, sus prestamistas de entonces, adonde acudían con prendas para sacar los dineros cuando el recuero tardaba en traerlos de su tierra. Asimismo los buñoleros y taberneros tomaban los libros, siendo curioso pormenor que en las buñolerías se empeñaban los *Scotos*, y en las tabernas los *Aristóteles*, por el testimonio fidelísimo de Mateo Alemán [1]

137 ... porque si la sarna y la hambre no fuesen tan unas con los estudiantes ...

El hambre y la sarna son accidentes tan consubstanciales á los estudiantes y pajes de entonces, que no se comprende sacarlos en los libros del tiempo sin su hambre canina y sarna perruna. [2] Y tan obligados privilegios eran ambas calamidades de la vida universitaria, que, entrados en el pupilaje, pagada la patente, y sufridas las burlas de novato, bien podían sus camaradas cantarles con una grita del diablo, como á Pablillos: «¡Viva el compañero, y sea admitido en nuestra amistad; goce de las preeminencias de antiguo; pueda tener sarna, andar manchado y padecer el hambre que todos!» [3]

---

mandauan y mandaron que ningun librero ni criado ni oficial suyo compre libros algunos de los estudiantes de gramatica ó rretorica por sí ni por interpositas personas, y si los fuesen a vender detengan los libros y den cuenta a los maestros de rretorica ó gramatica de la compañia de Jesus o alguno de los SS. Alcaldes para que se sepa y ponga remedio, so pena»..... *(Sala de Alcaldes*, libro VI, f° 341.)—Y á continuación vienen las notificaciones á todos los libreros que entonces (1615) había en Madrid, *que eran 46*, con sus firmas autógrafas, entre ellas, la de Francisco de Robles, que obra al folio 342 vto. Proporcionalmente á la población, había mayor número de libreros que ahora en nuestros tiempos. Dato muy curioso para apreciar la *cultura* de entonces

[1] ALEMÁN: *Guzmán de Alfarache*.....; parte II, libro III, capítulo IV.

[2] «En comenzando á beber del agua de Tormes, frigidísima, y á comer de aquel regalado pan, me cuajé de sarna, ... daño en que ordinariamente caen los principiantes en Salamanca; porque como el pan es blanco, candeal y bien sazonado, y el agua delgada y fría, sin consideración comen y beben hasta cargarse unos de la perruna y otros de la gruesa......»—ESPINEL: *Relaciones del Escudero Marcos de Obregón*.....; relación I, descanso XI.

[3] QUEVEDO: *Historia de la Vida del Buscón*....; libro I, capítulo V.

138 Es el caso que á aquellos señores maestros ...

Tómome aquí la licencia de suplir en esta frase la preposición *a*, omitida en las primeras ediciones, por tratarse de un caso más de *haplología* ú omisión mecánica de una de dos sílabas iguales y seguidas, tanto al escribir de mano, como al componer el cajista. El de ahora resulta tanto más justificado cuanto que en la edición príncipe las sílabas *á aque[llos]* caían en final de renglón.

139 ... que la media hora que hay de lición á lición ...

En 1568 la distribución de tiempo en el Estudio de la Compañía de Sevilla, á que Berganza alude, era para los gramáticos de dos horas y cuarto por la mañana y otro tanto á la tarde, reduciéndose de San Juan á Santiago, por causa de los calores, á hora y media tan sólo. Había también una media hora para tomar las lecciones, y acaso se refiera á ella el prodigioso can en estas líneas. [1]

140 ... y sin acordarse señor el viejo ...

Todos los editores modernos del *Coloquio*, al llegar á este pasaje, han entendido que se encontraban frente á una errata manifiesta, á un solecismo del cajista, y así, todos á una enmendaron el texto escribiendo: «*y sin acordarse el señor viejo*.....» Tal parece que pedía la sintaxis de la oración; pero también erraron aquí metiéndose á corregir á Cervantes, que en las dos primeras ediciones había escrito al unísono «*señor el viejo*». Y excelentemente. Porque en el tal modismo aludía á una costumbre castellana, olvidada hoy de puro añeja, pero á buen seguro conocidísima por él y aprendida en sus correrías por Castilla, de llamar al labrador de más edad y respeto «*señor el viejo*». Véase

---

[1] Tratando el diligente historiador de la Compañía, el P. Antonio Astrain, del orden y organización en los colegios y estudios de entonces, declara que no ha podido descubrir «alguna distribución del tiempo á que se acomodaban diariamente maestros y discípulos». No obstante, apunta los datos que utilizo en el texto

Para esta materia y para la vida de los colegios de Jesuítas, v. su cit. op., tomo II, capítulo VIII y IX, y especialmente pp. 564-579 y 580; y los *Monumenta Pædagogica Societatis Iesu......*, op. cit., pp. 86-87.

cómo un contemporáneo suyo lo declara en el siguiente oportunísimo párrafo:

«En Villacastín, tierra de Segovia, y en otras aldeas muchas, los domingos y disantos, cuando han comido, quitan las caperuzas y rezan el *Pater noster* y el *Ave María*, y luego el labrador que llaman «*Señor el viejo*» hace sobre sí y sobre la mesa una cruz mayor que el arco del cielo, y todos en orden le besan la mano, comenzando hijos y mozos y la otra canalla.» [1]

Cervantes, pues, aplicó traslaticia y humorísticamente por boca del enojado Berganza la clásica denominación al mercader sevillano. Y véase una vez más cuán fieles y puras son las dos primeras ediciones del *Coloquio*, y lo expuesto y peligroso que es meterse á corrector cervantino á través de los siglos.

Por mucho que parezca el fundamento y la razón de la intentada enmienda.

141 ... y aun éstos me dezmaban dos gatos romanos ...

Se llama gato romano al que tiene la piel manchada á listas transversales de color pardo y negro. Así lo define nuestra Academia, tomándolo del Diccionario de Autoridades.

El linaje gatuno de antaño era muy abundante: al par de los gatos romanos, tan populares y celebrados, había gatos sorianos, gatos de algalia y gatos maimones (sin que, por supuesto, fueran verdaderamente gatos todos ellos).

Con su piel, y singularmente con la de los romanos, acostumbrábase por entonces (aun dura la práctica en la gente rústica) á hacer bolsos grandes donde guardar dinero, indudable origen de la acepción familiar «tener su *gato*». [2] Y basta, amable lector, de gatuperios.

142 ... filosofea ahora cuanto quisieres.

Hoy diríamos *filosofa*, conjugando *filosofar*, y no *filosofear*, conforme

---

[1] *Carta de las setenta y dos necedades.* M. S. del siglo xvi. Acad. de la Historia. Publicado por Paz y Melia en sus *Sales españolas.....*, op. cit, tomo II, p. 80.

[2] DELICADO: *La Lozana Andaluza.....*; pp. 101 y 233.
DUQUE DE ESTRADA: *Vida.....*; p. 162.

á la buena tradición de los clásicos. [1] Y no es que Cervantes conjugase mal el verbo, que más adelante emplea en su forma castiza, sino que aquí lo transforma, lo hace de nuevo, lo adultera de intento, para darle de este modo una intención más viva é irónica, como si dijera *critiquiza* ahora, *palabrea* ahora. Es en los escritores licencia que denota su personalidad.

143 Hay algunos romancistas que en las conversaciones...

Decíase principalmente entonces, y en contraposición á *latinista*, de toda persona que, ignorante del latín, sólo podía servirse del romance ó lengua castellana. [2] Mas como el latín era el idioma universal en el mundo, admitido en la diplomacia como primero y corriente, y usualísimo en las escuelas, en el púlpito, en suma, el lenguaje científico, los doctos motejaban despreciativamente de *romancista* á todo sujeto ignorante, escaso de estudios y pobre de letras, acepción que no aparece en nuestro Diccionario. [3] Finalmente, los cirujanos menores, que estudiaban tan sólo para aprender el arte de curar llagas y heridas, preparábanse con libros escritos, no en latín, como los médicos, para quienes era lengua obligada y necesaria, sino en romance castellano; y el vulgo los distinguía, y distingue aún en las aldeas, de aquéllos, con el apelativo de cirujanos *romancistas*. [4] Tales son las tres acepciones

---

[1] «..... me pueda preciar de philosopho y *philosophe* entre los de mi ciudad y pueblo.»—*El Crotalón*.....; op. cit., p. 43.
«Pues digo, señor, que la palabra culto tiene poco que *filosofar*.»—Robles: *El Culto sevillano*.. ; op cit., p. 34.

[2] «Loaba de que sabía latinidad cierto hombre á un amigo suyo, mero *romancista*..... »—Rufo: *Las seyscientas apotegmas*.....; f.º 78 vto.

[3] «Que un *romancista*, un idiota, un sin letras, peque contra la ortografía, vaya: no me espanto: no me encolerizo por ello; mas que los hombres que han frecuentado universidades, han arrastrado mantos, han recibido grados y laureas.....»—Cascales: *Cartas philológicas*... ., op. cit., p. 149.

[4] *Pragmática en que se da la orden en el examen de los cirujanos romancistas*.—Valladolid, Luis Sánchez, 1604; folio; 2 hojas.
En cirujanos *romancistas* se quedaban muchos bachilleres que después de estudiar Súmulas y Lógica para médicos, no sirviendo para ello, compraban un estuche y dábanse á emplastar incordios. Otras veces, como la dicha pragmática declara, los cirujanos, en estudiando las Artes menores, tiraban para mé-

que en nuestra habla tiene la voz *romancista*. Cervantes la aplica en la primera.

144 ... disparan de cuando en cuando con algún latín breve y compendioso ...

Disparar, en su acepción de *disparatar*, ó decir despropósitos, corriente y usada por el tiempo, y que, sin embargo, Clemencín no entendió en otro pasaje cervantino, atribuyendo el vocablo á yerro de imprenta ó de pluma. [1]

Y por lo mismo que el latín era el lenguaje de los gramáticos y doctos, los ignorantes afectaban poseerlo, presumiendo de latinidad bachilleramente, á costa de mil necedades é impertinencias, como las de aquel pedante maestro que, según nos refiere Espinel, en el juego de los gallos esgrimía también sus latines contra ellos, como si fueran capaces de entenderle. [2]

Esta ridícula manía y pestífera costumbre fué objeto, á la vez que por Cervantes, por otros muchos escritores, de burlas, represiones y sátiras, [3] pretendiendo acabar con aquel vicio endémico, que hacía exclamar con harta razón á un ingenioso del tiempo: «tres cosas se pierden fuera de su natural: *peces, latín y frailes*». [4]

145 ... y yo he visto letrados tontos, y gramáticos pesados, y romancistas vareteados con sus listas de latín ...

Dícese *vareteado* de lo que está tejido á listas de diversos colores. [5]

---

dicos, por ser cargo mejor recibido y más remunerado, escaseando entonces los *romancistas*.—Vid. VILLALÓN: *Viaje de Turquía*.....; pp. 51 y 52.

[1] CLEMENCÍN: *op. cit.*, V, 354; y RODRÍGUEZ MARÍN: *Luis Barahona de Soto*.....; op. cit., p. 722, que es quien descubre el *lapsus* clemencinesco, y vuelve por la fidelidad del texto cervantino.

[2] ESPINEL: *Relaciones del Escudero Marcos de Obregón*; relación I, descanso VII.

[3] Por ejemplo, Suárez de Figueroa: «Milagros hace en este siglo la naturaleza, pues habilita inhábiles sin algún estudio. Siendo para muchos caldea la lengua latina, pretenden en la misma pasar por Tulios....» (*El Passagero*....; op. cit., f.º 286.) Cervantes repitió esta misma censura del *Coloquio* en *El Ingenioso Hidalgo*.....; parte II, cap. XXIX.

[4] *Floresta española de apothegmas*.....; op. cit., f.º 175 vto.

[5] COVARRUBIAS: *Tesoro*; op. cit.

Y como los pedantes romancistas solían injertar en sus pláticas de lengua vulgar palabras y dichos latinos, de aquí que Cervantes los compare, propia y humorísticamente, á aquellas telas que á la sazón se hacían, llamadas *listones*, por ser cintas anchas de un solo color, á cuyo largo había tejidas listas ó rayas de otros varios. [1] Linaje es éste de metáfora del cual se usó mucho, por ser, en verdad, muy palpable y expresivo. [2]

146 ... que no se llaman colas las del pulpo.

En efecto, como advierte Berganza, y es bien sabido, los apéndices del pulpo no se llaman *colas* propiamente, sino *rabos*. [3]

Mas por tener entonces esta voz un sentido tropológico poco decoroso y limpio, aludiendo al lugar que el rabo tapaba, [4] Cervantes',

---

[1]
.... Este *listón*,
En vez del lienzo, os atad.
Tirso *Quien calla otorga;* acto II, escena v.

[2] Quevedo la manejó bastante. «..... por ser tontos en lana y batanados.....» «..... por ser necios abatanados.....»—*Prematicas y aranceles generales*..... edición Rivadeneyra; tomo I, pp 433-434.

«Tengo un hermano estudiante, y dame cuando corta latín estos retales.»— Lope de Vega: *La Dorotea*, acto IV, escena I.

Á veces, la figura tiene tanto brío, que vale por un juicio completo. Por ejemplo, Menéndez y Pelayo nos da, y gallardísimo, el de la *Silva curiosa* de Medrano, llamándola «especie de cajón de sastre con algunos retales buenos, salteados en ajenas vestiduras». No puede decirse más ni mejor.—*Orígenes de la Novela;* tomo II, p LXXIX

[3] Pues como yo le viese un hombre hecho pedazos, con más rabos que un pulpo.....» (Alemán. *Guzmán de Alfarache*.....; parte II, libro III, cap. V.) Es expresión proverbial equivalente á *ir roto, destrozado*.

[4] Recuérdese aquel conocido epigrama de Alcázar:

Mucho me come el trasero
Desde ayer, señor Armenta,
y que concluye:
Por no tener más que *el rabo*
Que rascar, si me comiere.

Y aquel otro del mismo poeta:

Juana, pues que no dais cabo
Al tormento en que me veis,
Y de ordinario volvéis
Á mis lástimas *el rabo*...
Poesías.. .., edic. cit., pp. 44 y 55

ó aquellos pasajes un tanto fuertecillos de Quevedo en *Las Zahurdas de Plutón*

usando de la perífrasis ó circunloquio, que Herrera definía *torcimiento ó rodeo de palabras*, [1] prefiere siempre en sus obras llamar colas á los pies ó brazos de este zoófito. Obedeció en esto á aquella excelente doctrina literaria que en este mismo párrafo sustenta, doctrina que no sería suya, [2] pero en la que rayó tan alto y tan felizmente, siempre que sacó en sus escritos escenas poco limpias ó repugnantes, con atrevimiento que merece franca indulgencia, en gracia á la habilidad, discreción y maestría con que al descubrir las cosas torpes supo salir gallardo del embarazo de decirlas. [3]

147 ... en la mezquinidad de la negra ...

Ni en los Diccionarios (tanto antiguos como modernos) ni en los libros de entonces recuerdo haberme tropezado con esta forma tan castellana del corriente *mezquindad*, y digo tan castellana, porque la natural formación del sustantivo es ésa: de *mezquino, mezquinidad*, como hemos dicho siempre de *divino* y *latino*, *divinidad* y *latinidad*.

---

y que, por seguir el consejo cervantino, no copiaré, remitiendo al lector á su lugar (I, 314-319). Muchos fueron, en suma, los donaires y burlas que sobre este valor translativo de *rabo* se hicieron entonces en la conversación familiar y en las obras de pasatiempo; pero para acabar, vaya este famoso y expresivo de la *Floresta*, de Santa Cruz: «Estaban unos pajes en conversación, y decía cada uno lo que deseaba. Entre ellos hubo uno que dijo, que tenía deseo de ser melón. Preguntado por qué, respondió: porque todos me besarían en *el rabo* para ver si era bueno».—MELCHOR DE SANTA CRUZ: *Floresta española......*, op. cit., folio 52.

[1] *Obras de Garci Lasso de la Vega con anotaciones de Fernando de Herrera....,* op. cit., p. 116.

[2] Años antes que Cervantes, y casi con sus mismas palabras, recomendaba de este modo el uso de la perífrasis Lucas Gracián Dantisco: «procure el gentil hombre que se pone á contar algún cuento ó fábula que sea tal que no tenga palabras deshonestas, ni cosas sucias, ni tan puercas, que puedan causar asco á quien le oye, pues se pueden decir por rodeos y términos limpios y honestos sin nombrar claramente cosas semejantes». ... *Galateo Español......*, Valencia, Pedro Patricio Mey, 1601; p. 151.

[3] Comentando Clemencín una expresión análoga en *El Ingenioso Hidalgo*, entendió mal este pasaje del *Coloquio*, atribuyendo directamente á las *colas* del pulpo un oficio no muy limpio, cuando la indecorosidad no está ahí, sino en llamarlas *rabos*, como queda dicho.—Vid. op. cit., IV, 367.

Además, *mezquinidad* se deriva lógicamente de su etimología arábiga: *mezquene*. [1]

148 ... porque la negra de casa estaba enamorada de un negro, asimismo esclavo de casa ...

No se concebía antaño escritura dotal de doncella acomodada en que faltase su esclava negra, ni casa andaluza donde no apareciese el consabido esclavo guardando las puertas, ó puesto al cuidado de las caballerizas. En Sevilla, sobre todo, eran comunísimos, por el tráfico y comercio con las Indias, y en su placetilla del barrio de Santa María la Blanca acostumbraban á juntarse infinidad de ellos. [2]

Esclavos habíalos de tres linajes ó naciones: turcos, berberiscos y negros procedentes de Guinea. Todos ellos eran, en general, mala tropa y canallesca, singularmente los de las dos primeras clases, que un autor del tiempo condena por infieles, mal intencionados, ladrones, borrachos, llenos de sensualidades y cometedores de mil delitos. [3]

Á los negros teníaseles por mejores, de natural más fiel y dócil, fáciles de llevar, fieles y amorosos para con sus dueños, alcanzando por su bondad subidos precios, de hasta 300 ducados. [4] En Valladolid,

---

[1] FRAY PEDRO DE ALCALÁ: *Vocabulista arábigo en letra castellana*.....—Granada, Juan Varela, 1505, art. *mezquindad*.

[2] *Entremés de los Mirones.*—Apud CASTRO: *Varias obras inéditas de Miguel de Cervantes.* ...; op. cit., p. 29.

[3] SUÁREZ DE FIGUEROA: *Plaza universal*.....; op. cit., f.º 307.

Pues otro autor del tiempo, hablando de los esclavos de Berbería: «aconsejo—dice—á quien me quisiere creer, que antes meta en su casa un basilisco, ó un tigre que al mejor dellos, porque todos son desesperados y tan vengativos, que por executar su ira, no estiman la muerte, y muy tocados de lo otro, y á esta causa ningún hombre cuerdo debe tener (á lo menos para el servicio de las puertas adentro) esclavo ni hombre nacido en África, ni de los negros que alindan con moros africanos». (BARTOLOMÉ DE ALBORNOZ: *Arte de los Contractos*. Valencia, Pedro de Huete; MDLXXII, f.º 130.) Tal era la mala fama de los esclavos, que en los formularios de escrituras de los escribanos para la venta de ellos se incluían estas palabras: «..... que le pertenece, por sano de enfermedad de gota, ni de corazón, y que no *tiene vicio de embriaguez*, fugitivo, *ni ladrón*». (¹) ANTONIO DE ARGÜELLO: *Tratado de escrituras y contratos públicos con sus anotaciones por*.....—Madrid, María de Quiñones, 1639; f.º 78.—La primera edición es de Madrid, Cuesta, 1620.

[4] RUFO: *Las seyscientas apotegmas*.....; op. cit., f.º 93 vto.

durante la estancia de la Corte, había tantos, que un viajero de entonces escribe que no se podía dar dos pasos sin tropezarse con uno. [1]

En Madrid, en donde también abundaban, llegaron á incurrir en tantos excesos y desmanes, saliendo al ponerse el sol en hábito de cristianos con armas y porras, y causando robos y heridas, que los Alcaldes negáronles primeramente, como precaución necesaria, la entrada en las tabernas, [2] y acabaron por prohibir del todo su estancia en la Corte, á menos que estuviesen bautizados, y fueran, desde el anochecer, en compañía de sus amos. [3]

Su lenguaje disparatado y bárbaro, lleno de *zz* y de *xx*, y sus costumbres, cómicas en su abuso de cortesías, nadando en una sin igual pereza, proporcionaron divertidos y graciosos episodios á nuestros autores en los entremeses y comedias.

149 ... y así..., bajaba la negra y... abría al negro, con quien se daba buen tiempo ...

Acaba Cervantes, más arriba, de predicar el uso de los circunloquios y rodeos para pintar ó describir las escenas torpes, y cúmplelo al cabo, expresando la liviandad de la esclava pareja con este modismo, felicísimo, lindo, honesto, y por extremo humorísticamente expresivo. ¡Lástima grande que no fuese original de su pluma! Otros

---

[1] BARTHÉLEMY JOLY: *Voyage en Espagne*, 1603-1604; op. cit., p. 116.

[2] Auto de Julio de 1586 mandando «que ningun tabernero ni bodegonero desta corte no consientan entrar en sus tabernas ni bodegones á ningun negro ni esclauo para comer ni beuer en ellas, ni les den vino para sacar fuera dellas, so pena de berguença pública y quatro años de destierro de la corte y cinco leguas y tres mil maravedis para los pobres y gastos y denunciador».—*Sala de Alcaldes;* libro II, f.º 85.

[3] Por auto de 24 de Enero de 1601 «atento los delitos que se han cometido en esta corte por esclavos..... mandaron que ninguna persona tenga en la corte esclauo que no sea cristiano baptizado y los que no lo fueren no puedan andar en anocheçiendo si no fuere con su amo ó con persona de su casa con su consentimiento»...... *(Ibidem;* libro II, f.º 450.) En auto de 24 de Julio de 1609 se repitió el anterior, ordenándose además que «los esclauos moros ó turcos ó de qualquier otra nación que no estubieren baptizados dentro de quinçe dias de la publicacion deste, salgan desta corte»..... *(Ibidem;* libro IV, ff. 413-414.—Repitióse mucho esta disposición, lo cual denota que no se cumplía.

aütores lo habían empleado anteriormente, con la misma oportunidad discreta. [1]

150 ... que es cosa buena. Cipión. Con brevedad te la diré.

«Más natural — apunta Cuervo — sería *te lo diré*: pero el *la* puede referirse también á *cosa buena*.» [2] Así lo creo yo, y así lo dejo.

151 ... porque no anduviesen engañando el mundo con el oropel de sus gregüescos rotos y sus latines falsos, como hacen los portugueses con los negros de Guinea.

Literario escollo es esta nota, en que ha naufragado más de un comentarista, y que habré de poner en su punto, por servir su aclaración, no sólo para este pasaje cervantino, sino también para otros del propio autor y de algunos escritores.

Arrieta, ilustrando esta misma frase, decía: «Alusión al bárbaro trato que daban á estos infelices [los negros de Guinea], dándoles esta especie de tortura para que declarasen sus faltas y delitos.» [3] ¡No pueden decirse en menos palabras mayores desatinos!

El Sr. Hazañas, por su cuenta, al tropezarse con aquellos versos de *El Rufián dichoso*:

... Basta, seor ganchoso,
Alongue luenga, y téngase por dicho
Que entrevo toda flor y todo rumbo,
Pues ¿ *nosotros nacimos en Guinea?* ,

comenta bien intencionada aunque erróneamente de este modo: «Quie-

---

[1] Rojas: *La Celestina*; aucto XV.
Delicado: *La Lozana andaluza*; op. cit., p. 245.
Comedia Seraphina.....; op. cit., p. 392
Y puesto el Sr. Apráiz (*Juicio de La Tía Fingida*.—Madrid, 1906, pp. 187-188) á anotar los modismos empleados por Cervantes para expresar el logro de la pasión amorosa, no debía haber olvidado éste, ni el de *envolverse*, que más adelante se encuentra usado en el *Coloquio*.

[2] *Cinco Novelas Ejemplares*....., op. cit., p. 22.

[3] Agustín García de Arrieta: *Obras escogidas de Miguel de Cervantes. Nueva edición clásica corregida é ilustrada con notas históricas, gramaticales y críticas por*..... París, Bossange, 1826; tomo IX, p. 390.—¡Para las pocas nueces del libro paréceme mucho ruido el de su hinchado y presuntuoso título!

re decir ¿*somos gallinas*?, ó ¿*somos cobárdes*? La palabra *gallina* siempre se ha usado en este sentido, y sabido es que hay *gallinas de Guinea*.» [1]

No; no es ése ciertamente el camino para dar con el origen ó intención de la frasecilla. Voy, por mi parte, á intentarlo, y creo que con buen éxito.

Desde muy antiguo, y merced á la generosa campaña de fray Bartolomé de las Casas, que pretendió salvar, por este medio, de la esclavitud y forzado trabajo á los indios americanos, veníase sosteniendo, con destino á aquellas tierras y á sus minas, un comercio ó trata de negros muy en grande con las costas occidentales de África, singularmente con Guinea. Hacían este tráfico, principalmente, los mercaderes portugueses, á quienes llamaban *tangamaos*, [2] hombres sin entrañas, piedad ni conciencia, que para el logro de abarrotar sus barcos de esclavos y de esclavas, acudían, juntamente con la violencia y con la fuerza, á toda suerte de trampas, fraudes y mentiras, engañando á los reyezuelos y jefes de tribu con dijes, sartas y niñerías de vidrio, cuentas, cascabeles dorados, alfileres, bonetillos y todo linaje de baratijas, á cambio de los esclavos que se llevaban.

Estas artes eran tan populares entonces, y tan patente y sufrida la bobería y simplicidad de los *guineos* (así nombrados los negros procedentes de aquellas costas), que se dejaban engañar tan neciamente, que, como modismos propios del lenguaje, quedaron el llamar á una persona *negro guineo ó bozal* por calificarla de *tonto*, [3] y *el enviar á uno á Guinea*, como irremisible paradero de bobos y mentecatos. [4]

---

[1] Hazañas y La Rua: *Los Rufianes de Cervantes*.....—Sevilla, 1906; p. 191.

[2] Vid. dos papeles manuscritos de aquel tiempo, que confirman la explicación que sobre esta frase doy, en la Bib. Acad. Hist., *Jesuitas;* tomo 185, número 15; y 174, núm. 44.

[3]   «Ver como á los circunstantes,
  Como si fuesen de Congo,
  Los quieren embelesar
  Con su ladrar de cachorros.....
    Romancero; 1604; op. cit., f.º 482 vto

[4] «Pidió un pobre hombre barato á otro que ganaba, estando jugando, el cual no sólo no se le dió, mas díjole aspérisimamente *que se fuese á Guinea*.—Respondió: Para envialle tan lejos, poco le dáis para el camino».—Rufo· *Las seyscientas apotegmas;* op cit , f.º 20 vto. y 21

Tal es el sentido y explicación de la frasecilla, que el lector verá robustecido plenamente con las autoridades que abajo se alegan. [1]

152 ... lo que he oído decir que hizo uno llamado Corondas, tirio, el cual ...

Como oportunamente advirtió Mr. Mac Coll, Cervantes equivoca

---

[1] Tratando el padre Mercado «Del trato de los negros de Cabo Verde», capítulo XX del libro II (y sabido es que por Guinea se conocía entonces toda la costa occidental de África), escribe: «También presupongo lo que en efecto pasa, *según es pública voz y fama*, que en rescatar, sacar y traer los negros de su tierra para Indias, ó para acá, hay *dos mil engaños*, y se hacen mil robos y se cometen mil fuerzas...... pues en cualquier parte hay aparejados portugueses ó los mismos negros para mercarlos. Demás de estas injusticias y robos que se hacen entre si unos á otros, pasan *otros mil engaños en aquellas partes...... engañándolos y trayéndoles como á bozales, que son, á los puertos, con unos bonetillos, cascabeles, cuentas y escribanías que les dan, y metiéndolos disimuladamente en los navíos alzan anclas y echando velas se hacen d fuera con la presa d la mar alta*. Aunque, á la verdad, en tiempos pasados hubo muy mayor corrupción en esto, ahora en gran parte se ha remediado, así porque los mismos negros se han avisado y hecho ladinos y no se dejan ya fácilmente engañar, como por las leyes penales que el Rey de Portugal ha establecido y ejecutado con rigor; pero, en fin, todavía dura algo de ello...... *Por lo cual es y ha sido siempre pública voz y fama que de dos partes que salen* [de los negros de Guinea] *la una es engañada ó tiránicamente captiva ó forzada*».—Fray Thomas de Mercado: *Summa de tratos y contratos*.—Sevilla, 1587; folios 102 á 104.

Más conciso y expresivo, si cabe, es aún otro texto de un autor también del tiempo, el padre Francisco García, quien, estudiando bajo el aspecto moral «la venta y compra de hombres», decía: «de los negros de la Guinea se debe y puede tener probable opinión en general que muchos de ellos no son de derecho cautivos, sino libres, porque *es fama común* que los cautivan ordinariamente, no en guerra justa, sino con violencia ó *con engaño*, tomándolos por fuerza y metiéndolos en las naves y *convidándoles con dijes y niñerías según ellos son bozales*, y después que allí los tienen no los dejan salir y se van con ellos».—*Parte primera del tratado vtilísimo y muy general de todos los contractos quantos en los negocios humanos se pueden offrecer. Hecho por el muy R. P. F. Francisco García, Doctor Theologo de la Orden de Predicadores*—Valencia, Juan Navarro, 1583, in 8.º, folios 490 y 491.—Y sin necesidad de buscar tantas reconditeces, bien á las manos estaba el siguiente pasaje de Mateo Alemán «Ved quién somos, pues para los negros de Guinea, bozales y bárbaros, llevan cuentecitas, dijes y cascabeles, y á nosotros con solo el sonido, con la sombra y resplandor de estos vidritos nos engañan».—*Guzmán de Alfarache;* parte II, libro III, cap. II.

aquí el nombre del héroe clásico, que no era Corondas, tirio, sino Charondas, Thurio, ó ciudadano de Thurios, en la Magna Grecia. [1] Hállase la anécdota en Valerio Máximo, en su libro VI, capítulo V, que trata *De Justitia*, [2] y Hugo de Urríes, en el infeliz traslado al romance que de aquel autor hizo, la traducía así:

«El segundo ejemplo es el siguiente, á donde Valerio dice así: «La »justicia de Chameade, que fué de Thiro, fué más fuerte y maravillosa. »Los ciudadanos de Thiro estaban enojados en sus ayuntamientos y »peleaban en ellos á veces con grandes ultrajes, por lo cual él ordenó »una ley entre las otras que so pena de muerte ninguno trujese espa-»da, cuchillo ni otra arma á ayuntamiento alguno; y acaeció un tiempo »después que él venía de fuera de la villa y traía su espada ceñida y »pasó por el lugar adonde el ayuntamiento entonces estaba; y descen-»dió y entró en el consejo con su espada ceñida; y uno que estaba »cerca de él le dijo que él había quebrantado la ley por él ordenada; »empero respondió: yo la salvaré y confirmaré agora luego: y sacó su »espada y dióse con ella por medio del cuerpo; y aunque podía muy »bien excusar su culpa, quiso más sufrir la pena que sufrir que á justi-»cia se heciese fraude.» [3]

En resumen, lo mismo que, substancialmente y ahorrando innecesaria palabrería, dice Cervantes en el *Coloquio*, con admirable estilo por su concisión y vigor.

---

[1] *The exemplary Novels.....*; op. cit., II, p. 174.

Adviértase, no obstante, que al poner Cervantes el diálogo en boca de los perros no es extraño que á propósito equivoque algunas veces determinados nombres, fechas ó minuciosas circunstancias. En estos casos no es él quien yerra, sino los canes, que demasiado enterados estaban, sin embargo.

[2] Á la vista tengo la edición latina *Valerii Maximi dictorvm factorvmque memorabilivm libri IX. Lermæ. Ex officina Ioannis Baptistæ Varesii.* CIƆIƆCXX, in 8.º, edición que ofrece la curiosa particularidad de aparecer tirada en Lerma, cabeza de los estados del poderoso valido Duque de aquel título, y en vida suya, como acto de devoción y pleitesía del impresor, cuya oficina tipográfica debía, por entonces, estar en Burgos.

[3] *Valerio Máximo noble philosopho y orador romano. Coronista de los notables dichos y hechos d' Romanos y Griegos.*—Alcalá de Henares, Miguel de Eguía, 1529; in folio, f.º CXLIIJ vto.

153 ... hoy se hace una ley, y mañana se rompe, y quizá conviene que así sea.

¿Acaso era Cervantes el único que, veladamente y con harto y justificado miedo, disparaba este tiro contra la blandura y desorden de los tiempos, ó también en las famosas Cortes de Madrid de 1592 á 1598, último generoso resplandor de aquella institución memorable, no dijeron lo mismo nuestros procuradores en el primero de los capítulos generales? «Porque así como es propio y conveniente á la dignidad real..... establecer leyes justas, lo es por el consiguiente la observancia dellas, porque de promulgarse y no executarse, demás de no conseguirse el fruto y fin del bien común, resulta el gran daño del menosprecio de las leyes y desacato del legislador. *Y porque en estos Reinos se han hecho y hacen muchas leyes y pregmáticas muy útiles y necesarias, y luego se abrogan y no executan por disimulación ó dispensación de las justicias:* Suplicamos á V. M. mande proveer dé remedio en esto, para que lo que con tanta necesidad, congruencia y acuerdo se ordena, no sea baldío ni frustrado, sino que tenga estabilidad y firmeza.» [1]

154 ... que habiendo visto la insolencia, ladronicio y deshonestidad ...

Tanto Aribau como Rosell, al encontrarse con esta voz *ladronicio* en las ediciones primitivas del *Coloquio*, reputáronla errata, y poniéndose á colaborar con Cervantes á través de los siglos, en frase de un comentarista suyo, enmendaron *latrocinio*. No; *ladronicio* se decía entonces por el pueblo, y se sigue diciendo hoy en Andalucía y en Castilla; metátesis que, además, algo de buena tendría, cuando la recogieron en sus obras plumas muy bien cortadas y castizas de aquellos tiempos. [2]

---

[1] *Cortes de Castilla;* tomo XVI, pp. 623 y 624.—Y la misma petición hacían las de *Valladolid de 1603-1604*, en su capítulo 1.º: «suplicamos á V. M. no se promulguen nuevas leyes ni se revoquen en todo ni en parte las antiguas sin que sea por Cortes». *(Ibidem,* XXII, 434.) Y advierta el lector cómo, por secreta analogía, se emparejan siempre las fuentes é impresiones del Coloquio con el año 1604, fecha de su composición, á mi juicio.

[2] «En fin, pensé, si entrara, por ventura sería acusado de *ladronicio*... »— *Segunda parte del Lazarillo de Tormes.....*, cap. IV.

«.... que son *ladronicios* que no pasaran en el monte de Torozos.....»—LUJÁN DE SAYAVEDRA: *Guzmán de Alfarache;* parte II, lib. III, cap. XI.

«Sería contar las arenas del mar..... querer contar sus traiciones continuas. ...

155 No te diviertas; pasa adelante.

Divertirse, no en su acepción generalizada y usual hoy de *recrearse* y *solazarse*, sino en su significación latina de apartarse de un camino, ó de un propósito ó pensamiento: *distraerse*, usualísima entonces entre todo linaje de escritores.[1] Vale lo mismo que cuando decimos hoy en lenguaje familiar, «no te distraigas».

156 ... un refrán latino, que ellos llaman adagio, que decía: "habet bovem in lingua".

El origen y sentido de este adagio latino, muy popular entre los clásicos, decláralo Cervantes acabadamente aguas abajo del *Coloquio*. Mas si el lector quisiera ahondar en toda la materia, en Erasmo hallará, para saciar su curiosidad, ciencia sobrada.[2] Bástele recordar que el proverbio latino corresponde al popularísimo nuestro:

> Este gallo que no canta
> Algo tiene en la garganta.

157 ... y yo volví á la pelea con mi perra ...

Otra palabra que tampoco entendieron, y es harto extraño, ni Aribau ni Rosell en sus ediciones, y que se halla estropeada en todas las

---

incestos, adulterios, homicidios, *ladronicios*.....»—Aznar Cardona: *Expulsión justificada de los moriscos españoles*.....; op. cit., f.° 37 vto.

«Desengáñeme, ¿es esto burla, ó trampa, ó *ladronicio?*»—Lope de Rueda: *Obras de*....., op. cit., I, 107.

[1] Tan sabido es, que casi estorban los ejemplos; vaya, no obstante, uno clarísimo para no perder mi buena costumbre:

«..... de manera que va la sustancia [del pleito] tan mezclada....., que se oscurece y no se deja entender, y los jueces *se divierten*, á causa de la confusión que lo dicho les causa.....»—*Cortes de Castilla*.....; tomo XV, p. 466.

[2] *Erasmi Roterodami Germaniæ decoris, adagiorvm chiliades tres, ac centvriæ fere totidem. Basileæ in ædibus Ioannis Frobenii Hammelbvrgensis. Mense Avgusto MDXIII*, in fol. Al folio 76 vuelto, adagio DCV, explana el adagio *Bos in lingua*, en términos parecidísimos á los cervantinos, diciendo, en suma, que el refrán latino equivalió siempre á «callar por dinero». También lo he leído comentado en nuestro primer publicador del Fuero Juzgo.—Alonso de Villadiego: *Forvs antiqvvs gothorvm*.....; Madrid, Pedro de Madrigal, MDC; f.° 365.

modernas, que leen del siguiente modo este pasaje: «y yo volví á la pelea con *ella*»; olvidando cosa tan sabida como la de llamar entonces *perros* y *perras* á los esclavos; [1] indistintamente, los cristianos á los negros y berberiscos, y los moros y turcos á los cristianos cautivos.

Con pies de plomo y cautelas excesivas debe moverse el ordenador crítico de una obra antigua, antes de enmendar ni corregir errata alguna; pues acaece muy á menudo que, metiéndose á corrector, es él quien sale vergonzosamente corregido.

158 ... al alguacil que dije al principio de mi historia que era grande amigo de mi amo Nicolás "el Romo" ...

La verdad es, para que el lector no pierda el tiempo buscando á esta mala pieza del Alguacil, que no aparece ni se mienta en los comienzos del *Coloquio;* á menos que Cervantes aludiera encubiertamente en él á uno de los *ángeles de guarda* que cada jifero tenía en la plaza de San Francisco, granjeado con lomos y lenguas de vaca, como ya dejé explicado en su lugar.

159 "Éste es famoso perro de ayuda ...

Nihil novum sub sole, debe repetirse cada día con Salomón. Porque todas esas novedades estupendas con que periódicos y revistas enamorados de lo extranjero nos vienen atronando los oídos, al relatar entusiasmados las maravillas que los perros llamados policíacos llevan

---

[1] «*Perros.*—Á los moros negros y esclabos llamamos perros...... dicen que por la color tostada ó quemada según el origen del mismo vocablo, que es color de africanos...... Pero más cierto es que llamamos así á los esclabos como igualandolos con los perros, que son la más vil parte de la familia, y el perro, en alguna manera, hace familia, aunque la más baja parte de ella......»—ROSAL *op. cit., Alphabeto III*, art. *Perros.*

«Y á los esclavos, para decirles el nombre más abatido del mundo, les llamaban perros.»—VALLÉS: *Cartas familiares de moralidad*......; op. cit., f.º 211.

Cejador entiende, y con razón, que «los mahometanos tratan de perros á los cristianos por ser el animal más vil para ellos, como que el perro en sus poblaciones anda sin amo por las calles acoceado de todos».—*La Lengua de Cervantes*......, op cit., III, 850.

Correas, por su parte, decía que á los moros y esclavos llamaban perros «porque no tienen quien los salve el alma y mueren como perros.»—*Vocabulario de refranes y frases proverbiales*......; op. cit., p. 602.

á cabo en Bélgica y en Francia, de pocos años á la parte en que se han introducido,[1] resulta que en España estaban ya olvidadas, de puro sabidas, en los siglos XVI y XVII, y conocidos los tales canes con el nombre de *perros de ayuda*, llamados, sin duda, así por la que proporcionaban á sus dueños.

Escogíanse para este oficio principalmente los alanos,[2] y los alguaciles, entre todos, dábanse á adiestrar perros de ayuda, por la gran utilidad que les prestaban en las rondas nocturnas, ora en su defensa, bien en la persecución de los criminales que huían de la justicia,[3] como de la lectura del mismo *Coloquio* se deduce.

Los escritores políticos del tiempo reputaban, empero, bárbaro é inhumano su uso;[4] ¡contraste curioso con los nuestros civilizados!

---

[1] He aquí los detalles que un diario de la corte daba este año pasado sobre los perros policíacos en Francia, y compárense con los cervantinos, para comprobar su identidad á través de los tiempos:

«Últimamente han empezado á ensayarse los perros de policía que acompañarán á los agentes, sobre todo en el servicio nocturno; este servicio ha empezado ya á funcionar en Neuilly, que ha gastado en su establecimiento 12 000 francos. El tipo escogido es el perro de ganado de Grünenwalt, perro de talla pequeña, pero vigoroso, de vista finísima y muy parecido al de Pomerania, aunque más ágiles y mejor armados, siendo además muy fieros y no soltando jamás la presa. Han sido pagados sin educar, de 200 á 300 francos cada uno por M. Simard, que ha ido él mismo á buscarlos á Bruselas y los ha hecho educar bajo su dirección por un subbrigadier y tres agentes, siguiendo los tratados de los últimos y más competentes autores belgas sobre perros de policía. Estos perros van provistos de un bozal *ad hoc*, que el agente puede abrir instantáneamente con una simple presión del pulgar.»

[2] Describiéndolos el Licenciado Huerta, dice en una de sus interesantes adiciones: «Pelean animosamente en defensa de sus dueños, principalmente habiéndolos enseñado á ayudarlos, y así, por otro nombre, los llaman *perros de ayuda*.»—*Historia natural de Cayo Plinio Segundo*......; op. cit., tomo I, f.º 463.

[3] Á las mientes se viene el recuerdo de aquellas contiendas en la cárcel de Toledo, que animadamente describe Duque de Estrada, tan fieras y desesperadas, que para acallarlas era menester que entrasen los alguaciles «con sus perros, los cuales pusieron en paz la pendencia con buenos bocados, aunque les fueron quitadas las espadas á algunos alguaciles y muértoles tres famosos perros».—*Comentarios del Desengañado*; op. cit., p. 66.

[4] «Y lo mismo sería si el Corregidor permitiese á sus alguaciles rondar la ciudad con *perros de ayuda*, porque es cosa inhumana, aunque diga que es para su defensa, pues aquélla la han de hacer las personas con tiento y moderación,

160 ... con dos mujercillas, no de poco más á menos, sino de menos en todo ...

Clemencín censura á Cervantes porque en contra de la locución actual «poco más ó menos», escribió «poco más á menos», siendo así que la preposición á no indica indiferencia ó poca importancia como la conjunción ó en el caso presente.[1]

Quizás tenga razón el docto comentador; mas, como él recuerda también, así se hablaba en su tiempo, y se dice en otros pasajes cervantinos.

161 ... vestíanse de suerte, que por la pinta descubrían la figura ...

La frase es metafórica y procede del juego de naipes, donde, como sabe bien el lector, son llamadas *pintas* las rayuelas ó señales que los naipes tienen en sus extremos, por las que se adivina la figura ó palo de la carta antes de descubrirse del todo; y así se dijo mucho *conocer por la pinta; engañar por la pinta*, etc.[2]

---

y no los lebreles á quien falta razón».—BOBADILLA: *Política para Corregidores;* op. cit., I, p. 286.

«No ronde el alguacil con música y acechando á los que pasan, ni con *lebreles de ayuda*».—ALONSO DE VILLADIEGO: *Instrucción política y práctica judicial conforme al estilo de los Consejos, Audiencias y Tribunales* ..—Madrid, Benito Cano, 1788, p. 171. La primera edición es de Madrid, Luis Sánchez, 1612

Para fruta de postre y que toque el lector cuán comunes fueron los perros de ayuda, lea este sabroso cuentecillo de Melchor de Santa Cruz: «Ladrando un perro á un escudero que iba á entrar en una casa, dióle una cuchillada que le cortó la cola. Agraviándose, la dueña de la casa decía que le estimaba en mucho su marido porque era *perro de ayuda*. Respondió el escudero, que no le estorbara el rabo para echársela».—*Floresta española;* op. cit., f.º 57 vto.

[1] CLEMENCÍN *op. cit.*, II, p. 245.

En *El Ingenioso Hidalgo*, «como son mujercillas de poco más á menos», parte I, cap XXII, y además en los VII y XV de esta primera y XXVIII y XXXV de la segunda, y en *El Celoso extremeño;* edic. RODRÍGUEZ MARÍN: *El Loaysa;* op. cit., p. 39.

[2]
Si llega algún bellaco desbocado,
Y viendo la figura por la pinta
Al primer mojicón me pone en cinta.

Entremés de Doña Justina y Calahorra.—Apud CASTRO *Varias obras inéditas de Cervantes....*, p 101.

El traje que la Colindres y su amiga llevarían, para ser por él tan fácilmente distinguidas, no eran los clásicos mantos enteros de anascote con el redondo sombrerillo, prendas genuínamente sevillanas, sino tan sólo los medios mantos ó mantillas amarillas, cortas, sobre la saya, que las ordenanzas les tenían señalados, como arreo particular suyo; muy afeitado el rostro, almagrados los carrillos y dos dedos, cuando menos, de albayalde. [1]

Cervantes jugó nuevamente de los vocablos *pinta* y *figura*, y con mucha gracia, en *El Licenciado Vidriera*.

162 ... y cuando llegaba la vendeja ...

Ninguna de las acepciones académicas de *vendeja* explica bastantemente su verdadero alcance en este pasaje del *Coloquio*; pues ni se alude en él á la «venta pública y común, como en feria», ni á la «venta de pasas, higos y limones, etc., en el tiempo de la cosecha».

De todos modos, es voz elíptica que presupone el lugar ó época de ella; y así, al decir *vendeja*, se sobrentiende siempre *el tiempo de la vendeja*. Su valor gramatical es el de venta al menudo, al por menor, formándose el vocablo como diminutivo del de *venta*.

De la lectura del pasaje del *Coloquio* y de los testimonios de los autores de aquel tiempo, [2] parece que Cervantes, al emplear aquí esta palabra, se refería á las llegadas periódicas de flotas de extranjeros á Sanlúcar, Cádiz y Sevilla, para el tráfico y comercio con los mercaderes sevillanos, arribadas que presuponían la venida del buen tiempo en la primavera, primera estación del año en que podían emprenderse. [3]

Modernamente se sigue aludiendo en Andalucía con esta voz, en el campestre y villano lenguaje, al tiempo de la venta de los frutos del

---

[1] Rodríguez Marín: *Rinconete y Cortadillo......*, pp. 109 y 110.

[2] No arrojan mucha luz los escritores, siempre andaluces, que dan cabida á esta palabra en sus libros. Mateo Alemán dice, en el I, parte I, capítulo VII del *Guzmán de Alfarache*. «á fe os prometo que tuvimos bien que contar de la *vendeja* y granjería de la feria.»

«Interrumpieron la relación..... unos Portugueses que venían de la *vendeja* con cuatro cargas de lienzo.» (Espinel: *El Escudero Marcos de Obregón;* relación III, descanso XXII.) ¿Qué tienen que ver aquí los lienzos de la vendeja con las pasas, higos y limones?

[3] Hablando de los gacetilleros ó *perros ventores*, como él los llama, dice

campo, que, entre labradores, viene á ser uno mismo con el de la recolección, singularmente en pasas, vino y aceite.

163 ... á Cáliz y á Sevilla ...

Por ignorar, á la cuenta, que *Cáliz* se decía entonces comunísimamente en lenguaje vulgar y en obras literarias, Aribau, Rosell y demás ordenadores de modernas ediciones, enmendaron torpemente *Cádiz*, con mengua de la fidelidad del texto que hoy reconstituyo. Cabalmente no hay nombre de ciudad, lugar ó villa que tenga más formas: ora *Cádiz*, ora *Cáliz*, ora *Cádix*, ora *Cálix*, ora *Calis* y hasta *Cález*. [1]

164 ... no quedando bretón con quien no embistiesen ...

Al olorcillo de las riquísimas especias y á la caza de las barras de plata y oro que nuestras flotas traían de América, veíase Sevilla ocupada por otras de naciones extrañas, cuya codicia hacía prorrumpir al hispalense Gutierre de Cetina en aquellos versos:

Luque Fajardo: «saben cuando vino el correo, la carabela de aviso, *la vendexa de Sanlúcar*»......—*Fiel desengaño*......; op. cit., f.º 90.

Góngora la daba este mismo valor, diciendo en uno de sus sonetos:

«De vos, madera anciana, me despido,
Miembros de algún *navío de vendeja*....»
Obras de D. Luis de Góngora ....—Lisboa, 1676; tomo I, p. 59.

[1] Tratando Abraham Ortelio del territorio de Cádiz, dice:

«Agora no hay más de una isla..... que llaman los españoles Cádiz, y con vocablo corrupto *Cáliz*.»—*Theatro de la tierra vniversal por Abraham Ortelio cosmographo d'el Rey Nvestro Señor*..... Impreso en Anueres por Cristobal Plantino; Año MDLXXXVIII, (Carta XVIII).

«Allí hallaremos á *Cáliz*, al Ganges.....» (JUAN DE GUZMÁN: *Primera parte de la Rethorica*....., op. cit., f.º 130.) Los ejemplos de la forma *Cáliz* son muy numerosos. No faltan tampoco los de las demás citadas:

Cálix: vid. *El Crotalón*.....; op. cit., p. 341.

Cadis: vid. SANTA CRUZ: *Floresta española*.....; op. cit., f.º 175.

Cález: vid. NEBRIJA: *Gramatica castellana*.... Apud. VIÑAZA. *Biblioteca histórica*.....; op. cit., col. 391, y finalmente,

Cddix, así escrito en la misma portada de la *Suma y erudicion de grammatica*..... *por el Bachiller Thámara, professor y preceptor della en* CADIX. *Impresso en Anuers en casa de Martín Nucio*, MDL; in 8.º

Andan, señor, aquí los extranjeros
Hechos de nuestra sangre sanguijuelas,
Mudando, en cambio, el nombre de logreros. [1]

Á estos tales merchantes marítimos, no españoles, llamaban genéricamente *bretones*, sin que fuesen precisamente originarios de Bretaña. Y es voz, para mi humilde sentir, no germanesca, aunque plumas de mucho peso opinen lo contrario, sino corriente y llana, pues ni la encuentro en los vocabularios jergales, [2] y, en cambio, prosistas muy graves y sesudos autorizan con ella formalmente composiciones y capítulos de todo punto ajenos á la vida de la bribia. [3]

Bretón, en su acepción de *extranjero*, falta en la última edición del Diccionario.

165 Sucedió, pues, que la Colindres ...

El apellido *Colindres* era muy escaso en Sevilla por aquellos tiempos. Casi la única familia que lo llevaba eran los hijos del veinticuatro don

---

[1] HAZAÑAS Y LA RÚA: *Obras de Gutierre de Cetina;* Sevilla, 1895; tomo II, página 130.

[2] Ni en el de HIDALGO [Cristóbal de Chaves]: *Romances de Germanía;* Madrid, Sancha, MDCCLXXIX; ni en el de SALILLAS: *El Delincuente Español. El Lenguaje;* Madrid, 1896.

[3] Por ejemplo, en aquel soneto, que se atribuye falsamente al Conde de Villamediana, sobre el concertado y no efectuado matrimonio de la Infanta doña María con el Príncipe de Gales:

El Príncipe *bretón* sin luz ni guía...

FITZMAURICE-KELLY: *Historia de la Literatura española;* traducción Bonilla. Madrid, La España Moderna, s. a.; p. 403.

Seguramente que *bretón* tuvo su origen, primero en los auténticos bretones que visitaban nuestras costas, vendiendo las *bretañas*, género de lienzo fino, que en la provincia de aquel nombre se fabricaba, extendiéndose tropológicamente, después, á los restantes marinos extranjeros. Patentemente prueba esta opinión el P. Mercado: «Si viniese una flota de Bretones á este puerto [Sevilla], y fuese fama que gran parte de los lienzos eran hurtados, ningunos los podrían mercar.....» *(Summa de tratos y contratos;* op. cit., f.º 105 vto.) Así los llamarían todos, sin necesidad de entender la germanía. ¡Pues no creo que al padre Mercado se le tenga por un jaque de los bravos de San Román ó de la Hería! Clemencín no entendió esta significación de la voz *Bretones;* op. cit., III, 244.

Diego de Colindres, poetas todos, y singularmente más conocido como tal D. Nufio, justador en el famoso certamen y torneo burlesco que describe la controvertida *Carta á Don Diego de Astudillo Carrillo en que se le da cuenta de la fiesta de San Juan de Alfarache el día de Sant Laureano*. [1] Extraño es que, siendo los Colindres personas de notoriedad tanta en Sevilla, viniese Cervantes á escoger su nombre, y no otro, entre los mil que pudo, para bautizar á la pécora del alguacil. [2]

Por lo mismo, y tratarse de un hermano en la cofradía alborotada de los poetas, la intención satírica de Cervantes es quizás más viva y maligna; yo me contento con señalarla por un *si acaso*, sin meterme en más subidos contrapuntos ni peligrosas conjeturas. [3]

166 ... pescó un bretón, unto y bisunto ...

Esto es, untado (seguramente de pez ó brea, como marinero) y más untado *(bis, unto)*, sucio, sobado y grasiento. [4]

Unto y bisunto; expresión que olvida el Diccionario Académico.

167 ... dió el cañuto á su amigo ...

De *soplar, dar el soplo*, que en lenguaje de germanía equivale á *descubrir, avisar*, díjose por metáfora *dar el cañuto* á *dar el aviso, el soplo, delatar á la justicia*. [5]

Á buen seguro que el soplón de quien se serviría la Colindres sería

---

[1] FERNÁNDEZ-GUERRA: *Noticia de un precioso códice.....*; op. cit., pp. 6 y 24.
La Barrera da algunas noticias de este poeta, cuyo nombre era Nufio Onofre de Colindres Puerta.—Vid. *Nueva biografía de Lope de Vega. Obras*. (Edición académica), tomo I, p. 314 y 315, y *Poestas de Don Francisco de Rioja*; Madrid, Rivadeneyra, 1867; p. 14; y RODRÍGUEZ MARÍN: *Obras de Pedro Espinosa*; op. cit., página 407.

[2] No fué Cervantes el único. Otro vate insigne, sevillano, Baltasar del Alcázar, lo empleó también, aunque, para mí, por obligada consonancia del verso, en su epigrama *A una dama muy melindrosa.—Poesías.....*; edic. cit., p. 76.

[3] No estará de más advertir que Colindres es pueblo de la provincia de Santander, y que de él procede el apellido que, como todos los de origen montañés, se repite en Andalucía.

[4] «..... quedó en valones·y en jubón de camuza, todo bisunto con la mugre de las armas.»—*El Ingenioso Hidalgo;* parte II, capítulo XVIII.

[5] «El soplón, que andaba en forma de cañuto aventando culpas.....»—QUEVEDO: *El entremetido, la dueña y el soplón;* Obras; I, 378.

uno de aquellos rufianes de embeleco, que tan portentosamente pintó Quevedo, administradores y amparo de las mujeres públicas, «soplones de los alguaciles que andan con ellos para amparar su flor». [1]

168 Pidió el bretón unos follados de camuza ...

Los follados eran un género de calzones ó calzas muy huecas y arrugadas, á manera de fuelle, de donde tomaron el nombre. [2] Pellicer dice que también se llamaban *pedorreras*, porque eran muy redondas y abultadas. [3] Por el tiempo de acción de la novela habían caído en desuso, [4] y no era prenda española, y menos sevillana, sino portuguesa, y portugués, á la cuenta, era el bretón desdichado del *Coloquio*.

El término italiano *escuti*, que á continuación se halla, no es propiamente italiano, sino de marinería de puerto franco. *Camuza* decíase entonces por *gamuza*.

169 Mandó el alguacil que se cubriese y se viniese con él á la cárcel ...

Esto es, que se vistiese ó echara encima el manto, tapándose con él.

---

[1] Quevedo: *Capitulaciones de la vida de la Corte*; Obras; I, 465.
[2] *Diccionario de Autoridades*; art. *follados*.
[3] *El Ingenioso Hidalgo*, op. cit., p. 748 y 749, y Chaves: *Relación de la cárcel de Sevilla*.....; op. y edic. citadas, p. 58.
[4] Como que, principalmente, se llevaron á mediados del siglo xvi. Fueron muy ridiculizadas por los autores de entonces, á causa del oficio que hacían de arca ambulante, como lo prueba el siguiente pasaje del *Diálogo de los Pajes*·

Godoy: «..... nunca aprobé el vestir superfluo que agora se usa, especialmente las calças, que aun por penitencia traeriades de mala gana tanta carga.
Guzmán. ¿Sabéis por qué lo hacen? Por ahorrarse de azémilas, que gustan de traer toda su recámara consigo dentro de las calças, porque algunas veces tienen más faltriqueras y repartimientos que los Caños de Carmona en Sevilla y la Fuente que dicen de Hércules en Segovia, y sirven de baúl y almofrec, y no trae tantos fardeles y jarcias un navío de muchas toneladas, y tienen más aprestos que el galeón de Portugal, que es menester untarlos con jabón ó aceite porque no canten ó hagan ruido, como los carros de Asturias y Campos cuando van muy cargados.»—Diego de Hermosilla: *op. cit.*, Madrid, 1901; páginas 110 y 111.

Así se explica que el desdichado portugués llevara en una faltriquera de sus follados un famoso pedazo de jamón.

Las sevillanas, y en general las españolas, nunca salían á la calle en cuerpo, sino arrebozadas con sus mantos, y á esta costumbre, pues, obedece el dicho del Teniente. [1] El *cubríos, honrada*, como fórmula de prisión de las mujeres, es universal en nuestra literatura.

170 Señor alguacil y señor escribano, no conmigo tretas, que entrevo toda costura; no conmigo dijes ni poleos ...

El trato de la huéspeda sevillana con la *escogida* y *aristocrática* clientela que frecuentaría su casa de camas hácela tan docta y versada en el lenguaje de la jácara como el más bravo de los jaques de San Román; y de ahí que, al *despolvorearse* — como ella decía — de las tretas del alguacil y del escribano, espolvorease también en su plática alguno que otro dicho de la jerga rufianesca. *Entrevar*, en germanía, significaba *entender*, y *entrevo toda costura*, equivale á «entiendo las trampas que me quieren hacer; conozco el juego que entre manos se traen: á mí no me engañan»; y por eso la enojada huéspeda añade á continuación, muy segura de sí: «*no conmigo dijes ni poleos*», dicho metafóricamente por *no florecitas, no burlas conmigo*, aludiendo al poleo, flor campestre muy olorosa que abunda en Castilla en la margen de los arroyos; sin que tenga nada que ver con las *alharacas, ficciones ó bravatas* que vió Arrieta en esta frase. [2] De estimarse expresión proverbial, debería ser incluída en nuestro Diccionario, donde hoy falta; tanto más cuanto que en él lo está la locución familiar *dimes* y *diretes*, muy semejante á ésta.

Poleo también se llama en germanía el que encubre los ladrones ó los abona y fía, alcance que también pudo tener en el lenguaje de la huéspeda, con alusión á las dos buenas piezas del alguacil y el escribano, amparadores de la Colindres. [3] Y si el lector descontentadizo no

---

[1] «El mesmo cuidado que con los hombres presos tiene el sota-alcaide con las mujeres que se visitan: porque hay algunas que entran por damas corrientes y molientes, y otras por amancebadas, y se tapan de manera, que el sota alcaide las viene á quitar el manto de la cabeza, y pónenselo sobre los hombros.»—Chaves: *Relación de la cárcel de Sevilla*......; op. cit., p. 57.

[2] *Obras escogidas de Miguel de Cervantes*......; op. cit., tomo IX, p. 389.

[3] «Fuí muy gentil caleta, buzo, cuatrero, maleador y mareador, pala, *poleo*, escolta, estafa, zorro......»—Alemán: *Guzmán de Alfarache*; parte II, libro II, capítulo IV.

quiere admitir por buena ninguna de las dos interpretaciones que de la frasecilla *dijes* y *poleos* le doy aquí, acuda á la *Agricultura* de Herrera, donde hallará los mil usos caseros y aplicaciones manuales que esta popularísima planta tenía entonces, por si entre ellos halla una explicación traslaticia más lógica y convincente. [1]

171 ... si no, por mi santiguada ...

De la acción ó efecto de santiguarse, nació *santiguada;* y así, *jurar por mi santiguada* es jurar por la cruz que se hace. La exclamación ó juramento es propio de mujeres, aunque también, las menos veces, se halle en nuestros clásicos puesto en boca de hombres. [2] Sus fórmulas son: *por mi santiguada* y *para mi santiguada*, [3] usando promiscuamente las partículas *por* y *para*. [4]

172 ... y que saque á plaza toda la chirinola desta historia ...

Dos explicaciones pueden darse á esta frase, que corresponden á los dos sentidos que tiene la voz *chirinola*, no incluído, sin embargo, ninguno de los dos en nuestro Diccionario. Una, entendiendo *chirinola* por *enredo, trama, embuste, mentira, maraña*, en cuyo caso, sustituyendo aquella voz por cualquiera de estos términos, queda el pasaje aclarado; ó traduciendo *chirinola* por *junta de rufianes y ladrones*, como quiere el vocabulario germanesco de Juan Hidalgo, digo, de Cristóbal de Chaves; y entonces la frase equivaldría á «saque á plaza toda esta reunión y cofradía de ladrones, bellacos, embusteros y falsos», cual lo eran el capítulo y hermandad del alguacil con el escribano y la Colindres. El lector escogerá de ambas acepciones la que más guste, pues ambas son lógicas. [5]

---

[1] Alonso de Herrera: *Agricultura general*........; op. cit., f.° 118 y vuelto.

[2] En *El Ingenioso Hidalgo*, repetidas veces por Sancho; y en Villalón: *Viaje de Turquía;* op. cit., p. 26.

[3] Feliciano de Silva: *La segunda Celestina*.....; op. cit., p. 91.

[4] Clemencín: *op. cit.*; I, 101; y Bello: *Gramática de la lengua castellana*.....; op. cit., I, 209.

[5] Sube de punto aquí la dificultad de determinar el verdadero valor de esta palabra, porque cabalmente Cervantes es de los rarísimos escritores que conocieron claramente sus dos significados, usando del primero en *La Gran Sultana*, jornada II, y del germanesco en *El Rufián dichoso*, jornada I. No me parece ad-

173 ... tengo un marido con su carta de ejecutoria, y con á "perpenan rei de memoria" ...

Las bulas de los Pontífices, las informaciones posesorias ó simples, hechas *ad perpetuam rei memoriam*, encabezáronse siempre con esta formulilla, que el vulgo aplicó luego rústicamente á todo linaje de documentos, estropeando el latín con barbarismos. Sancho en *Don Quijote*, Monipodio en *Rinconete*, y aquí la hermana camera, son ejemplos de este linaje de gracias, «las más frías y menos delicadas á que Cervantes podía echar mano para sazonar sus obras». [1]

Y en el *Coloquio* con menos razón aún, pues salvo algún caso aislado, las cartas ejecutorias no contuvieron este modismo latino, que la huéspeda atribuye á la suya.

174 ... con sus colgaderos de plomo ...

Continúa la hermana camera estropeando el buen lenguaje con sus barbarismos; y así dice ahora *colgaderos* por *colganderos*: barbarismo muy lógico, sin embargo, en una sevillana, porque debía de nacer al recuerdo de los holgados colgaderos de reses que se extendían á lo largo del patio del famoso Matadero de la ciudad.

En cuanto á la humorística descripción que hace la huéspeda de su carta ejecutoria de nobleza, pocos serán los lectores (y para éstos pocos escribo la nota) que no hayan tenido alguna vez una auténtica en-

---

misible la interpretación que á este mismo pasaje da el *Diccionario de Autoridades:* «caso de devaneo ó suceso que hace andar al retortero y causa inquietud y desasosiego».

Para Cejador, *chirinola* es «recreo, juego ú ocupación frívola».—*La Lengua de Cervantes.....*; op. cit., tomo II, p. 341.

Acaso el origen remoto de la voz *Chirinola* sea la batalla de Ceriñola, que nuestros soldados y escritores adulteraban llamándola *Chirinola*. Así Diego Montes en su *Instrucción y Regimiento de Guerra* (Zaragoza, Jorge Coçi, 1537) dice: «Chirinola es un lugar de Italia que está cerca de Barleta.» (f.º IX). Si tal fuese su origen, *chirinola* podría tener otro sentido: el de «cosa memorable», por lo mucho que lo fué aquella famosa batalla dada por el Gran Capitán contra el Visorrey de Francia. ¿Quién podrá poner puertas al campo, ni al capricho del habla?

[1] RODRÍGUEZ MARÍN: *Rinconete y Cortadillo*... ; p. 402.

tre sus manos, apreciando así mejor la cómica gracia que Cervantes pone en este lance.

Verdaderos mamotretos ó cuadernos en pergamino ó vitela, con un número mayor ó menor de ilustraciones, miniaturas y letras primorosamente dibujadas, según la alcurnia y riqueza del personaje; escritos los más en letra gótica, reducíanse, en substancia, á un verdadero apuntamiento del pleito sostenido para ganarla, con las declaraciones de los testigos, súplicas del interesado y acuerdos de las justicias.

Cosíase el mamotreto con varios hilos de seda, que rematan en uno ó varios sellos colgantes de plomo, en los que por un lado aparecía el escudo del flamante noble, y por el otro una figura, bien emblemática, ora sagrada. Son, en general, documentos muy apreciables y de gran interés para los genealogistas. [1]

175 ... el arancel tengo clavado donde todo el mundo le vea ...

Desde tiempo muy antiguo, y por orden de las justicias, los dueños de posadas, ventas, mesones, casas de dormir, tabernas y, en suma, los establecimientos que hoy llamaríamos de uso público, eran obligados á tener colgada á las puertas de sus casas una tablilla, y en ella, escrito con letras grandes y visibles, el arancel ó tasa de los géneros y servicios que se vendían ó hacían; [2] obligación que burlaban bonitamente colocando el cartel alto y en firme, sin arrimar á su estribo ban-

---

[1] Á la vista tenía, al redactar la explicación del texto, la Carta ejecutoria de nobleza de Juan López de Cervantes, que se custodia en el Archivo de la Real Academia Española.

[2] Por Auto de 27 de Marzo de 1597 los Alcaldes mandaron «que se notifique á los taberneros..... pongan á la puerta de su taberna un rretulo escrito en que se diga de donde es el bino q̃ cada vno bende y no le quiten».—*Sala de Alcaldes*, libro II, f.° 130.

Los Alcaldes, en informe al Consejo de Cámara, tratando de remediar los excesos que advertían en los figones de la Corte, decían que «se les hiziera postura con una moderada ganancia, la qual esté puesta á las puertas de sus casas en una tablilla».—*Ibidem;* Auto de 31 Enero de 1617, libro VII, f.° 603.

De esta tradicional y popular costumbre daba cuenta B Joly, en su interesantísimo *Voyage en Espagne*, con estas palabras, al hablar de las posadas. «les hostes sont tenus d'exposer en vue haulte tant qu'on la puisse lire une tablette nomee *el arancel*, où est la taxe de leur chose et du giste qui est un *real*».—Op. cit., páginas 88-89.

co, silla ó escabel en que subirse, [1] de modo que los viandantes ó curiosos no pudiesen nunca verificar la razón de lo cobrado. La huéspeda del *Coloquio* sincérase, sin embargo, de su cumplimiento de la ley.

176 Ellos tienen las llaves de sus aposentos ...

Otra de las obligaciones que los pregones de los alcaldes de Casa y Corte imponían á los mesoneros y gentes que acogiesen huéspedes, y que supongo regiría en Sevilla, al ejemplo de Madrid, por orden de sus Asistentes. El auto de los alcaldes que abajo copio no puede ser más terminante ni aclaratorio de este pasaje. [2]

177 ... y yo no soy quince, que tengo de ver tras siete paredes.

Por «yo no soy *lince*»; otro barbarismo de la hermana camera en su disparatado lenguaje.

178 Quejábase ella al cielo de la sin razón y justicia que la hacían ...

Lógicamente debía decir «de la sin razón é injusticia», y así lo han estampado todas las modernas ediciones. Respeto, no obstante, la unánime lección de las primeras, porque así lo escribió Cervantes, y así se decía entonces, [3] para evitar el hiato de «la sinrazón *y* injusticia» que resultaba de no usarse por todos todavía la conjunción *é* delante de *i* en lugar de la *y* griega. [4]

Y aun sin ir tan lejos, porque se sobrentiende repetida la preposición *sin* delante del segundo sustantivo.

---

[1] López de Úbeda: *La Pícara Justina;* libro I, cap. III.

[2] «Otrosí mandan que los mesoneros y otras personas que acoxieren guespedes por dineros, los aposentos que dieren á los dhos. guespedes se los den con zerradura y llabe por de fuera, y zerradura por de dentro, por manera que lo que tubieren y metieren en los dhos. aposentos esté bien guardado......» (Auto de 4 de Diciembre de 1585.—*Sala de Alcaldes;* libro I, f.° 161 vto) Este auto se repitió al llegar la Corte á Valladolid, en 2 de Abril de 1601.—*Ibidem;* libro III, f.° 2

[3] Véase un ejemplo clarísimo: «Honrrada gente, vezinas, amigas y parientas, á mí pessa auer de seguir y faboreçer en esta empresa parte tan sin razón y justicia......»—*El Crotalón......*; op. cit., p. 161.

[4] Cervantes fué uno de los primeros que comenzaron á introducirla en la escritura; vid. más adelante la nota 186.

179 ... el Teniente de asistente, que, viniendo á visitar aquella posada ...

Para el mejor gobierno y orden de la ciudad de Sevilla, Babilonia en todo, como en la jácara se decía, el Asistente nombraba por delegados suyos dos Tenientes, que, como él, traían vara alta de justicia, conociendo de civil y criminal, y haciendo, en suma, las veces del Asistente propietario. [1] Uno de ellos es quien visita la posada, en cumplimiento de su oficio, pues eran lugares donde las justicias temían, y con razón, todo linaje de juegos, escándalos y nocturnas francachelas. [2]

180 ... y que si tenía aquel oficio de casa de camas, era á no poder más ...

Lleno estaba Sevilla, como lugar populoso y *mare magnum*, de casas de posadas:

«Que tiene Sevilla tantas,
Como algún lugar famoso
Tiene vecinos y casas.
Unas hacia el atambor,
Y otras en el Alfalfa,
Pajería, en Cal de jimios
Todo es sitio de posadas.
Haylas en Calle lanceros
Y en San Leandre, *y mil casas
Otras, sin estas que digo,
Sirven sólo de posadas*»; [3]

pero las casas *de dormir ó de camas*, según el típico apelativo sevillano, [4] prohibíanlas las Ordenanzas, cabalmente por el deshonesto empleo que de ellas aparece en el *Coloquio*. [5]

---

[1] MORGADO: *Historia de Sevilla*.....; op. cit., p. 186.

[2] TIRSO DE MOLINA: *Los tres maridos burlados;* op. y edic. citadas, p. 485.

[3] *Trato de las posadas de Sevilla y de lo que en ellas passa*....., op. y loc. cit.

[4] Éste es el nombre que las da Cristóbal de Chaves, tan experto conocedor de las cosas sevillanas: «Y estos viven con su calabozo, porque el que quisiere entrar en ellos ó meter su cama lo vende como *casa de camas.*»—*Relación de la cárcel de Sevilla;* op. cit., p. 57.

[5] «Iten porque ay mugeres en la dicha mancebía que tienen aposentos alquilados fuera della, donde van de noche a dormir con hombres fingiendo ser

No obstante, con ventaja hacían sus veces las casas de posadas; abuso que, al ser tan numerosas, ponía en boca del licenciado Francisco Porras de la Cámara estas palabras en su *Memorial* famoso: «Lo que más en Sevilla hay son farsantes, testigos falsos, rufianes..... que viven del milagro de Mahoma sólo de lo que juegan y roban, pues pasan de 300 casas de juego y *3.000 de rameras*»; [1] donde se ve que en la cuenta del rígido Racionero entraban por tales todas las casas de posadas que en Sevilla había..... con un cero de más.

En las casas de camas ó posadas de antaño, la mujer, *huéspeda* ú *hospedadora*, como lógicamente Liñán decía que había que llamarlas, es la principal figura y caudillo, con exclusión del marido, en aquellas sentinas de pecados. Ella solicita de los alcaldes la oportuna licencia para abrirlas; ella registra los huéspedes en los libros al efecto diputados, y ella responde, finalmente, con su persona y bienes, del cumplimiento fiel de las obligaciones y deberes con que las justicias del tiempo tan minuciosamente las apremiaban. [2]

181 ... yo quiero creer que vuestro marido tiene carta de hidalguía, con que vos me confeséis que es hidalgo mesonero.

El oficio de mesonero desempeñábanlo en Sevilla, por hábito y práctica que perdura aún en nuestros días, gentes bajadas de la Montaña, ó montañeses; y proverbial es en nuestra literatura la fatuidad y presunción de los tales, de creerse, por arrancar tan sólo de solar montañés, personas de rancia y noble prosapia, hidalgos y linajudos. [3]

---

mugeres de más calidad, y engañándoles y llevándoles por esto mucho dinero.....»—*Ordenanzas de la Mancebía de Sevilla.* Apud. RODRÍGUEZ MARÍN: *Rinconete y Cortadillo*.....; p. 344.

[1] *Memorial del Licenciado Porras de la Cámara al Arzobispo de Sevilla sobre el mal gobierno y corrupción de las costumbres en aquella sociedad.*—Reproducido íntegro en la *Revista de Archivos*; Tercera época, tomo IV, pp. 550-554.

[2] Ahora también, como otras veces, tengo que refrenar mi pluma; que bien la convidaba á una extensa nota sobre casas de posadas la abundancia de datos, tocante á ellas, por mí recogidos. Practiquemos, empero, la sobriedad, criterio principal de este trabajo.

[3] «Mi suegro, que haya buen siglo, aunque mesonero, era un buen hombre; que no todos hacen sobajar las maletas ni alforjas de los huéspedes; muchos hay que no mandan á los mozos quitar á las bestias la cebada, ni á los amos les mo-

Bien presente lo tuvo Cervantes cuando, con palmaria ironía, escribió esta frase.

Y no ya tan sólo los históricos montañeses mesoneros preciábanse de hidalgos; cualquier humilde mujer que intentaba abrir casa de posadas, acudía ante las justicias solicitando se la eximiese, al tiempo de concederla la licencia, de la obligación de colgar la tablilla con el rótulo de *Casa de posadas*, que las ordenanzas y pregones imponían, para no descubrir este bajo trato, «porque somos—decían ellas—gente principal con deudos honrados» [1]; y claro es que el lustre del linaje habría padecido, á conocerse estas flaquezas.....

---

deran la comida....., y si algo desto hay, no tienen ellos la culpa, ni se debe presumir esto de mi gente, por ser, como eran todos, de los buenos de la Montaña, hidalgos como el Cid, salvo que por desgracias y pobreza vinieron en aquel trato».—ALEMÁN: *Guzmán de Alfarache;* parte II, lib. III, cap. V.

[1] Escrito de María Gutiérrez de Rueda pidiendo licencia para aposentar caballeros, fecha 7 de Noviembre de 1622. *(Sala de Alcaldes;* lib. XIII, f.º 261.) Son muy divertidos estos escritos, que, por cierto, abundan; pondré de muestra alguno, para solaz del lector. En Mayo de 1614 acudió á la misma Sala «Doña Anna de Quiñones» diciendo «que es viuda y pobre, y que para sustentarse *conforme á su calidad* tiene necess.d de valerse de una cassa que tiene en su cuartel de v. m. en la calle de la Reyna y que *por ser muger notoriamente noble y porque lo fué su marido y por ser cuñada del señor Garcimazo del Conss.º de su Mag d en el Real de Hazienda le estará mal tener tablilla en su cassa por ser indecente a las personas de su calidad,* mayormente teniendo los deudos que tiene y los huespedes que en su casa reciue, que cuando más son dos, personas muy honradas y conocidas, porque no siendo tales en ninguna manera las recibe..... pide y supp.ª..... le haga merced de darle licencia para que pueda tener uno ó dos huespedes en su cassa, alquilando los apossentos que puede escusar para remediar con esto su necesidad». *(Sala de Alcaldes;* lib. VI, f.º 192). En 26 de Junio de 1618 acudió «Alberto Perez, criado del Conde de Villamediana» alegando «como yo tengo unas cassas en la calle del olibo en la qual queria alquilar una sala y alcoba y un aposento para criados..... sin que haya tablilla *por ser como soy onbre principal».* (!) *(Ibidem;* lib. VIII, f.º 419.) Pues como los Alcaldes obligasen á los pasteleros á tener sus casas proveídas como figones, un «Jusepe Galvez pastelero» acudió apelando ante el Consejo de que los Alcaldes le compeliesen y apremiaran á usar el dicho oficio de figón «por las raçones siguientes.....: lo primero *porque yo tengo muger moça principal y honrrada, y de ninguna suerte la he podido reduzir a lo susodicho antes dize que si huso el tal officio me dejará y se irá en casa de sus padres». (Ibidem;* libro VII, f.º 608.) ¡Cuidado si eran humos de hidalgas!

. Curiosísimo y profundo es el estudio que aquella sociedad ofrece en este prurito de vanidad y presunción infatuada de nobleza; que no eran tan sólo los mesoneros quienes alardeaban de limpia sangre y esclarecido origen; eran los oficios más bajos y viles, albañiles, sastres, ladrones y galeotes, donde Quevedo descubría *dones* como castillos [1]; eran los ganapanes, que asistían en Valladolid á las redes de pescado, trabajando con capas, como caballeros, y no en cuerpo, por ser deshonroso [2]; y no se hable de las mujeres al ejemplo de la hermana camera, cuando un escritor ha dicho recientemente, con ingeniosísima frase, «que ya al comenzar el siglo XVII, era, en especial para las mujeres, caso muy de menos valer el no tener *don*, aunque hubiesen de arrancarlo de su propio *donaire*». [3]

Así las cosas antaño, y con este ambiente social en punto de hidalguías, explícanse derechamente la arenga de la huéspeda y su mucho presumir de ejecutoria; humos de noble que me recuerdan aquella graciosa comparecencia de una coetánea suya en el proceso de Valladolid, Isabel de Islallana, criada de doña María de Argomedo; la cual, llamada á declarar ante el señor alcalde, dijo muy hinchadamente ser «natural de las montañas de Oviedo, é hija de DON Gómez de Islallana», ¡nada menos! [4]

---

[1] *Visita de los chistes*; Obras...... I, 336. «En España—agregaba otro testimonio de entonces—ha llegado el negocio de los dones á tanta bajeza, que si vos os lo queréis llamar ó poner á vuestra muger é hijos no os lo estorbará nadie».— DIEGO DE HERMOSILLA: *Diálogo de los Pajes*....; op. cit.; pp. 40-41.—Vid., en el mismo autor, otro pasaje muy expresivo sobre el abuso de las supuestas hidalguías en los oficios; pp. 161 y 162.

[2] Auto de 24 de Septiembre de 1604.—*Sala de Alcaldes;* lib. III, f.º 258.

[3] *Discursos leídos ante la Real Academia Española en la recepción pública del Excmo. Sr. D. Francisco Rodríguez Marín*.....; op. cit., p. 25.

[4] PÉREZ PASTOR: *Documentos cervantinos;* op. cit., II, p. 495.

Las Cortes de Castilla nos explican una de las razones de estos humos señoriles en los oficios bajos: «Es el exceso—decían las de Valladolid de 1603-1604— que hay en los trajes de la gente común y oficiales en traer sedas, no solamente las fiestas, sino los días de trabajo, de suerte que no hay zapatero que no traiga calzón y ropilla de terciopelo de dos pelos...... y como están bien vestidos, toman sus horas de paseo, comedias, juegos y otros entretenimientos...... en que gastan mucho tiempo y dinero..... que si no pudiesen traer sedas sino vestirse de paño, se estarían quedos á sus oficios trabajando el día entero.»— *Cortes de Castilla;* XXI, p. 377.

182 ... perdió sus cincuenta "escutí", y más diez en que le condenaron en las costas ...

He aquí uno de los rarísimos y muy justificados casos del *Coloquio* en que me tomo la licencia de reconstituir el texto.

En la edición príncipe se lee: «y más *diezen* que le condenaron en las costas». Las modernas lo han estimado errata por *dicen*, y *dicen* han estampado en las suyas, siguiendo á la segunda de Juan de la Cuesta, 1614, que lo entendió así.

Paréceme (y conmigo están consejeros muy prudentes) que los cajistas, por exigencias acaso de ajuste, juntaron aquí dos palabras; y que, separadas, deben leerse: «*y más diez en que* le condenaron en las costas»; enmienda racional que ya iniciaron en vida de Cervantes las ediciones de Bruselas de 1614 (f.º 574), y Milán, 1615 (f.º 709), y que resulta lógica, por ser la frasecilla *y más* fórmula curial de auto ó sentencia. [1]

183 ... y la Colindres salió libre por la puerta afuera ...

Es también término de lenguaje curialesco, frase enfática que equivale á *dar á uno por suelto y libre*, no hallándole culpa ni delito, y no *salir á escondidas, á ocultas por el postigo ó la puerta trasera*, que hoy diríamos, como á primera vista parece significar en este episodio del *Coloquio*. [2]

---

[1] «..... lo qual se les manda ansí lo hagan y cumplan so pena de cada dos mil maravedises para la camara, *y más de* pagar á los tales guespedes lo que les faltare de los tales aposentos.» (Auto de 4 de Diciembre de 1585.—*Sala de Alcaldes;* lib. I, f.º 161 vto.) La enmienda parece tanto más lógica cuanto que hace inteligible la frase que sigue, que de otro modo no lo sería: «la huéspeda pagó *otro tanto*», y ¿cuál era el *otro tanto*, si no se decía?

[2] Al menos, en la significación que apunto me lo he tropezado siempre:

«Como en las culpas de Enrico
No me hallaron culpado,
Luego que públicamente
Los jueces le ajusticiaron,
Me echaron *la puerta afuera...*

Tirso: *El condenado por desconfiado;* acto III, escena XXI.—Vid. también Alemán: *Guzmán de Alfarache;* parte II, lib. II, cap. III.—«..... de manera que muchas veces los jueces, á unos de compasión y á otros de verlos desnudos, y

184 ... puesto que me pesa de decir mal de alguaciles y de escribanos.

No; no le pesaba decir mal de ellos, aunque su tono compungido lo aparente; y la mejor razón está en que, hecha la salva con la frasecilla, arremete de veras contra escribanos y alguaciles, sacando sus tretas y connivencias con pícaros, rufianes y ladrones.

La defensa, pues, como en mi *Introducción* apunto, no debe tomarse por lo serio, sino por lo irónico; muy semejante á aquellas excusas y descargos que antes de azotarles hacía Quevedo en *El Alguacil alguacilado:* «Quiero advertirte..... que este papel es sólo una represión de malos ministros de justicia, guardando el decoro que se debe á muchos que hay loables por virtud y nobleza»; tantos, sin duda, que en *El Mundo por dentro* añadía: «muchos hay buenos escribanos, y alguaciles muchos; pero de sí el oficio es con los buenos como la mar

entendiendo que los que se persinan son simples ó locos, los sueltan *por la puerta afuera*». —CHAVES: *Relación de la cárcel de Sevilla;* op. cit., p. 57.

De esta curiosísima *Relación*, tan necesaria y utilísima para el comento de la vida maleante sevillana, consérvase en la Biblioteca de la Academia de la Historia una copia manuscrita, que no creo haya citado nadie, y menos el benemérito D. Aureliano Fernández-Guerra, que fué á buscarla á Sevilla, cuando en casa, á la mano, la tenía. Es un manuscrito de 13 hojas, de letra del siglo XVI, encabezado con este título: *Relacion de las cosas. De la carcel de Sevilla. Para un curioso. 1614.* Al comienzo de la hoja 13 vuelta dice: «Escribiolo Ioan de la puebla procurador con su acostumbrada flema en carrión abeynte y siete de Agosto de 1614 años»; y se encierra en un volumen en 8.º, encuadernado con el rótulo *Varios de literatura;* ff. 27 al 40. (Est. 27, grada 2.ª, E., núm. 57.)

Contiene las dos primeras partes de la *Relación;* no la tercera. La primera está íntegra, con variantes de importancia: la segunda, no: mutilada con numerosas supresiones.

Fernández-Guerra dijo en su tiempo que «no puede ponerse en duda que este librillo en sus tres partes fué muy conocido y estudiado del inmortal autor del *Quijote*». Sin ir tan lejos, no puede desconocerse, al menos, que abundaron las copias, como el hallazgo de esta desconocida lo demuestra.

Es importante también la fecha que se le asigna, pues habiendo ya probado Rodríguez Marín *(Rinconete......,* op. cit., p. 207) que la *Relación* tuvo que ser escrita después de 1596, entre este año y 1614 habrá que poner el de la composición de este valiosísimo manuscrito. La copia de la Academia, por las supresiones que contiene, paréceme un traslado directo del primitivo original, que luego debió de retocarse por su autor.

con los muertos, que no los consiente, y dentro de tres días los echa á la orilla». ¡Valiente defensa! [1]

185 ... sí, que muchos y muy muchos escribanos hay buenos fieles, y legales ...

La diatriba cervantina contra los escribanos, dispárase en este párrafo malignamente embozada en su apología; mas una apología tan irónica y sarcástica, que á la postre resulta más cruel aún que su mismo descubierto ataque. Despréndese no tan sólo del contexto general del período, sino también del uso de la partícula conjuntiva *si*, *que*, á la que los gramáticos conceden un sentido patentemente irónico; [2] y su misma repetición, al comienzo de cada cláusula, prestan en definitiva á todo el párrafo más brío, más calor y movimiento, al igual de otros pasajes cervantinos. [3]

En cuanto al bordoncillo *fiel* y *legal*, de que tanto uso hicieron los escritores contemporáneos y Cervantes en *Don Quijote*, ni es exclusivo de éste, como aseguró Fernández-Guerra, [4] ni errata, como Clemencín sospecha. [5]

Estos insignes escritores no lo entendieron.

La *fidelidad* y *legalidad* en los escribanos son, como verá el lector abajo, en las notas, cualidades singulares de su clase; son las condiciones que en el ejercicio de su cargo les exigen las leyes y los preceptistas; sus timbres y alabanza cuando sirven puntualmente el oficio; [6]

---

[1] Mateo Alemán tiene sobre los mesoneros un párrafo parecidísimo á éste, y que demuestra la mala intención de los dos, citado ya en la nota 181, página 530. Por supuesto, que el mesonero en cuestión es un redomado tuno....

[2] BELLO: *Gramática de la lengua castellana;* op. cit., I, 209

[3] Recuérdese aquella sátira del *Quijote* contra los eclesiásticos que gobernaban las casas de los príncipes, de evidente valor autobiográfico: «..... y con ellos un eclesiástico, *destos que* gobiernan las casas de los príncipes, *destos que*, como no nacen príncipes, no aciertan á enseñar cómo lo han de ser los que lo son, *destos que* quieren.....»—*El Ingenioso Hidalgo;* parte II, cap XXXI.

[4] FERNÁNDEZ-GUERRA: *Noticia de un precioso códice.....;* op. cit., p. 11.

[5] CLEMENCÍN: op. cit., II, 114.

[6] «Están los escribanos obligados á trabajar con gran cuidado .... y esto consiste cuanto á ellos en dos cosas: la una *legalidad*, que es usar conforme á las leyes, no haciendo escrituras prohibidas..... ni dando fé temerariamente; la otra es *fidelidad*, que es no dar fe de lo que no es, que llaman falsedad, ni llevar

sólo que el curialesco bordoncillo corrióse entonces á la conversación vulgar, entrando por este conducto en muchas obras, donde traslaticia y similarmente se emplea.

186 ... ni todos van buscando é inquiriendo las vidas ajenas para ponerlas en tela de juicio ...

¿Quiere el lector palpar (aparte de lo que en mi *Introducción* digo) patentes y cristalinos estos desmanes de los escribanos, en inquirir las vidas ajenas, para ponerlas luego en tela de juicio?

Pues lea el auto de la Sala de Alcaldes que abajo copio íntegro, y que, aunque largo, cae para ilustrar este pasaje como anillo al dedo; y al leerlo exclamará conmigo: ¡cuán grande es la verdad (norma suprema artística) que resplandece siempre en el *Coloquio!* [1]

---

derechos demasiados.»—Francisco González de Torneo: *Práctica de escrivanos*.....; Alcalá, Antonio Vázquez, 1639; in 8.°, ff. 9 vto. y 10.

«Los escribanos también han he ser *legales* y *fieles*,.... y el escribano que descubre el secreto de lo que ante él pasa no es *fiel* y comete el delito de falsedad y debe perder el nombre de fiel... Y tambien se requiere que el escribano sea *legal*..... como si dijéramos hecho al talle en quien concurren las calidades que son necesarias.»—Gabriel de Monterroso y Alvarado: *Practica civil y criminal y instrvcion de escrivanos* ....; Madrid, Pedro Madrigal, 1603; f.° 1 vto.

«..... lo primero porque los escriuanos reales..... son nombrados por los scriuanos del num.° y personas de mucha satisfacion, *fieles* y *legales* y suficientes para los dichos oficios.» (Escrito de los escribanos del número á los Alcaldes solicitando les permitiesen tener escribanos reales en sus oficios.—*Sala de Alcaldes;* libro III, f.° 364.) En otro Auto (18 de Junio de 1612) los Alcaldes quejábanse de los escribanos de provincia, por «no ser los más personas conoçidas ni de la satisfacción, *fidelidad* y *legalidad* que se requiere».—*Ibidem;* libro V, folio 283.

[1] En la Villa de Madrid a treinta días del mes de Agosto de mill y seis.os y diez años los señores Alcaldes de la cassa y corte de su mag.d hauiendo entendido que estando mandado por leyes deste Reyno que los scriuanos del número desta villa reçiuan por sus personas las ynformaciones sumarias y no por scriuanos estrauagantes avn que biuan con ellos, y que las que en otra manera reçiuieren no hagan fée ni prueba, y que los alguaciles no prendan sin mandamiento, salbo a los que allaren haçiendo delito, sin embargo desto los scriuanos que asisten en los escritorios y oficios de los dichos scriuanos del número sin proçeder mandamiento ni pudiendolo hacer, tomando un alguacil consigo, qual les parece, q̃ ante ellos denunçie ó por cuya noticia pretendan hacer las caussas, con color que se ha acostubrado assi, no lo pudiendo haçer, *haçen ynformacio-*

187 ... para háceme la barba y hacerte he el copete ...

Háceme, imperativo anticuado del verbo hacer; *hace* por *haz*, como de haber era *habe* por *ha*, aun usados entonces.

Hazme la barba..... Refrán «con que se da á entender estar uno convenido secretamente con otro para lograr cada uno el fin que desea, sin

---

nes contra las personas de quienes les dan la dha. notiçia ó se hace la denunciacion y acuden á bisitar sus cassas diçiendo que van a ynquirir y a receuir ynformación de delitos que las tales personas han echo, y haçen prisiones, de lo qual se han seguido muchos coechos de los tales alguaciles y scriuanos, y aber ynquietado a muchas personas sin ocasión, y aber proçedido contra personas cassadas diciendo que estan amancebados sin el recato que en este casso debe procederse por respeto del matrimonio, y otros daños e ynconvenientes de mucha consideraçión = dixeron que mandauan y mandaron que de aquí adelante ningun scriuano real de los sussodichos ni otro ninguno no pueda hacer ynformaçión sumaria ni proçeder ni hacer aberiguaçión por scrito contra persona alguna si no fuere los dhos. escriuanos del número, y esto con comissión y mandato de alguno de los tenientes o de su correg.or, dada para aquel mesmo negoçio por scrito; y que los alg.les no puedan haçer prisiones por la ynformacion o aberlguaçion q̃ los dhos. scriuanos del número hiçieren, ni acompañarles para hacerles sin mandato de los dhos. jueces ó qualquiera dellos, ni puedan rondar de noche si no fuere con los dhos scriu.os del número so pena á los vnos y á los otros de suspensión de sus oficios por seis años de mas de las penas que les estan puestas por lei y derechos destos Reynos. Y los dhos. scriuanos del número en cuanto a seruir por sus personas los dhos oficios y haçer las informaçiones en las caussas asi en sumario como en plenario, y los dhos. alguaciles en cuanto al prender guarden lo que esta man.do [mandado] por leyes destos Reynos, con aperçibimiento que no lo haçiendo se executaran contra ellos las penas que en ellas les estan puestas y se proçedera a mayores con mucho rigor.= lo qual mandaron sea sin alterarse nada en lo que por leyes destos Reynos esta m.do y asi lo mandaron y señalaron.»—*Sala de Alcaldes;* libro IV, f.º 607.

La razón era clara: los oficios de escribanos y las varas de alguaciles crecían como la espuma, y como ellos no vivían más que de condenaciones y derechos, escaseando los pleitos, acudían «á inuençiones y traças para que los hubiera», como el Reyno en Cortes se quejaba, y así, con el acrecentamiento de su número sólo se seguía en testimonio suyo «molestar los pobres oficiales y tratantes y otras personas de la republica, que estando seguros y quietos en sus casas con sus mujeres y hijos, les inquietan haciendoles causas y pleitos......» *(Cortes de Madrid de 1598-1601;* tomo XIX, p. 83.) ¡Cuánta y **cuánta** maldad y bellaquería! ¡Parece hoy.....!

encontrarse ni embarazarse en los medios de su consecución»;[1] ó, como más sobriamente dice nuestro Diccionario, «refrán que aconseja que conviene ayudarse uno á otro para conseguir lo que desean».

188 ... midiendo las espadas á los extranjeros, y, hallándolas un pelo más de la marca, destruyen á sus dueños ...

Cuando el famoso Codillo pretende casar con la hermosa Chacona, Orihuela, su contrario, que lo sabe, junta á sus pícaros y bridones,

> Y armados de punta en blanco,
> Con rodelas y manoplas,
> Y espadas más de la mida,
> Destas que quitan en ronda... [2]

van hechos unos leones contra el infeliz Codillo.

Porque las espadas de más de la marca se usaron siempre, á pesar del rigor de las justicias.

Primeramente, como en las Cortes de 1563 los procuradores se quejasen «de la desigualdad que hay en el tamaño de las espadas que se usan en estos Reinos, sucediendo muchos inconvenientes, como se vee por experiencia»,[3] el Rey prometió platicarlo con los de su Consejo; y, al efecto, aquel mismo año salió pragmática señalando el ta-

---

[1] *Diccionario de Autoridades.*

> Como *la barba te hace*
> Con su apacible silencio,
> Tú *le haces el copete*
> Con el calor de tus hierros.

CAMARGO Y ZÁRATE: *Romance á la mujer de un sufrido.* Ms. Apud GALLARDO: *Ensayo.....*; II, col.ª 202.

Por cierto (¡á propósito, Fray Jarro!) que nuestros previsores y tutelares alcaldes hasta en los copetes intervenían, prohibiendo paternalmente «que ninguna persona sea osado de traer ni trayga copete ni guedexas ni hernexas, sino que trayga el cauello ygual ansí en la caueza como en las sienes..... y que los barueros no sean osados de dexar las dhas. guedexas..... aunque lo pidan las partes». (Auto de 28 de Febrero de 1617.—*Sala de Alcaldes;* libro VII, f.º 522.) ¡Hasta para fígaros servían los graves Alcaldes de la Casa y Corte de S. M. C.!

[2] ESTEBAN MARTÍN PUENTE: *El Casamiento gracioso del famoso Codillo con la hermosa Chacona;* op. cit.

[3] *Cortes de Castilla;* tomo I, p. 349.

maño ó marca de las espadas, que había de ser el de cinco cuartas de vara, de cuchilla en largo, [1] aplicando la pena pecuniaria y la espada de más de la marca que se aprehendiese á los alguaciles que las tomasen. [2] ¡Qué más quisieron éstos! Diéronse desde entonces á perseguir toda suerte de espadas; unas, por tener un pelo más de la marca; otras, por ser de traza prohibida; [3] otras, por llevarlas personas sin licencia para ello, ó ser habidas en sitios ó lugares *non sanctos:* [4] desde aquella fecha fué uno de sus excesos más frecuentes [5] y una de sus más

---

[1] «Sepades que nos somos informados que...... se traian algunas espadas verdugos y estoques de más de seis y siete y ocho y nueve palmos y dende arriba de largo, á cuya causa se han seguido y siguen muchos inconvenientes y muertes de hombres; y queriendo proveer el remedio dello......» (dispone lo contenido en el texto, que es la ley IX, tít. VI, lib. VI de la *Nueva Recopilación*).—*Prouisiones nueuas.* (Esc. de Am.ª Real.ª). *Quaderno de las prouisiones nueuas y cedulas y auctos que los señores del Consejo Real de su Magestad mandan que se impriman, este año de MDLXIIII.*—Alcalá de Henares, Andrés de Angulo, 1566; folio; 12 hojas sin foliar.

[2] «..... la cual dicha pena pecuniaria, y estoque, espada ó verdugo, aplicamos al Juez ó Alguacil que se la tomare».—*Ibidem.*

[3] La de dos manos; la esquinada ú ondeada, y la daga de tres esquinas.— VILLADIEGO: *Instrucción política y práctica judicial;* op. cit., p. 171.

[4] Las carnicerías, las casas de mancebía, etc.—Vid., sobre esto, BOVADILLA: *Política para corregidores.....;* op. cit., lib. I, cap. XIII, tomo I, pp. 284 y siguientes.

[5] Muchos fueron los acuerdos tomados en Madrid por la Sala de Alcaldes para corregir estos abusos: eran inútiles; perduraban siempre. Vayan, sin embargo, algunos ejemplos.

«en madrid á veinte dias del mes de abril de mill y quin.tos y nobenta y seys años estando en el audiencia de la carcel rreal desta corte los ss.s alcaldes Diego Velazquez de la Canal don Fran.co mena de barnuebo y fernando barrientos, mandaron notificar a los alg.les desta corte y villa que no tomen ninguna espada ni otra harma ninguna á ninguna persona, de dia ni de noche, en casa de ninguna muger desta corte que no fuese en la casa publica y en las casas de las mugeres enamoradas del barranco, so pena de cada seys meses de suspension de sus oficios y çincuenta ducados para gastos de just.ª y pobres de la carzel y ansi lo mandaron.»—*Sala de Alcaldes;* lib. II, f.º 87.

Por Auto de 19 de Agosto de 1617 ordenóse á los alguaciles «que las espadas que quitaren, otro día siguiente las traygan y manifiesten á la Sala...... y den rraçon de la causa porque las quitaron».—*Ibidem;* lib. XII, f.º 319.

En 16 de Mayo de 1619 repitióse por la Sala el auto de 1596, aún más expre-

pingües granjerías; pues sobre los diez ducados de la pena, ¿eran para desdeñar los veinticuatro reales que valía una hoja de espada de Toledo sin guarnición, ó los veintidós de la sevillana? [1]

189 ... si, que no todos como prenden sueltan ...

Ó no: ó prendían á su antojo y capricho, sin soltar por eso luego, todo para sacar el provecho de las condenaciones; que por algo su cuantía se distribuía en seis partes: tres para el alguacil, dos para el escribano y una para el portero de vara. [2]

Así los alcaldes de Madrid les sermoneaban de continuo, prohibiéndoles «prender á ninguna persona sin preceder mandamiento de los S.res Alcaldes....., [3] á fin de que no haya dello aprovechamiento para los alguaciles». [4] Pues sin ser condenados también lo tenían: el real que llevaban por cada preso que ponían en la cárcel, y respecto de cuyo derecho hay, en un escrito de los mismos, una confesión deliciosa que patentiza su desvergüenza..... [5]

---

sivamente y en vergonzosa forma para los alguaciles, mandando «que se nottifique á los alguaçiles desta villa que de aqui adelante no quiten hespadas á ningu.ª persona si no ffuere estando en quadrilla, conforme á los pregones de Corte, y si alguna quitaren por alguna causa que pareciere justa, otro dia siguiente den quenta á su corregidor ú tinientes diciendo la causa porque la quitaron, y si el dho. Corregidor y tinientes se la aplicaran por causa justa, sea por auto, para que en todo tiempo conste, y no la puedan los dhos. alguaciles llebar de otra manera, so pena de quatro meses de suspension de sus offcios y diez ducados. Y so la mesma pena, sin embargo del auto proueydo por la sala, no las quiten á los albañiles carpinteros y peones por ir con ellas ffuera de las horas señaladas, y se encarga al dho. Corregidor y sus tinientes tengan particular cuydado de executar lo susodho.»—*Ibidem;* lib. XI, f.º 70.

Perdone el lector la porfía de estas notas; pero es el único modo de ilustrar seria y documentalmente los pasajes cervantinos, sin tener que acudir á las fantasías, ó á los comentarios retóricos y personales que aun se usan...... ¡Y créame, á la vez, que me hubiera sido más fácil!.....

[1] *Arte antiguo. Los Maestros espaderos. Apuntes reunidos por D. Enrique de Leguina, Barón de la Vega de Hoz.*—Sevilla, 1897, p. 42.
[2] *Sala de Alcaldes*. Auto de 17 de Diciembre de 1598; lib. II, f.º 212.
[3] *Ibidem*. Auto de 23 de Julio de 1586; lib. I, f.º 178.
[4] *Ibidem*. Auto de 25 de Mayo de 1589; lib. I, f.º 324.
[5] «Muy p.º s.r: Los alguaciles de la cassa y corte de V. A. diçen que los alguaçiles del crimen tienen un real de cada presso que meten en la carcel, y como

«¡Hay que vivir, que para eso estamos!», exclamarían ellos; asintiendo á lo cual, el pueblo contestaba con una deliciosa copla donde se compendian y cifran todas sus mañas, más elocuentemente que en todos los libros de la Sala de Alcaldes:

> Un pájaro, con cien plumas,
> No se puede mantener,
> Y un escribano, con una,
> Mantiene casa y mujer,
> Y dama, si tiene alguna...

190 ... en la Puerta de Jerez ...

La Puerta de Jerez, situada entre la de la Carne y la Torre del Oro, junto á San Telmo, llamábase así porque por ella se salía derechamente á la ciudad de Jerez. Desapareció en los años de la Revolución. Por ella entraban los carros de oro á la Casa de la Contratación, título ilustre que hubiera bastado para hacerla eternamente célebre; y justamente pudo decirlo Lope al tratar de Sevilla, «opulenta ciudad que no conociera ventaja á la gran Thebas, porque si ella mereció este nombre porque tuvo cien puertas, por una sola de sus muros [la de Jerez] ha entrado y entra el mayor tesoro que consta por memoria haber tenido el mundo». [1]

---

ellos lo tienen, todos los pressos que entran en la carcel el portero les lleua a cada presso un real diciendo que es para el alguacil que lo prendio, aunque no le aya prendido alguacil criminal. A v.ª al.ª suplicamos nos haga merced q̃ para q̃ los porteros no se queden con ello y se nos de a nosotros tambien, *pues anssi como anssi el preso lo paga,* y nosotros lo haremos con mucho cuidado y pedimos justicia». La Sala proveyó diciendo: «que lleven un real de cada preso como le lleuan los alguaciles de lo criminal». (*Ibidem;* lib. II., f.º 70.) La petición, como todas, no tiene fecha: la de la notificación del auto al Alcaide de la cárcel, Antonio Baeza, es de 15 de Febrero de 1596.

[1] LOPE DE VEGA: *La más prudente venganza;* edic. Rivaden. Obras no dramáticas; p. 24.—Ortiz de Zúñiga dice que sobre la Puerta de Jerez estaban esculpidos estos versos:

> Hércules me edificó,
> Julio César me cercó
> De muros y torres altas,
> Y el Rey Santo me ganó
> Con Garci Pérez de Vargas.

, *Anales eclesiásticos y seculares......*; op. cit. Lib. I, fol. 13.

191 ... así se entraba y salía por las seis espadas de los rufos ...

Ó *rufianes, germanes, envalentados, bravos, jaques, jácaros, pícaros ó jayanes de popa*, que todos estos nombres en su jerigonza se daban «los que profesaban en aquella cuasi orden militar de la valentía burdelesca y perdularia», [1] la nunca bien celebrada jacarandina.

192 ... las estocadas que tiraba, los reparos ...

Reparo vale aquí tanto como quite ó movimiento de la espada con que se para ó desvía el golpe del contrario. Era el abecé de la esgrima, como Agustín de Rojas declara: «Lo primero que enseñan los maestros de esgrima es el *reparo*.» [2]

193 ... él quedó ..... por un nuevo Rodamonte ...

Rey moro que, como personificación de la valentía arrogante, aparece, combate y muere en el *Orlando Furioso*, de Ludovico Ariosto. La popularidad de esta obra heredóla juntamente Rodamonte, y desde entonces vino su nombre corriendo en los romances [3] y en la boca del vulgo, que llamaba Rodamontes á todos aquellos que descollaban por su valor temerario y su bravura, pero siempre altanera é insolente. [4] De *Rodamonte* nació la palabra *rodomuntade* con que los franceses han significado la jactancia en hechos militares ó guerreros, y que, por cierto, aplicaron al lenguaje de los soldados españoles, que suponían lleno de fieros y bravatas. [5] Ariosto escribió Rodo-

---

[1] Chaves. *Relación de la cárcel de Sevilla......*; op. cit., p. 62.—Rodríguez Marín: *El Loaysa de «El Celoso extremeño»......*; op. cit., p. 139.

[2] *El Viaje entretenido;* op. cit., fº 172 vto, lib. III.

[3] Por ejemplo, el *Romancero historiado de Lucas Rodríguez* (Madrid, Fortanet, 1875; pp. 194-197), en donde aparece como Rey de Sarza combatiendo con Mandricardo, Rey de la Tartaria, á más de otras simplezas por el estilo. Hay también una comedia de Juan Bautista Villegas titulada *Rodamonte aragonés, ó El valiente Lucidoro*.

[4] *Venir hecho un Rodamonte, ser un Rodamonte, más bravo que Rodamonte,* son expresiones ponderativas y metafóricas que con frecuencia se leen en obras del tiempo.—López Pinciano: *Philosophia antigua;* op. cit., p. 449.—*Sales Españolas,* op. cit., I, p 66, etc.

[5] Vid. Menéndez y Pelayo: *Orígenes de la novela*, tomo II, pp. LXXXV y LXXXVI.

monte; mas Cervantes y los ingenios españoles, Rodamonte, siempre. [1]

194 ... hasta los mármoles del Colegio de Mase Rodrigo ...

Á la Puerta de Jerez, entre los muros del Alcázar y la cerca ó muralla de la ciudad, alzábase el insigne Colegio Mayor de Santa María de Jesús, Universidad de Sevilla, que por haberlo fundado Rodrigo Fernández de Santaella, Maestro en Teología y Arcediano de su Iglesia, el vulgo sevillano lo llamó siempre, con andaluz metaplasmo, Colegio de *Mase* Rodrigo.

Comenzóse á edificar el año de 1503, en que fué comprado por su fundador el solar en que radicaba; pero hasta el de 1516 no entraron los primeros colegiales.

Á la entrada del edificio, á cuatro ó seis pasos de los quicios de su puerta, había enhiestas dos columnitas de mármol fino, italiano al parecer, altas como de vara y cuarta á vara y media, delgadas y muy esbeltas, que remataban en dos bolas de la misma pieza que el resto. No tenían cadenas; pero los golletes de las cabezas acaso fueran en otro tiempo para los aros que las sujetasen, denotando visita ó aposento regio, con el consecuente derecho de asilo. Á estas columnitas se refiere la relación cervantina.

«Tales marmolillos — escribe Rodríguez Marín — no sé si los de aquella época ú otros con que, tiempo andando, los reemplazaran, fueron quitados de allí no ha mucho. Decíase va para cuatro años, con visos de verdad, que un viajero inglés, entusiasta admirador de Cervantes y de sus obras, hizo pesquisas sobre el paradero de aquellas piedras con el propósito de adquirirlas y trasladarlas á Londres.

»¡Entretanto, aquí, en nuestra desdichada nación, no interesa maldita la cosa, sino á personas contadísimas, nada que se refiera á nuestras glorias literarias, y hasta pasamos por hombres frívolos, dignos de compasión, cuando no de burla, los que nos consagramos á estudiarlas y enaltecerlas! ¡Aquí no queda amor más que para el dinero!—concluye amargamente — ¡*Tenga, tenga, y venga de donde venga!*, es la

---

[1] Mac Coll: *The Exemplary Novels*; op. cit., II, p. 180.
Cuervo hace notar que aunque en Ariosto se lea *Rodomonte*, en Berni está como en el texto.—Vid. *Cinco Novelas Ejemplares* ....; op. cit., p. 23.

empresa de casi todos los españoles de hoy.»[1] ¡Purísima verdad! Y prueba de ello es que del famoso Colegio de Maese Rodrigo sólo queda en pie la capilla, portada y un pequeño trozo del edificio, propiedad de la Mitra, declarados monumento nacional; manos mercenarias han derribado codiciosamente el resto en nuestros mismos días, ayer......[2]

195 Dejólos encerrados ...

Se sobrentiende en el Colegio de Maese Rodrigo. Penetrando por el zaguán, abríase una puerta que daba paso á un atrio ó patio claustrado, con columnas también de mármol en ambos pisos. Llevóles acuchillando el liebro del alguacil hasta los mármoles que estaban en su entrada; se recogen los rufianes dentro del Colegio, acaso en este patio, y el alguacil, por la inmunidad de que gozaba el edificio, no puede pasar. Dejándolos encerrados, va á dar, ufano, cuenta de su hazaña al asistente Valladares.

196 ... al Asistente, que ..... lo era entonces el licenciado Sarmiento de Valladares ...

De la raza de aquellos ministros de hierro de Felipe II, que ayudáronle á llevar el peso de la mayor monarquía del mundo, «hombres tan á su corazón, que se ocupaban tanto en imitarle como en servirle»,[3] fué el licenciado Juan Sarmiento de Valladares, ó Valladares Sarmiento, que de ambas maneras le nombran las historias de su época.[4]

La primera noticia que tengo de su persona es verle figurar como

---

[1] *El Loaysa de «El Celoso extremeño»......*; p. 224.

[2] Noticias circunstanciales del memorable Colegio hallará el lector en cualquiera de las historias de Sevilla: en la de Morgado: *op. cit.;* pp. 137-139; en Gallardo: *Ensayo.....*; IV, colum.ª 1.168-1.169; en Rodrigo Caro: *Antigvedades y principado de la..... civdad de Sevilla* (Sevilla, Andrés Grande, 1634, f.º 59), y más singularmente en el completo y acabado estudio del doctor Hazañas y La Rua: *Maese Rodrigo, 1444-1509.*—Sevilla, Izquierdo, 1909; in 4.º, pp. 59, 71 á 73, 88, 118-119 y 148-149.

[3] Quevedo: *Grandes anales de quince días.*

[4] Él se firmó siempre «el lic.º Valadares sarm.º».—Vid. dos firmas autógrafas suyas: *Sala de Alcaldes,* lib. I, ff. 94 y 206.

alcalde de Casa y Corte en Diciembre de 1582 [1], puesto de no pequeña responsabilidad y cuenta, y que siguió sirviendo con varias intermitencias, hasta que en 1589 fué nombrado por Asistente de Sevilla, al tiempo que se desarrollan estos sucesos del *Coloquio*.

Mientras fué alcalde de Casa y Corte, era el juez pesquisidor favorito de quien echaba mano el Rey para el cumplimiento de las más difíciles comisiones judiciales, en que se estrellaban lucidos empeños y mejores reputaciones; y cuando un crimen espantoso pedía justicia, y temíase quedara impune y oprimida la inocencia por la calidad y valimiento de los criminales, mandaba el severo Monarca al rígido Licenciado, quien, con su vara alta de justicia y asistido de sus escribanos y alguaciles, partía en volandas, acudiendo al lugar del suceso en averiguación del delito y castigo de los delincuentes.

Apenas era conocida la llegada del alcalde Valladares, cuando la ciudad toda se sobrecogía de espanto; sobornaban los deudos á los carceleros para que dejasen escapar á los presos; huían éstos; y si el temido juez hallaba algún culpable presunto, sin reparar en su alcurnia, poníale en duras prisiones cargado de grillos y cadenas, confiscaba sus bienes, usando sin tasa del tormento; que por algo él mismo decía «que de cuatro diablos que tenía el Rey su señor, él era el uno». [2] Ignoro quiénes serían los otros tres familiares del Monarca. Cumplida su comisión y ahorcados bonitamente los matadores, marchábase otra vez «aquel *rayo del cielo*, dejando atemorizados y suspensos — dice un testigo contemporáneo — á cuantos habían tenido que ver con él». [3]

En 1585 acompañó á Felipe II como alcalde aposentador en su jornada á Zaragoza, Barcelona y Valencia, [4] volviendo á desempeñar su

---

[1] Pregón de 2 de Diciembre de 1582. *(Ibidem;* lib. I, f.º 56.) Aparece en lo sucesivo como alcalde en los autos de la Sala.—I, ff. 174, 206, etc.

[2] *Libro de cosas memorables de Córdoba*..... Ms.; op. cit.—Relata varios casos en que ofició Valladares de juez pesquisidor en Córdoba, con airadísimo genio, rigor excesivo y severidad inaudita, prendiendo á los caballeros, sin guardarles el fuero, sacándoles con grillos y descaperuzados, y hablándoles tan hinchadamente, «que dió bien que decir.» (ff. 150 á 154). De esta madera, no obstante (y aparte las exageraciones del anónimo autor de los *Casos*), se tallaban los buenos é incorruptibles jueces.

[3] *Ibidem.*

[4] Cock: *Relación del viaje hecho por Felipe II en 1585 á Zaragoza, Barcelona y Valencia.*—Madrid, Aribau, 1876; p. 9.

cargo de alcalde, del que nuevamente le sacó el Rey para nombrarle Juez de vagabundos y ladrones, oficio que en aquellos tiempos venía á ser el de Director de Penales de los nuestros. [1]

Pocos años después ocurrió la reducción de la Sauceda (como en la siguiente nota se describe), y en premio á esta memorable hazaña y á sus méritos antiguos, fué proveído de Asistente de Sevilla, reputadísimo cargo que no servían, de ordinario, más que señores de título. [2]

No fué, ciertamente, afortunada la estancia, ni el desempeño de la Asistencia sevillana por Valladares el corto tiempo que mal gozó de ella; su carácter inflexible y su rigidez de hierro cuadraban mal con el desorden universal de las cosas de Sevilla, que más pedían habilidad y maña para remediarlas que destemplados tonos y airadas maneras; y por las noticias que nos han dejado las Actas Capitulares, los cabildos que presidió, con poco tacto, eran de aquellos en que los capitulares se afrentaban de palabra, tirábanse los sombreros, llegando á mayores descomposturas, sin que acertase á atajar estos escándalos. [3] Mal se llevó con la ciudad y su gobierno, reconociéndolo sinceramente cuando, al marcharse pocos meses después, confesó «que no avia entendido nada de Sevilla». [4]

---

[1] Por real cédula fechada en «San Lorenzo á postrero día del mes de Octubre de 1588 años».—*Sala de Alcaldes;* lib. I, f.º 249.

[2] «En esta ocasión llegó á Sevilla el Alcalde Valladares Sarmiento por asistente de aquella ziudad en premio de lo que avia servido á Felipe II en la Salceda». *(Libro de cosas memorables de Córdoba;* op. cit., f.º 148 vto.) Por Febrero de 1589 comenzó á ejercer su oficio. (RODRÍGUEZ MARÍN: *El Loaysa.....;* op. cit, página 224.) ORTIZ DE ZÚÑIGA (*Anales eclesiásticos y seculares de Sevilla.....* folio 797) dice que en 1589 vino á la Asistencia «desde la Chancillería de Granada donde era oidor».

En la real cédula de 26 de Agosto de 1589, por la que se nombraba Juez de vagabundos al licenciado Bravo de Sotomayor en substitución de Valladares, «por auer proveydo al dho. Alcalde Valladares por nro. asistente de seuilla por otra nra. cedula», no se mienta dicho cargo de oidor. No es extraño, sin embargo, que lo fuese.—*Sala de Alcaldes,* lib. I, f.º 331.

[3] RODRÍGUEZ MARÍN: Vid. *Rinconete y Cortadillo.....;* op. cit., pp. 186 y 187.

[4] «*Reglas que ha de guardar generalm.ᵗᵉ el que fuere Asistente de Seuilla para bien gobernar.*» (Ms. Bib. Acad. Hist. Colec. *Salazar;* A 83, ff. 298 y 299.) Enviábaselas al Conde de Gondomar, proveído Asistente de Sevilla en 1612, el licen-

El Rey Prudente, no obstante su fracaso, estimando su honradez, siguió favoreciéndole, figurando como asistente del Rey en las Cortes de 1592 á 1598, que en 13 de Noviembre de 1595 acordaron se le felicitara por su elevación al cargo de Consejero de Cámara con que fué honrado aquel año, y que conservó hasta su muerte. [1]

Ocurrida la de Felipe II, mandóle llamar Felipe III, comunicando con él el testamento de su padre y algunas otras cosas de importancia; [2] poco tiempo pudo, sin embargo, apreciar su celo, lealtad é inteligencia, pues su salud, que desde 1598 andaba decaída, empeoró, falleciendo en los primeros días de Abril de 1599. [3]

Por la correspondencia de sus hijos con el Conde de Gondomar, de quien eran deudos lejanos, radicante el linaje de los Sarmientos de Mondoñedo en Galicia, se sabe que estuvo casado con una dama principal, de la que tuvo varios hijos, que años más tarde, pretendían ir á la Corte para «procurar algún premio de los servicios de su padre, pues no le costaron más que su vida y de dos hijos, y harta más hazienda de la que se le dió»; [4] ejemplo no raro en aquellos tiempos del

---

ciado Armida, para instrucción suya, y se conservan entre la correspondencia de aquél, con una carta del Licenciado. *(Ibidem;* ff. 300 y 301)

En cabildo extraordinario de 11 de Enero de 1590 por la tarde «se leyó la cédula y Provisión Real, fecha 31 de Octubre de 1589, en que se manda recibir por asistente á D. Francisco de Carvajal en lugar del L.do Juan Sarmiento de Valladares del Consejo Supremo de S. M. asistente que ha sido».—Archivo Municipal de Sevilla.—*Actas Capitulares.* Sección 3.ª, tomo 3.º, núm. 14.

[1] *Cortes de Castilla,* tomo XIV, p. 342.

[2] Carta de D. Luis Sarmiento de Valladares á D. Diego Sarmiento de Acuña, fechada en «Madrid y Septiembre 30 de 1598».—Mss., *Colec. Salazar:* A-72, folio 210.

[3] «..... murieron estos días pasados aquí el licenciado Valladares y el licenciado Ruy Pérez del Consejo Real, personas de las más señaladas de él, como se ha conocido de las cosas que han pasado por sus manos.»—CABRERA: *Relaciones.....;* 17 Abril 1599; op. cit., p. 17.

La última vez que le veo figurar es en una provisión real en que se nombra por Corregidor de Madrid al Señor Mosen Rubí de Bracamonte-Dávila, fechada en «Madrid á 27 días del mes de Março de 1599».—*Libros de Actas del Ayuntamiento de Madrid,* Año 1599, f.º 98.

[4] Carta de don Juan Sarmiento de Valladares (hijo) al Conde de Gondomar, fechada en Vigo á 22 de Septiembre de 1602. Ms. *Colec. Salazar;* A-73, f.º 274. Pueden sacarse algunas noticias más de estas cartas: *Colec. Salazar;* Mss. A-71,

Rey Prudente, en que todavía los hombres servían á los cargos, y no los cargos á los hombres.

197 ... famoso por la destruición de la Sauceda.

En la pintoresca serranía de Ronda, y en el camino que llevaba de Gibraltar á la Corte, extendíase una capacísima dehesa, «La Sauceda», así llamada por el gran número de sauces que en ella se criaban, de más de diez y seis leguas de travesía, tan espesa en su fronda y tan cerrada de matas, que perdíanse en ella los animales al buscar sus guaridas, y en sus soledades remotas podía un hombre vivir muchos años sin ser hallado de las gentes.

Destinábase la fertilísima dehesa al pastoreo, y tan copiosa y rica era de hierbas, que veces hubo de tener acogidas entre sus cotos treinta mil reses mayores, sin que por eso se llegaran á estorbar las unas á las otras.

Por los años de 1580 y tantos, al amparo de la apartada tierra y de la lejanía y soledad de todo lugar habitado, campeaban en su comarca cerca de 300 vaqueros, hechos, más que á guardar ganado, á saltear y detener á los infelices caminantes que su mala ventura llevaba por aquellas peligrosas vías; matándoles unas veces, guardándoles otras en rehenes dentro de las fragosas cuevas de sus montes, y desvalijándoles siempre de su hacienda, mercaderías y vestidos. Porque allí (como decían en su bárbaro lenguaje), no se entendía de *retrónicas ni ataugias*, sino de meter plomo en el cuerpo de quien no traía dineros. Eran gentes, en suma — un testigo del tiempo lo declara —, que vivían como si no hubieran de morir, sujetos á todos los vicios del mundo, rapiñas, homicidios, hurtos, lujurias, juegos y otros mil delitos atroces, sin temer á Dios, y menos á la humana justicia, que tan poco hacía por refrenar sus crímenes.

Gobernaba aquella irregular república, un caudillo de gran valor y fiereza — Roque Amador —, que, cual otro Roque Guinart, atendía á repartir equitativamente entre sus camaradas los despojos y ducados que se arrancaban, mal de su grado, á los pobres pasajeros, único

---

folio 428; A-78, f.º 41; A-73, f.º 274; A-83, ff. 238 y 372, y A-72, f.º 274.—Vid. también *Cortes de Castilla*, tomo XVII, p. 499, etc.

trance en que se mentaba la cuenta y la razón entre aquella canallesca tropa.

La fama insolente y escandalosa de la Sauceda, verdadero reino de taifa en pleno siglo XVI, trascendió hasta la Corte; y tratando el Rey con su Consejo del medio más seguro para reducir á aquellos bandoleros, que así traían la tierra, Felipe II echó mano nuevamente del licenciado Valladares, que acababa de salir, huraño y mal humorado, de su fracasada gestión en la Asistencia sevillana. [1]

Venido, en efecto, el severo juez, y echados los pregones y bandos en que prometía piadosa misericordia á los bandoleros que se sometieran á la justicia del Rey, apenas fué conocida su llegada en la Sauceda, cuando el temor, la zozobra y el espanto sobrecogió á toda la cofradía ladronesca; y quizás no vería Roque Amador muy segura la ofrecida clemencia, pues, adelantándose como astuto á la decisión y consejo de los demás, disfrazado, pasó á Gibraltar, y de allí, en un barco, á África, dejando sin cabeza ni gobierno á su cuadrilla. Los vaqueros salteadores, al conocer su fuga, desgarráronse aún más, acobardados, huyendo por diversas partes, y Valladares, aprovechando su turbación y desgobierno, hábilmente logró aprehender á más de doscientos, ejecutando en ellos ejemplar y severo castigo.

Quedó con esto tranquila la comarca, limpia la Serranía de malhechores, y ufano y célebre el Licenciado, á quien hizo popular y famoso en España toda, desde entonces, la destrucción de la Sauceda.

Así la pinta, y con grandes visos de certeza, al parecer, el testigo coetáneo de cuya desperdigada narración he venido sirviéndome para componer substancialmante la mía. [2]

No fué, sin embargo, él sólo quien de tan memorable caso trató. Otro documento para su historia consérvase además, de mucha fuerza y crédito, como vecino que fué su autor de la tierra, asimismo por los tiempos en que ocurrieron estos sucesos. Y aunque de su lectura no

---

[1] De la relación de Francisco Pacheco, que copio más adelante, se desprende que la ruina de la Sauceda ocurrió después de 1590, cuando Valladares había servido ya como Asistente en Sevilla. Sin embargo, otro autor del tiempo, anónimo y no siempre verídico, dice lo contrario, con palabras que ya he dejado citadas más arriba.

[2] ESPINEL: *El Escudero Marcos de Obregon;* relación III, descansos XIV, XVII, XVIII, XXII, XXIV y XXV.

se desprendan para el alcalde Valladares los títulos de gloria que de la de Espinel, así y todo, paréceme su crónica más puntual, verídica y humana que la del rondeño novelista.

Trazando Francisco Pacheco, meritísimo autor de tantas biografías de nuestros clásicos ingenios, la del insigne veinticuatro Gonzalo Argote de Molina, dice de este modo, sin quitarle una coma, pues harto bien narra su pluma, para que yo ponga en su pintoresca narración una tilde siquiera de la mía pecadora:

«A esta sazón recibió [Gonzalo Argote] una carta de 13 de Mayo de 1590, de Pedro Machuca, Capitán de 300 Salteadores que abitavan pen *(sic)* las sierras de Xerez de la Frontera, en Nombre suyo y de 8 compañeros (cabeças de los demas), que cansados ya del daño que hazian en toda aquella comarca de Arcos, Puerto de Santa Maria i los demas lugares, se ofrecian en sus manos, fiados de su Piedad, para que les alcaçasse perdon de su Magestad. A quien respondio que daria cuenta al Rei i a su Consejo, para que de alli viniesse el remedio. Quedando assentado para el año siguiente, dia del Señor San Juan Batista. Que, llegado, partió Argote de Molina de Sevilla, con luzido acompañamiento de 24 cuadrilleros gallardos i bien dispuestos, vestidos de verde, con sus alfanges pendientes i sus ballestas al ombro: i 12 criados de librea i 4 lacayos, todos del mismo color. A su lado derecho, el Licenciado Valladares, Alcalde de casa i Corte (famosso Juez), el cual traia la indulgencia. Llegaron á la Ciudad de Xerez i llevando consigo al Corregidor della i 4 Veinticuatros i otros tantos Jurados, con muchos Cavalleros y ciudadanos, avisaron 3 dias antes al Capitan (a quien los dias se le hazian años) salió con su exercito á recebirlos, con grande alegria i orden. Repartidos en escuadras, con sus Arcabuzes, vanderas y Caxas, baxando por cuatro veredas de la Sierra a juntarse en el Camino Real, i haziendo a punto sus salvas, los cogieron en medio, i besando las manos a los jueces con muestras de obediencia i umildad, caminaron por entre muchos arcos triunfales á su cueva. Donde estava levantado un luzido Teatro de enrramadas de Laurel, de Mirto i otras yervas i flores olorosas, i uno i otro adornado de mucha Caça y Liebres, Conejos, Cabras, Venados y Javalies. I asentadose por orden en sus gradas, informó Argote en favor de los Deliquentes, i el Alcalde leyo la Carta de Perdon General de parte del Rei nuestro Señor. La cual oyeron todos de rudillas, clamando, viva el Rey Filipo 2.º

»Dieron de comer á los guespedes lo mejor que pudieron sirviendo de mesas aquellos espaciosos Prados i á bever antiguos i preciosos vinos i aguas puras i frescas, con Bailes y Danças á su modo, i dandoles el Provincial [Gonzalo Argote] un rico i liberal Donativo, se partieron, unos a sus tierras, otros a servir sus nuevas Plaças, quedando la Sauceda desierta, i los caminos libres, i la tierra segura.» [1]

Si la Sauceda acabó así, fuerza es confesar que el dictado de *famoso* que por su destrucción adjudica Cervantes al Licenciado, trasciende á tiro de cañón á purísima ironía; pues en la capitulación de la Sauceda más honra sacaron los vencidos que la Justicia del Rey, su vencedora, aunque á su frente figurase aquel temido y memorable juez que se llamó el licenciado Juan Sarmiento de Valladares.

198 ... y habiendo mi amo avizorado, como en la jácara se dice ...

Cristóbal de Chaves en su *Vocabulario* traduce justamente *avizorar* por *mirar con recato*. no con tanto acierto nuestro Diccionario equipara la voz á *acechar*, verbo semejante, pero sin la intención expresiva y singular del término germanesco. [2]

199 ... se entró en una casa ...

Entramos ahora en plena jurisdicción y señorío del señor Monipodio ¿Cómo no acudir, pues, para que nos introduzca en sus dominios á su ilustrador meritísimo, si la nota, el pasaje y la figura bizarra de su dueño le reclaman por entero?

Dice así Rodríguez Marín, identificando esta casa:

«Tomando pie de la indicación de estar la casa de Monipodio «en »Triana, en una calle, junto al molino de la pólvora», y de hallarse

---

[1] Francisco Pacheco: *Libro de descripción de verdaderos retratos.....*; op. cit., biografía de Gonzalo Argote de Molina.

[2] «Estuve avizorando por todo aquello si podría sacar aquella prenda sin costas, ni daño de barras.»—Alemán: *Guzmán de Alfarache;* parte II, libro II, capítulo IV.

Quevedo tiene un pasaje aún más parecido á este del *Coloquio*. «La dueña..... se seguía, atisbando (como dicen los pícaros) todo lo que pasaba.»—*El Entremetido, la dueña y el soplón;* Obras..... 1, 361.

En *Rinconete y Cortadillo* empleó Cervantes, asimismo, esta voz, con un significado idéntico al del *Coloquio*.

bien comprobado el año á que Cervantes se refería (1589), D. Adolfo de Castro, en su citado estudio, [1] propúsose averiguar cuál fuese tal casa; y á fe que si no lo consiguió, anduvo cerca de lograrlo. Partiendo de la noticia que da Morgado de haberse volado con estrago grandísimo, á 18 de Mayo de 1579, el molino de la pólvora que tenía en Triana en el Puerto de Camaroneros, frente á la Torre del Oro, Remón el polvorista....., y de que por ciertas *Memorias eclesiásticas y seculares de Sevilla* consta que el molino de la pólvora se mudó detrás del convento de Nuestra Señora de los Remedios, en el mismo Triana, volándose también á 14 de Noviembre de 1613, D. Adolfo de Castro opinó que la casa de Monipodio debía de estar por la calle de la Cruz, llamada de Troya en 1873, que desemboca en la Ribera, enfrente de la Torre del Oro, y aun presumió haber identificado la casa con la que en el dicho año estaba marcada con el número 4.

»Consultadas por mí, en sus dos ediciones, las láminas hispalenses de la hermosa obra de Jorge Braun, intitulada *Theatrum Vrbium præcipiarium Mundi* (1572 y 1618) y las reproducciones de ellas con que D. Francisco de Borja Palomo avaloró su interesante *Historia crítica de las riadas o grandes avenidas del Guadalquivir en Sevilla*, paréceme indudable que Cervantes hubo de aludir á la calle que indica D. Adolfo de Castro, y que sigue llamándose de Troya, por ser la única que á fines del siglo XVI había junto al dicho convento y ser campo entonces toda la extensión que hay detrás de él.» [2]

No paró aquí la erudición y celo del benemérito cervantista, sino que en *Rinconete y Cortadillo*, al repetir estas noticias, agregó otras nuevas, todas en la misma conclusión que apuntaba D. Adolfo de Castro. Y añadía finalmente: «Bien habían escogido el sitio [Triana]: lo uno, para estar en fácil y poco advertida comunicación con los cofrades que traían preseas garbeadas de fuera parte; y lo otro, porque Triana era barrio poco visitado por las justicias de la ciudad y no las tenía propias, ni aún delegadas, con lo cual podía considerarse como lugar poco menos que *inmune.*» [3]

---

[1] *La casa del Tío Monipodio*, dado á luz en el libro intitulado *Varias obras inéditas de Cervantes....*; op. cit., pp. 375-409.
[2] RODRÍGUEZ MARÍN: *El Loaysa de «El Celoso extremeño»*; p. 229.
[3] *Rinconete y Cortadillo;* op. cit., 389 á 392.

200 ... y hallamos en un patio á todos los jayanes de la pendencia, sin capas ni espadas, y todos desabrochados ...

Quevedo nos dejó el acabado retrato y vestimenta de estos valientes de mentira: «Éstos, por la mayor parte, son gente plebeya; tratan más de parecer bravos que lindos; visten á lo rufianesco, media sobre media, sombrero de mucha falda y vuelta, faldillas largas, coleto de ante, estoque largo y daga buída.» [1]

Y como los jayanes de la pendencia llevarían también sus coletos de ante, dobles, ajustados y prietos, que tan gallardos y rectos les hacían andar, lo cálido de la tierra, lo avanzado de la estación y la confianza y amistad con que se hallaban en casa del señor Monipodio, su principal y faraute, les hicieron desabrocharse los coletos, para mayor comodidad y holgura. [2]

201 ... y todos le brindaron, y él hizo la razón á todos ...

Hacer la razón, corresponder al brindis ofrecido, devolverle, bebiendo, en suma, la escanciada copa. Expresión anticuada, pero de un empleo popularísimo por aquel tiempo. [3]

---

[1] *Capitulaciones de la vida de la Corte.....* Obras.....; I, p. 461.

[2] Los coletos de ante teníanlos prohibidos las justicias, por estimarlos armas ó defensas traidoras y de ventajas: y para poder usarlos en Madrid precisábase licencia de los Alcaldes, la cual no se conseguía sino tras largas actuaciones y con justificada causa; verbigracia, la que alegaba un Domingo Sáez, «estante en corte y que por algunos negocios de mucha calidad se ha cobrado muchos enemigos que le han amenaçado», pidiendo poder traer un coleto de ante «para guarda de mi persona».—*Sala de Alcaldes;* lib. IX, f.° 375.

Habíanse prohibido por auto de 30 de Marzo de 1609, mandando «q̃ ninguna persona sea osado de traer en la corte coletos de ante sencillos ni doblados, de día ni de noche á ninguna ora, encubiertos ó descubiertos.....»—*Ibidem;* lib. IV, folio 423.

[3] «..... que teniendo una gran copa de vino en la mano para hacer la razón.....» SALAS BARBADILLO: *El Necio bien afortunado.* (Edic. Bibliót. Esp.); op. cit., página 303.

«Puse la rodilla en el suelo en tanto que bebió, y después mandóme hiciese la razón, diciendo que, pues merecía un brindis suyo, podía beber delante de él.»—DUQUE DE ESTRADA: *Vida.....;* op. cit., p. 287.

202 ... las damas que de su trato se calificaron y las que se reprobaron ...

Reprobar por *desechar*, no «condenar» ni «dar por mala una cosa»; acepción que Covarrubias recuerda y nuestro Diccionario olvida.

203 ... la destreza que allí se puso en su punto ...

Por *destreza* entendíase entonces, antonomásticamente, el arte de las armas y habilidad en la esgrima; y así llamábanse *diestros* á los prácticos y experimentados en su manejo, del mismo modo que hoy lo decimos de los profesionales en el arte de torear. Mudanzas de los tiempos, que lógicamente acata y sigue el idioma.

Mas como en esto que digo nada hay que no sepa por su cuenta y sobradamente el culto lector, para que gane, al menos, algo en esta nota y encierre alguna novedad estimable — como es mi propósito en todas —, le daré la descripción bibliográfica de un muy raro librillo sobre la *destreza*, coetáneo del *Coloquio*, y que el celosísimo Pérez Pastor no alcanzó á ver. [1]

204 ... levantándose ..... á poner en prática las tretas que se les ofrecían, esgrimiendo con las manos, los vocablos tan exquisitos de que usaban ...

Analizando en mi comienzo este largo párrafo del *Coloquio*, sirviéndome para ello de la edición de Aribau, quien suprimió, al igual de Rosell en la suya, la coma que el lector verá después del sustantivo *manos*, como si el verbo *esgrimir* se refiriese á «los vocablos tan ex-

---

[1] *Las cien | conclusiones, o | formas de saber de la verdade | ra Destreza, fundada en sciencia · y deziocho | contradiciones a las tretas de la Destreza comun: | Por don Luis Pacheco de Naruaez, Sargento ma | yor de la Isla de Fuerteuentura. Sustentaranse en | modo escolastico y demostratiuo, donde, y quando los se | ñores Procuradores del Reyno, Comissarios don Pedro de | Granada, don Geronimo Manrique y don Garcia del | Hoyo ordenaren. ¶ Defenderalas don | Alonso de Villegas. | Dirigidas al Reyno de Castilla | junto en Cortes. |* (Esc.º de Arm.ᵃ de Castilla).—*Impresso En Madrid, Año de 1608.*—9 hojas en folio numeradas + 2 en blanco. Bibl. Acad. de la Hist. *Jesuítas;* tomo 92, núm. 29.—Vid. también Pérez Pastor: *Bibliografía Madrileña....* , II, núm. 1.014; y *Cortes de Castilla*, XXIV, 446, 863 y 870.

quisitos de que usaban» los rufianes de la pendencia, tenía escrito en mis apuntes lo que sigue:

«¿*Esgrimir con las manos los vocablos?*—se preguntará el lector con extrañeza—. ¿Acaso errata?—No; buena y justa lección, usando del verbo *esgrimir* en un valor que no incluye el Diccionario académico, y olvidado de todo punto en nuestros días. Aquí equivale á *accionar con las manos*, acompañando con movimientos, juegos y ademanes de ellas lo que se dice; aquellas mismas demostraciones con que más arriba, en el mismo *Coloquio*, recomienda Cervantes vestir algunos cuentos, para volverlos de flojos y desmayados en agudos y gustosos.» [1]

Sin arrepentirme ahora del castizo y olvidado sentido del verbo *esgrimir*, que resucito, no creo necesario, sin embargo, llevar la explicación por tales derroteros. La coma que suprimieron Aribau y Rosell está bien puesta, y con ella se puntuó el mismo párrafo en las ediciones primeras de esta novela; porque el verbo *esgrimir*, clave de esta duda gramatical, debe entenderse como consecuente ó secundario de la oración anterior: «..... la *destreza* que allí se puso en su punto, esgrimiendo con las manos»; esto es, imitando ó remedando con las manos, á falta de las arrumbadas espadas, las tretas ó engaños que en el curso de la cena se les ofrecían á aquellos *bravos* para desarmar ó herir á sus supuestos enemigos. Nótese, además, que el párrafo todo encierra una verdadera relación *numeral*, compuesta de un mismo sujeto y verbo principales, para varios y diferentes predicados. «Quererte yo contar ahora—dice Berganza—lo que allí se trató, la cena...., las peleas...., los hurtos...., las damas...., las alabanzas...., la destreza...., (levantándose á poner en práctica las tretas...., esgrimiendo con las manos), los vocablos...., y, finalmente, el talle de la persona del huésped, sería meterme en un laberinto.....»

---

[1] Hablando Cristóbal de Villalón de un viejo que soñaba despierto, pronunciando palabras sin sentido, dice: «lleguéme un día á él y pregunté le en qué iba pensando, porque *con las manos iba entre sí esgrimiendo* ».—*Viaje de Turquía;* op. cit., p. 65.

Quevedo emplea también varias veces el verbo *esgrimir*, como en este pasaje: «Si tiene buenas manos, *tanto las esgrime* y las galopea por el tocado....»—*Libro de todas las cosas y otras muchas más......*—Obras; I, p. 480.

«..... á la de buenas manos, se las enseñaba *á esgrimir*.....»—*Historia de la vida del Buscón;* lib. II, cap. VIII.

—Larga va la nota en asunto tan chico—se dirá el lector, seguramente—. No se lo niego, y harto lo siento yo, por la aridez del tema; pero en este caso, ó en otros análogos de mi comentario, hágame la merced de recordar aquella tan graciosa cuanto sabida reflexión del autor de la *Crotalogía:* que no es obligatorio tocar las castañuelas; pero que, puestos á tocarlas, hay que tocarlas bien.....

205 ... sería meterme en un laberinto donde no me fuese posible salir cuando quisiese.

No satisfecho Cervantes, á la cuenta, con haber compuesto aquel retablo tan realista y sin par de *Rinconete y Cortadillo*, como si enamorado de su asunto gustase de volver á él por bizarro capricho, evoca de pasada y nuevamente en este pasaje del *Coloquio* el escenario, las figuras y el ambiente de aquella incomparable novelita. Tan fecundo y poderoso es el genio, que en las mismas tierras donde cosechó ya galanos frutos, halla al volver doradas espigas y copiosísima mies con que llenar sus trojes. Que no sólo á los pintores les es dada la licencia de repetir sus asuntos en diferentes lienzos, y á los músicos excelsos —como de Wagner dicen—recordar en el curso de una obra á los personajes de otra distinta, por sólo su *leit-motif* ó tema típico. De todos modos—y rompiendo por una sola vez en este comentario la ley que me ordené de ahorrar al lector mis personales impresiones—, tan genial y gallarda es la razón que ahora las provoca, que no puedo resistirme á declararlas.

¡Lástima grande que el temor de aquel intrincado laberinto en que Berganza recelaba verse perdido detuvieran al prodigioso can en la total pintura que estas líneas esbozan, ya que no del patio del señor Monipodio, que esculpido y grabado con caracteres eternos quedó para la posteridad en *Rinconete*, de su casa por dentro, más rica, á buen seguro, en secretos, escondrijos y sorpresas que un castillo encantado del *Palmerín*.

No le faltó, sin embargo, el historiador que merecía. Por aquellos mismos años, y en la más risueña obra de pasatiempo que atesora la literatura castellana, en el *Buscón don Pablos*, recogió el asunto Quevedo, modelando con arte soberano, en su escena final, aquellas mismas bribiáticas figuras, dignas de Rembrandt, y sorprendidas corchetilmente por Berganza en la opulenta confusión de la *Babilonia* sevillana.

206 ... y pala de rufianes ...

«*Pala*—dice el vocabulario de Cristóbal de Chaves—es cuando se pone un ladrón delante de uno á quien quieren robar, para ocupalle la vista, y aquesto se dice *hacer pala.*» Por esto á los amigos de lo ajeno que practicaban esta bribiática picardía llamábanles *palas*. En general, equivale á *encubridor*. Y ninguno tan único en el género como el sin igual Monipodio. [1]

207 ... y que la gran pendencia de mi amo había sido primero concertada con ellos ...

«La flor más cruel y inicua de todas, á mi parecer..... es la de los valientes que tienen por oficio el serlo, y comen dello. Los unos tienen más de aparentes que de temerarios; arrímanse á señores, debajo de cuya capa cometen mil insolencias y maldades; salen con ellos de noche; usan mil estratagemas y ardides para opinarse de valientes con el señor. *echan amigos que los acuchillen, y que después huyan del rigor de sus espadas*, con que se admira su dueño, y confiesa que por fulano tiene vida, y que es el más bizarro y valiente mozo del mundo, y de mayor ley.» [2]

Á la cuenta, no era el alguacil del *Coloquio* el único que procuraba acreditarse de arrojado con estas bravuras postizas, con estas estocadas de vino. Si la enfermedad de la valentía era endémica y común entre los sevillanos, [3] ¿qué de extraño tiene el que los cobardes de veras aparentasen ser valientes, aunque lo fueran de mentira?

---

[1] «*Palas* hay tan tiranos y desalmados que luego estafan y lo aplican todo para sí.» (ALEMÁN: *Guzmán de Alfarache*.....; parte II, lib. II, cap. IV.)—«... púseme á la puerta, haciendo *pala* á la señora». ESPINEL: *El Escudero Marcos de Obregón;* relación I, descanso III.

[2] QUEVEDO: *Capitulaciones de la vida de la Corte*. Edic. Rivad., tomo I, p. 466. Muy comunes eran estos conciertos para opinarse de valientes con los señores que servían. Suárez de Figueroa retrató muy vivamente también á estos García de Paredes....., con sus amigos, en *El Passagero*.....; alivio VII, ff. 251 vto. á 253.

[3]
    Vi valientes infinitos:
    Y no hay cosa que me canse
    Tanto como ver valientes,
    Y que por oficio pase
    Ser uno valiente aquí;

dice, refiriéndose á Sevilla, el Justiciero, que no Cruel, Rey D. Pedro, en *El Médico de su honra*, de Calderón. (Jornada II, escena XI.)

208 ... usaron de un ardid que ..... tiene del agudo y del discreto ...

Clemencín reputa incorrecto, ó italianismo cuando menos, el empleo del artículo masculino delante del adjetivo sustantivado. [1] Para mí, esta forma sintáxica es un caso más de pura y simple elipsis, como el mismo autor reconoce en otro lugar, y equivale á «que á mi parecer tiene del *hombre* agudo y del *hombre* discreto».

Tan abundantemente sembrada fué en sus escritos por todo linaje de ingenios, que yo me atrevo á diputar el giro eminentemente castizo, elegante y propio. [2]

209 ... como parecía por una cédula firmada de su nombre, de la cual hacía presentación.

Rodríguez Marín comenta y explica bien el origen de las reminiscencias del lenguaje judicial que tan frecuentemente se encuentran en las obras de Cervantes; «por ocuparse en negocios ajenos — dice — que requerían á menudo el otorgar escrituras públicas y el andar entre curiales, aprendió una multitud de frasecillas escribaniles, y aquí y allá las pone en boca de los personajes de sus novelas». [3]

Este fragmento del *Coloquio* es modelo aún más singular y vivo de la pericia jurídica de Cervantes, pues en sus cortas líneas encierra un formulismo acabado del procedimiento y curso que entonces se seguía en el juicio ejecutivo. Y ¡quién sabe si el conocerlo tan á fondo radica en que tuvo que aprenderlo alguna vez, dolorosamente, á costa propia!

210 ... y le marcó por suyo ...

Á idénticas palabras del *Rinconete*, dice Rodríguez Marín, recordando éstas del *Coloquio*. «Era muy frecuente decir *marcar por* en signifi-

---

[1] CLEMENCÍN: op. cit., II, pp. 303 y 288.

[2] Vayan dos ejemplos, entre mil que podrían sacarse: «nunca vi yo rufián que..... mejor supiese hacer *del* hipócrita». (TORQUEMADA: *Colloquios satíricos*.....; op cit., p 491); «..... aunque con demostraciones mentecatas y simples le respondía apropósito, muy haciéndose *del* borracho». FRANCISCO DE ARCEO: *Fiestas reales de Lisboa desde que el Rey nuestro señor entró, hasta que salió*.....— Lisboa, Jorge Rodríguez, 1619; in 4.º; sin numer.

[3] *Rinconete y Cortadillo*.....; op. cit., p. 467.

cado de *señalar por*, ó *tener en posesión de*»; [1] metonimia que nace del efecto ó resultado de marcar, cual es distinguir ó señalar una cosa por propia.

211 ... en un tercero que mi amo echó de manga, para que se le comprase.

La voz *manga*, italiana de origen, tuvo muchos significados en aquel tiempo, que hemos arrumbado en los nuestros, empobreciendo el idioma. Uno de ellos, muy popular y corriente entre los escritores, era el modismo *estar de manga* que un moderno comentarista explica acertadamente como «concierto con otro para conseguir más segura y recatadamente lo que se desea, sin que se conozca la intención»; [2] y así, *echar de manga*, es poner con astucia un tercero que fingidamente aparenta lo que en realidad no hace; [3] en el pasaje del *Coloquio*, «comprador postizo», *tangay*, que dicen los gitanos.

Para mí, la frase figurativa no procede, como Seijas sospechaba, «de la costumbre de tirarse de la manga al advertido, para darle á entender alguna cosa sin que reparen los circunstantes»; sino que, traslaticiamente, se aplica por *mangas*, secciones ligeras de tropas, que en las descubiertas de las batallas servían para apoyar los flancos y, principalmente, para engañar astutamente al enemigo con sus movimientos hábiles y simulados. [4] Al menos, cuando se lee esta palabra en los

---

[1] *Rinconete y Cortadillo* .....; p. 383.—Y vaya un caso del tiempo, en corroboración de esta doctrina: «No más, Fierabrás yo *le marco* por un dezeno de la cama».—ALFONSO VELÁZQUEZ DE VELASCO: *La Lena*.....; op. cit., p. 415.

[2] SEIJAS: Comentario al *Cuento de Cuentos* de Quevedo, en sus *Obras*...., edición Rivad., tomo II, p. 410.

[3] Véase un buen ejemplo. Nos lo da hablando de los fulleros Luque Fajardo. «De otras muchas evasiones y trazas suelen valerse para cubierta de su mal trato, como en una mesa de truques, ó una baraxa de naipes viejos, con *dos hombres de manga que juegan por cumplimiento*».—*Fiel desengaño contra la ociosidad*.....; op. cit., f.° 279 vto.

En lenguaje flamenco medio gitanesco *mangar* es «sacar á otro una cosa con engaño, con trampa».

[4] Muy familiar á los escritores de milicia, y que Cervantes soldado recordaba en aquel pasaje de *La Numancia* (acto III, escena IV):

«En cerrado escuadrón ó *manga suelta*.»

libros del tiempo, siempre entraña ardid, engaño, burlería y fingimiento. [1]

212 ... y mi amo se quedó con el caballo, que para él fué peor que el Seyano lo fué para sus dueños.

Con muy buena gracia relata el protonotario Luis Pérez la historia proverbial de este fatídico bruto:

«Cneo Seyo—escribe—tuvo un caballo de la casta de los caballos de Diomedes, el cual compró Cor. Dolabella en dos mil y quinientos ducados. El cual era en gran manera muy grande, mas era de tal hado y ventura, que cualquiera que le tuviese, asi él, como toda su familia y casa, había de perecer y morir desastradamente. Lo cual vieron por experiencia Cneo Seyo, cuyo era primero, que acabó miserablemente él y toda su casa; y después Marco Antonio, que se metió la espada por el cuerpo; y después Cor. Dolabella, que murió desventuradamente; y después lo tuvo C. Casio, que tambien se perdió y acabó mal; los cuales, aunque eran de los mayores y más principales príncipes de Roma, acabaron su vida mal y perdieron su honra desastradamente.» [2]

«Últimamente, después de viejo—agrega otro autor—, fué vendido por un vil precio á un caballero de Asia llamado Nígido, que pasando el río de Maratón se ahogaron ambos sin parecer más ni el uno ni el otro; de suerte que con la muerte hicieron fin á sus desastres, y quedó

---

[1] Abundan sobremanera los ejemplos en las obras de entonces. Conozca el lector algunos: «Mohatra es la compra fingida que se hace, vendiendo el mercader á más precio del justo y teniendo otro *de manga* que lo vuelva á comprar con dinero contante á menos precio». (COVARRUBIAS: *Tesoro*; art. *mohatra*.)—«... y con esto, cuando el día del plazo no pagaban, ya teníamos *alguacil de manga*, con quien estábamos concertados, que nos había de dar un tanto de cada décima que les diésemos».—ALEMÁN: *Guzmán de Alfarache;* parte II, lib. III, capítulo III.

Jugando del vocablo y acusando á la par su origen, dice el autor de *La Pícara Justina:* «Verdad es que cuando este amante tuviera ojos de lince, estaba la burla tan bien tramada, que no la alcanzara, porque toda pasaba de mi *manga* adentro, que para él fué *manga* de arcabuceros contra su bolsa, más que *manga* de sayuelo»—Op. cit., lib. II, cap. IV.

[2] LUIS PÉREZ: *Del Can y del Cavallo*.....; op. cit., ff. 90 vto. y 91.

en Roma por vulgar proverbio, el caballo Seyano, por quien se denotaban las grandes y adversas fortunas.» [1]

La historia del caballo Seyano trájola primero Aulo Gelio en sus *Noches Áticas* (libro III, cap. IX), y de ahí la tomaron sus panegiristas y comentadores. Fray Antonio de Guevara la incluyó también en una de sus *Epístolas familiares*. [2]

213. Mondaron luego la haza los ladrones ...

Mondar la haza, como declara Covarrubias y han recibido los restantes Diccionarios, «desembarazar algún puesto, á semejanza del labrador cuando coge su mies».

En términos de agricultura equivale á entrar el ganado en un prado ó barbecho, apurarlo, tornándose á salir. Éste es su verdadero alcance, «aprovecharse de una cosa yéndose á otro sitio, marchándose, levantando el campo». [3]

214 ... que éste es Piedehierro, mi caballo ...

Nombre muy común entonces para designar caballos, y que frecuentemente se encuentra en las escrituras de venta.

Con la añadidura de ser muy propio, sonoro y castizo; cuánto más que esa cáfila bárbara de nombres extranjeros ó extranjerizados que en nuestros días estilamos á ponerles. ¡Porque hasta en estas minucias (que ¡cuidado si dicen!) eran nuestros abuelos más españoles que nosotros! [4]

---

[1] Pedro Fernández de Andrada: *De la natvraleza del cavallo en que estan recopiladas todas sus grandezas.....*—Sevilla, Fernando Díaz, 1580, in 4.°; f.° 50.

[2] *Auli Gelii Noctes Atticæ. ...*—Lugdvni, Petri Leffen, MDCLXVI; pp. 229-232.—Antonio de Guevara: *Epístolas familiares.....*—Edic. Rivad., tomo XIII, p. 107.

[3] Y así, Cervantes dice en otro pasaje:

Señores lacayos, vayan
Y *monden la haza*, y déjennos».
La Entretenida; jornada III.

[4] También Lope recuerda á otro *Pie de hierro*, y casi con las mismas palabras que Cervantes: «Ya os había dicho que mi señor Don Bela había prometido á ciertos señores graves á Pie de hierro, más desdichado caballo que el de Seyano.....»—*La Dorotea*, acto V, escena XI.

215 ... que salió la sentencia en su favor, y mi amo fué desposeído del caballo.

¡Aun había justicia en Sevilla, cuando contra los mismos del oficio sentenciaba! Y vea mi querido amigo Rodríguez Marín, cómo á pesar de su soberana y verídica pintura de la curia sevillana, aun quedaban restos, granillos de justicia, para simiente, sin duda, de mejores tiempos!

216 ... le hubiese rompido el saco.

La Academia declara que igualmente puede decirse *roto* que *rompido*. El uso y los gramáticos, no obstante, prefieren la forma irregular del participio *roto* á la regular *rompido*. [1] Cervantes asimismo conoció ambas maneras; pero en consonancia con los escritores de su siglo, usó más abundantemente de la segunda, que es la que aquí emplea.

Todavía en Castilla se llaman *arrompidos* las tierras que se roturan ó abren por primera vez.

217 ... que aquella noche, saliendo á rondar el mismo Asistente ...

Tan típica y tradicional era la costumbre de la ronda, que añadiré algunos auténticos pormenores á los, seguramente, conocidos por el lector sobre esta famosa práctica.

La ronda comenzaba en todos los lugares del Reino entrada la noche, en tañendo la campana de queda ó recogida; la cual se tocaba á las nueve en invierno y á las diez en verano. Las ciudades populosas, como Valladolid, Madrid ó Sevilla, estaban divididas en cuarteles, y para su mejor gobierno y orden de la ronda, repartían en cada uno sus corregidores, alcaldes ó asistentes un escribano real, dos alguaciles y un portero, á cuya cuenta corría la de la ronda. Dividíase ésta en dos partes, desde primera hora á las doce, y de media noche al amanecer.

Apercibidos los alguaciles de su linterna, su vara corta y armas de

---

[1] EMILIANO ISAZA: *Diccionario de la conjugación castellana*.....; París; 1897; páginas 308-309.—BELLO: *Gramática*.....; I, 303.

Los ejemplos del participio *rompido* menudean tanto en la literatura clásica, que huelga el citarlos.

fuego, amén de los corchetes, gente vilísima muy propia para estos casos, y á veces de lebreles y perros de ayuda, recorría la ronda las calles del cuartel distribuído, deteniendo y reconociendo á cuantas personas tropezaba en ellas, para registrarles y confiscar las armas dobladas ó de ventaja que llevaban: como jubones ojeteados, coletos de ante y dagas buídas; visitaba las casas de posadas y públicas, cortando en un santiamén las músicas, cantaletas, ruidos y pendencias.

Cumplidas sus horas, acudían de mañana ante el alcalde del cuartel, ó escribano designado por éste, para tomarles la *fe de ronda*, que era la relación de las calles que habían recorrido, prisiones hechas, casas visitadas, etc....., y á recibir el premio, que también lo había para los alguaciles que prendían hombres de calidad y facinerosos. Los *repiquetes de broquel* á las rondas por parte de pícaros, estudiantes y matones; el gritar ¡*Resistencia!*, ¡*resistencia!* (aunque no la hubiera), escribanos y alguaciles, pisándose las capas y deshaciéndose los cuellos con mucho ¡*Favor al Rey!*, para simular la fingida lucha y empapelar mejor al detenido, son artes y bellaquerías del dominio de las novelas y comedias, donde con tanta viveza y colorido lo retrataron nuestros ingenios. [1]

218 ... que hacia los barrios de San Julián ...

Una de las Collaciones de la antigua Sevilla, que, como su mayoría, tomaba nombre del de la iglesia parroquial en ella sita. Está próxima á la Macarena, y linda con los restos de la muralla romana que aun se conservan, pero que, ¡sabe Dios, si quedarán en pie todavía para cuando este librejo se imprima!

---

[1] Entre los muchos autos que sobre rondas salieron de la Sala de Alcaldes de Casa y Corte, los más importantes y de donde he tomado las noticias del texto son dos: uno, fecha 9 de Mayo de 1608 (libro IV, ff. 347 á 349), que encierra unas verdaderas instrucciones y ordenanzas de ellas; y el segundo, un *Pregon qve se ha dado por mandado de los señores alcaldes, en razon de los seys cuarteles en que esta repartida la villa de Madrid para su buen gouierno.* (Acaba): *Con licencia. Esta tassado a ocho marauedis. Vendese en la calle de Santiago, en casa de Antonio Rodriguez mercader de libros.*—Impreso s. l. n. a. (1623) en 2 hojas en folio.—*Sala de Alcaldes*; libro XIV, ff. 395 y 396.—Muy curioso para la historia municipal de la Corte.

Bovadilla, en su *Política para corregidores....*, trae también muchos pormenores sobre la forma de hacerse las rondas; vid. ff. 284-285.

219 ... yo hiciera á más de á cuatro vengados ...

Hacer á uno *vengado*, por *dejarle vengado*. Es expresión arcaica, antaño corriente [1], y que usó Cervantes más de una vez. [2] *Más de cuatro* significa *muchos*, ó mejor, *no pocos*, como advierte Rodríguez Marín, ampliando la explicación que de esta expresión familiar da la Academia. [3]

220 ... una compañía de soldados, que ...... se iban á embarcar á Cartagena.

Tratando de Cartagena, escribía Pedro de Medina: «Tiene el mejor puerto de mar que hay en España, y aun es uno de los mejores del mundo de los que agora se saben»; [4] merced á la restauración que llevó á cabo en sus tiempos Felipe II. Era, por lo mismo, el obligado asiento de nuestras galeras del Mediterráneo, y común salida de las flotas para Italia, para las costas de Marruecos, persecución de corsarios, etc. De Cartagena parten casi todos los héroes de nuestras novelas picarescas.

221 ... y gran chocarrero, como lo suelen ser los más atambores.

Para Sancho de Londoño, los atambores y pífaros, ó pífanos, eran instrumentos necesarios en los tercios y compañías, «porque de más de levantar los ánimos de la gente con ellos, se les dan las órdenes que no se oirían ni entenderían á boca ni de otra manera. Por eso convie-

---

[1] En Zapata, sin ir más lejos, la encuentro «Señor, si vos sois servido que los alcance, yo os haré de nuestros enemigos vengado » — *Miscelánea*.....; op. cit., 393.

[2] En *El Ingenioso Hidalgo*, parte I, capítulos XVIII y XXXI; y en *Rinconete y Cortadillo*, novela en la cual se substituye la forma actual *ser vengada* del borrador, por *hacerte vengada* en la edición definitiva; edic. cit., p. 296.

[3] Vid. la curiosa nota puesta al numeral *cuatro* en *Luis Barahona de Soto*; (op cit, pp. 272 y 273) *Más de cuatro* era expresión corriente y popular. En la causa contra una bruja se lee que, amenazándola unas comadres de que la habían de denunciar á la Inquisición, respondió «que si ella salía abían de salir *más de quatro*».—Arch. Hist Nac., *Inquis de Toledo*, Causa contra María de Espolea, 1640. Leg. 85, núm. 68.

[4] MEDINA Y MESA *Grandezas de España* ; op cit., f.º 289.

ne que los atambores sepan tocar todo lo necesario, como recoger, caminar, dar arma, baterías, llamaría, llamar, responder, adelantar, volver las caras, parar, echar bandos, etc.». [1]

El oficio de atambor mirábase como bajo y de poca honra entre la gente de guerra, y así, los más eran pícaros, bellacos y chocarreros, como Cervantes declara aquí y repitió, casi idénticamente, en otro lugar del *Persiles y Sigismunda*. (Libro III, cap. XII.)

222 ... el andar tierras y comunicar con diversas gentes hace á los hombres discretos.

«Tres cosas hacen á los hombres sabios—declaraba la filosofía del pueblo en uno de sus refranes, hoy casi olvidado—: *letras, edad* y *camino*.» [2] Á la tercera de ellas alude Cervantes en estas reflexiones del *Coloquio*, repetidas idénticamente en aquella su floresta de apotegmas á quien llamó *El Licenciado Vidriera*; y todas tres, juntas, parecen síntesis maravillosa de su propia biografía: que frutos ubérrimos fueron sus obras inmortales de estos tres grandes maestros de la vida: *letras, edad* y *camino*.

223 ... no había comisario que nos limitase ...

Para evitar la muchedumbre escandalosa de agravios y vejaciones con que los capitanes atropellaban á los pueblos al tiempo de levantar las compañías, nombrábanse comisarios por el Consejo de Guerra, que, á la vez de mantener la justicia y el orden oprimidos, [3] dirigían la marcha de las banderas á través del distrito señalado para su oficio á los capitanes, cuidando de los alojamientos y provisiones, [4] y no

---

[1] *El Discurso sobre la forma de reduzir la disciplina militar á mejor y antiguo estado.....*; op. cit., f.º 15.

[2] Mal Lara no lo trae, aunque comentando aquel refrán, algo parejo de éste, «El hijo del bueno, vaya hasta que muera, ó bien haya», discurrió con razones curiosísimas y muy galanas sobre «el caminar y sus provechos»; página por extremo interesante para el estudio del carácter español de antaño, y para su biografía. (*La Philosophia vulgar.....*; op. cit., ff. 189 á 192.) Donde he leído el refrán citado en el texto es en los *Diálogos de la fertilidad y abundancia de España....*, por el bachiller Juan de Valverde Arrieta (Madrid, Alonso Gomez, 1578), en la edición de Madrid, Viuda de Alonso Martin, 1620; f.º 185.

[3] *Cortes de Castilla*; tomo X, pp. 79 y 117

[4] MARCOS DE ISABA: *Cuerpo enfermo de la milicia española.....*; op. cit., f.º 55.

siendo, ciertamente, los últimos tampoco en obtener provechos ilícitos y abusivas granjerías: pues para eso dijo un ingenio del tiempo «que esto de comisiones, aunque yo no sé de etimologías, no pienso que se dicen comisiones porque se cometen, sino porque todo lo que en ellas se gana, se come». [1]

Los comisarios menores, cual éste del *Coloquio*, dependían de un comisario general que el Rey elegía, en persona de experiencia, fidelidad y cuenta, por tener la del pago y gasto de toda la gente de guerra. [2]

224 ... el capitán era mozo, pero muy buen caballero y gran cristiano ...

Muy gran cristiano no quiere significar — como sobradamente lo saben los amantes de nuestra vieja literatura — hombre muy dado á la devoción, á la piedad y á las religiosas prácticas, sino persona de extremada conciencia, moralidad y honradez generosas en sus actos todos, singularmente en los públicos. [3] Porque entonces presumían, y con razón, que quien se llama *cristiano* ha de serlo en algo más que en el nombre: encerrando en su pecho todas las virtudes y prendas que enaltecen la caballería.....

225 ... que había dejado la corte y el tinelo ...

Era el tinelo la pieza ó refectorio donde comían los pajes, criados y servidumbre general de la casa de un señor ó grande, sobre la alargada mesa que, metafóricamente, llamábase también tinelo. De ordinario estaba en los sótanos ó habitaciones bajas, como se toca de una regocijada pintura que de uno de ellos hace el maestro Espinel en sus valiosísimas *Relaciones*. [4]

226 ... el sargento era matrero ...

La voz *matrero* no puede ser más clara: lo mismo que astuto, sagaz,

---

[1] LIÑÁN Y VERDUGO: *Guía y avisos de forasteros*.....; op. cit., Novela I.
[2] BERNARDINO DE ESCALANTE: *Dialogos del arte militar*.....; op. cit., f.º 159 vto.
[3] «El capitan ha de ser muy buen cristiano..... porque no puede ser buen soldado ni hacer bien su oficio si no es buen cristiano.»—MARCOS DE ISABA: *Cverpo enfermo de la milicia española*.....; op. cit., f.º 61 vto.
[4] ESPINEL: *El Escudero Marcos de Obregón*; relación I, descanso VIII.

ladino, ducho en redomadas picardías. No escasea en nuestros clásicos, y, sin embargo, tanto Arrieta como Aribau y Rosell borraron esta palabra en sus ediciones, poniendo en su lugar *mohatrero*, quien hace mohatras ó ventas fingidas, falsas y engañosas, y que ya entonces se aplicaba á todos los manejos y execrables artes de la usura.

Y lo más famoso es que con semejante corrección hacían al sargento del *Coloquio.....* usurero y prestamista. ¡Adónde llevan ciertas ligerezas!

227 ... y grande harriero de compañías ...

Como las razones que Rodríguez Marín da en su edición de *Rinconete*[1] para conservar la ortografía antigua de esta voz *harriero* son convincentes y deben recibirse por buenas, adóptola también en esta mía; reforzando, aunque no era menester, su autoridad, con algunos de los mil unánimes ejemplos que escriben con *h* esta palabra.[2]

Harriero dícese aquí por *conductor, guía*. Y guardaré para ocasión más holgada y propicia los muy curiosos datos que sobre el oficio de *harriero* en los tiempos de antaño tengo recogidos.

228 ... desde donde se levantan hasta el embarcadero.

¿Gusta el lector curioso de una descripción completa del modo de levantar gente de guerra por los siglos XVI y XVII, enterándose de paso de cómo se alistaban aquellos inolvidables infantes que dejaron la gloriosa reliquia de sus huesos, en prueba de su valor, por el mundo entero?

Acordada anualmente por el Consejo de Guerra la leva y número

---

[1] *Rinconete y Cortadillo......*; op. cit.; pp. 379-380.
[2] El de aquel lindísimo romance:

> Topó al ciego virotero
> Con su carcax y apatuscos
> Un taimado harriero
> Entre los pies de sus mulos.
>
> *Romancero general.....*, 1604 ....; op cit., f.º 441 vto.

«Dice que yendo caminando con un *harriero......*» — ADRIÁN DE CASTRO: *Libro de los daños qve resvltan del Ivego*.—Granada. Por Sebastian de Mena. Año 1599; in 12.º, f.º 221 vto.—Librillo que promete mucho y no da nada. Se pierde comprándolo.

de soldados, según las necesidades de los tiempos, publicaba la lista de los capitanes que habían de salir por el reino á *hacer gente*, proveyendo á cada uno de la patente llamada *conducta*, en que constaba su nombramiento, la orden del Rey, el distrito ó territorio de su comisión, y el número de plazas que en su jurisdicción había de levantar. [1]

Partido, al efecto, el *capitán de conductas*, en compañía de su alférez, á cuyo cargo encomendaba la guarda de la bandera, en llegando á la cabeza ó capital de su distrito, presentábase ante el corregidor ó Ayuntamiento, para mostrar la regia orden que traía, orden que los regidores acataban, recibiéndole *ipso facto* por bueno en su oficio. [2] Puesto ya en franquía, *hacía su poder* á toque de las cajas, recorriendo las calles del lugar, precedido por la bandera desplegada, y echando por boca del atambor los acostumbrados pregones, [3] como aquel típico que conserva una obra del tiempo:

> Sepa cualquier que quisiere
> Salir de aquesta cibdad,
> Como da su Majestad
> Sueldo y paga al que viniere.
> Al plático, si lo fuere,
> Le darán cuatro ducados;

---

[1] CABRERA: *Relaciones*.....; pp. 9, 84, 162, 361, 380.

[2] Valladolid, 24 de Noviembre de 1600 años: «este dia los dhos. SS.ᵉˢ rescimieron por capitan de ynfanteria al capitan diego de escobar para que lebante en esta ciudad y su tierra los ducientos y cincuenta ynfantes conforme á la patente, ynstruciones y ordenes q̄ para esto resciuió este ayuntamiento de su mag.ᵈ»—*Libros de Actas y Acuerdos del Ayuntamiento*..... Año 1600, f.º 188.

[3] (Grabado en madera.) *Esta obra llamada Instruccion y regimiento | de guerra hizo y ordeno Diego Montes vezino de la villa de la Guardia | soldado viejo de su Magestad. Dirigida al Illustre y muy magnifico | señor don Beltran de la Cueua Duque de Alburquerque. En la qual | trata sutiles auisos y cosas secretas del exercicio militar de la guerra.* (Al fin): *Acabose el presente libro en la ciudad de | Çaragoça en casa de maestre Geor | ge Coci: el vltimo dia de Octu | bre. Año de mill y quinien | tos y treynta y | syete.* In 4.º, let. gót. 19 hojas. Saco minuciosa descripción de este rarísimo libro por contener muchas erratas la que Gallardo hizo *(Ensayo..* ; III, número 3.129) sobre el ejemplar de Fernández-Guerra, que es el mismo que yo he utilizado.

Al bisoño tres, pagados
Para cuando á Dios pluguiere. [1]

Echados los golosos bandos, y recogido de nuevo al mesón ó taberna en que se aposentaba, hacía colocar la bandera en su puerta como señuelo, aguardando, en compañía del alférez y de un escribano, la llegada de los bisoños. Al olorcillo de la prometida paga, y con la desordenada esperanza de la vida militar, acudían, como moscas á la miel, «todos los desesperados de ocho leguas á la redonda»; [2] animaba á los encogidos y medrosos el ladino capitán, ó sus camaradas picaronazos y truhanes, nunca ausentes en estos trances, pintando á los incautos en una hinchada plática las abundantes presas y regocijado vivir de la soldadesca; y vencidos sus escrúpulos, cuantos derrotados nada tenían que perder, y aun aquellos que al desgarrarse de sus casas, estimaban como la más alta empresa servir al Rey con una pica en Flandes, ponían, al fin, su firma en el asiento del escribanil protocolo, al pie de su filiación, rudo retrato trazado por el experto ojo del ministro curialesco, entre la corriente libre del mosto de San Martín, Guadalcanal ó Yepes, que en tan solemnes casos nunca escaseaba. [3]

Cuando el reclutamiento, no obstante, se hacía penoso, y andaban remisos en alistarse los mozos de la comarca, puesto á no fracasar en

---

[1] Luis de Miranda: *Comedia pródiga compuesta por......*—Sevilla, Geofrín, 1868, pp. 27 y 28.—Otro pregón de atambor puede leerse en el *Auto del sacrificio de Jete y Jefté.* Apud León Rouanet: *Colección de Autos, Farsas y Coloquios del siglo XVI.* (Biblioteca Hispánica).—New-York, 1901; tomo I, p. 418.

[2] Rodríguez Marín: *El Loaysa de «El Celoso extremeño»......;* p. 134.

[3] En los archivos de protocolos hay tomos enteros de escrituras dedicados á recibir asientos de soldados. Véase, como muestra de un registro, los siguientes sacados de una leva de infantes hecha en Madrid en 1596:

«gaspar de torres hijo de alonsso de torres vezino de yepes de buen querpo varui negro de hedad de veynte y seis años se asentó por soldado a los nueue del mes de Julio de mill y quin.° e nouenta y seys.»

«Juan marcos hijo de Pedro marcos vezino de la ciudad de tudela de navarra con una señal en la frente y otra en el lado dr.° [derecho] junto a la oreja, sin varua de hedad de veynte años asentó por soldado a los nueue de Jullio de mill e quin.° e noventa y seys años.» *(Sala de Alcaldes;* lib. II, ff. 99 á 121.) Las edades más comunes de asentar plaza de soldado eran de veinte en adelante; algunos, aunque pocos, hay de diez y ocho y diez y nueve años.

su empeño, el capitán echaba mano de cuantos engaños, sutilezas y habilidades le sugerían su picardía y buen ingenio, [1] hasta reunir los doscientos cincuenta mozos prontos á empuñar la pica y embarcarse en las apercibidas galeras.

Nombraba entonces los oficiales de la compañía, desde el sargento y los doce corporales (á razón de 1 por escuadra de 25 soldados); el furriel «poco ladrón y cobdicioso»; el capellán «de buena vida», sin olvidar al cirujano «docto en su arte y de mucha expiriencia», con los tres atambores y otros tantos pífanos. [2] Juntos todos, levantaba el vuelo la compañía, poniéndose en camino para el puerto de embarque; y éste era el momento grave y de peligro para el capitán *de conductas*: aquel en que, cobrado el primer socorro, comenzaban á escurrirse y á hurtar el cuerpo á la vida militar los recién asentados, haciéndose soldados churrilleros. Mas punto es éste que pertenece de derecho á la siguiente nota, donde el lector podrá verlo totalmente expuesto.

229 Iba la compañía llena de rufianes churrulleros ...

Otra voz que pide restituirse á su verdadero sentido, explicando á la vez su origen, ya que no significa solamente «el que habla mucho y sin substancia», como define la Academia; ni «embustero, marrullero ó hablador», como comenta Hazañas, [3] ni «ladrones» según Pellicer, [4] ni aquellas embusterías de «alcahuetes y charlatanes» que inventó Arrieta, con su acostumbrada ligereza. [5] Bastaba que hubieran acudido todos ellos al *Diccionario de Autoridades*, ó al del P. Terreros, para comprobar su verdadero alcance, que no es otro que el de *desertor*, simplemente.

Véase ahora cómo se formó la extraña palabreja. Las gentes que

---

[1] Como aquellos que cuenta Pellicer en sus *Avisos históricos,* con fecha de 16 de Agosto de 1639: «Azotaron aquí una muger de buena cara que ayudaba á cierto capitan, su galan, á buscar soldados: conducía esportilleros con cosas de comer de la plaza; cerrábalos con arte en una cueva; dejábalos sin comer hasta que sentaban plaza y tomaban paga, y de este modo tenia remitidos ya infinitos».—*Semanario erudito de Valladares.....*; tomo XXXI, p. 61.
[2] Bernardino de Escalante: *Dialogos del arte militar;* op. cit., f.º 72 vto.
[3] Hazañas: *Los rufianes de Cervantes.....;* op. cit., p. 264.
[4] *El Ingenioso Hidalgo.....*, op. cit., p. 713.
[5] Op. cit. Notas al *Coloquio.*

asentaban en las banderas al son de sus atambores, sin que faltaran entre ellas buenos soldados, no podían ser, en general, de peor ralea y casta; «sólo para hurtar y destruir á los pobres andan alojados—decían nuestros procuradores en Cortes—y sin fin, ni propósito de ver guerra, se hacen soldados, y antes de embarcar, ó llegar á donde son enviados, huyen de la compañía, dejándola defraudada de la gente que se entendía llevaba, y se vuelven á andar vagabundos, asientan en otra bandera, y hurtan otras pagas y hacen otros delitos». [1]

Pintura, á la verdad, excelente, de los soldados churrilleros, que confirma, bautizándolos así ya, otro autor del tiempo. Dice Suárez de Figueroa:

«Casi todos los que en nuestros tiempos se alistan (hablo de la escoria de la República) sólo tratan con desenfrenada licencia de robar en los alojamientos, poniendo en ejecución todo género de maldades. Después, llegada la ocasión de embarcarse, si no ponen los oficiales diligentísima industria, echan la bendición al mar, volviendo á desandar lo andado, con gran detrimento de los súbditos y del real servicio. *A éstos llaman chorrilleros*, dignísimos todos de horcas, pena que, con estar impuesta á tales fugitivos, jamás se ejecuta, por saberse poner en cobro, ó por no hacer caso desta transgresión las justicias». [2]

---

[1] *Cortes de Castilla* (1586-1588); tomo IX, p. 407.

«..... es gente revoltosa y de mal vivir»—habían dicho en las de 1566—; «y que solamente se asienta para efecto de librarse de deudas y traer armas y otras cosas perjudiciales á la justicia».—*Ibidem;* II, p. 469.

[2] Cristóbal Suárez de Figueroa: *Varias noticias importantes a la humana comunicacion.....*—En Madrid. Por Tomás Iunti. Año de MDCXXI; ff. 167 vto. y 168. El mismo autor, tratando de la conducción de soldados de una leva, dice por boca de uno de ellos, en otra de sus obras: «Desgarréme en compañía de cinco ó seis, también *chorrilleros*.....»—*El Passagero*.....; op. cit., f.º 246 vto.

Así, abundaban en persecución de los chorrilleros autos como el siguiente, de 14 de Junio de 1580: «que toda persona que se haya asentado ó asentare por soldado a sueldo en las compañías de ynfanteria q̃ se an levantado en estos rreynos..... no sea osado de dejar su bandera ni bolverse della en manera alg.ª durante esta jornada, so pena de muerte.....» *(Sala de Alcaldes;* lib. I, f.º 17.) Los soldados churrilleros siguieron, sin embargo, dando que hacer á las justicias durante todo el siglo xvii. Verdad es que soldado desertor que cogían y soldado ahorcado, luego, luego, era todo uno mismo. Pagábanse de 6 á 8 reales á cuantos presentaban uno.—Vid. Rodríguez Villa: *La Corte y la Monarquía en los años de 1636-1637*.—Madrid, 188; p. 199.

No siempre, sin embargo; que también Cervantes mismo, hablando de uno de éstos, de

> Un soldado espadachín,
> De los que van hasta el puerto
> Y se vuelven desde allí,

declara

> Que el soldado *churrullero*
> Tiene en las gurapas fin. [1]

Mas en Nápoles tuvo su principio. He aquí cómo fué:

En Nápoles, ciudad que un tiempo fué más española que Toledo, donde tantas compañías de soldados embarcaban para el resto de Italia, ó para las guerras con los turcos, llamábanse *chorrillos* los bodegones: «opulentas hosterías á donde siempre se halla abundancia de aves de todas maneras acomodadas y diversos manjares, varias frutas, diferentes vinos, nieve y demás regalos, suficientes á gastar cualquier dinero en ellas. Allí íbamos nosotros—prosigue Don Diego Duque de Estrada, relatando su maleante vida—, no á cenar, que no teníamos necesidad, sino á picardear, á quebrar cien platos cada noche, y salirnos sin pagar treinta ó cuarenta escudos que hacíamos de costa». [2]

Allí iba también, á la par del inquieto toledano, la tropa canallesca de los soldados desertores, y de su hábito ordinario de frecuentar los bodegones y tabernas, malgastando su vida en ellos, llamóselos *chorrilleros ó churrilleros*, voces que, traslaticiamente nada más, y apartándolas de su verdadero sentido, alguna vez se emplearon por equivalencia á *borrachos*, *habladores* y *charlatanes*, cual lo eran los bravos gallinas que, entre los pasteles y el vino, mataban mil fantásticos enemigos y asistían á dos mil batallas imaginarias

Es voz que no he leído sino en muy contados lugares, y que en la

---

[1] *Pedro de Urdemalas*; jornada I.
[2] Duque de Estrada: *Vida......*; op. cit., p. 131.—Por cierto que Gayangos no entendió la voz *chorrillos*, y apuntaba en nota: «quizá quiso decir *corrillos*». No, *chorrillos*, bien dicho, y «de ahí lo que llaman soldados *chorrilleros*», como dice Villalón en su *Viaje á Turquía*, en un pasaje que confirma la explicación que doy en el texto; op. cit., p. 91.

mayoría de los cervantinos equivale siempre á *soldado desertor* [1] ó *desgarrado*, como con expresiva frase decía el maestro Espinel. [2]

230 ... los cuales hacían algunas insolencias por los lugares do pasábamos ...

¿Algunas nada más? Infinitas y desmesuradas; el alojamiento de los hombres de armas y soldados fué en aquel tiempo, en frase de las Cortes, «una de las principales polillas que ha destruído á los labradores, á lo menos en Castilla». [3] Ellos mismos lo confirmaban cuando, al arrojar en sus besanas la semilla de trigo, decían á voces: «una para Dios, otra para nos, y ciento para los soldados». [4]

Las novelas del tiempo y las obras especiales sobre milicia están henchidas de casos y reflexiones sobre este endémico abuso; [5] mas en

---

[1] En *El Rufián viudo,* jornada III, en *Pedro de Urdemalas,* excelente texto para el caso, ya citado; en el *Viaje del Parnaso,* capítulo VII:

> Aquel transfuga que partió primero
> No sólo por poeta le tenía,
> Pero también por bravo churrullero;

y, finalmente, en el capítulo XLV, parte II, de *El Ingenioso Hidalgo,* único texto donde se aleja, con otro de *El Licenciado Vidriera,* de la significación concreta que doy á este vocablo en la presente nota. Cejador en su *Diccionario* omite esta acepción esencialísima de *churrillero.*

[2] ESPINEL: *Relaciones del Escudero Marcos de Obregón;* relación III, descanso XVIII.

[3] *Cortes de Castilla* (1592-1598); tomo XV, p. 759.

[4] ALCALÁ: *El Donado hablador,* parte I, cap. II.—Todo él es un excelente trasunto de los males que causaban los alojamientos.

[5] Calderón tiene un cuento muy donoso que retrata al vivo el poco amor que los villanos tenían á los alojamientos:

> «Llegando una compañía
> De soldados á un lugar,
> Empezó un villano á dar
> Mil voces, en que decía:
> «Dos soldados para mí.»
> «Lo que excusar quieren todos,
> Dijo uno, ¡con tales modos
> Pides!» Y él respondió. «Sí;
> Que aunque molestias me dan
> Cuando vienen, es muy justo
> Admitirlos, por el gusto
> Que me hacen cuando se van.»
> *El Pintor de su deshonra;* jornada I, escena III.

donde los clamores llegan al cielo y hácense periódicos y constantes, es en las reclamaciones de los procuradores del Reino. ¡Cuántas protestas contra los excesos, insultos, fuerzas, molestias, cohechos y desmanes, que ora los soldados, bien los mismos alféreces, comisarios y capitanes ejecutaban en los infelices lugares en que se alojaban á su paso!

Los pobres é indefensos vecinos, apenas llegado á ellos el rumor de su venida, enterraban sus ropas y alhajas, ó cargando en sus bestias lo mejor de su ajuar, desamparaban lugares, casas y haciendas, para recogerse, con sus hijuelos á cuestas y mujeres de las manos, en los montes y bosques, «que si turcos esperasen por sus casas no harían tanto», como un autor del tiempo exclama, [1] por librarse de los desafueros é insolencias que preveían. [2]

Y obraban cuerdamente, prefiriendo el abandonar sus bienes á padecer en persona las insolencias y desafueros de la gente de guerra aposentados en sus casas, que en un día les gastaban lo ganado penosamente en un año, exigiéndoles opulentas y costosísimas comidas, con mengua y ruina de su pobre caudal, que á la vuelta de dos alojamientos quedaba totalmente empeñado y casi perdido. [3] Y agregue todavía el lector á esta verídica pintura, las violencias y atropellos de obra, raptos de mozas y doncellas, asaltos y hurtos de sus corrales, despensas y gallineros; palabras hinchadas y soberbias con que atemorizaban á los regidores y justicias; insultos y fieros á los vecinos; conducta, en suma, tan escandalosa y poco cristiana, que más que un levantamiento de soldados, «hablando claro y verdadero — añadía el mismo autor citado — era un levantamiento de ladrones». [4]

El Consejo de Guerra, á las múltiples quejas de las Cortes, correspondió adoptando medidas de todo género para cortar este mal, ó, al menos, atenuarle; y no fueron pocos los capitanes y comisarios que, al cabo, hubieron de dar en las galeras con sus huesos, en justo castigo de sus vejaciones; [5] mas cuando la justicia del Rey no llegaba pronta á los

---

[1] Marcos de Isaba. *Cverpo enfermo de la milicia española......*; op. cit., ff. 55 á 57.
[2] *Cortes de Castilla* (1583-1585); tomo VII, p. 818.
[3] *Ibidem*; tomo XV, 759-751.
[4] Marcos de Isaba: *op. y loc. cit.*
[5] *Cortes de Castilla;* tomo VIII, pp. 498 y 499.

lugares, ó cansábanse en balde de esperarla, villanos y pecheros se la tomaban por su mano con espantosas venganzas, cruentas y fieras muertes en sus verdugos y enemigos. [1]

231 ... supe saltar por el Rey de Francia, y á no saltar por la mala tabernera.

Hacer saltar á los gozques y perrillos á través de un aro de cuba *por el Rey de Francia*, es señal ó conjuro de los titereros para con sus perros, bastante antiguo, y que, á mi entender, tuvo su origen de ser en un principio principalmente gascones ó franceses los ciegos ó truhanes que los amaestraban, con habilidades semejantes á las de Berganza, y al son del rabel y la cinfonía.

Para ejecutarlas solían situarse frente á los bodegones y tabernas, por el concurso constante que de gente ociosa y vaga hallaban allí. Nada más propio, pues, que para impresionar al vulgo, y al mismo tabernero, enseñaran además á sus bichos *á saltar por la buena tabernera* y *á no saltar por la mala* (esto es, por la que aguaba el vino), lisonja aduladora que acaso verían premiada con algún remojo del galillo. [2]

---

[1] Todo este pasaje del *Coloquio* ofrece grandes analogías, en cuanto al modo de llevar la acción, con el cap XII, lib. III de *Persiles y Sigismunda*. Además de los lugares citados, pueden leerse iguales clamores en las *Cortes de Castilla*; tomos I, 325; III, 389, V, adic. 131; IX, 407-408; XXII, 223, y XXVIII, 152. Abundan asimismo, en las colecciones de papeles antiguos, ejemplares de estas refriegas y colisiones entre los soldados y vecinos Más de treinta mataron en cierta ocasión y por aquellos tiempos los de Carmona, «gente arriscada y bulliciosa que por mal nombre llaman en Andalucía *los de la cholla*», según consta de una relación manuscrita, letra de comienzos del siglo XVII.— Bib. Acad. Hist. *Jesuitas*; tomo 75, núm. 122.

[2] Luis Pérez ya lo decía en su tiempo (1568), tratando de los cachorros: «Son hábiles para enseñarles cualquier cosa......, para hacer subir en una silla y bajar, para mandarle que pase por medio del arco esférico de hierro por el Rey, y por el Gran Turco que no quiera pasar, y que entienda pasar por la taberna que vende el buen vino, y por la que lo vende malo que no quiera pasar, sino regañar y volver los ojos, y otras monerías, que, porque á todos son manifiestas, las callo.»—*Del Can y del Cavallo*, op. cit, f.° 47.

Para Rodríguez Marín, «enseñar tal habilidad á los perros data del año 1559, de cuando, por el enlace de Felipe II con doña Isabel de Valois, se afirmó la paz entre ambas naciones». (*El Loaysa*.....; op. cit., p. 250.) Noticias semejantes

232 Enseñóme á hacer corvetas como caballo napolitano ...

Corvetas, como no ignora el lector, es un movimiento que se enseña al caballo, obligándole á ir sobre los pies con los brazos en el aire. El enseñar á hacer corvetas á los caballos era escuela particular de Italia, pues ya en su tiempo decía Villalón: «los napolitanos son de la más pulida y diestra jente á caballo que hai entre todas las naciones y crian los mejores caballos, que lo de menos que les enseñan es hazer la reberençia y vailar». [1]

233 Púsome nombre "el perro sabio" ...

Unánimemente se decía y escribía entonces *poner nombre* por *llamar*, sisando además las preposiciones *de* ó *por*, que hoy estilamos á usar en esta locución. Abundan sobremanera en nuestros clásicos los ejemplos de la forma cervantina, tan antigua en la lengua castellana, que ya se lee en *El Libro de Alexandre*. [2]

234 ... por esto hay tantos titereros en España; tantos que muestran retablos; tantos que venden alfileres y coplas ...

Matices de un mismo color, el de la holgazanería y vagancia, eran toda esta escuadrilla de titereros (como á la sazón se decía), buhoneros y retablistas, insectos parásitos que comían á España por todas partes, «en figura de bocas abiertas con dientes de peines y muelas de aguzar». [3]

De todos ellos, los titereros eran los más españoles; de ordinario grandes truhanes, como el Maese Pedro de *Don Quijote*, que al son de sus sonoras campanillas recorrían los lugares del reino, mostrando á las boquiabiertas muchedumbres los curiosos retablos, llegados hasta

---

á las que doy en el texto se leen en Suárez de Figueroa: *Plaza universal*.....; op. cit., f.º 325 vto., y en Covarrubias: *Tesoro*....., art. *Alano*.

[1] *Viaje de Turquía*; op. cit., p. 91.

[2]   Estos puso el rey que fuessen maorales,
          Non podría escoger omnes más leales,
          Pusieron ges despues nombre los doce Pares.
               (Copla 296).—Edic. Rivaden.; tomo LVII, p. 156.

[3] Quevedo: *La hora de todos y la fortuna con seso*; § XXXI.

nuestro siglo, llenos de pinturas profanas y religiosas, en los que los títeres ó figurillas de cera ó pasta representaban con asombro de los circunstantes diversas historias y batallas; ora por medio de cordelillos que el titerero gobernaba, oculto tras un tapiz ó paño, bien moviéndose merced á ingeniosas ruedas como de relojería, máquinas de no pequeño artificio que causaban estupenda admiración, según testimonios del tiempo.[1] Estos retablos figuraban castillos, sitios fuertes, plazas de ciudades ó diversas escenas, divididas en compartimentos, llenos de estatuillas, pinturas y relieves.[2]

Los títeres que Rodrigo Caro describe muestran la perfección que alcanzaron por entonces; pues «imitan—confiesa—los hombres y mujeres, y parece que hablan y hacen todas las acciones que suelen los hombres, y tirando de un hilillo menean y tuercen la cerviz, mueven los ojos, acuden con las manos á cualquier ministerio, y, finalmente, cualquier figurilla de éstas parece que vive hermosamente».[3] Mas á la postre, eran industrias que acaban en ganzúas generales para las bolsas.

Tan mala ó peor polilla era la de los buhoneros, franceses en su mayoría, como el lector habrá visto en una de las primeras notas de este comentario.

Por la Corte y ciudades concurridas pululaban con sus cajuelas llenas de todo linaje de niñerías y pequeñeces,[4] por cuya canal se

---

[1] «¿Y qué cosa puede ser más subtil que un retablo que traían unos extrangeros el año pasado, en el cual, siendo todas las imágines de madera, se representaban por artificio de un relox maravillosamente, porque en una parte del retablo víamos representar el nacimiento de Cristo, en otra auctos de la Pasión, tan al natural, que parescia ver lo que pasó?»—CRISTÓBAL DE VILLALÓN: *Ingeniosa comparación entre lo antiguo y lo presente;* op. cit., pp. 174-175.

[2] CLEMENCÍN: *op. cit.*, V, p. 27.

[3] RODRIGO CARO: *Días geniales ó lúdicros. ...;* op. cit., p. 251.

[4] Larga y curiosa relación de los de su tiempo nos ha dejado Tirso en su graciosa comedia *Por el sótano y el torno:*

  SANTAREN. «¿Compran peines, alfileres,
      Trenzaderas de cabello,
      Papeles de carmesí,
      Orejeras, gargantillas,
      Pebetes finos, pastillas,
      Estoraque y menjui,

desaguaban grandes sumas de dinero, con escándalo de los moralistas y políticos y de las mismas Cortes, que los acusaban, además, «de muy grandes ladrones, que espiaban las casas y hacían famosos hurtos», y de «muy diestros en pesar y medir falso». [1] Aquel contraste hermoso entre el español que, huyendo de la justicia por algunas travesuras, escapábase á Flandes, con la esperanza de desenojar á los jueces, sirviendo á su Rey, «porque los españoles no sabían servir á otra persona en saliendo de su tierra», [2] con los buhoneros franceses, que, con su carretoncillo de amolar, tijeras y cuchillos, sus fuelles y ratoneras y sus cajas de peines y alfileres, caían en España, como plaga maligna, para sacarnos bonitamente los doblones y ducados, que luego se llevaban cosidos entre sus andrajos, hízolo doblemente hermoso y brillante la péñola cortante de Quevedo en un pasaje de su inimitable *La hora de todos y la fortuna con seso*, filosófico y profundo documento para ahondar en el alma española de aquellos siglos. [3]

235 ... hizome unas cubiertas de guadameci ...

El *guadamecil*, *guadamacil*, *guadameci* ó *guadamaci* (que de todos modos se construía en romance esta voz arábiga), eran cueros adobados, que, por la fuerza de la prensa, revestíanse de brillantes relieves de oro, plata y figuras de diversos colores. Hacíanse principalmente en Córdoba y Granada, de cabritillas y pieles delgadas de ovejas y carneros. Por su poco coste, vistosa invención, variedad de luces y matices

> Polvos para encarnar dientes,
> Caraña, capey, anime,
> Goma, aceite de canime,
> Abanillos, mondadientes,
> Sangre de drago en palillos,
> Dijes de alquimia y acero,
> Quinta esencia de romero,
> Jabón de manos, sebillos,
> Franjas de oro milanés,
> Listones, adobo en masa?»
>
> (*Sale en traje de buhonero, con una caja.*)—Acto II, escena IX.

Y cuenta que se olvidaba de lo más esencial, por sabido, como lienzos, botones, agujas, dedales, randas, cuchillos y otras menudencias.

[1] *Cortes de Castilla*, 1603-1604; tomo XXI, p. 378.
[2] QUEVEDO: *La hora de todos y la fortuna con seso......*; loc. cit.
[3] *Ibidem*.

con que alegraban la vista, usáronse sobremanera para adornar las salas, á modo de colgaduras, sobre todo en verano; aunque por los tiempos de Pérez de Herrera habían ya caído mucho. [1]

236 ... y sobre ella puso una figura liviana de un hombre ...

Lo que entonces se llamaban *dominguillos* y en nuestros días *peleles*, aunque Cervantes no diga su nombre; figuras sacadas de las fiestas de toros. [2]

237 ... de mi santiscario, como dicen ...

«Lo mismo que *capricho é intención ó idea*. Es del estilo bajo» define el sabio Diccionario de Autoridades, citando este mismo pasaje. Y tan bajo, que no lo vuelvo á encontrar por entonces, salvo una vez rarísima. [3]

El añadir Cervantes, *como dicen*, abona el ser voz desusada ó muerta, cuando tal sostén ó apoyo requiere para que se cite. Parece andaluza, y sólo se emplea en la locución «*de mi santiscario*».

Muy probable es que naciera, aludiendo tropológicamente, por la acción de la señal de la cruz (santiguarse) que se hace sobre la frente, á la frente misma, lugar donde el vulgo pone la invención, el cacumen, el caletre. Justamente *santiguar* origina otros sentidos traslaticios: como dar á uno con un palo *en la cabeza*; á la acción de santiguarse, el *persignum crucis*, tómase por la herida dada ó señal hecha en el rostro. *En un santiamén* es locución familiar conocidísima para expresar rapidez y viveza. Y al mal limpiar de los muebles con unos vendos llá-

---

[1] *Diccionario de Autoridades.*
Pérez de Herrera: *Proverbios morales y consejos christianos.*—Madrid, Luis Sanchez, 1618. Enigma cxxxv.
Fray Thomás.de Trujillo: *Libro llamado Reprobacion de trajes, y abuso de juramentos. Con vn tratado de limosna. Cõpuesto por el muy Reuerendo Padre......*—Estella, Adrián de Anuers, 1563.—Bibl. Nac. R-8.294; f.º 96 vto.

[2] «Ya v. ms. saben que estos dominguillos son unas figuras de soldados con sus lancillas, y á veces los visten de colorado......»—R. Caro: *Días geniales ó lúdicros......*; op. cit., p. 36.

[3] «...... pero no quieren los Consejeros de los Reyes que otros les den consejos, ni oyen de buena gana cosa que no les sale á ellos de su *santiscario* y caletre......»—P. Sepúlveda: *Historia de varios sucesos......*; ms. cit., vol. II, f.º 85.

masc *santiguar ó santiguañar*. y así dícese en Andalucía «lo arreglé en dos santiguañadas».

La verdad de todo está en la inmensa fecundidad popular para crear ó transformar palabras, cualidad tan poderosa, que no conoce límites. El vulgo andaluz, más que otro ninguno, fué en esto felicísimamente opulento, y de él, á no dudarlo, lo bebió Cervantes, que tan bien le conocía.

238 ... villa del famoso y gran cristiano Marqués de Priego ...

No carece de interés, para la cronología de la novela, el esclarecimiento de este rastro histórico, señalando individualmente el Marqués de Priego á quien Cervantes sobrentendió en este pasaje; aunque siempre también quedará la duda, como Rodríguez Marín apunta, pues la cita, por referirse á cosas pretéritas, no indica la fecha en que se escribió el *Coloquio*, sino la en que se supone acaecida esa parte de la acción. [1]

Dos son los Marqueses de Priego que pueden encajar en este recuerdo: D. Pedro Fernández de Córdoba y Figueroa, cuarto Marqués de aquel título, nacido en su palacio de Montilla en 31 de Diciembre de 1563, y que falleció, retirado en él, á 24 de Agosto de 1606, y su hijo D. Alonso, quinto Marqués de Priego, cuyo nacimiento acaeció también en Montilla, á 9 de Octubre de 1588, del matrimonio de su padre con doña Juana Enríquez de Ribera y Cortés, hija del tercer Duque de Alcalá y Marqués de Tarifa, falleciendo el 24 de Julio de 1645. [2]

Icaza conjetura que Cervantes, al hablar del *famoso y gran cristiano* Marqués de Priego, no podía referirse al joven mudo y semiidiota que en 1606 acababa de heredar el título; [3] á cuya objeción y en defensa del joven Marqués D. Alonso, opone Rodríguez Marín consideraciones de peso, como las de que no por ser mudo tuvo pizca de idiota, pues, muy al contrario, fué hombre de cultura nada común, y protegió y fo-

---

[1] *El Loaysa de «El Celoso extremeño».....*, p. 223.

[2] Francisco Fernández de Béthencourt: *Historia Genealogica y Heráldica de la Monarquía Española, Casa Real y Grandes de España.*, op. cit., tomo VI, páginas 203-211.

[3] *Las Novelas ejemplares de Cervantes*, op. cit, pp 209-210.

mentó las buenas letras, estableciendo en Montilla una famosa imprenta, donde hizo estampar muchos y buenos libros, algunos de los cuales, en efecto, he visto;[1] elogios que ya en su siglo apuntaron sus biógrafos y han repetido los modernos.[2]

Para mí, sin embargo, dos consideraciones hay que me empujan á creer que Cervantes en esta cita aludió al cuarto Marqués, y no á su hijo.

Una, la de que por el tiempo en que el *Coloquio* se escribía, no alcanzaba D. Alonso más edad de diez y seis á veinte años, puericia que no le pudo hacer famoso, alejado como estaba, además, en Montilla, de la corte y de los cortesanos; y es la segunda, que consta documentalmente por contra, que Cervantes estuvo en Montilla en 1592,[3] donde á la sazón, y retirado también, vivía el Marqués viejo, su padre, y donde nuestro autor pudo tener noticias cabales de aquellas prendas que, en sentir de los historiadores de su abolorio, hiciéronle muy liberal, prudente y famoso.[4]

Por lo tanto, en mi entender, este pasaje se escribía antes de Agosto de 1606, época del óbito del Marqués; y aunque la conjetura en que baso mi afirmación no sea del todo concluyente, reforzada como lo está con otras análogas, en su lugar descritas, se robustece y consolida, hasta producir el convencimiento de que Cervantes en este lugar se refirió al viejo Marqués de Priego D. Pedro, padre del Don Alonso.

239 ... echó luego el ordinario bando ...

Al son del atambor, pregonando por todo el lugar á grito herido las maravillosas gracias y habilidades del perro sabio, como él mismo ha relatado más arriba.

No usaban todavía los titereros y retablistas de la propaganda del

---

[1] Op. y loc. cit.

[2] «Nació sordomudo, pero, como consignó Llamas, con la grandeza de su entendimiento hizo que el arte venciese á la naturaleza....., y aprendió á hablar y escribir..., y todo lo componía la magestad de su juicio y talento, que parecía haber cursado las mejores escuelas del orbe».—F. FERNÁNDEZ DE BÉTHENCOURT; op. cit. y loc. cit.

[3] ASENSIO: *Nuevos documentos*.....; op. cit., p. 17.

[4] F. FERNÁNDEZ DE BÉTHENCOURT, op. cit. y loc. cit.

anuncio impreso; pero no tardaron tampoco muchos años en valerse de él, como lo da á entender cierta novelesca historia ocurrida en aquel mismo siglo XVII, la cual, con un curiosísimo y archirraro impreso sobre las artes de tropelia, tenía destinados para esta nota. Mas como el darles cabida aquí me llevaría lejos de mi propósito, quédense para sazón más oportuna; que tiempo vendrá en que, Dios mediante, pueda referirlo con más espacio y holgura que ahora.

240 ... viendo que la cosecha iba de guilla ...

La voz *guilla* es arábiga de origen, y equivale á cósecha en su sentido estricto, teniendo otros más latos, que el padre Alcalá explica en su *Vocabulario*.

Según Covarrubias, *año de guilla*, en castellano antiguo, es «año de muchos frutos y de abundante cosecha»; dicción que adopta la Academia Española, añadiendo que *de guilla* es locución que significa «de buena granazón». Aunque arabistas modernos contradigan el parecer académico, [1] aquí, no obstante, encaja en un todo para explicar este episodio.

241 ... por aquel viejo verde ..... que se escabecha las barbas ...

Escabechar, en su acepción antigua de pintarse el pelo ó teñirse las barbas; [2] diciéndose así á semejanza del escabeche de los manjares que se echan en salsa con vino, vinagre, hojas de laurel y otros ingredientes, para conservarlos; como las barbas se remojan con diferentes substancias para matar su blancura, volviéndolas á su prístino color.

---

[1] LEOPOLDO EGUÍLAZ Y YANGUAS: *Notas á «El Ingenioso Hidalgo»*, en el *Homenaje á Menéndez y Pelayo en el año vigésimo de su profesorado.—Estudios de erudición española*.....; Madrid, 1899, tomo II, p. 134.

[2] Que anochezca cano el viejo,
Y que amanezca bermejo,
Bien puede ser;
Mas que á creer nos estreche
Que es milagro, y no *escabeche*,
No puede ser.

Romancero general......, 1604, op. cit., f.º 82 vto. Es de Góngora.

Agregaré una frase proverbial que cita Espinosa, no incluída en nuestro *Diccionario*: «Retíñese el viejo de Malpica, y quiere que creamos que es milagro, y no escabeche.»—*El Perro y la Calentura.—Obras*....; edic. cit., p. 184.

Y es curioso advertir que, así como Quevedo no perdonó nunca á los calvos en su escritos, Cervantes en los suyos acusa particular ojeriza contra los que se teñían barba y cabello, confirmándolo este pasaje, y además varias apotegmas de su *Licenciado Vidriera*.

242 ... de doña Pimpinela de Plafagonia, que fué compañera de la moza gallega que servia en Valdeastillas.

Baladí y sin trascendencia es el asunto, lo reconozco; pero tampoco dejaré de confesar que durante mucho tiempo, y á ratos pérdidos, venía interesándome en la procedencia cervantina de los nombres que componen este disparatado conjuro. Esto de los nombres huecos, altisonantes, aparatosos y ridículos con que Cervantes parodió en sus obras los retumbantes y pomposos de los libros caballerescos, es pleito antiguo entre sus admiradores y comentaristas, y ha provocado trabajos muy sutiles é ingeniosos, intentando descifrar su contenido, porque, al entender de una meritísima pluma, «ninguno fué arbitrario, antes bien, todos significativos de las personas que los llevaron» [1]

Volviendo á los del *Coloquio*, y sin creerlos en este caso, personalmente alusivos, lo de *Pimpinela* veíalo claro, dicho por aplicación de aquella planta herbácea, muy útil en la farmacopea, y que por entonces había la costumbre de echarla en las tazas ó copas al tiempo de beber el vino, por el sabor particular que de ella recibía. [2] Pero ¿de dónde diablos había podido sacar Cervantes — me preguntaba — el extraño nombre de *Plafagonia*? Afortunadamente creo haberlo hallado también. Creí en un principio, que se trataba de una reminiscencia del nombre de *Cefalonia*, isla de Grecia, y que los nuestros, á la española, decían *Chafalonia*, y de cuyo puerto de Argolesti salió la armada cris-

[1] FERNÁNDEZ-GUERRA: *Noticia de un precioso códice......*; op. cit., pp. 31 y 32.— Todo este capítulo III, «Algunos datos nuevos para ilustrar el Quijote», del memorable D. Aureliano, podrá tener mucho de fantástico é inventivo; pero siempre quedará como modelo de ingenio, erudición y buen castellano.

[2] COVARRUBIAS. *Tesoro.*

Espinosa *(Obras......*; pp. 75 y 249), el doctor Laguna y otros escritores escribieron *pempinela*. Sin embargo, la lección más corriente y vulgar era la cervantina, autorizada, además, por el parecer de los profesionales en la materia — Vid. GREGORIO DE LOS RÍOS: *Agricultura de jardines......*; Madrid, Vda. de Alonso Martín, 1620, f.° 251 vto.

tiana, y Miguel de Cervantes á bordo de ella, el 7 de Octubre de 1570, para presentar batalla á la turquesca en el golfo de Lepanto, consiguiendo del cielo aquella felicísima victoria que jamás vieron los siglos pasados, los presentes, ni esperan ver los venideros. Y hasta me pareció corroborarlo el hallazgo de una desconocida pieza bibliográfica, peregrina en extremo, y de muy subido interés histórico, toda vez que se trataba de una nueva *Relación* impresa de la Batalla Naval. Sin embargo, como en estas labores de investigación no siempre lo último es lo definitivo, tampoco esta vez lo fué. *Plafagonia* no es sino mera metátesis del nombre de la antigua *Paphlagonia*, provincia del Asia Menor, situada al Sur del Mar Negro, actualmente habitada por turcos y griegos. Cervantes debió de leer este nombre en algún tratado de historia ó geografía antiguas; si es que no anda sirviendo de patronímico á algún personaje de cualquier librote de caballerías. [1]

Valdestillas es un lugar distante de Valladolid cuatro leguas, puesto en el camino de Madrid: ignoro por qué Cervantes dice Valde*a*stillas.

243 ... por el bachiller Pasillas, que se firma licenciado sin tener grado alguno.

Don Nicolás Díaz de Benjumea, representante fiel de aquella generación cervantófila que vió mundos imaginarios en las obras del *manco sano*, obsesionado con su idea de encontrar en todas ellas alusiones misteriosas y encubiertas á Juan Blanco de Paz, acérrimo y desconocido enemigo del cautivo de Argel, y de cuya interesante persona tiempo ha que nos tiene prometidas buenas noticias un benemérito comentarista suyo [2], creyó leer en este pasaje un acabado retrato del envidioso morisco, que se llamaba doctor sin serlo, añadiendo muy formalmente: «este nombre, Pasillas, ¿de dónde se deriva sino de Paz?» (!!). [3]

Pasó ya, por fortuna, el tiempo en que se perdía buena parte de él en refutar semejantes licencias; que el conjuro sea alusivo, no lo niego; pero no á Blanco de Paz, sino á aquella turba de ingenios legos que

---

[1] No he dejado, al efecto, de buscarlo entre los modernamente reimpresos, aunque sin buen éxito.

[2] Don Francisco Rodríguez Marín, en su ofrecida obra: *El mejor amigo y el peor enemigo de Cervantes.*

[3] La Barrera: *Nuevas investigaciones...*, op. cit., tomo I, p. cxxvii.

vanidosamente se atribuían títulos ó grados de que carecían, llamándose licenciados cuando no eran sino bachilleres, ó doctores estando tan sólo recibidos de licenciados, abuso de que tanto gasto hízose entonces. [1]

Á la cuenta, más gloriosos eran por aquellos días los títulos universitarios que en los nuestros, en que casi da vergüenza el ostentarlos. Á lo menos, yo no me llamaré doctor, aunque lo sea, como, por mis pecados, lo soy.

244 ... por el licor de Esquivias, famoso al par del de Ciudad-Real, San Martín y Ribadavia.

¡Líbreme Dios también de suponer á Cervantes aficionado en demasía al mosto, como cualquiera de nuestros bohemios literarios! Mas, ante las insistentes y, por lo común, análogas citas de los vinos que esta nota recuerda, paréceme vislumbrar que guardó siempre una amistad comedida y honesta hacia todos ellos, y en singular, á aquel que, como el de Esquivias, le recordaba su patria. [2] Creo no haya irreverencia ni atrevimiento en escribirlo. Al fin y al cabo,

> Sola á España se debe este tesoro:
> Del mundo en ella el qu'es mejor se halla,
> Que excede al néctar del celeste coro; [3]

y, fuera de algún pecadillo amoroso de su juventud, en la investigación indiscretísima que de todos los pasos de su vida hemos llevado á cabo los cervantistas, con más tenacidad, á ratos, que intención recta y honrada, ni se tropieza el erudito con incontinentes devaneos, ni se le halla

---

[1] Y que Cervantes reprendió también en *El Ingenioso Hidalgo,* Parte I, capítulo XIX. Á otro Pasillas, sacristán, introdujo Cervantes en uno de sus entremeses: *La guarda cuidadosa.*

[2] El vino blanco de Esquivias, oloroso y muy agradable al paladar, como vino de postre, recetábase entonces por los galenos en la convalecencia de las personas enfermas, y para gentes delicadas. Así aparece de un escrito de Blas de Morales, síndico de Getafe, fecha 31 de Octubre de 1611, pidiendo á la Sala de Alcaldes licencia para venderlo por arrobas en su lugar, y acompañando un certificado médico del licenciado Serrano, en que se decía ser de necesidad para aquel efecto. Permítelo la Sala.—*Sala de Alcaldes,* tomo V, ff. 159-160.

[3] JUAN DE LA CUEVA: *Epístola en alabanza del vino.*

inclinado al naipe con exceso, aunque en *Rinconete y Cortadillo* mostrase conocer sus burlerías como el propio Vilhán, padre del juego. No es maledicencia, por lo tanto, darle patente de buen mojón, ni creer que, como de la tierra de ellos, supiese paladear un buen mostillo y hacer la razón cuando se lo brindaran, valga por caso, en la taberna de Jaques y Juan Callo, famosos humilladeros de monas de Sevilla......, [1] alabándolo después, como en generoso agradecimiento, en cualquiera de sus obras.

245 ... y noté sus malicias y malas entrañas.

Confieso paladinamente que no entiendo por qué. Á menos que los conjuros anteriores encierren un oculto sentido, tan velado para nosotros que no acertemos á descifrarlo; ó que amenazase castigarle con la varilla, en pena de su pereza, con franco anuncio de palos. Porque de otro modo, la frase resulta obscura y misteriosa.

246 ... sabe bailar la zarabanda ...

Del baile de la zarabanda ha reunido Rodríguez Marín, en uno de sus libros, amplias, exactas y novísimas noticias, discurriendo con agudísimo ingenio y originalidad sobre la tantas veces combatida etimología de esta voz. [2]

Á dicho particular estudio remito al lector, ya que por su gran extensión no me sea posible trasladarlo aquí, como quisiera. Añadiré, no obstante, algunos datos más, mis granillos de arena, en este punto tan obscuro é intrincado del origen de los bailes españoles.

Las referencias más antiguas recogidas por el benemérito académico, se remontan, según nos dice, á «algo más allá del año de 1588», que es la fecha del *Don Florando de Castilla*, poema caballeresco del licenciado Jerónimo de Huerta, en que por vez primera se menciona esta deshonesta danza.

---

[1] Celebrados taberneros sevillanos por entonces, para que el lector no se pierda buscándolos.—Vid. FERNÁNDEZ-GUERRA: *Noticia de un precioso códice*......; op. cit., p. 21.

En HAZAÑAS y LA RUA: *Los Rufianes de Cervantes* (op. cit., pp. 193 á 196), ó en CLEMENCÍN (op. cit. IV, pp. 230-231), hallará el lector agotada toda la materia *vinícola* cervantina.

[2] *El Loaysa de «El Celoso extremeño»......*, pp. 257 á 276.

Yo he podido rastrear algo más arriba aún: en Agosto de 1583 era ya conocido y popular el cantar de la zarabanda; en dicho año, al menos, prohíbenlo cuerdamente en Madrid los Alcaldes de Casa y Corte. [1]

Para calcular el año en que debió entrar en Sevilla, es interesante también la cita de un pliego suelto del año de 1594, y en el cual se menciona este lascivo tono, á la cuenta como muy popular y en uso. [2]

Dos años antes, el padre Camos, en su *Microcosmia*, condenaba ya «las nuevas invenciones del demonio, nuevamente inventadas, á que llaman zarabandas»; [3] y en el *Memorial sobre la representación de comedias*, dirigido al rey Don Felipe II, en 1598, por Lupercio Leonardo de Argensola, se apuntan algunos datos curiosos sobre los zarabandistas, pues «había padres que sin ser ellos representantes enseñaban este oficio á sus hijos é hijas, y así hacían sus escrituras y los entregaban á los representantes, de manera que veíamos á las niñas de cuatro años (!) en los tablados bailando la zarabanda deshonestamente». [4]

Por último, añadiré que á los que ejecutaban esta danza y otras semejantes, llamados genéricamente en aquel tiempo *zarabandistas*, [5] te-

---

[1] «en m.d á tres dias del mes de ag.º de mill e quin.s e ochenta y tres años los ss.s al.des de la casa y corte de su mag d..... mandaron dar el pregon sig.e: *Pregon sobre la zarauanda:* mandan los Señores all.des de la casa y corte de su mag.d que ninguna persona sea osado de cantar ni decir por las calles ni casas ni en otra parte alguna el cantar que llaman de la zarabanda ni otro semejante so pena de cada duzientos azotes y a los honbres de cada seys años de galeras y a las mugeres de destierro del rreyno». (*Sala de Alcaldes*; lib. I, f.º 146.) Se pregonó este auto en la Plaza de Santa Cruz (en dos partes); en la Plaza Mayor (en otras dos); en la Puerta de Guadalajara; en la del Sol; en las calles del Príncipe, Atocha, Relatores, Concepcion, etc. Esto demuestra la importancia que el cantar tenía y los Alcaldes le concedieron, cuando de ordinario no eran comunes tantos pregones, bastando los que se daban en la Puerta de Guadalajara.

[2] Vid. GALLARDO: *Ensayo....*; II, núm. 1.609. Es un pliego en 4.º, compuesto por Benito Carrasco, que *lleva una letrilla nueva al tono de la zarabanda sobre la nueva premática.*—Impreso en Sevilla en casa de Benito Sanchez, con licencia, 1594.—Gallardo copia la letrilla.

[3] FRAY MARCO ANTONIO DE CAMOS: *Microcosmia y gobierno vniversal del hombre christiano......*; op. cit.—Apud COTARELO: *Bibliografía de las controversias.....*; op cit., p. 129.

[4] COTARELO: *Ibidem*; p. 68.

[5] «Es la verdad, que cierta manera de representantes son viles y bajos y muy infames, es á saber: los que como agora los zarabandistas con movimien-

níaseles por viles é infames, siendo unánime la voz de los escritores de moral en reprobar su oficio, separándoles de los simples faranduleros. Son, en suma, cabos sueltos para el que en su día haga particular historia del nacimiento de los bailes españoles.

247 ... mejor que su inventora misma ...

Acógese Cervantes á la común y vulgar opinión de su tiempo, que atribuía la invención de este baile á una mujer llamada *Zarabanda*; [1] y que, puesta en boca del pueblo, inspiró algunas jácaras y romances, como *La vida de la Zarabanda ramera pública del Guayacán*, ó la *Relación muy graciosa que trata de la vida y muerte que hizo la Zarabanda, mujer que fué de Antón Pintado, y las mandas que hizo á todos aquellos de su jaez y camarada, y como salió desterrada de la Corte y de aquella pesadumbre murió*. [2]

248 Con esto suspendió el auditorio, que había llamado senado ...

Costumbre chocarrera de los faranduleros, amaestradores de perros y retablistas, que luego se corrió al teatro y los corrales [3] (por los tiempos de Lope de Vega, según aclara un celoso biógrafo suyo [4]), era

---

tos torpes y deshonestos incitaban é incitan á torpeza y deshonestidad».— LUJÁN DE SAYAVEDRA: *Guzmán de Alfarache*; parte II, lib. III, cap. VII.—La misma idea había ya declarado el Pinciano en su *Philosophia antigva poética*; op. cit., p. 515.

[1] Vid. el citado estudio de Rodríguez Marín. Confirmaba este origen popular Francisco Ortiz, en su *Apología en defensa de las comedias que se representan en España*; 1614.— «Este baile de la zarabanda, como es malo, es muy antiguo en el mundo; porque aunque este nombre sea moderno, tomado de un demonio en figura de mujer, que dicen que en Sevilla le dió ó resucitó este deshonesto principio.....»—Apud. COTARELO: *op. cit.*, p. 493.

[2] Por Juan de Godoy. Impreso en Cuenca, en casa de Bartholomé de Selma, 1603.—Para mí es reproducción de algún pliego más antiguo; basta para ello relacionar el destierro de la Corte, de que se lamenta, con el auto prohibitorio de la Sala de Alcaldes copiado en la nota anterior.

[3] Cuando el Buscón hácese representante, enumerando sus gracias, «decía lo de *este es el puerto*, llamaba á la gente *Senado*, pedía perdón de las faltas y silencio...» (*Historia de la vida del Buscón*, lib. II, cap. IX.) En las loas de Agustín de Rojas abundan asimismo los ejemplos, como en todo nuestro teatro antiguo.

[4] H. A. RENNERT: *The spanish stage....*; op. cit., pp. 122 y 403.—Popularizóse

adular á su auditorio con el pomposo y grave nombre de *senado*. Su empleo hacíase más ridículo aplicado á la hez del vulgacho, común asistente á las gracias y habilidades de estos truhanes.

249 ... cuando alzó la voz la hospitalera ...

El número de hospitales en España fué extraordinario por los tiempos del *Coloquio*, hasta tal punto, que apenas había lugar, por chico que fuese, que no tuviera uno ó dos, fundados por la caridad de las piadosas personas que dejaban su hacienda, ó parte de ella, para levantarlos.

Á la postre, su misma abundancia fué un mal, pues como cada testador quería fundar el suyo propio, y no siempre los caudales donados eran lo bastantemente cuantiosos para sostener hospitales grandes, creció el número de los pequeños, gastándose la mayor parte de sus rentas en sostener sus ministros y oficiales, sin cumplir con el generoso fin instituído por sus primeros patronos.

Tal fué la causa de que se tratase con Roma la reducción de unos en otros, como al cabo se hizo por real cédula de 22 de Febrero de 1578.[1]

Andando los años, se vió por experiencia que de la practicada reducción no se había conseguido la utilidad que se esperaba; pidieron las Cortes se tornase al estado antiguo,[2] y aunque Felipe II se opuso, siguiéronse labrando hospitales pequeños y numerosos, como en un principio. Tales hospitalillos no necesitaban más gobierno que el de una mujer vieja, procedente muchas veces de la prostitución,[3] llamada la hospitalera; pues á causa de ser pocas las camas, podía fácilmente atender á su cuidado y al de los dos ó tres enfermos recogidos en ellas.

Estas obligaciones traducíanse también en autoridad y mando dentro del hospital, y bajo la suya arroja la hospitalera del de Montilla al socarrón tamborilero.

---

luego mucho la maliciosa formulilla, hasta el punto que casi todas las comedias acababan con ella, al tiempo de solicitar del auditorio el perdón de las faltas.

[1] Biblioteca Nacional: *Sala de Manuscritos*, Ms. núm 18.369
[2] *Cortes de Castilla;* cap. XLI de las de 1592 á 1598, tomo XVI, pp 651-652.
[3] GALLARDO *Ensayo.....;* IV, col. 51.

250 ... de más de sesenta años ...

Lógicamente debía decir «de más de *setenta*», porque, páginas adelante, declara la misma Cañizares tener setenta y cinco años sobre sus espaldas. Acaso los cajistas de Cuesta leyeran mal el manuscrito cervantino; pero ante la unanimidad de sus dos ediciones, que escriben «más de *sesenta*», hago la aclaración y lo dejo así.

251 ... sino de otros muchos pecados otros que, como pecadora, he cometido ...

He aquí un caso típico de la existencia del género neutro en los sustantivos, que con tanto tesón como conocimiento del habla castellana defendió el memorable Clemencín. [1] Las ediciones modernas del *Coloquio* y alguna de las antiguas, al tropezarse seguidamente en esta oración dos veces con el adjetivo *otro*, reputaron repetición viciosa ó errada el segundo, suprimiéndolo de resultas. [2]

Hicieron mal: el primero sí es adjetivo, mas no lo es el segundo, sino ejemplo de sustantivo de género neutro, compañero de tantos otros que Clemencín adujo, en demostración de ser antiguo en nuestra lengua, y no cervantismo, el uso del género neutro, y más privativamente del adjetivo sustantivado *otro*. [3]

Aquí, *otro* encaja en la clase de demostrativos neutros que se emplean para reproducir un nombre bajo el concepto de predicado. [4]

252 ... y en otro hospital ...

Dos hospitales había en Montilla. Uno de ellos hallábase anejo á la ermita de Santa Brígida, que hubo al lado izquierdo é inmediato á la

---

[1] *Op. cit*, III, pp. 15 á 17, y IV, pp. 265 y 266.

[2] Por ejemplo, la de Pamplona, Nicolás Assiayn, 1614, leía así este pasaje: «sino de otros muchos pecados *ó* otros que......» (f.º 370 vto).

[3] Aparte los cervantinos citados por Clemencín, éste, además, de Cristóbal de Villalón:

PEDRO. «.... mas tampoco se sirvia de ella, ni podia avnque quissiese.
MATA. ¿Quién se lo estorbaba?
PEDRO. Su lei, que *otro* no.»— *Viaje de Turquía*; op. cit., p. 137.

[4] BELLO: *Gramática*; op. cit., I, 163, donde trata extensamente de este punto.

puerta de tal nombre. El segundo, denominado de Nuestra Señora de los Remedios, estaba colindante á la ermita conocida por Santa Catalina. [1] No puedo calcular en cuál de los dos se alojó Berganza y ocurrieron las portentosas escenas que han de asombrar al lector de aquí á poco.

253 ... la más famosa hechicera que hubo en el mundo, á quien llamaron "la Camacha de Montilla".

En la *Introducción* traté extensamente de los caracteres é historia de la brujería castellana; ahora, en las notas, he de dedicar algún espacio á ilustrar las hazañas de la Camacha, que fué, ante todo y sobre todo, principalísima hechicera, maestra de la Montiela y la Cañizares, y de muchas más que no aparecen en el *Coloquio*.

Y excúseme el lector si en estas notas soy más extenso y prolijo que de ordinario. Es la materia brujil tan rara, humana y curiosa, y trátase además en este libro por vez primera de un modo tan poco acostumbrado, exhumando fuentes originales y desconocidas, que, á buen seguro, ha de perdonar mi porfía, dando por bien aplicados el celo que en reunirlas empleé yo y el tiempo que gaste en recorrerlas él.

Sepáranse perfectamente en la teoría y en los hechos unas y otras prácticas supersticiosas; es á saber, la hechicería y la brujería, y nadie mejor que Cervantes acertó á distinguirlas. Las hechiceras son más ladinas é interesadas que las brujas: so color de ligar corazones, ensalmar deshauciados ó adivinar las cosas futuras, cantusaban cuanto podían de sus devotos y admiradores.

Éste es su fin práctico, tan admirablemente retratado en las *Celestinas*. Las brujas no: entréganse en cuerpo y alma al demonio, sin otra codicia que la de los deleites y desenfrenos carnales que en sus aquelarres les regala.

El vulgo mismo separaba sin notarlo unas y otras secuaces, aborreciendo y persiguiendo á las brujas, y honrando á las hechiceras, que cuanto más encorozadas y azotadas del verdugo, más notoriedad recibían y más provecho sacaban, sirviéndolas estos castigos, en testimo-

---

[1] José MORTE MOLINA: *Montilla: Apuntes históricos de esta ciudad.*—Montilla, 1888. Imp. de M. de Sola Torices; in. 4.°; pág. 91.

nio de uno del tiempo, para quedar por «laureadas en su facultad y más conocidas en la república para quien quisiere usar dellas». [1]

Las brujas constituyen una religión más estrecha y misteriosa que las hechiceras: son también entre sí más comunicativas, aunque el demonio las haga recelosas y desconfiadas. Para conocerse, según ellas, usaban de ciertas fórmulas y señales de una extravagancia famosa. [2]

La brujería es eminentemente diabólica; la hechicería, no: en la generalidad de sus procesos para nada aparece el diablo, y, en cambio, se manosean y barajan con ignorancia torpe los santos y los ángeles, singularmente Santa Elena, Santa Marta, San Cristóbal y San Herasmo. [3]

Una es, pues, la magia que usa de supersticiones naturales, y otra

---

[1] RODRIGO SÁNCHEZ DORIA, en las Cortes de Madrid de 1592 á 1598: *Cortes de Castilla;* tomo XIII, pp. 490-491.

[2] María de Espolea, *la Pastora*, daba una muy notable: «que si hiçieran una vela de çera de abispas mezclada con çera bendita y al evangelio postrero de la misa la pusieran ençendida á la puerta de la iglesia, saliera toda la gente, y se quedaran dentro las que eran bruxas sin poderse salir».—Arch. Hist. Nac. *Inquisición de Toledo;* leg. 85, núm. 68.

Sobre este mismo particular escribe Salillas «La procesión de la vara negra celebrábase la noche de difuntos en varios pueblos, para desenmascarar á las brujas de contrabando. De regreso la procesión, al entrar en la iglesia, apagaban las velas de los ciriales, metiéndolas en la pila del agua bendita y á la vez zambullían la vara negra, y no bien empezaban á chisporrotear las velas, toda la que era bruja huía despavorida, suspirando y llorando. Las que acudieran á misa no podrían salir de la iglesia hasta que cerraran el misal.....»—SALILLAS: *La Fascinación en España;* op. cit., p. 33.

Torquemada, hablando de ellas, escribía.....: «y se dejan señalar dél [el demonio] como esclavos, porque les pone una señal, la cual dice el vulgo que traen siempre en uno de los ojos, figurada á manera de una mano de topo, y por ellas se reconocen los unos á los otros».—*Jardín de flores curiosas*.....; op. cit., f.º 151.

Según Sandoval, las famosas brujas de Navarra, en 1527, se descubrieron por la señal que cada una tenía en un ojo, sólo visible á las iniciadas.—*Vida y hechos del Emperador Carlos V*.....; op. cit., tomo I, p. 621.

Del *sapito en el ojo*, señal con que marcaba el demonio á las brujas del Prado de Berroscoberro, se burló con muy buena fe Moratín en su *Relación del auto de fe*.....; op. cit., p. 29.

[3] Vid. la nota 281.

la negra ó nigromántica, que pide la invocación y concurso de los demonios para poder ejercitarse.

Nuevas diferencias y caracteres irán apareciendo en las sucesivas notas.

254 Ella congelaba las nubes cuando quería, cubriendo con ellas la faz del sol; y ..... volvía sereno el más turbado cielo ...

Dejemos la palabra á Torquemada, que él nos explicará bastantemente este pasaje.

Tratando de demonios, dice que hay seis géneros de ellos desde el cielo á los abismos, según las regiones donde habitan: ángeles de fuego, ángeles de aire, de tierra, de agua, de concavidades y de abismos: «los que están en medio de la región del aire y de allí abaxo hasta la tierra, son los que algunas veces, fuera de la natural operación de naturaleza, mueven los vientos con mayor furia de la acostumbrada, los que congelan las espantosas nubes fuera de tiempo, los que hacen venir los truenos, rayos y relámpagos y granizar y apedrear los panes y viñas y frutos de la tierra, y destos se aprovechan los nigrománticos quando quieren hacer estos daños; y así entre otras cosas que se cuentan en el libro que se dice *Martillo de hechiceras*, hallaréis que queriendo hacer experiencia désto aquellos Inquisidores que perseguían entonces aquel abominable género de brujas y hechiceras, lo trataron con una, y asegurándola de la vida, con que después de esto no tornase á pecar, se salió al campo, y en presencia de los mismos Inquisidores, y de otros muchos, se apartó entre unos árboles, y haciendo un hoyo en la tierra con las manos, orinó dentro dél, y metiendo un dedo, comenzó á revolver la orina, de la cual poco á poco, con ciertos caracteres y palabras que la hechicera dijo y hizo, salía un vapor que á manera de humo subía para arriba, y comenzándose á espesar en medio de la región del aire, vino á hacer una nube tan negra y temerosa, y comenzó á echar de sí tantos truenos y relámpagos, que parecía cosa infernal; y estándose queda la mujer, vino á preguntar á los mismos Inquisidores que á dónde querían que fuese á descargar aquella nube muy gran cantidad de piedra que en sí tenía, y ellos señalaron cierto término, donde no podía hacer mal ninguno, y así se comenzó luego á mover la nube con muy grande furia de vientos, y en breve tiempo llegó al sitio determinado, donde descargó lo que llevaba, sin salir un paso de los límites que estaban señalados.» [1]

Abundan en todos los tratados de magia ejemplos como el referido, [2] pues era ésta una de sus maldades más habituales y de que más se preciaban las hechiceras, [3] causando la ruina de sus enemigos.

Otras veces bastaba para lo mismo que arrojasen al mar ó á una laguna unas piedras ó polvos, de los maléficos que para sus hechizos confeccionaban, para que al instante, levantándose los vientos, agitándose las olas y tornándose el cielo negro y sombrío, viniera á desencadenarse una tempestad furiosa, que anegaba los navíos, estrellándolos contra la costa. [4] La musa popular no se olvidó de incluir este portento entre las artes de las hechicerías, y del pueblo mismo debió Cervantes aprenderlo. [5]

255 ... traía los hombres en un instante de lejas tierras ...

Aquí es donde radica el verdadero, el mágico, el singular poder de la hechicería. Cuando á los amantes alejan los azares de la guerra ó los destinos de la suerte, y las enamoradas sienten su ausencia, y no hallan consuelo á su congoja, acuden á la hechicera; que ella con sus

---

[1] *Jardín de flores*.....; ff. 111 vto. y siguientes.

[2] Castañega no olvidó tampoco á estas hechiceras *tempestarias*, y así, cita á tres, á quienes «les dió el demonio sendas piedras para que las echasen en el mar, é luego se alteró la mar, de tal manera, que aquella tarde en aquel lugar se ahogaron veinte y dos hombres á la entrada del puerto».—*Tratado muy sotil y bien fundado*.....; op. cit., cap. III.

La misma hechicería, con mayor cantidad de pormenores, se encuentra en la *Relación del auto de Logroño* (op. cit., pp. 70 y 71); y en JACOB: *Curiosités infernales* (op. cit., pp. 227 y siguientes), muy pródigas en ellas.

[3] Mari-Sanchez Cebolla, hechicera penitenciada por el Santo Oficio de Toledo en 1549, tuvo por maestra á otra «que decían que hera tan sabia q̃ bastaua a hazer quajar la mar».—*Inquis. de Toledo*; leg. 95, núm. 255.

[4] *Causa contra Eulalia Ursola*, 1621; loc. cit.

[5] En la conocida cantaleta que en *El rufián Castrucho*, de Lope de Vega, dispara Castrucho á la vieja Teodora, acúsasela por autora:

> De conjuros
> Y de maldades que haces,
> Con que deshaces
> Las nubes, y las arrasas
> Por donde pasas.

artes logrará traerlos otra vez á sus brazos, aunque se hallen al cabo del mundo. No hay una sola ni que se niegue ni que lo ignore: cabalmente es el portento de que más se ufanan, y cuanto más lejano y perdido anda el hombre, mayor es su virtud y gracia para atraerle. Así, una hechicera de Cebreros decía á una amante que tenía muy lejos á su galán, y padecía por ello grande aflicción, «que no tuviese pena; que ella se le haría venir aunque estuviese encadenado y metido en casa del diablo». [1] Otra se jacta de lo mismo: «que aun cuando estuviese cincuenta leguas le traería, rezando nueve veces la oración de Santa Marta»; [2] y una hay que se alababa de que podía hacer venir á un hombre desde Sevilla á Madridejos en seis horas. [3]

Un libro entero pedirían todas las prácticas que sobre este portento tengo entresacadas de las causas inquisitoriales; para no hacer interminable esta nota, espigaré las más principales ó peregrinas.

Según que la hechicera obre la magia blanca ó la negra, así son sus artes para este efecto.

La diabólica exige de ordinario la invocación á los demonios, dentro del consabido cerco (ya veremos más adelante los modos de hacerse); y una vez entrado en él, recitan las hechiceras las diversas oraciones y fórmulas que para el caso saben de coro: la de la estrella, [4]

---

[1] *Causa contra Catalina de Doyagüe;* 1557-1558.—*Inquis. de Toledo;* leg. 85, número 64.

[2] Ya la verá el lector más adelante. (*Causa contra Juana Dientes;* 1537-1553.—*Ibidem;* leg. 90, núm. 167.) Á Mariana González la acusaron de que «a dicho y dado a entender que tiene un hombre en Madrid y le trae cuando quiere a su presencia», y para ello sabía diferentes oraciones.—Vid. su *Causa.....* 1648. *Inquis. de Toledo;* leg. 87, núm. 110.

[3] *Causa contra Mari-Sanchez Cebolla;* 1548-1549; loc. cit.—Catalina de Tapia (1532-1535) decía que, «si ella tuviera una casa con pozo, hiciera que el pozo sirviese para hacer venir a un hombre en una noche de cient leguas....., rezando la oración del Rey Tobías». También es la verdad que el poder de esta hechicera se dilataba hasta encerrar á los diablos en pucheros.—*Inquis. de Toledo;* leg. 96, número 267.

[4] «Estrella, donzella, lleuesme esta seña a mi amigo fulano, y no me le dexes comer ni beber ni reposar, ni con otra mujer holgar, sino que a mí venga a buscar; ni nacido ni por nacer, sino que a mí venga á ver. Isaac me le ate, Abraham me lo rreuoque, Jocob me le trayga.»—*Causa contra Catalina de Doyagüe;* loc. cit.—Otras variantes más ricas conoce esta oración, que se citarán en su lugar.

la del ánima sola, [1] pidiendo en todas venga el Diablo Cojuelo, que es el ministro que gastan los demonios para atender á los caprichos de sus devotas, y quien traerá al galán *caballero en un cabrón y despiçarrado*, [2] aunque la mar lo separe, [3] ó mil leguas lo distancien.

Dentro del cerco, las hechiceras hablan con el demonio y preguntan por fulano; ellos le responden ó dan á entender lo que quieren por señales externas y convenidas, como el rebuznar del jumento, el cantar del gallo, ó el ladrar del perro. [4]

Juana Dientes, ya conocida de mis lectores como bruja, era extremadamente original en estas suertes. [5]

---

[1] «Ánima sola, yo te conjuro con el fluxo solo y el flos sanctorum y un coraçon de un hombre muerto a yerro frio y los doze granos de trigo de los de israel..... y los libros mortales, y todos os juntareis y donde fulano estubiese me lo traereis y le areis que ni coma ni beba en mesa hasta que me le traygais.» Luego se asomaba á la puerta de la calle y decía: «Veo venir á fulano con un puñal de cachas negras atravesado el coraçon y una soga de aorcado diçiendo *balerme, balerme, fulana*», y ella respondía: «no te quiero baler, el diablo..... [y nombraba aquí uno determinado] que te meta por el cacho del espinazo un puñal que no te dexe parar ni sosegar de aqui a benir y por mi puerta entrar.» *(Causa contra Francisca Rodríguez;* 1645.—*Inquis. de Toledo;* leg. 94, núm. 230.) Otra hechicera, para decir la oración, ponía sobre una mesa un pan, un cuchillo y queso, y entre once y doce horas de la noche, se asomaba á la ventana, y cogiendo el pan lo arrojaba con rabia, mientras decía:

«Perrito del monte obscuro,
¿[Has venido?, ¿estás ahí?»

«y al irse á asomar á la ventana—escribe el Fiscal—vió que subía un bulto negro, trepando por la pared».— *Causa contra Doña Lorenza de Figueroa y Valtanas;* 1644-1645.—*Inquis. de Toledo;* leg. 86, núm. 78.

[2] *Causa contra Catalina Doyagüe, vecina de Cebreros;* 1557-1558.—*Inquis. de Toledo,* leg. 85, núm. 64.

[3] Preguntándola á Mari-Sánchez Cebolla, «si el hombre por quien yva el diablo coxuelo está embarcado y desotra parte del agua, como lo puede traer tan presto, la dha. respondió, que aunque estuviese en el ynfierno lo sacaria de alli y lo traeria en muy breve tiempo».—*Loc. cit.*

[4] *Causa contra Juana Fernández;* 1673-1674.—*Inquis. de Toledo;* leg. 86, número 72.

[5] Merecen verdaderamente conocerse. Reuníase en la cocina con la persona enamorada, y tomando un poco de sal y vinagre traído de la casa de unas mujeres de la vida libre (era condición precisa), pasaba la sal de una mano á otra di-

Más sencillas y no tan complicadas eran, en general, las de la magia blanca; toda su virtud residía en las infinitas oraciones que recitaban las hechiceras, al tiempo de poner en juego sus supersticiones. Ana Díaz, vecina de Daimiel, pedía que la llevasen un corazón de macho, y unos rejones de hierro, tres alfileres, agujas y pimienta; decía unas palabras é hincaba muy aprisa los rejones, alfileres y agujas en el dicho corazón; y metiéndolo en un puchero con pimienta y vinagre, poníalo á cocer durante nueve días, al cabo de los cuales había de venir forzosamente el hombre reclamado.[1] María Fernández era más devota: encendía nueve noches tres candelas en su casa, la una á honor de Nuestra Señora, la otra de San Pedro y la postrera á San Juan, y si, quemadas dos de ellas, quedaba viva la de San Juan, decía ser señal irremisible de que había de venir el amante.[2]

Otra quemaba en la lumbre tres cogollos de romero, diciendo al mismo tiempo la oración del caso, y si quedaba blanca la ceniza, era también pronóstico seguro de la llegada del hombre.[3] La oración de

---

ciendo: «conjúrote sal con satanás con berzebú, barrabás y lucifer, y vengan todas las siete capitanías de los diablos y se junten a conjurar esta sal y vinagre». Figuraba luego en la brasa los sesenta y tantos miembros del cuerpo del galán, y con una vara iba señalando todos, uno por uno: «aqui señalo la cabeza, aqui los ojos, aqui las narices, aqui la boca, aqui los brazos, aqui el corazón»; tras esto, hacía un hoyo chico en el lugar de la figura; quebraba unas ascuas grandes, y echaba la sal y vinagre conjurados; y revolviéndolo todo, proseguía: «que así como aquella sal y aquel vinagre hervían, que así le hirviese el corazón á fulano»; y, por último, añadiendo: «ven, cabra, que más vale lo mio que tu barba», salía corriendo por la puerta de la cocina braceando con la vara en la mano, mientras llamaba á las siete capitanías de los diablos para que viniesen y enviasen por el Diablo Cojuelo para el dicho fulano, diciendo: «Barrabás, Satanás, Lucifer, Berzebud, venid y traed con vosotros las siete capitanias de los diablos y enviad al diablo coxuelo que traiga a fulano.»—*Causa contra Juana Dientes;* loc. cit.

[1] *Causa contra Ana Díaz;* 1625.—*Inquis. de Toledo;* leg. 85, núm. 58.

[2] *Causa contra María Fernández;* 1532-1535.—*Inquis. de Toledo;* leg. 86, número 73.—Ésta misma aconsejaba á la mujer, que en caso de venir el hombre, «que no se espantase de cosa que allí viese, porque vería una cosa tan grande como un buey espantable, e que no se santiguase e oviese temor, que ella le diría lo que oviesse de hacer al tiempo que esto viesse.»—¡Recuerda mucho las palabras de la Cañizares á Berganza antes de untarse!

[3] *Causa contra Teresa García;* 1716-1717.—*Inquis. de Toledo;* leg. 87, núm. 95.

la estrella, rezada de noche en la ventana mirando á una fijamente, es asimismo muy común; ó destocarse en el caño de un pozo entre las diez y once horas de la noche, y estando de rodillas decir por cuartos:

«El Señor de los caños, el mayor de los diablos, yo te prometo de á misa no ir, ni bien hacer, hasta que traigas á fulano, vestido y calzado como anda todo el año, calzado y vestido como anda de contino.» [1]

Hállanse del mismo modo, para la práctica de este seudoprodigio de la hechicería en los autos inquisitoriales de Toledo, otras muchas oraciones y suertes, como la de la sal, la de la semilla del hombre, la de la ventana, la de la puerta, la de los palmos, [2] sin acudir á las artes adivinatorias, en donde la cosecha es riquísima é inagotable.

Mas entre todas, hay una curiosísima, que se destaca del fondo negro y odioso de las supersticiones, tan linda y tan poética, que, más que á brujas, sabe á hadas. Para que el lector la conozca en su pureza, dejaré que nos la relate el mismo Fiscal que la copió de la confesión prestada por la rea. También es Juana Dientes la inventora, en unión de otras dos hechiceras, cuyos nombres no constan:

«Tomaron una escoba una noche que hazía luna y la una dellas barrió con ella el umbral de un palacio de dentro para fuera y dixo dos veces: *fuera echo, meto dentro*», y desnudóse de sus propias vestiduras y ropas hasta quedar en camisa, y con ellas [las cómplices] componía la escoba, y la ponía en el palaçio despues de compuesta, y la saludaua diziendo: «galana estais buena dueña, vos y yo avemos de echar »suertes qual de nosotros a de hir por ful.º» y porfiaban ella y el escoba qual dellas avia de hir diziendo — «vos aveis de hir», — «mas no »si no vos»; y como no se conçertauan, echaban suertes nueue veces las dos, y desta manera cabia a la dha. escoba, y le dezia «vos aveis »de hir por fulano y me lo aveis de traer desnudo ó vestido ó como »estuuiere», y la ponía detrás de la puerta.» [3] Y era cosa probada que

---

[1] *Causa contra Francisca Diaz;* 1532-1535.—*Inquis. de Toledo;* leg. 85, número 60.
[2] Vid., para cada una, leg. 83, núm. 41; 84, núm. 42, y 96, núm. 260.
[3] *Causa contra Juana Dientes;* loc. cit.

el Diablo Cojuelo,[1] que, según ellas, era el mayor de los diablos, traía siempre al deseado galán, ora sobre sí, ora caballero en un macho cabrío, *el un pie descalzo;*[2] sobre todo, si la hechicera había guardado la precaución de decirle: «*chupete, chupete*», que así lo hacía una famosa de cierto lugar, con éxito seguro.[3]

256 ... remediaba maravillosamente las doncellas ..... cubría á las viudas que con honestidad fuesen deshonestas ...

La materia es muy varia y escabrosa, más propia de Celestinas que de Camachas, aunque rara vez se daban ambos oficios separados. En Fernando de Rojas, Sancho de Muñón, Reinosa, ó el Aretino, hallará el lector cuantas noticias pida su curiosidad en este delicado punto.[4]

257 ... descasaba las casadas, y casaba las que ella quería ...

La hechicería está íntimamente ligada con el amor. Al amparo de las tocas negras de la vieja y de sus artes adivinatorias y eficaces acuden los mancebos para saber si la mujer habrá de amarles; ellas, en busca del amor que sus amantes olvidaron, y todos, para hallar modo de trocar las opuestas voluntades.

De ordinario, para ligar piden las hechiceras una prenda de la persona sobre que ha de obrar el hechizo: en los hombres son sus agujetas, pedazos de sus vestidos, pelos de la cabeza; en las doncellas, tiene mucha virtud una parte de su camisa; en los amancebados y casa-

---

[1] Del Diablo Cojuelo trató con la erudición y gracia de siempre el doctísimo Rodrigo Caro:

D. DIEGO. «¿Por qué llaman el Diablo Cojuelo, siendo él tan lijero que cerca en un momento y anda toda la tierra?

D. FERNANDO. Por ventura nació esta persuasión de que como cayó del cielo se le quebró alguna pierna.»—*Días geniales;* op. cit., pp. 303 y 304.

¡La explicación no puede ser más convincente! Pero tiene ingenio.....

[2] *Causa contra Mari-Sanchez Cebolla;* loc. cit.

[3] *Causa contra Catalina Moreno;* 1628-1629.—*Ibidem;* leg. 92, núm. 187.

[4] *La Celestina;* acto I.—*Tragicomedia de Lisandro y Roselia;* pp. 79-80.—REINOSA: *Coplas de las Comadres;* Apud GALLARDO: *Ensayo*.....; IV, cols. 45, 52 y 53. PEDRO ARETINO: *Coloquio de las damas*......, en la traducción del Beneficiado Fernán Xuarez, s. l., MDXLVIII. ¡Por cierto que mal se cohonestaban los hábitos talares del Beneficiado sevillano con las demasías del Aretino!

dos, son más íntimos, personales y vergonzosos los remedios: hacían con ellos sus potingues y bebedizos, que, ocultamente ó bajo la apariencia de chocolate, daban á sus amantes ó maridos: [1] los infelices, sin saberlo, debieron comer por aquellos tiempos un sin fin de repugnantes porquerías. Sobre estos remedios caseros, contribuía la hechicera con sus conjuros y oraciones, que son infinitos y caprichosos; sacaré muestra de algunos para *casar* y *descasar*, dejando para próxima nota los relativos al simple querer.

Para atraer las voluntades y precipitar el casamiento, uno de los más usados por nuestras hechiceras de abolengo es el de la almea. La mujer había de ir á una botica por un poco de almea, sin hablar palabra en todo el camino con persona alguna, marmullando sólo para sí, su paso á paso: «la almea voy á buscar para mi bien, y no para mi daño». Llegada á la botica, había de decir: «dadme un poco de almea», echando en pago un puñado de cuartos sin contarlos; y una vez en posesión de ella, iría á siete iglesias, bautizaría la almea en cada pila de agua bendita, y, hecha luego polvos, sahumando los galanes y la casa, la boda era segura. [2]

Dos hermanas hechiceras, contemporáneas del *Coloquio*, usaban de un embeleco más raro y suyo. Tomaban una escudilla de miera, colocando alrededor tres velas encendidas, y haciendo cruces y bendiciones decían la oración de Santa Marta [3] ó la de Marmaroto, [4] y puesta

---

[1] Vid., por ejemplo, y harto sucio, la *Causa contra Doña María de Acevedo;* 1648, leg. 82, núm. 1.

[2] *Causa contra Doña María de Chaves*, 1650.—*Inquis. de Toledo;* leg. 85, núm. 56.

[3] «Santa marta, digna soys y sancta, guespeda y conbidada de nro. s.r Jesucristo, y de mi señora la Virgen maria querida y amada, en el monte olibete entrastes, con la bestia fiera encontrastes, y a la çinta de vro. cuerpo la atastes, al pueblo hebreo la lleuastes, y a los juezes del tenplo la entregastes, y dijistes gente buena veis aqui esta serpiente que de braba y fuerte os la traigo mansa y leda.»—*Causa contra Quiteria y Lorenza de Luna*, 1604-1609.—*Ibidem;* leg. 89, núm. 150.

[4] «Marmaroto marmaroto, de treçe diablos guardado, con treçe cadenas encadenado, dame vna a mi para el coraçon de fulano que le quiero mandar, no le entres por la puerta ni por la finiestra, vete a la oreja de la banda diestra, dale rabia canina, tempestad marina, que ni le dejes estar ni sosegar hasta que a mi fulana vengas a buscar y conmigo venga a casar»; y diciendo estas palabras

la miera sobre unas ascuas de lumbre, la echaban en el umbral de la casa de la persona á quien querían casar: [1] no declaran los autos si el éxito fué feliz, mas sí que las dos dieron con sus huesos en la cárcel del Santo Oficio de Toledo.

En cuanto á las artes para descasar, no faltaban tampoco; ora por medio de conjuros que apartaban las voluntades; [2] ora indirectamente, ligando al hombre con impotencia, recurso muy utilizado por las hechiceras y repetido en muchos procesos; [3] bien valiéndose del conjuro del sueño, que hacía también imposible la vida de los cónyuges [4].

Todos ellos, y otros más, se repiten de unas en otras maléficas, re-

«tenía en la mano vn cuchillo de cabos negros y le hincaba en el madero de una ventana».—*Causa contra Quiteria y Lorenza de Luna*; 1604-1609.—*Inquis. de Toledo;* leg. 89, núm. 150.

[1] *Ibidem.*

[2] En la *Causa contra Josefa Carranza*, 1622-1623, el Fiscal la acusó de que hacía el siguiente conjuro para apartar: «Pedia una camisa ó alguna otra prenda que hubiese traido puesta la persona que deseaba que se apartase de la amistad, y haciendo unos pucheruelos con polvos dentro, echaba el primer puchero en martes a la puerta de la dicha muger diciendo: «como este puchero » quiebro, se te quiebre el amor que tienes para que este hombre no buelva a » tu casa».—*Ibidem;* leg. 83, núm. 38.

[3] Poco limpios y decorosos son para copiados. Vea el lector, si le interesan, los legajos 83, núm. 32; 85, núm. 69; 88, núm. 126; 92, núm. 187, y 93, número 208.

Con quien más se ensañaban las hechiceras era con los recién casados.

[4] Son muy curiosos los dos siguientes, y merecen bien el espacio que les dedico, para que los conozca el lector: «en esta cama me bengo a acostar, el sueño a fulano quiero quitar, a la cabeçera de la cama dos mil caballos corredores, a los oydos dos mil perros ladradores, a los pies dos mil hormigas que estas no le dexen reposar hasta que a mi me benga á buscar.»—*Causa contra María Magdalena;* 1618.—*Ibidem;* leg. 90, núm. 155.

«A una ora de la noche me lebanté y fuime a la sepoltura de los muertos y encontré con fulano y dixo: ¿donde diablos vais, donde diablos venis?—bengo de buscar la hija de la maior hechicera q̃ hay en el mundo, q̃ me ha llebado el sueño de la testa, por dias tres y noches quatro, fulano aqui te ligo aqui te ato, que no puedas dormir ni sosegar»; «y aqui, habia de ir dándose unos nudos en el pelo de la cabeça hasta nuebe, y assi se los auia de tener asta la mañana.»—*Causa contra Doña Ana de Mendoza y Doña María de Lara*; 1627.—*Ibidem;* leg. 91, número 172.

vistiendo formas más ó menos típicas, según la gracia y habilidad de cada una.

Sin embargo, así como no hay letal veneno que no tenga su triaca, ni humano mal sin posible remedio, también le tenían todas estas picardías y travesuras de las hechiceras con los pobres galanes y maridos, que para sacarles de su angustiosa cuita corría impresa una maravillosa *Oración á San Cipriano;* la cual, dicha devotamente por tres veces en otros tantos domingos, era como mano de santo «para librar á las personas de malos hechos y hechizos y ojos malos y malas lenguas, y para cualesquiera ligamientos y encantamientos, para que todos fuesen desatados y desligados»; y como si al autor de la oración le hubieren parecido poco semejantes portentos, todavía alcanzaba su virtud «para la mujer que está de parto, y para pestilencia y aire corrupto»...... [1] Por fortuna, y en lo que toca á España, hasta bastante entrado el siglo xvII no se propagaron por ella estas simplezas torpes y supersticiosas.

258 ... por diciembre tenía rosas frescas en su jardín, y por enero segaba trigo.

Particularidades hechiceriles, verdaderamente maravillosas para entonces, dignas del más hábil floricultor de nuestros días, pero de las cuales infelizmente no he hallado rastros en las causas de la Inquisición toledana. De otras muy parecidas podrán leerse, sin embargo, noticias en la siguiente nota.

259 Esto de hacer nacer berros en una artesa era lo menos que ella hacía ...

Cuenta Agustín de Rojas, que en

Viernes encorozaron en Granada
Diez ó doce famosas hechiceras,

---

[1] *Oracion devotissima | a San Cipriano, traduzida de latin | en castellano. | Sacada de vn libro intitulado, | Exorcismos contra las tempestades, y demonios..... Por | Christoual Lusterra, Santisteuan.. .. Impresso en la ciudad de Pamplona.....* (2 hojas en folio imp.; s. l. n. a.—Bibl. Acad. Hist. *Jesuítas;* tomo 62, núm. 4.)—La oración tiene carácter popular y es disparatadísima. Alcanzaba á toda suerte de hechizos.

> Y entre ellas una vieja de noventa,
> Que lo menos que hacía esta señora
> Era juntar un escuadrón de diablos,
> Y arar, sembrar, nacer y coger trigo
> Dentro de un cuarto de hora en una artesa. [1]

Porque el segar trigo fuera de su tiempo, ó el hacer nacer berros en una artesa ó sobre la cama, [2] era para el vulgo el *non plus* de la hechicería.

Más allá iba una que yo conozco, que no sé si haría estas nonadas; mas, en cambio, tenía tal confianza en sus artes, que admirándose una persona de lo que sabía, muy ufana respondió: «De poco se espanta: yo sé que hauiendo hurtado un lechón y auiéndolo ya muerto y puesto en adouo en una artesa, haçerle venir a casa de su dueño en la mesma artesa con su adouo.» [3] ¡Dificilillo me parece!

260 ... ni el hacer ver en un espejo, ó en la uña de una criatura, los vivos ó los muertos que le pedían que mostrase.

En una comedia de D. Francisco de Rojas, entra el Marqués de Villena con su criado Zambapalo en la cueva de un mágico, y queriendo poner á prueba los recursos de su nigromancia, dícele:

> Pienso que de noche es,
> Divertirme un rato quiero,
> Y así pido lo primero
> Que dentro de vuestra casa
> Vea yo todo cuanto pasa
> Esta noche en la ciudad:

y el mágico contesta:

> Cuanto pasare iréis viendo
> En Salamanca, en corriendo
> Dese espejo la cortina.

Corre, en efecto, la cortina, descubriendo un espejo, en el cual se

---

[1] *El Viaje entretenido.....*; op. cit., f.º 230 vto.
[2] Mateo Alemán nos habla de una hechicera «tan maestra....., que hiciera nacer berros encima de la cama».—*Guzmán de Alfarache;* parte II, lib. II, cap. IX.
[3] *Causa contra Inés Martín de Lobares;* 1667-1669.—*Ibidem;* leg. 90, núm. 164.

van representando diversas escenas graciosas, según quería el Marqués.[1]

Este recurso, que formaba parte de la ciencia llamada *lecanomancia* ó *catoptromancia*, era usado más por los nigrománticos que por las hechiceras; pero tampoco faltaba en éstas, como el lector lo verá en una contemporánea de Cervantes.

Para hacerlo «se habían de ir a su casa las dos [la hechicera y la persona interesada], y entre las onçe y las doçe se habían de poner en el patio a la luna, donde habían de tener un espejo y habían de ir diciendo juntas las palabras que la hechicera fuese diçiendo, que era la oración de Santa Martha y otras, llamando al fin dellas por su nombre al hombre que quissiesse, adbirtiendo que no se espantasse quando en el espejo viese alguna mala figura, antes tubiese buen ánimo».[2]

No sólo los espejos y las uñas, sino toda superficie tersa ó brillante valía para esta hechicería, que otra pécora semejante ejecutaba en un lebrillo de agua.[3]

261 Tuvo fama que convertía los hombres en animales, y que se había servido de un sacristán en forma de asno, real y verdaderamente ...

La *lycanthropia*, ó arte de convertir á los seres humanos en animales, es bastante rara en la hechicería castellana; al menos, no dan de ella señales los procesos de la Inquisición. Con todo eso, hoy día subsiste en algunas regiones la idea de que tal portento es uno de los poderes singulares de las hechiceras.[4]

Donde se propagó extraordinariamente la creencia en los *lycanthropos* fué en el extranjero: Francia y Alemania hicieron verdadero

---

[1] *Lo que quería ver el Marques de Villena;* jornada II.

[2] *Causa contra Catalina Moreno,* 1628-1629.—*Inquis. de Toledo;* leg. 92, número 187.

[3] Ana Garáu dijo á una mujer que estaba embruzada: «que si lo quería ber y saber que ella lo haria ber tomando un librillo de agua y dentro del veria la persona que le hauia embruxado».—Arch. de Simancas. Consejo de Inquisición. *Relacion de causas de fe de la Corona de Aragon;* lib. 466, f.º 136.

[4] «De la Tia Clavelina, bruja que vive hoy en el pueblo de San Bartolomé (Avila), se cuenta haber hechizado á una persona convirtiéndola en gato, costando no poco trabajo volverla á su primitivo estado.»—SALILLAS: *La Fascinación en España.....;* op. cit., 23 y 32.

abuso de esta credulidad, encendiendo á costa suya muchas hogueras. [1]

En la brujería navarra también aparecen muestras de este hechizo, y el auto de Logroño acaba su *Relación* describiendo á María Zozaya, protervísima bruja, convertida en liebre, merced á sus ungüentos, y corriendo delante de los galgos del Cura del lugar para embromarle los días que éste cazaba, sin que la pudieran dar alcance. [2]

La fama de la Camacha en convertir los hombres en animales, debió de tener su origen, indudablemente, en el famoso encantamiento de D. Alonso de Aguilar, transformado en caballo, como en la *Introducción* ha visto el lector. Del rumor público lo tomaría Cervantes, así como su habilidad para trocar los sacristanes en asnos, especie verdaderamente maravillosa, de la cual, por desgracia, no he podido hallar precedentes.

262   ... dicen los que más saben ...

Los que más saben eran los comentaristas y anotadores de *Las transformaciones* de Ovidio, ó de *La Eneida* de Virgilio, donde aparecen aquellas famosas hechiceras Medea y Circe; y que, al tiempo de traducir estos poemas, añadíanles sus *declaraciones de nombres propios*, ó serios y extensos comentos, como el del licenciado Pedro Sánchez de Viana. Fué linaje de escritores que abundó no poco en el siglo XVI; díganlo los nombres de Antonio Pérez, Diego López, Hernández de Velasco y otros, siendo sus obras repetidas por las prensas. Cervantes en las suyas deja traslucir más de una vez que las frecuentaba, confirmándolo ahora en este pasaje. [3]

263   ... traían los hombres de manera ...

De extraña peca, en verdad, la diferencia que se advierte en la lectura de este párrafo, entre la edición príncipe y la que en 1614 salió á

---

[1] JACOB: *Curiosités infernales*......, op. cit., 197 á 211.
[2] *Auto de fé celebrado en la ciudad de Logroño*......; op. cit., 127 y 128.
[3] Vid., por ejemplo, para la explicación de este pasaje clásico, recordado por Cervantes, *Las transformaciones de Ouidio; Traduzidas..... en tercetos y octauas rimas, por el Licenciado Pedro Sanchez de Viana*. Valladolid, Diego Fernández de Córdoba, MDLXXXIX; ff. 228 y 249.

luz bajo el nombre de Juan de la Cuesta. Dice la primera: «*atraían* los hombres de manera á que las quisiesen bien»; mientras que la segunda corrige *traían*, esto es, *llevaban*, *trataban*, *manejaban* á los hombres, sentido anticuado del verbo *traer*, que en locuciones figuradas perdura aún en nuestros días: por ejemplo, «á mal traer», etc. Tan sutil, gramatical y profunda es la enmienda, [1] que forzosamente hay que reconocer que en la preparación del original para la imprenta en esta edición anduvieron manos más expertas y capaces en el conocimiento de la lengua castellana que las de un simple corrector de pruebas entonces, fuesen ó no aquéllas las del mismo Cervantes, según opinan muy autorizados comentaristas suyos.

264 ... á que las quisiesen bien ...

También las contemporáneas de la Camacha lo lograban: cada una tenía, cuando menos, su docena de fórmulas y otra de oraciones, algunas de una extravagancia imaginativa curiosísima, puestas á servicio de las enamoradas que se les encomendaban. Las más sencillas contentábanse con hacer beber á los maridos ó amantes sangre de tortolillas sacrificadas; [2] ó hincar clavos en la pared, [3] rezando á la par la oración del *ánima sola*, de *Santa Clara ó del Espíritu Santo*; [4] ó tomar una piedra alumbre en la mano, y poniéndola junto á la boca decir: «Conjúrote con Satanás con Barrabás con todos los demonios del infierno

---

[1] Para persuadirse de que la lección buena es la de 1614, baste esta observación: el régimen del verbo *atraer* pide la preposición *á* para el predicado, y así, decir «atraían *á* los hombres», preposición que en la príncipe y posterior falta. En cambio, el verbo *traer* no exige, para su buena sintaxis, dicha preposición.

[2] «..... que tomasen dos tortolillas y las degollasen la vna en nombre de los marydos y la otra en nombre d'ellas, y que cogesen la sangre aquella que degollasen en nombre d'ellas y la sangre de aquellas diesen a beuer a los dhos. marydos.»—*Causa contra María Fernández*; 1532-1535.—*Inquis. de Toledo*; leg. 86, número 73.

Catalina Gómez usaba mucho para este efecto de los sesos de asno!! Vid. su causa, 1532-1535, loc. cit.

[3] Murmurando á la vez. «yo no hinco aqui clabo, sino el coraçon de fulano q̃ me quiera y me ame y aga lo que le pidiere».—*Causa contra Doña Prudencia Grillo*; 1571.—*Ibidem*; leg. 87, núm. 113.

[4] *Causa contra Doña Ana de Mendoza y Doña María de Lara*; 1627.—*Ibidem*; legajo 91, número 172.

para que tan presto como te quemes, se queme el coraçon de fulano»; é hincando los clavos en la piedra, añadir: «conjúrote clabo con satanas con barrabas y con todos los demonios del infierno para que tan presto como te lanzas en esta piedra lumbre tan presto te lanzes en el corazon de fulano». [1]

Hay otra fórmula muy jocosa para ligar ó atraer el cariño del hombre, bastante repetida durante la centuria décimoséptima en las causas de la Inquisición:

«Con cinco te miro,
Con cinco te ato,
La sangre te bebo,
El corazón te arrebato,
Tan humilde vengas á mí
Como las suelas de mis zapatos.
Harre, borrico,
Que muy bien te ato;
Te juro á Dios y á esta cruz
Que has de andar tras mí
Como el alba tras la luz.» [2]

Bizarrísima é inventiva en extremo era la suerte de las ranas, ó modo de hacerse con un amuleto para conquistar el corazón masculino. Merece, especialmente, conocerse, por si el lector gusta de ensayarla, ó ha menester de ella, como de cualquiera otra de las que en estas notas le doy, por vez primera. Su inventor es un hombre (caso raro): un gran astrólogo, contemporáneo de Cervantes, y se llama el licenciado Amador de Velasco y Mañueco. Oigámosle á él mismo el modo de practicarla:

«Toma una rana biba y métela en un tintero y tápala con su tapador, y luego lleba el tintero a un hormiguero donde aya hormigas, y caba y métele dentro, y luego cúbrele, y dende a quinze dias buelbe á tu tintero, ó dende a beynte, y hallarás que le abrán comido las hormigas hasta aber dejado aquella espina del espinaço, y bete con tu

---

[1] *Causa contra Isabel Martinez;* 1598.—*Ibidem;* leg. 90, núm. 166.
[2] *Causa contra Francisca González;* 1698.—*Ibidem;* leg. 87, núm. 108. Se encuentra además, como digo, en otras causas. Vid. leg. 87, núm. 95, y legajo 82, número 28.

tintero al mesmo arroyo donde lo tomaste, y estando dentro la espina ve metiendo la agua y baciando hasta que se quede libre de tierra el tintero, y limpia la espina; y esto echo, guarda la espina, y quando quieras atraher al amor tuyo a quien quisieres, mételo entre los dedos de la mano derecha y tomando la suya dirás: «mi señora beso las ma->nos de v. m.» y asi te querrá mucho; pero no lo bea la persona.» [1]

No menos notable y enérgico es el conjuro que una hechicera de Vargas empleaba para lo mismo. [2]

El sol, la luna y las estrellas son también seguros mensajeros para con los amantes: los pálidos rayos de la luna, sobre todo, ligan y sujetan misteriosamente los corazones, como en las novelas románticas, cuando al tiempo de mirarla se la dice: «Luna, que alta estás, que altas son tus torres, más altos son tus amores; conjúrote con la madre de nuestro Señor Jesucristo que salga un rayo de tu amor y á mí me dé por las espaldas y á fulano por el corazón, y que por mi amor no pueda dormir ni reposar hasta que me venga á buscar.» [3]

No carece de poesía y tierno encanto la oración, como las del rayo

---

[1] *Causa contra el Lic. Amador de Velasco y Mañueco*, 1576-1578.—*Ibidem*; legajo 97, número 279.

[2] Es fórmula tipo cuyos principales elementos se repiten en otras, y dice así. *Conjuro para ligar:*

«Yo te llamo fulano con barrabás con satanás y con el diablo cojuelo que puede más, con quantos diablos ay en el infierno; diablos de la plaça yd y entregaos en fulano y traedmele aqui en dança, diablos de la carniçeria traedmelo aqui ayna, diablos de çocodober traedmele aqui a más correr, con más mensajeros embio a llamar, con la Reyna sarracena, con la tataratena, con los hijos del Rey faraon que andan de dia por las aradas, de noche por las encrucijadas, armando guerras y batallas, todos os junteis y vais y en fulano os entregueis, y aqui me lo traygais, bien assido, bien prendido, assido de su..... de su pulmon, de las telas de su coraçon, que no me le dexeis sosegar hasta que benga a mi querer y a mi mandar; conjúrote diablo barbarote, conjurote con trece diablos, con trece amarrados, con trece atados para que me des uno que a fulano baia y en el se entriegue y aqui me lo traiga assido de su....., de su riñon, de su baçon, de las telas de su corazón, espinas y abroxos le hinqueis que no le dexeis sosegar hasta que venga a mi querer y a mi mandar.»—*Causa contra Maria Castellanos, vecina de Vargas;* 1631-1633.—*Ibidem*; leg. 83, núm. 41.

[3] *Causa contra Doña Ana de Mendoza;* loc. cit.

de sol y la de la estrella; mas son muy raras: [1] casi todos los conjuros, como cosa tocante á los diablos, son tétricos y humosos, [2] con ellos tienen más poder los verdugos, los ahorcados y los cuchillos jiferos que la luz misteriosa de los nocturnos astros: ¡la poesía no se ha hecho verdaderamente para los infiernos!

Aun á riesgo de hacer demasiado prolija esta nota, no quiero dejar de incluir en ella uno de los más sobresalientes conjuros para atraer que conozco, y que encierra, por otra parte, una curiosidad grande literaria: la de la mención de la propia persona de la incomparable Celestina. Es tanto más interesante su recuerdo, cuanto que era invención de una hechicera casi contemporánea suya, encubridora y maes-

---

[1] Por esta misma razón y el aroma poético que despiden, mezclado entre tanto vaho supersticioso, no puedo resistir á la tentación de copiarlas; el lector me lo agradecerá:

«Rayo de sol que del cielo saliste—a fulano donde le viste de mi amor qué le dixiste—ve Rayo de sol y dale en medio del corazon de mi amor la embajaduria—por la que el angel grabriel dió a Santa maria, ave maria, ave maria.»—*Causa contra Doña Ana de Mendoza y Doña María de Lara;* loc. cit.

Conjuro de la estrella.—Asomada la doncella á una ventana y mirando fijamente á una estrella había de decir:

«Estrella çafia que por nombre tienes maria; conjurote con dios y con santa maria—tres rramos de amor tienes—todos me los quieras dar ó emprestar para fulano—salga el uno y se le ponga y dele por el coraçon que no olvide mi amor—salga el otro y dele por el sentido que no me eche en olvido—salga el otro y dele por las entrañas que no olvide mis palabras—en cama no duerma, ni pueda reposar hasta que venga a mi querer y a mi mandar dandome lo que tuviere.»—*Causa contra Isabel Martínez;* 1598; loc. cit.

[2] Vid. en prueba el siguiente:

«Fulano tu bendrás, no me enuies encomiendas que yo te las quiero enuiar, enuiartelas e con tres diablos que dentro del ynfierno estan; conjurote con tres honbres aorcados y con tres acuchillados para que me traygan a mi querer y boluntad» lo qual hacia asomada á una bentana y deçia «que me des lo que tienes y me digas lo que supieres.»—*Causa contra Antonia González;* 1645-1647; legajo 87, número 106.

Juana Dientes, sin embargo, no era tan tétrica, y sí, en cambio, más orgullosa. En su proceso se lee «que andaua una noche paseandose por su casa ó palacio con los puños cerrados diziendo muchas palabras, y entre ellas dezia «fulano, todas las mujeres te parezcan borricas enalbardadas y yo como la flor de la naranja.» ¡Qué femenil vanidad!—*Causa contra Juana Dientes;* loc. cit.

tra de todas las de la comarca; y estante, como Celestina, en el reino de Toledo.

La alusión que Juana Dientes, vecina de Madridejos, hace de los conjuros de Celestina, acaso la juzgue el lector como una reminiscencia literaria muy curiosa de la tragicomedia de Rojas, cosa que me parece difícil; pues, fuera del de Plutón, no aparecen en aquélla los siete que la Juana evoca, ni se conciben tan subidas literaturas en bruja semejante; de prosperar, pues, mi concepto, que tampoco canonizo, serviría este pasaje, ya que no para reconstituir por entero la figura gigantesca de Celestina, al menos, para tenerla por real y auténtico personaje. Perdóneseme el comentario, y ahí va el conjuro, que dice de este modo:

«Conjúrote estrella, la más alta y la más bella, como conjuro la una, conjuro las dos, y como conjuro las dos, conjuro las tres..... [y así iba repitiendo hasta llegar á las nueve estrellas]..... todas nuebe os juntad, y a fulano conbate le dad, y en la huerta de moysen entrad, y nueve varetas de amor cortad, y en la fragua de berzebú, barrabás, satanás, y lucifer entrad, y nueve rejones amolad y al diablo coxuelo los dad que se los baya a lançar a fulano por mitad del coraçon que no le dexen reposar, hasta que conmigo venga a estar, CONJÚROTE CON TODOS LOS SIETE CONJUROS DE CELESTINA QUANDO CONJURÓ A LOS DIABLOS QUE HICIESEN LO QUE ELLA QUISSIESE que me traygas todas las siete capitanías de los diablos; venga, venga, nadie me los detenga, no lo dexe por noche obscura, ni por muger segura, ni por agua corriente; vengame a dezir todo lo que supiere y a dar todo lo que tuviere; véngame a decir todo lo que pensare y a dar todo lo que ganare; barrabás, satanás, bercebú, lucifer, venid luego y llamad todas las siete capitanías de los diablos y..... enbiad al diablo coxuelo que vaya presto y trayga á fulano.» Y añadía luego: «diablos del horño, traedmelo en torno; diablos de la casa el peso, traedmelo a fulano en peso; diablos de la carnicería, traedmelo preso y ayna; diablos de la audiençia, traedmelo en mi presencia; diablos de la plaça, traedmelo en dança; diablos de las encruçijadas, traedmelo a mi morada». [1]

En su misma causa declaró que «con el gran desseo y afiçion que tenia por saber hazer conjuros, hechizos, invocaçiones, çercos, adivi-

---

[1] *Causa contra Juana Dientes y Martínez;* 1537-1553.—*Ibidem,* leg. 90, número 167.

naçiones, embaucamientos, supersticiones y otras muchas formas y maneras de cosas deste arte, *aprendió de una persona maestra y muy sabia en las dhas artes muchas maneras de los dhos hechizos y supersticiones*, y no contenta [Juana Dientes] con lo que la dicha maestra avía aprendido buscó otra persona maestra tambien en el dicho arte la qual sabía mucho, y la enseñó muchas cosas mas de lo que ella sabía y le dió por ello una saya azul y unas faldetas y un sayuelo».

¿Sería acaso alguna de las dos la propia Celestina, y podría explicarse así el origen y recuerdo suyo del conjuro?

Juana Dientes era vecina de Madridejos, hija de Juan Dientes, pastor, y Catalina Núñez, y estaba casada con Bartolomé Martínez, labrador. En 1537 tenía treinta y tres años de edad, habiendo nacido, por consiguiente, en 1504. [1]

265 ... con aquella ciencia que llaman "tropelía", que hace parecer una cosa por otra.

Entre el linaje de los titereros y retablistas y demás turba de ociosos, mañeros y sutiles en el sacar de los maravedís por las aldeas y lugares, contábanse los llamados *tropelistas*, cuyas artes equivalían, en parte, á las de los juglares y malabaristas.

Eran los primeros grandes y redomados bellacos, que jugaban, como hemos visto, los cubiletes, *maese coral* y *pasa y pasa*, metiéndose carbones encendidos ó antorchas en la boca, andaban descalzos sobre encendidas parrillas, traían culebras grandes en el seno, que les enlazaban la garganta y los brazos, ejecutándolo todo al son de sus arengas, con su varilla en la mano, que ellos llamaban de las siete virtudes, haciendo creer al simple y embaucado concurso que en ella se encerraba la causa de sus ilusiones. [2]

---

[1] *Causa contra Juana Dientes y Martínez*; 1537-1553.—*Ibidem*, leg. 90, n.º 167.

[2] Rodrigo Caro: *Días geniales ó lúdicros*.....; op. cit., p. 249.

«Mi tercer abuelo..... fué de los primeros que trajeron el masicoral y *tropellas* á España.»—*La Pícara Justina*; libro I, cap. II.

«La tercera manera de engaños es cuando son sin perjuicio....., lo cual es en dos maneras ó con obras ó con palabras..... y obras son las del juego de manos y otros primores y *tropelías* que se hacen.....»—Alemán: *Guzmán de Alfarache*; parte II, lib. I, cap. III.

«Algunos [secretos] nacen de las acciones, como de hacer que suene por sí

Como todas estas artes y embelecos traducíanse en aparentar una cosa por otra, extendióse el nombre de *tropelías* á todos los engaños y suertes que significaban lo que en realidad no eran [1]; verdadera acepción de esta palabra, que ni en su sentido primitivo y recto, ni en el traslaticio, hallo en los Diccionarios oficiales ni otros; más aún: en mi pobre entender, reputo solitaria la definición que le atribuye el de la Academia (tomándolo del de Autoridades), equivalente á «aceleramiento ó violencia en las acciones», ó á «vejación y atropello».

El llamarse, como se llamó, *tropelías* ó *tropelías* (que de ambos modos puede decirse y se decía) á las artes mágicas, confirma todavía más el sentido que resucito. [2]

266 ... que fuimos discípulas de la buena Camacha ...

Otro de los típicos caracteres de la hechicería que conviene no perder de vista, es el eminente carácter comunicativo de que goza. Cuando una hechicera más joven ó novicia encuentra pobre, manoseado ó ineficaz el caudal de sus conjuros, oraciones y sortilegios, y llega hasta su noticia la de otra más famosa y avezada, toma su jumento, hace su hatillo y acude al lugar, donde la vieja más ducha la enseña y traspasa nuevas artes, conjuros ó recetas, á cambio de unas tocas, faldas ó presentes femeninos. Compruébase este carácter con la lectura de las causas inquisitoriales [3], y explica asimismo la extraña asociación

---

un instrumento, y algunos de apariencias como de *tropelías*.»—SUÁREZ DE FIGUEROA: *Plaza universal*.....; op. cit. f.º 81.

[1] «¿Qué *tropelías* son estas marido mio? —dijo la fingida turbada—. ¿Anoche no nos acostamos buenos y sanos? ¿Qué entierros, difuntos ú otros mundos son estos?—TIRSO: *Los tres maridos burlados*.

[2]   ZAMBAPALO.   .... sillas vengan;
                En el aire hace el demonio
                Todo cuanto se le ordena
                (Salen tres taburetes por debajo del tablado.)
                ¿Qué dices desto?
      MARQUÉS.   Que son
                Tropelías todas estas.
      ROJAS: *Lo que quería ver el Marqués de Villena*; jornada II, escena II.

[3] En la *Causa contra Mari-Sanchez Cebolla*, 1548-1549, se lee «que con el gran deseo y dañada intención que tenia por saber hacer ciertos conjuros..... fué a cierto pueblo a buscar á cierta hechicera que sabya haçer venir los hom-

y compañía de la Camacha y sus dos discípulas en la verísima novela cervantina.

267 ... de hacer y entrar en un cerco, y encerrarse en él con una legión de demonios ...

El cerco es el rito indispensable de la magia negra. Como si aquel círculo que las hechiceras trazan en el suelo con carbón, con sus cabellos ó simplemente con la mano separase á la tierra de los cielos, la verdad es que entonces se abren las puertas de las potestades infernales, bajan los demonios y entran en el cerco á la invocación terrible de la bruja, ayudada por la oración ó conjuro satánico, compuesto de palabras raras y sin sentido. [1] Dentro del cerco reparte la hechicera á los demonios á uno y otro lado, [2] apremiándoles á que contesten á sus preguntas; y aunque los diablos se resisten, dando grandes gritos, responden por fin á lo que aquellas desean sobre el porvenir y destino de los humanos sucesos. [3] Las hechiceras, en premio, los regalan y agasajan dentro del cerco, con perfumes y sahumerios, echándoles arroz, confites y almendras, que los satélites de Satanás comen ronchando; [4]

---

bres donde quiera q̃ estuviesen....., y estuvo...... en el dho. pueblo por más de tres semanas y quando volvió a su tierra...... y ya avia aprendido algunas cosas començó a haçer çercos y conjuros.....»—*Causa cit.* Véase, además, otro buen ejemplo ya citado en la nota 264.

[1] «Tengo tambien—decía Celestina—la oración del cerco que no tenia mi tia, que Dios haya, que es esta: *avis, gravis, seps, sipa, unus, infans, virgo, coronat.*»—SANCHO DE MUÑÓN: *Tragicomedia de Lisandro y Roselia;* op. cit., p. 75.

[2] De una hechicera de Llanes (Asturias), se cuenta en su causa que convocaba á los demonios en figura de lobos: «haciendo el cerco en la tierra y metiendose dentro y dando un silbo venian siete lobos de diferentes colores que eran demonios y se iban tras ella por donde quiera que iba, y quando estaba dentro del cerco andauan ellos alrededor sin entrar en el, y ella los repartia tres en una parte, dos en otra y dos en otra y venian unas veces sin llamarlos y otras los llamaba para que estubiesen con ella».—*Causa contra Ana Mª García;* 1648.—*Inquis. de Toledo,* leg. 86, núm. 86.

[3] *Causa contra Quiteria y Lorenza de Luna;* 1604-1609.—*Ibidem;* leg. 89, número 150.—Estas mismas, cuando hacían el cerco, decían á la persona por quien lo hacían que «se pussiesse á la bentana y mirasse lo que passaua por la calle»; y si veía «que auia llegado debaxo de la ventana un perro grande y un açacan a llamar á la puerta de un vecino deçia que era buena señal».—*Ibidem.*

[4] *Causa contra Isabel de la Higuera;* 1543-1544 — *Ibidem;* leg. 88, núm. 126.

y cuando la invocadora exige su concurso material, envían ellos «por un diablo que llaman el coxuelo», [1] brazo derecho de la magia negra y correo de los espíritus infernales para con este mundo.

También con las hechiceras entran en el cerco las personas que recurren á sus artes: desnudas, desgreñadas y las manos atrás, rúbricas de su usado ceremonial. [2]

Pide asimismo la liturgia negra, cuando el cerco se hace para cosa de hechizos, que dentro de él se pongan algunas prendas del sujeto á quien se dedican, valga por caso, su jubón ó sus zapatos, con que la hechicera pega reciamente á la beneficiada; que esto de los golpes, sin duda, debe de tener no escasa virtud entre los diablos. [3] Ellos, por su parte, cooperan á la burla tirándolas de los pies, hasta dejarlas amortecidas; [4] como si no fuera bastantemente temeroso el cuadro macabro que ofrece la lóbrega cocina, templo satánico donde de ordinario se hacen los cercos.

268 ... con conjurar media legión me contentaba ...

Por si el lector siente deseos de conocer el número exacto de demonios que componían una legión, voy á decírselo. Pues nada menos que seis mil seiscientos sesenta y seis diablos; que otros tantos metidos dentro de su cuerpo tuvo una flaca mujer de la villa de Madridejos (tierra clásica, como ve, de maléficas y brujas), por obra de un hechizo que una comadre suya le había dado á comer en una naranja, según lo cuenta una muy rara y curiosísima *Relación* contemporánea del *Coloquio*. Y para el buen orden y acomodo de semejante muchedumbre infernal, había repartidos entre ellos ocho capitanes, que se llamaban Satanás, Mudarrón, Barrabás, Orejón, Modorrón, Cabeza de Gigante y Cola de Serpiente (aunque estos dos, dice el mismo testimonio, que eran todo uno), Bercebut y Tordilón, á los cuales se añadieron luego otros dos que se decían Tártago y Plutón, enviados por

---

[1] *Causa contra Mari-Sanchez Cebolla;* 1548-1549; loc. cit.
[2] *Causa contra Quiteria y Lorenza de Luna;* 1604, 1609, loc. cit.
[3] *Causa contra Catalina Gómez;* 1532-1535.—*Ibidem;* leg. 87, núm. 101.
[4] *Ibidem.*—En la *Introducción* dejé, además, consignados otros detalles sobre los cercos y forma de hacerse.

Lucifer en socorro de los demás para resistir las oraciones y conjuros del sacerdote exorcista, al tiempo de expelerlos...... [1]

De todos modos, y volviendo al pasaje de la Cañizares, las hechiceras, cuanto más primas y maestras eran en su arte, así era mayor el número de demonios que convocaban y venían á sus requerimientos; y por eso se lee en las *Causas* de la Inquisición, que llamando á una famosa hechicera de Cebreros para que acertara la enfermedad de que se moría una persona, y viéndola, ella dijo al momento que la habían dado bebedizos, «e le auien guisado una madre y una hija e se lo auien dado a beuer», y como la preguntaran admirados que cómo lo sabía, contestó: «que hazía juntar çincuenta diablos que se lo decían». [2] Pocos me parecen, sin embargo, para su fama, recordando los que conjuraba la hechicera de Madridejos.

. 269 ... he querido dejar todos los vicios de la hechicería ..... y sólo me he quedado con la curiosidad de ser bruja, que es un vicio dificultosísimo de dejar.

Aunque la Cañizares, por sus muchos años, no los recuerde todos, supliré su natural falta de memoria, dando noticia de algunos que no cita, con lo que acabarán de separarse ante los ojos del lector la brujería y la hechicería, sectas distintas, como Cervantes discretamente apunta en este pasaje.

Sobre las maravillas y portentos de la hechicería, que explicados habrá leído notas arriba, hay además una particularísima, esencial, que la caracteriza acabadamente: aludo á la adivinación. Á la hechicera acudirán amantes desdeñados, esposas afligidas, tahures perdidosos, cuantos deseen romper la nube negra y espesa de lo porvenir y futuro:

---

[1] *Relacion de vn caso raro, en que fueron ex | pelidos de vna muger casada muchos demo | nios, en la villa de Madridejos, d los 14 dias del mes de | Otubre deste año passado de 1607 por el padre Luys | de la Torre, de la Compañia de Iesvs.* (6 hojas en fol. menor + 2 blancas; s. l. n. a. [1608] ni numerac.—Bib. Acad. Hist. *Jesuítas*; tomo 102, núm. 12.)

[2] *Causa contra Catalina Doyagüe*; 1557-1558.—*Ibidem*; leg. 85, núm. 64.— Mari-Sánchez Cebolla era también única en esto: á sus conjuros acudían un sinnúmero de diablos que le llenaban la casa, haciendo danzas y bailes y tañendo con su tamborino. (Así lo relata el Fiscal en su causa (1548-1549), leg. 95, número 255.)

unos, para allegar noticias de la persona ausente; otros, para ganar en el juego ó descubrir tesoros; las más, para saber si su galán las quiere ó no. ¡Siempre inquieto el amor, ardiendo en curiosidad y anhelo!

Las artes de la hechicera más usuales para estos casos son: la suerte de los naipes, la de las habas y el cedazo, la del lebrillo de agua y las candelas; la de las naranjas, lumbre y sal, y como singular y notable, la del chapín y las tijeras.

Los naipes, sobre todo, se barajan sin cesar en aquellos siglos como medio extricatorio, y hay que reconocer, para vergüenza de los nuestros, que hoy siguen explotándose sin tasa. Échanse las cartas delante de la persona solicitante, dando á cada una su valor propio y simbólico: para unas hechiceras los reyes significan, por sus ropas largas, los eclesiásticos; los caballos, los seglares, y las sotas, las mujeres; [1] se acompaña siempre la suerte del consabido rezo ó conjuro, diciendo: «Yo te conjuro naype con uno, con dos, con tres (y así sucesivamente hasta nueve) con Cayfás, Barrabás y doña María de Padilla, con toda la cuadrilla, que me digas la verdad si fulano me quiere bien»; y echando á este tiempo las cartas, si salen la sota y el caballo del palo que la hechicera nombra, es señal segura de que el galán la quiere en extremo, [2] y si sale el dos de espadas ó el de bastos, significan camino; oros son dineros; espadas, pesadumbres; copas, gusto, y la aparición del as de oros es anuncio de carta de la persona que se espera. [3]

La suerte de las habas fué también repetidísima: se ejecutaba tomando un montoncillo de ellas, y tras de saludarlas con el vulgar conjuro «en nombre del Padre y del Hijo y del Espíritu Santo», [4] arrojábanse encima de un bufete ó mesa; y si se juntaban tres ó cuatro, señalaban camino; seis eran indicio de cartas, y si se agrupaban tres, quedando una sola separada, las tres significaban camino, y la sola, la

---

[1] *Inquis. de Toledo;* leg. 91, núm. 177.
[2] *Causa contra Cebriana de Escobar;* 1702-1705.—*Ibidem;* leg. 85, núm. 66.
[3] *Causa contra doña María de Chaves;* 1650.—*Ibidem;* leg. 85, núm. 56.
[4] O aquella otra oración supersticiosa: «Dios padre y la Santisima trinidad pintadme verdad», que Margarita de Borja decía, nombrando, al tiempo que echaba las habas, á los Ángeles y Arcángeles, con las palabras de la consagración, para acabar con estos disparates místicos: «Por 33 sacerdotes, 33 missas, 33 casullas, 33 albas amitos cingulos y stolas y santa elena que echó suertes en

persona que venía por él. [1] Otras veces repartíanse antes sobre el bufete distintos objetos, á cada uno de los cuales se daba previamente su valor propio; y así, el pan significaba comida; la piedra, casas; la grana, vestidos; el carbón, la noche; el cristal ó alumbre, el agua; la cera, la muerte; los dineros, hacienda, y el hueso de aceituna, la carne; y si, al echar las habas, caían junto á una de estas cosas, eran anticipada imagen de lo que había de acaecer. [2]

Muy comunes son asimismo las suertes de la escudilla de agua, y la del barreño y las candelas; [3] para la primera se ponen sobre el agua unos granillos de cebada, y merced á los conjuros de la vieja, bailarán los granillos en el momento oportuno, bullendo unos con otros. [4]

He dejado para el final de la presente ya larga nota la suerte más curiosa de este linaje hechiceril, omitiendo otras más vulgares, que el lector podrá hallar por sí en los lugares que le cito: [5] la del chapín y las tijeras, invención caprichosa de una contemporánea de Cervantes.

Tomaba para hacerla unas tijeras y un chapín, y poniendo en cruz las tijeras, clavábalas en el chapín, y juntando luego las manos hasta

---

la mar que las echo buenas y buenas las saco...»—Vid su *Causa......*; 1615-1617, legajo 83, número 31.

[1] *Causa contra Doña María de Chaves*; loc. cit.

[2] *Causa contra Isabel de Cuevas*; 1661-1688.—*Ibidem*; leg. 84, núm 54

[3] Muy famosa es también, pero á falta de espacio para incluirla, véala el curioso por estas cosas en la *Causa contra Isabel García*; 1625.—*Ibidem*; leg. 86, número 91.

[4] *Causa contra Antonia González*; 1645-1647.—*Ibidem*; leg. 87, núm. 106.

[5] La de la toca negra aceitosa y los garbanzos negros bautizados, de tanta virtud y eficacia que su dueña decía «que no los diera por mil ducados».—*Causa contra Margarita de Borja*; 1615-1617; leg. 85, núm. 31.

La de las naranjas, el cuchillo de cachas negras, el jabón y la pimienta.—*Causa contra Mariana de Morales*; 1618; leg. 92, núm. 186.

La del fuego y los granillos de sal, muy repetida. (*Causa contra Juana Rodriguez*; 1648-1649; leg. 94, núm 233.) Con mil más semejantes. Las hechiceras conterráneas de las Camachas eran muy duchas también en el arte adivinatorio.—Vid. que de molde anda y de molde viene para este caso la *Colección de los autos generales y particulares de fé celebrados por el tribunal de la Inquisición de Córdoba, anotados y dados á luz* por el licenciado Gaspar Matute y Luquín.....; op. cit., pp. 51 en adelante. y si el bibliófilo exigente prefiere leer los raros originales impresos en aquel tiempo, vid. Bibl. Acad. Hist. *Jesuítas*, tomo 75, números 67 y 69; tomo 94, núm. 34, y tomo 5, núm. 2.

cerrar los tres dedos de cada una con los dos índices, llegábase á los anillos de las tijeras sin meterlos dentro del todo, y teniendo en el aire el chapín, decía: «Chapín, yo te conjuro por Apolo y Sant Apolo y los Ángeles del choro y la S.ta Trinidad y por la S.ta Cruz que en ti está, que me digas la verdad, y si fulano quiere a fulano te vuelvas a mano derecha, y si no, te estés quedo»; y cuenta el Fiscal de esta causa que «se movía el chapín con tanta beloçidad haçia la parte que la susodicha quería, que no lo podían detener». [1]

270 ... y mostróle que había parido dos perritos ...

«Este género de parto monstruoso..... es un lugar común en los cuentos populares», dice Menéndez y Pelayo examinando otro parecido de *La Gran Conquista de Ultramar.* [2]

Lo son tanto, en efecto, que Vélez de Guevara también los acoge en su graciosísimo *Diablo Cojuelo*, y en su tranco VI coloca en la Plaza Mayor de Écija á unos ciegos que, sobre un banco de pies, y mucha gente de capa parda de auditorio, cantaban la «*Relación muy verdadera que tratava de cómo vna maldita dueña se avia hecho preñada del Diablo, y que por permission de Dios avia parido una manada de lechones.....*», [3] consejas que en pliegos sueltos debieron pulular entre las guitarras de los ciegos por las calles de Andalucía.

Allí las oiría Cervantes.

---

[1] *Causa contra Mariana de Morales;* 1618; loc. cit.
La suerte de las tijeras y el cedazo es muy semejante á ésta, con la sola diferencia de substituir el cedazo al chapín.—Vid. en la *Causa contra Diego García;* 1670; leg. 86, núm. 90.

[2] *Orígenes de la novela;* op. cit., tomo I, pág. CLVI.

[3] Edic. Bonilla; op. cit. p. 64.
Estos mismos engendramientos fantásticos y monstruosos léense también en las novelas italianas. Carvacho relata largamente la historia de una reina que, encantada por unas hadas, sesteando en una floresta, concibe y da á luz un hijo en apariencia (con perdón) de puerco. Eso sí, un puerco que habla á los pocos meses, y á quien su padre va casando con tres hermosas doncellas, dos de las cuales perecen entre sus colmillos; hasta que la tercera, con sus halagos, logra deshacer los conjuros, y cesando el encanto, transformar á su esposo en un gentil y hermoso mancebo, que en adelante es llamado el «Rey puerco».

Vid. *Primera y segunda parte del honesto y agradable entretenimiento de damas y galanes compuesto por Juan Francisco Carvacho, Cavallero napolitano. Traduzido de*

271 ... si no es con Rodríguez, el ganapán, tu amigo ...

Por la curiosísima escritura que extractada he dejado en la nota 30 del capítulo VI de la *Introducción*, habrá visto el lector que una de las auténticas Camachas llamábase Leonor *Rodríguez* también.

¡Y véase por dónde la verísima pluma cervantina, al evocar el recuerdo del ganapán, amigo de la Montiela, obedeciendo á un lógico proceso de la memoria, acude para llenarlo á la del nombre patronímico [*Rodríguez*] de una de las Camachas; demostrando con esto, una vez más, que hasta en los pormenores y minucias de un apellido, la péñola de Cervantes no se apartaba un momento siquiera del camino de sus históricos recuerdos, que con tan portentosos y seguros pasos va siguiendo, hasta dejar resucitada por entero, ante los ojos del lector, la realidad de su tiempo!

272 ... así, que este perruno parto de otra parte viene, y algún misterio contiene.

Si no declarase un momento después, como lo hace, que el parto de la Montiela había sido obra y rencorosa tropelia de la Camacha, hubiera podido atribuirse á las artes de alguna otra hechicera, en cuyos formularios entraba también el convertir en fecundas y grávidas á las mujeres más estériles. Léense, en efecto, en los procesos del Santo Oficio, recetas y supersticiones para este caso; y alguna, en prueba, tiene que conocer el lector para que no me tenga por mentiroso, aunque con la cautela de condenarla al destierro de las notas: que no quiero que sus recatados ojos se aparten con escándalo en el texto de semejantes atrevimientos. [1]

---

lengua toscana en la nuestra vulgar, por Francisco Truchado, vezino de la ciudad de Baeça.—*Granada; René Rabut, 1582;* ff. 79 á 90.

El verdadero origen, sin embargo, del parto de la Montiela no es, á mi juicio, literario, sino popular y andaluz, como en el texto digo.

[1] «Para effeto de que cierta persona se hiciesse preñada —relata el Fiscal en la causa contra Isabel García, 1625— le pidió dos guebos frescos en biernes y otros el martes y otros dos otro biernes, y se los llevaba a su casa, y despues los truxo echos unos agujeros y tapados con çera, y los dió a dha. persona diçiendo que los pusiesse entre los colchones de la cama en el lado que se echaba y que dixiese «señor san joan, asi como la gallina pone su guebo en el nido

273   Admiradas quedaron tu madre y yo ...

Es regla general, dictada por los gramáticos y consagrada unánimemente por el uso, que cuando el verbo se refiere á dos ó más sujetos, en concurrencia de varias personas, la segunda es preferida á la tercera, y la primera á todas. En buena concordancia, pues, debía decir aquí «admiradas *quedamos* tu madre y yo......», y así lo escribiríamos hoy. Falló, sin embargo, la regla en este caso, aunque nada tenga de extraño; pues, como recuerda Bello, «esta materia de concordancias es de las más difíciles para el que se proponga reducir el uso á cánones precisos, que se limiten á representarlo fielmente», [1] y para probarlo cita numerosos ejemplos de libertades, ó más bien licencias, tomadas caprichosamente por plumas muy castizas en achaque de concordancias entre el verbo y el pronombre.

En el caso de ahora, bastó que en la oración antecediese (contra lo que hoy se usa) el sujeto de tercera persona al de la primera para que Cervantes hiciese regir el verbo en tercera también, dentro de la pluralidad que les correspondía. Al menos, es la única explicación gramatical que se me ocurre á tan anómalo caso.

274   Volverán en su forma verdadera
Cuando vieren con presta diligencia
Derribar los soberbios levantados
Y alzar á los humildes abatidos,
Con poderosa mano para hacello.

Estos versos están escritos como prosa en las ediciones primitivas del *Coloquio* la segunda vez que se dicen; abundan, sin embargo, ejemplos de esta anomalía ortográfica. [2] En cuanto á la predicción de la

---

»pongo yo estos en mio» y que lo dixiese tres beces, despues de lo qual, tomando la susodicha los guebos y puniendolos sobre la camisa y sangre, dixo «assi como pongo estos guebos sobre esta sangre, assi a otro mes se le quaxe» santiguandose el bientre.....; otro dia llevó a dha. persona a su casa y le mostró un barreño en el qual habia agua con sus manadas de romero y en la de enmedio un poco de çera en figura de una criatura, y dixo que aquello era señal de que estaua preñada de un hijo.»—*Inquisic. de Toledo;* leg. 86, núm. 91.

[1] BELLO: *Gramática castellana......*; I, pp. 426 y 412-425.

[2] Verbigracia, las conocidísimas Coplas de Jorge Manrique, escritas en prosa en la *Philosophia antigua poetica,* de López Pinciano, op. cit., p. 283.

Camacha, pasaje de los más obscuros de la novela, paréceme burla sutil y fina ironía, ora de los pronósticos y calendarios, que ya por entonces comenzaban á tomar vuelo, y que tan escandalosamente crecieron en la centuria décimoséptima, engendros astrológicos en que se consignaban predicciones semejantes á ésta, [1] ora reminiscencia de las profecías de jaez caballeresco, que el propio Cervantes imitó por boca de Maese Nicolás en el capítulo XLVI, parte I de *El Ingenioso Hidalgo*, y en el XXXIX de la segunda. Promete que se transformarían los cachorros en hombres, cobrando su forma primera, cuando los soberbios fuesen abatidos y alzados los humildes, esto es, nunca; pues en los destinos humanos, hasta el día del Juicio Final, han de triunfar los pícaros y padecer los buenos.

Sin embargo, casi tengo por seguro que el fondo de esta profecía lo tomó Cervantes de aquella otra tan conocida de Anquíses en *La Eneida* (libro VI):

Parcere subjectis, et debellare superbos,

porque fué pasaje por el que siempre mostró singular afición, repitiéndolo, más ó menos transformado, en varios capítulos de su *Quijote*. [2]

De todos modos, en su tiempo fueron muy dados á este linaje de predicciones proféticas. En la atmósfera general, tan cargada de ellas, pudo Cervantes respirarlas, y sugerírselas cualquiera estampada en los libros; por ejemplo, en uno de Mateo Alemán, aparecido también por la época de la composición del *Coloquio*, y en donde, alabando á Portugal, escribía:

---

[1] Explicando un astrólogo los efectos de la máxima conjunción, que comenzó el miércoles 24 de Diciembre de 1603, dice serían «mudar y alterar la complicación universal del mundo, los Imperios, gobiernos y sectas, subiendo á vnos y baxando á otros»; y agrega: «muchos Príncipes y grandes caérán, levantaránse humildes, como dice un autor moderno.»—GABRIEL DE MENDOZA: *Pronostico y discurso en epitome, de los efectos del eclipse del sol de primer dia de Iunio del año de mil y seiscientos y treinta y nueve......*—Madrid, Juan Sanchez. Año 1640; 8.°; IV + 12 folios; ff. 5, 6 y 10.

En las novelas del tiempo hállanse también parecidas profecías. En la *Comedia Selvagia*, por ejemplo, léese ésta, hecha á Flerinardo. «y más te digo que el mono mofador muy presto mudará su ser y en manso unicornio será convertido».—Op. cit., pp. 58 y 59.

[2] Parte I, cap. LII; y parte II, cap. XVIII y LII.

«Su grandeza, su magestad, su imperio y señorío de hoy, se halla de muchos años antes profetizado en una columna de piedra que se sacó debaxo de tierra, cerca de Cintra, en tiempo del Rey D. Manuel, que tenía esculpidos estos versos:

> *Volventur saxa literis, et ordine rectis,*
> *Cum videas occidens, orientis opes,*
> *Ganges, Indus, Tagus, erit mirabile visu*
> *Merces commutabit suas uterque sibi.*

»Quiere decir: cuando las partes ocidentales vieren que se les entran por las puertas las riquezas del Oriente, se descubrirá esta piedra y quedarán derechas las letras della. Entonces pondrán admiración y será maravilloso de ver al Río Ganjes, el Indo y Taxo comunicar sus grandezas entre sí.» [1] Singular es la analogía que guarda este pasaje con el que anoto del *Coloquio*.

Poco después contribuye también el mismo Cervantes á esclarecerlo.

275 ... que no quiero llamarlas profecías, sino adivinanzas ...

Como digo, estos pronósticos, adivinaciones y profecías repitiéronse con pecador exceso por aquellos tiempos, y de unos y otras andan llenos los libros, singularmente los extranjeros; pero hay que declarar también que, en general, brotaron más en el campo de la astrología judiciaria que en el de la pura hechicería. [2] Sálese la primera, á causa de su índole, de los linderos de este trabajo, y por ello omito la abundante materia cosechada: no así lo hechiceril, que me está reclamando un ejemplo muy raro de pronóstico al nacer, compañero del del *Colo-*

---

[1] ALEMÁN: *San Antonio de Padva......*; Sevilla; Clemente Hidalgo, 1604; folio 25.

[2] Por ser castizo y español el caso, no puedo menos de citar, para que el lector por su cuenta lo estudie, el de un misterioso profeta que con sus predicciones y pronósticos, sacados de las Sagradas Escrituras, trajo revueltos y enmarañados á los procuradores de las Cortes, en las de Madrid, 1586-1588, y á los señores del Consejo. (Vid. *Cortes de Castilla;* tomo IX, pp. 574-575.) Cabrera habla también de otro adivino profético á quien la Inquisición irónicamente hizo poner en la cárcel, para que esperase allí el suceso de las cosas que prometía. *Relaciones......*; pp. 324-325.

-*quio* é invención de una hechicera castellana de luengas, negras y muy venerables tocas. [1]

276. ... él no sabe nada de lo porvenir ciertamente, sino por conjeturas ...

Á veces el caudal de conocimientos sobre superstición que abarca el pasaje de la Camacha, bebido casi todo él en los manantiales del saber popular, reconoce otros orígenes: por elevarse el pensamiento y tomar rumbos más científicos y doctos, impropios de la pura tradición, ya no es en ella donde hay que buscar sus fuentes, sino en la literatura ó en la filosofía.

La famosa cuestión de si el demonio podía ó no adivinar los sucesos futuros de los hombres, y comunicárselos á los nigrománticos y hechiceros que se lo preguntaban, es muy antigua. San Agustín, en su *De Civitate Dei*, fué el primero que la trató, á la par de otras dudas sobre magia, y dió su solución, diciendo que de aquellas cosas que han de venir por voluntad de los hombres y ellos han de hacerlas por su libre albedrío, no puede el diablo, antes de que se hagan, tener ciencia cierta, y únicamente por algunas experiencias de los tiempos pasados, puede tener algún barrunto ó conjetura.

Definida así la tesis, pasó á los filósofos y posteriormente á cuantos escribieron tratados sobre magia, pues por venir de tan alta autoridad nadie la contradijo, siendo universalmente acatada. En cualquiera, por lo tanto, de ellos, en Ciruelo, [2] ó en Pedro Sánchez, [3] ó en el mismo

---

[1] En la *Causa contra Leonor B. Barzana*, 1530-1537, se lee que «estando cierta mujer de parto entre la vna y las dos de la noche tomó una tabla de cera encendida en la mano y miró haçia el çielo e dixo que avia visto un gran resplandor en la casa que pareçia que se avia abierto el cielo diçiendo que en buen sino nasçia la criatura que nasçia que vn gran religioso avia de ser, y que avia visto venir un milanico [vilano] que venia con muchos rayos y le avia dado en las nariçes, y que en dandole se avia abajado al suelo para tomarle y se le avia ydo, y que se avia abierto el cielo diçiendo: «*mensajero a, mensajero ay, »grauiel, guiel*», porque llamasen al niño que avia nasçido grauiel».—*Inquisición de Toledo*; leg. 82, núm. 24.

[2] Casi con las mismas palabras que empleó luego Cervantes; «en fin—dice— el diablo algunas cosas sabe de cierto, y otras por conjeturas, y no de cierto, sino que piensa que acierta».—*Reprobación de supersticiones* (cito por la edic. de Barcelona. Sebastián de Cormellas, 1628, ff. 89 y 90).

[3] «.....y aun el demonio conoce algunas veces los futuros contingentes por

Torquemada, [1] pudo Cervantes adquirirla para el *Coloquio de los Perros*.

277 ... donde nos juntamos infinidad de gente, brujos y brujas ...

También en la *Introducción* quedó tratado y descrito largamente este punto; ello me excusa de discurrir otra vez sobre las maldades y hediondeces de las brujas. Baste advertir que la alusión á los aquelarres [2] navarros de 1527, ó más bien de 1590, es evidente. La *infinidad de gentes* á solos ellos podía referirse; nunca á los pobres y míseros manchegos conventículos de Casar ó Madridejos.

Por si quedara duda, más adelante Cervantes lo comprueba al decir que la Montiela iba á «un valle de los Montes Perineos». Sandoval escribía que en 1527 reuníanse en las jiras diabólicas de la región de Pamplona y Calahorra sobre 150, entre brujos y brujas, [3] número que en 1590 se hace subir á dos millares; [4] aunque la cifra peque, en mi sentir, de un tanto hiperbólica.

No se olvidó el fiel Torquemada de incluir la descripción de estos diabólicos convites en su *Jardín*, en términos parecidísimos á los cervantinos. [5]

---

conjeturas y por la subtileza de su entendimiento y por la larga experiencia que tiene.»—*Historia moral y philosophica*. ..., f.º 146 vto.

[1] «el demonio, como más astuto y sagaz que ninguno de los hombres y por la larga experiencia que tiene y por algunas conjeturas, puede saber lo que está por venir..... en algunas cosas.....»—*Jardín de flores*. ..; f.º 192.

[2] Nótese (y en mi entender, es argumento filológico de mucha fuerza) que ni una sola vez Cervantes usa de la voz *aquelarre* en la relación de la Cañizares, con ser el nombre específico de estas reuniones y desenfados, voz que tampoco aparece en uso hasta 1610, después de la celebración del Auto de Logroño. y si Cervantes no la empleó (tan fiel como era en su lenguaje), fuerza es concluir que no la conocía, por escribir este pasaje antes de dicho año, como en la *Introducción* probé debidamente. Por supuesto, tampoco se halla ni en Sandoval, Castañega, Torquemada y demás tratadistas anteriores á la misma fecha.

[3] *Historia de la vida y hechos del Emperador Carlos V*....., tomo I, pp. 621-622.

[4] *Relaciones históricas*; op. cit., p. 240.

[5] «..... y se sentó con todos los otros á una mesa que estaba llena de muchos y diversos manjares, al parecer muy buenos, pero en el hecho muy desabridos».—*Jardín de flores*; f.º 158; vid. además 153 y vto.

278 Hay opinión que no vamos á estos convites sino con la fantasía.....; otros dicen que no, sino que verdaderamente vamos en cuerpo y en ánima ...

La controversia era añeja en extremo, y á la sazón, más empeñada que nunca, como en pleno furor de brujería.

También San Agustín había sido el primitivo iniciador, en su *De Civitate Dei* (cap. XVIII); pero cuando adquirió extraordinarios vuelos, revolviendo á unos teólogos con otros, fué á raíz del descubrimiento de las brujas de 1527 y de las declaraciones novelescas y maravillosas que prestaron. Desde entonces en España y fuera de ella tomó la cuestión un carácter interesantísimo y nuevo entre los filósofos, inquisidores y tratadistas de magia. Vióse en 1529 reunirse al Consejo de la Inquisición para ocuparse en si las brujas iban realmente á sus convites, ó engañadas en la fantasía por el demonio; prevaleció la opinión primera, por los votos de seis consejeros contra cuatro. [1]

No solamente en el Santo Oficio: entre los filósofos mismos fué abriéndose paso la opinión que defendía la existencia real de las brujas

---

[1] *Bruxas. Dubia quæ in causa præsenti sunt diffinienda.*—Arch. de Simancas. *Inquisición;* libro 1034, ff. 54 á 61.

La primera cuestión debatida fué (respeto su ortografía) «*Utrum malefice de quibus agitur et realiter comittant crimina que confitent comittere an bero illudantur.*» «Quanto á la primera inq.on—sigue diciendo—los que tienen que rrealmente van son el doctor Arzilla, el obispo de Guadix, el electo de Granada, el doctor coronel, el maestro Arrieta y el doctor Mai *(sic)*. Los que tienen que ban ymaginariamente: el obispo de Mondoñedo, el licenc.do Polanco, el doctor Guebara y el licenc.do baldés.» Este mantuvo ecléctica su opinión, diciendo en su voto «que de los procesos vistos en consejo no esta prouado en manera que concluya rrealmente ni tanpoco por fantasia cometan estos delitos, y por ello se debia mandar a los ynquisidores hagan más diligencias para aueriguar la verdad.» Documento todo él muy interesante para demostrar la blandura y misericordia del Santo Oficio en sus procesos contra las brujas. Lamento no poderlo trasladar íntegro.

Henry Charles Lea cita otra consulta del Consejo de la Inquisición reunido en 1526, á raíz del descubrimiento de las brujas en Navarra. Comprendía seis puntos—base del criterio admirable seguido en lo sucesivo por el Santo Oficio—, siendo el primero: «Si las brujas cometian realmente los crímenes confesados, ó era una imaginación de su mente.»—*A History of the Spanish Inquisition*..... op. cit., vol. IV, p. 212-213.

y de sus juntas;[1] tanto, que cuando el gran recopilador de la magia, Martín del Río, recogió la polémica en su obra, hizo notar que era mucho mayor el número de los partidarios de ellas que de los incrédulos; y como él era uno de los primeros, en su erudición pasmosa, no perdonó autoridad, ejemplos, argumentos, silogismos y todo aparato probatorio en pro de la tesis, hasta concluir que la translación ó viaje aéreo de las brujas á sus festines, ora sobre la escoba, ora el macho cabrío ú otros animales, era la opinión más común entre los teólogos y jurisconsultos de España, Italia, Alemania y, en general, de todos los escritores católicos.[2]

Tampoco paró aquí la docta y encendida controversia.

Rebasando las fronteras doctrinales, pasó al vulgo y á la plebe,[3]

---

[1] Ningún escritor de magia se olvidó, en efecto, de tratarla, dando su parecer, después de consignar las dos corrientes opiniones.—CASTAÑEGA: *Tratado muy sotil....*; op. cit., cap. VI. CIRUELO: *Tratado....*; op. cit., pp. 19, 20, 45 y 46. FONSECA: *Relacion svmmaria....*; op. cit., f.º 15 vto. TORQUEMADA: *Jardin de flores....*; f.º 154 (en términos muy semejantes, como siempre, á Cervantes). Otros simples moralistas también la recordaron; por ejemplo, FR. JUAN DE LA CERDA: *Vida política....*; op. cit., ff. 582 vto. y 583.

[2] *Disquisitionvm magicarvm libri sex....* avctore Martino del Rio..... Coloniæ Agrippinæ sumptibus Hermanni Demen. MDCLXXIX, in 4.º. Lib. II, quæst. XVI: *De nocturnis sagarum conventibus et an vera sit earum translatio de loco in locum?*, pp. 183-202. La primera edición es de Amberes, 1599.

Pedro de Valencia también disertó sobre este punto, con excelente y levantadísimo criterio en su célebre «*Discurso de Pedro de Valencia, acerca de los quentos de las brujas y cosas tocante á magia....*», reproducido por primera vez del manuscrito autógrafo por Serrano y Sanz en la *Revista de Extremadura*, año II, 289 á 303 y 337 á 347. Otro *Discurso* desconocido de Pedro de Valencia, aunque no tan interesante, sobre la misma materia, ha sido también sacado á luz por el Sr. Serrano en la *Revista de Archivos* (Noviembre y Diciembre de 1906).

[3] «..... de los brujos y brujas hay una cuestión muy ventilada, particularmente entre gente plebeya, si van verdadera y realmente en cuerpo y alma, ó si solamente el demonio estando durmiendo les representa y les da á entender que van, poniéndoles en la imaginación muchas especies de cosas.»—*Tribunal | de | la svpersticion | ladina | explorador del saver, astvcia, y poder del demo | nio: en que se condena lo que suele correr por | bueno en hechizos, agüeros, ensalmos, varios | saludadores, maleficios, cojuros, arte noto | ria, cavalistica, y paulina, y semejantes | acciones vulgares. | Dirigido á Jesvs Nazareno | Por el doctor Gaspar Nauarro, Canonigo de la Santa Iglesia de Jesvs | Nazareno de Montaragon, natvral de la villa de Aranda de Moncayo. | Año (esc.º del imp.ºʳ) 1631. | Con Privile-*

por lo que de fantástico é interesante tenía su objeto: hízose tema corriente de las ociosas pláticas é invadió también los plácidos dominios de las musas, y en las novelas ó en nuestros corrales dramáticos las muchedumbres congregadas leyeron ó escucharon de nuevo los términos del dilema, pero ya no con la aridez silogística del teólogo, sino envueltos en la galana vestidura de los sonoros versos.

Vea el aficionado á nuestra poesía los siguientes de D. Francisco de Rojas, y admire en ellos, á la par de su forma, la sana incredulidad española en semejantes jiras:

MARQUÉS. ... Otros creen que
Vuelan las brujas.
ZAMBAPALO. ¿Pues no?
MARQUÉS No, ignorante.
ZAMBAPALO. Yo pregunto,
Como es que yo soy un lego.
MARQUÉS. Úntanse todas.
ZAMBAPALO. ¿Y luego?
MARQUÉS. Provoca á un sueño aquel unto,
Que es un opio de un beleño
Que el demonio les ofrece,
De calidad, que parece
Que es verdad lo que fué sueño;
Pues, como el demonio espera
Solamente en engañar,
Luego las hace soñar
Á todas de una manera;
Y así, piensan que volando
Están, cuando duermen más,
Y aunque no vuelan jamás,
Presumen, en despertando,
Que cada una en persona
El becerro ha visitado,
Y que todas han paseado
Los campos de Baraona:

---

gio | *En Huesca por Pedro Bluson, Impressor de la Vniversidad* |. (4.°, VIII + 122 p. dob. + 11 hojas de tabla; f.° 49.) Bibl. Nac. U-5476. Otro de los raros libros en romance vulgar que tratan de las brujas. Estilo centonesco, mohoso y remendado; poco interesante en su doctrina.

Siendo así que, vive Dios,
Que se han visto por momentos
Durmiendo en sus aposentos
Untadas á más de dos.[1]

279 ... que no hay diferenciarlo ...

Frase elíptica por «no hay modo ó manera de diferenciarlo».

280 Algunas experiencias desto han hecho los señores Inquisidores..... y pienso que han hallado ser verdad lo que digo.

Como la incertidumbre era grande en la debatida cuestión de la existencia real ó imaginaria de las brujas, y acalorada la discusión entre uno y otro bando, no dando ninguno de los dos á torcer su brazo, en varias ocasiones pensaron los Inquisidores dirimir la contienda experimentalmente, para poder, en lo sucesivo, sentenciar los procesos con hechos probados y elementos indudables de juicio. Entonces ocurrieron los casos á que Cervantes alude, y en los que, como discretamente apunta, hubo para los dos gustos: para los que defendían el poder trasladarse las brujas á regiones remotas con sólo el unguento de sus botes, y para los que estimaban embelecos sus confesiones, fantasías ó ilusiones visionarias de sus imaginaciones excitadas.

De la primera de dichas experiencias da cuenta minuciosa Antonio de Torquemada;[2] en su libro pudo leerla Cervantes, y es la más ra-

---

[1] ROJAS: *Lo que quería ver el Marques de Villena;* jornada II.—Vid. también LOPE: *La Dorotea;* acto I, escena v.

[2] «En el *Malleus maleficarum* se cuenta de una mujer, que estando muy porfiada con los Inquisidores que ella mesma en persona iba y venía en poco tiempo donde quiera que quería, aunque estuviese encerrada, y fuese mucha cantidad de leguas, ellos la mandaron meter en una cámara, y que de allí fuese á la casa del uno, y viese y entendiese algunas cosas y trajese razón dellas, y como se quedase sola y encerrada, prometiendo que haría verdad lo que decía, los Inquisidores, esperando un rato, mandaron abrir por fuera la puerta, y entrando en la cámara la hallaron en medio della, tendida y tan sin sentido, que verdaderamente parecía que estuviese muerta, y uno de los que allí entraron con una vela ardiendo la quemó en una pierna, para ver si lo sentía, pero con ver que no hacía mudanza se tornaron á salir y á cerrar la puerta, y pasado un poco de tiempo, la muger salió, y dijo á los Inquisidores que con muy gran trabajo había

cional, verosímil y creíble; en cambio, las pruebas ejecutadas por nuestros Inquisidores en Navarra, en 1527 y 1590, que relatan Sandoval y el anónimo autor de la *Relación* calagurritana, serán risibles y patrañescas, pero merecen conocerse, porque, sobre ilustrar este pasaje, el lector pasará un rato divertido con sus mentiras.

«Deseando quitarles aquel vano pensamiento—cuenta el segundo—, hice que una bruja en mi presencia se untase ó por una ventana fuese á su ayuntamiento, como ella me confesó que solían hacer, y ansí, viernes á la media noche, vanse á la posada adonde estaba con el secretario Vega y con Pedro Diaz Tumiñón, alguacil, y con Sancho de Mariana, cabo de escuadra, y con otros soldados hombres de la guerra, hasta veinte, y en presencia de todos ellos, ella se apareció y la pusieron en una cámara, y yo y el secretario y otros con ellos; se untó por la forma acostumbrada con un ungüento ponzoñoso, que mata á los hombres, y llegó á una ventana del aposento que muy alto del suelo estaba, y debajo della una grande peña, que un gato se hiciera pedazos: hizo su envocación al demonio, el cual vino como solía y la tomó y la bajó encima, hasta que llegó al suelo, y porque fuese más satisfacción, el dicho cabo de escuadra con un soldado suyo ó con otro hombre de la tierra debajo de la ventana por la parte de fuera: el uno dellos espantado por ver tal cosa, se empezó de santiguar y decir *¡Jesús!* y ansí, se desapareció y se fué de entre manos, y el día siguiente vino con otras siete, tres leguas de allí, en un puerto grande donde habían estado otras veces.» [1]

No menos famoso y divertido es el experimento que relata Sandoval: «Para averiguar cómo hacían esto el Oidor mandó traer delante.....

ido y venido, por ser el camino largo, y dióles tan verdaderas señas de todo lo que le preguntaron, que en ninguna cosa dejó de acertar, como si estuviera presente, y por sus ojos lo hubiera visto; y porfiando que esto era la verdad, uno dellos le dijo: «¿Qué mal es ése que tienes en esa pierna?» Ella respondió: «no lo sé, mas de que después que vine me duele mucho». El inquisidor entonces la desengañó, y le hizo entender lo que había pasado, y que para que entendiese que no era ella la que iba, sino que el demonio la traía engañada, la habían hecho aquella quemadura: ella la miró entonces, y maravillándose mucho, conoció que le decían verdad y pidió penitencia de su pecado, con protestación de no tornar á caer en él».—*Jardín de flores.....*; op. cit. f.º 156.

[1] *Relaciones históricas.....*; op. cit., pp. 234-235.

una mujer vieja, y la dijo que él tenia mucha gana de saber de qué manera iban á hacer sus obras, que le quitaría las prisiones que tenía, y que si se pudiese ir, que se fuese; ella dijo que era contenta, y pidió un bote de ungüento que le habían tomado, con el cual se puso en la ventana de una torre muy alta, y, en presencia de mucha gente, se untó con aquel unto en la palma de la mano izquierda y en la muñeca y en el juego del codo y debajo del brazo y en la ingle y en el lado izquierdo, y, esto hecho, dijo en voz alta: «¡*Ay!*» á la cual voz respondió otra y dijo: «*Sí, aquí estoy*»; y luego la dicha mujer se bajó por la pared abajo, la cabeza abajo, andando de pies y manos como una lagartija, y cuando llegó á media pared levantóse en el aire á vista de todos y se fué volando por él; por lo cual, después de haberse todos admirado, mandó el Oidor pregonar que cualquier persona que la trajese aquella mujer le daría cierta moneda, y así, de ahí á dos dias, la trajeron unos pastores que la hallaron en un prado, y preguntada por el Oidor cómo no se había salvado, respondió que no había querido su amo llevarla más de tres leguas y que la había dejado adonde los pastores la habían llevado.» [1]

Mas en gracia, risa y buen humor para nuestros días, ninguna experiencia gana á la que Martín del Río refiere, después de haber apurado los textos, autoridades y argumentos especulativos, siempre en pro de su tesis: «¡Vean — dice — los incrédulos sobre las brujas, palpen y miren!» Y relata el caso. Un inquisidor, llamado Bartolomé de Homate, en tierra de Como (Italia), procedía contra las brujas; y queriendo experimentarlo en persona, fué al lugar donde las xorguinas se juntaban, acompañado de su notario y de otro curioso; y acercándose incàutamente al aquelarre, contemplaron con espanto al demonio en forma de macho cabrío, sentado entre las brujas, al modo de un gran magnate; mas apenas vieron éstas al inquisidor y á su notario, cuando, asiendo prontamente sus escobas, cargaron sobre ellos, propinándoles tan tremenda y descomunal paliza, que los infelices quedaron medio muertos por más de quince días. «No aconsejaré, pues, á nadie — concluye seria

---

[1] *Historia de la vida y hechos del Emperador Carlos V.....*; op. cit., p. 622. — La primera edición de esta obra inapreciabilísima es coetánea del *Coloquio*. — Valladolid, Sebastián de Cañas, 1604; in folio.

y filosóficamente el famoso jesuíta — que emprenda estas experiencias; mas si acaso no lo creéis, *vade et vide.*» [1] ¡Ya lo sabe el lector!

281 Rezo poco, y en público ...

Faltaría á mi conciencia de comentarista si, antes de dar fin á estas notas sobre el episodio de la Cañizares, no descubriese uno de los más típicos caracteres de la hechicería castellana; á saber: la mezcolanza extraña y lastimosa que sus adeptas hacían de la religión y cosas devotas con lo supersticioso, de que tantas muestras se hallan en los procesos inquisitoriales.

Servíanse, en efecto, para sus prácticas, tanto de los santos como de los demonios, sin distinguir en su cosmogonía los infiernos de los cielos, enviando á aquéllos á los ángeles y al paraíso á los diablos; hijo todo de la bárbara ignorancia que les dictaba sus conjuros.

Uno conozco, excesivamente erótico, que comienza diciendo: «Príncipe de los demonios que en el cielo habitas, yo te conjuro por el Padre, Hijo y Espiritu Sancto, con los cuatro Evangelistas Marcos, Lucas, Matheo y Joan, y por los tres Patriarcas Abraham, Isaac y Jacob, por la piedra, por el cielo, por el Príncipe de los demonios, por la cadena que tiene en el centro, que le haga......» [2] ¡No se puede seguir!

De entre toda la corte célica las hechiceras tienen singular devoción á determinados santos; y así, gozan privativamente de sus favores San Herasmo, Santa Marta, Santa Clara y San Cristóbal. [3] No sé por qué

---

[1] *Disquisitionvm magicarum......*; op. cit. p. 201.

Puede afirmarse, no obstante, que el criterio de la Inquisición en lo tocante á la realidad de los aquelarres fué casi siempre negativo. No de otro modo se explica la benignidad y clemencia que usó siempre con las brujas, estimando como sueños y fantasías sus declaraciones, y despojando de toda verdad los crímenes horrendos que ellas mismas confesaban. Henry Charles Lea adelanta esta misma opinión, diciendo: «When we compare these cases [varios que cita de excesiva gracia por parte de la Inquisition] with the penalties inflicted at the period on vulgar sorceress and poor old *curanderas,* for implied pact, it is evident that the Inquisition had reached the conclusion that witchcraft was virtualy a delussion».—*A History of the Spanish Inquisition;* op. cit., vol. IV, p. 239.

[2] *Causa contra María Vázquez;* 1650-1651.—*Inquis. de Toledo;* leg 97, número 278.

[3] Véase la oración de San Herasmo, que una hechicera rezaba delante de su imagen, con un rosario entre las manos: «Señor Sant Herasmo, yo conjuro á fu-

razón tenía el primero tanto partido con las hechiceras: con su efigie cometían las mayores herejías. De una se cuenta en su causa que «tenía en su poder un san herasmo pintado con una puñalada en el onbligo, y por ella sacaba un hilo de un ouillo que tenia dentro, y puesta la dha. figura sobre un bufete y un limón ó naranja, daba con un cuchillo puñaladas de rrato en rrato sobre el limon ó naranja, diçiendo ciertas palabras.....» [1]

Comparten asimismo la devoción de las hechiceras las Ánimas, San Antonio [2] y San Silvestre, [3] según la afición de cada una; del ara del altar y de las estolas consagradas y óleos benditos hacían asimismo poderoso talismán y arma para sus conjuros y suertes: [4] hasta el rosario utilizaban para adivinar el porvenir de lo futuro que les era preguntado. [5] Llegaron, por último, en su fanática ignorancia, á colgar á la

---

lano con la madre que le parió, el padre que le hiço, con el dia en que nació, con el dia en que le cristianaron, con la mesa en que come, la cama en que duerme, por las calles en que anda»: decía al cabo un rosario de avemarías y luego: «Señor Sant Herasmo, por aquellos martirios que aueis pasado yo os ofrezco este rrosario y os pido me traygais á fulano»....; ofreciéndole misas á esta intención. ¡Buena ensalada!—*Causa contra María de Ocaña*; 1610-1611.—*Ibidem*; leg. 92, núm. 197.

Más famosa es aún la de Santa Elena: «Señora Santa Elena, hija soys de rei y reyna y aun reyna de por si: Una mañana te lebantaste y dijiste: «Judios, judios, la cruz de mi Sr. Jesu Christo ¿á donde está?—Bendita Santa Elena no lo queremos decir». La Sra. Sta. Elena los mande prender, asi sea presa la voluntad, corazon y miembros de todo el querpo del hombre que bien quiero», y encendiendo tras esto una vela verde, añadia· «diablo, diablazo, traele deprisa que no despacio, diablo coxuelo, traele corriendo que si le traes te ofrezco una prenda de encima de mi cuerpo»..... y aquí había de echar una mota del vestido al aire.—*Causa contra Cebriana de Escobar;* 1702-1705.—*Ibidem;* leg. 85, número 66.

[1] *Causa contra María de Ocaña;* 1610-1611.—*Ibidem;* leg. 92, núm. 197.

[2] Vid. legajos 87, núm. 99, y 94, núm. 230.

[3] Decía asi su oración: «San Silvestre de Montemayor, asi como ligaste á la draga y al dragon asi me traygas atado y ligado á fulano».—*Causa contra Doña Prudencia Grillo, cortesana;* 1571.—*Ibidem;* leg. 87, núm. 113.

[4] Vid. legajo 86, núm. 71, y legajo 83, núm. 31.

[5] Una contemporánea de la Cañizares, Inés Rodríguez, 1618. Ponía un rosario sobre la palma de la mano, á modo de corona, y decía: «anda hijo, de cabo á cabo, de rabo á rabo, sin pararte, como plomo aplomado».—Vid. su *Causa.....—Ibidem;* leg. 94, núm. 231.

bendita Santa Elena del brazo del mismo diablo para ejecutar una de sus más ansiadas proezas: traer á un olvidado amante de lejas tierras.[1]

¡Á cuántas reflexiones se prestan estos hechos!

Cuando Lope de Vega en una sabidísima redondilla decía galanamente que

> Del más hermoso clavel,
> Pompa del jardín ameno,
> El áspid saca veneno,
> La oficiosa abeja miel,

en el abandono de la poesía apuntaba una muy honda y filosófica verdad. Porque una misma fué la fe profunda, valiente y encendida que alentó en los pechos de nuestros abuelos, para sembrar el mundo de épicas empresas, moviendo sus brazos de jayanes en mil combates y su pluma inspiradísima en cientos y cientos de libros y comedias; y esa misma fe quien sirvió también, torcida y violentada, para que las hechiceras castellanas llenasen los folios inquisitoriales de estúpidas oraciones y conjuros; abierto, santo é inexhausto venero donde á un mismo tiempo bebían unos y otras: aquéllos, bríos y alientos para sojuzgar el mundo: éstas, torpe savia con que vigorizar sus hechicerías supersticiosas. ¡Extraño, bien extraño contraste!

---

[1] Vid. la oración de Santa Elena copiada más arriba. Acaso uno de los conjuros más típicos de esta mezcla de la religión con lo supersticioso sea el siguiente que, aunque largo, no puede omitirse, tanto más que era uno de los más practicados: el de las habas.

«Habas que entre cielo y tierra fuistes sembradas, con rroçio del cielo fuistes rroçiadas, assi como esto es verdad me declareis lo que os fuere preguntado. Conjuroos con san pablo, con san Pedro, con el Apostol Santiago, con el serafico san francisco, con la virgen de la berdad, con la ara, con la ostia consagrada, con el clerigo que esta rebestido en el altar, con el libro missal, con las tres missas que dice el clerigo la mañana de nabidad, con la santa cassa de roma, con los hijos de israel, con las arenas, con el cielo, con el suelo, con los siete cielos, con la birtud que ay en ellos, con la santissima trinidad, habas que me digais la berdad de esto que os fuere preguntado, si hubiere de venir fulano que salga una haba junto al yeso»; porque la haba decia que significaba el hombre y el yeso la cassa».—*Causa contra María Castellanos, vecina de Vargas;* 1631-1633. *Ibidem;* leg. 83, núm. 41.

282 ... de los Montes Perineos ...

Perineos por Pirineos. Prefiero conservar en mi texto estos desatinos. Porque no olvide el lector que quien está hablando es la tosca é iletrada Cañizares, y que Cervantes gustaba de poner en Sancho, en Monipodio, en la huéspeda del *Coloquio*, y, en suma, en cuantos personajes rústicos saca en sus obras, barbarismos de esta ley, como tirando á dar más propiedad y *verismo* al lenguaje que retrata.

283 ... no parecía sino que estaba en aquélla como en un tálamo de flores.

Las ediciones modernas todas, y muchas de las antiguas,[1] han entendido incompleta la frase, escribiendo: «no parecía sino que estaba en aquella *cama*, como en un tálamo de flores».

No acepto la enmienda, porque para nada se mienta anteriormente la voz *cama*, que pedía en buen régimen el pronombre *aquella*, que, por otra parte, lo tiene y acabado con el sustantivo *hora*, escrito más arriba. Y así, debe leerse: «no parecía sino que estaba en aquella *hora* (la de su muerte) como en un tálamo de flores».[2]

Y véase, nuevamente, cómo es más difícil de lo que parece corregir á Cervantes.

284 ... que la han visto ..... andar por los cimenterios y encrucijadas, en diferentes figuras ...

«Cuanto á estas fantasmas y visiones—escribía D. Luis Zapata— hay dos bandos en el mundo: unos que no creen que las hay y dicen «toda mi vida he andado de noche y no he topado con ninguno»; y otros que creen que las hay, como es justo, de que están los libros llenos de ejemplos.»[3]

Debe confesarse, no obstante, que en general estuvo bastante ex-

---

[1] Por ejemplo, en la de Madrid, Viuda de Alonso Martín, 1622, f.º 348 vto.

[2] Cervantes gustaba mucho de estas elipsis. Una parecidísima y muy conocida tiene en *El Ingenioso Hidalgo* (Parte I), que justifica la del *Coloquio*. Acaba el capítulo III «y sin pedirle la costa de la posada, le dejó ir á la buena hora». Rotula el IV y aun sigue: «La del alba sería.....»

[3] *Miscelánea*.....; op. cit., p. 442.

tendida esta creencia supersticiosa, aunque no fuese España, ciertamente, la nación de Europa donde más gasto se hiciera de ella. Por de pronto, en los procesos inquisitoriales salen muy raras veces estas almas en pena,[1] y en cuanto á los ejemplos de los libros á que el buen Zapata aludía, más parecen invención calenturienta de sus fantásticos autores, que verosímil testimonio de reales sucedidos.[2]

De todos modos, es creencia constante (y en el *Coloquio* se ve confirmada más abajo) que estas almas en pena, atribuladas y errantes, se aparecen de ordinario á los vivos, para arreglar algún asuntillo que dejaron descuidado y suelto á su salida de este mundo: y así, era general costumbre, siempre que acaecían estos encuentros, que el visionario conjurase al fantasma para que le dijera lo que quería hiciese por ella, á fin de darla paz y descanso eterno. Otras veces las visiones se representaban como ejemplar castigo de pecados y crímenes, y por eso en Sevilla veían los muchachos á doña María de Padilla en un coche, ardiendo en llamas de fuego.[8]

Durante el siglo XVII propágase bastante la creencia en apariciones, ya entonces transformadas en monstruos, dragones y fieras espantables, dignas de los libros caballerescos ó de un comentario del Apocalipsis; mas dígase en verdad, y para descargo nuestro, que las relacio-

---

[1] Sólo he tropezado un caso, aunque no dudo habrá alguno más: el de doña María de Chaves, de quien, en su causa, se lee que «una vez se le hauia aparecido una ánima con un mantillo cubierta..... que sin duda que seria el diablo con quien tiene pacto explicito».—*Inquisición de Toledo;* leg. 85, núm. 56.

No escasean, sin embargo, en avisos, relaciones y papeles sueltos. Pueden, como ejemplo, leerse varios y manuscritos en la Bib. Acad. Hist.; *Jesuítas;* tomo 30, números 17 y 29, y tomo 106, núm. 13.

[2] Él mismo cita uno de fantasmas que se vieron en casa de un caballero de Valencia, llamado Marradas, ora en forma de difuntos ensabanados, ora gigantes, ora enanos, que jugaban á las cañas y combatían á pie, con mil graciosos disparates más.—*Op. cit.*, p. 443.

En las *Historias prodigiosas de Pedro Bovistau*, traducidas por Andrea Pescioni (Medina, 1586; *op. cit.*), se hallan también apariciones nocturnas y visiones para todos los gustos. Uno de los tres capítulos que el traductor Pescioni agregó sobre cosas españolas, refiérese á este tema.—Vid., *op. cit.*, ff. 176 y siguientes; 186 y siguientes; 234 y siguientes, y 397.

[8] RODRIGO CARO: *Días geniales.....;* op. cit., p. 302.

nes de semejantes prodigios venían de extraños países: de Francia, de la progresiva Francia, sobre todo. [1]

En España, como he dicho, no dejaron de darse, pero ¡cuántas veces estas visiones fueron obra del regocijado humor de nuestros abuelos, ó de la credulidad sencilla de las gentes rústicas! Véase si no en Torquemada un ejemplo famoso, que emparejado trae con otros más terroríficos y espeluznantes. [2]

285 —Este ungüento con que las brujas nos untamos es compuesto de jugos de yerbas en todo extremo fríos ...

No he podido dar en las causas inquisitoriales anteriores al auto de Logroño con la composición de estos ungüentos, por más que lo busqué con gran cuidado. En este punto las brujas castellanas eran impenetrables. Sandoval decía que estaban hechos de sapos, cuervos y otras sabandijas. [3]

---

[1] Conozco varias relaciones sueltas, muy raras, que comprueban lo que apunto en el texto. Son, además, por extremo curiosas; mas cumpliendo con lo ofrecido al lector en otro lugar, irán, Dios mediante, todas en trabajo aparte.

[2] «En este pueblo donde estamos [Benavente] una muger que aún agora es viva, queriendo una noche levantarse temprano para entender en ciertas cosas que le convenían, mandó á una criada suya que dejase lumbre cubierta, y levantándose dos ó tres horas antes que amaneciese la moza halló el fuego muerto, y así, tomó una vela y salió de casa á encenderla, y andando de unas en otras, no halló dónde encenderla, hasta que vió que en una Iglesia estaba una lámpara encendida, y llamó á la puerta al sacristán que dormía dentro, el cual encendió la vela.

»Su ama con ver que tardaba tanto tomó otra vela, y fué á una casa de una conocida suya, y de allí le abrieron y trajo su lumbre al mesmo tiempo que venía la moza por una parte de la Iglesia y ella por la otra, y con ser verano, ellas venían casi desnudas y en blanco, y un vecino de aquel barrio que acaeció á levantarse á aquella hora, como no tuviese aun bien abiertos los ojos del sueño y las viese venir ansí, pensó que eran algunas fantasmas, y publicó otro día que había visto ciertas mugeres que andaban en procesión al rededor de la Iglesia con velas encendidas en las manos. Algunos que lo oyeron, fueron añadiendo que eran ocho, y otros que eran doce, y otros llegaron á veinte y treinta, que con oir decir que las habían visto en aquella procesión no tuvieron pequeño temor de morirse.»—*Jardín de flores curiosas* ....; op. cit., f.º 141

[3] *Historia de la vida y hechos* .; op. cit., p 622.

En el *Auto de Logroño* se explica al pormenor el modo de obtenerlo de los sa-

Quien, en cambio, da noticias detalladas y científicas de estas mixturas es nuestro gran botánico, el doctor Andrés de Laguna. Conocido es su famoso experimento. Siendo médico del Duque de Lorena, apresaron en 1545 en Metz á dos malvados brujos. Registrada su cueva, se halló, entre otras cosas, «una olla medio llena de cierto ungüento verde como el del populeón, con el cual se untaban, cuyo olor era tan grave y pesado, que mostraba ser compuesto de hierbas en último grado frías y soporíferas, cuales son la cicuta, el solano, el beleño y la mandrágora». Procuróse Laguna, por medio del alguacil, un buen bote, y en Metz, para ensayar su discutida eficacia, hizo untar de los pies á la cabeza á la mujer del verdugo. Apenas untada, cayó en un profundísimo sueño, del que costó mucho trabajo despertarla. Restituída á su juicio, al cabo de treinta y seis horas, comenzó á declarar que se había hallado rodeada de todos los placeres y deleites del mundo, en la misma forma que las brujas lo solían decir. «De donde podemos conjeturar—prosigue Laguna—que todo cuanto dicen y hacen las desventuradas brujas, es sueño, causado de brebajes y unciones muy frías, las cuales de tal suerte las corrompen la memoria y la fantasía, que se imaginan las cuitadillas y aun firmísimamente creen haber hecho despiertas todo cuanto soñaron durmiendo... ...Los tales accidentes no pueden proceder de otra causa sino de la excesiva frialdad del ungüento, que las traspasa á todas y se les mete en los tuétanos....., ni con el espíritu, pues, ni con el cuerpo (acaba, rematando su incredulidad valiente), jamás se apartan del lugar adonde caen agravadas del sueño.» [1]

El vulgo—como Cervantes dice á continuación—creía que estos ungüentos procedían de la sangre de los niños que las brujas ahogaban; nuestro escritor, sin embargo, rechazando esta creencia, admitida por hombres tan doctos como Martín del Río, [2] acógese á la doctrina

---

pos que cuidaban las brujas. Dábanles de comer, azotábanles en seguida hasta hincharse; y entonces, apretándolos con las manos ó los pies, destilaban la hedionda agua verdinegra que les servía luego para ir á sus aquelarres.—*Auto de fe......*; op. cit., p. 56.

[1] ANDRÉS DE LAGUNA: *Pedacio Dioscorides Anazarbeo, acerca de la materia medicinal, y de los venenos mortíferos, traduzido de lengua griega, en la vulgar castellana..... por el Doctor.....* Salamanca, Mathias Gast; 1570; ff. 421 y 422.

[2] *Disquisitionvm magicarvm......*; op. cit., 189.

y explicación científicas de Laguna, con su tino acostumbrado, discreción y excelente criterio.

286 ... de hacernos matar las criaturas tiernas ...

El pueblo bajo ha tenido siempre por una de las principales maldades de las brujas la muerte de las criaturas, ahogándolas ó chupándolas la sangre; creencia que todavía se conserva y es poderoso estímulo para acallar á los muchachos traviesos.

Sobre la razón y causa de estas muertes corrían á la sazón las más opuestas y extravagantes especies: quiénes decían que su carne era la escogida para los festines diabólicos, donde la servían sin aderezo ni sal; [1] quiénes, apoyándose en las declaraciones de las brujas mismas, opinaban que se causaban para sacarles el corazón, eficaz y necesario ingrediente en la confección de sus polvos maléficos, con que destruían las heredades ó hechizaban las personas; [2] y otros las atribuían, finalmente, á pura crueldad y propósitos de venganza. [3]

De la lectura de las causas inquisitoriales, donde aparecen muchas acusaciones de este género, se desprende un hecho, del que quizá arrancó la creencia popular tan extendida, á saber: que todas ó gran número de las brujas eran parteras, y como tales, ó desgraciarían torpemente muchos infantes, ó los malograrían de propio intento. [4]

De todos modos, es hazaña truculenta brujeril que se repite mucho en las fuentes escritas ó tradicionales, rodeada siempre de colores sombríos, siniestras venganzas y odios de comadres. [5]

---

[1] SALILLAS: *La Fascinacion en España...*.; op. cit., pág. 30.—Según la opinión vulgar, «cuando las familias no toman las debidas precauciones, las brujas, penetrando en las casas, colocan adormideras para sumir en profundo sueño á los padres, y cogiendo las criaturas, se meten debajo de la cama con ellas, donde las chupan, y, ya cadáveres, las tornan á los lechos; huyen después, pero dejando una huella por las buchadas de sangre que arrojan. Las brujas ni chupan á las criaturas en saliéndoles los dientes, ni á las no bautizadas; porque como éstas van al limbo, ó sea á volar por el espacio, podrían tropezarse en él y descubrirlas.» *Loc. cit.*

[2] NAVARRO: *Tribunal de la supersticion ladina....*.; op. cit., ff. 53 vto. y 54, y *Auto de Fé de Logroño*, que dedica gran espacio á la materia; op. cit., pp. 112 á 116.

[3] *Relaciones históricas....*; op. cit., p. 238.

[4] *Causa contra María Espolea (La Pastora)*; leg. 85, núm. 68.

[5] En la causa contra Antonia González (1645), unas comadres enemigas suyas

287 ... y todo esto lo permite Dios por nuestros pecados ...

Que Cervantes no había estudiado teología es casi seguro, [1] y, sin embargo, tampoco podrá negarse, y es fuerza confesarlo, que la larga plática de la Cañizares con Berganza está henchida y repleta de ciencia teológica. Profunda no; porque la doctrina se repetía incesantemente, no sólo en las disputas de claustro y lecciones de cátedra, sino en los sermones, [2] en los corrillos, dondequiera se juntaban dos personas letradas; nada tiene de extraño, por tanto, que Cervantes aprendiera estas cosas, ora por sí, ora ajenamente escuchadas, pues si, como Menéndez y Pelayo ha dicho, «todo español era teólogo entonces», [3] harto camino llevaba para serlo con sus estudios con los jesuítas en Sevilla, con su trato con las gentes, en sus peregrinaciones por el mundo, ayudado de dos cosas que, sobre teólogo, jurisperito ó enciclopédico pudieron hacerle: su decidida afición á leer toda suerte de papeles, aun los rotos y perdidos por los suelos, y su excelente memoria, de la que tantas muestras dió en el curso de sus obras.

Además, en otras del tiempo se leían estos mismos conceptos con parecidas frases; [4] por la tradición oral ó por la literatura (aunque

---

declararon que «una noche abiendose acostado y entrado en su cama un niño suyo de nuebe meses y otro que no era suyo de edad de ocho dias, esta rea entró sueño a las dhas. personas sin que pudiesen despertar hasta la mañana siguiente, que dispertaron llenos de congoja y hallaron a su hijo muerto acardenalado y que por la natura le auia chupado la sangre».—*Inquis. de Toledo*; leg. 87, número 106. Es caso que, aunque increíble, no deja de repetirse.—Vid. *Ibidem*; legajo 85, núm. 68. Véase también la *Introducción*, cap. VI.

[1] El lector, á quien interesen estos tiquismiquis cervantinos, puede consultar la polémica que en la *Crónica de los Cervantistas* mantuvieron los Sres. Máinez y Sbarbi sobre si Cervantes fué ó no teólogo. (Vid. tomo I, 19, 43, 143, 182, 217.)

[2] En los sermones, sí, que fuentes pueden ser, en mi opinión, de obras literarias; tanto más cuanto que, cabalmente, este punto era tema favorito de ellos, como un Inquisidor nos lo confiesa: «Hay algunos clerigos frayles y curas que dicen de los púlpitos que las brujas no levantan tempestades, ni matan criaturas inocentes, pues no tienen culpa; que todo lo hace el diablo por permisión divina, por nuestros pecados.»—*Relación que hiço el doctor don lope de ysasti.....*; Ms. citado.

[3] *Historia de los Heterodoxos Españoles.....*; op. cit., II, 686.

[4] Por ejemplo, en Ciruelo, que tratando de las obras del diablo, dice: «per-

siempre me incline más á lo primero) pudieron, pues, desembocar en el *Coloquio* estas definiciones teológicas, tan soberana y maravillosamente declaradas.

288 ... que destruyese una viña de un mi enemigo ...

El poder de las brujas es esencialmente maléfico.

Aun las hechiceras intentan en ocasiones hacer algún bien: las brujas no: son rencorosas y vengativas. Sus odios se traducen en dañar á las heredades y frutos de sus enemigos, maleficiándolos con los polvos que siembran en ellas, de vuelta de sus aquelarres. Los árboles entonces se secan, las flores no cuajan y los sembrados amarillean y se agostan.

Largo caudal de estas maldades hizo la *Relación* del Auto de Logroño, [1] aunque, sin llegar á él, se encuentren en otros autores, como siempre, precedentes de las noticias y dichos cervantinos. [2]

Las venganzas y hechizos contra las personas ofrecen mayor curiosidad y gusto. Bruja hubo que echaba en la puerta de su enemigo unos polvos hechos de ratón muerto: y ¡ay del pobre si acertaba á pisarlos!, pues tomándole un pesado desmayo, se enflaquecía y traspasaba, hasta quedar en los puros huesos. [3] También ponía en su casa para lo mismo un sapo vivo, «y así como el sapo se yua su poco a poco secando, ansí su poco á poco se yua secando la dicha persona». [4]

---

mitiéndolo Dios por otros algunos pecados de los hombres».—*Reprobacion de supersticiones......*; op. cit., 47.

Feliciano de Silva hace también hablar semejantes teologías sobre los *males de daño y de culpa* á su astuta Celestina.—*Segunda comedia de Celestina......*; op. cit., Cena XIII, pp. 143-144

[1] Op. cit., pp. 45 á 47 y 93 á 111.

[2] *Relaciones históricas......*; pp. 238 y 239.

[3] *Inquis. de Toledo;* leg. 85, núm. 56, y leg. 90, núm. 167.

[4] *Ibidem;* leg. 90, núm. 167.—Para realzar su importancia y artes ante los ojos del vulgacho y gentes simples, casi todas las brujas se vanagloriaban de su poder maléfico. Por ejemplo, Catalina Doyagüe, vecina de Zebreros, que «lleuaba en el seno con que podria matar a un hombre e estaua en su mano hazer morir a quien quissiese.» (Vid. su *Causa......*; 1557, 1558.—*Ibidem;* leg. 85, núm. 64.) Como Inés Martínez de Lobares, que amenazaba á unos enemigos suyos con que «les haria amaneçer las cabeças mas blancas que una *(sic)* nieue». Leg. 90, número 164.

Gracioso y divertido por todo extremo era el poder de un hechizo dado por una vieja á otra mujer, cuyos efectos eran comunicar un baile tan desaforado que no había nadie que lo detuviese hasta que la bruja lo quería. [1]

No hablemos de las chanzas y regocijos de los espíritus infernales, que bien se burló Moratín de ellos, como entrar por los monasterios y casas, quebrando ollas, platos y escudillas; yendo al aposento donde dormían las personas y quitándoles la ropa de la cama; pellizcándoles reciamente; apagándoles el candil, con otras pesadas bromas de que Ciruelo [2] é Insasti [3] nos hablan. Tanto lo eran, que de un mozo se cuenta que, por no sufrirlas, se pasó á las Indias, creyendo, y razonadamente, que las brujas no podrían atravesar el mar. [4]

¡Á la altura estaba de Torquemada, que con gran formalidad discurre sobre los trasgos ó demonios familiares y domésticos, que entraban por las casas como si fuesen suyas, y se daban á sentir en ellas con estruendos, burlas y regocijos, sin hacer daño ninguno: «que, aunque yo no daré testimonio de haberlo visto, he oído decir á muchas personas de crédito que los oyen tañer con guitarras y cascabeles, y que muchas veces responden á los que llaman, y hablan con algunas señales y risas y golpes: en fin—dice—se viene á perder el miedo que dellos se podría tener.» [5] ¡Humor se necesita!

289 ... que ni aun tocar á una hoja della no podía ...

Nada nuevo puedo decir aquí sobre las dobles negaciones después de la completísima nota con que Clemencín ilustró esta materia en

---

[1] *Causa contra Magdalena Pobla;* Arch. Gral. de Simancas; *Consejo de Inquisición: Relación de causas de fe de la Corona de Aragón;* lib. 466, f.° 48 vto.

[2] *Reprobación de supersticiones.....;* op. cit., p. 49.

[3] *Relación que hiço el doctor don lope de ysasti;* Ms. cit.

[4] *Ibidem.*

[5] *Jardín de flores... .;* op. cit., f.° 143 vto.—No dirían ciertamente lo mismo los frailes del monasterio de Santa Mónica en Valencia, de quienes cuenta muy serio Cabrera que en 1613 hubieron de sufrir en su convento la invasión de seis demonios familiares, que andaban de aquí para allá con grande regocijo, dando de palos y azotes á los cuitados religiosos, hasta que al cabo de seis días los conjuros y exorcismos pudieron alejarlos.—CABRERA: *Relaciones.....;* op. cit., página 514.

su comentario al *Quijote*, donde Cervantes hizo empleo no escaso de ellas. [1]

Aunque en latín dos negaciones afirmen, en castellano, como Juan de Valdés decía, dos negaciones niegan más. Al igual del uso expletivo de otras partículas, las negativas *no*, *ni*, se prodigaron sin tasa por toda suerte de escritores; y así, tropiézanse á menudo en oraciones cuyo sentido es evidentemente afirmativo, [2] no siendo raro tampoco en nuestro lenguaje el caso de la triple negación. [3]

290 ... **y, convertidas en gallos, lechuzas ó cuervos** ...

Á pesar de que en los autos inquisitoriales anteriores al famosísimo de Logroño [4] no se encuentren pormenores de estas suertes de metamorfosis, debían ser muy populares en España, como lo fueron en Francia, durante todo el siglo XVI, cuando Torquemada en su libro nos habla de ellas. [5] ¡Lástima no se hayan conservado grabados y dibujos de los aquelarres castellanos, como quedan de los franceses!; [6] porque allí aparecerían gráficamente declarados y visibles estos portentos lycanthrópicos, con otros muchos, referentes á las costumbres y juntas de las brujas.

---

[1] CLEMENCÍN; *op. cit.*, VI, pp. 188-192.—Quien observa atinadamente que «muchas de estas frases de Cervantes en que sobra la partícula negativa, según el uso actual de la lengua, pueden con arreglo al mismo uso admitirla mediante una leve inversión». Así, ésta del *Coloquio* resultaría apropiadísima al moderno lenguaje con decir «que no podía tocar ni á una hoja della».

[2] Por ejemplo, en un pasaje de Rufo: «Un día de feria de los de Madrid ... como son días que hasta del hablar parece que no se paga alcabala......»—*Las seyscientas apotegmas......*; op. cit., f.º 131 vto.

[3] «..... sepa vuesa merced, que con todo lo que adquiría y tenía, *jamás* tan avariento, *ni* mezquino hombre, *no* ví......»—*Lazarillo de Tormes;* cap. I.

[4] Donde se hallan descritas con gran profusión de datos estas transformaciones.—*Relación del Auto......*; op. cit., pp. 65, 67 y 95.

[5] *Jardin de flores......*; op. cit., f.º 154.

[6] En la citada obra *Le Moyen Age et la Renaissance* se reproduce una curiosísima estampa grabada, sin nombre de autor, en el siglo XVI, y que representa todos los momentos y fases del aquelarre. Consérvase en la Biblioteca Nacional de París. Allí se ven las brujas convertidas en lechuzas y cuervos, como Cervantes dice.

291 ... no faltan muchos que me dicen, no dos dedos del oído, el nombre de las fiestas ...

Decirse los nombres de las fiestas, «ó de las Pascuas—comenta don Francisco de Seijas—, injuriarse recíprocamente, echarse en cara los defectos». [1] En general, vale tanto como *decirle á uno las verdades*, *cantarle á uno las claras*. Los ejemplos de este modismo repítense á menudo en nuestra clásica literatura. [2]

«No sé el origen, vulgar sin duda, que puede tener», añade el citado autor. En verdad, como el de todas las locuciones populares, es difícil en grado sumo hallarlo satisfactorio y claro. No me contenta el que Sbarbi apunta, que por relación á *Pascua Florida ó de flores* concluye que decir los nombres de las fiestas equivale á ramera, «pues de las flores se hacen los ramos», y ramos «es sonsonete que, aun cuando parezca una vulgaridad, ha dado origen á la voz *ramera*». [3]

Tampoco canonizo por buena una conjetura que trabajada hallo entre mis papeles para la composición de esta nota, á saber: que si las ordenanzas de las Mancebías prohibían á las marcas ganar con sus cuerpos los días de fiesta y Pascuas, decir los nombres de ellas era recordarlas tropológicamente de rameras. [4]

[1] QUEVEDO: *Obras;* tomo II, p. 407.
[2] D.ª MARGARITA.   Con todo eso, cuando te llaman *el nombre de las fiestas* no gustas mucho de oirle.
DON DIEGO.   ¿Cuál es el nombre de las fiestas para Castañeda?
CASTAÑEDA.   Ya lo entiendo. Debéislo de decir, porque el otro día me llamaron buboso.— LUCAS HIDALGO: *Diálogos de apacible entretenimiento;* op. cit., p. 304.

«.... entreoyeron las mozas los requiebros de la vieja y cada una le dijo el nombre de las Pascuas: ninguna la llamó vieja que no fuese con su epitecto y adjetivo de hechicera y de barbuda, de antojadiza.....»—CERVANTES: *El Celoso extremeño.*

[3] JOSÉ MARÍA SBARBI: *El Refranero general español; parte recopilado; parte compuesto.*—Madrid, Gómez Fuentenebro, 1874-1878; tomo VIII, p. 103.

[4] Entre las de la Mancebía sevillana de 1571 había la siguiente: «Item más, ordenamos mandamos prohibimos y defendemos que las dichas mugeres de la mancebía no esten ni residan en ella ganando en ninguno de los días de Domingo é fiestas y quaresmas y quatro temporas y vigilias del año, antes mandamos que los tales días las puertas de la dicha mancebía estén cerradas y que el

Mas breve y sencillo es confesar paladinamente mi ignorancia, sincerándome con los esfuerzos noblemente hechos para romperla.

En cambio, su sentido en el *Coloquio* aparece claro.

Á la Cañizares, al decirla no dos dedos del oído los nombres de las fiestas, llamábanla veladamente bruja ó hechicera. Alude, en efecto, en el mismo párrafo, al rigor que con sus espaldas usó un verdugo implacable, y sabido es que la pena de las tales en nuestra legislación era la de vergüenza pública y azotes. [1]

292 ... la furia de un juez colérico ....., depositando su ira en las manos de un verdugo, que ..... usó de toda su plena potestad y rigor con nuestras espaldas ...

El formulario de la Montiela y de la Cañizares andaba, á la cuenta, falto y pobre para algunos casos. Por ejemplo, éste de la furia del juez colérico, que depositó su rigor en las manos no sobornadas del verdugo. Si hubieran previsoramente puesto detrás de la puerta «una estampa de papel aforrada con su pintura de San Cristóval», y otra estampa de Santa Marta enfrente de la escalera, como hacía cierta gran hechi-

---

Padre no las abra ni las consienta abrir para el dicho efeto, so pena a la muger que ganare en los tales dias en la dha. casa le sean dados çien açotes, y al padre que lo consintiere, y no lo impidiere y estoruare le sea dada la misma pena.»
En 1618, la Congregación de Nuestra Señora de la Concepción, sita en el Colegio Imperial de la Compañía, acudió ante el Consejo, pidiendo se cumpliese un auto del mismo, por el que se vedaba á las mujeres de la casa pública ejercer su deshonesto oficio los días festivos y de penitencia, recordando, al efecto, la ordenanza que arriba copio. Accedió el Consejo á lo pedido; mas como, al no ganar las infelices hembras en tantas fiestas y vísperas, que entre todas sumaban muy cerca de medio año, no tenían con qué sustentarse, la Sala de Alcaldes, con un alto é irónico espíritu de justicia, mandó á la citada Congregación las mantuviera en ellos por su cuenta. Protestó la Hermandad; las mujeres, por su lado, pusieron el grito de hambre en el cielo; insistió la Sala; á lo cual la Cofradía contestó mansamente que, careciendo de rentas, érala imposible cumplir lo acordado por los Señores Alcaldes, y que á lo único á que podían ofrecerse, en obsequio de las damas enamoradas, era á frecuentar los Santos Sacramentos...... Vid. esta humanísima historia en el Arch. Hist. Nac. *Sala de Alcaldes;* año 1618, libro IX, ff. 30 á 45.

[1] También pudo penársela por alcahueta, pues á las tales se las azotaba igualmente. No obstante, el sentido del pasaje más parece referirse á brujas que á alcahuetas.

cera «para que la justiçia no pudiese entrar en su casa»; [1] ó hubieran rezado la oración de los alguaciles; [2] ó dicho el conjuro para aplacar la justicia: «Leon brauo amansa tu yra, primero fué Christo que Sancta María, quando la Virgen nació Christo naçido era, fulano [aquí el nombre del corchete] hinca la barba en tierra», [3] se hubiesen librado de su poder y de la insolente penca del verdugo, como se libraron otras más avisadas que ellas, con serlo las dos tanto y tan famosas.

293 ... que todos los duelos con pan son buenos ...

Tal es la forma primitiva, buena y válida de este refrán, y no hay razón para corregir el texto como los modernos editores hacen; si más tarde se corrompió, tomando la vulgar y corriente que hoy conocemos: «con pan son menos», fué después de D. Iñigo López de Mendoza, Juan de Valdés, Feliciano de Silva, Francisco Delicado, Mateo Alemán, y, en general, los escritores todos del siglo de oro, [4] sostene-

---

[1] *Causa contra Doña María de Chaves;* 1650.—*Inquisic. de Toledo;* leg. 85, número 56.

[2] «Estrella la más alta y más bella y más luciente, como guiaste a los tres reyes magos, me libres de alguaciles y escribanos.»—*Causa contra María Rodera;* 1655-1667.—*Ibidem;* leg. 97, núm. 225.

[3] *Causa contra María Vázquez;* 1650-1651.—*Ibidem;* leg. 97, núm. 278.

Lo famoso y ejemplar del caso no es que creyeran sólo las hechiceras en estos sortilegios, sino que muchas veces les acompañaban en su credulidad los mismos fiscales é inquisidores. En la causa de ésta misma se la acusa de que yendo la justicia á prender á un hombre que vivía con ella, escondióse éste en una escalera, llegó el Alguacil «y tentó á dho. hombre, que yendo á hablar, dixo el Ministro «aqui no ay nada, vámonos»; y aunque por entonces se atribuyó que el no prenderle auia sido más por amistad que por otro efecto (!) después se juzgó sería por alguna arte diabólica el auer engañado el tacto del dicho ministro.»—¡Es inocencia y simplicidad! Y á continuación se traslada el conjuro para aplacar la justicia, que copio en el texto.

[4] MAYANS. *Orígenes de la lengua castellana;* tomo II, p. 208.—VALDÉS: *Diálogo de la lengua.....;* op. cit., p. 117.—*La segunda Celestina.....;* p 482.—*La Lozana andaluza.....;* op. cit., p. 81.—*Guzmán de Alfarache,* parte I, lib. II, cap I, etc. Cervantes, no obstante, usó también de la forma *son menos* en *El Ingenioso Hidalgo,* parte II, cap. XIII, aunque una sola vez, por excepción. El Dr. Jerónimo de Alcalá empleó además esta otra: *todos los duelos con pan son llevaderos,* parte I, capítulo VII.

dores de esta lección del *Coloquio*, más enérgica y atrevida, aunque no sea tan lógica como la segunda. [1]

294 ... la cual te la pintaré como mejor supiere.

En el *Coloquio* hay situaciones realistas de primera línea, que se prestan grandemente á sacar de ellas cuadros de una fuerza y colorido portentosos. Uno de los más soberbios es la descripción que de la Cañizares hace Berganza; de la cual bien puede decirse que Velázquez, á haber sido escritor, hubiera descrito como Cervantes; y si éste en lugar de la pluma de ave hubiera manejado los pinceles, á él había que atribuir, á falta de autor conocido, *Menipo* y *Los Borrachos*. Hasta el día, las *Novelas ejemplares* no han encontrado un ilustrador artístico como se merecen; los dibujos de Luis Paret serán muy correctos en líneas y trazado; pero carecen de la intención y sano realismo del modelo. En esto nada perdió el arte con que al serle robados sus papeles á Gallardo, en la famosa jornada del día de San Antonio (si hay que creer en ella), [2] se le extraviasen también los mencionados dibujos, destinados á una edición crítica de las *Novelas*. [3] Nuestros pintores, que tanto buscan en el día asuntos clásicos españoles para sus lienzos, acudan al *Coloquio*, que en él los hallarán sobrados.

295 Ella era larga de más de siete pies ...

Si el pie castellano, medida general del reino de Andalucía, tenía

---

[1] Tratando de los refranes, Liñán y Verdugo, al llegar á éste, dice: «— *todos los duelos con pan son buenos;* también es disparate y falsa la sentencia: ¿qué importa que haya que comer, si no hay muelas con que mascar?......— Ese refrán ó proverbio — añadió D. Antonio — está errado, que ha de enmendarse y decir: «todos los duelos con pan son menos»......— Así es la verdad, dijo el Maestro». (*Guía y avisos de forasteros* Aviso 11.) Curioso pasaje para explicar cómo se transforma en el habla un proverbio.

[2] Los citados dibujos se conservan hoy día en la Sección de Estampas de la Biblioteca Nacional; signatura 15-54. Tanto el de *El Casamiento* como el del *Coloquio* carecen de inspiración y de verdad.

«Corriendo el tiempo — dice Rodríguez Marín —, las planchas de cobre de estas láminas vinieron á parar en poder del señor Marqués de Jerez de los Caballeros, quien hizo sacar algunas excelentes pruebas en la Calcografía Nacional.» (*Rinconete......;* pp. 240 y 241.)

[3] Vid. el *Apéndice III*.

unos 27,03 centímetros, la altura que suponen los siete que Cervantes la concede es de 1,90 metros; ¡una verdadera giganta! Á no ser que se le corriera la mano escribiendo una andaluzada..... [1]

296 ... toda era notomía de huesos ...

Notomía por *esqueleto:* usualísimo entonces y perdido hoy. [2] Clemencín créela equivalente, por mutilación, á *anatomía*. [3] Observaré, tan sólo, que nuestros buenos escritores conocieron y distinguieron ambas voces; aunque á la *anatomía* propiamente tal (disección de cuerpo orgánico) llamasen *anotomía*. [4]

297 Púseme de espacio á miraria ...

Con perfecta lógica, y acusando en ello su primitiva formación, escribíanse antiguamente por separado aquellos adverbios que originariamente eran adjetivos ó complemento con preposición; y así se decía: *en frente*, *á prisa*, *á caso*, *toda vía*, *á fuera*, etc. Singularmente, el adverbio de tiempo *de espacio* no aparece en su forma ortográfica actual, *despacio*, hasta muy entrado el siglo XVII; siendo innecesario alegar ejemplos en corroboración de esta doctrina, cuando están llenas

---

[1] Vid. JOSEPH GARCIA CABALLERO: *Breve cotejo y valance de las pesas y medidas de varias naciones, reynos y provincias, comparadas y reducidas á las que corren en estos Reynos de Castilla.*—Madrid. En la Imprenta de la Viuda de Francisco del Hierro. Año de 1731 (in 4.º).—Al final trae una medida gráfica del pie castellano.

[2] «¿Dónde están las *notomías* de los muertos?» (LOPE DE RUEDA: *Obras de....*; op. cit., I, 24.) «...... se enflaquecieron tanto, que vinieron á quedar hechos *notomías.*»—ZAPATA: *Misceldnea;* op. cit., p. 66.

[3] Op. cit.; V, 224, 225.

[4]
        Ya no me espanto de nada,
        Mi señora fantasía,
        Que el mundo, curso de cosas,
        Ha hecho en mi *anotomía*.
        Romancero general; op. cit., f.º 438.

«Y si del tiempo por si se hace esta *anotomía*.....» (RUFO: *Las seyscientas apotegmas....*, f.º 40.) Ya á principios del siglo XVII comienza á oirse, sin embargo, la voz *anatomía* en la forma de hoy: «... . porque se les lee cada día una lición, y hay licencia para hacer *anatomía.*»—FR. JOSEPH DE SIGÜENZA: *Segunda parte de la historia de la orden de San Gerónimo.....;* op. cit., f.º 129.

de ellos las obras todas de nuestros clásicos. [1] El uso moderno, con indudable acierto, ha simplificado su antigua dicción, conservada por mí en éste y otros pasajes del *Coloquio*, en señal de respeto y fidelidad á las ediciones primeras.

298 ... y á mí, junto á ella, en cuclillas, atento, ...

Atento, dícese aquí, no en su vulgar sentido de estar con cuidado en una cosa, sino en el arcaico de *aguardar*, *esperar*. [2] Cervantes usa de él muchas veces, aunque contra el autorizado parecer de Juan de Valdés [3], y cuantos ejemplos acotados tengo, lo son de su pluma descriptiva, lo cual aleja toda afectación de arcaísmo. El no advertirlo así, ha originado un sinnúmero de errores en las ediciones de sus obras. [4]

299 Curiosos hubo que se llegaron á hincarle alfileres por las carnes, desde la punta hasta la cabeza ...

Alúdese en este párrafo á una creencia vulgar, muy recibida á la sazón por el pueblo, á saber: que cuando las brujas caían en su letargo ó sueño, causado por la frialdad y poder narcótico de sus ungüentos, hacíanse insensibles y ajenas á cuantos golpes, movimientos ó esfuerzos materiales se pusiesen en obra para despertarlas; superstición que se ve admitida en casi todas las obras de magia: por ejemplo, en la muy calificada de Pedro Ciruelo, donde aparece expuesta en estas palabras: «Esta ilusión [la de los aquelarres] acontece en dos maneras:

---

[1] Cabalmente el sustantivo *espacio* precedido de una preposición originó entonces varios adverbios compuestos, como *á espacio*, *con espacio*, etc., de los cuales sólo se ha salvado el moderno *despacio*. Véase un ejemplo muy claro: «No des lición de coro mirando á tierra..... pronuncia *á espacio* con muy buena postura de tu cuerpo».—LORENZO PALMIRENO: *El Estudioso de la aldea*.....; op. cit., f.º 105.

[2] «*Atento*..... en lenguaje antiguo castellano vale *esperar*.»—COVARRUBIAS: *Tesoro*.....; op. cit.

[3] «*Atender* por *esperar* ya no se dice; decíase bien en tiempo pasado, como parece por este refrán: Quien tiempo tiene y tiempo atiende, tiempo viene que se arrepiente. En metro se usa bien *atiende* y *atender*, y no parece mal; en prosa yo no lo usaría.»—JUAN DE VALDÉS: *Diálogo de la lengua*.....; p. 114.

[4] Aquí, por ejemplo, Aribau y Rosell suprimieron la coma después de *atento*, que sabiamente ponían las ediciones de 1613 y 1614, denotando su independencia respecto del resto de la oración.

ó que realmente salen las brujas de sus casas y el diablo las lleva por los aires....., ó que no salen..... y el diablo se reviste en ellas, de tal manera, que las priva de todos sus sentidos, y caen en tierra como muertas y frías..... *Y mientras que ellas están ansí, caídas y frías, no sienten más que muertas, aunque las azoten y hieran y quemen y les hagan cuantos males puedan por acá de fuera en el cuerpo.....»* [1]

Á la postre resulta Cervantes tan docto y versado en demonología y magia como el primero.

300 ... ni por eso recordaba la dormilona ...

Otro arcaísmo, tomando *recordar* por «despertar el que duerme, volver en sí, en su acuerdo, recobrar el sentido», y no como operación intelectiva de la memoria. [2]

301 ... sino palabras de consejas ó cuentos de viejas, como aquellos del caballo sin cabeza y de la varilla de virtudes ...

> Érase que se era,
> Que en buena hora sea;
> El bien que viniere,
> Para todos sea. [3]

No se alarme el lector creyendo que voy á relatarle alguna conseja

---

[1] Ciruelo: *Reprobación de supersticiones....* ; op cit.; ff. 45 y 46.

[2] Ya estará el lector recitando conmigo aquellas sabidísimas coplas de Jorge Manrique:
> *Recuerde* el alma dormida,
> Avivé el seso y despierte
> Contemplando...

[3] Esta que llamaba Quevedo «empuñadura de las consejas», tiene otra fórmula, que ha conservado Rodrigo Caro y declara su antigüedad: «Érase lo que se era, el mal se vaya y el bien se venga; el mal para los moros y el bien para nosotros.»—Quevedo: *Perinola.—Obras;* edic. Rivaden, II, 465.—Rodrigo Caro: *Días geniales.....,* op. cit., 299

Conócese (¡cómo no, siendo fruto del pueblo!) otra variante que recogió Avellaneda: «Érase que se era, que en hora buena sea, el bien que viniere, para todos sea; y el mal, para la manceba del Abad; frío y calentura, para la amiga del cura, dolor de costado, para el ama del Vicario, y gota de coral, para el rufo sacristán, hambre y penitencia, para los contrarios de la Iglesia.»—¡Gracias á Dios, porque á no ser por el último conjuro, podría reputarse la conseja por puro refrán *anticlerical.*

de las que las viejas decían *tras el huego*, sino á confesar ingenuamente mi ignorancia en cuanto á la del caballo sin cabeza, de que Cervantes nos habla, y éste su comentador inmeritísimo no ha podido rastrear noticia alguna.

Género de invención popular las consejas, muy débiles rastros quedan de ellas en nuestra literatura, pues, por su humilde origen, los escritores de nota desdeñaron el estudiarlas, salvándose tan sólo del olvido merced á fragmentarias poesías, y á una curiosa relación que de ellas nos dejó aquel benemérito folk-lorista sevillano, Rodrigo Caro. [1] Así, cabe decir de este campo que está punto poco menos que virgen.

La conseja no tiene índole ni asunto propio; mézclanse en ella relaciones de refranes, fábulas clásicas, [2] batallas de moros, leyendas piadosas, milagros, invenciones fantásticas, coloreadas muy á menudo por el tinte supersticioso, que las impregna de un sabor de credulidad pueril, muy peregrino.

En las consejas intervienen las hadas, los magos, los trasgos, las brujas y hechiceras; los animales antediluvianos y caballerescos, sierpes, endriagos, torres ó lamias que se tragaban vivos á los muchachos; las torres encantadas y peines del sol; las quimeras, los cíclopes, gigantes y fantasmas; en suma, las representaciones genuínas de lo maravilloso y extraordinario; atisbos, en la novelística, de futuros cuentos, leyendas y narraciones; caudal interesantísimo que, transformado hasta perder su propia naturaleza, recógenlo de la boca del vulgo los escritores y novelistas, entrando á formar parte de la literatura erudita y sabia.

Una de las consejas más populares, que perdura hasta nuestros días, es la de la varilla de virtudes, cuyo principio convienen todos los autores arranca de la imitación, por los falsos traumaturgos y magos de Egipto, de la milagrosa vara de Moisés. [3]

---

[1] *Dias geniales.....*; pp. 297 á 310.

[2] Dentro, en efecto, del linaje de las consejas incluía Suárez de Figueroa las fábulas clásicas, diciendo: «Destos donaires y argucias dejó escritas muchas Esopo, dignas de ser encomendadas y en la memoria tenidas. Y aunque el lenguaje común las ha llamado *consejas* dichas al hogar de invierno, el yerro está en una letra, pues volviendo la *a* en *o* cobraran su propio nombre.»—*Pvsilipo: Ratos de converssación en los que dura el passeo.....*; op. cit., f.º 211.

[3] RODRIGO CARO: *loc. cit.*—CLEMENCÍN: *op. cit.*, III, 303, y VI, 276-277.

La fantasía popular representa, asimismo, á las hadas con su clásica varilla de virtudes, de la que se desprenden por sobrenatural modo cuantos deseos, aspiraciones y gustos escoge el favorecido por la maga.

El *Romancero* nos dirá cómo usaban de ella:

>   Sacó poquito á poquito
>   De las bolsas de un coxín
>   Dos varicas de virtudes,
>   De traza y valor sutil;
>   Y vuelta la cara al cielo,
>   Porque había de estar así,
>   Tomando la mayor de ellas
>   Le comenzó de decir:
>   — «Varica, la mi varica,
>   Por la virtud que hay en ti... [1]
>   ....

y tras el conjuro vienen las peticiones y extraños deseos del afortunado poseedor de la varilla.

Á todos accede con milagrosa prontitud y ligereza; y á su mágico golpe ábrense ríos de leche y miel, campiñas que semejan paraísos, frondas asombrosas, palacios encantados, salas espléndidas, riquísimos y exóticos tesoros, cuadros de maravillosa novedad forjados por la imaginación encendida y suelta de la abuela que relata la conseja, [2] y que no se olvida nunca de sacar de la ficción ó patraña alguna moraleja ó buena lección, que es otro de sus típicos caracteres. [3]

La fantasía popular, tanto más libre cuanto más ancho era el campo de su ignorancia ingenua y candorosa, avivada además por el instinto de lo maravilloso, engendra el género de la conseja; al fin, la misma eterna fuente que ha de crear más tarde, como muestras más perfectas de novelística, las *facecias*, los cuentos orientales, leyendas y milagros, y henchir el mar soberbio y dilatadísimo de nuestro *Romancero*.

---

[1] *Romancero general....*, 1604; f.º 403 vto.; que es la primera fuente escrita en que aparecen las consejas.

[2] *El Crotalón*; op. cit., pp. 346 y 347.

[3] «*Patraña:* la maraña ó cuento fingido que se endereza á sacar della algún buen consejo, de donde tomó el nombre de conseja.»—COVARRUBIAS: *Tesoro*.....

302 ... **en un sentido que he oído decir se llama alegórico** ...

La alegoría, modo retórico figurativo por el que se da á las palabras una intención distinta, más copiosa y honda que la que en sí mismas tienen, era metáfora muy recibida en los Libros Sagrados, pero poco á la sazón en la Poética; [1] y así, cuando los autores coetáneos de Cervantes usan de esta voz, hácenlo siempre con reservas, y declarando á renglón seguido su significado, para no dejar á obscuras al lector, ignorante en un principio de ellas. [2]

303 **Dan la obediencia ..... á uno que llaman Conde, al cual, y á todos los que dél suceden, tienen el sobrenombre de Maldonado** ...

No sé qué fundamento histórico pueda tener esta especie del Conde de gitanos: si es pura fábula, ó realmente procede de aquel enamoradizo paje de un caballero Maldonado. [3] Á la verdad, no fué Cervantes solo quien acogió esta noticia, que se ve crédulamente recibida en otras obras del tiempo.

Don Juan de Quiñones, en su *Discurso contra los gitanos*, escribía: «Andan divididos por familias y tropas, y tienen sus cabezas, á quien llaman *Conde*, eligiendo para este título el más valiente, brioso, de mayores fuerzas, más astuto, sagaz y conveniente para gobernallos. Éste compone sus diferencias y pleitos aunque residan en lugar donde haya justicia, y les ordena lo que han de hacer. Sale con ellos de noche á robar los ganados y saltear en los caminos á los pasajeros..... y lo que

---

[1] «Yo bien había oido decir del sentido alegórico en la Escriptura Sagrada: más en la Poética no lo entendía.....»—LÓPEZ PINCIANO: *Philosophia antigua poetica*.....; p. 467. Vid. sobre lo mismo: MENÉNDEZ Y PELAYO: *Historia de las ideas estéticas*.....; tomo III, pp. 348-349.

[2] Describiendo Luque Fajardo las costumbres del juego, como las de una República, con sus ministros, leyes y gobierno, dice: «temo mucho cansaros con tal modo de referir, que en buen latin y aun en romance, pienso le llaman *alegórico*, y no sé si todos gustan de su corriente».—*Fiel desengaño contra la ociosidad* ....; f.º 293.

[3] Algo de cierto ó, al menos, mucho de tradicional debía haber en esta historia del paje Maldonado cuando era costumbre llamar, indistintamente, con semejante nombre á cualquier gitano, fuera ó no Conde.—Vid. ESPINEL: *Relaciones del Escudero Marcos de Obregón*; relación 1, descanso XVI.

hurtan y roban lo reparten entre ellos, acudiendo con la tercia parte á su Capitán, como si fuera Juez de tercias partes.» [1]

Antes que él, Covarrubias, [2] Jerónimo de Alcalá, [3] y hasta el doctor Rosal en su *Diccionario*, [4] habían descubierto á aquel Maldonado, Conde de gitanos, que por primera vez en una novela encuentro en el *Coloquio*, y más tarde, como personaje teatral, en la comedia del mismo Cervantes *Pedro de Urdemalas*.

304 ... si no se hacía gitano y la tomaba por mujer.

Al futuro anotador y crítico de *La Gitanilla*, una de las más lindas novelas entre las cervantinas, competerá el estudio y resolución de un punto literario que de este pasaje del *Coloquio* se deriva, cual es la parte que en la ficción de aquella novelita pudo tener la tradicional historia del paje Maldonado, aquí someramente relatada.

Puntos de contacto y evidentes analogías enlazan una y otra fábula, aunque la poderosa inventiva de Cervantes al trasladarla de la novela primera á la segunda la transformara y disfrazara con las galas de su imaginación y su talento. Y si, como parece indudable, *La Gitanilla* fué compuesta con posterioridad al *Coloquio*, tendríamos aquí una nueva lección poética ó de novelística, brindada por Cervantes, para mostrarnos cómo el genio rasguña primero su boceto, y hallándole apto para un cuadro formal, gallardamente lo compone, con procedimientos tan lógicos, pausados y naturales, que hacen de la obra toda un conjunto perfecto, lleno de encanto y armonía.

305 ... y así los verás siempre traer á vender por las calles tenazas, barrenas y martillos, y ellas, trébedes y badiles ...

Estos mismos pormenores se encuentran en los *Discursos* de Sancho de Moncada [5] y Quiñones, [6] y en la relación que de la vida de

---

[1] Juan de Quiñones: *Discurso contra los gitanos*.....; op. cit., f.º 7.
[2] *Tesoro*.....; op. cit., artículo *Conde de gitanos*.
[3] Alcalá: *El Donado hablador*.....; parte II, cap. II.
[4] *Diccionario*....., op. cit.; *Conde de gitanos*. (Alphabeto último.)
[5] *Expulsión de los gitanos.—Discurso del Dr. Sancho de Moncada*, publicado en la edic. de Sancha *Romances de germanía*.....; op. cit., cap. VI, p. 205.
[6] «..... y si en algo se ocupan es en hacer barrenas, por ser de especie de

ellos (muy semejante á la del *Coloquio*) hizo el Dr. Jerónimo de Alcalá. [1] Tanto, que, en un principio, bajo las mismas penas se confundían en las pragmáticas los egipcianos ó gitanos y los caldereros extranjeros, como si fueran unos mismos, como, en realidad, muchas veces lo eran.

Según Quiñones, á los de su raza que andaban por los lugares vendiendo barrenas y cosas de hierro llamábaseles *cerbizos*, y eran tenidos por viles más que otros ningunos. [2]

306 ... y lavan las criaturas con agua fría en naciendo ...

De esta particularidad famosa gitanesca no he hallado otro testimonio que la corrobore que el del Dr. Jerónimo de Alcalá, quien amplía de este modo la noticia cervantina: «en pariendo alguna gitana, tomaba la criatura, y en la más cercana fuente la lavaba de pies á cabeza, dejándola más limpia y pura que la misma nieve, no reparando en si hacía frío ni calor, ni la madre en meterse en el agua acabando de parir». [3] ¡Increíble parece!

307 ... todos son alentados, volteadores ...

Acróbatas, que decimos hoy, hurtando á la lengua patria tan galanos vocablos como *volteadores*, *volatineros* y *voladores*, para recoger en cambio otros afrancesados.

Los volteadores hacían sus habilidades sobre espadas cruzadas ó tirantes maromas, dando *la vuelta peligrosa*, *el salto de la trucha*, *el molino y el ovillo*, *las fuerzas de Hércules* y otras suertes. [4]

Entre todos los de su oficio, fueron famosísimos entonces (á fines del siglo XVI) los Buratines, ejecutando pruebas tan monstruosas, que «parece—dice Rufo—que los entendimientos negaban el crédito que suelen dar á la vista»; [5] ora andando de pies sobre la soga, ora con chapines, otras veces sobre zancos más altos que una tercia, danzando

---

ganzúas, y aun por disimular las muchas que entre las barrenas hacen»; op. cit., folio 13 vto.

[1] ALCALÁ: *El Donado hablador*....., parte II, cap. III.
[2] QUIÑONES: *Discvrso contra los gitanos*.....; f.º 3 vto.
[3] ALCALÁ: *El Donado hablador;* parte II, cap IV.
[4] COVARRUBIAS: *Tesoro*....; artículo *Boltear*.
[5] RUFO: *Las seyscientas apotegmas*.....; f.º 161 vto.

y haciendo cabriolas en el aire para tornar á caer de pies sobre ella, como si fuera una sala muy llana y espaciosa [1].

En su tiempo estas cosas parecían estupendas, y hasta teníanse por cosa diabólica ó de magia, causando el candoroso asombro de aquellas generaciones; [2] mas reconozcamos que en los nuestros, semejantes gracias resultan frías y de nonada ante las verdaderas y salvajes atrocidades que, por divertir á los cansados públicos, ejecutan los modernos volteadores en los circos y coliseos.

308 ... *que se le vendería por más buen precio* ...

Significa cabalmente lo inverso de su sentido literal; esto es, por menos precio ó cantidad, por mejor precio.

Precio no es el valor, sino la correspondencia de la cosa.

Como observa Clemencín, pocas veces se ve usado *más bueno* por *mejor*, que es como ordinariamente se dice. [3]

309 ... *antes que hubiese echado menos el asno primero* ...

Hoy diríamos y decimos, torpe y erradamente, «echar, echado *de* menos»; y aunque parece locución más completa, es muy más preferible la cervantina, que por otra parte era la unánime de su tiempo. [4] Si Juan de Valdés [5] y Clemencín se quejaban, con sobrada razón, del uso su-

---

[1] LÓPEZ PINCIANO. *Philosophia antigua poetica*.....; p. 517.

[2] «Alabáronle mucho á Felipe II—relata el anónimo continuador de los cuentos de D. Juan de Arguijo—lo que hacían de sus cuerpos unos volteadores extranjeros. Viólos, y preguntándole lo que le habían parecido, dijo, que antes que lo viese lo creía, y habiéndolo visto, no lo podía creer».—*Sales españolas*.....; tomo II, p. 201.

[3] «..... fué á abrazar á Don Quijote, diciéndole ser *el más buen* caballero que en ningún siglo se hubiese visto.»—*El Ingenioso Hidalgo*; parte II, capítulo XLI, y CLEMENCÍN: op. cit., V, 337.

[4]   Verdad es que salí con mi señora
   La misma noche que la echaste menos.
   TIRSO: *La villana de Vallecas*, acto II, escena XII.

Omito otros mil ejemplos acotados. Igualmente decíase entonces *hallar menos* y no *hallar DE menos*..; «delante de todos los de la casa le dije cuando *las halló menos*, que yo las tenía».—TORQUEMADA: *Colloquios satiricos*.....; op. cit., p. 495.

[5] *Diálogo de la lengua*......; op. cit.

perfluo en castellano de las partículas *de* y *que*, monosílabos que ocurren á cada paso, y que, según elocuentemente decía el segundo, son como dos muletas necesarias para que camine el discurso, ó como goznes sin los cuales no pueden combinar su movimiento y enlazarse las demás partes de la oración, [1] es lógico que todo lo que tire y contribuya á suprimirlas de la plática la realzará sobremanera, ganando en concisión, elegancia y brevedad, sin que por eso se pierda en energía.

Prefiero, por lo tanto, el antiguo modismo al que se estila hoy, más complicado.

310 Otros muchos hurtos contaron, y todos ó los más, de bestias, en quien son ellos graduados y en lo que más se ejercitan.

Ésta era la verdadera y clásica ocupación de la raza gitana, que, como la judía, merced á su aislamiento, ha conservado sus tradiciones, costumbres y prácticas de todas suertes en la misma pureza que hace tres siglos; de tal modo, que á los gitanos de hoy podrían aplicarse muchos de los clamores que por su hábito de *cuatreros*, ó ladrones de bestias, [2] provocaron sus progenitores de ayer.

«Roban tantas — decía expresivamente un *Memorial* aprobado en las Cortes de 1607 á 1611—, que obligan á los pobres labradores á encerrarlas de noche y no poderlas dejar en los pastos, y no tienen con qué sustentarlas en sus casas, y así se les mueren de hambre; los ganaderos y pastores que van á herbajar á los extremos, y suben las sierras, como es forzoso llevar sus pobres hatillos en pollinos, andan tras ellos como lobos, y se los hurtan y los obligan á ir cargados sin poder sufrirlo, á cuya causa mueren muchos, y quedan sus ganados solos, lejos de sus tierras, y se va consumiendo esta granjería que es tan grande.» [3]

---

[1] *Op. cit.;* I, pp. 75 y 76.

[2] «Habéis de saber que los que andan hurtando ganado llamamos *abejeros;* á los que hurtan puercos, *groñidores;* á los que hurtan yeguas, caballos y otros animales, *cuatreros*», explica aquel famosísimo y desconocido Cazorla, admirable barrunto y apunte genial de la clásica figura del señor Monipodio, acaso no indiferente á la pluma cervantina, é incluído en uno de los anónimos pasos recogidos por Juan de Timoneda en su *Registro de representantes*. (Valencia, Joan de Timoneda, 1570.—Vid. *Obras de Lope de Rueda;* edic. cit., tomo I, p. 99.)

[3] *Cortes de Castilla;* tomo XXVI, p. 164.

Populares y vulgarísimas han sido siempre las artes y habilidades gitanescas para mudar las señas, pelo y apariencia de una caballería hurtada que, al fin de lograrlo, las teñirán de verde, si es menester, según decía Mateo Alemán. Con ellas acudían á las ferias y mercados, tan trastrocadas y distintas, que ni á su mismo dueño le era dado el reconocerlas. Otras tantas eran y son sus mañas para hacer de un jumento escuálido, viejo y lleno de dolamas, un gallardo rucio, merced al azogue en los oídos, la limadura en los dientes, y la masilla en los cascos, con otros mil graciosos extremos, de que es buen ejemplo el cuento de la cola (verídico y sucedido, á luces vistas), que Cervantes relata en el *Coloquio*.

Para corregir, en parte, sus malignas tercerías por las ferias, Felipe II les prohibió pudiesen vender en ellas cosa ninguna sin mostrar testimonio signado de escribano público, en el que constara su vecindad, lugar y señas de las cabalgaduras; [1] ni aun así fué posible detener la corriente de sus latrocinios; hasta que, posteriormente, en 1619, se les ordenó «que por ningún caso puedan tratar en compras ni ventas de ganados mayores ni menores, lo cual hayan de guardar so pena de muerte». [2]

De Felipe II es aquella profunda frase: *el tiempo y yo, á otros dos;* la misma pudieron aplicarse los gitanos; porque pasó el tiempo, y con él el rigor de las leyes, y hoy brotan sus trapacerías y engaños con el mismo verdor que en aquellos siglos.

311 ... **y aunque muchos y muy prudentes jueces han salido contra ellos, no por eso se enmiendan.**

Repetidísimos y abundantes son los acuerdos contra los gitanos que guardan nuestras antiguas pragmáticas y leyes; desde la que salió primeramente en Medina el año 1499, dada por los Reyes Católicos y renovada por el Emperador, en Toledo (1525) y en Madrid (1528 y 1534), [3] hasta las que desde esta fecha continuáronse dictando en castigo suyo.

Por la pragmática de 1539, dada en Toledo, se les expulsó nueva-

---

[1] *Cortes de Castilla;* tomo IX, p. 445.
[2] SANCHO DE MONCADA: *Discurso* cit., p. 208.
[3] Ley I, tít. XVI, lib. 12 de la *Nov. Recop.*

mente del reino;[1] medida inútil, á la cuenta, porque se ve repetida en Madrid á 4 de Marzo de 1544,[2] á 30 de Agosto de 1560,[3] á 3 de Mayo de 1566.[4] Su misma periódica reproducción denota que, á pesar de las rigurosas penas que todas ellas contenían, seguían los gitanos vagando por España, con tal cortejo de robos, hurtos y desmanes, que durante aquellos dos siglos fueron las Cortes eco fidelísimo de sus innúmeras tropelías, compeliendo al Rey para que se ejecutaran las antiguas pragmáticas salidas contra ellos. Iniciada la campaña por las de Madrid de 1586 á 1588, siguiéronlas en sus protestas las de 1592 á 1598, para arreciar aún más, corriendo el reinado de Felipe III, en las de 1603, 1604, 1607, 1611, 1617, etc.[5]

Curiosos son, por último, las autos de la Sala de Alcaldes que en vida de Cervantes se pregonaron contra aquella malvada raza gitanesca,[6] cuya recia complexión y probada naturaleza resistió, tanto las inclemencias de los caminos y descampados, como el rigor de las leyes, que ni consiguieron ni han conseguido acabar con ellos.

---

[1] Ley II, tít. XVI, lib. 12 de la *Nov. Recop.*

[2] ALONSO DE AZEVEDO: *Reportorio de todas las Pragmaticas y Capitulos de Cortes....*; op. cit., f.º 90.

[3] *Ibidem*; f.º 90 vto.

[4] *La Pragmatica que su Magestad mãda que se imprima. Sobre los vagamundos, ladrones, blasphemos, rufianes, testigos falsos, induzidores y casados dos vezes y otras cosas.*—Impressa en Alcalá de Henares, en casa de Juan de Villanueva. Año MDLXVI; folio; 6 hojas.

[5] Para no alargar más la nota, pueden consultarse con mucho fruto las *Actas de las Cortes de Castilla*, donde se hallarán numerosas noticias sobre ellos: tomos IX, p. 444; XIII, pp. 220-221; XXI, pp. 294 y 482, XXIII, p. 320-321; XXV, páginas 68-69 y 191; XXVI, pp. 163 á 165 y 291, y XXVII, p. 378.

En las de Madrid de 1615 se acordó pedir á S. M. fuesen echados del Reino (XXVIII, p. 201); súplica que se repitió en las de 1617 (XXIX, pp. 258-259 y 362), donde se acordó su total expulsión.

[6] Por auto de 13 de Junio de 1592 mandaban «que ninguno de los que se llaman gitanos hable lengua particular sino la común y hordinaria, con aperçibimiento que por el mismo caso aunque estén abenzidados y tengan tratos y ofizios serán castigados como bagamundos; y que las mugeres que se llaman gitanas no trayan ávito de tales ni se vistan como gitanas con paños de color, ni en la manera que hasta agora an andado, ansi en la caveza como en el vestido, sino como se visten y tocan las mugeres castellanas, con aperzibimiento q̃ se-

312 ... y como no había allí altercar ...

La oración puede tomarse como elíptica, equivaliendo á «no había allí *razón, ocasión ó motivo* para altercar», ó más sencillamente, como otro de los casos en que los antiguos prescindían del uso de la partícula *que*, ya arriba tratados. Singularmente, siempre que emplearon el verbo *haber* delante de un infinitivo suprimieron la conjunción *que*, diciendo todos á una: «*No hay gustar*», por «no hay [que] gustar»; «*no hay perder*», «*no hay decir*», «*no hay hablar*»; «*no hay fiar*», «*no había desengañafarle de la dueña*»;[1] haciendo la frase elíptica siempre, por omisión de algún sustantivo ó de la partícula *que*.

313 ... todo su intento es acuñar y guardar dinero acuñado ...

Aznar Cardona, en su interesantísimo tratado sobre los moriscos,

---

rán castigadas en azotes y destierro conforme a las leyes que hablan contra las bagabundas».—*Sala de Alcaldes;* lib. I, f.° 436.

Con fecha 2 de Agosto, de 1609 los Alcaldes dijeron: «Que en esta Corte ai muchas casas de jitanos, de que rresultan grandes daños, porque demas de ser todos ladrones hombres y mugeres hazen muchos embustes y hechizos como agora se a visto, y como en esta corte ai tanta gente no se pueden abiriguar los delitos que cometen, y estando en lugares más cortos estarian más a la mira y andarian en todo con más recato, para lo q̃ seria combeniente mandarles salir desta corte y beinte leguas y se abecinden en otros lugares»... En su consecuencia, por auto del siguiente 3 de Agosto, mandaron: «que los dichos jitanos y jitanas se ocupen en sus oficios tocantes a la labrança y cultura de la tierra y no puedan ser trajineros ni hacer oficios de mercaderes de merceria ni de otras cossas..... y que los dichos jitanos y jitanas salgan desta corte y ocho leguas della so las dichas penas.....» *Ibidem,* lib. IV, f.° 425.

Finalmente, habiendo recordado los señores del Consejo que las penas puestas á los gitanos no se ejecutaban ni cumplían, los Alcaldes por auto de 10 de Diciembre de 1611 mandaron «que dentro de segundo dia salgan desta corte los jitanos que hubiere en ella y se vayan a vecindar a veynte leguas desta Corte a los lugares de Castilla la Vieja y en ella tomen oficios de los permitidos».—El acuerdo del Consejo figura en un impreso (2 hojas folio, s. l. n. a) que comienza «En la Villa de Madrid á quinze dias del més de Octubre de 1611.....», no incluído por Pérez Pastor en su *Bibliografía Madrileña.—Sala de Alcaldes;* lib. V, folio 185.

[1] LUQUE FAJARDO: *Fiel desengaño.....,* op. cit., ff. 116 y 245.—ROBLES: *El Culto sevillano.....;* op. cit., f.° 309.—QUEVEDO: *El Entremetido, la dueña y el soplón.*

dedicó dos capítulos enteros á este punto, acusándolos, con muchedumbre de pormenores, de falsarios de moneda, que batían secretamente en sus cuevas y lugares, falsa casi toda, «en el peso, porque un real pesaba poco más de medio, y en la plata, porque en aquel medio ponian la metad de otro baxo metal; y cundió tanto esta falsa moneda, que cuando se advirtió estaban llenos de ella todos estos Reinos». [1]

Tanta fué, en efecto, la inundación de *menuts* ú ochavos falsos, que «para extinguirla, se empeñó la ciudad de Valencia—cuenta Bleda—en más de quinientos mil ducados». [2]

La causa de este mal apuntábala el mismo Aznar Cardona: «porque, como estaban ociosos la mayor parte del tiempo, aunque á ratos trabajaban bien y engendraban sus mugeres como conejas, y tenían las casas bulliendo de hijos como hormigueros, no los pudiendo sustentar....., acudieron al hurtar y ser falsarios». [3]

314 ... en entrando el real en su poder, como no sea sencillo ...

Para el lector poco avezado con nuestra antigua moneda, advertiré brevemente que había cuatro clases de piezas de real: de á ocho, de á cuatro, de á dos y de á uno, ó sencillo, según el número de reales que entraban en cada una; del real de á ocho se pasaba al escudo, que tenía diez. El escudo de oro equivalía á 11,05 francos.

315 Ellos son su hucha, su polilla, sus picazas y sus comadrejas ...

Esto es, ellos no han menester de nadie para sí: se lo son todo; consigo se bastan: son su hucha (su depósito escondido), su polilla (su fin ó acabamiento), sus picazas (su conversación) y sus comadrejas (su guarda y seguridad), aludiendo al oficio casero que las comadrejas tienen de limpiar las viviendas de sabandijas.

316 ... cuando los sacó Moisén ...

Moysen escribieron unánimemente nuestros hablistas latinizando

---

[1] AZNAR CARDONA· *Justa expvlsion*....., op cit., f.º 52.
[2] BORONAT: *Los moriscos españoles;* op. cit., tomo II, p. 200
[3] AZNAR CARDONA: *Jvsta expulsion* ....; f.º 53.

el nombre, para designar al legislador caudillo del pueblo de Israel.

Los ejemplos son casi tantos como veces se repite su nombre. [1]

317 ... hallarán á tanto daño cierta, presta y segura salida.

Clama Cervantes en este párrafo, de modo indudable, por la expulsión de los moriscos, como único remedio conveniente á sus infinitos daños, aunque á continuación confiese que hasta entonces no se había dado con él. La expulsión estaba lejana todavía. Comenzaba, eso sí, á sonar ya esta palabra en el secreto de las consultas y juntas de nuestros Consejos; pero las Cortes, sin embargo, seguían tratando á los moriscos como gente asegurada y de asiento en el Reino, [2] y las primeras y audaces demandas de la expulsión no habían salvado las fronteras rigurosas de los secretos de Estado.

Para mí este párrafo entraña un valor muy grande en la cronología del *Coloquio*, y el mismo alejamiento que supone de aquella medida (1609), confirma las conclusiones que sobre este punto dejé consignadas en la *Introducción*. [3]

318 ... y con algunas sobras de zahinas ...

De las zahinas decía el doctor Rosal: «dicen que en árabe es puches ó hordiates. En la Andalucía las hacen desleída la levadura, y cozida con poleo, manteca y azeyte. Es comida introducida por moriscos, y

---

[1] Entresacaré uno solo: «..... no obstante fuese el profeta *Moysen* tan sabio y tan versado en la ley divina».—SUÁREZ DE FIGUEROA: *Posílipo*.....; op. cit.; f.º 223.

[2] En las de Valladolid de 1602-1604, coetáneas del *Coloquio*, no aparecen síntomas ningunos que hagan presentir la expulsión de los moriscos: lejos de eso, se hallan datos y noticias por los cuales se ve que se les seguía tratando como á gente asegurada en el Reino; y así, se confiere sobre si habían de pagar el impuesto de la sisa y otras gabelas.

[3] Léese claramente en este pasaje cervantino: que los males que de los moriscos descubría Berganza, eran más y mayores los callados que los referidos, que había, pues, causa bastante para adoptar un remedio; que hasta entonces no se había dado con el que convenía: que este remedio no podía ser otro que el de la expulsión, «considerando que España cría y tiene en su seno tantas víboras como moriscos»; y nadie conserva cerca de sí las víboras, sino que las arroja Es, por tanto, este párrafo evidentemente anterior á su extrañamiento, aunque no mucho.

assí pienso que quiere deçir puchas, çaynas, ó de çainos que son moriscos ó mestizos, porque ni bien son moros ni bien christianos». [1] Para Covarrubias eran gachas ó sopas: y tal es aquí su verdadero sentido.

319 ... de cuando en cuando se daba palmadas en la frente y se mordía las uñas, estando mirando al cielo ...

«Item, que los días de ayuno no se entienda que los ha quebrantado el poeta que aquella mañana se ha comido las uñas al hacer de sus versos», escribió el mismo Cervantes en su donosísima *Adjunta al Parnaso*.

Porque el poeta perezoso y tardo, á quien, por su falta de ingenio, dan en burlar los consonantes, huyendo de su pluma, acude para recuperarlos al socorrido expediente de las palmadas y las uñas. ¿Qué satírico hubo entonces que dejase de pintárnoslo de esta suerte? [2] Ninguno, sin embargo, alcanzó la sobriedad deliciosa de Cervantes.

320 ... en los cuales de cuando en cuando leía ...

Á las huertas iban los faranduleros y representantes á repasar en silencio y reposo sus papeles, y allí encontrábanse con los poetas que en su busca venían. Hay un pasaje de Agustín de Rojas que ofrece con éste del *Coloquio* una curiosa semejanza:

    Paseándome ayer tarde,
    Triste y solo en una huerta,
    Después de un prolijo ensayo
    De una comedia no buena,
    . . . .
    Vi venir cuatro galanes,

---

[1] ROSAL: *Diccionario*; op. cit., Alphabeto I

[2] «Cuál [poeta] para hallar un consonante no hay cerco en el infierno que no haya rodado mordiéndose las uñas.»—QUEVEDO: *El alguacil alguacilado*.

«Y dando vn salto nos pusimos en San Martin, y dixo el demonio ¡buena la emos echo! en cassa del Sr. Conde de Lodossa emos benido a parar, y esta aora su Señoria escribiendo, como suele, coplas..... Estaba escribiendo y mordiendosse las vñas miraba al cielo.. .. escribía vn poco, y pensaba dos pocos; diosse una palmada en la frente.....»—ROJAS ZORRILLA: *Vejamen*; Apud. BONILLA: edición cit. de *El Diablo Cojuelo*; p. 267.

Y los dos dellos poetas,
Por medio de aquellas ramas
Tratando de la comedia... [1]

Que era ponerla en manos de turcos ó berberiscos; pues no siendo suya, ¿cómo había de ser buena?

321 ... era tiempo de "mutatio capparum", en el cual los cardenales no se visten de rojo, sino de morado ...

«Consultando yo ahora el Ceremonial Romano, como entonces el compositor de comedias — dice Clemencín al ilustrar la frase *mutatio capparum*, y después de copiar este mismo pasaje del *Coloquio* — encuentro que dice así: «*In vigilia Pentecostes Cardinales et Prælati Ro-*» *manæ Curiæ, depositis cappis et capuciis pellibus subduplicatis, accipiunt* » *alias cum serico rubro sive cremesino......; hæc mutatio capparum fit* » *hodie in die festo Resurrectionis Dominicæ*» (Lib. II, tít. II, cap. XI). En suma, el *mutatio capparum* — sigue diciendo — «era el alivio de traje para el estío, en que se sustituía el forro de seda al de pieles que se usaba durante el invierno». Y concluye el laboriosísimo académico: «Cervantes, por haber residido algún tiempo en Roma, donde sirvió de camarero al Cardenal Aquaviva, no podía ignorar ni la temperatura de aquella ciudad ni los negocios de la guardarropa de su amo». [2]

Sin negar por mi parte que la explicación de la frase *mutatio capparum* en el *Quijote* sea la que da Clemencín en su valiosísimo comentario, permítaseme ahora — aunque contradiciendo su autorizada opinión — dudar de su pertinencia en este pasaje del *Coloquio*, donde el poeta cómico se refiere y claramente alude, no al cambio de las capas de invierno por las de verano, sino al trueque en determinados tiempos y por razón de rúbrica del color rojo púrpura cardenalicio por el morado ó violáceo, en todos los vestidos, cosa, á la verdad, muy distinta.

Y para que el lector lo vea claro ante sus ojos, é ilustre de paso esta nota, sacaré un desconocido y muy oportuno papel manuscrito de entonces, que si no fué el mismo que aquel émulo de Lope tuvo en sus vigilias delante para escribir con propiedad su estupenda y pom-

---

[1] *El Viaje entretenido*; op. cit., lib. II, f.° 91 vto.
[2] Op. cit., II, 160.

posa comedia, le anduvo muy cerca, pues tan informado como él anda en todos los pormenores y detalles relativos á la indumentaria y etiqueta romana de los Cardenales.

Titúlase *Relacion del habito de Cardenales assi de Pontifical como de Mantelete y de camino y otras ceremonias*, [1] y después de enumerar prolijamente todo el guardarropa de aquéllos, en zapatos, calzas, jubones, ropillas, sotanas, ceñidores, roquetes y mucetas, al llegar á «los vestidos á su tiempo», dice así:

«In adviento, quatro temporas, septuagesima y toda la quaresma *se trae morado* de chamelote ó paño ó raxa, cada uno como quiere..... y esto mismo se trae ni mas ni menos en todos los viernes del año.» Y agrega (como si quisiera ilustrar del todo este pasaje del *Coloquio*): «todas las veces que se va á Capilla ó Consistorio de pontifical se lleva este hábito: sotana y roquete, y sobre el roquete la capa de choro *morada ó colorada segun los tiempos*, pónese un bonetillo redondo de raxa ó tafetan en la cabeza, y sobre el capillo el sombrero roxo que es el que da el Papa». [2] Por donde se ve que el poeta disparatado del *Coloquio* estaba más al tanto de estas rúbricas cardenalicias que el muy sabio Clemencín.

322 ... **y esto es un punto que hace mucho al caso para la comedia** ...

Búrlase Cervantes donosamente aquí del poeta ramplón y hambriento, que exigía del autor nada menos que doce cardenales con sus capas moradas, como punto que hacía mucho al caso para la comedia. Mas si el curioso aficionado acude á la lectura de las suyas, hallará que también incurrió él en la misma manía y preocupación que aquí tan zumbonamente satiriza. Á la zaga de las exigencias del poeta del *Colo-*

---

[1] Ms. en tres folios + uno en latin, preliminar, de letra todos de fines del siglo XVI y escrito por entonces, pues cita como vivo á Marco Antonio Colonna. Bib. Acad. Hist. *Jesuitas*; tomo 107, núm. 97.

[2] No se olvidó tampoco este anónimo ceremonista de consignar el cambio de capas á que se refiere Clemencín, con estas palabras: «Las capas de Pontifical son de ordinario sin discrepar ninguna en Roma de chamelote *colorado o morado*, forradas de armiños, los capillos con toda la capilla, y hanse de traer forradas hasta la pasqua del espiritu santo començando de todos los santos; en la pasqua se desforran de los armiños y se forran de tafetan; los obispos de España las traen de chamelote de seda y no saben lo que se hazen.»

quio andan las de *La Gran Sultana*, recomendando á los farsantes vistieran «lo más rica y bizarramente que pudieren». [1] Y chiquito le deja aquella otra petición de *El Trato de Argel* de que saliese á escena no menos que un león muy manso, que había de echarse junto á un cautivo que aparece durmiendo entre unas matas. [2] Ó aquellas procesiones de sacerdotes numantinos, vistiendo á la antigua, para traer asido de los cuernos un carnero grande, coronado de hiedra, oliva y varias flores; [3] sin olvidar las figuras simbólicas de la misma *Numancia*, La Guerra, La Enfermedad y El Hambre, á cada una de las cuales adjudica su indumentaria vistosa y característica. [4]

Y hasta por no descuidar la propiedad escénica, ó el modo de lograrla, muy seriamente recomendaba en la jornada I de aquella obra el que los soldados romanos saliesen «*vestidos á la antigua*», añadiendo esta salada apostilla: «*sin arcabuces*», como hombre que desconfía de la erudición del farandulero; y acaba poniendo más adelante esta curiosa nota: «Hágase ruido debajo del tablado con un barril lleno de piedras, y dispárese un cohete volador.» [5] Y tenga en cuenta el lector que todas ellas fueron obras representadas, ó destinadas á serlo.

No era, empero, él solo, ni lo estuvo tampoco el infeliz dramaturgo del *Coloquio*, en pedir con justicia propiedad y esmero en la representación escénica: fué preocupación de los poetas cómicos todos, de las cofradías, de los concejos, que al contratar á los autores de comedias procuraban, con gran celo, su autoridad y ornato; sujetándoles con extensas y minuciosas escrituras sobre el modo de representarlas, sobre los trajes ricos y costosos en telas de oro, brocateles, terciopelos y damascos, de cuyo esplendor y boato nos quedan en el día buena copia de testimonios en los archivos de protocolos. [6]

---

[1] Jornada III.
[2] *El Trato de Argel*; jornada IV.
[3] *La Numancia*; jornada II.
[4] *Ibidem*; jornada IV.
[5] *Ibidem*; jornada II.
[6] Vid. PÉREZ PASTOR: *Nuevos datos acerca del histrionismo español en los siglos XVI y XVII* (Madrid, 1901.), donde abundan los conciertos sobre esta materia. Y como muestra muy curiosa de ello, la «Relación del Dr. Mira de Mescua sobre los vestidos y demás cosas necesarias para la máscara y danzas en las fiestas de la beatificación de San Isidro» (1620). (*Bibliografía Madrileña*; parte III,

323 ... que tenga mi autor ...

Aunque de todos los amantes de nuestras buenas letras es harto sabido, no holgará, sin embargo, el recordar que *autor de comedias* díjose siempre entre los españoles al que sustentaba á los comediantes y les daba sus salarios. [1]

Ningún historiador de nuestro teatro se ha detenido á discurrir la razón por la cual alcanzaron este nombre, robándolo á los verdaderos autores de comedias, á quienes se distinguió con el de poetas ó ingenios. ¿Acaso porque en los albores del arte cómico ambos papeles se confundían en una sola persona, que era á la vez farsante y poeta, verbigracia, Lope de Rueda, ó su homónimo Alonso? ¿No acompañaban, por otra parte, muchas veces, mediocres poetas á los representantes, ora para enmendar y remendar comedias viejas, ora para hacerlas de nuevo? [2] Puntos son obscuros en los cuales no se palpa más que una verdad: que hasta nuestros días ha venido llamándose autores de comedias á los directores y jefes de las compañías cómicas.

324 ... vestidos morados para doce cardenales?

¡Razón tenía, y no andaba, por cierto, exagerado al decirlo el buen galán de la compañía de Angulo el Malo, con haber sido, como fué, este último autor famoso en su tiempo, por la fastuosidad y riqueza con que comenzó á vestir en las tablas las representaciones de las farsas y comedias!

Pocos años después de cuando, para la imaginación de Cervantes, ocurrían estos festivos sucesos, vendía Baltasar Pinedo, famoso y opu-

---

pp. 427 á 431.) Excelente trasunto del adelanto de la escenografía, por entonces.

Y si el lector quiere apurar aún más la materia, consulte la citada obra de Rennert (*The spanish stage....*), y especialmente pp. 307 á 310.

[1] José ALCÁZAR: *Ortografía castellana*; Apud GALLARDO: *Ensayo....* I, col. 116.

[2] *Persiles y Sigismunda;* libro III, cap. II.

Vid. en Suárez de Figueroa descritas de mano maestra las relaciones de los poetas con los autores de comedias; *El Passagero.....*; op. cit., Alivio III, f.º 81.

Clemencín (III, 395) entiende que la palabra *actores*, equivalente á representantes, debía ser de poco uso en tiempo de Cervantes. En López Pinciano, no obstante, la he leído repetidas veces, *Philosophia antigua poetica....*; ff. 516-517.

lento autor de compañías también, un hato de representar á Antonio de Granados, por escritura de 25 de Abril de 1605. En este documento, curiosísima página de la historia del histrionismo en España, hacíase menudamente el inventario de todos sus efectos y ropas, desde las sayas, basquiñas, capellares, capotillos, pellicos, cotas, calzones y monteras, hasta sus cayados, atambores, arcabuces, espadas y rodelas, con su «pelo y barbas» para caracterizarse.

Pues así y todo, y á pesar de riqueza tanta, que en junto sumaba un buen puñado de miles de reales, el poeta del *Coloquio* no hubiera podido hallar, para el alto espectáculo de su comedia cardenalicia, arriba de «cuatro tunicelas moradas de tafetán, tasadas en 272 reales; dos mucetas de tafetán morado, en 37 y medio, y dos sombreros de tafetán de color», mísera vestimenta para aquella apariencia tan grandiosa que de su cónclave se prometía.....

En cambio, á haber hecho su comedia de asunto morisco, habría tenido en abundancia marlotas, bonetes, turbantes, toquillas y alfanjes, y todo género de morisca indumentaria; [1] demostrando con ello esta relación el grande favor de que gozaron entonces semejantes farsas. Y vea, como moraleja, el lector por dónde estos documentos, que algunos tienen en poco, pueden ayudarnos, y mucho, á reconstituir totalmente la historia del teatro en España, en su parte formal, en mantillas todavía.

325 ... aunque sea la de "El Ramillete de Daraja!"

Ni la Barrera, ni Rocamora, ni Paz y Melia, ni Cotarelo, ni otro ningún recopilador de títulos de comedias antiguas, mencionan siquiera esta famosa de *El Ramillete de Daraja*.

Más afortunado yo que ellos, he podido rastrear algunas huellas dejadas á través de los siglos por aquella farsa, comprobando que fué, en efecto, comedia célebre entre las mil y mil que en su tiempo se representaron ó escribieron.

No sólo Cervantes la recordó como memorable: al igual suyo, años después, en 1635, jugaba Quevedo del vocablo con el título de esta

---

[1] Pérez Pastor: *Nuevos documentos acerca del histrionismo español......* 2.ª serie, *Bulletin Hispanique*; tomo IX, pp. 369 á 371.

obra dramática, aunque su meritísimo y sagaz comentador, Fernández-Guerra, no llegase á notarlo. [1]

Más curioso es aún otro pasaje de la novela *El Donado hablador*, donde se menciona claramente como aparatosa comedia. Cautivo en Argel su protagonista, en unión de una compañía de representantes que habían servido en la de Pinedo, y descubierto por los turcos su farandulesco oficio, oblíganles á representar una pieza dramática el día de San Juan. Entran en consejo los cómicos sobre la obra, tómanse los votos, y por mayoría sale elegida *La rebelión de Granada y castigo por el prudentísimo Rey Don Felipe II*. Échase el señalado día, y ofendidos los turcos de que les afrentasen en escena, castigando su levantamiento con las mil duras palabras que en menosprecio de su Profeta en la obra se decían, condenan á los farsantes á ser empalados vivos; y aquí añade Alonso al Vicario, á quien relata su vida: «Pronóstico fué, y bien verdadero; yo se lo avisé muchos días antes á mis compañeros, que mirasen lo que hacían, pues era cierto se habían de afrentar los moros viendo que les representábamos la pérdida de un reino que en tanta estimación tenían, y más estando á pique de recuperarlo; pedíles á mis compañeros hiciésemos la comedia del *Ramillete de Daraja ó Los celos de Reduán*; no fué de provecho mi consejo.» [2]

Despréndese de este pasaje, por de pronto, su asunto morisco, pues el nombre de *Daraja* lo declara, y asimismo el hacerla pareja de *Los*

---

[1] En *La hora de todos y la Fortuna con seso* saca juntos á un fullero y un tramposo. «Pues cógelos la *hora*, y contando el fullero los tantos, dijo: «Vuesa » merced me debe dos mil reales » El tramposo respondió, después de haberlos vuelto á contar, como si pensara pagarlos: «Señor mío, á su RAMILLETE de » vuesa merced le falta mi flor, que es perder y no pagar. Vuesa merced se la añada y no tendrá que envidiar á DARAJA».—§ XXVII.

[2] ALCALÁ: *El Donado hablador*; parte II, cap. XIII.—Este mismo pasaje que cito ofrece grandísimas analogías con el *Cautiverio y trabajos de Diego Galán natural de Consuegra y vecino de Toledo*. (Ms. in 4.° de la Bib. del Infante D. Luis de Borbón), publicado por Gallardo en el número 4.° de *El Criticón*, interesante para el cervantista, por figurar en él, como principal personaje, un Dr Juan Blanco, natural de Orihuela, que tiene todas las trazas de ser el acérrimo enemigo de Cervantes. La fecha de los sucesos que en el manuscrito se relatan, es de 1589. De entonces debe de datar la de la composición de *El Ramillete de Daraja*.

celos de Reduán. [1] aptas ambas para impresionar al turquesco concurso, como representación y pintura fiel de sus costumbres. Su mismo carácter morisco abona el que fuese comedia de alto espectáculo, aparato y ceremonia, vistosísima en trajes, comparsas, armas y ornamentos.

Para mí, bien pudo ser alguna de aquellas farsas que, según Agustín de Rojas, se usaron después de las pastoriles,

De moros y de cristianos,
Con ropas y tunicelas, [2]

cuyo introductor, de dar crédito al testimonio, fué el celebrado Gonzalo Mateo de Berrío, y hasta cabe sospechar si fué éste mismo poeta el padre de *El Ramillete de Daraja*, toda vez que la misma desdichada suerte que á esta comedia cupo á todas las suyas, perdidas hoy por completo. [3] Justifica, además, esta creencia la boga extraordinaria que alcanzaron las farsas moriscas á fines del siglo XVI, que «está ya de manera esto, que no hay autor que no escriba comedias, ni representante que no haga su farsa de moros y cristianos»; [4] por algo Vélez de Guevara ordenaba en sus *Premáticas y Ordenanzas* de la ingeniosa academia sevillana «que las comedias de Moros se bautizasen dentro de cuarenta días ó salieran del Reyno». [5]

Una de ellas, en mi entender, fué la de *El Ramillete de Daraja*, si de gran balumba y apariencia (y como tal la recordaba el poetrasto del *Coloquio*), pobre y ayuna, en cambio, de literario mérito.

Yo veo aquí uno de tantos tiros cervantinos dirigidos á ridiculizar una tendencia de la literatura dramática de su tiempo, que la empujaba hacia el boato, el lujo, la decoración fastuosa, con mengua del fondo

---

[1] Comedia también desconocida, pero morisca á las claras, como su título predica.

[2] AGUSTÍN DE ROJAS: *El Viaje entretenido;* loa de la Comedia, op. cit, libro I, folio 45.

[3] Vid. noticias de este poeta y jurisconsulto en RODRÍGUEZ MARÍN: *Luis Barahona de Soto;* op. cit., p 170; y *Pedro Espinosa:* op. cit., pp. 83 y 84; y *Obras de Pedro Espinosa.....;* op. cit., p. 397. Berrío acompañó á la Corte en su mudanza á Valladolid en 1601, como letrado del Reino, y allí pudo tratarle Cervantes.

[4] QUEVEDO: *Historia de la vida del Buscón;* libro II, cap. IX.

[5] *El Diablo Cojuelo;* op. y edic. cit., p. 115.

mismo de la obra, de su trama, versificación y lenguaje. Extraña coincidencia es la de todos los malos autores de todos los tiempos, que siempre han venido á caer en la comedia de gran espectáculo; guardarropía literaria que pretende cubrir la esterilidad y pobreza de la fábula con los atavíos costosos; apagar los malos versos con el ruido de las músicas y coros, y confundir las frías y desmayadas figuras de sus protagonistas entre la muchedumbre abigarrada de las comparsas y esplendor de la tramoya. En esta estafa literaria se dan la mano desde el poeta coplero del *Coloquio*, hasta Comella con su *Federico II en el campo de Torgau*, y *El gran cerco de Viena*, del memorable D. Eleuterio Crispín de Andorra.[1] Y callo, por actuales y vivos, otros nombres que

---

[1] La única obra que puede tener alguna comunidad por el título con la presente, es una *Farsa del Ramillete*, obra de Alonso de Morales, y de la cual no resta más noticia que una *Sátira contra Morales y su Farsa del Ramillete que compuso y representó en Granada*, obra manuscrita del tiempo, que tuvo presente D. Casiano Pellicer en su *Tratado histórico sobre el origen y progresos de la comedia y del histrionismo en España......*, Madrid, 1804. Al dar cuenta en su tomo II, (páginas 13 y 14) del famoso farandulero Alonso de Morales, después de incurrir en varios desatinos, copia unos tercetos de la tal *Sátira*, pero sin indicarnos, siguiendo su costumbre maldita, el paradero de ella; probablemente la Biblioteca Real, donde su padre D. Juan Antonio (verdadero autor de este tratado *), sacó tantas noticias para sus obras. No sé por qué, incontinenti, adjudicó D. Casiano el dardo de la *Sátira* á Alonso de Morales; la *Sátira*, dice tan sólo *contra Morales*, y con ese apellido hubo varios cómicos en la dicha centuria décimosexta, como el divino Morales, Cristóbal de Morales, Pedro de Morales, el amigo de Cervantes; Juan de Morales, etc. De la *Sátira*, de todos modos, no sale muy bien librado como poeta el autor de *El Ramillete*:

> Que es lenguaz, baladrón y palabrero,
> Y que maraña de comedias hace
> Que no la entenderá un cabildo entero.

Á creer, pues, en semejante testimonio, habrá que concluir, como lo hago en el texto, que *El Ramillete de Daraja* fué obra célebre por su aparato y rumbo, pero pobre y escasa de literatura.

---

* «Conde, the historian (dice Ticknor en su *Catalogue of the Spanish Library*..... Boston, 1879, p. 263), once told me, that its materials were furnished chiefly by the author's father.» En efecto, de puño y letra de D. Juan Antonio se conserva, y he repasado, en la Biblioteca de la Real Academia de la Historia (Est. 27, grada 5.ª, E, núm. 147, folio 90), un manuscrito de 16 hojas en folio con el mismo título que la obra de D. Casiano, conteniendo sus principales elementos, que luego se adjudicó, sin entenderlos, este infeliz literato.

á la pluma murmuradora se me venían, y á los cuales forzosamente hay que guardar algún respeto. ¡Falacias y habilidades del error y del falso mérito, que nunca se ha resignado á parecerlo, sino que aspira á imitar de relumbrón á la verdad, engañando á las gentes!

326   Al entrar en la ciudad ...

Al entrar DE *la ciudad*, decía la edición príncipe de esta novela, dando á la voz *entrar* oficio, no de verbo, sino de sustantivo. Escojo, sin embargo, la lección de la segunda por más clara y precisa, y además, porque tal era el criterio de Cervantes en casos análogos. [1]

327   ... del famoso Monasterio de San Jerónimo ...

Famoso á todas luces, por su fábrica suntuosa, su magnífico claustro, y principalmente por su Capilla Mayor, que en su tiempo se juzgaba, á excepción de El Escorial, por lo mejor de España. Yacían en ella los restos de aquel gran guerrero, á quien la Historia, antonomásticamente, conoce con el nombre glorioso de El Gran Capitán.

Fué fundado el Monasterio por los Reyes Católicos, á raíz de la toma de Granada, y á instancias de su confesor Fray Hernando de Talavera, acabándose la obra en 1520. [2] Sus rentas eran copiosísimas, dignas del esplendor de la Orden Jerónima, cuyo poderío fué tanto, que al vivo lo descubre aquella aguda frase del rey Don Fernando dirigida á su esposa Doña Isabel: «que si quisiesen cercar á Castilla, que la diesen á los frailes Jerónimos». [3] Hoy, en cambio (¡vaivenes de la fortuna!), no queda en toda España un solo monje, y sí muchos insignes monasterios que fueron suyos, abandonados y en solitarias ruinas.....

---

[1] En el borrador de *Rinconete y Cortadillo* escribió Cervantes idénticamente: «mas con todo eso, *al entrar de* la ciudad..... no se pudo contener Cortado». En la impresión de Juan de la Cuesta, 1613, lo substituyó por «*á la entrada de* la ciudad», aclarando la frase.

[2] Vid. FRANCISCO BERMUDEZ DE PEDRAZA: *Antigvedades y excelencias de Granada*..... (Madrid, Luis Sanchez, 1608, in 4.°; f.° 114); y para más particulares pormenores, FRAY JOSÉ DE SIGÜENZA: *Tercera parte de la Historia de la orden de San Jerónimo*......—Madrid, Imprenta Real. Año MDCV; ff. 47 á 54.

[3] MELCHOR DE SANTA CRUZ: *Floresta española*; op. cit., ff. 19 vto. y 20.

328 ... de un autor de comedias que, á lo que me acuerdo, se llamaba Angulo "el Malo",[1] de otro Angulo, no autor, sino representante, el más gracioso que entonces tuvieron y ahora tienen las comedias.

¿Qué relaciones estrechas unieron á Cervantes con Angulo el Malo, cuando dos veces se acordó de él en sus obras, aquí la una, y otra en el capítulo XI, parte II de *El Ingenioso Hidalgo*? ¿Qué complacencia tuvo en llamarle *el Malo*, poniéndole en parangón y ridícula semblanza con el gran Angulo? ¿Algún disgustillo más de los que le proporcionaron sus comedias? Porque ¿acaso no había otros mil cómicos más malos y muy malos, para que se regodease y deleitase clavando la tacha de cómica perversidad sobre el Angulo del Carro de las *Cortes de la Muerte*?

Pues si obscuro es este punto, más lo es aún el identificarle, separándole de su homónimo el Bueno. Sólo se sabe — y no muy al seguro — por datos recogidos aquí y allá, que fué natural de Toledo [2] (como la mayoría de los representantes), que trabajaba en el último lustro del siglo XVI, y no en Madrid, sino en provincias, y que fué uno de los primeros autores de compañías que empezaron á hacer costosas las comedias de trajes y galas. [8]

Suárez de Figueroa da ya por fallecido en 1615 á un Angulo, aun-

---

[1] Todas las ediciones modernas han añadido á continuación este inciso: *por distinguirle*, y alguna de las antiguas, verbigracia, la de Madrid, 1655, *á diferencia*, como si la oración estuviese manca é incompleta. No es así, ni es menester semejante postizo: la preposición *de* hace el oficio de «á causa», «á consecuencia de», y separa bastantemente una de otra cláusula. Sin embargo, más claridad daría al pasaje la introducción de cualquiera de aquellos apartados; pero como en Cervantes no están, yo no me atrevo á ingerirlos.

[2] «Aquí [Marchena]—dice Ríos en *El Viaje entretenido*—hice una fiesta del Corpus habrá siete años, *con Angulo el de Toledo*».— Op. cit., lib. I, f.º 32 vto.

«Vine á la comedia, y en Ronda estando para representar llegóse á mí un morisco..... y dando gritos, dice que soy su hijo..... Alborotóse la compañía..... El autor, *que se llamaba Angulo*, y otros compañeros entraron de por medio».....(*Ibidem*, Prólogo.) Sácase claramente de aquí que Angulo el autor de comedias era ya muerto en 1603.

Clemencín (op. cit., IV-190) hácelo también compositor de comedias. No dice la fuente donde se apoya para afirmarlo.

[8] *El Viaje entretenido*....., op. cit., lib. II, f.º 126 vto.

que sin aclararnos cuál de los dos: [1] paréceme, por la alabanza que hace de él, que alude al Bueno. Muy difícil es, en verdad, separar en los testimonios de entonces los referentes á cada uno, pues no era raro que un farsante famoso, autor y harriero de compañías en prósperos tiempos, tuviese que ingresar como simple galán en otra, cuando llegaban los adversos.

Tampoco arrojan mucha luz en este caso los interesantísimos *Nuevos datos acerca del histrionismo español......* de D. Cristóbal Pérez Pastor. De los Angulos que allí se resucitan sólo hay uno coetáneo de Cervantes, Juan Bautista de Angulo, y que cabalmente trabajaba en Valladolid como simple representante de 1604 á 1605. ¿Acaso sería el famoso que «*ahora* tienen las comedias? Su exiguo sueldo (cinco reales de partido y tres de ración), el más mínimo estilado entonces para los faranduleros, paréceme indigno de un tan celebrado y gracioso cómico como Cervantes quiere. [2]

Solamente en la continuación de aquellos *Nuevos datos......*, publica-

---

[1] *Plaza universal......*; f.º 322 vto.

[2] En la *Introducción*, y al tratar de la cronología del *Coloquio*, no apuré este dato, por no hallarle bastantemente definitivo; mas es lo cierto que si el adverbio *ahora* se refiere á un Angulo presente, y no á un pasado, delante de los ojos tuvo Cervantes en Valladolid, trabajando con el autor de compañías Antonio de Granados, al representante Juan Bautista de Angulo, *desde el otoño de 1604 hasta el de 1605.* Granados, uno de los ocho autores de compañías «de los nombrados por el Rey N. S.», había dado poder, en 26 de Marzo de 1604, á Miguel Jerónimo, oficial suyo, «para igualar é concertar personas que trabajasen en su compañía». No se descuida el mandatario, y á 30 de Marzo ajusta á Juan Mendoza *durante un año en Valladolid;* y tres días después, en 2 de Abril, á Diego de Soria, «tanto en *Valladolid* donde está dicho autor de comedias como en otras partes». Para reorganizar finalmente su compañía iguala en 3 de Septiembre de aquel mismo año 1604 á *Juan Bautista de Angulo*, quien se comprometió «á asistir y representar en la compañía de Granados *durante un año*». (PÉREZ PASTOR: *Nuevos datos acerca del histrionismo español......*; pp. 85-86 y 355.) Cervantes, tan inclinado á la carátula, veríale seguramente representar durante el otoño de 1604 hasta la cuaresma de 1605. ¿Evocaría este recuerdo el del *Coloquio?* ¿Fué, cuando menos, Juan Bautista de Angulo, el simple y representante gracioso recordado por Berganza? ¿Es dato suficientemente seguro para la cronología de esta novela? Absténgome de decirlo, apuntando tan sólo estas reflexiones para cumplir con mi deber de ilustrador que busca la verdad, aunque, contra su deseo, no siempre tope con ella.

da por el mismo memorable erudito en el *Bulletin Hispanique*, aparece la escueta noticia de haber trabajado en Madrid los días 7, 14 y 15 de Noviembre de 1582, «Angulo y los Corteses».[1] Éste sí que creo que fuera Angulo el Malo, el del *Quijote* y el *Coloquio*, recordado por Rojas y Suárez de Figueroa como autor de compañías, categoría y grado que no alcanzó nunca ninguno de sus homónimos.

329 Juntóse toda la compañía á oir la comedia de mi amo ...

Arranca aquí esta celebrada costumbre, que aun en nuestros días se usa, de leer los poetas sus tempranas comedias ante el temeroso concurso de cómicos y farsantes. Rasgo curioso para la historia de nuestra escena, que entonces se convertía en regocijada diversión de los faranduleros con el infeliz novato, pues ¡cuánto tuvieron que padecer en burlas, risas, franco y despótico pasatiempo de sus verdugos y arraeces![2]

330 ... todos los recitantes, que pasaban de doce ...

Con todo eso, para discurrir por los pueblos y lugares del Reino, donde necesitaban buenos apuntadores y demás ayudantes, no era exagerado el número de los cómicos de la compañía de Angulo el Malo. «En las compañías — relata amenísimamente Agustín de Rojas — hay todo género de gusarapas y baratijas, entrevan cualquiera costura, saben de mucha cortesía, hay gente muy discreta, hombres muy estimados, personas bien nacidas y aun mujeres muy honradas (que donde hay mucho es fuerza que haya de todo), traen cincuenta comedias, trescientas arrobas de hato, *diez y seis personas que representan*, treinta que comen, uno que cobra y Dios sabe el que hurta.»[3]

Abuso que arrancó palabras de protesta de López Pinciano,[4] á quien

---

[1] *Bulletin Hispanique*; tomo VIII, p. 152.

[2] Vid., que es buen documento para ilustrar este mismo punto, *El Passagero;* op. cit., ff. 81 á 83.

[3] *El Viaje entretenido;* op. cit., lib. I, f.º 50.

[4] «Vos señor Fadrique, dijo Hugo, habeis dicho una cosa, que si todos la aprobasen habría más representantes de los que hay, y más ociosos de los que sería razón. Fadrique respondió· Tambien podría haber moderación en éso, y lo que voy á decir no se entienda que es reprehensión á la República, sino consejo para los *actores* principales de las compañías, los cuales andan perdi-

hicieron abundante coro los muchos contradictores que tuvo entonces nuestro teatro. [1]

331 ... sin duda le mantearan.

Será diversión propia de las fiestas saturnalicias y aprovechada ya por los romanos, como el eruditísimo Rodrigo Caro sustenta;[2] pero no hay duda de que el manteamiento arraigó tanto en nuestras típicas costumbres, que era la burla más nacional, juguetona y regocijada que se conocía. Y ¡ay del infeliz ó mentecato que caía en las manos de cuatro maleantes de franco humor y risa! que, como al desdichado sotasacristán de *La elección de los alcaldes de Daganzo*, bastaba que uno apuntara:

>Traigan aquí una manta; que por Cristo
>Que se ha de mantear este bellaco,
>Necio, desvergonzado é insolente,
>Y atrevido además,

y otro conteste:

>No ha de quedar por manta,

para que el coro todo exclame á una:

>Asgan, pues, todos,
>Sin que queden gitanos ni gitanas;
>¡Arriba, amigos.....!

y como el pobre Sancho subiera y bajara con harta presteza hasta los cielos. Guzmán[3] y Lazarillo[4] también le acompañaron en el desdicha-

---

dos y rematados, por no se entender y traer en sus compañías un exército de gastadores sin necesidad, que con siete ó ocho personas se puede representar la mejor tragedia ó comedia del mundo, y ellos traen en cada compañía catorce ó diez y seis, los cuales les comen cuanto ellos sudan y trabajan, de manera que los *actores* principales ganarían más».—*Philosophia antigua poetica...*; op. cit., página 516.

[1] El término medio de representantes en cada compañía era de 16 á 20. Véase para este extremo y todos los relativos á la historia externa en nuestro teatro la citada obra del Dr. Rennet: *The spanish stage.....*; p. 145.

[2] R. Caro: *Días geniales ó lúdicros......*; op. cit., pp. 212 y 213.

[3] Parte I, lib. III, cap. I.

[4] H. de Luna: *Segunda parte de «El Lazarillo»*; cap. XVI.

do manteamiento, del que hoy sólo son víctimas de los muchachos los consabidos canes por carnestolendas.

¡Hermosa sociedad aquélla, que hasta en sus movimientos de enojo y llamaradas de cólera, era sempiternamente alegre y divertida!

332 ... salí grande entremesista y gran farsante de figuras mudas.

En las comedias burlescas y en los entremeses de antaño estilábase sacar figuras mudas, representadas por los mismos farsantes disfrazados en forma de animales ó seres ridículos, siendo los primeros también en recibir los palos, ó en acabar de modo inopinado, para regocijar al auditorio. Así, en una comedia burlesca que hicieron en Ampudia en 1606 los pajes del Duque de Lerma, «sucedió—cuenta Cabrera—que salió uno á representar cubierto de una piel de león, y como lo vió el lebrel de la Reina, saltó sobre él y fué menester mucha diligencia para librarle no le matase, según le tenía echado los dientes». [1] En los autos mismos también se exigían estas figuras mudas, como lo dan á entender las muchas escrituras que sobre conciertos de ellos se conservan.

333 ... como los entremeses solían acabar por la mayor parte en palos, en la compañía de mi amo acababan en zuzarme ...

Los palos al final de los entremeses no eran privativos de la compañía de Angulo el Malo, como por la mala puntuación de este párrafo en algunas ediciones se daba á entender, sino de todos ellos. Todos, en efecto, acababan en música ó en palos, cumpliendo con su fin principalmente regocijado y burlesco, remate gracioso que, como costumbre típica de nuestro teatro, notaron muchos autores, [2] y ridiculizó Quevedo. [3]

---

[1] CABRERA: *Relaciones....*; op. cit., p. 272.
Vid. también, como ejemplos parecidos de figuras mudas, LUIS QUIÑONES DE BENAVENTE: *Colección de piezas dramáticas, entremeses y loas....*; op. cit., I, 391.

[2]   La podrás hablar y ver,
                  Y gozar de los regalos
                  Y su hacienda, aunque después
                  Como villano entremés,
                  Acabe la historia en palos.
               ALARCÓN: *Quién engaña más á quién.*—Acto I, esc. VI.

[3] «Desagravié los entremeses, que á todos les daban de palos, y con todos

334 ¡Oh Cipión! ¡Quién te pudiera contar lo que vi en ésta y en otras dos compañías de comediantes en que anduve!

¡Lástima grande—se dirá aquí el lector conmigo—que no se empleara su pincel en esta pintura de la bojiganga! ¡Qué cuadros tan asombrosos prometía!

Y, sin embargo, años más tarde, sacó en el *Persiles y Sigismunda* [1] una compañía de farsantes, y realmente no dijo gran cosa sobre la vida de la carátula, aunque la ocasión era harto buena para despreciada..... Misterios caprichosos de la inspiración, que no siempre acostumbra á entrar en las mentes por los mismos y trillados rumbos.

335 ... me acogí á sagrado, como hacen aquellos que dejan los vicios cuando no pueden ejercitallos ...

El latigazo es mayúsculo; la frase, contundente y dura; el concepto, valiente y atrevidísimo; tanto, que el mismo Cervantes se percata una vez escrito, y lo palía y endulza, añadiendo filosóficamente: «aunque más vale tarde que nunca».

Si el *Coloquio* se hubiera escrito sobre 1614, á ojos cerrados aseguraría que el golpe iba dirigido contra Lope, que por aquellos años se acogió á los hábitos talares y á su *ocupación constante y virtuosa*, como zumbona y malignamente la calificaba Cervantes en el Prólogo de la Parte II del *Quijote*.

Mas ya que á Lope no pueda adjudicársele este legado literario, no faltaban en la misma hermandad de las letras, si nuestras pesquisas van por ahí, poetas á quienes alcanzaba esta estocada cervantina; valga por caso Pedro Liñán de Riaza, ordenado ya de clérigo en Junio de 1603. [2]

Y aun cuando la alusión no pueda descubrirse, cumpliendo Cervan-

---

sus palos hacían los entremeses.»—*Visita de los chistes.*—Obras: I, p. 346.

«..... y en los entremeses, deshonrando mujeres, afrentando maridos, y tachando costumbres, y entreteniendo con la malicia, acabando con palos, ó con música, que es peor?»—*El Entretenido, la dueña y el soplón;* Ibidem, I, 372.

Entre los mil ejemplos más, que podrían sacarse, puestos á ello, vid. los afamados de Luis de Benavente, op. cit., pp. 82, 132 y 133.

[1] Lib. III, cap. III.
[2] Pérez Pastor: *Bibliografía Madrileña.*—Documentos; op. cit., III, 413.

:es al escribirla con el consejo preceptivo que sobre la sátira daban las
retóricas del tiempo, confirma su intención cínica y murmuradora,
juntamente con la del *Coloquio* todo; á la que, no obstante, nunca llegaba Cervantes sin recelos y miedos, cubriendo su retirada con frasecillas que, al pretender despojar á su intención del color satírico, lo
mostraban y avivaban más. ¿De qué vale, pues, que tras de disparar
aquel dardo, diga muy compungido, «aunque más vale tarde que nunca», si el puñal estaba clavado hasta la empuñadura? El sacarlo luego,
curaba acaso su herida honda y sangrienta?

336 ... lo que Horacio manda en su "Poética", que no salga á luz la
obra que después de compuesta no hayan pasado diez años por ella ...

Nueve tan sólo recomendó Horacio en su conocida regla: *Nonumque
prematur in annum;* pero es error de poca monta, que acaso también
sea intencionado.

337 ... y que tenga yo una de veinte años de ocupación ...

La sublimidad y alteza del sujeto épico no pedían menos de un largo
tiempo para su acabamiento, en opinión de los preceptistas de entonces: y así, los poetas que acometían la composición de algún poema
heroico dilatábanse muchos años en él, de propio intento, juzgando el
caso como de honra, dignidad propia y poético decoro.

Ufanábase por ello Cristóbal de Mesa de haber trabajado «más de
veinte años en el libro de *Las Navas de Tolosa* y en el de *La Restauración de España.*»[1] Por su parte, el Dr. Cairasco de Figueroa, temible por la muchedumbre incalculable de sus octavas, alegaba en propios méritos «haber más de cuarenta años que se ha ocupado en
escrebir y componer las cuatro partes del libro intitulado *Templo militante*».[2] Como un panegirista de Luis de Belmonte le loaba su trabajo
continuo de diez años hasta sacar *La Hispálica.*[3]

Á lo que con gracia replicó Vélez de Guevara en sus donosísimas
Pragmáticas: «Item, que al Poeta que hiciere Poema heroico, no se le

---

[1] *El Patrón de España.....;* Madrid, Alonso Martin, 1612. (Dedicatoria.)
[2] Pérez Pastor: *Bibliografía Madrileña;* Parte III. Documentos, p. 340.
[3] El Licenciado Juan Bermúdez y Alfaro, en el Prólogo que puso á este poema; Apud Gallardo: *Ensayo. ...;* II, col. 65.

dé de plazo más que un año y medio, y que lo que más tardare, se entienda que es falta de la Musa.» [1]

Cervantes notó primero en esta frase semejante manía, que, con su gracia habitual, ridiculiza y burla.

338 ... y doce de pasante ...

Para atajar los inconvenientes que nacían de que curasen médicos recién destetados de los estudios, sin la habilidad y experiencia necesarias, las Cortes de 1563 pidieron, y el Rey concedió, que después de haber salido bachilleres en Medicina, para graduarse, tuvieran que ejercerla en la misma Universidad durante dos años, en compañía de médicos aprobados. [2] Á los noveles graduados, que cumplían con esta práctica llamábaseles «*pasantes*», y acompañaban á los médicos á pie en sus visitas, al par de la mula, que ellos no eran osados á usar; que por algo dijo Quevedo que el ser médico era «oficio docto, que su ciencia consistía en la mula». [3]

El poeta del *Coloquio*, no satisfecho aún con sus veinte años de ocupación, agrega los doce de pasante sobre su misma obra, aplicando traslaticiamente á la poesía aquella obligación de los Galenos. [4]

339 ... porque el principio responde al medio y al fin ...

Como apunté en mi *Introducción*, no creo que Cervantes para este episodio del poeta heroico tomase, como modelo, figura particular y única, sino que con su tino, buen juicio y clarísimo talento crítico fué notando uno por uno aquellos preceptos, buenos y clásicos en sí, pero

---

[1] *El Diablo Cojuelo;* op. cit., p. 115.

[2] *Cortes de Castilla;* I, pp. 261 á 264, y V, pp. 59 y 60; Ley IV, tít. X, libro VIII de la *Nov. Recop.*—Véase respecto de los cirujanos este mismo precepto clarísimamente declarado: «No admitirán á examen ningún cirujano si antes no les constare por bastante información fecha en pública forma que ha practicado cuatro años cumplidos..... con médico ó cirujano graduado por alguna de las Universidades aprobadas.....»—*Pragmática sobre la orden que se ha de tener en el examen de los Médicos, Cirujanos y Boticarios....*» Alcalá. Juan Iñiguez de Lequerica. Año 1588, in folio (f.º 3).

[3] *Libro de todas las cosas y otras muchas más*—Obras, I, p. 481.

[4] Mateo Alemán ya había hecho uso también de este tropo, diciendo por boca de Guzmán: «pudiérales leer á todos ellos cuatro cursos de latrocinio y dos de pasante.»—Parte II, lib. II, cap. IV.

que, trasladados inmoderadamente de las Preceptivas retóricas á los Poemas mismos, hacían á sus autores, no servidores de la inspiración poética, suelta, libre, fácil y espontánea, sino prisioneros y cautivos de los principios, llenando sus obras de afectación y sobrado estudio, tan lejanos conductos para recibir el beso amoroso de la poesía.

López Pinciano, oráculo de aquella generación; disertó largamente sobre el *principio* y *medio* de la epopeya, hasta concluir que «la heroica había de empezar del *medio*, porque así el oyente va deseoso de encontrar con *el principio*, y pasada la mitad del volumen, el resto se acaba de leer sin mucho enfado». [1] Cristóbal de Mesa, «poeta zafrense muy correcto y muy arreglado, pero seco como un esparto y duro como un plomo», [2] también quiso, por su parte, sentar las reglas y preceptos del poema épico en los prólogos de los suyos, que luego nadie leía, y así, en el de *La Restauración de España* hacía gala de que «casi ninguno se atreve á emprender la majestad de la epopeya, por ser tan difícil que las partes correspondan al todo, guardando la unidad de la fábula variada de episodios».

Cervantes, asimismo, predicaba como regla suprema para la obra poética, «que haya un cuerpo de fábula entero con todos sus miembros, de manera que el medio corresponda al principio, y el fin al principio y al medio»; [3] reglas, en suma, inútiles; que la mejor preceptiva es la inspiración del genio, que por maravilloso modo columbra y adivina la verdad estética, sin que nadie se ocupe de enseñársela.

340 ... de manera que constituyen el poema alto, sonoro, heroico, deleitable y sustancioso ...

Si cupiera singularizar el dardo cervantino, señalando el sujeto á quien iba enderezado, yo no dudaría hacerlo en Cristóbal de Mesa, que diez años antes había dicho no menos campanudamente, y con igual profusión de epítetos que el poeta del *Coloquio*:

«Y finalmente, si como enseña Aristóteles, en todo poema no sólo heroico ó trágico, mas aun cómico......, se requiere la unidad de la fá-

---

[1] *Philosophia antigua poetica*......; p 484. Vid. además toda la *Epístola V*.
[2] MENÉNDEZ Y PELAYO: *Historia de las ideas estéticas*......; tomo III, p. 418.
[3] *El Ingenioso Hidalgo*; parte I, cap. XLVII.

bula, y ésta en el épico es de muchos miembros, por las artificiosas digresiones de los episodios....., no basta que en un poema sea la acción *una*, mas ha de ser también *entera, posible, creible, verisímil, moral,* ó *afectuosa ó maravillosa.....*» [1]

Difícil, muy difícil, casi imposible es vender seriamente algo de verdad siquiera en el esclarecimiento de estos arañazos literarios, y mayor torpeza vana la de hacer pasar por buenas estas conjeturas, aunque sean hijas del trabajo celoso y concienzudo: descanse el lector, que, por mi parte, ni me empeñaré ni le empeñaré en ellas, una vez intentadas, como en obligación me compete.

341 ... y que, con todo esto, no hallo un Príncipe á quien dirigille?

¡Cuántos hubo que no lo hallaron entonces, á pesar de buscarlo con empeño! «Así que se padece gran penuria de Mezenates y se ha padecido en todos tiempos, quedando los mejores ingenios sepultados en su pobreza, sumergidos en su necesidad y ofendidos de la avaricia de los Príncipes que habían podido ayudarlos y promoverlos.» [2] Juan Rufo, por ejemplo, que malogró la impresión de sus poesías, «porque el Duque de Alba, D. Antonio, no fué servido de apoyar aquella empresa, cuando se la dedicó». [3] Aquel desdichado Diego Suárez Corvín, que en su odisea para imprimir la *Historia del Maestre último que fue de Montesa*, cayó en Valladolid, precisamente cuando el *Coloquio* se escribía (como el lector ya habrá visto), con la pretensión, que no vió

---

[1] *Las Navas de Tolosa. Poema heroico de Cristoval de Mesa.....*—Madrid, Viuda de P. Madrigal. Año MDXCIII.—(A los lectores).—Ante tal profusión de epítetos también se me viene á la mente la manía y pomposo uso que de los apelativos hizo Herrera, defecto (si cabe) notado ya y burlado por sus contemporáneos, como Prete Jacopin: fisga que no creo, sin embargo, lógica en Cervantes, por la alta estima que tuvo siempre del poeta sevillano.

Verdad es también que era común lugar en las Preceptivas del tiempo, y que en autor tan sesudo y prudente como López Pinciano se repiten al tratar de la estructura poética de la fábula. «Ha de ser—escribía—admirable y verosímil....., y ha de ser una....., ha de ser varia....., y con esto de ser una ha de ser dos, y tres, y cuatro y aun cinco».— *Philosophia antigua poetica.....*; op. cit., p. 195.— ¡Verdaderos galimatías, en fin!

[2] SUÁREZ DE FIGUEROA: *Pvsilipo.....*; op. cit., fl. 32 y 33.

[3] RUFO: *Las seyscientas apotegmas.....*; op. cit., f.º 145.

cumplida, de «sacarla á luz debaxo del amparo de algún Señor de título de la misma casa de los Duques de Gandía». [1]

«Cuando veo á un Príncipe — decía galanísimamente Lope al suyo— que trata de honrrar las letras, le hago un altar en el alma y le adoro por cosa celestial y divina.» [2]

«No hay muchos — replica Cervantes, que por dolorosa experiencia conocía el paño — á quien puedan dirigirse las obras, y no porque no las merezcan, sino que no quieren admitirlas, por no obligarse á la satisfacción que parece se debe al trabajo y cortesía de sus autores.» [3]

¡Ellos, los príncipes, se lo perdían! Suárez de Figueroa díjolo elocuentemente: «Ahora juzga el más dadivoso Mecenas, cumple y satisface con cualquier corta miseria, y ésa dada por una vez, *al que con su capacidad deja por muchos siglos dilatada su memoria, comunicando al nombre (parte mortal que tan presto fenece y se olvida) el glorioso título de inmortalidad.»* [4]

¡Grandísima verdad y profecía! ¿Quién se acordaría hoy, si no, del *gran* Duque de Béjar, á no ser por la Dedicatoria que Cervantes le brindó de la Primera Parte del *Quijote*, y que fué tan mal correspondida?

342 —Trata de lo que dejó de escribir el Arzobispo Turpín del Rey Artús de Inglaterra, con otro suplemento de la "Historia de la Demanda del Santo Brial" ...

Error manifiesto de crítica sería empeñarse en buscar lógica y cordura en los graciosos disparates que Cervantes acumuló en el santiscario y en las palabras del convaleciente poeta. Porque ni el Arzobispo Turpín escribió jamás libro alguno sobre el Rey Artús de Inglaterra, ni nada tiene que ver, en la historia de los libros de caballerías, el fundador del ciclo carolingio con el héroe y principal figura del bretón. [5]

---

[1] *Historia del Maestre último que fué de Montesa.....*; op. cit., Introducción, página XL.

[2] Carta al Duque de Sessa.—Apud La Barrera: *Nueva Biografía.....*; op. cit., página 145.

[3] *El Ingenioso Hidalgo;* parte II, cap. XXIV.

[4] Suárez de Figueroa: *El Passagero.* ...; op. cit., ff. 67 vto. y 68.

[5] Remito al lector, ya que está la materia total y definitivamente estudiada,

Y resultan más cómicos aún y divertidos los errores en Cervantes, que tan á fondo conocía aquellos engendros, pero que, por lo mismo, no se cuidó de exactitud ni certeza ninguna en sus citas; pues al ponerlas en boca de personajes faltos de seso y húmedos de cerebro, caían más acomodadamente estos dislates que las verdades mismas.

Las desacordadas fantasías del poeta nos convidan, no á trabajar candorosamente sobre las crónicas y cosmografías turpinescas para hallar el parentesco con el personaje cervantino, sino á solazarnos y reir con sus buenas gracias.

Por ejemplo, el recuerdo del Arzobispo Turpín no puede ser más chusco. El tal Arzobispo, personaje auténtico como dignidad eclesiástica en el siglo VIII, pero falso y apócrifo como historiador, es para todos los escritores caballerescos del tiempo, tercero ó editor responsable de todas sus ficciones mentirosas, prototipo y padre del embuste; autoridad que se alegaba, á falta de otras mejores, para descansar aquellos hechos que por lo increíbles y maravillosos pedían testimonio; y para este descanso se sirvieron de él, desde Nicolás de Piamonte en su *Historia del Emperador Cárlo Magno y de los doce Pares de Francia*, y Ariosto en el *Orlando*, hasta el mismo Lope de Vega en *La hermosura de Angélica*, [1] con todos sus imitadores y secuaces.

Este rastro me lleva á creer que en este episodio el propósito de Cervantes no fué retratar en la figura del poeta heroico á ningún autor de libros de caballerías en prosa, al estilo de Feliciano de Silva, Francisco Delicado, Luis Hurtado y demás cofrades del gremio, sino ridiculizar simplemente á los muchos imitadores que el Ariosto tuvo en España; poetas, en su inmensa mayoría, descabellados é infelices, émulos de su gloria, aunque con harta desdicha y mal suceso.

El doctor Jerónimo de Huerta (el más discreto de todos), que en 1588 imprimía su *Don Florando de Castilla*; Gonzalo Gómez de Luque, que

---

á los *Orígenes de la Novela* del glorioso maestro Menéndez y Pelayo; especialmente pp. 128 á 130, 153 y 161 á 165.

[1] Cómo pagó Ariosto tributo á esta costumbre, es ya tan sabido, que no hay necesidad de demostrarlo.—Por su parte, Lope, en el prólogo de *La hermosura de Angélica*, escribía: «Allí, pues, sobre las aguas, entre jarcias del galeón Sant Juan y las banderas del Rey Católico escribí y traduxe del Turpino estos pequeños cantos.»

en 1583 había dado á luz su *Don Celidón de Iberia;* Martín Caro del Rincón, pagador de la artillería de Su Majestad, que manuscrito tenía su *Satreyano, con los valerosos hechos en armas, y dulces y agradables amores de Pironiso, Príncipe de Satreya*, que afortunadamente quedó inédito, acaso, como Menéndez y Pelayo dice, por justo temor á la sátira de Cervantes; temor que también condenó al destierro de las prensas otro poema de gusto orlándico, titulado *Canto de los amores de Felixis y Grisaida.* [1]

Por último, el año mismo en que, por mis cuentas, se escribía el *Coloquio*, daba á luz, en Alcalá, Eugenio Martínez su *Genealogía de la toledana discreta*, fundada en un libro en verso que dejó escrito Lemante, contemporáneo de Beroso Caldeo (á buen seguro, otro Turpín mentiroso), dirigiéndola á la ciudad de Toledo, quizás porque, como el poeta del *Coloquio*, no tuvo un príncipe inteligente, liberal y magnánimo á quien dedicarla. Todos estos poemas guardaban, como el de nuestro vate, las mismas exigencias rigurosas del plan en el medio y los principios; usaban casi unánimemente del verso heroico ó endecasílabo, propio de la octava rima; [2] y luengos años habían empleado en su composición sus locos ó infatuados autores. [3]

---

[1] Vid. GAYANGOS: *Discurso preliminar* al tomo *Libros de Caballerías*, de la edición Rivadeneyra, pp. LXXXVI y LXXXVII, y MENÉNDEZ Y PELAYO: *Orígenes de la Novela;* op. cit., tomo I, p. CCLXXI.

[2] López Pinciano censuraba se denominase verso *heroico* al endecasílabo importado de Italia. «Al metro castellano de doce sílabas—apuntaba en su magistral preceptiva—diría yo verso ó metro heroico de mejor gana, y con más justa razón, que no al italiano endecasílabo suelto, que se ha alzado con nombre de verso heroico». (Op. cit., p 286). No llevaba la razón esta vez el insigne retórico, y prueba de ello es que el buen gusto de entonces escogió preferentemente el verso endecasílabo sobre el de doce sílabas para el metro de los poemas épicos. Así lo hizo también, á pesar de su locura, el poeta del *Coloquio.*

[3] Al gusto orlándico pertenecen asimismo la *Historia de las hazañas y hechos del invencible caballero Bernardo del Carpio,* escrita en octavas por Agustín Alonso (Toledo, 1585); *El verdadero suceso de la batalla de Roncesvalles,* de Garrido de Villena (Toledo 1583), y la *Segunda parte de Orlando, con el verdadero suceso de la batalla de Roncesvalles*, de Nicolás Espinosa (Zaragoza, 1555), poemas todos en verso, y todos ellos, también, aborrecidos por Cervantes cuando en el cap. VI de la Parte I del *Quijote* escribía· «Digo...... que este libro y todos los que se hallaren que tratan destas cosas de Francia, se echen y depositen en un pozo

¡Qué pensar, finalmente, de aquel otro suplemento de *La Demanda del Sancto Grial*, que entre sus cartapacios guardaba el imitador de Turpín, cuando Cervantes, para regalar al cuadro más cómica luz y y chanza, le hace decir ignorantemente *La Demanda del Santo Brial*, como si se tratase de la conquista esforzada de las haldas de una dueña! [1]

Hermano en religión de *Don Quijote* habríamos de llamar á este poeta, pues si en la memorable historia de aquél sacó Cervantes á un hidalgo, á quien la inmoderada lectura de los libros caballerescos había sorbido el seso y secado el cerebro, en el *Coloquio* completa el cuadro, poniendo en la cama de un hospital al autor de ellos, al padre de la locura de Alonso Quijano el Bueno, que pretende, nada menos, que continuarlos: que de este singular y extraño modo se dan los brazos, se emparejan y confunden apretadamente, estas dos joyas cervantinas.

Y es que para labrarlas disponía de un arma en la que Dios le había concedido extraordinario brío: la parodia; pero no una parodia zafia y grosera, sino la finísima, irónica, poderosa, que tan pocos alcanzan; tan difícil y sobrehumana, que el intentarla sólo, sin sentir el calor de aquel sutilísimo don, es inaudita temeridad literaria, cuanto más el concluirla; logrando trocar la mordacidad, burlas y risas en el código más hondo y rico de humana filosofía. La parodia, así, en manos de

---

seco....., ecetuando á un *Bernardo del Carpio*..... y á otro llamado *Roncesvalles*; que éstos, en llegando á mis manos, han de estar en las del Ama, y dellas en las del fuego, sin remisión alguna».

[1] *La demāda del Sancto Grial: con los marauillosos fechos de Laçarote y de Galaz su fijo*. Hay ediciones de Sevilla, 1500 (Nic. Antonio); Toledo, Juan de Villaquerán, 1515; Sevilla, 1535; etc. Modernamente ha sido reproducida con todo esmero por el Sr. Bonilla en el tomo I de *Libros de Caballerías*, de la Nueva Biblioteca de Autores Españoles.

El *brial*, según el *Diccionario de Autoridades*, era un «género de vestido ó traje, de que usan las mugeres, que se ciñe y ata por la cintura, y baja en redondo hasta los pies, cubriendo todo el medio cuerpo»; y aunque fué prenda propia de los siglos medios, aun se usaba en tiempos de Cervantes. Vid. *Romancero*.....; op. cit., f.º 481; *La Pícara Justina*, parte I, lib. II, cap. I, etc. Todas las ediciones modernas del *Coloquio* han enmendado *Grial* por *Brial*, estimándolo errata. Conservo, no obstante, la lección unánime de las primeras, que me parece responde mejor á la intención irónica cervantina.

los genios, realiza una soberana creación: manejada, en cambio, por los necios, conviértese entonces en su espejo fidelísimo.

343 ... y todo en verso heroico, parte en otavas y parte en verso suelto; pero todo esdrújulamente, digo, en esdrújulos de nombres sustantivos, sin admitir verbo alguno.

Quiero creer (aunque me cueste trabajo), que la alusión no va derechamente dirigida contra Bartolomé Cairasco de Figueroa, ingenio canario, tan insólito y frenético amante de los esdrújulos, que todos sus contemporáneos le reputaron por padre y creador de ellos. [1]

Como juro de heredad debía de tenerlos quien en su colosal *Templo militante, triunfos de virtudes, festividades y vidas de Santos*, [2] dedicó buena parte de sus *quince mil octavas* al verso esdrújulo, eso sí, inventando libremente vocablos nuevos, siempre que sus Musas,

... las Musas de Cairasco,
Que esdrujular al mundo
Amenazaron, con rigor profundo [3]

(como humorísticamente escribió el gran Lope), andaban lerdas en servirle á la mano una de sus estupendas voces. Por lo mismo, cuantos autores le elogiaban en los *Prólogos* de las obras suyas, ó en las propias, creíanse obligados á hacerlo en versos esdrújulos, como único estilo digno de él. [4] Él, verdaderamente, fué quien los puso en uso; y como el del esdrújulo hace más empeñada y difícil la busca del consonante, aquellos poetastros que tomaban la rima, no como explosión

---

[1] No lo fué, sin embargo, como el lector podrá confirmar en RODRÍGUEZ MARÍN: *Luis Barahona de Soto;* op. cit., p. 405 á 411, y ELÍAS ZEROLO. *Legajo de varios.....*; París. Garnier, 1897, p. 3 y siguientes; obras en las cuales se hace una completa historia de la introducción de este verso en la Poesía castellana.

[2] Valladolid, Luis Sanchez, 1602.

[3] *Laurel de Apolo;* Silva II.

[4] Cervantes, en el *Canto ae Calíope:*

Tú, que con nueva musa extraordinaria,
Cairasco, cantas del amor el ánimo...

Pacheco, en una poesía dedicada al mismo, y que copia D. José María Asensio: *Francisco Pacheco. Sus obras artísticas y literarias.....*; Sevilla, Rasco, 1886; página XXI, etc.

ingenua y hermosa del alma, sino á modo de parodia bufa de los trabajos de Hércules, dieron alborozadamente en los esdrújulos, como en real de enemigos, saqueándolos, para adornar rimbombante y aparatosamente sus hinchadas y ridículas tiramiras. [1]

En un principio, los esdrújulos formábanse con el verbo con pronombre pospuesto: *háceme*, *dígame*, etc.; así, en verdad, eran facilísimos; mas, para dificultarlos, el poeta del *Coloquio*, con otros de su tiempo, reniega despreciativamente de ellos, quedándose tan sólo con los de nombre sustantivo: *hórrido*, *estrépito*, etc., que son los más costosos de hallar.

Y como la acción épica pedía también, en el sentir de los preceptistas, un metro digno de ella, ninguno como la octava, que con su verso heroico (endecasílabo) hacía la rima grave, sonora y conceptuosa. Aunque monótona asimismo; pues ¡cuán pocos son los valientes que modernamente arremetan con aquellos ejércitos de octavas, que en correcta formación muestran nuestras obras épicas!

344 ... los requisitos que la ciencia de la alquimia pide ...

Si en mi mano estuviera, por nota aclaratoria reproduciría aquí aquel curiosísimo cuadro de Teniers que representa el laboratorio ó cueva de un alquimista. ¡Caprichoso conjunto! Saquetes, cedazos, morteros, fuelles, hornachos, crisoles, ollas de vidrio y barro, cazos y lebrillos, parrillas, alambiques, redomas y morteros, con gran acopio de carbón y otros combustibles, eran los primeros y necesarios instrumentos del arte hermética. Luego, destilábanse en ellos las sales más extrañas, los metales y líquidos más peregrinos, las más extravagantes substancias, que cuanto más difíciles de hallar, más propiedad, á su entender, tenían para transmutarse en el elixir divino, que había de regalarles la piedra filosofal.

Tan infinitos y ridículos eran los ingredientes empleados; y claro es que cada alquimista utilizaba los suyos, con preferencia á los de los de-

---

[1] Llegaron hasta á celebrar certámenes dedicados á ellos, en que se prodigaban necia y sistemáticamente. Por ejemplo (siempre en los años próximos al *Coloquio*), á Julián de Armendáriz le premiaron unos suyos en un certamen celebrado en 1602, y que insertó en los preliminares de su *Patrón Salmantino;* Salamanca, 1603.

más. [1] La orina del muchacho bermejo, sobre todo, fué buscadísima por los alquimistas; y como todos estos elementos pedían muchos ducados y causaba su adquisición numerosos gastos, pudo decir Quevedo, con gracia y razón, de todos ellos, que «en lugar de hacer del estiércol, cabellos, sangre humana, cuernos y escoria, oro, hacían del oro estiércol, gastándolo neciamente». [2]

345 ... y el otro está en potencia propincua ...

La voz *propincuo*, puramente latina, desenterráronla para el uso vulgar los culteranos, y por culta pasaba, mereciendo las sátiras de los buenos estilistas, como Lope, que en burla suya escribía:

En viendo que el estío está *propincuo*,
Por mi salud, las damas *derelincuo*. [3]

Cervantes llevóla frecuentemente á sus obras: hoy es palabra corriente y castellanizada.

346 ... cuando no me cato ...

Cuando no me cato, ó *cuando menos me cato*, que de ambos modos se decía: frases — como nuestro viejo Diccionario de Autoridades apunta — que servían para explicar una cosa impensada, que sucede cuando menos se espera ó piensa: en una palabra «inesperadamente, de improviso», como define y concreta una autoridad moderna. Era uno de tantos vulgares bordoncillos que corrían de boca en boca en la conversación de aquellos tiempos, [4] y que un filólogo de entonces condenaba, tachándolo de expresión humilde, impertinente, mal significativa, sin decoro ni gala. [5] *Cuando no me cato*: modo adverbial que falta en nuestro Diccionario académico.

---

[1] Vid. SUÁREZ DE FIGUEROA: *Plaza universal*.....; ff. 52, 62, y CASTILLO SOLÓRZANO: *La Garduña de Sevilla;* op. cit., cap. IX y X.

[2] *Las Zahurdas de Plutón*.—De todos ellos podrá el lector hacerse cuenta repasando la citada obra de D. José R. DE LUANCO: *La Alquimia en España*.

[3] CLEMENCÍN: *op. cit.*, II, 12, y V, 98 y 287.

[4] No olvidada por Quevedo, ¿cómo no?, en sus donosísimas y satíricas *Pragmáticas y aranceles generales*.....—Obras.....; I, 431.

[5] PEDRO ESPINOSA: *El Perro y la Calentura*.—Obras.....; pp. 197 y 417.

347 ... lo mismo me acaece con la cuadratura del círculo..., que no sé cómo no la tengo ya en la faldriquera ...

Apasionaba entonces sobremanera á los geómetras este punto matemático, no declarado aún quimérico é irrealizable, como lo ha sido por la ciencia moderna; y buena prueba de ello es el caso siguiente:

De Jaime Falcó, famoso geómetra valenciano, que murió en Madrid en 1594, después de haberse dedicado, en los últimos años de su vida, á la solución de los más raros y extravagantes problemas de su arte, cuenta Ximeno, biógrafo suyo, que también emprendió el de la cuadratura del círculo, pasándose los días y las noches embelesado en él, sin descanso ni sosiego. Hubo una de ellas en que, á su juicio, lo dió por resuelto, y á medio vestir, como estaba, salió de su casa de la calle de las Barcas por las plazas de Valencia, gritando alborozado: *circulum quadravit Falco quem nemo quadravit».* [1]

El hecho fué que, aunque no hubiese resuelto el problema, sus ingeniosas y eruditas disquisiciones para intentarlo, trasladadas á un libro suyo, [2] corrieron por toda Europa, motivando vivos comentarios y encendida discusión entre los matemáticos. No faltarían, pues, locos como el del *Coloquio* que le imitasen.

348 —Cuatro quejosos, tales, que lo pueden ser del Gran Turco ...

Si hurtara sagazmente el cuerpo á esta nota, podría verme libre del

---

[1] XIMENO: *Escritores del Reino de Valencia.*—Valencia, Dolz, MDCCXLVII; tomo I, pp. 193 á 195.
Verdad es que Falcó no debía de andar muy sano de la cabeza. Púsose á componer versos latinos en los metros más dificultosos; empeñóse en trasladar en verso latino también la Filosofía moral de Aristóteles, amén de otros empeños, que, por lo arduos é irrealizables, tocaban en las fronteras de la locura.— Vid. GALLARDO: *Ensayo......*, III, números 2161 y 2162.

[2] *Iacobvs Falco valentinvs, miles ordinis Montesiani hanc, circvli qvadratvram invenit. Valentiæ, Apud viduam Petri Huete, in platea Herbaria.* MDLXXXVII...... 4.º—
Vid. además un papel manuscrito sobre el mismo problema, letra del siglo XVII, en la Bib. Acad. Hist. *Jesuitas;* tomo 64, núm. 163.
La cuadratura del círculo ha seguido apasionando á los matemáticos en nuestros mismos días. Ahora mismo, al tiempo de corregir estas pruebas, leo en un diario de la corte el reto formal lanzado por un geómetra español contra quien contradiga la demostración de su pretendido hallazgo de la cuadratura.

— 690 —

empacho de reconocer mis pocas letras, no acertando á explicar su exacto sentido: prefiero, sin embargo, ser sincero y confesar mi ignorancia, para que otros más doctos, al enseñarme la verdad, ilustren también este pasaje, que es, á la postre, lo que importa.

No entiendo á qué clase de quejas ó quejosos pueda referirse esta frase, que parece tener algo de proverbial ó refranesca; pues ni me contenta la conjetura de decirse por alusión á los cautivos cristianos que en Constantinopla suspiraban inútilmente por su libertad perdida, haciéndoles prorrumpir en amargas quejas contra el poder del Gran Turco, que les encadenaba, ni tampoco veo modo de traer aquí al Gran Turco como sujeto obligado de las conversaciones que sobre sus correrías, incursiones y bajadas no faltaban nunca de los corrillos y mentideros. Á menos que se diga sin intención traslaticia ninguna, y como frase llana y simple que no merezca comentario. El lector juzgará. [1]

349 ... me señale persona con quien comunique un nuevo arbitrio que tengo ...

Paréceme asimismo que, en lugar de aburrirle y perder de paso el tiempo declarando enfadosamente quién fué Medea, cuántas riquezas acaparó Midas y por qué Tántalo fué condenado á tormentos tan inauditos como los que de él se refieren, cosas que, al fin, sabe de sobra, ó puede verlas en cualquier Diccionario Enciclopédico, sin necesidad de pedantear en estas notas (criterio que me ha hecho también omitir todas las de sabor mitológico), vale más explicar y poner en su punto frases como la copiada, que entrañaban curiosas prácticas, ritualidades de Consejos, cosas, en suma, distintas de las del día y merecedoras de conocerse.

El formulismo para el despacho de los arbitrios era sencillo por extremo. De ordinario, acudían ante el Monarca sus inventores, en sú-

---

[1] El Gran Turco era, no obstante, en aquella sociedad y en la conversación familiar, algo de lo que en la nuestra es, harto irrespetuosamente, el Nuncio: el tercero ó persona en quien hacemos descansar nuestros dichos vagos ó indeterminados. Vaya, para probarlo, un ejemplo cervantino. «Malas lenguas hubo que me quisieron ahijar esas coplas, y así fueron mías como del Gran Turco». *(El Retablo de las Maravillas.)* Llevando la frase del *Coloquio* por aquí, quizá se la hallara explicación bastante y satisfactoria.

plica, como el del *Coloquio*, de que les señalase persona con quien comunicar su remedio. Si el arbitrista venía precedido de algún crédito, y no se había tocado aún la insensatez y disparate de sus proyectos, trasladábalo el Rey al Presidente de su Consejo, donde, ora por sí, ora por medio de una junta nombrada para el caso, examinábanse sus papeles, que, con la resolución recaída, pasábanse de nuevo al Rey. [1]

, Otras veces, los arbitrios se veían primeramente en juntas particulares de teólogos; [2] y cuando las Cortes estaban abiertas, escogían los arbitristas este camino, como más llano.

Ésta fué la razón de que sobre ellas lloviera, en aquellos años, una nube incalculable de memoriales, de otros tantos visionarios y soñadores. [3]

350 ... aunque mi arbitrio quede desde este punto público ...

Como los arbitristas concedían una importancia y gravedad extraordinarias á sus empíricos proyectos, cifrando en ellos efectos portentosos, cuidaban de rodearlos del mayor secreto y exagerada reserva, para que, no siendo conocidos, nadie pudiera hurtarles la gloria y el provecho que, en su ambición, habían de acarrearles.

Así, en las Cortes de Valladolid de 1603-1604, habiendo ofrecido presentar un arbitrio Gabriel de Salabert, no quiso declararlo ante los procuradores, á pesar de las muchas instancias que éstos hicieron para

---

[1] Tales fueron, verbigracia, los pasos que siguió un arbitrio del Dr. Tomás Cerdán de Tallada, para reducir el número de pleitos y delitos, ya citado en la nota 17 de la p. 123.

[2] En Sevilla, por ejemplo, del convento de dominicos de Monte Sión, «donde se recojen grandes letrados» y de otros monasterios de la ciudad salían arbitrios que, por mano del Asistente, eran remitidos luego al Rey.—*Cortes de Castilla;* XVI, pp. 260-261.

[3] «Habiéndose dicho en el Reino que está en esta Corte Juan Gonzalez de Colosía, y que dice que tiene un medio y arbitrio importante para el servicio de S. M. y su desempeño y beneficio del Reino, y que suplica se nombren comisarios que le oigan, se acordó que los dos Procuradores de Cortes de Ávila, y el licenciado Álvaro de Paz, ó los dos dellos le oigan, y den cuenta al Reino de lo que dello resultare.»—*Cortes de Castilla;* XXII, p. 276. Vid. además, *Ibidem;* XXV, 648; XX, 308-309; XXIII, 294-297; XXVIII, 73-76 y 149. Abundan los ejemplos.

lograrlo, comunicándolo tan sólo con una Junta de cinco teólogos, á quienes exigió el sigilo sacramental de su maravilla. [1]

Tal es la ridícula reserva que Cervantes caricaturiza en el presente párrafo.

351 ... sean obligados á ayunar una vez en el mes á pan y agua ...

Burlas y veras sazonan el *Coloquio* con envidiable maestría: dígalo ahora este episodio del arbitrista, presentado con tanto donaire, amenidad y gracia. Dejemos las veras que, aunque parezca mentira, podrían sacarse de él, y muy notables, para el futuro historiador del arbitrismo en España, estudio poco menos que virgen, á pesar de Colmeiro y de Cánovas, y recréese el lector tan sólo con las burlas de aquel disparatadísimo remedio propuesto por el loco cervantino á los males de entonces, tan originalmente realista, que su mejor comentario habría de ser el evocar la Puerta de Guadalajara ó las Gradas de San Felipe, en cuyos corrillos tantos y tantos se oirían de otros mil famosos mentecatos.

En la *Introducción* traté ya de este punto, y hasta quedó citado un arbitrio análogo al del *Coloquio;* á docenas, sin embargo, podrían presentarse ejemplos parecidos, que, olvidados y polvorientos, duermen un sueño secular en nuestras colecciones y bibliotecas; mas, como el nombrarlos tan sólo me llevaría muy lejos, conozca, al menos, uno en comprobación de lo dicho, parejo del del *Coloquio* en los disparates, aunque sin el chiste y jocosidad que éste respira. [2]

352 ... so cargo de juramento ...

Este juramento que para la cobranza de su arbitrio exigía el donosísimo loco del Hospital de la Resurrección, tráeme á las mientes otro muy semejante, al que sin duda pareció aludir en su medida. La venta de la carne de los mataderos estaba gravada por los concejos con un tributo especial llamado «la blanca de la carne». De dicha imposición

---

[1] *Cortes de Castilla;* XXII, pp. 254-255.

[2] *Medio cierto para que un pan valga un maravedí y una fanega de trigo un real, por el medio que todos sean labradores teniendo cada uno solamente siete yugadas de tierra propia y labrándolas por sí sin darlas á renta.*—Ms. en dos folios, letra del siglo xvii. Bib. Acad. Hist. *Jesuítas;* tomo 130, núm. 2.

eximíanse, por sus privilegios, los hidalgos y nobles. Mas como el dejarla de satisfacer cada día hubiera dado origen á infinitos abusos y venalidades, pagábanla, por de pronto, pecheros y no pecheros, y al fin del año *juraba* el hidalgo la carne que había consumido diariamente, y en virtud de su fuero devolvía el Concejo tantas blancas como libras fueron. Exención que, por gracia de los reyes, gozaban los doctores graduados por Salamanca, al igual de los nobles. [1]

353 ... bien hay en España más de tres millones de personas de la dicha edad ...

Por de contado, que no hay que tomar á veras esta cuenta dicha á bulto y disparatadamente, como tampoco creo en otra que con visos de mayor formalidad trae un autor del tiempo. [2] Fuera de las estadísticas oficiales, con ocasión del repartimiento de los servicios ó del impuesto de la moneda forera, son muy fantásticas y faltas de verdad, bien por más, ora por menos, las citas de entonces sobre el censo de población.

El más autorizado de todos que modernamente se conoce es el que formó D. Tomás González, celoso jefe que fué del Archivo de Simancas, sirviéndose, al efecto, de varias relaciones mandadas hacer con gran sabiduría por Felipe II, monarca que, á decir verdad, está más por estudiar aún que los orígenes prehistóricos de la Península. Por las

---

[1] *Privilegios gracias y mercedes de la Universidad de Salamanca.* Ms. Bib. Acad. de la Hist.; *Colección Salazar;* F-3; ff. 237 á 270.

[2] Pongo por ejemplo de ello el siguiente testimonio del padre Pedro de Guzmán: «..... daños que amenazan á un Reino como el de España tan exhausto de gentes; que contándose en Francia..... quince millones de personas, y en Italia..... diez, y otros tantos en Alemania, sin contar los Paises Bajos, no hay cuatro en España, y esto por la grande y continua saca de gente que se ha hecho della y cada día se hace para entrambas Indias Orientales y Occidentales, para Italia, Flandes, para las fronteras de África y para las mejores islas de todos cuatro mares, Mediterráneo, Oceano Atlántico, Índico y del Sur, al fin para casi todo el mundo, pues por todo él cunde y se extiende la Monarquía de España y son menester españoles que la conserven». ¡Qué hermoso sueño!— *Bienes del honesto trabajo y daños de la ociosidad.....;* op. cit., ff. 125 y 126.

Encuentro, sin embargo, pobrísimo el cálculo, cuando sólo en Valladolid y sus inmediaciones, sin contar Medina del Campo, había más de 40.000 personas en 1594.—SANGRADOR: *Historia de Valladolid.....;* op. cit., I, p. 413.

cuentas que en su estudio hizo González, se saca el resultado de que la población total de España en 1594 era de 8.206.791 almas, sin incluir en esta cifra el clero secular, el regular y sus dependientes. [1] ¡Pasma y asombra que menos de la mitad de la población que actualmente tiene España bastara entonces para llenar el mundo entero con el estruendo de sus armas y la gloria de sus letras.....!

354 ... como ahechados ...

Siguiendo al Diccionario de Autoridades, que fué el primero que apuntó la supresión de la *h* en la voz *ahechar* y sus derivados, los modernos, y entre ellos el de la Academia, la tienen suprimida también. Conservo, no obstante, la forma ortográfica antigua *ahechar*, porque así aparece en Covarrubias, en las ediciones primeras del *Coloquio* y en los demás libros de su tiempo, más obedientes á la lógica escritura de esta palabra, derivándola de su etimología *(agitare)*, que lo es el uso actual.

Ahechados: ó limpios de polvo y paja, tal como hoy diríamos; que es el efecto ó resultado de ahechar las mieses trilladas en la era.

355 ... del Corregidor desta ciudad, que es un gran caballero y muy gran cristiano ...

Desde 1599 hasta 1610 ocuparon el corregimiento de Valladolid los siguientes caballeros:

Don Antonio de Ulloa, nombrado en 4 de Mayo de 1599, en sustitución de Garcilópez de Chaves. Tomó posesión en 3 de Junio siguiente, falleciendo el 20 de Junio de 1602.

Á D. Diego Mudarra, regidor de la ciudad, que á la muerte del anterior ocupó provisionalmente el cargo sólo dos días, substituyó el licenciado Veaz Vellón, á 22 del mismo mes y año. Pocos meses después, en 12 de Septiembre de 1602, fué proveído en aquél D. Diego Sarmiento de Acuña, quien entró á servir su oficio el 14 de aquel mismo mes. Desempeñólo, poco más ó menos, durante tres años, al cabo de los cuales, en 8 de Mayo de 1605, fué recibido en su lugar D. Diego Gómez de Sandoval, Conde de Saldaña. Por último, en 12 de Marzo

---

[1] Tomás González, *Censo de poblacion de las provincias y partidos de la corona de Castilla en el siglo XVI....;* Madrid, en la Imprenta Real; Año de 1829.

de 1607, hizo su entrada D. Fabián de Monroy, que conservó el cargo hasta 24 de Enero de 1610. [1]

En toda esta larga lista únicamente hay dos nombres á los cuales pueda aplicarse el pasaje del *Coloquio:* el de D. Diego Sarmiento de Acuña y el del conde de Saldaña; mas ¿quién de ellos es el Corregidor señalado encubiertamente por Cervantes? Si nos ajustamos á la alabanza que de sus dotes encierra la frase *gran caballero y muy gran cristiano*, elogio que supone años, gravedad y consejo, habrá forzosamente que conjeturar que lo fué el futuro conde de Gondomar. Por el tiempo en que el *Coloquio* se escribía (1604), contaba treinta y siete años; había sido Corregidor en Toro, Alférez mayor en la ciudad de Valladolid, caballero de muchas y buenas prendas, en sentir de Cabrera, como demostró poco después en su Embajada de Inglaterra, y probado anteriormente en las arduas é importantes comisiones con que el Rey honró su confianza. [2] Era, además, cultísimo personaje, gran amante de las artes, y con especialidad de los buenos libros, de los que por entonces comenzó á juntar gran copia en su Casa del Sol, haciendo famosa su librería. En suma: si en el párrafo hay la cita de un magnate, de quien se guardan grandes y merecidos respetos, más cuadraban en Gondomar, hombre hecho y maduro, que en el joven Saldaña.

Don Diego Gómez de Sandoval, hijo segundo del Duque de Lerma, era á la sazón un mozo de escasos veinte años, recién casado uno hacía, alborotador y pendenciero, y que, nombrado Corregidor por el inmenso valimiento de su padre, fueron sus acciones más propias de un pícaro ó virote que de la compostura y gravedad que en toda una corte

---

[1] He sacado estos datos de los *Libros de Actas del Ayuntamiento de Valladolid*. Años 1602, ff. 277, 278, 280 y 319 á 324; 1604, Junta de 1.º de Octubre; 1605, Junta de 8 de Mayo; etc. El conde de Saldaña había sido proveído por Corregidor en 12 de Noviembre de 1604: mas no entró á servir el puesto hasta el 8 de Mayo siguiente.

Vid. además, MARTÍ Y MONSÓ: *Estudios histórico-artísticos;* op. cit., pp 20 á 22 y 114-115, y *Los Calderones*, estudio publicado en el *Boletín de la Sociedad Castellana de Excursiones;* núm. 76, p. 6.

[2] Vid. el prólogo de Gayangos á las *Cinco cartas político-literarias de D. Diego Sarmiento de Acuña primer conde de Gondomar* (Bibliófilos españoles). Madrid, Rivadeneyra, 1869.

pedían la importancia y alteza de su cargo. [1] Ora tomaba medidas ridículas, saliendo mal parado, en pleito y pelea con la Sala de Alcaldes y condenado á la postre; ora alocadamente, y en compañía de otros cuantos mozalbetes, poníase á dar matracas en plena Platería, salvando su vida por milagro; pero mereciendo ser conducido á una fortaleza por orden de su padre, sin que le librara del castigo el cargo de Corregidor que á la sazón ejercía y afeaba con sus botaratadas y ligerezas. [2] No le competen, pues, en buena lógica aquellas pausadas alabanzas. Y aun cuando se arguya que Cervantes le dedicó, como es bien sabido, una oda preñada de pomposos elogios, donde, á la cuenta, buscaba su protección y amparo, y que, por tanto, nada de extraño tendría el que en este pasaje hubiera dejado correr un tanto aduladora la pluma (pecado que en aquellos tiempos no tenía la trascendencia que en los nuestros) para hacer un *gran caballero y gran cristiano* de quien sólo se ganaba arrestos, multas, estocadas y prisiones, no obstante, la impresión que el párrafo produce, es que Cervantes refirióse aquí al conde de Gondomar. Hay en este episodio un reflejo muy vivo de un sucedido personal, del que sale irónicamente notado el entonces Co-

---

[1] La Barrera: Notas biográficas al *Viaje del Parnaso* (Cervantes: *Obras completas*; tomo XII, pp. 375 y 376).

[2] «Ha llevado un alcalde de Corte preso al Conde de Saldaña á la fortaleza de Ampudia, cinco leguas de aquí, para tenerle recogido el Duque su padre, por excesos que aquí hacía, y últimamente, que una noche de la semana pasada se puso á dar matraca á los que daban cierta música en la Platería, los cuales pusieron mano á las espadas contra él y los que le acompañaban, y le dieron una estocada que le pasó el broquel y le hirió en el pecho hacia la tetilla, que fué necesario decir quién era, con que le dejaron, y hubo heridos de una y otra parte».—Cabrera: *Relaciones* ....; Valladolid 14 de Mayo de 1605, op. cit. 242.

Pinheiro da aún más detalles sobre el caso, confirmando los datos de Cabrera, y dice que la riña fué por una portuguesa recién llegada á la Corte. Acompañaban al Conde en esta correría varios criados, todos embozados —Pinheiro *Cervantes en Valladolid*.....; op. cit. p. 46.

En otro lance ridículo se vió envuelto por entonces con ocasión de la recogida de un cerdo que vagaba por las calles; el mismo Pinheiro (op. cit. 168 á 173) relata las cómicas consecuencias que tuvo. Llegó el caso hasta mandar prender la Sala de Alcaldes al Corregidor, y ser sustanciado el proceso, en el cual se le condenó al pago de las costas y de 400 ducados de multa.

rregidor de Valladolid, y si el desamparado y pobre escritor solicitaba influencia y asilo en la égida protectora de Saldaña, no hubiera sido, ciertamente, el de la burla, el mejor camino para lograrlo. Como en todas las alusiones repartidas por el *Coloquio*, son más las sombras que la luz lo que nos rodea, por grande que sea el empeño del colector en borrar aquéllas y hacer la claridad vivísima y deslumbradora.

356 ... cómo se podía remediar la perdición tan notoria de las mozas vagamundas, que, por no servir, dan en malas...: plaga intolerable y que pedía presto y eficaz remedio.

Plaga social, en efecto, fueron en aquel tiempo las mujeres ociosas y vagamundas, que, acogidas al abrigo de la Corte y las ciudades populosas, inundábanlas de vicios y de males, siendo constante pesadilla de sus Corregidores y de los moralistas. Fecundas eran para el mal; desde las simples mozas que rehuían el entrar al servicio de las casas, amparándose bajo el celestinesco manto de las madres ó ponedoras de mozas, que las recogían en las suyas para comerciar luego infamemente con ellas, hasta las que se decían *costureras, labranderas y abridoras de cuellos*, que, bajo pretexto de aderezar calzas, tomar puntos ó semejantes labores, tenían su posada independiente, y asiento en ella para sus prácticas venales y corrompidas.

Las del primer linaje eran las más abundantes y las más dadas al mal vivir, y á ellas principalmente se refiere el prudente Berganza en este pasaje.

«Llegada la noche — decía un testigo del tiempo — salen como bestias fieras de sus cuevas á buscar la caza; pónense por esos cantones, por calles y portales de casas, convidando á los miserables hombres que van descuidados, y hechas lazos de Satanás, caen y hacen caer en gravísimos pecados. Vanse por las casas de los Señores donde hay pajes y otra gente moza de servicio, vanse hasta las caballerizas, y los hombres flacos, teniendo á la mano la ocasión, caen miserablemente; y ellas, habiendo gastado toda la noche, ó la mayor parte della, recógense con su torpe ganancia á las posadas y casas que tienen, y allí gastan el día en dormir, comer y holgar, hasta que vuelve la noche.» [1]

---

[1] *Razón, y forma de la Galera y casa Real, que el Rey Nuestro señor manda hazer en estos Reynos, para castigo de las mugeres vagantes, ladronas, alcahuetas, y*

Infinitos eran los daños, escándalos y malos ejemplos que de este género de gente se seguía, y no era el menor el gran número de hombres que contagiaban con sus enfermedades, de que estaban llenas, hasta el punto de que los hospitales no daban abasto para curar tantos enfermos de bubas y dolencias semejantes; y así, del de la Resurrección de Valladolid dice el mismo testigo que «para cada cama había mil hombres», sin contar los muchos, gente más principal, que tomaban los sudores y unciones privadamente en sus casas.

Todos estos males, y otra legión de ellos parecida, nacían de no querer servir, prefiriendo la vida de la gallofa, hechas amancebadas, ladronas y alcahuetas; y como el fragor de la Corte daba para todo, crecían y aumentábanse de modo extraordinario, con espanto de los buenos y moralistas.

Muchos fueron los remedios particulares y públicos que se pusieron en obra para acabar con esta peste; desde las fundaciones pías que recibían las mujeres arrepentidas de su mala vida, hasta los bandos que las justicias daban con frecuencia, prohibiéndolas salir fuera de sus casas por las noches, hora en que principalmente cometían sus excesos. [1]

---

otras semejantes. Compvesta por la Madre Madalena de San Geronymo, fundadora de la casa de Probacion de Valladolid. En Valladolid, por Francisco Fernandez de Cordoua, año de 1608. In 8.º, 60 páginas (Punto I, párrafo II). Hay otra edición de Valencia, por Joseph Estevan Dolz, año 1760; un vol. en 8.º de 62 páginas. Reimpresa íntegramente por el Sr. Serrano y Sanz en sus *Escritoras Españolas*...... Madrid, 1905 (tomo II, pp. 307-317). Libro muy curioso y de capital interés para este punto.

[1] Vid. los pregones que Serrano y Sanz incluye en su citada obra, tomo II, pp. 317, 319. Los señores del Consejo de S. M. en Madrid á 19 de Agosto de 1614 se quejaban á la Sala de Alcaldes de que en la Corte «muchas moças, so color de decir que siruen, andan vagamundas y viben mal y cometen otros excessos, de que se causan delitos», para remedio de lo cual ordenaron á los Alcaldes publicaran ó hicieran cumplir una instrucción sobre la materia, que les entregaría Juan Gallo de Andrada secretario de S. M. Al efecto, la Sala, por auto de 20 de Agosto de 1614, promulgó la dicha instrucción, verdadero reglamento de las mozas de servir, madres de mozas, etc, muy interesante para la cuestión, y que, aunque á la mano tengo su copia íntegra, su mucha extensión me veda el reproducirlo, como tantos otros.—*Sala de Alcaldes;* libro VI, ff. 258 á 262.

Vid. también sobre la materia *Del amparo de los verdaderos pobres destos Reynos, y reduccion de los bagamundos de ellos.* Borrador de la Cédula de Felipe III.

Hubo, sobre todo, un Corregidor en Valladolid á fines del siglo XVI, el alcalde Armenteros, que inventó para corregirlas un modo asaz curioso. Á cuantas vagamundas y cantoneras topaba por las calles fuera de las horas de pregón las reunía en el portal de una gran casa; y cuando tenía juntas cuarenta ó más, hacía que se azotasen bravamente unas á otras, con gran alboroto de llantos, gritos y lamentos; y tan ejemplar fué el castigo, y tanto el miedo y pavor que en ellas infundió la astuta medida, que durante el tiempo que desempeñó su cargo dejaron de aparecer por las noches vagamundas ningunas, viéndose libre la ciudad de escándalos y pecados. [1]

Reverdecieron con los años, y aquel siglo, tan fecundo para el bien como para el pecado, diputó una mujer de extraordinario brío, valentísimo espíritu y férreo carácter, la madre Magdalena de San Jerónimo, cuya existencia se consagró por entero al cuidado y corrección de aquellas infelices. Ella fué quien primeramente, hacia 1598, fundó en Valladolid, donde transcurrieron muchos años de su laboriosísima vida, la casa pía de Santa María Magdalena, [2] y más tarde, en 1604, de asiento la Corte y á excitación del Rey, la transformó, con más amplios fines y rentas, en la llamada *Casa de la Galera*, según ella misma declara en el curiosísimo tratado que dedicó por entero á esta materia. [3]

Y como la buena Madre era de hierro, de hierro son también las re-

---

Bib. Nac. Mss., Cc.-128 (reimpreso por D. FERMÍN FERNÁNDEZ IGLESIAS: *La Beneficencia en España*. Madrid, 1876; tomo II, pp. 1137 y siguientes). Es una instrucción compuesta de doce capítulos. El último trata «De la ocupación y castigo de las mugeres bagabundas». Sigue puntualmente la doctrina que Pérez de Herrera dedicó á este punto. La fecha del manuscrito es de 1599.

[1] *Razón y forma de la Galera....*; op. cit., Punto II, § IV.

[2] Consta por varios memoriales de la Religiosa dirigidos á Felipe II, en petición de limosnas para su casa, y que Serrano y Sanz copia en la vida de aquélla. *Escritoras Españolas;* op. cit., II, p. 306.

[3] «Habiendo yo considerado y visto..... la disolución y rotura de muchas mujeres, sentia un gran dolor en mi alma..... que me hacia pensar y buscar algun medio que fuese remedio para tanto mal. Ofrecióseme uno entre otros que, aunque riguroso, me pareció el mejor y más eficaz. *Venida á la corte habrá cuatro años,* propúsele á V. M. y juntamente las razones en que me fundaba. V. M. me oyó de espacio..... y me mandó lo comunicase con el Duque de Lerma y con los del Consejo, y *con efecto le pusiessen en execución, como se ha hecho en esta Corte de Madrid y en Valladolid.*» La dedicatoria, en donde aparecen estos datos, tie-

glas de su instituto; valga por caso la siguiente, que como muestra escojo entre las muchas análogas que podrían sacarse de su obra: «Ha de haber en esta galera todo género de prisiones, cadenas, esposas, grillos, mordazas, cepos y disciplinas de todas hechuras, de cordeles y hierro, que sólo de ver estos instrumentos, se atemoricen y espanten, porque como ésta ha de ser como una cárcel muy penosa, conviene que haya gran rigor.» [1]

Y gran rigor, en efecto, había en ella, desde que entraban las vagamundas, rapado el cabello á navaja, vestidas de anjeo, lienzo grosero ó paño basto, ocupadas todo el día en trabajos manuales, con una comida pobre y penitente, hasta que, arrepentidas, volvían al mundo, entrando á servir por donde no quisieron.

Pérez de Herrera, aquel gran bienhechor de Madrid, años antes que la Madre San Jerónimo, había adelantado en sus escritos muchas de estas prácticas, que luego recibió aquélla en su tratado. [2]

Ignoro, finalmente, cuáles serían los advertimientos que Berganza escuchó al viejo enfermo del Hospital de la Resurrección, tan mal atendidos por el Corregidor de Valladolid; mas es patente que todo este pasaje tiene un marcado sabor autobiográfico é histórico, y, por lo mismo, no llevando su cronología más allá del año de 1604, en los finales del cual partió la Madre San Jerónimo para Flandes, dejando fundada la Casa de la Galera, es rastro muy importante para calcular la época en que se escribió el *Coloquio*, aprovechado ya, como el lector habrá visto en la *Introducción*. [3]

---

ne la fecha *1 de octubre de 1608*. Luego los *cuatro años* se refieren indudablemente al de 1604, en el cual la Corte residía en Valladolid. Otros argumentos idénticos despréndense de la misma dedicatoria, que, en gracia á la brevedad, omito

[1] *Razón y forma de la Galera*.....; op. cit., Punto II, § X.

[2] En su *Discurso de la forma de reclusión y castigo para las mugeres vagabundas y delincuentes destos Reynos*, que incluyó en sus *Discursos del amparo de los legítimos pobres* (Madrid, Luis Sanchez, 1598, ff 63 á 73) La primera idea de este discurso está contenida en otro librillo del mismo Pérez de Herrera, impreso en 1596 (Vid. P. Pastor: *Bibliografía Madrileña;* núm. 519); posteriormente impreso también, pero aparte, vid. Serrano Sanz: *op. cit.*, II, p 319, donde se reproduce íntegramente.

[3] Á más de las noticias que de la Madre San Jerónimo allí doy, vid. la *Correspondencia de la Infanta Archiduquesa Doña Isabel Clara Eugenia de Austria con el Duque de Lerma y otros personajes, publicada*..... por D. Antonio Rodríguez

357 ... una perrilla destas que llaman de falda ...

No se ufanen las encopetadas damas de nuestros días, imitadoras ardientes de todo lo extranjero, en tener por cosa nueva, traída de Francia, el uso faldero y doméstico de las perritas: también las de nuestro siglo de oro divertían su tiempo criando y regalando gozquecillos, «que es cosa muy esencial y propia en una dama—escribía Mateo Alemán—uno de estos perritos, y así podrían pasar sin ellos como un médico sin guantes y sortija, un boticario sin ajedrez, un barbero sin guitarra y un molinero sin rabelico». [1]

Gargantillas, cascabeles y collares de plata y tafetanes con más colores que novia de aldea usábanse á profusión para adornar y vestir los gozquecillos; que ya no corrían los años en que las damas divertían su ociosidad con la rueca y la almohadilla, como en los antiguos, sino con monas, papagayos y perrillas. [2]

Los pintores del tiempo recogieron esta costumbre, que se encuentra en todos: desde Ticiano en su incomparable *Dánae*, hasta Felipe de Liaño en sus retratos.

358 Una muestra y señal desa verdad que dices nos dan algunos hombrecillos ...

Rastros muy vivos de personales sucedidos encierran estos dos pos-

---

Villa.—Madrid, Fortanet, 1906; pp. 22, 38, 59, 103, 104, 113, 139, 147, 181.—De su lectura se alcanza el gran aprecio y estima en que los Reyes de España la tenían.

[1] ALEMÁN. *Guzmán de Alfarache;* parte II, lib. III, cap. VI.

De estos perrillos daba las noticias siguientes el licenciado Huerta. «Hay otros pequeñuelos y casi inútiles llamados gozques ó albañariegos: los cuales se crían en las casas entre la ropa y faldas de las mugeres..... Hay algunos no mayores que un hurón, y dícese que se quita el dolor de estómago ó de cualquiera otra parte interna del cuerpo aplicando uno destos sobre ella, y que suelen recebir ellos el mal que padecía la parte donde se aplican. Son muy queridos y regalados de las mugeres, porque teniéndolos sobre las tripas las dan calor y las libran del mal de madre, y tambien porque las sirven de regalillo á las manos, y de juguete para estar ociosas.»—*Historia natural de Cayo Plinio;* op. cit., I, páginas 464 y 465.

[2] QUEVEDO: *Casa de locos de amor;* Obras......, I, p. 353.

Gerónimo Gnophoso da en su tiempo por muy recibidos entre las mujeres los perrillos de falda.—*El Crotalón*, op. cit., pp. 376 y 377

treros lances del *Coloquio*: el del Corregidor y el de la perrilla. Mas, á pesar de ello, intento vano sería, por mi parte, pretender descifrarlos, y tiempo perdido el que dedicásemos á hacerlo. Cumplió en esto Cervantes, y muy discretamente, con el precepto clásico que le aconsejaba embozar la sátira como con harto talento venía haciéndolo en toda la novela; pero al llegar aquí rebelóse su pluma, acaso porque recordó algo muy doloroso, muy personal é íntimo, quién sabe si acaecido por aquellos mismos días, fresca la tinta aún con que se habían escrito los anteriores episodios, tan risueños y alegres; y así vibra en el estilo de las reflexiones de Cervantes un no sé qué de melancólica tristeza, de tímida protesta, como si, por un instante, la conciencia indómita del genio lograse romper las mallas de aquella santa conformidad en la desgracia, con que su alma cristiana sabía abroquelarse.

359 ... **no ha menester apoyos ni necesita de amparos** ..... **ni las adversidades les desanimen** ...

Como no he podido averiguar, no obstante los cotejos practicados para lograrlo, cuál fué la edición que sirvió de base á Aribau para ordenar la de la *Biblioteca de Autores Españoles*, no me cabe tampoco señalar el origen de las oraciones enteras (algunas muy extensas) que se hallan intercaladas en las últimas páginas del *Coloquio*, á partir del pasaje de los moriscos. Sobre no contenerlas la príncipe, ni la siguiente de Madrid, 1614, tampoco se encuentran en las de Bruselas y Pamplona, 1614, Pamplona y Milán, 1615. Es significativo que todas ellas no desdicen del lenguaje cervantino, y alguna hay, como lo que el matemático añade sobre la suerte del alquimista, que por su ironía burlona podría prohijarla el mismo Cervantes.

Acaso procedan todas ellas de la edición de Sevilla, Francisco de Lyra, 1627, que según Rius (núm. 234), «ofrece notables variantes, supresiones y añadiduras», pero que no he alcanzado á ver, por no conservarse siquiera un solo ejemplar de su tirada en nuestras públicas Bibliotecas.

360 ... **yo alcanzo el artificio del coloquio y la invención, y basta.**

Espero que el lector, al acabar las notas, si su paciencia bondadosa le permitió llegar á ésta, habrá con el licenciado Peralta alcanzado también la gracia, brío y mérito aticísimos del incomparable Diálogo de los Perros de Mahudes. Yo hice, por mi cuenta, cuanto mis pobres fuerzas dieron de sí para aclarárselo, añadiendo este comentario al cartapacio del Alférez, al que bien pude poner por mote, glosando una sentencia latina que otro escritor recuerda, estas palabras:

In tenui labor est, non vero gloria.

Porque mérito no tendrá, ni habrá de merecer gloria ninguna este librejo, por lo tanto; ¡pero trabajo.....!

¡Anímese á ensayarlo el lector con cualquiera de las ocho restantes novelas cervantinas que, faltas de él, lo están pidiendo vivamente; que yo le auguro y prometo para su empresa, cuando á solas labore y por sí mismo se interne en el estudio de la intensísima y curiosa vida de antaño, ratos muy buenos; y á la postre, también, como sabroso fruto (amargo acaso, pero reconfortativo y sano), el conocimiento personal y hondo de aquella hermosa España de nuestros abuelos, que mientras supo ser *Quijote*, llena la cabeza de ideales y el corazón de amores, fué España en Siglo de oro, para trocarse en España de alquimia el día que se acordó de *Sancho Panza*.....

APÉNDICES

I

Á fin de no distraer la atención del lector en la *Introducción* con largas y extemporáneas notas, he preferido entresacar de sus capítulos las referentes á puntos bibliográficos, para poderlas tratar aquí con más holgura. Acaso debí haber hecho el mismo severo expurgo con otras análogas, en vista de la profusión, pecadora á veces, que de notas hice en toda la obra. Sálveme, sin embargo, para la censura del lector, la idea que tuve siempre de que en estos libros de erudición las notas hacen como de cimientos, y así son éstos tanto más sólidos y hondos cuanto más abundantes aquéllas. Y si á mi pobre edificio le pudo faltar vistosidad y elegancia, no quise, al menos, regatearle su firmeza, labrándolo sobre arena.

Los *Libros de Autos y Providencias de govierno de la sala de Señores Alcaldes de la Casa y Corte de Su Magestad*, de que tanto uso he hecho, consérvanse afortunadamente, casi íntegros, en nuestro Archivo Histórico Nacional. Son 218 volúmenes, que abarcan desde 1579 hasta 1834, año en que se suprimió la Sala.

Despreciados hasta el día por nuestros investigadores, salvo alguna aislada cita, el lector habrá alcanzado en el curso de este trabajo la importancia, interés y realce que comunican á nuestra historia, singularmente en lo que toca á las costumbres. Para este punto son inapreciables, y muy de veras lamento que la sobriedad y falta de espacio me hayan impedido á menudo trasladar en su integridad los muy numerosos apuntamientos que saqué de ellos.

Para consultarlos, ya que la mina, claro es, no está agotada y puede beneficiarse todavía con gran fruto, el lector debe utilizar, ante todo, cualquiera de los dos índices ordenados á mediados del siglo XVIII, siendo gobernador de la Sala D. Francisco Manuel de la Mata Linares: el de materias, grueso tomo de 1.334 hojas (signatura 1.410 *e*), ó el cronológico (dos volúmenes, signaturas 2.777 *e* y 2.778 *e*). Ambos son muy útiles: el primero, para seguir el proceso de una materia determinada, pues en él aparecen historiadas una institución, una práctica ó costumbre; y el cronológico, para quien sólo desee consultar un año ó un período de ellos.

Al ilustrar el *Coloquio*, repasé minuciosamente los *Libros de Acuerdos* desde su comienzo hasta 1626. Para su más cómoda cita, me atuve en cada nota á su numeración de orden, ó correlativa, dejando para este lugar sus signaturas, que son las siguientes:

Libro	I	Años	1579-1592	Signatura	1.197 e.
»	II	»	1593-1601	»	1.198 e.
»	III	»	1601-1606	»	1.199 e.
»	IV	»	1606-1610	»	1.200 e.
»	V	»	1611-1613	»	1.201 e.
»	VI	»	1614-1615	»	1.202 e.
»	VII	»	1615-1617	»	1.203 e.
»	VIII	»	1617-1618	»	1.204 e.
»	IX	»	1618-1619	»	1.205 e.
»	X	»	1619-1620	»	1.206 e.
»	XI	»	1619-1621	»	1.207 e.
»	XII	»	1621-1622	»	1.208 e.
»	XIII	»	1621-1623	»	1.209 e.
»	XIV	»	1623-1624	»	1.210 e.
»	XV	»	1625-1626	»	1.211 e.

Aquí cesé en mi investigación; pues el reinado de Felipe IV se sale ya de lo puramente cervantino. Existían en otro tiempo *Libros de Acuerdos* de la Sala posteriores, cuando menos, al año de 1561. Cristóbal de Valencia, escribano, realiza en 1623 una busca y extracto en ellos, y, citándolos expresamente, pide una recompensa á la Sala, por orden de la cual lo había hecho (vid. libro XIV, f.º 445). Hoy no se conservan. ¿Los robaron? ¿Se perdieron? Lo indudable es que ya no figuraban en su Archivo á mediados del siglo XVIII, al tiempo de hacerse los índices descritos.

No eran estos *Libros de Acuerdos* los únicos que se llevaban en la Sala. Por mandado de los Alcaldes habíalos también de amancebados y jugadores, donde se asentaban los nombres de los condenados por tales delitos (vid. libro II, f.º 212); de consultas hechas á Su Majestad y al Consejo de Cámara (vid. libro III, f.º 341): de presos (vid. libro III, f.º 172), y de sueltos en fiado (vid. libro V, f.º 71), reglamentación muy ordenada y curiosa, que encerraba un progresivo y meritísimo precedente de nuestro Registro Central de Penados. Por desgracia, todos estos libros se perdieron, en mi opinión, al tiempo que las causas incoadas en jurisdicción criminal por la Sala, vendidas al peso á mediados del siglo XIX, funestísima centuria para tantos y tantos papeles tocantes á nuestra historia y letras patrias.

II

Al recorrer alguno de los capítulos de la *Introducción* al *Coloquio*, acaso se haya extrañado el lector del crédito grande que entonces concedí y he venido concediendo en el resto de la obra á las *Memorias de Bartolomé Pinheiro da Veiga sobre la Corte de España en 1605*, cuando, modernamente, diversos eruditos, entre ellos alguno muy calificado, han puesto más que en tela de juicio su histórico testimonio, llegando hasta á dudar de la legitimidad de aquellas relaciones.

Este posible reparo me obliga á detenerme un instante aquí, saliendo á la defensa de Bartolomé Pinheiro, con lo cual quedará á la vez justificada mi conducta.

Por fortuna, para la buena memoria del que fué docto catedrático de la Universidad de Coimbra, Juez de relación en Oporto, Caballero profeso de la Orden del Christo, etc., los trabajos de Gayangos en su prólogo á la *Pincigrafía;* D. Domingo García Peres en su *Catálogo razonado, biográfico y bibliográfico de los autores portugueses que escribieron en castellano* (Madrid, 1890; pp 458 á 464); Barbosa Machado *(Bibliotheca Lusitana;* III, 759), é Inocencio Francisco da Silva, *Diccionario bibliográfico;* VII, 363), suman en conjunto un caudal tal de noticias, tan precisas y auténticas, enumerando los cargos que desempeñó y sucesos más importantes de su dilatadísima vida (1571-1656), que hoy puede considerarse reconstituída de todo punto su figura, y á la sombra de cualquier sospecha el valor é importancia de sus obras.

Pleito más largo y delicado parece el de la credibilidad y valor que deba concedérselas: mas tampoco es empresa difícil; bastando para acabarla felizmente separar en sus relaciones y memorias lo puramente personal é íntimo, de las noticias y comentarios sobre las cosas y sujetos de su tiempo, fruto de su propia observación. En cuanto á lo primero, no puede negarse que Pinheiro era portugués, y como portugués, galanteador y enamoradizo; y bástame apuntar tan sólo estos pecadillos, para que el lector se explique primero, y perdone indulgentemente después, las exageraciones é hipérboles en que el buen caballero incurría siempre que trasladaba á sus páginas la relación de sus conquistas y triunfos amorosos; pero esta misma condición de Pinheiro sirvióle también para llenar sus *Memorias* de deliciosos esbozos y rasguños sobre el carácter y costumbres de las damas y doncellas de antaño, conservando en su lengua original sus gracias, respuestas y donaires, con tanta vida, con tanto color, jugosidad y frescura, que hacen de su obra una crónica galante deliciosa, un documento de época interesantísimo, y, en suma, como Gayangos dijo, uno de los más interesantes libros de nuestra literatura. Más aún: como documento sobre las costumbres del siglo de oro, acaso sea único, pues en su moderada extensión acopia en pormenores y detalles sobre la vida social mayor riqueza casi que el conjunto total de nuestras clásicas novelas.

Adviértase, por otra parte, que Pinheiro lo escribía al descuido, con familiar libertad y confianza, como un *Diario* íntimo, sin pretensiones literarias ni editoriales, aunque su sólida cultura, trato frecuente con los mejores ingenios estantes en Valladolid aquellos años, conocimiento acabado de la lengua castellana, brioso ingenio, excelente memoria y penetrante observación, diesen por fruto, inesperado é inconsciente, el de una meritísima obra literaria. Faltará quizás el plan; acaso impere en la relación de los sucesos cierto desorden y abandono á los caprichos de su libérrima memoria; pero, en conjunto, sálense las suyas de los límites del vulgar *factum* de un memorialista ó gacetillero cualquiera: hay naturalidad, frescura, verdad, ingenio y estilo, cualidades sobradas para merecer el aplauso de la crítica.

Si en la parte personal ó de costumbres nada se encuentra que repugne á su credibilidad y mérito, menos pueden negarse en aquella otra dedicada á la narración de los sucesos públicos, festejos y ceremonias palaciegas de Valladolid. Cotejándole con los más graves historiadores de la época, con Herrera, Novoa ó Cabrera, hállase tanta puntualidad, concordancia y parecido, que por fuerza hay que estimarlo, á la vez que como sabroso fruto literario, como formal y fidedigna página de historia.

Desde que Gayangos, hace treinta años, publicó interesantes extractos de estas *Memorias*, hacíase más viva la curiosidad de conocerlas todas. Por fortuna, recientemente y gracias al celo del erudito Director de la Biblioteca Municipal de Oporto, D. José Pereira de Sampaio, han salido impresas, bajo el título de *Fastigimia*, en el tomo III de la Colección de Manuscritos que viene dando á la estampa aquel Centro, comprendiendo la *Philipstrea*, la *Pratilogia* y la *Pincigraphia* (un volumen en 4.°, de XLVIII + 381 páginas). Pero como para esta impresión se han utilizado solamente los códices de aquella Biblioteca, y existen otros además, con muy importantes adiciones y variantes como por el cotejo con el que sirvió á Gayangos se echa de ver, merecedoras son estas *Memorias* de una edición crítica y comentada en la cual se tengan á la vista todos.

Gran servicio haría ciertamente el colector crítico de ellas, no sólo por su inapreciable mérito é índole singular de su contenido, sino también por la escasez lastimosa que de autobiografías y relaciones de este linaje sentimos en nuestra patria.

Con razón y elocuente sobriedad dijo el P. Mariana que los españoles fueron siempre en sus hazañas *largos para facellas y cortos para contallas;* y como si esto fuera poco, las escasas relaciones, aparte las de Pinheiro, que de la estancia de la Corte en Valladolid se escribieron por entonces, han desaparecido con otros *Avisos* semejantes. Por ejemplo, en tiempo de Gallardo se conservaba en nuestra Biblioteca Nacional, Sala de manuscritos, un «*Informe secreto que envió el Conde de Franckemburg Embajador del Emperador, del estado de la Corte de Felipe III en Valladolid, condicion de las personas reales, etc......*» El códice que lo guardaba, Cc.-76 (hoy Ms. 9.390), no lo contiene actualmente, quedando en él las señales de haber sido arrancado.

Mucho más curiosa y valiosísima debía de ser una *Gazeta y nuevas de la Corte de España desde el año de 1600 en adelante*, que existió en un tiempo en la librería del Convento de San Felipe el Real de Madrid. Los autores que compusieron esta *Gazeta y nuevas de la Corte de España* fueron tres: Don Jerónimo Gastón de Torquemada, secretario de su Magestad, de la casa de los Príncipes de Saboya y de la del serenísimo señor Infante Don Carlos. Éste fué el primero que comenzó la obra, anotando «con mucho esmero, *dia por dia, mes por mes, y año por año*», todos los sucesos públicos y particulares de la Corte, desde 1600 hasta 1637 en que murió. Su hijo, D. Jerónimo Gastón de Torquemada, prosiguió la empresa de su padre; y á su muerte, acaecida en 1651, el nieto del primero, Fray Diego, religioso del orden de San Agustín, continuó la tarea de los dos, alcanzando entre los tres *casi un siglo.*

¡Calcule el lector la importancia que tendría esta *Gazeta*, cuando, en 1637, al ocurrir el fallecimiento del primero, *pasaban de seis mil sus hojas escritas!*

Al profesar Fray Diego en el convento de San Felipe, paró también el manuscrito en su librería; mas desde entonces ya no se encuentran otras noticias de este tesoro que unos apuntamientos que sobre el original sacó en el siglo xviii un religioso agustino, tocantes á la historia del mencionado convento, y de donde he tomado los datos que ahora utilizo. Á los desamortizadores, sin duda, debemos la *insigne* proeza de su destrucción, á la vez que la de tantas riquezas artísticas y literarias, perdiendo para siempre la mina riquísima que, para la biografía de nuestros ingenios, pintura de las costumbres é historia nacional, contendría este depósito, que por la lectura de aquellos pobres apuntamientos se rastrea no era tan ceremonioso y palaciego como las *Relaciones* de Cabrera. ¡Qué dolor! (Vid. Bib. de la Acad. de la Hist.—Manuscritos.—*Méndez.—Papeles varios*, 10-10-6, ff. 223 á 228.)

III

De los trabajos cervantinos de Gallardo, y de su propósito de ilustrar las *Novelas ejemplares*, dió cuenta el famoso bibliógrafo en el número 1.º de *El Criticón* (páginas 34 y 41). Estos intentos se malograron en la presa y pillaje que sus papeles sufrieron en Sevilla, en la conocida jornada del día de San Antonio, 13 de Junio del año 1823.

No poco de inventivas y fantásticas tuvieron en la imaginación de Gallardo muchas de las pérdidas de que se dolió siempre, y la prueba está en que desde dicho año hasta el de 1852, en que le cogió la muerte, corrieron bastantes para haber podido llevar á buen fin aquellos propósitos literarios, cosa que no hizo.

Sea lo que fuere, Gallardo continuó lamentando durante toda su larga vida aquella anticonstitucional expoliación, haciéndolo con muchos detalles y pormenores en una desconocida é inédita correspondencia que por los años de 1830 mantuvo con D. José Fernández-Guerra, padre de D. Aureliano, y celebrado autor dramático asimismo.

Consérvanse estas cartas en poder de D. Luis Valdés, sobrino y heredero de aquél, á cuya generosa y buena amistad debo el haber podido utilizar este depósito á mis anchas. Su valor para la biografía de Gallardo es muy grande, y no escaso su interés para nuestra historia literaria, por los juicios personales y noticias bibliográficas que encierra.

Creo que los cervantistas me agradecerán la reproducción de las cartas en que el Bibliotecario de las Cortes relata sus trabajos y proyectos. Por otra parte, es su tinta tan débil y apagada, que acaso dentro de pocos años no pudieran ya leerse. Dice así la primera:

«Abril 8 de 1830. — Estimado amigo: Con atraso de un correo, para que así la privazión me aumentase el apetito y el gusto he rezibido el 5 la favorezida de V.ᵈ que (si hai ley en las cartas) debi rezibir el 2. Grazias por el papelito de Variantes de la Zelestina entre las ed. [ediciones] de 1632 y de 1822, con que V. me regala. Yo soi mui dado á ese jénero de trabajos, impreszindible para mi en el empeño de hazer un Dicz.º [Diccionario] autorizado de la lengua castellana, para el cual es preziso tener el texto de los autores cuan zendrado y puro ser pueda. Por eso busco con tanto afan las impresiones ant. de nros. clásicos desconfiando de la fidelidad de las modernas; las cuales suelen tener el cuerpo lleno de grazia, é infernada el alma. De esas y como esas papeletas perdi yo un tesoro en mi última bancarrota literaria de Triana del año 23. Apénas hay escritor de alguna nota, á quien no le tuviere sacadas variantes, ya de impresos, ya de Mss.; habiéndome también merezido esa tarea, verdaderamente alemana, aun ziertos libritos que pueden parezer baladies á los ojos de ziertos lectores que lo son. Del *Lazarillo de Tormes* perdi ejemplar de una impresión moderna hecha en Burdeos marginada con las variantes de 6 ú 7 ed. ant.—¿Posee V.ᵈ, á dicha, algûna anterior al año de 1573?

»Pero donde habia empleado todo mi esmero es en el careo de las obras del incomparable Zervantes, de quien llegué á poseer i cotejar todas las imprs.ˢ del *Quijote* hechas dentro ó fuera del reino en vida del Autor.—Perdi tambien con dolor en lo de Triana las variantes de las ed. (ediciones) ant. de sus *Novelas*, sacadas en ûna moderna que estos a.ˢ [años] pasados hizo en M.ᵈ [Madrid] Burgos [el impresor].

I perdi juntam.º el códize ant. que puede pasar por el original de la picante novela de *La Tía Fingida*, que tan chapuzera y torp.ᵉ viziada publicó en M.ᵈ el Bibliotecario Arrieta, y aun nó con entera fidelidad en Berlin Navarrete en una linda impresión cuyos ejemplares no son comunes en España.

»En el MS. que contenia ésa y otras novelas de Zerv.ˢ copiadas por los a.ˢ de 1604 en Sevilla donde vivió el Autor antes de imprimirse ninguna de ellas, se contenian algunas piezas originales del Colector, llenas todas de donaire. Una era ùna *Floresta* que podemos dezir sevillana, porque la mayor parte de los dichos eran de personas conozidas en Sevilla, á quienes el Lic. Porras de la Cámara coronista de sus grazias conozia i trataba por aquellas calendas: entre ellas me acuerdo que la hazía el plato mui frecuente i muy sazonado un P. Farfán, chusco sevillano, de quien no se me han olvidado todos los chistes.

»Y para que la pérdida fuese no menos sensible para las Bellas-artes que para las Bellas-letras, á la de libros i papeles tan preziosos se agregó la de un juego de dibujos p.ᵃ sendas estampas de las *Novelas*, primor de Paret, que á juizio de Zean-Bermudez en su Dicz.º de Pintores era, en invenzion propiedad y elegancia, la obra maestra de aquel Pintor injenioso.—Hablando de pérdidas tan lastimosas, aseguro á V.ᵈ que no sé cómo tras ellas no se me va la del juizio.....»

Meses después, en 28 de Octubre de 1830, año en que la correspondencia entre ambos literatos es más sostenida, curiosa y rica, repetía Gallardo la noticia de aquellas pérdidas de Triana, diciendo lo que sigue:

«Esa minuta que he mandado á V.ᵈ de lo perdido en S.ᵃ [Sevilla] fué un rasguño hecho de repente, más p.ᵃ dar señas de algo que notizia puntual de todo lo perdido: por si por lo uno podía rastrear lo otro. Mucho, muchísimo de lo perdido MS. autógrafo mio ni me atreví á apuntarlo siquiera.—No quiero acordarme de eso, porque es cosa de enloquecer.»

Y en efecto, en el mismo inédito códice figura la minuta á que hace referencia esta dolorida epístola, inventario curiosísimo de la librería particular de Gallardo. De muy buena gana la hubiera trasladado íntegramente á estos Apéndices por la celebridad del tema (famosísimo y tradicional entre los bibliógrafos) é interés de sus noticias. Mas como de hacerlo iríamos muy lejos, y harto lo estamos ya de nuestra salida, lector amigo, quédese el propósito para sazón más oportuna, pues verdaderamente merece este punto más sosiego y espacio de los que ahora disfruto.

Concretando, por eso, aquellas pérdidas á lo puramente cervantino, sólo añadiré que en la referida minuta de Gallardo aparecían consignadas las siguientes:

«¶ Porras de la cámara (d. F.^{co}).—Su Floresta, *orij.*[1], donde se contiene *La tia finjida* de Zerv.^{tes} (tan estropeada en la impresión p.^r el bibl.º Arrieta, i no enteramente bien tratada en la de Berlin), f.º p.º mui estropeado.

»it. Una copia en 4.º, de esta misma letra (de dicha novela de Zervantes) sacada de otro códize desconozido, acaso más antiguo.

»*Novelas* inp., en 2 f. en 8.º m.^r con las vart.^{tes} de la ed. de 1614 escritas de encarnado.

»¶ Inform.ⁿ de la vida i cost.^s de M. de Zerv.^s, cop. sacada del orijinal existente en el archivo de Indias de Sevilla =‖= Facsimil de su Memorial & =‖= Un sinnúmero de apunta.^{nes}, estractos i pap.^s en linpio (qe arán bien sobre media resma de papel) en *ilustra.*^{es} *á la vida i escritos* del inmortal autor del Qijote. materiales todos p.ª una nueva ed. de esta obra qe. intentaba B. J. G. ántes de publicar el acad.º Navarrete la suya =‖= El original de un *Papel* que ubo de ponerse trad. en la ult. ed. del Qijote en inglés ilustrando la vida de Zervan.^{ts} Correspond.^a original con la editora M.^s Esmare &ª.»

¡Pobre Gallardo! ¿Cuántos de estos tesoros serían legítimamente suyos? Á las mientes se viene el recuerdo del cruelísimo soneto de *El Solitario:*

> Caco, cuquo, faquín, bibliopirata,
> Tenaza de los libros, chuzo, púa...
> . . . .
> Argel de bibliotecas, gran falúa,
> Armada en corso, haciendo cala y cata...
> . . . .

ADDENDA ET CORRIGENDA

Página 10, nota 18.—Cuando menos podía esperarlo, y tirado ya el pliego correspondiente, la casualidad (patrona singular de las investigaciones históricas) puso en mis manos, ya que no un ejemplar impreso, una excelente y caligráfica copia manuscrita, en once hojas en folio, letra del tiempo, del *Memorial y discvrso que la Villa de Madrid dio al Rey don felipe III, nuestro señor, sobre la mudança de la Corte: hecho por el doctor Hernando Maldonado de Matute......*, y que con tanto afán había perseguido.

Doble fué mi satisfacción al dar con este hallazgo, porque leído detenidamente el *Memorial*, nada hallé en él de nuevo sobre la mudanza de la Corte que oportunamente no hubiera hecho constar en el capítulo donde relaté aquel famoso acontecimiento.

En cambio, á continuación de esta copia manuscrita encontré otro *Memorial*, también de letra del tiempo, en cinco hojas en folio, con este título: *La Villa de Madrid sobre la mudança de la Corte á Valladolid.* Sin añadir tampoco en su fondo nada nuevo á lo por mí dicho, ofrece, sí, de su contexto, algún dato curioso y desconocido para la historia de la mudanza; y es que, decidida secretamente, el Rey instó á la Villa de Madrid para que expusiese las mercedes y compensaciones con que podría indemnizarla de los gravísimos perjuicios que con su acuerdo la hería; á lo cual la Villa, que primeramente se había opuesto á la mudanza con el *Memorial* de Matute, viendo vano su esfuerzo, apuró el último que le quedaba, presentando al Rey este segundo Memorial, no tan sabio, jurídico, ni empedrado de citas y autoridades como el primero, pero respirando, en cambio, mayor sinceridad, vehemencia y amargura.

Por eso me ha parecido interesante dar cuenta al lector del hallazgo y de su contenido, para que, al informarse someramente de él, tenga por substancialmente estudiada aquella tan imprudente cuanto ruinosa resolución de un Rey *insipiente*, abandonado á la voluntad omnímoda de su caprichoso favorito. (Vid. Bib. Acad. Hist. *Jesuítas*, tomo 88, número I.)

Página 155, nota 4.—Advierta el lector que la *Relación del auto de fe* de Logroño, que reimprimió Moratín bajo pseudónimo en 1812, repetida luego en otras ediciones, no merece entero crédito. Obrando de mala fe, que muy capaz era él de estas cosas, no la reprodujo fielmente, sino con importantes variantes y supresiones. Acreedora es, por tanto, á que algún aficionado á estos estudios la saque nuevamente á luz en toda su integridad.

Página 468, nota 106.— Tanto en este pasaje como en otros de la obra, y arrastrado por la valiosa autoridad del jurado de Córdoba, Juan Rufo, me he venido valiendo de la voz *apotegma* como femenina. Hice mal, aunque, por la razón apuntada, y por la terminación femenina del vocablo, tenga alguna excusa. *Apotegma*, en griego, es de género neutro, y debe, por tanto, en ley de analogía, ser masculino en castellano, como, en efecto, lo es, aunque en tiempo de Miguel de Cervantes se usase indistintamente en uno y otro género por nuestros mejores y más gloriosos hablistas.

ÍNDICE DE LAS NOTAS
POR ORDEN ALFABÉTICO DE MATERIAS

Notas.		Págs.
106	Academia Imitatoria (La)...............................	467
80	*Á dos por tres*.......................................	441
25	Agua de ángeles (El)...................................	394
23	*Ahajar*...	393
354	*Ahechados*..	694
302	*Alegórico* (El estilo)................................	652
36	Alférez (Abundancia del cargo de)......................	402
	Alguaciles (Vid. *Escribanos*).	
228	Alistamiento de la gente de guerra.....................	567
18	Almonedas (Las)..	387
230	Alojamientos (Males de los)............................	573
44	Alquimia (Cosas de)....................................	407
344	Alquimia (Requisitos de la)............................	687
358	Alusiones satíricas....................................	701
335	Alusiones satíricas (Vid. además *Poema épico*)........	677
5	*Amores*...	377
30	Anacoluto (Un caso de).................................	397
83	*Ángeles de guarda*....................................	445
328	Angulo *el Malo*.......................................	672
284	Apariciones de difuntos................................	634
16	*Apartados*..	386
175	Arancel (Obligacion de colgar el)......................	527
351	Arbitrios disparatados.................................	692
349	Arbitrios (Fórmulas para despachar los)................	690
350	Arbitrios (Sigilo de los)..............................	691
101	*Arcadia* (Alusión á *La*).............................	464
150	*Artículo* (Concordancias del).........................	510
93	Atajadores de la costa (Los)...........................	453
239	Atambores (Bandos de los)..............................	581
245	Atambores (Chocarrerías de los)........................	586

Notas		Págs.
221	Atambores (Los)	564
298	*Atento*	648
323	*Autor*	666
198	*Avizorar*	551
	Barbarismos (Vid. *Quince, Perineos y perpenam*).	
95	*Barcino* (Nombre de perro)	456
164	*Bretón*	520
41	*Brincos*	405
277	*Brujas* (Aquelarres de las)	624
278	*Brujas* (Contienda sobre los aquelarres de las)	625
299	*Brujas* (Experiencias para despertar á las)	648
280	*Brujas* (Experiencias sobre los aquelarres de las)	628
288	*Brujas* (Maldades de las)	640
286	*Brujas* (Muerte de los infantes por las)	638
290	*Brujas* (Transformaciones de las)	642
285	*Brujas* (Ungüentos de las)	636
	Brujería (Vid. también *Hechicería*).	
48	Bubas (Curación de las)	412
163	*Cádiz*	520
9	*Camarada (Hacer)*	380
2	Campuzano (El alférez)	374
295	Cañizares (Estatura de la)	646
27	Capotillo (El)	395
20	*Carcañares*	390
220	Cartagena (El puerto de)	564
54	*Cartapacio*	420
19	Casamenteros (Los)	389
180	Casas de camas en Sevilla	529
109	*Cata el lobo*	471
84	Caza (La calle de la)	446
256	Celestina (Prácticas de)	599
287	Cervantes, teólogo	639
12	Cintillo (El)	383
65	Cipión (Omisión de la palabra)	429
165	Colindres (El apellido)	521
329	Comedias (Lectura de las)	674
322	Comedias (Representaciones fastuosas de las)	664
324	Comedias (Trajes para las)	666
334	Cómicos (Cervantes y los)	677
330	Cómicos en las compañías (Número de)	674
223	Comisarios de guerra (Los)	565
120	*Como* por *luego que*	480

Notas.		Págs.
96	*Como* (Valor del adverbio).................................	457
119	*Como* (Valor del adverbio).................................	479
14	*Comunicar*..	385
	Concordancias (Vid. *Artículo* y *Verbo*).	
31	*Condecender*...	398
37	*Conhortar*...	402
301	Consejas (Las)...	649
152	Corondas..	512
355	Corregidor de Valladolid (El).............................	694
232	*Corvetas*..	576
85	Costanilla (La)..	449
116	Criados (Costumbres sobre los)...........................	475
347	Cuadratura del círculo (La)..............................	689
346	*Cuando no me cato*.......................................	688
348	*Cuatro quejosos...... del Gran Turco*.....................	689
123	Cubiletes (Juego de los).................................	481
169	Cubrirse las mujeres con el manto........................	523
81	Cuchillos jiferos (Los)..................................	443
124	Chacona (El baile de la).................................	482
172	*Chirinola*...	525
122	*Chocarreros y chocarrerías*..............................	480
229	*Churrulleros (Soldados)*.................................	570
167	*Dar el cañuto*...	522
149	*Darse buen tiempo*.......................................	509
86	*De* (Uso de la preposición)..............................	451
208	*De* (Uso de la preposición)..............................	558
341	Dedicatoria de las obras.................................	681
297	*De espacio*..	647
342	*Demanda del Santo Grial (La)*............................	682
203	*Destreza*..	554
107	*Deum de Deo*...	470
104	Diana (Alusión á *La*)...................................	465
75	Días de carne (Los)......................................	436
170	*Dijes y poleos*..	524
98	*Disciplinantes de luz y de sangre* (Los).................	457
144	*Disparar*..	505
58	*Distinto*..	422
155	*Divertirse*..	515
72	Doblado (La traducción inglesa de la voz)................	432
236	Dominguillos..	579
94	*Dornajo*...	455
211	*Echar de manga*..	559

Notas.		Págs.
309	*Echar menos*..	655
131	*Echar pelillos á la mar*..	497
174	Ejecutoria (Cartas de)...	526
62	Elefante (Alabanzas del).......................................	426
15	Elipsis del lenguaje..	386
89	Elipsis (Un caso de)...	451
279	Elipsis (Un caso de)...	628
312	Elipsis (Un caso de)...	659
332	Entremeses (Figuras mudas en los).............................	676
333	Entremeses (Palos en los).....................................	676
170	*Entrevar toda costura*...	524
283	Erratas de las primeras ediciones..............................	634
250	Erratas del texto..	590
182	Erratas *(y más diez en que)*...................................	533
241	*Escabechar*..	582
184	Escribanos y alguaciles (Censuras de los)......................	534
185	Escribanos y alguaciles (Censuras de los)......................	535
186	Escribanos y alguaciles (Censuras de los)......................	537
188	Escribanos y alguaciles (Censuras de los)......................	538
189	Escribanos y alguaciles (Censuras de los)......................	540
17	*Escudos* y *ducados*...	386
343	Esdrújulo (El verso)..	686
	Esgrima (Vid. *Reparos* y *Destreza*).	
204	*Esgrimir*..	554
121	Esopo (Una fábula de)...	480
188	Espadas de más de la marca...................................	538
24	Estrado en las casas (El)......................................	393
64	Estudiantes de Medicina (Número de los).......................	428
136	Estudiantes.—Empeño de libros................................	500
137	Estudiantes.—La sarna y el hambre............................	501
126	Estudio de la Compañía de Jesús en Sevilla....................	492
132	Estudio de la Compañía de Jesús en Sevilla (Cervantes y el)...	497
139	Estudio de la Compañía de Jesús en Sevilla (Horas en el)......	502
142	*Filosofas*...	503
125	Florones de papel (Uso de los)................................	491
168	*Follados de camuza (Los)*.....................................	523
100	*Gaitas, zampoñas, rabeles y chirumbelas*......................	462
102	*Galatea* (Alusión á *La*)......................................	464
113	*Galatea* (Promesa de una continuación de *La*)................	474
141	*Gatos romanos*..	503
304	*Gitanilla* (Relación del *Coloquio* con *La*).................	653
306	Gitanos (Costumbres de).......................................	654

Notas.		Págs.
305	Gitanos (Costumbres de los)	653
310	Gitanos cuatreros (Los)	656
311	Gitanos (Legislación sobre los)	657
	Grados universitarios (Vid. *Pasilas*).	
224	*Gran cristiano*	566
34	Guadalupe (El Monasterio de Nuestra Señora de)	400
235	*Guadamecí (El)*	578
240	*Guilla*	582
156	*Habet bovem in lingua*	515
201	*Hacer la razón*	553
219	*Hacer vengado*	564
138	Haplología (Un caso de)	502
227	*Harriero*	567
276	*Hechicería* (Adivinaciones del demonio)	623
266	*Hechicería* (Aprendizaje de la)	612
272	*Hechicería* (Artes para fecundar)	619
257	*Hechicería* (Casar y descasar)	599
253	*Hechicería* (Diferencias entre la brujería y la)	591
259	*Hechicería* (Hacer nacer berros en una artesa)	602
281	*Hechicería* (La devoción y la)	631
268	*Hechicería* (La legión de demonios)	614
264	*Hechicería* (Ligar á los hombres)	606
288	*Hechicería* (Maldades de la)	640
254	*Hechicería* (Maléficas tempestarias)	593
292	*Hechicería* (Oraciones contra los alguaciles y corchetes)	644
270	*Hechicería* (Partos monstruosos)	618
267	*Hechicería* (Práctica del cerco)	613
275	*Hechicería* (Prácticas de adivinar)	622
260	*Hechicería* (Prácticas de lecanomancia)	603
261	*Hechicería* (Prácticas de lycanthropia)	604
269	*Hechicería* (Prácticas principales de la)	615
274	*Hechicería* (Pronósticos)	620
258	*Hechicería* (Rosas en Diciembre y trigo en Enero)	602
255	*Hechicería* (Traer los hombres de lejas tierras)	594
181	Hidalguías (Abuso de).—Vid. *Mesoneros y Mercaderes*	530
	Histrionismo (Vid. *Poetas, mutatio capparum, autor, cómicos y entremeses*).	
336	Horacio (Un precepto de)	678
249	Hospitales y hospitaleras	589
360	Invención en el *Coloquio* (La)	702
32	*Ir y venir*	398
71	*Jiferos*	432

Notas		Pags.
352	*Juramento (So cargo de)*	692
215	Justicia en Sevilla (La)	562
97	Juvenal (Un pasaje de)	457
154	*Ladronicio*	514
92	Lanza y adarga (Uso de la)	453
228	Levantar gente de guerra (Modo de)	567
153	Leyes (Inestabilidad de las)	514
129	Lonja de Sevilla (La)	493
49	*Luego* (Repetición del adverbio)	416
47	*Lupicia*	411
176	Llaves en los aposentos. (Vid. *Posadas*)	528
195	Maese Rodrigo (El Colegio de)	544
194	Maese Rodrigo (Los mármoles del Colegio de)	543
303	Maldonado (El paje)	652
331	Mantcamiento (El)	675
169	Mantos (Costumbre de cubrirse con los)	523
11	Mantos (Costumbres sobre los)	382
210	*Marcar por*	559
51	*Mari-Castaña (El tiempo de)*	417
108	*Marina*	471
308	*Más bien* por *mejor*	655
68	Matadero de Sevilla	430
74	Matadero de Sevilla (Hurtos en el)	434
76	Matadero de Sevilla (Hurtos en el)	436
79	Matadero de Sevilla (Hurtos en el)	440
226	*Matrero*	566
106	Mauleón (El poeta tonto)	467
26	Meléndez de Almendárez (D. Lope)	394
53	Memoria artificial (La)	419
130	Mercaderes y su afición á la nobleza (Los)	494
181	Mesoneros hidalgos	530
70	Método en el *Coloquio* (Un caso de)	432
115	Método en el *Coloquio* (Un caso de)	475
147	*Mezquinidad*	507
316	*Moisen*	660
134	*Molletes y Mantequillas*	499
213	*Mondar la haza*	561
199	Monipodio (La casa del señor)	551
252	Montilla (Los hospitales de)	590
313	Moriscos batidores de moneda	659
315	Moriscos (Costumbres de los)	660
317	Moriscos (Expulsión de los)	661

Notas.		Págs.
356	Mozas vagamundas (Las)	697
82	Muertes y heridas (Abundancia de)	443
321	*Mutatio capparum*	663
135	Nebrija (La Gramática de Antonio de)	500
289	Negaciones (Teoría de las dobles)	641
148	Negros (Costumbres sobre los)	509
151	Negros de Guinea (Un modismo sobre los)	510
158	*Nicolás el Romo* (El amigo de)	516
291	Nombre de las fiestas (Decir el)	643
4	*Non debiera*	376
296	*Notomía*	647
55	Novela (Omisión de la voz)	421
99	Novelas pastoriles (Boga de las)	461
111	Novelas pastoriles (Confirmación del escrutinio de las)	473
105	Novelas pastoriles (Escrutinio de las)	465
112	Novelas pastoriles (Nombres de las)	474
33	Novenas (Costumbre de las)	398
77	Obligado de la carne (La costumbre del)	437
78	Obligados de la carne (Malicias de los)	439
251	*Otro* como género neutro	590
262	Ovidio (Comentadores de)	605
57	*Oyo*	422
206	*Pala*	557
21	Parentesco en las costumbres femeninas (El)	391
338	*Pasante*	679
243	*Pasillas (El bachiller)*	584
103	*Pastor de Fílida* (Alusión á *El*)	464
45	*Pata es la traviesa*	410
209	Pericia jurídica de Cervantes	558
282	*Perineos (Montes)*	634
173	*Perpenam rei de memoria*	526
357	Perrillas de falda	701
73	Perros alanos (Costumbres en los)	433
159	Perros de ayuda	516
59	Perros (Entendimiento de los)	423
61	Perros (Fidelidad de los)	425
87	Perros (Habilidades de los)	450
231	Perros (Habilidades de los)	575
60	Perros (Memoria de los)	424
157	*Perros* por *esclavos*	515
42	*Pesar* por *valer*	406
46	Petrarca (Un pasaje del)	410

Notas		Págs.
214	*Pie de hierro* (Nombre de caballo)	561
242	Pimpinela de Plafagonia (Doña)	583
161	*Pinta y figura*	518
294	Pintura y el *Coloquio* (La)	646
238	Priego (El Marqués de)	580
340	Poema épico (Cualidades del)	680
336	Poema épico (Reglas del)	678
339	Poema épico (Reglas del)	679
337	Poema épico (Tiempo de composición del)	678
341	Poemas épicos (Dedicatoria de los)	681
319	Poetas en la inspiración (Costumbres de los)	662
320	Poetas y cómicos (Costumbres de los)	662
353	Población de España	693
160	*Poco más á menos*	518
233	*Poner nombre*	576
171	*Por mi santiguada*	525
63	Portentos (Los)	427
10	Posada de la Solana (La)	381
6	Posadas (Casas de)	378
176	Posadas (Llaves en los aposentos de las casas de)	528
179	Posadas (Visitas de las Casas de)	529
29	*Prometer*	397
274	Pronósticos	620
345	*Propincuo*	688
38	*Presupuesto*	403
1	Puerta del Campo (La)	373
69	Puerta de la Carne (La)	431
190	Puerta de Jerez (La)	541
52	*Puesto que*	419
35	*Que* (El pronombre)	402
56	*Quien* (El relativo)	421
177	*Quince*	528
146	*Rabos y colas* (Uso de las voces)	506
325	Ramillete de Daraja (El)	667
314	Real (Piezas de á)	660
117	*Recebir*	478
300	*Recordar*	649
22	Refrán (..... *como el yerno ruin* ..)	392
88	Refrán (*Del lobo un pelo.....*)	451
66	Refrán (*El buen día meterle.....*)	429
187	Refrán (*Háceme la barba.....*)	537
114	Refrán (*Mírate á los pies...*)	475

Notas.		Págs.
43	Refrán *(No es todo oro.....)*.............................	407
40	Refrán *(Pensóse Don Simueque.)*.......................	404
293	Refrán *(Todos los duelos con pan.....)*...................	645
222	Refrán *(Tres cosas hacen á los hombres....)*.............	565
192	*Reparos*...	543
202	*Reprobar*...	554
234	Retablistas y titereros.................................	576
231	Rey de Francia (Saltar los perros por el)...............	575
205	*Rinconete* (Relación del *Coloquio* con el).............	556
193	*Rodamonte*...	542
271	*Rodríguez* (El amigo de la Montiela)...................	619
143	*Romancista*...	504
216	*Rompido*..	562
217	Ronda (La costumbre de la)............................	562
207	Rufianes y sus bravuras postizas.......................	557
191	*Rufos*..	542
200	*Rufos* (Trajes de los).................................	553
183	*Salir por la puerta afuera*.............................	533
90	San Bernardo (El barrio de)............................	452
327	San Jerónimo (El Monasterio de).......................	671
218	San Julián (El barrio de)...............................	563
8	San Llorente (La Iglesia de)...........................	379
39	San Llorente (Nuestra Señora de).......................	403
237	*Santiscario*...	579
335	Sátira (Cervantes y la).—Vid. además *Alusiones*.......	677
197	Sauceda (La destrucción de la).........................	548
248	*Senado* (Costumbre de llamar).........................	588
140	*Señor el viejo*...	502
212	*Seyano (El caballo)*...................................	560
128	Sillas de mano..	493
178	*Sin razón y justicia*...................................	528
110	Tejoletas (Las).......................................	473
118	*Término*..	479
225	*Tinelo*...	566
234	Titereros y retablistas.................................	576
50	Tordos, picazas y papagayos (El hablar de los).........	417
91	*Traer* (Una acepción del verbo)........................	452
28	Trajes de camino.....................................	396
200	Trajes de los rufos....................................	553
13	Trajes de soldados....................................	384
7	Transposición del nombre..............................	379
265	*Tropelía*..	611

Notas.		Págs.
133	*Trujo* (Uso de la forma)	498
342	Turpín (El Arzobispo)	682
166	*Unto y bisunto*	522
127	*Vade mecum* (El)	492
196	Valladares Sarmiento (El licenciado)	544
145	*Vareteado*	505
359	Variantes añadidas	702
326	Variantes de las ediciones primitivas	671
263	Variantes de las ediciones primitivas (Observaciones sobre las)	605
162	*Vendeja*	519
273	*Verbo* (Concordancias del)	620
312	*Verbo* (Formas del)	659
67	*Verbo* (Imperativo con pronombre antepuesto)	430
3	*Verbo* (Observaciones sobre los tiempos del)	375
244	Vinos famosos del tiempo	585
262	Virgilio (Comentadores de)	605
307	*Volteadores*	654
318	*Zahinas*	661
246	Zarabanda (El baile de)	586
247	Zarabanda (La inventora de la)	588

REGISTRO ALFABÉTICO

DE LOS ESCRITORES CITADOS EN ESTE LIBRO

Abril (Pedro Simón), 87.
Acevedo (Alonso de), 128, 408, 658.
Agapito Revilla (D. Juan), 34, 44, 47, 73, 78.
Agreda (Sor María de), 60.
Aguado (Simón), 484.
Aguilar (Diego de), 32.
Aguilar (Gaspar de), 136.
Agustín (Antonio), 92.
Agustín (San), 623, 625.
Albornoz (Bartolomé de), 495, 508.
Alcalá (Fr. Pedro de), 508.
Alcalá (Jerónimo), 128, 200, 212, 242, 393, 411, 417, 476, 479, 573, 645, 653, 654, 668.
Alcázar (Baltasar del), 99, 390, 506, 522.
Alcázar (José), 666.
Alcázar de Arriaza (Jacinto), 134.
Alcega (Juan de), 396.
Alcocer (Fr. Francisco de), 481, 482.
Alejandro (Alejandro de), 428.
Alemán (Mateo), 47, 69, 100, 101, 105, 106, 118, 124, 212, 254, 263, 264, 377, 384, 385, 393, 395, 397, 399, 406, 411, 422, 429, 435, 446, 471, 475, 476, 499, 501, 506, 519, 524, 531, 532, 533, 551, 559, 560, 603, 611, 621, 622, 645, 647, 675, 679, 701.
Alenda (D. Jenaro), 57.

Alonso (Agustín), 684.
Alonso Cortés (D. Narciso), 34, 47, 54, 60, 65.
Alonso de Herrera (Gabriel), 423, 453, 456, 525.
Amaro (El loco Don), 120, 445.
Amburcea (Diego de), 386.
Antolínez de Burgos (Juan), 76.
Antonio (D. Nicolás), 163, 685.
Apráiz (D. Julián), 155, 510.
Apuleyo (Lucio), 83, 84, 85, 86, 93, 337.
Arce Solerzeno (Juan), 115.
Arceo (Francisco de), 558.
Aretino (Pedro), 599.
Arfe (Juan de), 37, 49.
Argensola (Vid. Leonardo).
Argote de Molina (Gonzalo), 456, 550, 551.
Argüello (Antonio de), 508.
Argüello (Gaspar Isidro de), 419.
Arguijo (D. Juan de), 655.
Arias Montano (Benito), 92, 117.
Arias de Loyola (El Dr. Juan), 143, 144, 145, 146.
Arias Pérez (Pedro), 490.
Aribau (D. Buenaventura Carlos de), 261, 457, 514, 515, 520, 554, 567, 648, 702.
Ariosto (Ludovico), 542, 543, 683.

ARJONA (D. Manuel M. de), 175.
ARLÉS (Fr. Martín de), 159.
ARMENDÁRIZ (Julián de), 47, 395, 687.
ASENSIO Y TOLEDO (D José María), 62, 171, 403, 474, 486, 581, 686.
ASTRAIN (El P. Antonio), 87, 492, 502.
AULO GELIO, 561.
AVIANO (Flavio), 93.
AZNAR CARDONA (Pedro), 131, 134, 515, 659, 660.

BAENA (Juan Alfonso de), 449
BALBUENA (Bernardo de), 466.
BANDELLO (Mateo), 205, 207, 237.
BARAHONA DE SOTO (Luis), 77, 85, 433.
BARBIERI (D. Francisco A), 483, 487, 488.
BARBOSA MACHADO, 709
BARRERA (D. Cayetano A. de la), 225, 374, 522, 584, 667, 682, 696
BARREAU DIHIGO (Mr. L), 36.
BEAUMARCHAIS, 103.
BEAUMONT, 231
BELLEFOREST (Francisco de), 205.
BELIO (D Andrés), 422, 525, 535, 562, 590, 620.
BELMONTE (Luis de), 224, 225, 227, 236, 678
BENAVENTE (D. Jacinto), 235, 236.
BERMÚDEZ Y ALFARO (Juan), 225, 678
BERMÚDEZ DE PEDRAZA (Francisco), 671.
BERRÍO (Gonzalo Mateo de), 669.
BLÁZQUEZ (D Antonio), 453
BLEDA (Fr. Jaime), 661.
BOCCACCIO (Juan), 207, 239
BONILLA Y SAN MARTÍN (D. Adolfo), 107, 416, 418, 422, 455, 500, 521, 618, 662, 685.
BORDÁZAR DE ARTAZÚ (D Antonio), 264.
BORONAT (D. Pascual), 130, 135, 660.
BOSCÁN (Juan), 105, 247.
BOTERO (Juan), 32, 255, 419.
BOVISTAU (Pedro), 205, 425, 635
BRANCALASSO (Juan Antonio), 47.

BRÂNTOME, 385.
BRAUN (Jorge), 32, 171, 430, 552.
BRETÓN DE LOS HERREROS (D Manuel), 495.
BRICEÑO (Luis de), 487
BRUNET (Mr), 166, 191.
BULLÓN (D. Eloy), 423.

CABALLERO (Fernán), 234, 255
CABRERA (Fr. Alonso de), 247.
CABRERA DE CÓRDOBA (Luis), 8, 9, 11, 12, 14, 15, 16, 20, 22, 31, 36, 50, 51, 52, 55, 56, 57, 59, 63, 64, 147, 149, 150, 199, 209, 210, 248, 384, 387, 404, 436, 547, 568, 641, 676, 695, 696, 710.
CAIRASCO DE FIGUEROA (Bartolomé), 678, 686.
CALDERÓN DE LA BARCA (D. Pedro), 231, 266, 383, 557, 573.
CAMARGO Y ZÁRATE (D. Jerónimo), 538.
CAMOS (Fr. Marco Antonio de), 587
CAMPUZANO (Francisco de), 375
CANO (Melchor), 45
CÁNOVAS DEL CASTILLO (D. Antonio), 131, 150.
CARO (Rodrigo), 473, 483, 489, 496, 497, 544, 577, 579, 599, 611, 635, 649, 650, 675.
CARO DEL RINCÓN (Martín), 684.
CARRASCO (Benito), 587.
CARVALLO (Luis Alfonso de), 93, 94, 98, 107, 108.
CASAS (Fr. Bartolomé de las), 511.
CASCALES (Francisco), 108, 109, 199, 203, 204, 264, 265, 504.
CASTAÑEGA (Fr. Martín de), 157, 159, 196, 594, 624.
CASTILLEJO (Cristóbal de), 415.
CASTILLO DE BOVADILLA (El licenciado), 437, 439, 455, 518, 539, 563.
CASTILLO SOLÓRZANO, 141, 227, 228, 229, 688.
CASTRO (D. Adolfo de), 221, 372, 376, 377, 474, 508, 518, 552

CASTRO (Adrián de), 567
CASTRO (Alfonso de), 200.
CASTRO (Francisco de), 158
CASTRO (Miguel de), 492
CATALINA (D Juan), 22.
CEÁN-BERMÚDEZ (D. Juan Agustín), 714.
CEJADOR (D. Julio), 262, 397, 410, 516, 526, 573.
CERDA (El P. Juan Luis de la), 500.
CERDA (Fr. Juan de la), 163, 209, 400, 485, 486, 626.
CERDÁN DE TALLADA (Tomás), 123, 691.
CERVANTES (Miguel de).—*Passim*.
CÉSPEDES (Fr. Diego de), 190.
CETINA (Gutierre de), 105, 238, 412, 475, 521, 522
CICERÓN (Marco Tulio), 93
CINTHIO (Juan Bautista Giraldo), 205, 207, 239.
CIRUELO (Pedro), 158, 160, 200, 623, 626, 639, 640, 641, 648, 649.
CISNEROS Y TAGLE (D. Juan de), 156
CLEMENCÍN (D Diego), 130, 155, 199, 219, 376, 380, 387, 394, 397, 403, 422, 454, 457, 464, 505, 507, 518, 521, 525, 535, 558, 577, 586, 590, 641, 642, 647, 650, 655, 663, 664, 666, 672, 688
COCK (Enrique), 33, 34, 43, 374, 545.
COLINDRES (Nuño de), 522.
COLMEIRO (D. Manuel), 150.
CONCEPCIÓN (Fr Luis de la), 190
CORREAS (Gonzalo), 230, 263, 418, 516
CORTEJÓN (D. Clemente), 262, 457.
CORTÉS DE TOLOSA (Juan), 230, 377
COTARELO Y MORI (D. Emilio), 248, 483, 486, 488, 490, 491, 587, 588, 667.
COVARRUBIAS Y OROZCO (D. Sebastián de), 378, 381, 393, 395, 398, 402, 420, 429, 433, 441, 451, 455, 463, 482, 505, 554, 560, 561, 576, 582, 583, 648, 651, 653, 654, 662.
CRIALES (D. Gaspar de), 134
CRUZ (Francisco de la), 8, 27.
CUEVA (Juan de la), 585.

CUERVO (D Rufino José), 463, 464, 510, 543.
CUERVO (Fr Justo), 156

CHAPPUYS (Mr. Gabriel), 167.
CHASLES (Mr. Emile), 103.
CHAVES (Cristóbal de), 252, 521, 523, 524, 525, 529, 534, 542, 551, 557.

DAZA (Fr. Antonio), 31, 373.
DANTE ALIGHIERI, 105
DANVILA (D. Manuel), 130, 133, 135.
DAUDET (Mr. Alfonso), 101
DÁVILA (D. Gómez), 131, 134
DELICADO (Francisco), 394, 404, 503, 510, 645, 683
DENIS (Mr. Ferdinand), 189
DÍAZ DE BENJUMEA (D. Nicolás), 103, 584.
DIOSCÓRIDES ANAZARBEO (Pedacio), 637.
DUQUE DE ESTRADA (D. Diego), 380, 432, 503, 517, 552, 572.

EGUÍLAZ Y YANGUAS (D. Leopoldo), 582.
ENZINAS (Francisco de), 87.
ERASMO (Desiderio), 88, 515.
ESCALANTE (Bernardino de), 455, 566, 570.
ESLAVA (Antonio de), 224
ESOPO, 92, 93, 100, 110, 284
ESPEJO (D. Cristóbal), 44
ESPINEL (Vicente), 17, 18, 23, 47, 57, 141, 146, 200, 212, 385, 391, 402, 417, 423, 454, 455, 501, 505, 519, 549, 550, 557, 566, 573, 652
ESPINOSA (Nicolás), 684
ESPINOSA (Pedro), 47, 220, 230, 390, 423, 480, 522, 582, 583, 669, 688.
ESPINOSA DE SANTAYANA (Rodrigo), 419, 420.
ESQUIVEL (Juan de), 490.
ESTÉBANEZ CALDERÓN (D. Serafín), 715

FABIÉ Y ESCUDERO (D. Antonio María), 32.

FALCÓ (Jaime), 689.
FARINELLI (Dr. Arturo), 256
FERNÁNDEZ (El bachiller), 162.
FERNÁNDEZ (Fr. Alonso), 373.
FERNÁNDEZ DE ANDRADA (Pedro), 561.
FERNÁNDEZ DE AVELLANADA (Alonso), 109, 428, 649.
FERNÁNDEZ DE BÉTHENCOURT (D Francisco), 174, 580, 581.
FERNÁNDEZ-GUERRA (D. Aureliano), 26, 97, 203, 249, 252, 413, 443, 484, 522, 534, 535, 568, 583, 586, 713.
FERNÁNDEZ-GUERRA (D. José), 713.
FERNÁNDEZ DE NAVARRETE (D Eustaquio), 143, 155, 175, 260, 374, 714.
FERNÁNDEZ DE NAVARRETE (D. Martín), 62, 63, 64, 65, 142, 143, 144, 145. 146 155, 374, 375, 468, 469, 470, 484.
FERNÁNDEZ DE SANTAELLA (Maese Rodrigo), 543, 544.
FERNÁNDEZ VALLÍN (D. Acisclo), 140
FERRER (El P. Juan), 486, 488.
FERRIOL Y CAICEDO (D Alonso de), 467
FITZMAURICE-KELLY (Mr. James), 232, 260, 433, 521.
FLETCHER (John), 231.
FONSECA (Fr. Cristóbal de), 384.
FONSECA (Fr. Damián de), 136
FONSECA (Luis de), 139, 155, 156, 183, 626.
FOULCHÉ-DELBOSC (Mr. R.), 404
FUNCK BRENTANO (Mr. Frantz), 142

GACHARD (Mr.), 213, 413.
GÁLVEZ DE MONTALVO (Luis), 115, 375, 464, 465.
GALLARDO (D. Bartolomé José), 8, 15, 46, 161, 177, 225, 228, 264, 265, 395, 400, 411, 416, 418, 474, 500, 538, 544, 568, 587, 589, 599, 646, 666, 668, 678, 689, 711, 712, 713, 714, 715.
GALLO DE AVELLANEDA (D. Diego), 21
GARCÍA (Fr. Francisco), 512.
GARCÍA (D Manuel J), 407.

GARCÍA DE ARRIETA (D Agustín), 474, 510, 524, 567, 570, 714, 715
GARCÍA CABALLERO (José), 647
GARCÍA PERES (D. Domingo), 709.
GARIBAY (Esteban de), 126.
GARRIDO DE VILLENA (Francisco), 684
GASTÓN DE TORQUEMADA (D. Jerónimo), 711, 712.
GAYANGOS (D. Pascual de), 33, 159, 165, 225, 473, 572, 684, 695, 709, 710, 711.
GAYTÁN DE VOZMEDIANO (Luis), 207.
GESTOSO Y PÉREZ (D José), 494.
GIL POLO (Gaspar), 465.
GODÍNEZ DE MILLIS (Felipe), 207.
GODOY (Juan de), 588.
GODOY ALCÁNTARA (D José), 417
GÓMEZ DE CIUDAREAL (Alvar), 411.
GÓMEZ DE LUQUE (Gonzalo), 683
GÓMEZ DE TEJADA (Cosme), 228.
GONDOMAR (El Conde de), 34, 92, 546, 547, 694, 695, 696
GÓNGORA (Bartolomé de), 228, 395.
GÓNGORA Y ARGOTE (D Luis), 4, 40, 47, 58, 79, 98, 109, 212, 391, 520, 582.
GONZÁLEZ (D Tomás), 374, 693, 694
GONZÁLEZ DE CELLORIGO (El licenciado Martín), 31, 131, 132, 134, 499.
GONZÁLEZ DÁVILA (Gil), 7, 15, 16, 21, 52, 56, 57.
GONZÁLEZ DE LEÓN (D. Félix), 447.
GONZÁLEZ DE TORNEO (Francisco), 536
GRACIÁN DANTISCO (Lucas), 59, 507.
GRILIANDO, 178.
GUADALAJARA Y JAVIER (Fr. Marco), 136.
GUEVARA (Fr. Antonio de), 561.
GUTIÉRREZ DEL CAÑO (D. Marcelino), 46, 470
GUZMÁN (D. Fernando de), 418.
GUZMÁN (Juan de), 426, 520.
GUZMÁN (Pedro de), 693.

HAZAÑAS Y LA RUA (D Joaquín), 475, 510, 511, 521, 544, 570, 586.
HERMOSILLA (Diego de), 523, 532.

HERNÁNDEZ IGLESIAS (D. Fermín), 699.
HERNÁNDEZ MOREJÓN (D. Antonio), 412.
HERNÁNDEZ DE VELASCO (Gregorio), 605.
HERRERA (Antonio de), 52, 58, 710.
HERRERA (Fernando de), 97, 221, 222, 263, 507, 681.
HIDALGO (Gaspar Lucas), 224, 244, 412.
HIDALGO (Juan), 521, 525.—Vid. *Chaves* 430, 470, 491, 643.
HOCES (Hernando de), 411.
HOFFMANN (Ernesto T. G.), 232, 233, 234.
HOLBERG (L.), 231.
HOMERO, 84.
HORACIO, 678.
HORST (Conrad), 189.
HUERTA (Jerónimo de), 424, 425, 433, 517, 586, 683, 701.
HUET (Pedro Daniel), 83, 84.
HURTADO (Luis), 683.

ICAZA (D. Francisco A de), 83, 84, 86, 145, 189, 214, 374, 580.
INSTITOR (H.), 178.
ISABA (Marcos de), 565, 566, 574.
ISASTI (D. Lope de), 163, 639, 641.
ISAZA (D. Emiliano), 562.
ISLA (El P. Francisco José de), 267, 458.

JACOB (Mr. P. L.). —Vid. *Lacroix.*
JANSEN (Mr Adolfo), 371.
JOLY (Barthélemy), 36, 37, 39, 43, 454, 455, 459, 476, 509, 527.
JUVENAL, 457.

LABAÑA (Juan Bautista), 199.
LACROIX (Mr. Paul), 167, 189, 371, 594.
LAGUNA (Andrés), 583, 637, 638.
LAIGLESIA (D. Francisco de), 387.
LANDO (Ferián Manuel de), 449.
LARRUGA (D. Eugenio), 43.
LASSO DE LA VEGA (Garci), 98, 221, 247.
LATOUR (Mr. de), 234, 235.

LEA (Henry Charles), 130, 136, 158, 159, 189, 192, 195, 196, 200, 625, 631.
LEGUINA (D. Enrique de), 540.
LEMOINE (Mr. Eduardo), 232.
LEONARDO DE ARGENSOLA (Bartolomé), 47, 110, 485.
LEONARDO DE ARGENSOLA (D. Gabriel), 469.
LEONARDO DE ARGENSOLA (Lupercio), 47, 469, 587.
LEÓN (Andrés de), 414, 416, 418, 420.
LEÓN PINELO (Antonio de), 16, 19, 25, 383.
LE SAGE (A. René), 232.
LHERMITE (Jehan), 43, 454.
LIÑÁN DE RIAZA (Pedro), 47, 474, 677.
LIÑÁN Y VERDUGO (Antonio), 377, 378, 407, 443, 530, 566, 646.
LISTA (D. Alberto), 241.
LOBERA (Atanasio de), 47.
LOBERA DE AVILA (Luis), 412.
LONDOÑO (Sancho de), 380, 564.
LÓPEZ (Diego), 605.
LÓPEZ DE CORTEGANA (Diego), 85.
LÓPEZ DE MENDOZA (D. Iñigo), Marqués de Santillana, 105, 117, 451, 645.
LÓPEZ PINCIANO (Alonso), 48, 67, 89, 101, 108, 110, 203, 218, 424, 542, 588, 620, 652, 666, 674, 680, 681, 684.
LÓPEZ DE ÚBEDA (Francisco).—Vid. *Pérez (Andrés).*
LUANCO (D. José Ramón de), 141, 688.
LUCIANO DE SAMOSATA, 86, 87, 88, 89, 90, 91, 92, 93, 97.
LUGO-DÁVILA (D. Francisco), 227.
LUJÁN DE SAYAVEDRA (Mateo). — Vid. *Marti (Juan).*
LULIO (Raimundo), 141.
LUNA (H. de), 105, 128, 384, 390, 625.
LUNA (Miguel de), 413.
LUQUE FAJARDO (Francisco de), 131, 378, 389, 441, 444, 521, 559, 652, 659.
LUSTERRA (Cristóbal), 602.

— 734 —

LLORENTE (Juan Antonio), 159, 168.

MAC COLL (Mr. Norman), 432, 433, 512, 543.
MACAULAY (Lord), 371.
MADRAZO (D. Pedro de), 494.
MÁINEZ (D. León), 62, 63, 64, 639.
MAL LARA (Juan de), 59, 392, 404, 405, 495, 565.
MALDONADO DE MATUTE (Hernando), 10, 13, 717.
MALESPINA (Celio), 167.
MALON DE CHAIDE (Fr. Pedro), 247, 263.
MANRIQUE (Jorge), 105, 117, 620, 649
MARCIAL, 473.
MARIANA (El P. Juan de), 247, 711.
MARINEO SÍCULO (Lucio), 32.
MARINI (Juan Bautista), 489
MARSAND (Mr. Antonio), 410, 411
MARTÍ (Juan), 96, 134, 197, 200, 212, 377, 446, 455, 514, 588.
MARTÍ Y MONSÓ (D. José), 13, 47, 48, 49, 51, 55, 78, 380, 404, 695.
MARTÍN DE LA PUENTE (Esteban), 484, 538.
MARTÍNEZ (Eugenio), 684.
MARTÍNEZ DE TOLEDO (Alfonso), 395, 407.
MATUTE Y LUQUÍN (Gaspar).—Vid *Ramírez y de las Casas-Deza (D. Luis María)*
MAYANS (D. Juan Antonio), 375, 465.
MAYANS Y SISCAR (D. Gregorio), 264, 451, 645
MEDINA (Pedro de), 23, 32, 35, 37, 38, 39, 41, 43, 44, 401, 564.
MEDRANO (Julián de), 506.
MEJÍA (Pedro), 424.
MENDOZA (Gabriel de), 621.
MENÉNDEZ Y PELAYO (D. Marcelino), 26, 80, 81, 82, 84, 85, 86, 87, 88, 89, 91, 93, 164, 165, 166, 191, 225, 243, 244, 247, 265, 370, 371, 464, 465, 471, 506, 542, 582, 618, 639, 680, 683, 685.

MENESES (Alonso de), 22.
MERCADO (Fr. Tomás de), 119, 120, 512, 521.
MESA —Vid. *Medina (Pedro de)*.
MESA (Cristóbal de), 385, 679, 680, 681.
MINGUET É IROL (D. Pablo), 482.
MIRA DE AMESCUA (D. Antonio), 665.
MIRANDA (Luis de), 569.
MONCADA (Sancho de), 129, 134, 150, 653, 657.
MONREAL (D Julio), 372.
MONTEMAYOR (Jorge de), 464, 465, 474
MONTERROSO Y ALVARADO (Gabriel de), 536.
MONTES (Diego), 526, 568.
MORALES (Ambrosio de), 92.
MORALES (Juan Bautista de), 176.
MORÁN (D. Jerónimo), 78, 375.
MORATÍN (D Leandro Fernández de), 155, 171, 179, 193, 592, 641.
MOREL-FATIO (Mr. Alfred), 33, 131, 262, 263, 429.
MORGADO (Alonso), 430, 431, 439, 445, 492, 495, 498, 529, 544, 552.
MORTE MOLINA (D. José), 591.
MUÑÓN (Sancho de), 162, 179, 427, 599, 613.
MUÑOZ Y MANZANO (D. Cipriano), Conde de la Viñaza, 263, 264, 520.

NAVAGERO (Andrea), 32, 49, 210.
NAVARRETE (Pedro Fernández), 150.
NAVARRO (Gaspar), 626, 638.
NEBRIJA (Antonio de), 45, 97, 479, 500, 520.
NIEREMBERG (El P. Juan Eusebio), 444.
NOVO COLSON (D. Pedro), 142.
NOVOA (Matías de), 21, 52, 57, 59, 710.

OBREGÓN (Antonio de), 411.
ORTELIO (Abraham), 520.
ORTIZ (Francisco), 588.
ORTIZ LUCIO (Fr. Francisco), 391.

ORTIZ DE ZÚÑIGA (D Diego), 494, 541, 546
OVIDIO NASÓN, 605.

PACHECO (Francisco), 430, 549, 550, 551, 686.
PACHECO DE NARVÁEZ (Luis), 554.
PALMIRENO (Lorenzo), 420, 426, 648
PALOMO (D. Francisco de Borja), 552.
PAZ Y MELIA (D. Antonio), 79, 126, 492, 667.
PEDROSA, 225
PELLICER (D. Casiano), 670
PELLICER (D. Juan Antonio), 65, 85, 394, 468, 523, 570, 671
PELLICER Y TOBAR (José de), 570.
PEREIRA (Gómez), 423
PEREIRA DE SAMPAIO (D José), 711
PEREIRO (Benito), 158.
PÉREZ (Andrés), 226, 407, 491, 528, 560, 611, 685
PÉREZ (Antonio), 605.
PÉREZ (Gonzalo), 96.
PÉREZ (Luis), 38, 200, 425, 426, 450, 451, 560, 575
PÉREZ Y GONZÁLEZ (D. Felipe), 455.
PÉREZ DE GUZMÁN (D Juan), 470
PÉREZ DE HERRERA (Cristóbal), 6, 7, 9, 14, 15, 18, 19, 20, 36, 76, 85, 150, 151, 252, 579, 699, 700
PÉREZ DE MESA (Diego), 23, 32, 35
PÉREZ MÍNGUEZ (D. Fidel), 66, 214
PÉREZ DE MONTALBÁN (Juan), 109.
PÉREZ DE MOYA (Juan), 97
PÉREZ PASTOR (D. Cristóbal), 10, 18, 46, 47, 62, 65, 67, 70, 71, 72, 77, 131, 166, 206, 211, 238, 241, 248, 375, 381, 386, 394, 395, 404, 423, 470, 500, 532, 554, 665, 667, 673, 677, 678, 700
PERSIO FLACO (A.), 457.
PESCIONI (Andrea), 207, 424, 635. (Vid. *Bovistau.)*
PEIRARCA (Francisco), 280, 410, 411.
PIAMONTE (Nicolás de), 683

PICATOSTE (D. Felipe), 214.
PINEDO (Luis de), 140.
PINHEIRO DA VEIGA (Bartolomé), 33, 34, 35, 36, 37, 38, 39, 40, 41, 42, 43, 50, 52, 53, 55, 56, 57, 59, 123, 199, 210, 372, 382, 383, 387, 413, 459, 696, 709, 710, 711.
PLINIO SEGUNDO (Cayo), 424, 425, 428, 433, 517.
PORRAS DE LA CÁMARA (Francisco de), 138, 530, 714, 715.
PORREÑO (Baltasar), 16, 57, 387.
PORTUGAL (D. Pedro de), 83
PULGAR (Hernando del), 113, 117.

QUEVEDO (D. Francisco de).— *Passim.*
QUINTANA (Jerónimo de), 6.
QUIÑONES (D Juan de), 129, 130, 652, 653, 654.
QUIÑONES DE BENAVENTE (Luis), 442, 676, 677.

RAMÍREZ DE ARELLANO (D Rafael), 173.
RAMÍREZ Y DE LAS CASAS-DEZA (D. Luis María), 175, 177, 192, 617.
REBELLO DA SILVA (D. Luis Augusto), 429
REINOSA (Rodrigo de), 161, 170, 599
RENNERT (Mr. Hugo Albert), 249, 465, 490, 588, 666, 675
Río (El P. Martín del), 153, 158, 626, 630, 637.
RIOJA (Don Francisco de), 522.
Ríos (Gregorio de los), 583
Ríos (D. Vicente de los), 84.
RIUS (D. Leopoldo), 231, 232, 260, 702.
ROBERT (Gabriel), 416.
ROBLES (El licenciado Juan de), 264, 504, 659.
ROCAMORA (D. Pedro), 667.
ROCHA BURGEN (Francisco de la), 396
RODA (D. Cecilio de), 463, 472, 487.
RODRÍGUEZ (Lucas), 542

RODRÍGUEZ MARÍN (D. Francisco), *passim*
RODRÍGUEZ VILLA (D. Antonio), 33, 570, 700.
ROJAS (Fernando de), 97, 161, 179, 394, 407, 510, 599, 610, 612.
ROJAS VILLANDRANDO (Agustín de), 25, 38, 39, 95, 102, 114, 171, 179, 197, 394, 399, 436, 542, 588, 602, 662, 669, 672, 674.
ROJAS ZORRILLA (D. Francisco de), 416, 603, 627, 628, 662.
ROMERO DE CEPEDA (Joaquín), 480.
ROSAL (El Dr Francisco del), 379, 405, 432, 441, 456, 516, 653, 661.
ROSELL (D. Cayetano), 261, 421, 457, 514, 515, 520, 554, 567, 648
ROUANET (Mr. León), 569.
RUEDA (Alonso de), 666.
RUEDA (Lope de), 390, 399, 479, 515, 647, 656, 667.
RUELENS (Mr. Ch), 43.
RUFO (Juan), 213, 244, 252, 385, 406, 468, 469, 470, 483, 504, 508, 511, 642, 647, 654, 681, 718.
RUIZ DE ALARCÓN (D. Juan), 376, 395, 458, 676.

SAAVEDRA FAJARDO (D. Diego), 419.
SALAS BARBADILLO (Alonso Gerónimo de), 40, 47, 227, 230, 231, 238, 443, 479, 552.
SALAZAR (Eugenio de), 81, 265, 385, 420, 456.
SALILLAS (D. Rafael), 168, 171, 183, 184, 187, 521, 592, 604, 638.
SALINAS (Francisco de), 471, 472.
SALVÁ (D. Pedro), 8, 117, 166, 391, 470.
SALVÁ (D. Vicente), 421.
SÁNCHEZ (Pedro), 70, 87, 200, 391, 392, 485, 486, 498, 623.
SÁNCHEZ DE LAS BROZAS (Francisco), 500.
SÁNCHEZ DE VIANA (Pedro), 48, 605.

SANDOVAL (Fr. Prudencio de), 157, 163, 592, 624, 629, 636.
SANGRADOR Y VÍTORES (D. Matías), 12, 38, 42, 43, 51, 74, 373, 374, 380 403, 693.
SAN JERÓNIMO (La Madre Magdalena de), 215, 216, 217, 698, 699, 700
SAN JOSÉ (Fr. Francisco de), 401.
SANTA CRUZ (Melchor de), 132, 244, 505, 507, 518, 520, 671.
SANTANS Y TAPIA (D. Juan), 384.
SANTILLANA (El Marqués de).—Vid *López de Mendoza*
SANTOS (Fr Juan), 75.
SANZ (Gaspar), 491.
SBARBI (D José María), 639, 643.
SEIJAS PATIÑO (D. Francisco de), 441, 559, 642.
SEPÚLVEDA (El Padre), 8, 14, 15, 16, 22, 25, 57, 579.
SERRANO Y SANZ (D. Manuel), 74, 91, 92, 199, 200, 626, 698, 699, 700.
SIGÜENZA (Fr. José de), 401, 647, 671.
SILVA (Feliciano de), 162, 377, 397, 443, 525, 640, 645, 683.
SILVA (Inocencio Francisco da), 709.
SILVELA (D. Francisco), 60, 251.
SMEDT (Mr. Ch. de), 213.
SORIA (Miguel de), 27
SORIA (Pedro de), 48.
SOSA (Francisco de), 423.
SOTO (Fr Domingo de), 45.
SPRENGER (Iacobo), 178.
STRAPAROLA DE CARVAGIO (Juan Francisco), 205, 237, 618.
SUÁREZ CORVÍN (Diego), 139, 681.
SUÁREZ DE FIGUEROA (Cristóbal), 47, 48, 95, 104, 119, 134, 139, 146, 199, 200, 239, 254, 264, 265, 389, 396, 419, 432, 441, 465, 474, 493, 495, 505, 508, 557, 570, 576, 612, 650, 661, 666, 672, 674, 681, 682, 688

TAINE (Mr. Hipólito), 371.

TALAVERA (Fr. Gabriel de) 401.
TAMAYO DE VARGAS (D. Tomás), 98.
TASSO (Torcuato), 385.
TÉLLEZ (Fr. Gabriel), 231, 241, 242, 253, 377, 378, 385, 400, 410, 431, 478, 497, 506, 529, 533, 577, 612, 655.
TELLO (Fr. Diego), 200.
TERREROS (El Padre Esteban de), 570.
THÁMARA (El bachiller), 520
TICKNOR (Mr. George), 164, 165, 166, 670.
TIMONEDA (Juan de), 656.
TIRSO DE MOLINA (Vid. *Téllez*).
TORQUEMADA (Antonio de), 94, 115, 162, 163, 164, 165, 166, 167, 178, 264, 265, 396, 402, 419, 422, 424, 427, 453, 463, 558, 592, 593, 624, 626, 628, 629, 636, 641, 642, 655.
TORREBLANCA, 200.
TORRES (El Dr. Pedro de), 245, 412, 415. 416, 420.
TRUCHADO (Francisco), 619.
TRUJILLO (Fr. Tomás de), 579.

URRÍES (Hugo de), 513.
USOZ (D. Luis), 17, 91, 252.

VALDENEBRO (D. José María), 177.
VALDÉS (Alfonso de), 89, 90, 91, 93.
VALDÉS (Juan de), 88, 89, 90, 91, 93, 252, 263, 397, 419, 472, 498, 499, 500, 642, 645, 648, 655.
VALDÉS (D. Luis), 713.
VALENCIA (Pedro de), 158, 200, 626.
VALERA (D. Juan), 101, 243, 245.
VALERIO MÁXIMO, 513.
VALLE DE LA CERDA (Luis), 150.
VALLÉS (Francisco de), 424, 426, 428, 516.
VALVERDE ARRIETA (Joaquín), 565.
VEDIA (D. Enrique de), 164.

VEGA (Lope de), 24, 47, 95, 96, 104, 107, 109, 197, 214, 248, 249, 265, 266, 422, 464, 465, 466, 467, 474, 475, 486, 506, 522, 541, 561, 588, 590, 594, 628, 633, 677, 682, 683, 686
VELÁZQUEZ DE VELASCO (Alfonso), 377, 404, 480, 559.
VÉLEZ DE GUEVARA (Luis), 47, 106, 142, 151, 229, 234, 416, 429, 450, 618, 669, 678.
VERDÚ (Fr. Blas), 134.
VILANOVA (Arnaldo de), 141.
VILLADIEGO (Alonso de), 515, 518.
VILLALOBOS (Francisco de), 412.
VILLALÓN (Cristóbal de), 88, 91, 92, 107, 110, 161, 200, 210, 263, 377, 390, 393, 395, 403, 408, 413, 419, 421, 428, 481, 500, 504, 505, 520, 525, 528, 555, 572, 576, 577, 651, 701.
VILLAMEDIANA (El Conde de), 33.
VILLEGAS (Alonso de), 162, 407, 621.
VILLEGAS (Juan Bautista), 542.
VILLUGA (Pero Juan), 22, 399.
VIÑAZA (El Conde de la).—Vid. *Muñoz y Manzano*.
VIRGILIO MARÓN, 605, 621.
VITORIA (Francisco de), 45, 158.
VOLTAIRE (Francisco Arouet de), 88.

WICKERSHAM CRAWFORD (Mr. J. P), 48.

XIMÉNEZ, 136.
XIMENO (Vicente), 689
XUÁREZ (Fernán), 599.

YANGUAS Y MIRANDA (D. José), 467

ZAPATA (Luis), 35, 199, 244, 377, 378, 417, 427, 451, 473, 564, 635, 647.
ZEROLO (D. Elías), 686
ZOLA (Mr. Emilio), 101, 244, 245

INDICE

Págs.

Advertencia..   VII

INTRODUCCIÓN

CAPÍTULO I.—La mudanza de la Corte (1601).—Cómo recibió Madrid la noticia —Alabanzas de Madrid.— Historia retrospectiva de la mudanza.— Primeras pláticas. — Trabajos valisoletanos. — Consultas.— Acuerdo secreto.— Oposición de Madrid.— Últimas tentativas para impedirla — Publicación del Bando — Espinel y la mudanza. — Causas que la motivaron.— Cómo se verificó el traslado.— Diligencias de la Sala de Alcaldes — Salida de los Consejos.—Despedida á Madrid.—Sátiras, romances y otras poesías.— Soledad y tristeza en que quedó Madrid después de la mudanza............................   3

CAPÍTULO II.—Valladolid y la Corte (1601-1605).—Entrada de los nuevos cortesanos.— Rigor que se guardó en un principio. — Estado de Valladolid. — Alabanzas.— Sus siete maravillas.—Clima y aires.—La muralla.— Casas, palacios y posadas.— Parajes públicos de la ciudad. — Los Portales de San Francisco. — La Platería. — Plaza Mayor.—Otros sitios famosos.— Salidas y alrededores.—El Río.— El Esgueva.— La Puerta del Campo.— El Espolón.— Prado de la Magdalena.— Comercio en Valladolid.—La Universidad —Estudios de Gramática.— La Imprenta.— La Poesía.— El arte y los artistas. — Policía y ornato de la nueva Corte.— Gastos extraordinarios.— Vida de Valladolid durante este período. — Jiras. — Paseos. — Comedias.— Fiestas de toros.—Juegos de cañas.— Máquinas voladoras.— Pasquines.— Esplendor y bullicio extraordinarios en 1605   29

CAPÍTULO III. — Composición del «Coloquio». — Miguel de Cervantes aparece en Valladolid.—Cuándo debió de llegar.—Dónde posó.—Obscuridad que le rodeaba.— Los comisarios.— Vida de Cervantes en

Valladolid.—Sus amigos.—Francisco de Robles.—Primeros atisbos del *Coloquio*.—El Hospital de la Resurrección.—La antigua mancebía.—Entrada de los Hermanos Hospitalarios.—Cofradía de las bubas.—Mahudes.—Cipión y Berganza.—Cervantes y los Perros.—Concepción del *Coloquio*.—Sus fuentes.—Fuentes realistas.—Su vida aventurera.—Cervantes y Andalucía.—El realismo y el genio.. 61

CAPÍTULO IV.—Fuentes literarias del «Coloquio».—Crítica de las que se le han atribuído.—*El Asno de Oro*.—Luciano y sus diálogos.—Escritores lucianescos.—Alfonso y Juan de Valdés.—Cristóbal de Villalón.—Esopo y sus fábulas.—Escritores contemporáneos.—Cervantes y la invención.—Diálogos, fábulas y alegorías.—La preceptiva novelística.—Valor autobiográfico del *Coloquio*.—Su valor satírico.—Alusiones repartidas en él.—Su filiación literaria........... 83

CAPÍTULO V.—Fuentes vivas de sus más principales episodios.—El Matadero de Sevilla.—Pasaje de los pastores.—Sentido oculto.—El Estudio de la Compañía—Vida estudiantil.—Gradas sevillanas.—Cervantes y los Escribanos.—Picardías, atropellos y latrocinios de los alguaciles y clase escribanil.—Datos y documentos.—Los gitanos.—Los moriscos.—Popularidad de la expulsión.—Los cuatro locos del Hospital.—El Poeta heroico.—Poetas y poetastros.—Un probable modelo de Cervantes.—El Alquimista.—Escaso favor que la alquimia tuvo en España—El Matemático—Conjeturas de Navarrete.—El Arbitrista.—Políticos y Arbitristas.—Otro inspirador de Cervantes... 113

CAPÍTULO VI.—Fuentes del episodio de las Camachas.—Brujas y Hechiceras.—La Brujería en España—El Auto de Logroño - Pretendidas influencias sobre el *Coloquio*.—Primeros latidos de la Brujería.—Brujas de Navarra (1507, 1527, 1590).—Literatura antisupersticiosa.—Huellas literarias.—Andosilla.—Castañega.—Ciruelo.—*La Celestina*.—Sus continuadores.—El *Jardín de flores curiosas*.—Influencia que todos estos libros pudieron ejercer en el *Coloquio*.—Carácter popular de la brujería.—Causas inquisitoriales.—Dónde aprendió Cervantes su saber supersticioso.—Cervantes en Montilla.—Las Camachas y D Alonso de Aguilar.—Caracteres de la brujería castellana.—Un aquelarre en Madridejos.—Extensión y alcance de la superstición en España.—La Inquisición y la Brujería.—Criterio cervantino sobre todas estas torpezas.................... 153

CAPÍTULO VII.—Papel de «El Casamiento Engañoso» cerca del «Coloquio».—Fuentes literarias.—Fuentes reales.—Las damas cortesanas.—Otros modelos vivos de Doña Estefanía—Cronología de ambas novelas.—Lenguaje.— Promesa de un segundo *Coloquio.*—Continuadores. —Imitadores.—Luis de Belmonte.— Quevedo. —Influencia del *Coloquio* en otros escritores nacionales.— Castillo Solórzano.— Vélez de Guevara.—Juan Cortés de Tolosa.—Pedro Espinosa — Imitadores extranjeros. —Beaumont. — Fletcher. — Höelberg — Hofmann.—Imitadores en nuestros días.—Fernán Caballero.— Benavente... 203

EPÍLOGO. — VALOR DEL «COLOQUIO» EN RELACIÓN CON LAS COSTUMBRES DE SU TIEMPO.—Primitivo título de *Las Novelas ejemplares.*—Tachas de inmoralidad que han pesado sobre *El Casamiento* y el *Coloquio.*— Su supuesto naturalismo.—Extensión de esta censura á todas las picarescas.—Depuración de su pretendida inmoralidad y descaro.—Valor que debe dárselas para sacar de ellas la sanidad ó corrupción de un pueblo.—Cambio que sufrieron las costumbres españolas desde Carlos V hasta Felipe IV.—Quejas de las Cortes y los moralistas.— Papel que las costumbres jugaron en la decadencia española.—Influencia de la tradición en la vida futura nacional.................. 237

TEXTO

Advertencia preliminar... 259
Texto crítico.— *El Casamiento Engañoso.*............................. 269
Coloquio de los perros Cipión y Berganza............................. 286

NOTAS

Advertencia preliminar... 369
Notas.. 373

APÉNDICES

APÉNDICE I.—Los libros de la Sala de Alcaldes de Casa y Corte.......... 707

APÉNDICE II. — Memorias sobre la Corte en Valladolid —Pinheiro.— Franckemburg — La *Gazeta* de los Gastón de Torquemada.............. 709

APÉNDICE III.— Noticia de una correspondencia literaria inédita de Bartolomé José Gallardo con D. José Fernández-Guerra.—Trabajos cervantinos de Gallardo.—Cartas del mismo.......................... 712

	Pags.
Addenda et corrigenda...	717
Índice de las Notas del Comentario, por orden alfabético de materias....	719
Registro alfabético de los escritores citados en este libro...............	729
Índice..	739
Erratas que se han notado...	743
Colofón...	745

ERRATAS QUE SE HAN NOTADO

PÁGINA	LÍNEA	DICE	LÉASE
7	18	pudiere	pudiera
12	11-12	concejo; la conclusión	concejo, la conclusión
48	29	*históricos artísticos*	*histórico-artísticos*
67	14	de partido	del partido
76	11	y esportilla	ó esportilla
69	34	envia	envía
69	36	comision	comisión
71	27	Vilhan	Vilhán
75	31	quarto	cuarto
80	17	vais	vais
96	29	mia	mía
106	3	escrito;	escrito!
115	33	*Filida*	*Fílida*
121	25	estan	están
121	28	vacio	vacío
122	36	d	de
139	22	*fue*	*fue*
145	26	1603.	1603,
145	29	(1604),	(1604).
154	1	sibilíticos	sibilinos
157	35	presenti	praesenti
157	35	definenda	diffinienda
171	16	Braun	Braun
189	20	*il eu périt*	*il en périt*
205	34	*Bonistau*	*Bouistau*
213	32	*venitiens*	*vénitiens*
220	35	*baile*	*bailé*
230	última	Pedro de Espinosa	Pedro Espinosa
232	29	*cheminees*	*cheminées*
232	33	*recits*	*récits*
271	18	mas	más
304	última	c. la lonja. .. 1, 2 y R.	c. la lonja. 1, 2 y R.
412	25	Apund	Apud

PÁGINA	LÍNEA	DICE	LÉASE
456	22	por fuera	por de fuera
457	10	á él que	á él) que
536	última	acostubrado	acostübrado
571	última	188,	1886;
592	antepen.	con muy buena	con no muy buena
595	antepen	Jocob	Jacob
630	18	llevado	hallado
681	20	*fue*	*fué*
699	22	Fernandez	Hernández
699	31	mucha-	muchas
699	32	als	al-

Algunas erratas más halle acaso el lector, motivadas por rotura de letras, singularmente del palo de la *d*, al tirarse los pliegos; pero no pudiendo precisarlas, porque no siempre se repite una misma en todos ellos, ruégole me haga la merced de salvarlas por sí mismo.—A. DE A.

BIBLIOLIFE

Old Books Deserve a New Life
www.bibliolife.com

Did you know that you can get most of our titles in our trademark **EasyScript**™ print format? **EasyScript**™ provides readers with a larger than average typeface, for a reading experience that's easier on the eyes.

Did you know that we have an ever-growing collection of books in many languages?

Order online:
www.bibliolife.com/store

Or to exclusively browse our **EasyScript**™ collection:
www.bibliogrande.com

At BiblioLife, we aim to make knowledge more accessible by making thousands of titles available to you – quickly and affordably.

Contact us:
BiblioLife
PO Box 21206
Charleston, SC 29413